機関争訟の「法律上の争訟」性

西上 治

有斐閣

はしがき

　本書は，2014年2月末に東京大学大学院法学政治学研究科に提出されたところの，筆者のいわゆる助教論文の一部をその原型とするものである。同論文のうち，本書の序章・第1章に相当する部分は行政法研究6号（2014）に掲載され，本書の第2章・第3章に相当する部分は国家学会雑誌128巻1＝2号，3＝4号，5＝6号，7＝8号，9＝10号，11＝12号（2015）に掲載された。本書は，これら論文に若干の加筆・修正・圧縮を施したものに，新たに書き下ろされた終章を加えたものである。

　本書の執筆の動機は，研究室に入った当初に漠然と浮かんだ，しかし切実な強迫観念のようなものにある。行政法学は，その成立以降，絶え間なく変化し続けている。もっとも，その関心の中心にあったのは，少なくとも伝統的には，「国家」と「私人」との間に如何にして法関係を認識し，それを如何にして規律・統制するかという問題意識であるように思う。研究者としての道をたどたどしく歩み始めた頃の私には，そこに言う「国家」も「私人」も，1つの学問の中核たる地位を許すにはあまりにも曖昧な概念であるように感ぜられた。しかも，当時ますます学界を賑わせていた公私協働やグローバル化等のテーマは，もともと曖昧であったそれら概念をさらに融解しようとするものであるように思われた。行政法学が前提としてきたはずの「国家」とは，「私人」とは，一体何なのか，あるいは何であったのか。これらの問いに暫定的にせよ何かしら納得のいく答えを得なければ，私は，行政法の研究者として1つの身動きもとれないのではないか。

　もう少しドグマーティッシュに言えば，「国家」の行政法学的表現はまずもって国家法人説であり，「私人」のそれは公権論である。このうち，まず国家法人説に取り組むことにした。両者はその内奥において分かち難く結び付いており，一方を掘り進めて行けば他方につながるという見通しがあったから，出発点はあまり重要ではなかった。そして，機関争訟論は，これら両理論を連結させるための具体的なテーマとして適切であるように思われた。かくして，

機関争訟論を舞台として，国家法人説（「国家」）と公権論（「私人」）とを問い直し，以て自身の行政法研究の基盤を成すという構想が浮上した。もっとも，助教論文の段階では公権論については十分にこれを検討することができず，したがって助教論文のうちそれに相当する部分は圧縮された形でしか本書に収められていない。この点は今夏からの在独研究の課題の1つである。

　このように，本書は，当初の計画からすれば道半ばにあり，何かしら具体的な結論を提示できたわけでもない。もっとも，「自身の行政法研究の基盤を成す」という20代半ばに構想された作業は予想を遥かに超えて途方もなく，他方で本書に収められた部分は一定の内容的・分量的なまとまりを既に有している。また，ほぼ同時期に同様のテーマについて重厚な研究を公表された門脇雄貴先生の存在は，大いに私の励みとなり，上記のように純粋に理論的な関心から設定された本書のテーマにも，昨今の国と地方公共団体との争訟によって予期せぬアクチュアリティを付与された。至らぬ点ばかりであることを承知しつつ本書をこの段階で世に問うのは，以上の事情に拠る。本書が学界における今後の議論に僅かばかりでも貢献できることを願う。忌憚なき批判を賜りたい。

　本書がこうして成ることができたのは，実に多くの方々からの恩恵の賜物である。

　助教時代の指導教員であられる交告尚史先生は，どこへ行くとも分からぬ私の立論をいつも温かく見守り励ましてくださった。「いいじゃないか，やってみたまえ」という先生のお言葉は，自身の研究の価値に思い悩む私にとって，何よりも心強いものであった。塩野宏先生，小早川光郎先生，宇賀克也先生からは，研究会等の場で厳しくも温かい御指導を頂戴した。斎藤誠先生，山本隆司先生，太田匡彦先生には，学生時代より講義・演習を通じて行政法学の面白さと奥深さを教えていただいた。特に，山本隆司先生は，法科大学院在籍時にリサーチペーパー及び研究論文の指導教員を引き受けてくださり，私を研究者の道に導いてくださった。林知更先生からは，助教時代に参加した演習等を通じて学問に対する真摯な姿勢を教わった。同門かつ同期の巽智彦氏とは，助教論文執筆の楽しくも辛い時期に毎日のように行政法学について語り合った。以上の他にも，実に様々な方のお世話になった。振り返って思うに，私はこの上なく贅沢な環境で修業時代を過ごす僥倖に恵まれた。厚く御礼申し上げたい。

身に余る学恩に報いるべく，今後とも精進していきたい。

　本書をまとめ上げる作業は，主に大阪市立大学法学部においてなされた。学問を愛し研究を貴ぶ同学部の雰囲気は，非常に心地のよいものである。特に，渡邊賢先生，守矢健一先生，重本達哉先生には，日頃より大変お世話になっている。感謝の念は尽きない。

　本書の公刊に当たっては，有斐閣法律編集局の柳澤雅俊さんに大変お世話になった。また，公益財団法人末延財団からの出版助成を受け，特に加筆・修正・圧縮及び書下ろしについては，JSPS 科研費 JP16K16988 の助成を受けた。

　最後に，私がこうして自身の望む道を不器用ながらも辿って来られたのは，何事にも寛容な大阪の両親のおかげである。改めて謝意を記したい。

2017 年 8 月

西　上　治

目　次

凡　例

* 判例・学説の引用に当たっては，旧字体を新字体に，現在平仮名で書かれることの多いものは片仮名を平仮名に，それぞれ改めた。また，敬称を略した。
* 判例・学説の引用部分に関して，特段の断りなき限り，圏点（〇〇）は原文における傍点・圏点・強調を意味し，［　］は筆者による注意書きであることを意味する。
* 独立の款ないし項を設けて紹介・検討される論者については，当該款ないし項の冒頭に，当該款ないし項が主たる典拠とした当該論者の著作をまとめて示した。その際，当該款ないし項を含む章でそれ以降用いるそれら著作の略称も併せて示した。
* 単独の著者による論文集に収録された著作については，独立の款ないし項を設けて紹介・検討される論者によるもののみ，当該著作のタイトルを示した。

法令の略称

憲　法　　　　日本国憲法（昭和 21 年 11 月 3 日憲法）

明治憲法　　　大日本帝国憲法（明治 22 年 2 月 11 日憲法）

埋立法　　　　公有水面埋立法（大正 10 年 4 月 9 日法律第 57 号）

河川法　　　　河川法（昭和 39 年 7 月 10 日法律第 167 号）

行訴特例法　　行政事件訴訟特例法（昭和 23 年 7 月 1 日法律第 81 号）

行訴法　　　　行政事件訴訟法（昭和 37 年 5 月 16 日法律第 139 号）

建基法　　　　建築基準法（昭和 25 年 5 月 24 日法律第 201 号）

公選法　　　　公職選挙法（昭和 25 年 4 月 15 日法律第 100 号）

国健保法　　　国民健康保険法（昭和 33 年 12 月 27 日法律第 192 号）

裁判所法　　　裁判所法（昭和 22 年 4 月 16 日法律第 59 号）

住基法　　　　住民基本台帳法（昭和 42 年 7 月 25 日法律第 81 号）

全幹法　　　　全国新幹線鉄道整備法（昭和 45 年 5 月 18 日法律第 71 号）

地自法　　　　地方自治法（昭和 22 年 4 月 17 日法律第 67 号）

地方税法　　　地方税法（昭和 25 年 7 月 31 日法律第 226 号）

独立行政法人通則法　　独立行政法人通則法（平成 11 年 7 月 16 日法律第 103 号）

土地改良法　　土地改良法（昭和 24 年 6 月 6 日法律第 195 号）

ビスマルク（ライヒ）憲法　　　Verfassung des Deutschen Reiches vom 16. April 1871

（ボン）基本法　　　Grundgesetz für die Bundesrepublik Deutschland vom 23. Mai 1949

ワイマール憲法　　　Verfassung des Deutschen Reichs vom 11. August 1919

行政裁判所法　　　Verwaltungsgerichtsordnung
連邦憲法裁判所法　Gesetz über das Bundesverfassungsgericht

雑誌の略称

一　法　　　一橋法学（一橋大学）
関　法　　　法学論集（関西大学）
行政百選　　行政判例百選（有斐閣）
行政法研究　行政法研究（信山社）
公　法　　　公法研究（日本公法学会）
国　家　　　国家学会雑誌（国家学会事務所）
最判解　　　最高裁判所判例解説（法曹会）
自　研　　　自治研究（第一法規）
社会保障百選　　　社会保障判例百選（有斐閣）
重　判　　　重要判例解説（有斐閣）
ジュリ　　　ジュリスト（有斐閣）
新世代　　　新世代法政策学研究（北海道大学）
新　報　　　法学新報（中央大学法学会）
西　法　　　法学論集（西南学院大学学術研究所）
曹　時　　　法曹時報（法曹会）
地方自治百選　　　地方自治判例百選（有斐閣）
都　法　　　法学会雑誌（首都大学東京・東京都立大学法学会）
判　時　　　判例時報（判例時報社）
阪　法　　　阪大法学（大阪大学法学会）
比　較　　　比較法研究（比較法学会）
フィナンシャル　　　フィナンシャル・レビュー（財務総合政策研究所）
法　協　　　法学協会雑誌（法学協会事務所）
法　教　　　法学教室（有斐閣）
法　研　　　法学研究（慶應義塾大学法学研究会）
法　時　　　法律時報（日本評論社）
法　セ　　　法学セミナー（日本評論社）
法　政　　　法政研究（九州大学法政学会）
法律タイムズ　　　法律タイムズ（海口書店）
民　商　　　民商法雑誌（有斐閣）
名　法　　　名古屋大学法政論集（名古屋大学法学部）
横　法　　　横浜法学（横浜法学会）
論究ジュリ　論究ジュリスト（有斐閣）

AöR　　　　Archiv des öffentlichen Rechts

DÖV　　　　Die Öffentliche Verwaltung

DVBl.　　　Deutsches Verwaltungsblatt

JuS　　　　Juristische Schulung

NJW　　　　Neue Juristische Wochenschrift

VerwArch　　Verwaltungsarchiv

WissR　　　Wissenschaftsrecht, Wissenschaftsverwaltung, Wissenschaftsförderung. Zeitschrift für Recht und Verwaltung der wissenschaftlichen Hochschulen und der wissenschaftspflegenden und –fördernden Organisationen und Stiftungen

序　章

　本章は，本書の目的を示すとともに，いわゆる機関争訟に関する問題状況を略述し，それらを受けて本書の構成を示すことを目的とする。

第 1 節　本書の目的

　本書は，いわゆる機関争訟のうち「法律上の争訟」（裁判所法 3 条 1 項）に属するものの範囲を画定する基準を定立するために，その見通しを得ることを目的とする。

　(1)　かつて，いわゆる機関争訟は，「法律上の争訟には属さず，もっぱら政策的見地から認められた客観的訴訟の性質を有するもので，どのような見地から，どのような形態・構造の訴訟を認めるかは，立法政策によって決まる問題である」（田中二郎）[1] とされていた。しかし，現在，機関争訟については，「技術的には主観訴訟との境界を明確に引くことはでき」ず，「法律上の争訟性を直截に考察することが肝要である」（塩野宏）[2] とも言われ，上記の命題には疑義が呈されるに至っている。他方で，機関争訟を正面から扱う学説の業績は少なく，「法律上の争訟性を直截に考察する」際の基準は未だに十分には示されていない[3]。

---

1)　田中二郎『新版行政法上巻（全訂第 2 版）』（弘文堂，1974）359-360 頁。

2)　塩野宏『行政法 II（第 5 版補訂版）』（有斐閣，2013）269 頁。

3)　東條武治「客観訴訟」雄川一郎ほか編『現代行政法大系(5)』107 頁以下（有斐閣，1984）110 頁は，機関訴訟を含む客観訴訟と「法律上の争訟」との関係について，「法律上の争訟とは何か，それはア・プリオリ的なものなのか，十分に解明されてきているといえるのかどうか，また，客観訴訟はすべて一義的に法律上の争訟に当らないと言いきれるものなのかどうか，さらに，客観訴訟はすべて単純に立法政策の問題と考えてしまってよいのかどうか，などの疑問が残るような気がしてならない」と指摘していた。

　そこで，本書は，いわゆる機関争訟のうち「法律上の争訟」に含まれるものの範囲を画定する基準を定立するために，機関争訟が「法律上の争訟」ではないとされる際に用いられてきた根拠の妥当性を改めて問い，さらに考察を深めることで，その見通しを得ることを試みる。

　(2)　いわゆる機関争訟の「法律上の争訟」性が原則として否定される際には，様々な理論的問題，しかも訴訟法と組織法の両面にわたるそれらが相互に複雑に絡み合っている。訴訟法上のものとしては，司法権（憲法76条1項）は基本的人権の保護に限定されるか否か，「法律上の争訟」（裁判所法3条1項）は主観訴訟に限られるか否か，その前提として主観訴訟・客観訴訟あるいは私益・公益は二元的に峻別されるものであるのか否か等の問題が挙げられる。組織法上のものとしては，国家法人格の内部領域は法に開かれているのか否か，行政の内部関係には私人との外部関係とは異なり司法権は及ばないのか否か，国家法人格の一部たる機関には法主体性が認められるのか否か，認められるとしても機関の権限は私人の権利とは質的に異なるのではないか等の問題が挙げられる。

　これらの理論的問題が複雑に絡み合うことにより，いわゆる機関争訟論もまた複雑を極めることになる。機関争訟を論ずる際には，上記の訴訟法上の問題と組織法上の問題との一応の区別に対応して，訴訟法の問題から論ずるいわば訴訟法アプローチと組織法の問題から論ずるいわば組織法アプローチが想定される。もっとも，両アプローチはその内奥において実は密接に関連しているのであって，問題の十全な解明のためには両アプローチがそれぞれ深められなければならない。機関争訟に関する議論の蓄積が希薄であるのは，組織法それ自体の議論の遅れ（いわゆる「行政組織法の閑却」（稲葉馨）[4]）に加えて[5]，こうした理論的な複雑性にも起因するように思われる。

---

4)　稲葉馨『行政組織の法理論』（弘文堂，1994）5頁［初出1982］。

5)　間田穆「ドイツにおける伝統的行政組織権理論の確立」名法60号52頁以下（1973）53頁に曰く，「O・マイヤー以来，ドイツおよびわが国の行政法学においてはその体系上行政組織法の法的諸問題は必ずしも十分に扱われて来なかった」。O・マイヤーが行政組織法を自身の行政法体系において副次的なものとして扱った原因については，塩野宏『オットー・マイヤー行政法学の構造』（有斐閣，1962）109頁参照。もっとも，佐藤功『行政組織法（新版・増補）』（有斐閣，1985）に加え，近年においては塩野宏『行政法Ⅲ（第4版）』（有斐閣，2012）や藤田宙靖『行政組織法』（有斐閣，2005）も出版されており，状況は改善されてきている。

第2節　問題の状況

　いわゆる機関争訟は具体的には次のような議論において問題となる。そのことから機関争訟論の解明が理論的にも実践的にも重要な課題であることが確認される。

第1款　問題の意味

　いわゆる機関争訟論は，憲法学・行政法学の両分野における基礎的な問題と関連する。

　(1)　第1に，憲法学においては，「司法権」（憲法76条1項）との関係で，いわゆる客観訴訟（機関訴訟及び民衆訴訟）を裁判所の権限に委ねることが憲法に反するか否かという議論において問題となる。

　従来の通説的見解の説くように「『主観訴訟』＝『法律上の争訟』＝『司法権』という二重の等式」（亘理格）[6]が成り立つとすれば，次のような問題が生じる。いわゆる客観訴訟が「法律上の争訟」に当たらないとすると，それは「司法権」にも含まれないことになり，裁判所は憲法上「司法権」の対象ではないはずのものを扱う権限を行使していることになる。他方で，「行政」概念について控除説に立つ場合には，この客観訴訟を扱う権限は行政権（憲法65条）に属することになり，憲法は客観訴訟を扱う権限を行政権に配分しているということになってしまう。ここに，憲法上定められた権力分立の在り方を裁判所法という法律の次元で変動させてよいのかという疑問が生じることになる。もちろん，およそ客観訴訟を扱う権限を裁判所に委ねることが結論において全て違憲であるとする見解は存在しない。しかし，その論拠を巡る議論は未だ決着を見ていないのである。

　現在法定されている機関訴訟とされるものとしては，次のものが挙げられる[7]。第1に，国等と地方公共団体間の訴訟としては，①国等の関与に関する

---

6)　亘理格「『司法』と二元的訴訟目的観」法教325号58頁以下（2007）61頁。

7)　村上裕章「客観訴訟と憲法」行政法研究4号11頁以下（2013）22-30頁の整理に拠った。各訴訟の詳細についても同稿を参照されたい。なお，同稿においては以上の他に立法論として条例の無

訴訟（地自法 251 条の 5・251 条の 6），②国等による不作為の違法確認訴訟（同法 251 条の 7・252 条），③各大臣による代執行訴訟（同法 245 条の 8）が挙げられる。第 2 に，地方公共団体相互間の訴訟としては，④境界確定訴訟（同法 251 条・251 条の 2），⑤住所の認定に関する訴訟（住基法 33 条），⑥課税権の帰属等に関する訴訟（地方税法 8 条）が挙げられる。第 3 に，地方公共団体の機関相互間の訴訟については，⑦地方公共団体の議会における選挙の投票の効力に関する訴訟（地自法 118 条），⑧地方公共団体の長と議会の紛争に関する訴訟（同法 176 条）が挙げられる。これらが「法律上の争訟」に該当しない場合には，それにも拘らずその裁判を裁判所の権限とすることの合憲性が問題となる。

　もっとも，訴訟手続が法定されたこれらの争訟のうちには「法律上の争訟」に含まれるか否かが微妙なものも含まれる。特に，国等と地方公共団体間の訴訟及び地方公共団体相互間の訴訟に関する争訟については，これらを「法律上の争訟」であると解する余地があることは夙に指摘されている[8]。仮にこれらのうちに「法律上の争訟」に含まれるものがあるとすると，今度は当該争訟をそれにも拘らず特別の手続の下に服さしめることの合憲性・合理性が別途問われなければならない。そのような争訟の存否及び範囲を明らかにするためにも，いわゆる機関争訟のうち「法律上の争訟」に含まれるものの範囲を画定するための基準が定立されなければならない。

　(2)　第 2 に，行政法学においては，「法律上の争訟」（裁判所法 3 条 1 項）との関係で，行訴法 6 条の意味における「機関訴訟」の範囲を巡る議論において問題となる。

　行訴法は，「機関訴訟」を「国又は公共団体の機関相互間における権限の存

効確認訴訟にも触れられている。

8)　たとえば，村上・前掲注 7) 31-32 頁参照。また，塩野・前掲注 2) 277 頁は，④境界確定訴訟及び⑥課税権の帰属等に関する訴訟について，「性質上は主観的訴訟に属するものではあるが，制定法上特に規定されたものとみることができる」とし，南博方ほか編『条解行政事件訴訟法（第 4 版）』（弘文堂，2014）894 頁 [山本隆司] も，④⑥について，「かつては，以上の訴訟は機関訴訟ではないと理解されていた」とする。雄川一郎は，当初『行政争訟法』（有斐閣，1957）119 頁において⑥を「地方団体がその公権たる課税権の保護を求める抗告訴訟」であるとしていたが，後に「機関訴訟の法理」『行政争訟の理論』431 頁以下（有斐閣，1986）431-433 頁 [初出 1974] において機関訴訟と解する余地を肯定した。さらに，当事者訴訟や境界に関する訴えに関し，法制度，裁判所・裁判官の考え，学説等を戦後から行訴法の制定に至るまで丹念に分析し，④を当事者訴訟とする近時の業績として，小林博志「市町村の提起する境界に関する訴えと当事者訴訟(1)(2) ——市町村間訴訟の研究」西法 48 巻 1 号 310 頁以下，2 号 114 頁以下（2015）がある。

否又はその行使に関する紛争についての訴訟」であると定義した上で（行訴法6 条），これに該当するものについて「法律に定める場合において，法律に定める者に限り，提起することができる」こととし（同法 42 条），こうして認められる訴訟について抗告訴訟又は当事者訴訟に関する諸規定を準用する（同法 43条）。立案担当官によれば，「国又は公共団体の機関相互間における権限の存否又はその行使に関する紛争についての訴訟」は「法律上の争訟」ではなく，したがって法律において特に定める場合にのみ認められるのは当然であり，行訴法 42 条はこのことを確認した規定に留まることになる[9]。しかし，行訴法 6条の定義に該当するものでも「法律上の争訟」に当たり，したがって法律の特別の根拠がなくても提起できるものがあるのではないかという疑問から，同法42 条を適用する領域を限定するべきではないかとの見解が生じている[10]。

　仮に「国又は公共団体の機関相互間における権限の存否又はその行使に関する紛争についての訴訟」であっても「法律上の争訟」に該当するものが存在するとして，それらをも行訴法上の機関訴訟に含め，「法律に定める場合において，法律に定める者に限り，提起することができる」ことにすると，行訴法42 条は裁判所法 3 条 1 項との関係で確認規定と創設規定の二様の性格を帯びることになる。すなわち，同条は，「国又は公共団体の機関相互間における権限の存否又はその行使に関する紛争についての訴訟」のうち「法律上の争訟」に該当しないものについては，同条がなくてもその出訴のためには特別の規定を要するという意味で確認規定に留まるが，「法律上の争訟」に該当するものについては，それにも拘らずその出訴のために特別の規定を要求するという規律を作り出すという意味で創設規定であることになる。問題は，このような「創設」が許されるのかという点にある。

　この問題に対する行政法学説の応対としては，「法律上の争訟」の内容を「具体的事件性と法律の適用による解決可能性」とした上で，機関訴訟と主観訴訟との境界を明確に引くことが不可能であることから，行訴法の文言を形式的に当てはめるのではなく「法律上の争訟性を直截に考察することが肝要である」（塩野宏）とする見解が一般的である[11]。すなわち，そのような「創設」

9)　杉本良吉「行政事件訴訟法の解説（2・完）」曹時 15 巻 4 号 499 頁以下（1963）556 頁。

10)　南ほか編・前掲注 8）201-202 頁，874-877 頁［山本］。

11)　塩野・前掲注 2）279 頁，269 頁。

は基本的に許されないものとされているのである。その理由としては、「主観訴訟への排除効果をもたらすことに結果するおそれ」（塩野宏）[12] があるという実践的なものや、「『裁判的保護を受けるべきそれ自身固有の地位ないし権利』を有する場合に、形式的判断のみで機関訴訟に該当すると解釈して出訴を認めないとすれば、法律が出訴資格を否定することの合憲性の問題が別途生じる」（曽和俊文）[13] という上位規範との抵触を懸念するものが挙げられる。しかし、行訴法6条を限定解釈するべき範囲（「創設」が許されない範囲）は未だ必ずしも明らかではない。

第2款　判例上の問題

　いわゆる機関争訟論の実践性は、いくつかの判例においても示されている。近年の判例において問題となる事案には国ないし普通地方公共団体が原告となるものが多いところ、国と普通地方公共団体（ないし普通地方公共団体相互）の間の争訟の扱いは地自法の改正（1999年、2012年）で広く法定された。しかし、次に述べるように、そのような争訟の中にも立法的に解決されておらずなお理論的検討を要する場面が存在する[14]。また、国と普通地方公共団体（ないし普通地方公共団体相互）の間の争訟以外にも、判例において機関争訟が問題となった事案は存在する。そこで、これらの問題に関して、今後生じ得る同種の事案の解決のための方針が示されることが望ましい。

　(1)　まず、国の普通地方公共団体に対する関与ないし都道府県の市町村に対する関与を巡る争訟については、次のように法定されたものの、なお解釈論上の問題が残っている。

　　(a)　第1に、関与を受ける側からの出訴については、1999年の地方分権一括法による改正によって一定の場合に認められた。すなわち、国の普通地方公共団体に対する関与を巡る争訟については、普通地方公共団体の長その他の執行機関は、国地方係争処理委員会（地自法250条の7第1項）に対する審査の

---

12)　塩野・前掲注2) 269頁。
13)　曽和俊文『行政法執行システムの法理論』（有斐閣、2011) 222頁［初出1991]。
14)　この点を強調するものとして、斎藤誠「行政主体間の紛争と行政訴訟」藤山雅行＝村田斉志編『新・裁判実務大系(25) (改訂版)』94頁以下（青林書院、2012)。

申出（同法 250 条の 13 第 1 項・第 2 項）を経た上で，当該申出に係る違法な国の関与の取消訴訟又は当該申出に係る国の不作為の違法確認訴訟を提起することができるようになった（同法 251 条の 5 第 1 項）。また，都道府県の市町村に対する関与を巡る争訟についても，市町村長その他の市町村の執行機関は，自治紛争処理委員（同法 251 条 1 項）の審査に付することを求める旨の申出（同法 251 条の 3 第 1 項・第 2 項）を経た上で，当該申出に係る違法な都道府県の関与の取消訴訟又は当該申出に係る都道府県の不作為の違法確認訴訟を提起することができるようになった（同法 251 条の 6 第 1 項）。

　第 2 に，関与を行った側からの出訴についても，2012 年の地自法改正によって一定の場合に認められた。すなわち，国の普通地方公共団体に対する関与を巡る争訟については大臣による普通地方公共団体の不作為の違法確認が，都道府県の市町村に対する関与を巡る争訟については都道府県の執行機関による市町村の不作為の違法確認が法定された（同法 251 条の 7 第 1 項・252 条 3 項）。

　（b）　もっとも，次のような場合にはなお解釈論上の問題が残る。

　第 1 に，普通地方公共団体の処分に対する私人の不服申立てを受けて国又は都道府県の機関が処分について審査し裁決等を行ういわゆる「裁定的関与」は地自法上の「関与」の定義から除かれているため（同法 245 条 3 号括弧書き），裁定的関与に対する訴訟の適法性についてはなお問題となる。国民健康保険の事案に関して，保険者たる大阪市が大阪府国民健康保険審査会の裁決の取消しを求めた訴えを不適法とした最判昭和 49 年 5 月 30 日民集 28 巻 4 号 594 頁と同様の事案に関する訴えが提起された場合には，この問題の解決が求められることになる [15]。また，昨今実際にこの点を 1 つの主要な争点としたものとして，沖縄県宜野湾市に置かれている米軍の普天間基地の返還・移設を巡るいわゆる辺野古問題がある。すなわち，埋立法上の埋立て承認を沖縄県知事が取り消したのに対して，沖縄防衛局長が埋立て承認取消しの取消しを求めて審査請求と併せて執行停止の申立てをし，国土交通大臣がこの申立てを受けて執行停止決定をしたところ，沖縄県知事が当該執行停止決定の取消しを求めて那覇地裁に出訴し，併せて執行停止も申し立てたのである [16]。

15）　この点を指摘するものとして，山本隆司「判批」地方自治百選（第 4 版）196 頁以下（2013）
　　196-197 頁。
16）　2016 年 3 月 4 日の和解を受けて本件訴えは取り下げられた。辺野古問題については，紙野健

　第2に，関与に関する審査の申出の前提となる「是正の要求」等（同法250条の13第1項・251条の3第1項・245条1号ハ）がなされていない段階では上述の制度には乗らず，この場合に関与を受け得る側からの訴訟の適法性についてはなお問題となる。この問題が露呈したのが，住基ネットワークシステムの事案に関して，杉並区が「杉並区民のうちの通知希望者に係る本人確認情報を住基ネットを通じて送信する場合に……これを受信する義務」を東京都が負うと主張して，東京都に対しその受信義務の確認を求めた訴えを不適法とした東京高判平成19年11月29日判例地方自治299号41頁であった[17]。

　第3に，関与を行った側からの訴訟についても，違法確認以外の訴訟類型（取消訴訟，義務付け訴訟，差止め訴訟等）が許容されるか否かについては法定されていない。これと同様の問題が生じ得る事案に関するものとして，情報公開の事案に関して，国が那覇市の情報公開決定の取消しを求めた訴えを不適法とした最判平成13年7月13日訟月48巻8号2014頁を挙げることができよう[18]。

　(2)　次に，国と普通地方公共団体（ないし普通地方公共団体相互）の間の争訟以外の場面においても，行政主体（ないしその機関）相互の間の争訟が生じ得るものの，これらの場合の訴訟の可否が明文で定められていることは少なく，訴訟の適法性の問題が生じる。たとえば，町選挙管理委員会が県選挙管理委員会の選挙無効裁決の取消しを求めた訴えを不適法であるとした最判昭和24年5月17日民集3巻6号188頁，土地改良区が県選挙管理委員会の選挙無効裁決の取消しを求めた訴えを不適法であるとした最判昭和42年5月30日民集21巻4号1030頁が挙げられる[19]。

　　二＝本多滝夫編『辺野古訴訟と法治主義──行政法学からの検証』（日本評論社，2016）に詳しい。裁定的関与に対する訴訟の適法性については，人見剛「自治体の争訟権について」同59頁以下参照。

17)　この点を指摘するものとして，阿部泰隆「区と都の間の訴訟（特に住基ネット訴訟）は法律上の争訟に当たらないか（下）」自研83巻1号3頁以下（2007）17頁。また，西上治「行政事件の再定位？──杉並区住基ネット訴訟を巡って」法時89巻6号35頁以下（2017）も参照されたい。

18)　もっとも，原審（福岡高那覇支判平成8年9月24日行集47巻9号808頁）が当該訴えの「法律上の争訟」性を否定したのに対して，最高裁は国の「建物の所有者として有する固有の利益」を理由として「法律上の争訟」性を肯定しつつも，原告適格を否定することで当該訴えを不適法であるとしている。

19)　このような事案においては，行政主体の出訴資格のみならず，不服申立権も問題になることがある。もっとも，本書は後者の問題に正面から取り組むものではない。行政庁・行政主体の不服申立権について，戦前・戦後の裁判例・学説を詳細に検討する近時の業績として，小林博志「処分

　また，行政主体（ないしその機関）相互の間の争訟ではないが，広くいわゆる機関争訟に及び得る法理を展開したものとして，市が私人に行政上の義務の履行を求めた訴えを不適法であるとした最判平成 14 年 7 月 9 日民集 56 巻 6 号 1134 頁が挙げられる。周知の如く，同判決は「国又は地方公共団体が専ら行政権の主体として」訴える場合には「法規の適用の適正ないし一般公益の保護」を目的とするものであるから「法律上の争訟」には含まれないとしている。

　(3)　さらに，昭和 20 年代から 30 年代にかけては，地方公共団体内部における争訟に関する訴えの適法性が判例上問題となることが多かった。この種の争訟については，議会における選挙の投票の効力に関する訴訟を一定の場合に認める地自法 118 条，議会の議決又は選挙の違法を長が争う訴訟手続について定める同法 176 条を除けば，訴訟の許容性は明文で規定されていない。近年はこうした事案が議論になることは少ないが，早い時期に形成された判例法理によって訴えの適法性が否定され，当該法理が疑われていないために出訴がされていないだけである可能性は否定できず，潜在的な争訟はなお存在し得るように思われる。この種の事案が判例上問題となったものとしては，議員が市長（及び市）に対して市議会の議決無効確認を求めた訴えを不適法とした最判昭和 28 年 6 月 12 日民集 7 巻 6 号 663 頁，議員が村議会に対して自らの出席停止の懲罰の無効確認を求めた訴えを不適法であるとした最大判昭和 35 年 10 月 19 日民集 14 巻 12 号 2633 頁等が挙げられる。

第 3 節　本書の構成

　第 2 節で示した状況も踏まえつつ，第 1 節で示した目的を達成するため，本書は，次のような構成を採る。

　第 1 章は，我が国における従来の議論を分析し，本書が取り組むべき問題を抽出する。まず，具体的な検討に先立ち基本的な概念の整理を行った上で，判例・学説がいわゆる機関争訟の「法律上の争訟」性を否定する際に用いている論拠を確認・整理することで，機関争訟論の問題構造を明示する。ここで，い

庁・行政主体の不服申立権と出訴権」西法 48 巻 3 = 4 号 480 頁以下（2016）がある。

わゆる国家法人説がそれらの論拠の重要な理論的基礎を成していることが確認される。もっとも，戦後の我が国においては同説についての議論の蓄積が乏しいことから，検討の素材は同説の故郷たるドイツ公法学に求められることになる。

　第2章は，国家法人説の母国たるドイツ公法学を訪ね，国家の法人格の意味内容を検討する。その結果，国家法人格は本質概念としてではなく技術概念としてのみ理解されるべきであること，法人格概念の相対化により機関の法人格も語り得るものであること，したがって国家法人説から演繹して機関訴訟の原則的否定を直接的に導くことはできず，機関訴訟の許容性の判断は訴訟要件や機関ないしその権限を定める個々の実定法の解釈に拠るべきであること，機関の権限の内容の解釈の際にはむしろ組織としての国家の理解が重要であることが示される。

　第3章は，機関訴訟の許容性を具体的な実定法の解釈論として展開しているドイツ機関争訟論を分析する。ドイツにおいては，この問題は行政裁判所法の解釈の問題として，すなわち，行政主体ないしその機関の有する権限が同法によって行政訴訟のために要求されている権利たり得るのか否かという問題として現れる。特に機関に関してこの問題に肯定的に答える際の障害は，伝統的な理解によれば，権利概念は利益をその要素に含むところ，機関はその権限を自己の利益のために行使するのではないという点にある。この点を克服するための方策は，権利不要型・利益承認型・利益不要型の3つのアプローチに便宜上これを分類することができる。そこで，ドイツにおける機関争訟に関する制度の歴史・現状，及びそれらに関する議論を簡単に確認した後に，それぞれのアプローチを紹介・検討する。

　終章は，本書の成果を要約し，さらなる課題遂行の展望を示す。これにより，機関争訟の「法律上の争訟」性を判断するための一定の指針が明らかになり，当該指針を精緻化・正当化するために必要な作業及びその見通しが示されるはずである。最後に，検討の主題とされた機関争訟の「法律上の争訟」性以外の問題領域に本書がもたらし得る示唆を述べる。

第1章　問題の抽出

本章は，我が国における判例・学説を分析し，機関争訟論の構造を明示することで，本書が取り組むべき問題を抽出することを目的とする。

第1節　概念の整理

本節は，「機関争訟」の概念と「法律上の争訟」の概念とを明確化することを目的とする。本書は機関争訟の「法律上の争訟」性を検討するものであるから，その前提として，少なくとも検討の出発に耐え得る程度にはこれら両概念が明確化されなければならない。

第1款　「法律上の争訟」の概念

本款は，「法律上の争訟」の概念を明確化することを目的とする。「法律上の争訟」性を論ずる際には，裁判所の権限の「中核」部分を問題としているのか，その「周辺」部分を問題としているのかを峻別しなければならない。「中核」の内容は「具体的事件性」と「法令の適用による解決可能性」として理解されるのが通例であるところ，このうちの「具体的事件性」については，伝統的には私権保護目的の場合に限って肯定されるとされてきた。もっとも，近年この点には批判が多い。

第1項　「中核」と「周辺」

「法律上の争訟」性を論ずる際には，裁判所の権限のうち，憲法上の要請に基づく「中核」部分（裁判所に当該権限が委ねられなければ違憲となるもの）に含まれるか否かを問題としているのか，立法政策に基づく「周辺」部分（裁判所

に当該権限が委ねられても委ねられなくても違憲とはならないもの）に含まれるか否かを問題にしているのかを，意識的に区別しなければならない。

　⑴　通説的見解は，裁判所法 3 条 1 項の「法律上の争訟」と憲法 76 条 1 項の「司法権」とを一致させた上で，「法律上の争訟」性に関する「当事者間の具体的な権利義務ないし法律関係の存否に関する紛争であって，且つそれが法律の適用によって終局的に解決し得べきもの」[1] という判例の定式化（「具体的事件性」と「法令の適用による解決可能性」）[2] を受け入れ，「法律上の争訟」ないし「司法権」に関する議論を専らこの定式に従って展開してきた。

　しかし，いわゆる客観訴訟（機関訴訟及び民衆訴訟）の位置付けを巡って，上記の定式化には疑問が呈されることになった。客観訴訟が「法律上の争訟」に当たらないとすると，それは「司法権」にも含まれないことになり，裁判所は憲法上「司法権」の対象ではないはずのものを扱う権限を行使していることになる。他方で，「行政」概念について控除説に立つ場合には，この客観訴訟を扱う権限は行政権（憲法 65 条）に属することになり [3]，憲法は客観訴訟を扱う権限を行政権に配分しているということになってしまう。ここに，憲法上定められた権力分立の在り方を裁判所法という法律の次元で変動させてよいのかという疑問が生じることになる [4]。

　この問題は，「『主観訴訟』＝『法律上の争訟』＝『司法権』という二重の等式」（亘理格）[5] が，十分な理論的検討を経ることなく定着してしまったことに端を発する [6]。その 1 つの契機は，戦後通説的見解を形成したところのいわゆ

---

1)　たとえば，最判昭和 28 年 11 月 17 日行集 4 巻 11 号 2760 頁，最判昭和 56 年 4 月 7 日民集 35 巻 3 号 443 頁。

2)　塩野宏『行政法 II（第 5 版補訂版）』（有斐閣，2013）279 頁参照。

3)　佐藤幸治『現代国家と司法権』（有斐閣，1988）246 頁［初出 1985］も，一般的理解としては，客観訴訟は行政作用であるとする。

4)　この問題と学説の応答の適切な要約として，南野森「司法権の概念」安西文雄ほか『憲法学の現代的論点（第 2 版）』169 頁以下（有斐閣，2009）。長谷部恭男「司法権の概念──『事件性』に関する覚書」ジュリ 1400 号 4 頁以下（2010），村上裕章「客観訴訟と憲法」行政法研究 4 号 11 頁以下（2013）32-38 頁も参照。

5)　亘理格「『司法』と二元的訴訟目的観」法教 325 号 58 頁以下（2007）61 頁。石川健治「トポスとしての権利侵害論──司法権の自己同一性論との関連で」法教 327 号 48 頁以下（2007）49 頁に言う「『司法権』＝『事件性』＝『主観訴訟』のトリアーデ」に相当する。

6)　杉井俊介「日本における主観訴訟と客観訴訟の概念の系譜(1)」自研 92 巻 2 号 111 頁以下（2016）112 頁は，「主観訴訟と『法律上の争訟』を等式で結ぶ理解に対して，今日では様々な批判

る「田中・兼子理論」[7] にこれを求めることができる[8]。兼子一は，新憲法の定める「司法権」には旧憲法下における民事事件・刑事事件に加えて行政事件が含まれると立論する際に，従来の民事訴訟との連続性の上に司法権を捉えた節がある。すなわち，兼子は，行政事件を「刑事関係以外の公法上の法律関係が紛争の対象となっている争訟」であると定義し，これに「行政処分によってその利益を害された者がその違法を主張する不服訴訟としての，行政処分の取消又は変更の請求」（抗告訴訟）及び「公共団体相互間の権限に関する争のような当事者間の公法上の権利関係の確定を求める当事者訴訟」を含めつつ[9]，「国の主務大臣の府県知事に対する職務執行請求訴訟」（当時の地自法 146 条）や「地方議会の行う選挙や資格決定に対する出訴」（地自法 118 条 5 項・127 条 4 項）はこれに含めなかった[10]。ここから，「行政訴訟においても，民事訴訟の一般の場合と同様に，その対象は権利をめぐる争い，したがって行政活動による権利毀損をめぐる争いでなければならない」[11] という理解[12] が定着することになる[13]。

が存在するが，両者がなぜ等式で理解されるようになったのか，そもそも本来的に両者は結びつく概念なのか，という点については必ずしも明らかにされているわけではない」とする。

7)　「田中・兼子理論」という用語法と概要については，小早川光郎『行政訴訟の構造分析』（東京大学出版会，1983）246-248 頁［初出 1978］参照。この用語法を踏襲するものとして，南野・前掲注 4）75 頁，角松生史「行政法との関係」法セ 612 号 33 頁以下（2005）33 頁。

8)　この点に関する田中の見解については，村上裕章「日本における客観訴訟論の導入と定着」法政 82 巻 2 = 3 号 519 頁以下（2015）549-551 頁参照。

9)　兼子一『民事法研究 II』（酒井書店，1954）77 頁［初出 1948］。

10)　兼子・前掲注 9）168 頁［初出 1953］。

11)　小早川・前掲注 7）247 頁。

12)　こうした理解は，学説史的に見て決して自明のものではない。杉井・前掲注 6）113-122 頁は，旧憲法下において「主観」・「客観」の概念が如何なる意義・目的で用いられていたかについて，織田万・穂積八束・宮沢俊義の学説を丹念に検討した上で，「列記主義の下では提訴可能な訴訟形態が全て法定されていることもあり……，織田説や宮澤説が類型的意義を有していたことは確かであるが，同時にそれは類型論の域を越えた実践的意義を有するものではなかったように思われる」とする。ここからは，主観訴訟・客観訴訟の区別から出訴資格の有無という実践的帰結を導くことは必ずしも想定されていなかったことが窺われる。また，村上・前掲注 8）は，学説史を辿り，「明治憲法下においては，客観訴訟論は理論的な意義を有するにとどまっていたが……現行憲法下の早い時点において，田中二郎及び雄川一郎という戦後の通説を形成した論者によって，それが『法律上の争訟』概念と結び付けられた」ことを明らかにしつつ，「『法律上の争訟』は訴訟の対象に関わる問題であるのに対し，客観訴訟論は訴訟目的に関わる問題であるから，両者を直結させることには論理的に問題がある」とする（同 553 頁）。

13)　杉井俊介「日本における主観訴訟と客観訴訟の概念の系譜(2)」自研 92 巻 3 号 105 頁以下

（2）　もちろん，このように民事訴訟をその範型として司法権が理解されたからと言って，いわゆる客観争訟の裁判を司法権に委ねることはおよそ違憲であるとする学説は見られない[14]。学説は，むしろこの事態を合憲であるとするための種々の方策を提案してきたのである[15]。そのような方策としては，大きく分けて 3 つのものが挙げられる。第 1 に，《「主観訴訟」＝「法律上の争訟」＝「司法権」》という二重の等式を維持した上で，一部の客観訴訟は主観訴訟と近似しているためにこれを裁判所の権限に含めても違憲ではないという方策であり，第 2 に，「主観訴訟」と《「法律上の争訟」＝「司法権」》とを切り離すという方策であり，第 3 に，《「主観訴訟」＝「法律上の争訟」》と「司法権」とを切り離すという方策である。

　　（a）　第 1 の方策を採るものとしては，佐藤幸治の見解が挙げられる。佐藤は，「『客観訴訟』の裁判は本来の『司法権』ならざるものの付加的付与である」[16] としつつも，一定の条件を満たす場合には「司法権」ならざるものを法律で裁判所に付与してもよいとする。その条件とは，「①付与される作用は裁判による法原理的決定の形態になじみやすいものでなければならず，②その決定には終局性が保障されるものでなければならない」[17] というものであり，①については「『事件・争訟性』を擬制するだけの内実を備えていること」[18] が必要であるという。ここでは，いわゆる客観訴訟のうちにも「事件・争訟性」を擬制できるほど主観訴訟と近似しているものが存在することを前提に，そうした近似性の故に，それらの訴訟の解決を裁判所に委ねることは違憲ではないとされているのである。

　もっとも，佐藤の見解は，いわゆる客観訴訟はこれを裁判所の権限としなければ違憲となることまでをも主張するものではない。確かに，「裁判を受ける権利」（憲法 32 条）によって基礎付けられる領域に含まれる訴訟（＝主観訴訟）

　（2016）105-113 頁は，新憲法下における「主観」・「客観」概念の定義・機能の展開をより詳細に跡付けており参考になる。

14）　君塚正臣「司法権定義に伴う裁判所の中間領域論──客観訴訟・非訟事件等再考(1)」横法 22 巻 3 号 143 頁以下（2014）159 頁も同様の認識を示す。

15）　この問題に関する近時の業績として，君塚・前掲注 14）がある。

16）　佐藤・前掲注 3）252 頁。

17）　佐藤・前掲注 3）250 頁。

18）　佐藤・前掲注 3）251 頁。

については，その裁判の権限を裁判所から奪うことは違憲の問題を生じさせる。しかし，佐藤によれば，如何に「事件・争訟性」が擬制可能なほど主観訴訟と近似している場合であっても，客観訴訟については「法律で裁判所に付与してもよい」とされるに留まる。ここでは，裁判所にその裁判の権限がなければ違憲となる争訟の集合と，裁判所にその裁判の権限を委ねても違憲とはならない争訟の集合とが峻別された上で，客観訴訟は後者に属することが論証されているのである[19]。

　　(b)　第 2 の方策を採るものとしては，中川丈久の見解が挙げられる。中川は，《「法律上の争訟」＝「司法権」》の等式を維持しつつ，「その両者を，コア部分とフリンジ部分から成る同心円構造で理解すること，主観的訴訟と客観的訴訟の区別は，そのコアとフリンジの違いに対応する（つまり，客観的訴訟も司法権＝法律上の争訟の範囲内である）という理解」[20]を提唱し，このフリンジについては法律によって抑制することがあり得るとする[21]。ここでは，「民事事件とは異質なものとしての行政事件の裁判を，正面から司法権に統合しようとする試み」（宍戸常寿）[22]がなされていると理解されよう。

　　(c)　第 3 の方策を採るものとしては，高橋和之の見解が挙げられる[23]。

---

19)　《「主観訴訟」＝「法律上の争訟」＝「司法権」》という二重の等式を維持する見解としては，他に野中俊彦の見解が挙げられる。野中は，「事件性要件緩和論」によって，「少なくとも現行の代表的な客観訴訟については，これらをいずれも『司法』に属すると解して妨げない」として，「司法権」の中に少なくとも現行法上機関訴訟とされるものを包含する（同「司法の観念についての覚書き」杉原泰雄古稀『21 世紀の立憲主義――現代憲法の歴史と課題』425 頁以下（勁草書房，2000）436-438 頁）。もっとも，ここで検討されているのは，選挙無効訴訟・当選無効訴訟，住民訴訟，職務執行命令訴訟に留まる。同説については，「機関訴訟を主観訴訟だと観念するのは，いかにも強弁の感を免れない」（安念潤司「司法権の概念」大石眞＝石川健治編『新・憲法の争点』250 頁以下（有斐閣，2008）251 頁）という批判がある。

20)　中川丈久「国・地方公共団体が提起する訴訟」法教 375 号 92 頁以下（2011）107 頁。

21)　中川・前掲注 20）107-108 頁。同「行政事件訴訟法の改正――その前提となる公法学的営為」公法 63 号 124 頁以下（2001）も参照。同様の方針を示すものとして，藤井俊夫『司法権と憲法訴訟』（成文堂，2007）40 頁以下。なお，中川は法律の他に「裁判所自身の考慮によって」抑制することもあり得るとするが，裁判所自身の考慮による抑制も法律の解釈という形を採るものと思われるから，本文においては法律による抑制に代表させた。

22)　宍戸常寿「司法のプラグマティク」法教 322 号 24 頁以下（2007）28 頁。同稿は，「こうした司法権に関する最近の学説の動向は，正しい方向を志向していると考える」とする。

23)　高橋の見解とは若干異なるものの類似した方針を示すものとして，野坂泰司「憲法と司法権――憲法上の司法権の捉え方をめぐって」法教 246 号 42 頁以下（2001）。両者の同異については，南野・前掲注 4）182-184 頁参照。

高橋は，司法の観念についてその法的性質と作用の及ぶ対象を分けた上で，前者に基づいて司法を「適法な提訴を待って，法律の解釈・適用に関する争いを，適切な手続の下に，終局的に裁定する作用」であると定義し[24]，「法律上の争訟」とはその作用の及ぶ対象の一領域に過ぎず，機関訴訟を含む客観訴訟は「その他法律において特に定める権限」（裁判所法3条1項）に基づいて，しかしあくまで「司法権」の一部として認められるとする。さらに，高橋によれば，このうちの「法律上の争訟」は憲法32条の「裁判を受ける権利」に基づくものであるのに対し，それ以外の「個々の国民が実体的権利をもつわけではない法的争い」は，その「裁定を司法権に与えるのかどうかは，まったく立法政策の問題」であるという[25]。

(3)　以上の3者の見解の同異として重要であるのは，次の3点である。

第1に，いずれの見解においても，裁判所の権限に含まれるものが憲法上の要請に基づく「中核」部分（裁判所に当該権限が委ねられなければ違憲となるもの）と立法政策に基づく「周辺」部分（裁判所に当該権限が委ねられても委ねられなくても違憲とはならないもの）とに峻別されている。何らかの争訟が「法律上の争訟」に含まれるか否かを論ずるに当たっては，このうちの「中核」を問題にしているのか「周辺」を問題にしているのかを意識的に区別しなければならない。というのも，「周辺」に該当する場合は裁判所に当該権限が委ねられても違憲とはならないとされるに留まるのに対し，「中核」に該当すると裁判所に当該権限を委ねなければ違憲となることからして，両者は議論の次元を異にするからである[26]。

第2に，第1点に関連して，佐藤及び高橋において何らかの争訟が「法律上の争訟」に含まれるとされる際には，それは裁判所の権限の「中核」に含まれることを意味するのに対し，中川において何らかの争訟が「法律上の争訟」に

---

24)　高橋和之『現代立憲主義の制度構想』（有斐閣，2006）150頁［初出1995］。

25)　高橋・前掲注24）157頁。

26)　同じく「ある一定の紛争を裁判所が引き受けないことが違憲であるという範囲の紛争はどういうものかというレベルの憲法論」と「一定の権限を裁判所に付与した場合に，当該権限の付与が憲法違反になるのはいかなる場合かというレベルの憲法論」との相違を強調するものとして，阿部泰隆ほか「自治権侵害に対する自治体の出訴適格」兼子仁＝阿部泰隆編『自治体の出訴権と住基ネット——杉並区訴訟をふまえて』43頁以下（信山社，2009）67頁［曽和俊文］。同様に，駒村圭吾『憲法訴訟の現代的転回——憲法的論証を求めて』（日本評論社，2013）347頁［初出2012］は，両者を「要請領域」と「許容領域」として区別する。君塚・前掲注14）155頁も参照。

含まれるとされても，中川の言う「コア」と「フリンジ」の区別に応じて，そ
れは裁判所の権限の「中核」に含まれることも「周辺」に含まれることも意味
し得る。この相違は，3者における「司法権」・「法律上の争訟」及び「主観訴
訟」の諸概念の包含関係の相違に基づく[27]。

　第3に，第2点に関連して，3者の見解は，いわゆる機関争訟と「司法権」
及び「法律上の争訟」の概念との位置関係において異なる。すなわち，機関争
訟は，佐藤においては「『司法権』ならざるもの」とされていることから明ら
かであるように《「司法権」＝「法律上の争訟」》の外側にあり[28]，中川にお
いては《「司法権」＝「法律上の争訟」》の内側にあり，高橋においては「司法
権」の内側にはあるものの「法律上の争訟」の外側にある。しかし，このよう
な相違点にも拘らず，3者の見解のいずれにおいても，論証されているのは機
関争訟が裁判所の権限の「周辺」に属することである点に注意を要する[29]。

第2項　「中核」の内容

　裁判所の権限の「中核」という意味における「法律上の争訟」の内容は，
「具体的事件性」と「法令の適用による解決可能性」として理解されてきた。
このうちの「具体的事件性」については，私権保護目的の場合に限定する「私
権保護限定ドグマ」が有力な学説の流れであった。もっとも，この点について
は近年反対が強い。なお，「法律上の争訟」性を否定する際には，従来異なる
次元の論拠が絢交ぜになって論じられてきた。

　(1)　第1項に見たように，学説は，「法律上の争訟」性を《主観争訟＝「具
体的事件性」と「法令の適用による解決可能性」》として理解してきた。そし
て，そこでいう「具体的事件性」については，これを私権の保護を目的とする
場合に限って肯定するのが有力な思考パターンであったと言ってよい[30]。こ

---

27)　図式化すれば，佐藤の見解によれば，裁判所の権限＝《「主観訴訟」＝「法律上の争訟」＝「司
　　法権」》＋α，中川の見解によれば，《裁判所の権限＝「法律上の争訟」＝「司法権」》＝主観訴訟
　　＋α，高橋の見解によれば，《裁判所の権限＝「司法権」》＝《「主観訴訟」＝「法律上の争訟」》＋
　　αとなる。

28)　佐藤・前掲注3) 252頁，同『憲法（第3版）』（青林書院，1995）298頁。

29)　佐藤幸治『日本国憲法論』（成文堂，2011）588頁も中川丈久説を好意的に紹介する。

30)　たとえば，雄川一郎「機関訴訟の法理」『行政争訟の理論』431頁以下（有斐閣，1986）464頁
　　［初出1974］，藤田宙靖『行政法総論』（青林書院，2013）403-404頁。

のことを最も明確に示したのが，次節第2款第2項に見る最判平成14年7月9日民集56巻6号1134頁である。

　もっとも，このように「具体的事件性」を私権保護目的に限定することに疑問を呈し，あるいは反対する有力な学説も存在する[31]。特に，上記最高裁判決に対する学説のほぼ一致した反対（次節第2款第2項参照）は，「具体的事件性」の私権保護目的への限定が実はそれほど堅い理論的基礎を有するものではないことを露呈した[32]。すなわち，「法律上の争訟」の「意味をめぐっては鋭い対立が存在しており，今日において共通の了解が成立しているわけではない」（亘理格）[33]のである。

　(2)　この点を近年体系的に論じたのが亘理格である。亘理は，「主観訴訟＝法律上の争訟＝司法権」とする通説に対して，「行政紛争が多様化し，その中には，主観訴訟概念によっては捉え得ないが訴訟手続による解決に相応しい紛争が多く含まれるのではないか」，「法治主義の実現を徹底すべきであるとの要請を考慮すれば，行政の適法性確保の要請を従来よりも重視する必要があるのではないか」[34]，「『法律上の争訟』該当性の判断を実質的に左右すべきであるのは，個々の事案の紛争実態に照らして独立の裁判所による公開・対審性を具えた訴訟手続による解決に相応しいか否かという判断なのであり，具体的な権利義務に関する争いか否かという問題は，かかる判断の重要な標識ではあり得ても絶対不可欠の判定基準とまで言うべきものではないのではないか」[35]として問題を提起する[36]。

---

31)　たとえば，曽和俊文『行政法執行システムの法理論』（有斐閣，2011）216頁［初出1991］，南博方ほか編『条解行政事件訴訟法（第4版）』（弘文堂，2014）877頁［山本隆司］。

32)　杉井・前掲注13）116-117頁は，本判決の意義を「従来の学説が十分に検討することなく，半ば無意識的に前提としてきた『トリアーデ』の定式の理論的問題を顕在化するとともに，主観訴訟・客観訴訟を含む従来の通説的見解に対する再考察を促す1つの契機となったこと」に求める。

33)　亘理格「法律上の争訟と司法権の範囲」磯部力ほか編『行政法の新構想III』1頁以下（有斐閣，2008）2頁。

34)　亘理・前掲注33）12頁。

35)　亘理・前掲注33）15頁。

36)　曽和・前掲注31）214-215頁も，最高裁の「法律上の争訟」の定義について，「この定義は典型的な民事訴訟を念頭においた場合には妥当するものであっても，刑事訴訟や行政訴訟にただちにそのまま妥当するものではない。したがって，刑事訴訟や行政訴訟をも司法権の対象であって『事件』性を持つというならば，当事者の概念は広く解する必要があり，国民の権利義務に関する紛争という要素は必ずしも『事件』性概念の必須の要素といえないとも思われる」とし，民事訴訟モデ

　亘理によれば，「訴訟制度の目的を私的権利義務関係を対象とした私権保護のための制度へと限定的に捉える」理解は「片面的な訴訟理解であり，私人間の一般民事訴訟モデルに過度に拘泥した考え方」[37]である。これに対し，行政事件においては，「公共の利益ないし法律上の目的を適正に実現するという公的責任の下で行政機関がなすべき権限の行使・不行使とそれにより何らかの影響を受けることとなる国民の権利利益とが対置されるのであって，一般民事訴訟のように権利義務の対立関係が存在するわけではない」という「行政に対する法的規律の構造的特質」[38]が存在する[39]。そうであれば，民事訴訟モデルから脱却した新たな「法律上の争訟」論が俟たれるところであろう[40]。

ルから脱却した新たな「事件性」したがって「法律上の争訟」の理解の必要性を指摘する。その上で，同216頁は，「地方公共団体の提訴する行政訴訟においては，国民の権利・義務をめぐる紛争という要素がなくとも，①具体的対立性，②法的保護に値する利益の侵害の存在，③法律の適用による紛争の解決可能性，④判決の終局性の4要件がある限り，これを憲法上の『事件』性を満たす紛争としてとらえてもよいのではないか」としている。また，阿部ほか・前掲注26）59頁［高木光］も，「個人の権利義務というものを基礎づけに，法律上の争訟を説明するというのは，民事関係についてはまさにそれでいいのでしょうけれども，憲法事件や行政事件の場合は，そうでないものも当然あるはずです」とする。

37)　亘理・前掲注33）26頁。

38)　亘理・前掲注33）25頁。

39)　山岸敬子『客観訴訟の法理』（勁草書房，2004）は，現行の取消訴訟の客観訴訟的性格の論証を試み（85頁以下［初出1999］），「裁判官の解釈操作によって，取消訴訟を民衆訴訟化することは可能である。現代的な紛争解決の現実的必要性が，取消訴訟の客観化を強く要請している」（176頁［初出1998］）とする。

40)　このような観点から亘理が説く「行政訴訟の特質に即した『法律上の争訟』概念」は，次のようなものである。曰く，「適法性の確保という制度目的にも配慮した概念構成を図る必要があることに加え」，「第1に，『権利義務に関する争い』を必要条件とするのではなく，独立の裁判所により当事者対等の原則に基づく公正手続により紛争解決が図られるという，司法作用が組織的・手続的に有する固有の特性に応じて，それに相応しい紛争を『法律上の争訟』と捉え，司法権の対象に組み込むという考え方への発想の転換を図るべき」であり，「第2に，抗告訴訟における『事件性』・『法律上の争訟』性の概念については，権利義務関係性を抜き取り，適法性をめぐる具体的争訟性を基準として決すべき概念へと再構成する必要がある」（亘理格「行政訴訟の理論——学説的遺産の再評価という視点から」公法71号65頁以下（2009）72頁）。「法律上の争訟」該当性を組織・手続の観点から判断しようとするものとして注目に値する。

　　また，山岸・前掲注39）も，主観訴訟（主に取消訴訟）と客観訴訟（主に民衆訴訟）の区別を純粋に手続的に捉えようとしており，その限りで亘理の見解と相通ずる。曰く，「行政法上の取消訴訟は，あくまでも主観的権利保護制度の枠内に存する。そうであるとすれば，主観的権利保護訴訟手続きの中で実現しうる客観訴訟的利益保護が，行政法上の取消訴訟における客観性の限界である」（178頁［初出1998］），「取消訴訟における訴えの利益の限界を画するものは，原告が保護を求める利益の内容・性質——例えば，経済的利益か健康被害か——でもなく，原告の限定性——例え

（3）　なお，「法律上の争訟」性の内容を「具体的事件性」と「法令の適用による解決可能性」として理解するのであるなら，「法律上の争訟」性を否定するためには，これら2要件の少なくとも一方を否定しなければならないはずである。しかし，次節以降で分析されるように，従来の判例・学説において「法律上の争訟」性が否定される際には，必ずしもこれら2要件に引き付けて論じられてきたわけではないことに注意を要する。とりわけ，いわゆる機関争訟の文脈においては，①「具体的事件性」を否定するもの，②これら2要件の充足の有無に拘らず他の制度上の要請により外在的に「法律上の争訟」を縮減するもの，③そもそも「司法権」には一定の限界があることを前提に，この限界の外側にあることを以て「司法権」に含まれることを否定し，そのことから「法律上の争訟」性を否定するもの等，異なる次元の論拠が綯交ぜになって論じられてきたのである[41)42)]。

第2款　「機関争訟」の概念

本款は，「機関争訟」の概念を明確化することを目的とする。

まず，「機関争訟」の概念に含まれる「争訟」の概念について，「訴訟」概念との対比において，何らかの法律関係に関する争いの裁断手続ないしその対象

ば，市民のすべてに関わる問題か地域限局的か──でもなく，原告の主張する利益が，取消訴訟のために定められた訴訟手続の中で保護を可能とするものであるか否かである。当該利益の保護と取消訴訟制度のための訴訟要件・審理手続・判決の効力等々との適合性である」（180頁［初出1998]）。

41)　塩野宏「地方公共団体の出訴資格」『行政法概念の諸相』361頁以下（有斐閣，2011）364頁［初出2009]も，「国や自治体などの行政主体相互の関係については……もともと司法権の範囲に入らない，ひいては法律上の争訟に当たらないという理解の下に，自治体の出訴資格が論ぜられていることに留意する必要がある。つまり，法律上の争訟に当たらないから司法裁判所の管轄外となるという論理と，司法権の概念にはもともと限界があり，その限界を超える争いは法律上の争訟に当たらないという論理が絡み合っているのである」とする。

42)　ただし，②③の論拠は，「法律上の争訟」性自体を否定するものではなく，「法律上の争訟」に当たる争訟について，他の制度上の要請ないし司法権の限界からして司法審査を否定するものであると理解することも可能である。しかし，こうした論拠が妥当する場面においては，裁判所法3条1項の「法律上の争訟」も限定解釈されるべきであり，その結果として「法律上の争訟」自体も縮減されると解釈することもできよう。本書は，こうした意味において②③の場合に「『法律上の争訟』性が外在的に縮減される」ないし「司法権の限界からして『法律上の争訟』性が否定される」という表現を用いる。

たる紛争をその裁断機関を問わずに「争訟」と呼ぶことにする。

　次に,「機関争訟」は,「制度上・技術上の問題」としてこれを捉えるか,「理論上の問題」としてこれを捉えるかにより,「行訴法上の機関争訟」と「理論上の機関争訟」とに区別される。本書は,行訴法 6 条にいう「国又は公共団体の機関相互間における権限の存否又はその行使に関する紛争」を「行訴法上の機関争訟」と呼び,「行政主体ないし行政機関が両当事者として,当事者の権限の存否又はその行使に関して争う紛争」を「理論上の機関争訟」と呼ぶ。さらに,「理論上の機関争訟」のうち,同一の行政主体内の行政機関相互の間の争訟を「典型的機関争訟」と呼び,異なる行政主体相互ないしその機関相互の間の争訟を「非典型的機関争訟」と呼ぶ。

　「理論上の機関争訟」の定義に含まれる「行政主体」・「行政機関」・「権限」の概念についてもその内容の明確化が問題となる。本書は,「行政主体」は従来「公法人」・「公共団体」・「独立行政法人」・「行政主体」と言われてきたものを広く含む概念としてこれを定義し,「行政機関」は「行政主体の一部として,当該主体の外部に対する意思形成ないし当該意思形成過程においてその機関間で表明される意思形成のための権能を法によって割り当てられた法的地位」として「機関担当者」とこれを区別し,「権限」は「それが属するところの行政主体の意思ないし当該意思形成過程において機関間で表明される意思の形成のために法が行政機関に与えた権能」として「権利」とこれを区別する。

第 1 項　「争訟」と「訴訟」

　「機関争訟」の概念を明確化するに当たり,まず,「争訟」概念と「訴訟」概念について確認しておく。すなわち,本書においては,何らかの法律関係に関する争いの裁断手続ないしその対象たる紛争をその裁断機関を問わずに「争訟」と呼び,そのうち(一定の手続の下に)裁判所が裁断するものを「訴訟」と呼ぶことにする。

　(1)　雄川一郎・塩野宏・藤田宙靖はいずれも,何らかの法律関係に関する争いの裁断をその裁断機関を問わずに「争訟」と呼び,そのうち(一定の手続の下に)裁判所が裁判するものを「訴訟」と呼ぶ。すなわち,雄川は,「広く行政上の法律関係に関する争訟」は,「争訟の裁断機関の如何」を問わず,これを「行政争訟或は行政上の争訟」と呼ぶことができるとし,これに対して,

「行政訴訟」とは，一般の行政争訟より狭い概念であり，「行政争訟の裁断に当る機関が特に裁判所の構造を有し，訴訟手続でその裁判をなす場合」を指すとする[43]。同様に，塩野も，「上位概念として行政争訟の語を用い，行政機関の行う裁断手続を行政過程における行政争訟，裁判所の行うものを行政訴訟ないし行政事件訴訟という」[44]としており，藤田も，「行政活動の裁判的コントロールを問題とする行政訴訟法」と「行政上の不服申立て等を問題とするいわゆる『狭義の行政争訟法』」とを合わせて「一般的に行政争訟法と呼ぶこととする」[45]としている[46]。

　これに対し，田中二郎は，上位概念を指すものとしては「行政上の争訟」を用い，雄川らが上位概念を指すものとして用いていた「行政争訟」は行政庁が裁断する場合を示す下位概念を示すものとしてこれを用いる。すなわち，田中は，「広く行政上の法律関係について争い又は疑いがあるために，利害関係者からの争訟の提起に基づいて，行政庁又は裁判所がこれを裁断するための手続を総称して『行政上の争訟』と呼び，そのうち，行政庁が裁断する手続のみを指す語として『行政争訟』の語を用い，裁判所が裁判する手続をこれと区別して『行政事件訴訟』と呼ぶこととする」[47]のである。

　(2)　本書においては，このうちの多数に倣い，何らかの法律関係に関する争いの裁断手続をその裁断機関を問わずに「争訟」と呼び，そのうち（一定の手続の下に）裁判所が裁断するものを「訴訟」と呼ぶことにする。

　また，「争訟」なる言葉は，その裁断手続のみならず，裁断の対象であるところの紛争を指す場合もある。裁判所法3条1項の「法律上の争訟を裁判し」という表現は，まさにその一例である。こうした法令上の文言との連絡可能性を確保するため，「争訟」という言葉によって，法律関係に関する争いの裁断手続のみならず，その裁断の対象たる紛争も含めて意味することにする。

第2項　「行訴法上の機関争訟」と「理論上の機関争訟」

　「行訴法上の機関争訟」の概念と「理論上の機関争訟」の概念とは，いわゆ

---

43)　雄川一郎『行政争訟法』（有斐閣，1957）7-8頁。
44)　塩野・前掲注2）6頁。
45)　藤田・前掲注30）372-373頁。
46)　美濃部達吉『日本行政法上巻』（有斐閣，1936）788-790頁も同様である。
47)　田中二郎『新版行政法上巻（全訂第2版）』（弘文堂，1974）222頁。

る機関争訟に関する「制度上・技術上の問題」と「理論上の問題」とに対応する。これらは議論の次元を異にするものであるからその内容を一致させるべき必然性はなく，議論の混乱を避けるためにもこれらを区別することが方法論的に重要である。本書では，行訴法6条にいう「国又は公共団体の機関相互間における権限の存否又はその行使に関する紛争」を「行訴法上の機関争訟」と呼び，「行政主体ないし行政機関が両当事者として，当事者の権限の存否又はその行使に関して争う紛争」を「理論上の機関争訟」と呼ぶことにする。

　(1)　「制度上・技術上の問題」とは，「ある制度において一定の概念が用いられている場合にそれをどのように理解したうえで当該制度を運用すべきかという問題であり，対立の存する場合には決着をつけるべきことが制度上要求される性質のもの」(小早川光郎)[48]　である。本書が問題とするいわゆる機関争訟について言えば，それは，行訴法6条のいう「国又は公共団体の機関相互間における権限の存否又はその行使に関する紛争」なる概念を意味する。

　　(a)　行訴法6条は「国又は公共団体の機関相互間における権限の存否又はその行使に関する紛争についての訴訟」を「機関訴訟」であると定義しており，「争訟」と「訴訟」の概念に関する第1項の検討によれば，この「機関訴訟」の対象たる紛争はこれを「機関争訟」と呼ぶことができる。これに該当すれば，その訴訟は「法律に定める場合において，法律に定める者に限り，提起することができる」(同法42条)ことになり，抗告訴訟又は当事者訴訟に関する諸規定が準用されることになる(同法43条)。本書では，この意味における機関争訟を「行訴法上の機関争訟」と呼ぶ。

　「行訴法上の機関争訟」は，定義規定たる「国又は公共団体の機関相互間における権限の存否又はその行使に関する紛争」の文言に形式上該当するかのように見えるものとも区別される。すなわち，行訴法上の機関争訟とは，行訴法の解釈の結果として「国又は公共団体の機関相互間における権限の存否又はその行使に関する紛争」に該当するものを指す。このことは，いわゆる機関争訟のうちでも主観争訟性を有するものについて，「主観訴訟への排除効果」[49]　や「裁判を受ける権利」(憲法32条)との抵触の虞[50]　故に行訴法上の機関争訟か

48)　小早川光郎『行政法(上)』(弘文堂，1999) 5頁。
49)　塩野・前掲注2) 269頁。
50)　曽和・前掲注31) 221-222頁。

ら除外すべきであるとされていることとも符合する。

　(b)　行訴法上の機関争訟は，その外延を少なくとも次の2つによって画されるというべきである。

　第1に，裁判所の権限の「中核」の意味における「法律上の争訟」に属さないということである。このことは，「中核」に該当する争訟の裁判の権限を裁判所から奪うことは定義上違憲となることからして，合憲限定解釈によって要請される。

　第2に，「国又は公共団体の機関相互間における権限の存否又はその行使に関する紛争」という文言に該当することである。これによって，同一行政主体内の機関相互間の争訟であることも必要となる[51]。確かに，少なくともその文言の自然な解釈においては，当該文言は同一行政主体内の機関相互間の関係しか含まないと一般には読まれているにも拘らず[52]，行訴法上の機関争訟に異なる行政主体間ないしその機関相互間の関係を含ませる見解が有力である[53]。しかし，少なくとも行訴法43条が充実していない現状においては，あえてこうした拡大解釈をする積極的な解釈論上の意義は見出し難い。すなわち，「国又は公共団体の機関相互間における権限の存否又はその行使に関する紛争」なる文言に含まれない何らかの争訟を，それにも拘らず行訴法上の機関争訟として扱うことにしたとして，当該争訟が裁判所の権限の「周辺」の意味における「法律上の争訟」であれば，同法42条は当該争訟との関係では確認規定に

---

51)　曽和・前掲注31) 221頁も，「行政機関ないし行政主体を原告とする訴訟が法律の授権がない限り認められないとされる場合の理由はさまざまであって，それらをすべて行訴法上機関訴訟の定義に解消してしまうことには賛成できない」ことから，「行訴法は，一定範囲の紛争が憲法上司法審査の対象になじまない場合があるとの見解の下で，さしあたり，そうした場合のうち同一行政主体内の機関相互の権限争議についてこれを機関訴訟と名づけ，法定外機関訴訟を否定したものと解すべきであり，また，こう解釈することが行訴法の文言にも忠実な解釈といえるであろう」とする。

52)　山村恒年＝阿部泰隆編『行政事件訴訟法（判例コンメンタール特別法）』（三省堂，1984) 65頁［木佐茂男］。もっとも，文言上においても，異なる行政主体間ないしその機関相互間の関係を含ませて読むことも不可能ではないように思われる。すなわち，「国又は公共団体の機関相互間」は，「国の機関相互間」及び「公共団体の機関相互間」のみならず（以上の2つに限れば同一行政主体内である），「国の機関と公共団体の機関の相互間」の意味をも含むと読むことも可能である。しかし，このような読み方は少なくとも自然であるとは言い難く，一般にもこのようには読まれていないことから，本文においてはこうした読み方の可能性は除外する。

53)　たとえば，杉本良吉「行政事件訴訟法の解説(1)」曹時15巻3号356頁以下（1963) 382頁，田中・前掲注47) 313頁，南ほか編・前掲注31) 189頁［山本］。

過ぎず，行訴法上の機関争訟の訴訟手続を定める同法 43 条も抗告訴訟等の規定をほぼそのまま準用するのみでさして意味をなさない。他方で，当該争訟が裁判所の権限の「中核」の意味における「法律上の争訟」であれば，同法 42 条の適用には先に見たように「主観訴訟への排除効果」の虞や「裁判を受ける権利」（憲法 32 条）と抵触する虞があり[54]，同法 43 条がさして意味をなさないのは同様である。

　（2）　これに対し，「理論上の問題」とは，「それ以外の場面において，人が何らかの首尾一貫した思考を展開しようとして自らに対して発する問い」（小早川光郎）[55] であり，いわゆる機関争訟に関してこれに該当するものを，本書では「理論上の機関争訟」あるいは単に「機関争訟」と呼ぶ。

　論理的には，或る概念をこの「理論上の問題」として扱う限り，当該概念を如何に定義するかはそれを問題とする当人に委ねられている[56]。もっとも，学問としての対話可能性を担保するためには，或る程度各論者に共有可能な概念として定義される必要がある。また，本書は従来機関争訟と言われてきたものの「法律上の争訟」性を広く検討するものであるから，機関争訟の「法律上の争訟」性が否定される際に用いられてきた論拠が妥当する領域をいったんは検討の範囲に広く含めておくのが便宜である。そこで，①従来理論上の機関争訟の定義として用いられてきたものを基礎に，②従来その「法律上の争訟」性を否定する際に用いられてきた論拠を加味することで，本書の用いる理論上の機関争訟の定義付けを試みたい。

　（a）　まず，従来理論上の機関争訟の定義として用いられてきたものとしては，次のようなものがある。すなわち，「行政機関が，行政機関の権限の正し

54）　後に見るように，同一行政主体内の機関相互間の争訟と同程度の確からしさをもって，異なる行政主体間ないしその機関相互間の争訟が「法律上の争訟」ではないと考えられてきたとは言えず（第 3 節第 4 款），本文に言う「主観訴訟への排除効果」の虞は現実的な問題たり得る。また，歴史的にも，垣見隆禎「団体自治と争訟」公法 78 号 177 頁以下（2016）は，我が国の戦前における市町村制及び行政裁判制度の下における自治体による争訟提起を丹念に調査・分析し，「戦前の市町村には，市制町村制に法定された機関訴訟及び抗告訴訟を通して，裁判上の保護に値する自治権が承認されていた」ことを指摘する（同 181 頁）。

55）　小早川・前掲注 48）5 頁。なお，両問題の違いは，宮沢俊義のいう「技術的な（あるいは制度的な）区別」と「理論的な（あるいは本質的な）区別」の違いに対応する。宮沢俊義『公法の原理』（有斐閣，1967）1 頁［初出 1935］参照。

56）　小早川・前掲注 48）5 頁。

い行使を保障するために，行政機関としての立場において，提起する争訟」
（田中二郎）[57]，「権利主体たる性質を有しない国家又は公共団体の機関相互の間
の争訟」（雄川一郎）[58] 等である。あるいは，「法的紛争とは一般には法主体間
の紛争を指すが，行政上では行政機関相互にも紛争が生じ，これについて争訟
手続で解決をしようということがなされる」ところ，「この種のものは機関争
訟と呼ばれる」（塩野宏）[59] ともされる。また，これとほぼ同じ概念を示すもの
としてかつて用いられていたものに，「機関争議」がある。すなわち，「行政機
関から他の行政機関の行為（処分又は裁決）を違法として，其の再審査を要求
するもので，これを機関争議（Organenkonflikt）と称し得る」（美濃部達吉）[60] と
され，「国又は地方公共団体の機関相互間に，その主管権限について又はその
権限の行使について紛争がある場合に，これを機関争議（Kompetenzkonflikt）
という」（田中二郎）[61] とされていた。

　ここで確認しておくべきことは，次の2点である。第1に，いずれにおいて
も，争訟の当事者としては基本的には形式的な意味での行政機関が挙げられて
おり，それを含むところの法人としては国や地方公共団体等の公共団体すなわ
ち広く「行政主体」が挙げられていることである。第2に，争訟の対象は，行
政機関の有する権限の存否又はその行使とされていることである。そこで，理
論上の機関争訟を定義する際には，当事者としては基本的には広く行政主体の
機関を想定し，争訟の対象は権限の存否又はその行使とするべきである。

　(b)　次に，機関争訟の「法律上の争訟」性を否定する際に用いられてきた
論拠としては，相互に関連するものの，細かく分ければ次の8つのものがある
（本書で用いる略称も併せて示す）。すなわち，①行政機関が有するのは権利では
なく権限に過ぎないこと（「権利権限型」）[62]，②私人には立ち得ない「固有の資

---

57)　田中・前掲注47）275頁。
58)　雄川・前掲注43）11頁。
59)　塩野・前掲注2）5頁。
60)　美濃部・前掲注46）893頁。
61)　田中・前掲注47）312頁。
62)　たとえば，美濃部達吉「新憲法に於ける行政争訟」法律タイムズ9号11頁以下（1947）11頁，
　　13頁，田中二郎「美濃部先生の行政争訟論」『行政争訟の法理』151頁以下（有斐閣，1954）167
　　頁［初出1948］，同「行政事件に関する司法裁判所の権限——司法権の限界について」『行政争訟
　　の法理』129頁以下（有斐閣，1954）145-146頁［初出1949］，同・前掲注47）295頁，雄川・前
　　掲注43）117頁，塩野・前掲注2）267頁。

格」としての行政主体は基本的人権したがって「裁判を受ける権利」（憲法 32
条）の享有主体ではないこと（「人権否定型」）[63]，③公益の保護を目的とする訴
えは主観性を欠くこと（「公益目的型」）[64]，④行政内部の紛争は行政内部で解決
されるべきであること（「内部問題型」）[65]，⑤自律的判断が制度上予定されてい
る場合にはその尊重のために司法判断が抑制されるべきであること（「自律尊重
型」）[66]，⑥下級機関は上級機関の指揮・命令に当然服すべきであること（「上級
下級型」）[67]，⑦争訟制度における 1 つの審級を構成している行政機関又は行政
主体は上級審の判断に拘束されるべきであること（「争訟制度型」）[68]，⑧私人に
よる不服申立てを認容する裁決・決定に対して当該処分をした行政機関・行政
主体からの機関訴訟の提起を認めると私人の権利救済を阻害してしまうこと
（「救済阻害型」）[69] である。

　これらの詳細は第 2 節・第 3 節で検討される。差し当たりここで確認してお
くべきことは，次の 2 点である。第 1 に，機関争訟の「法律上の争訟」性を議
論する際には，形式的な意味における行政機関が当事者となる場合（⑤⑥）の
みならず，それが属する法人であるところの行政主体が当事者となる場合
（②）もまた含めて議論されていることである（①③④⑦⑧は両者にわたる）。こ
れは，(1)に見たように，行訴法上の機関争訟について異なる行政主体間ないし
その機関相互間の関係を含ませるべきであるとの見解が有力であることにも表
れている。そこで，理論上の機関争訟を定義する際にも，形式的な行政機関の
みならず行政主体が当事者となる場合をも含む形にすることが望ましい。第 2

---

63)　たとえば，藤田宙靖「行政主体相互間の法関係について——覚え書き」『行政法の基礎理論
　　（下）』58 頁以下（有斐閣，2005）71 頁［初出 1998］，南ほか編・前掲注 31）190 頁［山本］。

64)　たとえば，最判平成 14 年 7 月 9 日民集 56 巻 6 号 1134 頁。

65)　たとえば，田中・前掲注 62）「行政事件に関する司法裁判所の権限——司法権の限界について」
　　146 頁，同「行政争訟の法理」『行政争訟の法理』1 頁以下（有斐閣，1954）40 頁，75 頁［初出
　　1949–1951］，同・前掲注 47）312 頁，同『新版行政法中巻（全訂第 2 版）』（弘文堂，1976）15 頁，
　　218 頁，藤田・前掲注 30）407 頁。

66)　たとえば，田中二郎「行政処分の執行停止と内閣総理大臣の異議——青森県議会議員の除名処
　　分をめぐる問題を中心として」『行政争訟の法理』185 頁以下（有斐閣，1954）197 頁［初出 1953］。

67)　たとえば，塩野宏「地方公共団体に対する国家関与の法律問題」『国と地方公共団体』44 頁以
　　下（有斐閣，1990）121 頁［初出 1966］。

68)　たとえば，雄川一郎「地方公共団体の行政争訟」『行政争訟の理論』415 頁以下（有斐閣，
　　1986）428 頁［初出 1968］。

69)　たとえば，雄川・前掲注 68）428 頁，藤田・前掲注 63）77–78 頁。

に，機関争訟の「法律上の争訟」性を否定する論拠の中には，争訟当事者が双方とも行政機関ないし行政主体であることを前提としているもの（④⑤⑥⑦⑧）と，原告が行政機関ないし行政主体であれば妥当するもの（①②③）とがあることである。そこで，理論上の機関争訟を，両当事者が行政機関ないし行政主体である場合のみならず，少なくとも原告がこれらである場合も含む形で定義することが考えられる[70]。しかし，そうすると，機関相互間の争訟という機関争訟に関する通常の観念と大きく隔たってしまう。また，機関争訟ないし機関訴訟という言葉には出訴を許さないという消極的な「イメージ」が付随しがちであるところ，理論上の機関争訟をあまりに広く定義することは当該イメージの徒な拡散に加担しかねない。そこで，理論上の機関争訟は，両当事者が行政主体ないし行政機関である場合に限定した形で定義されることが望ましい。

　(c)　以上からすると，本書の用いる意味における理論上の機関争訟は，「行政主体ないし行政機関が両当事者として，当事者の権限の存否又はその行使に関して争う紛争」として定義される。もっとも，この定義に含まれる「行政主体」・「行政機関」・「権限」の概念は，なお明確化を要する。そこで，次項以降でこれらの概念の本書における意味を明確化する。

　なお，本書は，理論上の機関争訟をこのように定義したからといって，これに包含されるものが「法律上の争訟」ではないとか，全て客観争訟であるとか，あるいは行訴法上の機関争訟に当たるとか，そこから何らかの解釈論上の帰結を導こうとするものではない。差し当たり一定の性質を共有するように見えるものを範疇化することで，議論の助けにしようとするに過ぎない。理論上の機関争訟のうち，どの領域が「法律上の争訟」に該当するのか，あるいは行訴法上の機関争訟に当たらないかは，むしろ以降の検討において明らかにされるべき課題である。

---

70)　旧稿においては，行政主体ないし行政機関相互間の訴訟の許容性を超えて，行政主体ないし行政機関の出訴資格そのものを正面から検討の対象にしようという実践的意図に基づき，行政主体ないし行政機関の出訴資格を否定してきた論拠の妥当性を検討するためには理論上の機関争訟も広く定義しておいた方が便宜であるとの判断の下に，少なくとも原告が行政主体ないし行政機関であれば理論上の機関争訟に含まれるとしていた。しかし，本文で述べたことに加えて，新しい定義の下でも本書の基本的な論証の説得力にはほとんど影響がないことから，この点を修正する。

第 3 項　「行政主体」——「典型的機関争訟」と「非典型的機関争訟」

　本書は、「行政主体」を従来「公法人」・「公共団体」・「独立行政法人」・「行政主体」と言われてきたものを広く含む概念として定義する。その上で、従来「法律上の争訟」性を欠くことが争われてこなかった同一の行政主体内の行政機関相互の間の争訟を「典型的機関争訟」と呼び、これに対して「法律上の争訟」性の有無が争われてきた異なる行政主体相互ないしその機関相互の間の争訟を「非典型的機関争訟」と呼ぶ。

　(1)　行政主体としては、行政需要の多様化・増大に伴い、国及び地方公共団体のみならず、実に様々な形態の法人が挙げられるようになった。そして、「これら公共組合・政府関係企業等、いわば国・地方公共団体等のいわゆる統治団体と純然たる私的法主体との間に位置する、中間的な法主体について、その法的地位を決定する為に」(藤田宙靖)[71]、行政法学では、「公法人」・「公共団体」・「独立行政法人」・「行政主体」等、いくつかの概念が打ち立てられてきた。

　このように異なる概念が打ち立てられてきたのは、論者によって、これら行政の担い手たる法人とその他の私法人とを区別する関心・目的が異なっていたからである[72]。たとえば、美濃部達吉は、「国家の下に於いて国家より其の存立の目的を与へられた法人」を「公法人」＝「公共団体」とした[73]。ここでは区別の基準として「目的の国家性」が採用されており、区別の帰結としては司法裁判所と行政裁判所の裁判管轄の決定が想定されていたとされる[74]。田中二郎は、「特別の法律の根拠に基づき、行政主体としての国又は地方公共団体から独立し、国から特殊の存立目的を与えられた特殊の行政主体として、国の特別の監督のもとに、その存立目的たる特定の公共事務を行なう公法人」を「独立行政法人」(現行の独立行政法人通則法にいう「独立行政法人」とは意味が異な

---

71)　藤田宙靖「行政主体の概念について——その理論的前提をめぐる若干の考察」『行政法学の思考形式 (増補版)』65 頁以下 (木鐸社、2002) 65 頁 [初出 1976]。

72)　藤田宙靖「現代の行政と行政法学」『行政法の基礎理論(上)』49 頁以下 (有斐閣、2005) 65 頁 [初出 1984]。

73)　美濃部・前掲注 46) 462 頁、466 頁。同じく目的を基準とするものとして、同『日本憲法』(有斐閣、1921) 527–528 頁、同『憲法撮要 (改訂第 5 版)』(有斐閣、1932) 79 頁。

74)　塩野宏「行政法学における法人論の変遷」『行政法概念の諸相』405 頁以下 (有斐閣、2011) 406 頁 [初出 2002]。

る）とした[75]。ここでは区別の基準として美濃部の「目的の国家性」を中心としつつ種々の考慮要素が挙げられ[76]、区別の帰結としては出訴資格の原則的否定が明示されている[77]。塩野宏は、「社会的に有用な業務の存在を前提とし、それが国家事務（行政事務）とされた上でその業務を遂行するために国家により設立された法人」を「行政主体」とした[78]。ここでは区別の基準は「業務の行政事務性」に求められ[79]、区別の主な帰結としては、立法論としては民主的コントロールという見地からの特別行政主体の組織・運営に対する立法的介入の要請・正当化の有無が[80]、解釈論としては特別行政主体による国の監督・介入に対する争訟の「法律上の争訟」性の有無が[81]、それぞれ挙げられている。

　本書は、これらいずれか1つの基準のみに拠ることなく、国及び地方公共団体に加え、これらの基準によって切り出されてきた「中間的な法主体」を広く捉えて「行政主体」と指称することにする。というのも、本書は、「行政主体」概念によって「法律上の争訟」性の有無の線引きを行おうとするものではなく、むしろ、上記のいずれの基準によって切り出されてきた法人群であれ、「いわゆる統治団体と純然たる私的法主体との間に位置する、中間的な法主体」ないしその機関を広く射程に収め、それらの出訴資格の有無を検討しようとするものであるからである。こうした本書の関心・目的からすれば、ここで「中間的な法主体」と私法人との厳密な線引きを行うのではなく、上記のいずれの基準によってであれ何らかの意味で特別の扱いを求められてきたものを広く「行政主体」として検討の対象に入れておくのが便宜である[82]。

　(2)　理論上の機関争訟の「法律上の争訟」性を検討するに当たってこうした

75)　田中・前掲注65)『新版行政法中巻（全訂第2版）』187頁。

76)　田中・前掲注65)『新版行政法中巻（全訂第2版）』215-217頁。

77)　田中・前掲注65)『新版行政法中巻（全訂第2版）』218頁。

78)　塩野宏『行政法Ⅲ（第4版）』（有斐閣、2012）92頁。

79)　塩野宏「特殊法人に関する一考察──行政組織法的観点からみた」『行政組織法の諸問題』3頁以下（有斐閣、1991）21頁［初出1975］は、「当該法人の設立にかかる特別法が、果して当該法人の業務を国の行政事務とする趣旨であるかどうかが吟味されなければならない」とする。

80)　塩野・前掲注78)116頁。

81)　塩野・前掲注78)117-118頁。

82)　行政主体概念に関する最近の整理として、木藤茂「2つの『行政機関』概念と行政責任の相関をめぐる一考察──行政組織法と行政救済法の『対話』のための1つの視点」行政法研究2号7頁以下（2013）15-24頁。

「行政主体」概念が意味を持ち得るのは次の2つの場合であり，それぞれの場合において「法律上の争訟」性について対照的な判断がなされてきた。

　(a)　第1に，行政機関が当事者となる場合である。この場合には，その行政機関が含まれるところの法人の範囲を画する機能を持つ。こうして「行政主体」の行政機関と認識されたものが提起する同一の「行政主体」内の争訟が「法律上の争訟」性を欠くことには，従来争いはほとんどなかったと言ってよい。

　第2に，異なる「行政主体」相互ないしその機関相互の間の争訟の場合である。従来の学説で議論となってきたのはむしろこの場合であった。すなわち，「行政主体」は法人格を有するものの私法人との性質の相違からその「法律上の争訟」性が否定されるのか，あるいはそうした相違にも拘らず「法律上の争訟」性が肯定されるのか，という問題である。たとえば，「当該の紛争の生じている法関係が果して行政の内部関係なのか外部関係なのか必ずしも明確でない場合，すなわち，当該の紛争は果して行政主体内部での行政機関相互の争いであると言えるのか，それとも『行政主体』と『私人』との間の争いなのか，が必ずしも明確でない場合が，しばしば登場する。とりわけ，国または地方公共団体とは別個の法人格を持った法主体でありながら，その行う事業は実質的に行政活動の一環を成すと考えられるような法主体（各種の公共組合，かつて存在していた公社，公団等の特殊法人，独立行政法人等）が，一方の当事者として登場する場合がそれである」（藤田宙靖）[83]とされる。

　(b)　このように，理論上の機関争訟には，従来（その理由は様々であれ）「法律上の争訟」性が否定されることが当然視されてきた領域と，その「法律上の争訟」性が争われてきた領域とがある。前者は同一の行政主体内の行政機関相互の間の争訟であり，後者は異なる行政主体（ないしその機関）相互の間の争訟である[84]。特に，第3節で見るように，憲法上「自治権」を保障された

---

83)　藤田・前掲注30) 408頁。

84)　同様に「同一の行政主体に属する行政機関同士」の関係と「別の行政主体に属する機関同士」の関係を明示的に対比させるものとして，大貫裕之「『機関』訴訟」笹田栄司ほか編著『司法制度の現在と未来』170頁以下（信山社，2000) 170頁。また，兼子仁「政策法務からみた住基ネット杉並区訴訟の意義」兼子仁＝阿部泰隆編『自治体の出訴権と住基ネット——杉並区訴訟をふまえて』3頁以下（信山社，2009) 19頁は，より端的に，「『法律上の争訟』外の『機関訴訟』とは文字通り"機関間訴訟"を指すと解すべき」であり，「"行政主体間訴訟"は法人権益を司法裁判対象に

（憲法 92 条）と言われる地方公共団体や「大学の自治」（同 23 条）を保障された国立大学が当事者となる場合については，多くの議論がなされてきた。そこで，本書においては，このうちの前者を「典型的機関争訟」と呼び，後者を「非典型的機関争訟」と呼んで両者を区別することにする[85]。

　（3）　なお，行政主体が当事者となる場合のうち，私人と同じ立場で行政主体が登場する場合については，「法律上の争訟」性が肯定されることは争われていない。たとえば地方公共団体について塩野宏曰く，「地方公共団体は，普通事業主体ならびに特別事業主体たる地位においては，一般社会の事業主体と同様に，行政上の不服申立て制度及び行政事件訴訟により，国家の侵害行為に対抗し得るものと解される」[86]。したがって，本書において主に考察の対象となるのは，行政主体が訴訟の当事者として登場せんとする全ての場合ではなく，その範囲にはなお争いがあるものの，私人には立ち得ないという意味におけるその「固有の地位」に基づいて登場する場合に限られる。

第 4 項　「行政機関」と「機関担当者」

　本書は，「行政機関」を「行政主体の一部として，当該主体の外部に対する意思形成ないし当該意思形成過程においてその機関間で表明される意思形成のための権能を法によって割り当てられた法的地位」として定義する。この「行政機関」の概念は，それに就任する自然人たる「機関担当者」の概念と区別することを要する。「機関担当者」には，当該自然人に帰属する権利として，当該行政機関に就任する「機関就任権」が認められる。

　（1）　「行政機関」の概念については，これは「行政組織の部分を成すものであって，何らかの法規範的（つまり，法理論的又は法制度的）観点からして有意義であるとして切り出された単位」のことであり，「『行政機関』概念の具体的な内容自体は，そこで言う『法規範的観点』が具体的にどのようなものである

するもので，法人機関間の権限争議とは本質を異にし，それがいかなる範囲で『法律上の争訟』に属するかは，出訴法人権益の私法的救済適格の具体的見定めにかかることになろう」とする。

85)　本書の言う「非典型的機関争訟」は，高木光『行政法』（有斐閣，2015）428 頁の言う「広義の機関訴訟」に当たる。

86)　塩野宏「地方公共団体の法的地位論覚書き」『国と地方公共団体』1 頁以下（有斐閣，1990）35 頁［初出 1981］。曽和・前掲注 31）191 頁も同様。広く行政争訟一般については，南ほか編・前掲注 31）190–191 頁［山本］。

か，によって決まる」(藤田宙靖)[87]とされることがある。この「法規範的観点」の相違に従って，「行政機関」概念は，大別して 2 つの意味に用いられている[88]。塩野宏の言葉を借りれば，一方は，「当該行政機関と私人との関係，つまり，外部関係を基準として行政機関をとらえるもの」であり，「作用法的機関概念」と呼ばれる[89]。他方は，「当該行政機関の行動が直接私人に対するものであるかどうかを問わず，その担当する事務（たとえば，外交，財政，通信など）を単位として把握するもの」であり，「事務配分的機関概念」と呼ばれる[90]。前者は明治以来学説上で展開されてきたものであり，後者は現行の国家行政組織法において採用されているものであることから，藤田宙靖は前者を「理論的意味での行政機関」と呼び，後者を「制定法上の行政機関」と呼ぶ[91]。

　もっとも，この「作用法的機関概念」にも，当該行政機関の担当する事務を行政主体の意思形成に限定するかどうか，行政主体内の機関間における意思表明をどう扱うかによって，本来的には異なるヴァージョンが存在した。すなわち，美濃部達吉は，特に憲法を主題とする著書においては，「団体の意思を構成する者として一般に認識せらるる人々を団体の機関と謂ふ」[92]あるいは「国家の機関とは国家の意思を作成し又は其の作成に参与する個人又は個人の集合を其の之を作成するの地位に於て指称するの名称に外ならず」[93]として，「機関」の担当する事務を団体の意思形成に限定していた[94]。すなわち，機関によって形成された意思に基づいて単純な事務を執行する者については，「単純なる事務執行者は唯国家の命を受けて事実的行為を為すに止まり，其の之を命ずる行為は国家の行為なれども其の命に依りて事実上に之を執行する行為は個々の行為としては之を国家の行為なりと為すべから」[95]ずとして「機関」には含められていない。また，ここで言う意思形成には，行政主体が私人に対して表明する意思のみならず，行政主体の意思形成過程においてその機関間で表

87)　藤田宙靖『行政組織法』（有斐閣，2005）44 頁。

88)　2 つの行政機関概念に関する最近の整理として，木藤・前掲注 82）10–14 頁，37–61 頁。

89)　塩野・前掲注 78）19–20 頁。

90)　塩野・前掲注 78）20 頁。

91)　藤田・前掲注 87）29–43 頁。

92)　美濃部・前掲注 73）『憲法撮要（改訂第 5 版）』18 頁。

93)　美濃部達吉「国家機関概説」法協 37 巻 4 号 515 頁以下（1919）521–522 頁。

94)　美濃部達吉『日本国法学（訂正第 3 版）』（有斐閣，1911）104 頁も同様である。

95)　美濃部・前掲注 93）522 頁。

明される意思の形成も含まれていた点に注意を要する[96]。他方で，美濃部は，行政法を主題とする著書においては，「国の行政機関は，其の担任する職務権限から見て，其の種類頗る多様であり，普通に行政官庁と称せられて居るものの外に，補助機関・諮問機関・監査機関・執行機関・作業機関・研究機関等の種類を分つことが出来る」[97] として，意思形成を担当する機関のみならず「単純なる事務執行者」も含めてまた「機関」としていた。もっとも，このうち意思形成を担当し私人に対してこれを表明すべき機関は「行政官庁」として特別の地位を与えられ[98]，その反面として，機関間における意思表明は後景に退いた。

　このうちの後者のヴァージョンが主たる機関概念の構成として後の行政法学説に受け継がれたのは周知の通りである。すなわち，田中二郎においては，「国の行政機関とは，国の行政事務を担任させるために国が特に設置した固有の国家機関を指す。時には，国の行政事務を担任し，その事務について，国の意思を決定表示する権限を有する機関，すなわち，その意思が直ちに国の意思としての効力を生ずる機関を国の行政機関と呼ぶこともある」[99] としてまだ両方のヴァージョンが言及されていたが，既に機関間における意思表明は少なくとも明示的には触れられておらず，塩野宏・藤田宙靖等のその後の代表的な教科書においては後者のヴァージョンしか言及されていない[100]。しかし，本書は，次項に述べる権利と権限との共通性を重視するために，事務配分ではなく

---

96)　美濃部・前掲注93）522-523 頁は，「国家の機関は或は国家の意思を作成する機関たることあり，或は其の作成に参与するに止まるものたることあり。前の場合に於ては其の機関意思が直接に国家の意思たる効力を有す。後の場合に於ては之に反して其の機関意思が直に国家の意思たるに非ず，或は其の機関意思は国家の意思を作成する一分子となり，他の機関意思と相合して始めて確定の国家意思を作成するものあり，例へば多数議員の意思が相合して議院の意思を為し，両院の意思が相合して議会の意思を為し，議会の意思は更に君主の裁可を得て始めて国家の意思たる効力を有するが如し。或は又国家意思を作成する一分子たるの効力をも有せず，単に国家意思の作成に付ての参考とせらるるに止まり，之を採納すると否とは他の国家機関の意思に任ぜらるることあり，例へば枢密院其の他各種の顧問会議の決議の如し，議員の上奏建議も亦同一の性質を有す。此の故に総ての機関意思を以て直に国家の意思なりと為すべからず。多くの場合に於ては機関意思は唯其の機関の意思としてのみ効力を有し，完全なる国家の意思たるものに非ず」としている。

97)　美濃部・前掲注46）373 頁。

98)　美濃部・前掲注46）373 頁。

99)　田中・前掲注65）『新版行政法中巻（全訂第 2 版）』28 頁。

100)　塩野・前掲注78）20 頁，藤田・前掲注87）29-31 頁。

意思表明の契機に着目し，かつ前項に述べたように外部関係のみならず同一の行政主体内の機関相互の間の関係も検討の射程に含めるため，「作用法的機関概念」ないし「理論的意味での行政機関」のうち，前者のヴァージョンを採用する。すなわち，「行政機関」ないし単に「機関」という表現によって，「行政主体の一部として，当該主体の外部に対する意思形成ないし当該意思形成過程においてその機関間で表明される意思形成のための権能を法によって割り当てられた法的地位」を指すものとする。

　(2)　この一定の法的地位としての「行政機関」の概念との区別を要するのが，当該法的地位に就任する自然人である。すなわち，「行政機関」とは，それを含む行政主体の一定の事務を担当する権限の帰属点を指す概念であって，それを実際に担当する具体的な自然人ではなく，その自然人に与えられる抽象的な法的地位を意味する[101]。この点を強調したのは美濃部であった[102]。曰く，「国家の機関と機関たる地位に当れる個人とは明に区別して思考することを要す」[103]，あるいは「総ての国家機関は機関たる地位と個人たる地位との二重の地位を有する」[104]。このことはまた，藤田が「行政機関」と「公務員」の区別として説くところでもある。曰く，「『公務員』とは，現実に行政組織を構成し行政組織のために働いている人々を，その，行政主体との間における雇用関係において捉えた概念」であるから，「『公務員』の概念は，これらの人々を組織の中におけるその役割分担において捉えた概念であるところの『行政機関』の概念と区別され」なければならない[105]。

　ここで注意を要するのは，或る自然人が行政機関としての「法的地位」に就任することが法によって認められた場合，当該自然人に帰属する権利として，

---

101)　藤田・前掲注87) 29-30 頁。

102)　杉村章三郎「行政機関の人格性」美濃部達吉還暦『公法学の諸問題（第2巻）』383 頁以下（有斐閣，1934）386 頁にも曰く，「通説は国家機関とその機関構成者の観念を厳格に区別し前者は全然国家を表示する抽象的存在たらしめてその人格を否定し，機関の実体は機関構成者として別に公法上の人格を認めようとするのである」。もっとも，杉村自身はこうした通説の理解に反対し，「機関はその本質に於いて人格を有しない。併し法が擬制してこれに不完全な人格を与へてゐる」（同 414 頁）という理解を提案する。他に行政機関に法人格を認める見解として，森口繁治「国家機関の機関権能」美濃部達吉還暦『公法学の諸問題（第2巻）』345 頁以下（有斐閣，1934）特に356-372 頁。もっとも，森口は行政機関の権利主体性についてはこれを否定する（同 380 頁）。

103)　美濃部・前掲注94) 107 頁。

104)　美濃部・前掲注73)『憲法撮要（改訂第5版）』46 頁。

105)　藤田・前掲注87) 261-262 頁。

当該行政機関に就任する「機関就任権」が認められると考えられることである。すなわち，美濃部は，「国家機関たる地位に当り国家を代表して，或る範囲に於ての国家事務を行ひ得ることは，其の個人に属する権利にして，個人は人格者として此の権利を有す」[106] とし，あるいは人民の公権として参政権を挙げた上で，その具体例として「官吏・公吏其の他公務の担任を命ぜられた者が其の身分及び職務に関して有する権利」や「市町村会議員・府県会議員又は公共組合の組合員が市町村・府県又は公共組合の公務に参加し得る権利」を挙げ，「此等は何れも一面には其の義務として認めらるるものであるが，一面には其の者が公務に参加し得ることは同時に其の者の利益であることを認めらるるもので，其の者の権利たる性質を有する」[107] としている[108]。

　本書では，このように「行政機関」と区別されるところの，行政機関としての「法的地位」を与えられる自然人のことを，「機関担当者」と称することにする。

第 5 項　「権限」と「権利」

　本書においては，「権限」は，「それが属するところの行政主体の意思ないし当該意思形成過程において機関間で表明される意思の形成のために法が行政機関に与えた権能」を意味する。このように定義された「権限」は，いずれも（内部関係・外部関係という違いはあるものの）法的拘束力を発生させる点で「権利」と共通するが，その付与・行使が自身の利益・目的のためであるか否かで「権利」と区別される。

　(1)　「権限」は，美濃部達吉によって次のように定義されていた。すなわち，「国家機関が其の職分として処理すべき国家事務の範囲」[109]，「国家機関が適法に其の意思を発現し得べき範囲」[110]，「国家機関が機関として国家の為に活動し得る範囲」[111]，「国家機関が国法上機関として行動し得ることを認めらるる

106)　美濃部・前掲注93) 528 頁。同・前掲注73)『日本憲法』296 頁，同・前掲注73)『憲法撮要（改訂第 5 版）』46 頁も同様。

107)　美濃部・前掲注46) 124-125 頁。同『憲法講話』（有斐閣，1912）570 頁も同様。

108)　南ほか編・前掲注31) 728 頁［山本］も「個人が公務就任権を主張する訴訟は法律上の争訟である」とする。

109)　美濃部・前掲注94) 107 頁。

110)　美濃部達吉「国家機関概説（承前）」法協 37 巻 5 号 674 頁以下（1919）678 頁。

力の範囲」[112] 等である。ここでは，先に見た作用法的機関概念の 2 つのヴァージョンの違いを反映して，機関の権限の内容として意思形成に限るものとそうでないものが混在している。

　本書は，当該主体の外部に対する意思形成ないし当該意思形成過程においてその機関間で表明される意思形成を行うべき法的地位のみを以て行政機関としたのであるから，それに伴って「権限」の範囲も意思形成に限られることになる。そこで，本書は，「権限」の語によって，「それが属するところの行政主体の意思ないし当該意思形成過程において機関間で表明される意思の形成のために法が行政機関に与えた権能」を意味することにする。もっとも，当該意思の形成及び表明それ自体のみならず，それらと直接的な関係を持つ事務の遂行が作為ないし不作為によって妨害される場合にも，当該意思の形成及び表明が妨害されたものとして，「権限の侵害」が観念され得よう。

　(2)　外部に対する行政主体の意思形成をその権限とする機関は「行政官庁」として特別の扱いを受けてきたが[113]，美濃部は，行政官庁ないしその他の機関の有する権限と私人の有する権利との異同を強調していた。すなわち，両者の共通点について，「国家の機関は各機関意思の主体として，或は他の機関に対し自己の意思を主張するの権能を有し，或は他の機関に対して自己の意思を拘束せらるるものにして，其の相互の間に恰も権利義務に準ずべき関係を有す」[114] と述べ，「其の法律上の力たることに於ては権利と性質を同じうして居」[115] ると述べ，あるいは「法律上有効に国家を代表し得る意思の力であり，意思の力であることに於いて権利と性質を等しくするものである」[116] と述べる一方で，両者の相違点について，「権利は意思と利益とを 2 つながら其の要素となす，自己の利益の為にするに非ざれば自己の権利たるを得ず。機関意思は利益の要素を包含せず，唯意思の要素より成るのみ」[117] とし，「権利は常に自己の目的の為に認められる力であるに反して，機関権能は国家の目的の為に

111)　美濃部・前掲注 73)『日本憲法』288 頁。
112)　美濃部・前掲注 73)『憲法撮要（改訂第 5 版）』45 頁。
113)　美濃部・前掲注 46) 382 頁，田中・前掲注 65)『新版行政法中巻（全訂第 2 版）』33 頁参照。
114)　美濃部・前掲注 93) 537 頁。
115)　美濃部・前掲注 73)『日本憲法』288 頁。
116)　美濃部・前掲注 46) 382 頁。
117)　美濃部・前掲注 93) 537 頁。

認められるものであって，自己の目的の為に認められるのではない」[118] とし，あるいは「権利の観念は自己の目的の為めにする意思の力であることを其の要素と為すに対して，行政官庁の権限は官庁の地位に在る個人の目的の為めに認められて居るものではなく，専ら国家の目的の為めに認められて居るものであることに於いて，権利と性質を異にするものである」[119] としていたのである。

　以上の引用によれば，意思形成の「権限」も，それを与えられた行政官庁ないしその他の機関の意思の表明によって他の機関を拘束する「法律上の力」を有する。本書では，このように（行政主体の内部関係・外部関係を問わず）法的拘束力を発生させる権能を称して「法的力」と呼ぶ。「権限」と「権利」とはこの意味での「法的力」を有する点で共通する。しかし，両者は，その「法的力」が付与・行使される目的において異なる。すなわち，「権限」はそれが属する行政主体の利益ないし目的のために付与・行使され，「権利」は自身の利益ないし目的のために付与・行使される点で異なるのである [120]。

第3款　課題の明確化

　以上を受けて，本書の課題をさらに明確化し，当該課題の遂行において主たる争点となり得る諸点を示しておく。

　⑴　本書がまずもって検討の対象とすべき機関争訟の「法律上の争訟」性は，「典型・非典型を問わず，理論上の機関争訟の，裁判所の権限の『中核』の意味における『法律上の争訟』性」という形で，さらに明確化される。

　第1に，本書においてその該当性が検討される「法律上の争訟」は，裁判所の権限の「中核」を意味する。というのも，何らかの争訟が裁判所の権限の「周辺」に属するとされたところで，その提起のためにはやはり法律上の特別の規定が必要となるため実践的な意義に乏しく，また，理論上の機関争訟が（理屈はどうであれ結論として）裁判所の権限の「周辺」に当たることは争われて

---

118)　美濃部・前掲注73)『日本憲法』288-289頁。
119)　美濃部・前掲注46) 382頁。
120)　こうした理解に対する反対として，杉村・前掲注102) 425-426頁は，「権限争議が訴訟の形式を以て裁決せらるる場合」には「権限は訴権によって保護せらるる限度に於いて機関自身の利益のためにする権利だと云ひ得やう」とし，「行政訴訟に於いて行政機関が一方の当事者となり臣民を他の当事者として争ふ場合」には行政機関は「当事者としての権利義務を有する」とする。

いないからである。

　第 2 に，本書は，行訴法上の機関争訟と理論上の機関争訟のうち，後者をまずもって検討対象とする。というのも，前者には裁判所の権限の「中核」の意味における「法律上の争訟」は含まれないところ（第 2 款第 2 項(1)），裁判所の権限の「中核」の意味における「法律上の争訟」の内容は後者の検討において明らかになるからである。

　第 3 に，理論上の機関争訟には典型的機関争訟と非典型的機関争訟があるところ，本書はその両者ともを視野に入れて検討を進める。その際，非典型の理解のためにはまずもって典型の理解が必要であろうという判断から，判例（第 2 節）・学説（第 3 節）のそれぞれについて，まず典型的機関争訟の「法律上の争訟」性が否定される際に用いられる論拠を確認し，それが如何なる理屈で非典型的機関争訟にも適用されているのか，あるいは適用されていないのかを分析するという手順を踏む。

　(2)　このように具体化された課題の遂行に際しては，第 2 款までの検討・分析によれば，次の 4 点が主たる争点となり得る。

　第 1 に，権限の利益性の有無ないし機関の権利主体性の有無である。私権保護限定ドグマに従い，「法律上の争訟」が私権の保護に限定されるとすれば，理論上の機関争訟が「法律上の争訟」に該当するためには，それが私権の保護を目的とするものでなければならないはずである。もっとも，私人の権利と機関の権限との間には，前者は自身の利益ないし目的のためのものであり，後者はそれが属する行政主体の利益ないし目的のためのものであるという相違点が存在するとされる。この権利と権限との二分法を形式的に適用すれば，理論上の機関争訟は「法律上の争訟」には属さないことになりそうである。そこで，こうした二分法の妥当性，すなわち，権限も自身の利益ないし目的のためのものであると言い得ないのか否か，あるいは公益のための権利なるものが存在し得ないのか否か，言い換えれば機関も権利主体たり得ないのか否かが争点として浮上する。

　第 2 に，機関の法人格の有無である。権利が帰属するのは法人格に限られるという伝統的な理解[121]を前提とすれば，第 1 点に見た機関の権利主体性の前

---

121)　我妻栄『新訂民法総則（民法講義 I）』（岩波書店，1965）43 頁。

提として，機関に法人格が認められなければならない。もっとも，機関はそれ自体1つの法人格たる行政主体の部分であるから，このような法人格の部分たる機関にも（何らかの意味で）法人格が認められ得るのか否かが問題となる。第1点の機関の権利主体性と法人格の問題は理論的に見て密接な関係を有するが，考察の出発点においてはこれらを峻別しておくのが便宜である。

　第3に，「法律上の争訟」性に関する私権保護限定ドグマの妥当性である。仮に当該ドグマが成り立たないのであれば，機関に権利主体性が認められなくても，理論上の機関争訟の一部は「法律上の争訟」に該当し得ることになる。そして，当該ドグマの妥当性に疑義が呈されているのは第1款第2項に見た通りである。

　第4に，典型的機関争訟と非典型的機関争訟との関係である。すなわち，判例・学説においては，非典型的機関争訟についても典型的機関争訟と同じくその「法律上の争訟」性を否定されるべきであるとされることがあるが，両者は，前者が同一の行政主体内の行政機関相互の間の争訟であり，後者が異なる行政主体（ないしその機関）相互の間の争訟であるという点において相違する。こうした相違点にも拘らず，前者における理屈をそのまま後者に応用してもよいのか否かが問題となろう。もっとも，この点は，そもそも典型的機関争訟において「法律上の争訟」性を否定する論拠が（第1点から第3点の検討の結果）成り立ち得ないところでは，そもそも検討の前提を欠くことになる点に注意を要する。

　⑶　以上のような視座を中心に据えて本書は検討を進めるが，判例・学説において理論上の機関争訟の「法律上の争訟」性が否定される際の論拠は既に見たように実に多様であり，本款において示された論点に留まるものではない。そこで，第2節及び第3節において，以上の争点に限定せずに機関争訟に関する判例・学説を広く取り上げ，現在の我が国における機関争訟論についての全体的な問題構造を把握することを試みる。

第2節　判例の分析

　本節は，我が国の判例（主に最高裁のもの）を分析し，理論上の機関争訟の

「法律上の争訟」性を否定する際に判例が用いている論拠を確認することを目的とする。

　もっとも，我が国の最高裁判決には機関争訟を正面から扱ったものは少なく，また正面から扱ったもののうちにも明確かつ具体的にその「法律上の争訟」性を否定する論拠を展開したものは少ない。そこで，判例の分析に当たっては，判例に具体的に示された文言を超えてその趣旨を（可能な範囲で）敷衍するとともに（したがって，厳密な意味における判決の射程を検討しようとするものではない），下級審の裁判例のうち重要なものも併せて検討することにする。

　以下では，同一の行政主体内の機関相互間の争訟である典型的機関争訟（第1款）と異なる行政主体（ないしその機関）相互間の争訟である非典型的機関争訟（第2款）とを分け，それぞれについて判例において理論上の機関争訟の「法律上の争訟」性が否定される際に用いられる論拠を確認し，最後に本節を小括する（第3款）。

第1款　典型的機関争訟——同一の行政主体内の機関相互間の争訟

　本款は，以下の4つの判決を整合的に説明する論理を探究することで，最高裁が前提としている機関争訟についての理解を炙り出すことを目的とする。

　第1に，議員が市長（及び市）に対して市議会の議決無効確認を求めた事案に関し，当該訴えを不適法とした最判昭和28年6月12日民集7巻6号663頁（以下，「昭和28年最判」という）であり，第2に，（旧）村長が村議会に対して不信任決議の無効確認を求めた事案に関し，一般論としては抗告訴訟の提起（したがって「法律上の争訟」性）を認めた最判昭和31年10月23日民集10巻10号1312頁（以下，「昭和31年最判」という）である。これらは，同一の行政主体における長と議会ないし議員という機関相互間の争訟に関し，その「法律上の争訟」性について一見すると正反対の結論を導いている。

　第3に，議員が市議会に対して自身の除名決議の取消しを求めた事案に関し，除名決議の行政処分性（したがって「法律上の争訟」性）を肯定した最判昭和26年4月28日民集5巻5号336頁（以下，「昭和26年最判」という）であり，第4に，議員が村議会に対して自らの出席停止の懲罰の無効確認を求めた事案に関し，「法律上の争訟」性を否定した最大判昭和35年10月19日民集14巻12号

2633頁（以下,「昭和35年最判」という）である。これらも, 同一の行政主体における議会と議員という機関相互間の争訟に関し,「法律上の争訟」性について一見すると正反対の結論を導いている。

本款における分析の結果, 典型的機関争訟の「法律上の争訟」性を否定する最高裁判決の論拠には,「権利権限型」（第1項）と「自律尊重型」（第2項）の2つがあり得ることが明らかとなる。また, 最高裁判決の中には, 典型的機関争訟を正面から扱った事案に関するものではないものの, 典型的機関争訟の「法律上の争訟」性を否定するための論拠たり得る「上級下級型」の思考を示したものも存在するので, 併せて確認しておく（第3項）。

第1項　権利権限型

上述の4つの判決を整合的に説明する第1の可能性としては,「法律上の争訟」性を基礎付けない行政機関の権限と「法律上の争訟」性を基礎付ける機関担当者の権利とを対比させる「権利権限型」の思考がある。

（1）理論上の機関争訟（の少なくとも一部）が「法律上の争訟」に該当しない理由を比較的明確に述べた最初の最高裁判決は, 昭和28年最判とされる[122]。そこで, 本款も同判決の分析から始めたい。

（a）本判決は, 市議会の議決無効確認を求める市及び市長に対する議員の訴えについて, 次に引用する理由を述べて不適法とした。すなわち, ①「市議会の議決は法人格を有する市の内部的意思決定に過ぎないのであって, 市の行為としての効力を有するものではなく, 従って市を被告として不存在又は無効確認を求めることは全く無意味である」, ②「市長は市議会の議決に拘束されるけれども, このような執行機関と議決機関との関係は市の内部の機関相互間の関係であって若しその間に紛争があるならば市が内部的に解決すべく, 訴訟をもって争うべき問題ではない」, ③「機関相互間の権限の争は法人格者間の権利義務に関する争とは異り, 法律上の争として当然に訴訟の対象となるものではなく, 法律が内部的解決に委せることを不適当として, 例えば地方自治法

122）大貫裕之「判批」地方自治百選（第3版）222頁以下（2003）222頁。既に最判昭和28年5月28日民集7巻5号601頁が, 地方公共団体の長を被告として議会を召集すべき旨の判決を求める議員の訴えについて,「普通地方公共団体の機関相互間の争いについては, 法律に特別の規定のない限り, 法律上の争訟として裁判所に訴訟の提起はゆるされないもの」として訴えを却下していたが,「法律上の争訟」に該当しない理由は述べられていなかった。

176 条 5 項のように特に訴の提起を許している場合にのみ，訴訟の対象となるものと解すべきである」。

　本判決は，機関争訟のリーディング・ケースであると解されている[123]。もっとも，少なくとも①は機関争訟とは直接の関連性を持たない。なぜなら，①は「市の行為」ではないから「市を被告として」争うことは無意味と言っているに過ぎず，したがって被告適格の問題を扱っていると読むのが自然であるからである[124][125]。これに対し，②③は，機関争訟に関する。本判決が①に加えて②③を説示したのは，市の他に市長もまた被告に加えられていたからであり，「上告人は布施市議会議員なるが故にこのような確認を求める利益を有する」という上告人の主張に応えてのことであろう。すなわち，議員は，議会の構成員として議会の議決に参画する権限を与えられており，本来議会の議決が必要である行為を議決なくして市長が行うことは，議員の議決への参与権限ないし議会の議決権限を無に帰すものに等しい。ここに，議員（ないし議会）と市長との間の権限に関する紛争，すなわち機関争訟の問題が初めて生じることになる。

　　(b)　本判決がそこで示している理由は，市の内部の機関相互間の紛争は市が内部的に解決すべきであって訴訟の対象にはならないというものである（内部問題型）。もっとも，判決は抽象的に市の内部の機関相互間の紛争は市が内部的に解決すべきである旨を述べるに留まり，なぜそうなのか判然としない。また，機関相互間の紛争はこれらの機関の上級機関によって解決するなど行政権自らが決すべきであるという論拠（上級下級型）も，少なくとも本件においては妥当しない。なぜなら，「地方公共団体の長と議会は二元代表制の下で独立・対等の関係にあり，実際にはこの間の紛争を調整する機関や手続は設けられているわけではない」（礒崎初仁）[126]からである。

---

123)　礒崎初仁「判批」行政百選 II（第 5 版）434 頁以下（2006）434 頁。

124)　行訴特例法 3 条は，「前条の訴は，他の法律に特別の定のある場合を除いて，処分をした行政庁を被告としてこれを提起しなければならない」としていた。

125)　その限りにおいて，①は「1 つの法主体の内部における紛争は，法的主体間の紛争ではないという形式的な理由」であり，②は「機関相互の紛争はこれらの機関の上級機関によって解決するなど行政権自らが決すべきであり，裁判所に出訴することは許されないという，より実質的な理由」である（礒崎・前掲注 123）435 頁）として，①をも機関争訟に関するものとする理解は適切ではない。

126)　礒崎・前掲注 123）435 頁。

　そこで，市の内部の機関相互間の紛争は市が内部的に解決すべきであることの理由をより具体的に考えるに，③の「機関相互間の権限の争は法人格者間の権利義務に関する争とは異り」という「機関相互間の権限の争」と「法人格者間の権利義務に関する争」とを対比する表現をも併せ考えると，行政機関は法人格を有さず，したがって「法律上の争訟」の前提たる権利義務を有し得ないというものが想定されよう。すなわち，法が独立した法人格者間の関係を規律するものである以上，或る法人格の内部関係はそもそも（少なくとも外部法と同じ意味での）法の領域に属さず，したがって「当事者の具体的な権利義務ないし法律関係の存否」に何ら影響を及ぼすものではなく，具体的事件性を欠くことになるというものである。そうすると，原則として訴訟の対象とはならず，内部的解決に委ねざるを得ないことになる。

　(2)　他の 3 つの最高裁判決も，こうした権利権限型の思考によって整合的に説明することが可能である。

　まず，同じく長と議会ないし議員との間の紛争が問題となった昭和 31 年最判は，村長が不信任決議によってその職を失い，その後の選挙によって新村長が選出された後においても，不信任決議の無効確認を求める法律上の利益を失わないか否かが問題となった事案について，「違法な不信任決議に対し抗告訴訟の提起ができないものでもな」いとしており，確かに一見すると昭和 28 年最判と矛盾する。しかし，権利権限思考からすると，これは矛盾ではない。ここで重要であるのが，機関の権限と機関担当者の権利との区別である。すなわち，昭和 28 年最判で問題となったのは議員の議決への参画権限であり，したがって議員という機関に付与された権限であったのに対し，本判決で問題となっているのは村長という機関への就任権であり，したがって選挙で選出された私人たる機関担当者に付与された権利である。言い換えれば，本判決で問題となっているのは，村議会という機関と村長という機関の間の権限紛争，すなわち「内部関係」ではなく，村長就任権という私人の権利に対する侵害の有無を巡る紛争，すなわち「外部関係」なのである[127]。

　昭和 26 年最判と昭和 35 年最判との間の判断の相違も，この機関の権限と機

---

127)　神谷昭「判批」法協 75 巻 3 号 375 頁以下（1958）379 頁も，「本件のような長に対する不信任議決は村長の失職を生ぜしめるものであるから，村長の権利義務を直接侵害する議決として」，「出訴の対象となる行政処分と解してよい」とする。

関担当者の権利との区別によってこれを説明することができる。すなわち，両判決は，一見するといずれも同一行政主体における議会と議員という機関相互間の争訟に関するものであるが，前者においては議員の除名決議が問題であり，それゆえ議員就任権という私人の権利に対する侵害の有無が争点であるのに対し[128]，後者においては議員の出席停止の懲罰が問題であり，それゆえ議会に出席し，議員として意思表明を行うという議員なる機関に与えられた権限の侵害の有無が争点なのである。この相違が「法律上の争訟」性の有無についての両判決の相違を基礎付けていると解することができよう。

　したがって，以上の4判決は，一見すると同一の行政主体における機関相互間の争訟であるものの，昭和26年最判及び昭和31年最判は，実は「機関相互間の争訟」であるとは言えず，それゆえ機関争訟の事案ではなかったと言うべきである。

第2項　自律尊重型

　上述の4つの判決を整合的に説明する第2の可能性としては，紛争の解決に司法権から独立した自律性が制度上要求されている場合には「法律上の争訟」性が否定されるという「自律尊重型」の思考がある。

　(1)　第1項で考察の出発点とした市の内部の機関相互間の紛争は市が内部的に解決すべきである旨の昭和28年最判の判示の理解としては，「権利権限型」に加えて，「自律尊重型」もまたあり得るところである。すなわち，市の内部における長と議会ないし議員との間の紛争は，市の自律的な判断によって解決されることが制度上予定されており，司法の出る幕ではないというものである。地自法は，長に対する議会の究極の対抗手段として長に対する不信任決議（同法178条）を用意し，これに対し長に議会の解散権（同条1項）を与える等していることから，両者の対立を市の内部における政治的議論・駆け引きにより自律的に解決することを予定しているとも解し得る[129]。

---

128)　この判決を「一歩前進させたもの」（皆川治廣「判批」地方自治百選（第2版）106頁以下（1993）106頁）として，最判昭和27年12月4日行集3巻11号2335頁も参照。

129)　曽和・前掲注31）219頁も，「地方公共団体においては，議決機関と執行機関が形式的には内部の機関として含まれているが，制度上両者は相互に抑制・均衡を保つことがむしろ要請されている。したがって，議決機関と執行機関との対立・紛争を司法審査の対象とすべきかどうかは，行政内部一体論で割切るのではなく，紛争の実質を踏まえて，『事件』性の有無や内部解決の必要性等

　(2)　この自律尊重型の思考によっても，他の 3 つの最高裁判決を整合的に説明することが可能である。

　昭和 35 年最判は，「一口に法律上の係争といっても，その範囲は広汎であり，その中には事柄の特質上司法裁判権の対象の外におくを相当とするものがある」とし，その理由として「自律的な法規範をもつ社会ないしは団体に在っては，当該規範の実現を内部規律の問題として自治的措置に任せ，必ずしも，裁判にまつを適当としないものがある」ことを挙げている。他方で，同判決は，「本件における出席停止の如き懲罰はまさにそれに該当するものと解するを相当とする」としつつも，これは除名処分を司法権の権限内の事項とすることと矛盾しないとする。その理由としては，「議員の除名処分の如きは，議員の身分の喪失に関する重大事項で，単なる内部規律の問題に止らないからであって，本件における議員の出席停止の如く議員の権利行使の一時的制限に過ぎないものとは自ら趣を異にしている」ことを挙げている。すなわち，昭和 35 年最判によれば，「事柄の特質」からして，内部規律の問題として当該「社会ないし団体」の自律的な判断に委ねるべきものがあり，そのようなものを巡る紛争は「法律上の争訟」性を有しない。議員の出席停止の懲罰等はこれに属する。これは自律尊重型の 1 つの表れである。もっとも，「議員の身分の喪失」のような重大な帰結を伴うものについては，「単なる内部規律の問題」ではなく，したがって「法律上の争訟」性を有することになる。

　不信任決議による村長の身分の喪失が問題になった昭和 31 年最判や，除名決議による議員の身分の喪失が問題になった昭和 26 年最判が「法律上の争訟」性を認めたことも，これにより整合的に説明することができよう。

　(3)　このうち，議会内部の紛争に係る昭和 35 年最判は，「部分社会論」ないし「部分社会の法理」の適用例であるとも言われる[130]。すなわち，「地方議会，大学，政党，労働組合，弁護士会等々の自主的な団体の内部紛争に対して，司法審査が及ぶかどうか」について，「法律上の争訟であれば司法審査に服するのが原則であるが，純粋に内部的事項の場合には，事柄の性質上，それぞれの団体の自治を尊重して，司法審査を控えるべき場合が生じる」(芦部信喜)[131]

の見地から検討すべきであろう」とする。

130)　芦部信喜（高橋和之補訂）『憲法（第 6 版）』（岩波書店，2015）345 頁，長谷部恭男『憲法（第 6 版）』（新世社，2014）403 頁。

とされるのである。

　しかしながら，同じく「部分社会論」ないし「部分社会の法理」と言っても，「多様な中間団体についてそれぞれ司法権の介入が抑制されるべき理由は異なるはずであり，それを一括して部分社会の法理を説くことは，問題の解明にさして資するものとは言えない」（長谷部恭男）[132]。司法権の介入が抑制されるべき理由は当該団体の「自律性」にあり，その「自律性」は「事柄の特質」に基づくのであるから，それぞれの場面に応じて，どのような「事柄の特質」がどのような「自律性」を導き，その結果どの範囲で司法権の介入が抑制されるべきであるのかを，個別具体的に問う必要がある[133]。「部分社会である」ということは，こうした検討の結論を言い換えているに過ぎない。

　したがって，機関争訟のうち議会内部の紛争についても，「部分社会」であるとするだけでは論証として不十分であり，どのような「事柄の特質」からどのような「自律性」が導かれるのかを検討しなければならないことになろう。本書は，こうした観点から，部分社会論の適用例とも言われる議会内部の紛争も自律尊重型の範疇に含めることにする。

第 3 項　上級下級型

　上述の 4 つの判決には示されていないが，典型的機関争訟の「法律上の争訟」性を否定する論拠たり得る思考として最高裁が有していると思われるものには，他に「上級下級型」がある。

　(1)　典型的機関争訟の「法律上の争訟」性を否定する論拠として判例が前提にしていると思われるものとしては，これら権利権限型及び自律尊重型の他に，下級機関は上級機関の指揮・命令に当然服すべきであるという「上級下級型」がある。次款に見る最判昭和 49 年 5 月 30 日民集 28 巻 4 号 594 頁の「審査会と保険者とは，一般的な上級行政庁とその指揮監督に服する下級行政庁の場合と同様の関係に立ち，右処分の適否については審査会の裁決に優越的効力が認められ，保険者はこれによって拘束されるべきことが制度上予定されているも

---

131)　芦部・前掲注 130) 345 頁。

132)　長谷部・前掲注 130) 404 頁。

133)　安念潤司「判批」行政百選Ⅱ（第 6 版）316 頁以下（2012）316 頁も，「問題の核心は用語の選択にではなく，あくまでも，地方議会の自律性が懲罰に対する司法審査の範囲をどの程度に制約するかという点にある」とする。

のとみるべき」であるという判示は，このことを示している。

　(2)　こうした上級下級型の論拠は，上級機関・下級機関の関係のある場面においてしか妥当しない。これには，紛争当事者自身が上級機関及び下級機関であるものと，紛争当事者に共通の上級機関がある場合とが含まれる。本款において素材とした議会ないし議員と長の関係，議員と議会の関係はその射程外である。いずれにせよ，これらの場合は関係機関が何らかの意味において（基本的には同一の法人の一部であるという意味において）「内部」に属するものであり，したがって「内部問題型」の具体化の１つであると言い得る。

第4項　3型の同異

　以上に見た権利権限型・自律尊重型・上級下級型は，いずれも内部問題型の具体化として位置付けられる点において共通する。他方で，3型は，第1に「法律上の争訟」との関係において，第2に射程において異なる。

　(1)　第3項までの分析から明らかなように，同一の行政主体内の機関相互間の争訟の「法律上の争訟」性を否定する論拠としては，内容を異にする権利権限型と自律尊重型及び上級下級型の3つがあり得る。このうちのいずれかのみに最高裁が依拠しているのではおそらくなく，3型は内部問題型の思考の中で（あるいは無意識的に）併存しているものと思われる。もっとも，3型はその内容を異にする以上，少なくとも考察の出発点においてはそれぞれ独自の論拠としてこれを区別しなければならない。そこで，以下に3型の共通点と相違点を挙げる。

　(2)　まず，3型の共通点として，いずれも「法人の内部関係の紛争には司法権は及ばない」という内部問題型の思考に具体的な論拠を提供するものとして位置付けられ得る点が挙げられる。すなわち，内部問題型は抽象的に過ぎ司法審査を抑制するにはより具体的な論拠が要求されるところ，権利権限型は法人の内部は権利を持たず権限のみを持つ機関関係に過ぎないからという論理で，自律尊重型は長と議会ないし議会内部の紛争については自律的な判断が制度上予定されているからという論理で，上級下級型は上級・下級の連続からなるヒエラルヒー体制の維持のためという論理で，内部問題型に具体的な論拠を提供するものである。

　(3)　次に，3型の相違点としては，次の2点が挙げられる。

　(a)　第1に，3型は，「法律上の争訟」との関係において，特に「具体的事件性」との関係において異なる。すなわち，権利権限型は「具体的事件性」を否定するものであるのに対し，自律尊重型・上級下級型は，これらを権利権限型とは独立した論拠として扱う場合には，いわば外在的に「法律上の争訟」性を縮減するものとして理解されることになる。

　まず，自律尊重型の論拠それ自体は，「法律上の争訟」の内容たる「具体的事件性」とも「法令の適用による解決可能性」とも直接には関連しない。確かに，自律的判断に委ねるべき線引きによっては事案によって権利権限型と結論を等しくし得るが（本款で検討した4つの判例がまさにそうであった），自律尊重型が基準にしているのはあくまでも司法判断の抑制が求められるほどに尊重されるべき自律性の有無であり，権利侵害の有無はその判断要素ないし正当化要因に過ぎないと言うべきであろう。したがって，自律尊重型と「法律上の争訟」との関係については，そこで予定されている政治的議論についての自律性の要請に鑑みて，いわば外在的に「法律上の争訟」が縮減されると解するべきであることになる。

　次に，上級下級型の論拠について言えば，これを権利権限型とは独立した論拠として扱う場合には，上級・下級の連続からなるヒエラルヒー体制の維持のために，自律尊重型と同じく「法律上の争訟」を外在的に縮減するものであると理解することになろう。確かに，上級・下級の関係にある以上そもそも保護に値すべき権利がなく，したがって「具体的事件性」を欠くという説明も成り立ち得ないではない。しかし，そうすると権利権限型に吸収されて上級下級型に独自の意義はないことになってしまう。独自の意義を残そうとすれば，下級機関の有する法的力が権利であろうと権限であろうと，それに基づく出訴可能性を封ずるものであると理解するほかない。

　(b)　第2に，3型は，それぞれの射程を異にする。

　権利権限型は，権限の非権利性を根拠とするものであり，権限とは何らかの法人の機関に与えられるものであるから，法人の機関関係一般に及ぶ。さらに，法人の機関関係において与えられた権限であれば，それを外部に対して主張する際にも，それが権利ではなく権限に過ぎない以上，やはり「法律上の争訟」性は否定されることになろう。

　自律尊重型は，そこに司法審査の介入を控えるべきと言えるほどの「自律

性」が要請されているか否かを基準とする。したがって，その射程は，一方で，法人の機関関係を全て包含するわけではなく，機関関係のうちでも自律性が要請され得るところの，長と議会との関係や議会と議員ないし議員相互の関係等に限定される。他方で，そのような「自律性」が十分ありさえすればよいから，その射程は法人の機関関係に限られない。このことは，大学とその学生との関係，政党とその党員との関係が，機関関係とは言い難いものの，「部分社会の法理」の典型的な適用領域であるとされていることからも明らかである。

　これらに対し上級下級型は，紛争当事者自身が上級機関及び下級機関である場合にせよ，紛争当事者に共通の上級機関がある場合にせよ，上級機関・下級機関の関係のある場面においてしか妥当しない。

第2款　非典型的機関争訟
——異なる行政主体ないしその機関相互間の争訟

　最高裁判決の中には，異なる行政主体ないしその機関相互間の争訟，すなわち非典型的機関争訟についても，その「法律上の争訟」性を否定しているものがある。その論拠は，典型的機関争訟との関係に着目すると，大別して次の3つに分けられる。第1に，典型的機関争訟の「法律上の争訟」性を否定する論拠とは別に，異なる行政主体ないしその機関相互間の争訟に独自の論理を展開するものであり（「争訟制度型」），第2に，判例においては非典型的機関争訟においてのみ見られるものの，典型的機関争訟においても応用可能なものであり（「公益目的型」），第3に，一定の論拠を以て異なる行政主体ないしその機関相互間の争訟を典型的機関争訟と同じく扱うものである（「国の事務」論）。

第1項　争訟制度型

　本来的には異なる行政主体の機関どうしであっても，それらを上級審・下級審とする争訟制度が法律によって構築された場合には，下級審としての機関は上級審としての機関の判断を争うことはできないとされることがある。本書では，こうした論拠を「争訟制度型」と呼ぶ。これは，典型的機関争訟における論拠とは別に，独立の論拠を以て非典型的機関争訟の「法律上の争訟」性を否定するものである。

　(1)　まず，最判昭和24年5月17日民集3巻6号188頁（以下，「昭和24年最判」という）を検討する。

　(a)　同判決は，次のような事案に関するものである。町議会議員選挙の効力に関して町選挙管理委員会に対して異議申立てがなされたところ（旧地自法66条1項。現行の公選法202条1項に相当），町選挙管理委員会がこれを理由なしとして却下した。申立人は当該決定を不服として県選挙管理委員会に訴願し（同条2項。現行の公選法202条2項），これに対して県選挙管理委員会が選挙を無効とする裁決をした。そこで，町選挙管理委員会が同条4項（同法203条1項）に基づいて当該裁決に不服があるとして高等裁判所に出訴した。

　同判決は，市町村の選挙管理委員会が旧地自法66条4項（「第2項の規定による裁決に不服がある者は……高等裁判所に出訴することができる」）に言う「裁決に不服がある者」に当たるか否かについて，次のように述べてこれを消極に解した。曰く，市町村の選挙管理委員会を含めないことは，「同条の規定の文理解釈上明かであるばかりでなく，争訟の法理から見ても疑ないものといわねばならない。けだし，争訟の審判に関する審級制においては，下級審は同一事件に関する上級審の判断に覊束せらるべきものであるから，争訟を第1次的に審判した下級審が第2次的に審判した上級審の判断を不当として，更に上級の裁判所に出訴するというがごときことは，争訟制度の機構に反するからである」。

　(b)　ここでは，①「同条の規定の文理解釈」及び②「争訟の法理」の2つの理由が挙げられている。本書の問題関心からして重要である②に着目するに，同判決は，第1に，市町村の選挙管理委員会を下級審，都道府県の選挙管理委員会をその上級審と把握した上で，第2に，下級審が上級審の判断を争うことは「争訟制度の機構に反する」としている。問題は，このうちの第1点にある。市町村の選挙管理委員会は市町村の執行機関であり，都道府県の選挙管理委員会は都道府県の執行機関である以上，両者は異なる行政主体の機関であり，その間に上級審・下級審の関係はない。それにも拘らず，本判決は，「高等裁判所―都道府県の選挙管理委員会―市町村の選挙管理委員会」という上級・下級の系列から成る「争訟制度の機構」なるものを観念し，当該機構における上級審・下級審として両選挙管理委員会を把握している。その論拠については，旧地自法66条がそのような「争訟制度の機構」を構築したからであると言うほかない。

すなわち，本判決の論理によれば，本来的には都道府県・市町村それぞれの機関であるところの両選挙管理委員会は，「争訟制度」を基軸として，当該争訟制度によって予定された活動を行う限りにおいて，「争訟制度の機構」の上級審・下級審として現れる。そして，争訟の法理によれば，上級審の判断に下級審が従うべきであることは制度上当然のことである。したがって，下級審たる市町村の選挙管理委員会が上級審たる都道府県の選挙管理委員会の判断を争うことは許されないことになる[134]。

　(2)　最判昭和 42 年 5 月 30 日民集 21 巻 4 号 1030 頁（以下，「昭和 42 年最判」という）も，こうした「争訟制度型」を前提にしていると解される。

　　(a)　本判決は，次のような事案に関するものである。土地改良区の総代総選挙（土地改良法 23 条 3 項）の効力について町選挙管理委員会に対して異議申立てがなされ（同法施行令 27 条 1 項），町選挙管理委員会がこれを棄却したところ，申立人はこれを不服として県選挙管理委員会に対して申立てをした（同条 2 項）。これに対し，県選挙管理委員会は，町選挙管理委員会の棄却決定を取り消し，選挙を無効とする裁決を下した。そこで，当該土地改良区が当該裁決に不服があるとして取消訴訟を提起した。

　土地改良区によるものも含めて裁判所への出訴についてはなんら規定がなく，土地改良区が取消訴訟を求めることができるのか否かが問題となった。本判決は，この点について，次のように述べて消極に解した。曰く，「上告人［土地改良区］の本件総代選挙を無効とした被上告人［県選挙管理委員会］の裁決は，右選挙の管理の任にあたった石下町選挙管理委員会を拘束し，ひいて上告人自身をも拘束するものと解すべきである。けだし，被上告人は，上告人の機関としての立場に立つ石下町選挙管理委員会に対する上級審の立場に立って，右裁決をなしたものであって，その系列下にある石下町選挙管理委員会が本件裁決によって拘束されるのはもとより，上告人自身も前叙の立場上，その裁決の結果を受忍すべきが当然であるからである。また，上告人は，右裁決によって，直接，自己の権利ないし法律上の利益を侵害されたものとは認めがたく，上告人の再選挙費用の負担その他所論の事由も，事実上被むる不利益にすぎず，これをもって，上告人が本件裁決の取消を訴求するにつき法律上の利益を有する

---

134)　昭和 24 年最判を踏襲するものとして，最判昭和 33 年 8 月 28 日集民 33 号 181 頁。

ものとはなしがたい」。

　(b)　ここでは，土地改良区たる行政主体と，それとは異なる都道府県たる行政主体の機関であるところの都道府県の選挙管理委員会との間での争いが問題となっている。本判決は結論として土地改良区の訴えを否定したところ，その理由としては次の2つが挙げられている。第1に，土地改良区が「町選挙管理委員会と機関関係にあり，かつ，町選挙管理委員会と被上告人たる県選挙管理委員会とが上下関係にあるという特殊な組織上の結合・関連関係」（奥平康弘）[135] という機関争訟的な論拠であり，第2に，土地改良区には本件裁決の取消しにつき事実上の利益しか有さず，法律上の利益を有さないという一般取消訴訟上の論拠である[136]。

　本書の問題関心からして重要な第1の論拠に着目するに，一方で，争訟制度型の思考によって，市町村の選挙管理委員会と都道府県の選挙管理委員会との間の上級審・下級審関係は，これを説明することができる。すなわち，土地改良法施行令27条は「都道府県の選挙管理委員会—市町村の選挙管理委員会」という系列から成る「争訟制度の機構」を作り出しており，両選挙管理委員会は当該機構の上級審・下級審として位置付けられる。

　他方で，本判決は，昭和24年最判のように当該機構の下級審の訴えを否定したのではなく，この系列には一見属さない土地改良区の訴えを否定しており，その理由として，土地改良区の「前叙の立場」，すなわち市町村の選挙管理委員会をその機関に持つという立場を挙げる。より具体的には，「土地改良区の総代選挙を都道府県選挙管理委員会または市町村選挙管理委員会が管理するのは，土地改良区なる公共組合の事務を法律がこれに委任したもので，右選挙に関するかぎり，選挙管理委員会は，土地改良区の機関として行為するもの」と言うことができ，「また法は，右選挙につき，その選挙または当選の効力に関し異議の申出があれば，右選挙管理委員会に決定させるが，これも右選挙管理委員会が選挙の管理を担当した関係上，当該土地改良区のために，これに代っ

---

135)　奥平康弘「判批」法協 85 巻 5 号 818 頁以下（1968）819 頁。

136)　事案の解決としては第 2 の論拠のみで十分である。荒秀「判批」重判昭和 41・42 年度 160 頁以下（1973）161 頁も，「改良区自身が上告理由で述べられているような，選挙をやり直すことによる事務的・経済的ロスとか，理事の信用失墜といった名誉感情は法的利益と評価するには余りに主観的なものといえよう」とする。ただし，反対もある。村上義弘「判批」民商 57 巻 6 号 981 頁以下（1968）987 頁。

て行なうものと解することができる」(調査官解説)[137]というものである。

　(c)　こうした判決の論理をまとめれば，次のようになろう。土地改良法施行令 27 条により，総代選挙の管理及びその異議の申出に対する決定を行う限りにおいて，市町村の選挙管理委員会は土地改良区の機関であることになり，市町村の選挙管理委員会の意思決定が法的にはそのまま土地改良区の意思決定であることになる。そして，市町村の選挙管理委員会は，都道府県の選挙管理委員会の下級審としてその判断に服さなければならず，そのように服した結果としてなされた意思決定が土地改良区自身の意思決定であることになる[138]。このような意味において，土地改良区自身もまた都道府県の選挙管理委員会の判断を前提にすることとなるのである。

第2項　公益目的型

　判例においては，「法律上の争訟」の一内容たる「具体的事件性」は私権の保護を目的とすることを前提としているとして（私権保護限定ドグマ），訴えが「法規の適用の適正ないし一般公益の保護を目的とするもの」である場合には，「具体的事件性」を欠くとされることがある。本書ではこれを「公益目的型」と呼ぶ。これは，典型・非典型を問わず，相手方が私人であるか否かを問わず，機関争訟ないしそれ以外の争訟も広く射程に含み得るものである。

　(1)　判例においては，行政主体が私人に対して訴える場合でも，訴えの目的の公益性故に「法律上の争訟」性が否定されることがある。最判平成 14 年 7 月 9 日民集 56 巻 6 号 1134 頁（以下，「平成 14 年最判」という）は，行政主体たる地方公共団体が私人に対して出訴した事案について，その「法律上の争訟」性を否定している点で注目される。

　平成 14 年最判は，地方公共団体が条例に基づく命令違反に関してその行政上の義務の履行を求めて私人に対して出訴した事案について，裁判所法 3 条 1 項にいう「法律上の争訟」を「当事者間の具体的な権利義務ないし法律関係の存否に関する紛争であって，かつ，それが法令の適用により終局的に解決する

---

137)　矢野邦雄「判解」最判解民事篇昭和 42 年度 271 頁以下（1968）273 頁。

138)　村上・前掲注 136）985 頁も，「選挙管理委員会と土地改良区は監督庁とその監督に服する法人というような対立的関係のものでなく，選挙管理委員会は土地改良区に代って総代選挙の管理をするのであり，その限りにおいて，選挙管理委員会は土地改良区の機関となったとみることができ，従って又その限りにおいて両者は一体であるとみることができる」とする。

ことができるもの」とした上で，「国又は地方公共団体が提起した訴訟であっ
て，財産権の主体として自己の財産上の権利利益の保護救済を求めるような場
合には，法律上の争訟に当たるというべきであるが，国又は地方公共団体が専
ら行政権の主体として国民に対して行政上の義務の履行を求める訴訟は，法規
の適用の適正ないし一般公益の保護を目的とするものであって，自己の権利利
益の保護救済を目的とするものということはできないから，法律上の争訟とし
て当然に裁判所の審判の対象となるものではなく，法律に特別の規定がある場
合に限り，提起することが許される」とし，本件における訴えを「法律上の争
訟」ではないとして却下した。

　以上のように，本判決は，「具体的事件性」（「当事者間の具体的な権利義務ない
し法律関係の存否」）に関する目的二分論を採用している。すなわち，何かしら
の「具体的な権利義務ないし法律関係」に基づく訴えであっても，当該訴えが
「自己の権利利益の保護救済を目的とする」ものではなく「法規の適用の適正
ないし一般公益の保護を目的とするもの」である場合には，「具体的事件性」
を欠き，したがって「法律上の争訟」ではないというものである。本判決の射
程についてはなお検討を要するが，この理屈そのものは，本判決のように行政
主体の私人に対する訴えに限らず，機関争訟一般に実質的に及び得るものであ
ると思われる[139]。すなわち，行政主体が私人に対して訴える場合に限らず，
同一の行政主体の機関相互間の紛争や，異なる行政主体（ないしその機関）相互
間の紛争も，それらの権限の行使ないしその存否を巡って争われる限り，「法
規の適用の適正ないし一般公益の保護を目的とするもの」であるから，同じく
「法律上の争訟」性を否定されることになりかねない。

　本判決は「行政権の主体」と「財産権の主体」という二分法を採るところ，
これは本件の事案が行政主体たる宝塚市を原告とするものであったからであっ
て，本判決の論拠が「行政権の主体」に限らずその機関が原告となる場合にも
及ぶことに鑑みれば，本判決の論理展開を文言通りに受け取るとすれば，その
核心は，「行政権の主体」であるか否かではなく，「法規の適用の適正ないし一
般公益の保護を目的とするもの」であるか否かであろう。そこで，こうした思
考を以下では「公益目的型」を呼ぶことにする。

---

139)　村上裕章「判批」民商128巻2号198頁以下（2003）209頁。南ほか編・前掲注31）725頁
　　［山本］も同旨。

(2)　実際に公益目的型の思考が異なる行政主体相互間の紛争にも応用された例として，東京高判平成 19 年 11 月 29 日判例地方自治 299 号 41 頁（以下，「平成 19 年東京高判」という）が挙げられる[140]。

　本判決は，住基法の改正法（平成 14 年 8 月 5 日施行）により導入された住基ネットワークシステム（以下，「住基ネット」という）を巡る杉並区と東京都との紛争に関するものである。すなわち，住基ネットの導入に当たり，杉並区が，住基ネットには個人情報の流出等の危険が存在するとして，東京都に対し，住基ネットの安全性が確認されるまでの間，本人確認情報を東京都へ通知することを受諾した者（以下，「通知希望者」という）に係る本人確認情報のみを通知し，これを希望しない者に係る本人確認情報を通知しない方式によって住基ネットへ参加することを申し入れたところ，東京都がこれを拒否したため，杉並区民のうちの通知希望者に係る本人確認情報を住基ネットを通じて送信する場合に東京都はこれを受信する義務があると主張して，東京都に対しその受信義務の確認を求めたものである。

　本判決は，まず，次のように述べて，平成 14 年最判が本件の如く行政主体相互間の争訟をもその射程に含むことを指摘する。曰く，「平成 14 年最高裁判決は……国又は地方公共団体が原告又は申立人となる争訟において，自己の財産上の権利利益の保護救済を求める場合は法律上の争訟に当たるが，法規の適用の適正ないし一般公益の保護を目的とする場合は法律上の争訟に当たらないことを明らかにしたものと解されるから，争訟の相手方が個々の国民であるか，国又は地方公共団体という行政主体であるかを問わず，一般的に，行政主体が，法規の適用の適正ないし一般公益の保護のためではなく，自己の主観的な権利利益に基づき保護救済を求める場合に限り，法律上の争訟性を認めたものと解される。したがって，行政主体相互間の争訟は平成 14 年最高裁判決の射程外であるとする控訴人の上記主張は採用することができない」。

---

[140]　本判決についての紹介と批判として，兼子仁＝阿部泰隆編『自治体の出訴権と住基ネット——杉並区訴訟をふまえて』（信山社，2009），阿部泰隆「区と都の間の訴訟（特に住基ネット訴訟）は法律上の争訟に当たらないか（上）（下）」自研 82 巻 12 号 3 頁以下（2006），83 巻 1 号 3 頁（2007），同「続・行政主体間の法的紛争は法律上の争訟にならないのか（上）（下）——東京地裁平成 18 年 3 月 24 日判決について」自研 83 巻 2 号 3 頁以下，83 巻 3 号 20 頁以下（2007），寺田友子「判批」桃山法学 11 号 19 頁以下（2008），西上治「行政事件の再定位？——杉並区住基ネット訴訟を巡って」法時 89 巻 6 号 35 頁以下（2017）。いずれも本判決に対して否定的な態度を示している。

　このように，本判決は，本件にも平成 14 年最判の射程が及び，したがって
杉並区の訴えが「法規の適用の適正ないし一般公益の保護のため」である場合
には「法律上の争訟」性が否定されることを前提に，「送受信に関し市町村が
都道府県を訴訟の相手方として本人確認情報の受信義務の確認を求めることは，
住基法の適用の適正ないし住民基本台帳事務の適正な実施を求めるものにほか
ならないから，地方公共団体の主観的な権利利益の保護救済を目的とするもの
ということはでき」ず，「本件確認の訴えは専ら行政権の主体として訴訟を提
起しているものと認められる」とし，その「法律上の争訟」性を否定した。

　(3)　公益目的型の思考は，従来の判例・通説を（少なくとも一面において）形
式的に踏襲するものであると言える。しかし，平成 14 年最判と平成 19 年東京
高判及びそれらに対する学説の反発は，こうした従来の判例・通説の基礎が実
は盤石ではないことを露呈した。

　(a)　「法律上の争訟」性のうち「具体的事件性」の肯定のために，「具体的
な権利義務ないし法律関係」の存在に加え，「自己の権利利益の保護救済を目
的とする」ことを要求すること自体は，主観訴訟と客観訴訟の目的二分論を
採ってきた我が国の判例・通説 [141] を踏襲するものである。平成 14 年最判及
び平成 19 年東京高判は，こうした判例・通説の理解を行政主体が原告となる
場合にも形式的に適用したものであると言える [142]。

　(b)　しかし，国又は地方公共団体に関する「財産権の主体」と「行政権の
主体」という区別を「法律上の争訟」性の有無に結び付ける本判決の論法は，
周知の通り学界から強い批判を浴びた [143]。まずもって問題とされるべきは，
判決自身の述べる「法律上の争訟」理解（「具体的事件性」と「法令の適用による
解決可能性」）と，「行政権の主体」が出訴する場合には「法律上の争訟」では
ないとする論法との論理的整合性である。すなわち，「具体的事件性」につい

---

141)　たとえば，塩野・前掲注 2) 81 頁は，「学説上には，かねて，個人的な権利利益を目的とする
　　主観的訴訟と法規の客観的適正を保障し又は一般公共の利益を保護することを目的とする客観的訴
　　訟の区別が立てられて」いるとする。

142)　福井章代「判解」最判解民事篇平成 14 年度 531 頁以下（2005）537 頁以下参照。

143)　たとえば，塩野・前掲注 2) 281-283 頁，高木光「判批」重判平成 14 年度 45 頁以下（2003），
　　村上・前掲注 139），太田照美「判批」行政百選 I（第 6 版）232 頁以下（2012），曽和・前掲注
　　31）157 頁以下，同「判批」地方自治百選（第 4 版）82 頁以下（2013），人見剛「自治体の争訟権
　　について」紙野健二＝本多滝夫編『辺野古訴訟と法治主義──行政法学からの検証』59 頁以下
　　（日本評論社，2016）60-72 頁。

ては，ここでは行政上の義務の履行が問題になっているのであるから，行政上の法律関係なる範疇を否定しない限り，当該地方公共団体と相手方との関係が法律関係ではないとは言えず，したがってこれを否定することはできない。また，「法令の適用による解決可能性」についても，義務の存否はまさに条例の解釈・適用により決せられるのであるから，これを否定することはできない。そこで，学説は，平成14年最判の論理展開を文言通り受け取ることなく，その射程を限定することを強く志向し[144]，平成19年東京高判が公益目的型を異なる行政主体相互の間の紛争に応用したことを激しく批判したのである[145]。

　そもそも，「具体的事件性」は，問題となっている争訟それ自体の性質に関するものであるから，当該争訟において当事者が如何なる目的で訴訟を提起するかという問題とは別個の観点に基づくものであるはずである[146]。したがって，如何なる目的を設定するのであれ，「訴訟の目的」という観点から「争訟の性質」であるところの具体的事件性を否定することは論理的にあり得ない[147]。このことは平成14年最判及び平成19年東京高判のみに関する問題ではない。ここでは，判例・通説の採用してきた主観訴訟と客観訴訟という目的二分論そのものの見直しが求められている[148]。すなわち，両判決に対する学

[144]　たとえば，高木光「原発訴訟における自治体の原告適格」自研91巻9号3頁以下（2015）5頁は，平成14年最判について，「判例変更が望ましいが，少なくともその射程を極力限定して理解すべきである。すなわち，判例の読み方として推奨される作法によれば，同判決の射程は，『行政権の主体』としての地方公共団体が原告となって，私人を被告として提起する類型にしか及ばないはずである」とし，人見・前掲注143）61-62頁も，「平成14年判決の判示によって『法律上の争訟』該当性を否定される国または地方公共団体が提起する訴訟は，『専ら行政権の主体として国民に対して行政上の義務の履行を求める訴訟』に限られる」とする。同「大間原発行政訴訟における函館市の出訴資格及び原告適格」自治総研444号20頁以下（2015）も参照。

[145]　前掲注140）の各文献参照。

[146]　竹下守夫「行政訴訟と『法律上の争訟』覚書──選挙訴訟の位置づけを手懸りとして」論究ジュリ13号118頁以下（2015）は，民事訴訟法学においては，「法律上の争訟」を「誰が訴訟当事者となって訴えを提起したかの問題とは切り離して，事件そのものが司法権の範囲に属するか否かを決定する基準と考えている」（同120頁）とし，「訴訟手続上，具体的な訴えが，司法権の範囲に属するか否かの審査は，訴訟上の請求（訴訟物）について，それが『法律上の争訟』に当たるか否かの審査として行われるべきこととなる」（同121頁）とする。また，杉井・前掲注13）113-114頁は，裁判所法の制定過程を丹念に調べた上で，「もともとこの［法律上の争訟という］概念は裁判官の審判対象となる権利関係に着目した実体的な概念であり，訴訟目的を基準とした区別を意味するものではない」とする。

[147]　同様の指摘をするものとして，村上・前掲注8）553頁。

[148]　山本隆司「客観法と主観的権利」長谷部恭男ほか編『岩波講座 現代法の動態(1)』25頁以下

説の反発に表れているように，「具体的事件性は自己の権利利益の保護救済を目的としていることを前提とする」という命題は，漠然と一般論としては学説においても共有されてきたと言えるが，その具体的な中身及び理論的基礎については，実は不分明であったのである。

　　(c)　そうすると，通説・判例は，「法規の適用の適正ないし一般公益の保護を目的とするもの」の「具体的事件性」を否定し，したがって「法律上の争訟」性を否定してきたものの，そこで否定されているのは実は「具体的事件性」ではなく，あるいは「法令の適用による解決可能性」でもなく，黙示のうちに設定された第 3 の要件であるということになる[149]。

　そのような黙示の要件として想定されるのが「私権保護」である。この要件は，《「司法権」＝「法律上の争訟」》に関する民事独占的な発想（私権保護限定ドグマ）によって導かれる。これは，「法律上の争訟は本来，私権の保護に限定されることを前提としている」（塩野宏）[150]という発想であり[151]，「裁判を受ける権利」（憲法 32 条）が私人に保障された基本的人権であることを前提に，《「司法権」＝「法律上の争訟」》と私権の一部たる「裁判を受ける権利」とを表裏の関係であると捉える[152]ことによって生ずる[153]。この私権保護限定ド

（岩波書店，2014）は，ドイツ・フランスにおける客観法と主観的権利との関係を辿った上で，「『主観訴訟』『客観訴訟』という概念が一義性をまったく欠く」（同 42 頁）と結論付ける。また，中川丈久「行政上の義務の強制執行は，お嫌いですか？――最高裁判決を支える立法ドグマ」論究ジュリ 3 号 56 頁以下（2012）57 頁は，平成 14 年最判が前提とする「根本的理由」として，主観訴訟と客観訴訟の区別の背後にあるという「司法と行政の峻別という通念」を挙げる。この指摘は全く正しく，問題を十全に解決するためには，後にも述べるように（第 3 章第 5 節），権力分立の観点から司法と行政との関係を見直さなければならない。

149)　人見・前掲注 143) も，平成 14 年最判は従来の最高裁の定式に「私益保護目的の争訟提起という新たな要素を，何の理由付けもなしに付け加えたことになるのではないか」として批判する。

150)　塩野宏『行政法 I（第 6 版）』（有斐閣，2015）247 頁。

151)　阿部・前掲注 140)「区と都の間の訴訟（特に住基ネット訴訟）は法律上の争訟に当たらないか（上）」13 頁は，これを「民事法帝国主義的な発想」であると表現する。第 1 節第 1 款第 2 項に見たように，亘理格も「私人間の一般民事訴訟モデルに過度に拘泥した考え方」として批判する。

152)　最高裁判所事務総局総務局編『裁判所法逐条解説上巻』（法曹会，1968）21 頁は，「裁判所の『裁判』する権限は，国民の『裁判所において裁判を受ける権利』（憲 32）と表裏の関係にある」とする。

153)　しかし，最高裁において，この私権保護限定ドグマが貫徹されているわけではない。たとえば，最判平成 21 年 7 月 10 日判時 2058 号 53 頁は，市と事業者との間で締結された公害防止協定に関し，市が当該協定による義務の履行を当該事業者に求めた事案について，公害防止協定による義務の履行を求めることは「一般公益の保護」のためではないとは言い難いにも拘らず，その「法律上の争

グマと「行政主体と私人の二元論」（高木光）[154] とが結びつくことによって，「行政権の主体」の提起する訴訟の「法律上の争訟」性は否定される。「行政主体と私人の二元論」とは，「行政権の主体」として行政主体たる地方公共団体が登場する際，それは本来私人にはあり得ないところの「固有の資格」に基づくものであり，この「固有の資格」は憲法 32 条の定める基本的人権としての「裁判を受ける権利」を保障されない，という発想である [155]。次項に見る最判昭和 49 年 5 月 30 日民集 28 巻 4 号 594 頁は，国民健康保険の保険者たる市町村の地位の二重性（行政主体としての地位と事業経営主体としての地位）を指摘した上で，「保険者の前記のような特別な地位にかんがみるならば，保険者の裁判を受ける権利を侵害したことにならないことはいうまでもな」いとしているが，これもこうした「行政主体と私人の二元論」を前提とするものであるとも解せられる。

第3項　「国の事務」論

国とは独立した法人格を有する行政主体であっても，「国の事務」を担当する場合には，その限りにおいて国の行政機関と同視されることがある。こうした論理を，本書では「国の事務」論と呼ぶ。これは，典型的機関争訟における論拠を非典型的機関争訟に応用するための，いわば架橋的な機能を果たすものである。

(1)　最判昭和 49 年 5 月 30 日民集 28 巻 4 号 594 頁（以下，「昭和 49 年最判」という）は，次のような事案に関するものである。国民健康保険の保険者（国健保法 3 条）である市が，訴外 A からの国民健康保険の被保険者としての資格を取得したことを理由とする被保険者証の交付申請に対して，住所要件（同法 5 条）の欠缺を理由に被保険者証の交付を拒否したところ，これに対する A の審査請求（同法 91 条 1 項）を受けた府国民健康保険審査会は，A の請求を認め，市の交付拒否処分を取り消した。そこで，市は，府国民健康保険審査会の当該裁決の取消訴訟を提起した。本判決は，これに対し，結論として市には取消訴訟を提起する適格が欠けるとしたのである。

訟」性を否定していない。
154)　高木・前掲注 143) 46 頁。
155)　藤田・前掲注 63) 71 頁，76 頁。

　(a)　本判決は，都道府県の国民健康保険審査会と保険者たる市町村とは
「一般的な上級行政庁とその指揮監督に服する下級行政庁の場合と同様の関係」
に立ち，したがって後者は前者の裁決を争えないとした（上級下級型）。しかし，
そうするためには次の2段階の問題がある。第1に，本判決が指摘するよう
に，保険者たる市町村は行政主体たる地位と事業経営主体たる地位を有すると
ころ，前者の地位があることのみをもって後者の地位に基づく経済的利益の主
張が許されなくなるわけではないし[156]，後者の地位があるからと言ってそれ
だけで出訴資格につき一般の事業主体と同様に扱ってよいものでもない。取消
訴訟の出訴資格の有無は，実定法によってこれらの地位が与えられた趣旨から
判断されなければならない。国健保法の分析の結果，後者の地位が重視される
べきであるならば，一般の事業主体と同じく裁決の取消訴訟を提起する資格を
許すべきであることになるはずである[157]。第2に，仮に行政主体たる地位を
重視すべきであるとしても，市町村は独立の法人格を有する行政主体であり
（地自法2条1項），都道府県の国民健康保険審査会はそれとは異なる行政主体
である都道府県の機関であるから，両者は当然には上級機関・下級機関の関係
には立たない。また，国民健康保険事業の実施は当時機関委任事務でもなかっ
た。

　本判決は，これらの問題を「国の事務」論によって克服する。第1の問題に
ついて，本判決は，国健保法の具体的な条文を挙げつつ「国民健康保険事業の
性格」を検討し，「国民健康保険事業は，国の社会保障制度の一環をなすもの

---

156)　このことは，国民金融公庫の法的地位に関する最判平成6年2月8日民集48巻2号123頁の
　　次の判示にも示されている。曰く，国民金融公庫（上告人）は，「政府がその資本金の全額を出資
　　する公法人であり，大蔵大臣の認可，監督，計画，指示の下に，一般の金融機関から資金の融通を
　　受けることを困難とする国民大衆に対して，必要な事業資金等の供給を目的とするものであって，
　　政府の行政目的の一端を担うものである」ため，「上告人が被上告人に対し経済的な利益を主張す
　　るにも一般の私人とは立場を異にする面があることは否定できない」。「しかしながら，反面，上告
　　人は，政府から独立した法人として，自立的に経済活動を営むものである上，恩給担保貸付けを行
　　うことができる者を上告人及び別に法律をもって定める金融機関（現在は沖縄振興開発金融公庫の
　　みがこれに当たる。）に限定した恩給法の趣旨にかんがみると，上告人は，恩給受給者に対しては
　　一定の要件の下に恩給担保貸付けをすることが義務付けられているというべきであるから，上告人
　　が前記のような公法人であるというだけで，被上告人に対し，自らの経済的利益を前提とする前記
　　のような主張をすることが許されなくなるものではない」。
157)　本判決の一審（大阪地判昭和40年10月30日民集28巻4号608頁）・二審（大阪高判昭和46
　　年8月2日民集28巻4号630頁）はそのように解している。

であり，本来，国の責務に属する行政事務であって，市町村又は国民健康保険組合が保険者としてその事業を経営するのは，この国の事務を法の規定に基づいて遂行しているものと解される」とする。こうして，保険者たる市町村は，「もっぱら，法の命ずるところにより，国の事務である国民健康保険事業の実施という行政作用を担当する行政主体としての地位に立つものと認めるのが，制度の趣旨に合致する」ことが導かれる。第2の問題について，本判決は，「国民健康保険事業の運営に関する法の建前と審査会による審査の性質」から，「保険者のした保険給付等に関する処分の審査に関するかぎり，審査会と保険者とは，一般的な上級行政庁とその指揮監督に服する下級行政庁の場合と同様の関係に立ち，右処分の適否については審査会の裁決に優越的効力が認められ，保険者はこれによって拘束されるべきことが制度上予定されているものとみるべきであって，その裁決により保険者の事業主体としての権利義務に影響が及ぶことを理由として保険者が右裁決を争うことは，法の認めていないところであるといわざるをえない」ことを導く[158]。

　(b)　このように，本判決の理解によれば，国民健康保険事業は本来「国の事務」であるところ，法の命ずるところにより，市町村には保険者として国民健康保険事業を実施するという行政作用について，都道府県には国民健康保険審査会として審査請求に対する裁決をするという行政作用について，それぞれ担当する権限と責務が与えられている。ここでは，両者とも，国民健康保険事業に関する限りあたかも国の機関のように観念されており，保険者のした保険給付等に関する処分の審査に関する限り同じ国なる行政主体内部の上級機関・下級機関のように扱われることになる。こうして上級下級型の適用可能性が生じ，「法律上の争訟」性が否定される。

　しかし，「国の事務」論に対しては批判が強い。第1に，たとえば昭和49年最判は「国の事務」に当たる根拠として種々の国健保法上の規定を挙げているけれども，「国の事務」に当たるかどうかの基準が不明確であり，第2に，「国

---

158)　なお，本判決は，「審査会の裁決に対する保険者からの出訴を認めるときは，審査会なる第三者機関を設けて処分の相手方の権利救済をより十分ならしめようとしたことが，かえって通常の行政不服審査の場合よりも権利救済を遅延させる結果をもたらし，制度の目的が没却されることになりかねない」として，本書の言う「救済阻害型」の理由も追加的に挙げている。もっとも，当該論拠については，少なくとも本判決においては追加的論拠に留まること，学説においてより盛んに議論されていることから，学説を扱う次節において取り上げる。

の事務」に当たるからと言って，何故その担当主体が国の機関であるかのように扱われるのか不明瞭である[159]。もっとも，ここでは「国の事務」論の妥当性はさておき，最高裁が「国の事務」論を基軸として本来は異なる行政主体（ないしその機関）相互間の関係をあたかも同一の行政主体の内部関係であるかのように扱っていることを確認しておきたい。

　(2)　こうした「国の事務」論が仮に一定の場合に成り立ち得るものであるとしても，それを地方公共団体と国との関係ないし地方公共団体相互の関係に適用する場合（昭和49年最判はその一例である）には，地方公共団体の憲法上の地位（憲法92条以下）からして他の行政主体の場合以上に疑義が生じる。たとえば，塩野宏は，「地方自治の保障という憲法原理が妥当している現行法秩序においては……国家関与がその限界を越えた場合には，その是正手段が制度上存在していなければならないはずであるし，また，その是正の要求が，個別地方公共団体の自治権の侵害の排除という形をとる限りにおいて具体的権利義務に関する訴訟として，裁判所による救済の方法が認められると考えられる」[160]とする。ここでは，「地方自治の保障という憲法原理」から地方公共団体の「自治権」が導かれ，この自治権を梃子にして地方公共団体の訴えが肯定されているのである。こうした見解は，学説上或る程度広く共有されていると言ってもよい[161]。

　しかし，下級審においても，地方公共団体と国との関係を同一の行政主体内の機関相互の関係のように扱っているものがある。そこで，以下では，地方公共団体側が国を訴えたもの及び逆に国が地方公共団体側を訴えたものをそれぞれ1例ずつ取り上げ，これらを分析し，裁判例の前提としている思考枠組みを確認する。

　(a)　第1に，地方公共団体側が国を訴えた例として，東京高判平成4年2

159)　亘理格「判批」社会保障百選（第4版）30頁以下（2008）31頁は「単に『国の事務』としての一体性を強調するだけで保険者の出訴可能性を否定する判旨……は，説得力に欠ける」とする。また，山本隆司「判批」地方自治百選（第4版）196頁以下（2013）197頁は，「本判決は本件の出訴を否定するのに十分な論拠を提示しているとは評価できない」とする。

160)　塩野・前掲注86）37頁。

161)　たとえば，白藤博行「国と地方公共団体との間の紛争処理の仕組み──地方公共団体の『適法性の統制』システムから『主観法的地位（権利）の保護』システムへ」公法62号200頁以下（2000），斎藤誠『現代地方自治の法的基層』（有斐閣，2012）125頁以下［初出2005］，阿部・前掲注140）「区と都の間の訴訟（特に住基ネット訴訟）は法律上の争訟に当たらないか(下)」。

月 26 日判時 1415 号 100 頁（以下，「平成 4 年東京高判」という）は，次のような事案に関するものである。池子川（準用河川）の河川管理者たる市長（河川法 100 条 1 項・10 条 1 項）が，河川工事（同法 8 条）のために必要な「協議」（同法 95 条・20 条。国以外の場合は河川管理者の「承認」が必要である）を経ずに河川工事に該当する工事を国が行っているとして，同法 75 条 1 項に基づく工事中止命令を国に対して発し，さらに工事続行禁止を求める民事訴訟を提起した。

　ここで注意すべきであるのは，当時河川法に基づく河川管理は機関委任事務とされており，形式的に見る限り，市長は河川管理者としては国の機関に当たるということである。本判決は，「いわゆる準用河川である池子川の管理は国の事務であり，原告は国の機関委任事務として池子川の管理を行っているというべきである」としてこの点を指摘し，ここから，河川工事に求められる「承認」の性質についての理解を導く。すなわち，「池子川の河川管理者である原告と本件工事を実施する横浜防衛施設局長も共に国の一機関としての立場にあって，その双方の事務は共に国家意思を淵源とするものであり，本件工事が同法 20 条所定の河川工事に当たるか否かについて争いがある場合は，国の機関同士の紛争であり，右工事が右承認に代わる協議の成立を要する工事に当たるとしても，その場合の協議は，河川管理者が優越的な地位に立って単に相手方の意見を聴取するというものではなく，双方の意思を積極的に出し合って協議をすることが予定されている」。「したがって，右趣旨に鑑みれば，右両者に見解の相違に基づく対立が生じた場合にも，一個の法主体内部の紛争として，その解決は，行政内部における調整により，最終的には国の行政権の属する内閣の責任と権限により図られるべきことが予定されているものと解すべきである」[162]。

　このように，本判決は，河川管理が機関委任事務であることから，河川管理

---

162)　これに対し，最高裁（最判平成 5 年 9 月 9 日訟月 40 巻 9 号 2222 頁）は，「本件訴えは，権利義務の帰属主体たり得ない行政庁としての上告人が提起したものであって，不適法であることが明らかである」とのみ述べて，市長の訴えを不適法とした。これは，市の機関（行政庁）としての市長が持つのは権利ではなく権限であり，したがって不適法であるというもので，権利権限型の思考に基づくものであると思われる。この論理は，問題となっている権限が機関委任事務に基づくものであるか否か，相手方が私人であるか国であるかを問わず，妥当するものである。もっとも，そうであるとしても，市の機関たる市長ではなく市自身が訴えた場合にどうなるかという点が別途問題になり得る。こうした問題を指摘するものとして，小幡純子「判批」地方自治百選（第 3 版）200 頁以下（2003）201 頁。

者たる市長を国の機関であるとし，同じく国の機関である横浜防衛施設局長との関係を同一行政主体内の機関関係，すなわち「内部関係」であるとする。そして，「協議」が求められていることから，双方の積極的な議論が制度上予定されていることを導き，自律尊重型の思考によって「法律上の争訟」性を否定する[163]。

(b)　第2に，国が地方公共団体側を訴えた例として，福岡高那覇支判平成8年9月24日行集47巻9号808頁（以下，「平成8年福岡高那覇支判」という）は，次のような事案に関するものである。那覇市情報公開条例の実施機関である那覇市長が，当該条例に基づき公文書公開請求をした請求者らに対し，国の機関である那覇防衛施設局長が建基法18条2項に基づき那覇市建築主事に提出した海上自衛隊第5航空群司令部庁舎の建築工事に関する建築工事計画通知書及びその添付図書を公開する旨の各決定をしたところ，国が，それらの処分は違法であるとしてその一部取消しを求めた。

本判決は，「法律上の争訟とは，当事者間の具体的な権利義務ないし法律関係の存否に関する紛争であって，かつ，それが法令の適用により終局的に解決ができるものであり，それに限られる」として「法律上の争訟」に関して従来の判例を踏襲した上で，「国又は地方公共団体の私人又は私的団体と同様の権

163)　本判決に対する批判として，原田尚彦「池子訴訟から(1)」法教133号53頁以下（1991）56-57頁は，「国の事業意思と規制意思が対立する場合には，法律の執行に係わる後者の意思に優越性（いわゆる公定力）が認められるべきであり，両者の調整が行政組織内部での政策的判断に任されてよいものではない」，「事業主体としての国家（これを『国庫』という）と公権力の主体としての国家との間に，法の解釈をめぐり対立がある場合には，『国庫』側が公権力の主体としての国家の意思を尊重して，いったんは，これに従うのが，法治国の原則であるということになる。その場合に，『国庫』の側がどうしても公権力の主体としての国家の意思に従えないと考えるときには，まさにそれぞれが固有の利益をもって対立する状況になるわけであるから，両者の対立は，もはや同一法主体内の『機関訴訟』ではなく，『別人格の間の法律上の争訟』であるとみるのが，法理論的にも，また実態上も適当であり，『国庫』側に抗告訴訟の提起を許すのが筋だとおもわれる」とする。昭和49年最判のように事業経営主体としての地位と行政主体としての地位を峻別し，前者の地位に基づく場合には私人と同様の扱いがされるべきであるとした上で，これを国にも当てはめるなら，本件においても行政庁たる市長と私人との関係のように考えることができたのではないかとも思われる。もっとも，この場合，別途次のような問題が生じる。第1に，市長はあくまでも国の機関として現れるのであるから，訴訟当事者は規制主体たる国と事業主体たる国ということになり，国どうしの対立ということになるが，このような訴訟が許されるのかという問題（いわゆる自己内部訴訟の問題）であり，第2に，規制主体すなわち公権力の主体としての国が民事訴訟を利用できるかという問題（前述の平成14年最判）である。権利権限型の思考にのみ基づく上告審判決は，これらの問題点を回避する1つの方策であったとも言える。

利義務に関する紛争は，前記要件を充足するかぎり，法律上の争訟に当たるということができる」とするものの，本件については，次のように述べて「法律上の争訟」性を否定した。「国又は地方公共団体に属する行政権限の根源である公権力は，その性質上，本来は一体のものであるが，これを国及び地方公共団体の各個の行政機関に分属させているのは，行政目的，行政事項などを考慮し，地方自治の本旨にも配慮しつつ，行政の執行において，矛盾を避け，統一を図り，適正及び合理性を保って行政効率の促進を図るため，分業を行わねばならない必要性に基づくものにほかならない。そうすると，このようにして分属させられた個々の行政権限又はその行使について矛盾や牴触が生じ，それを巡って各行政機関の間に紛争が発生したとしても，この紛争は，行政組織内部において処理し解決されるべき性質のものであり，専ら，司法機関において法令を適用して終局的に解決すべき紛争，すなわち法律上の争訟ということはできない」。

　すなわち，本判決によれば，公権力は本来国に一体的に帰属するものであり，分属させられた個々の行政権限又はその行使についての紛争は，行政の「内部関係」であり，「法律上の争訟」ではない。これは，国とは異なる行政主体の機関も国の機関と同様に扱う「国の事務」論の思考の表れである。この見解を前提にする限り，平成4年東京高判が前提とした機関委任事務であることは問題ではないことになる[164]。

　　(c)　以上の分析から明らかなように，裁判例においては，国と地方公共団体（ないしその機関）が争訟当事者として登場する場合にあっても，「国の事務」論によって，その他の異なる行政主体（ないしその機関）相互の関係と同じく，あたかも同一の行政主体内の機関相互の関係であるように扱われるものがある。

---

[164]　これに対し，本件の上告審（最判平成13年7月13日訟月48巻8号2014頁）は，「本件文書は，建基法18条2項に基づき那覇市建築主事に提出された建築工事計画通知書及びこれに添付された本件建物の設計図面等であり，上告人は，本件文書の公開によって国有財産である本件建物の内部構造等が明らかになると，警備上の支障が生じるほか，外部からの攻撃に対応する機能の減殺により本件建物の安全性が低減するなど，本件建物の所有者として有する固有の利益が侵害されることをも理由として，本件各処分の取消しを求めていると理解することができる」とし，国の建物所有者としての地位に着目することで，本件は平成8年福岡高那覇支判のいう「私人又は私的団体と同様の権利義務に関する紛争」であるとして，訴えの「法律上の争訟」性を認めたものの，那覇市公開条例によって国の主張に係る利益は個別的利益として保護されていないとして，国の原告適格を否定した。

(3)　機関争訟の事案ではないものの，最高裁が「国の事務」論の思考を展開したと思われるものとして，最判昭和 53 年 12 月 8 日民集 32 巻 9 号 1617 頁（以下，「昭和 53 年最判」という）が挙げられる。本判決は，運輸大臣に対して，日本鉄道建設公団に対する全幹法 9 条に基づく成田新幹線（東京・成田空港間）の建設認可（以下，「本件認可」という）の取消しを，当該新幹線の通過予定地内の土地の所有者らが求めた事案に関するものである。

本判決は，次のような理由で本件認可の処分性を否定した。曰く，「本件認可は，いわば上級行政機関としての運輸大臣が下級行政機関としての日本鉄道建設公団に対しその作成した本件工事実施計画の整備計画との整合性等を審査してなす監督手段としての承認の性質を有するもので，行政機関相互の行為と同視すべきものであり，行政行為として外部に対する効力を有するものではなく，また，これによって直接国民の権利義務を形成し，又はその範囲を確定する効果を伴うものではないから，抗告訴訟の対象となる行政処分にあたらないとした原審の判断は，正当として是認することができ，原判決に所論の違法はない」。

注目すべきは，言うまでもなく，運輸大臣と日本鉄道建設公団との関係を上級機関・下級機関という同一の行政主体内の行政機関相互の関係と同視している点である。本判決は，ここから，本件認可が外部に対する効力を持たず，直接国民の権利義務を形成し，又はその範囲を確定する効果を伴うものではないことを導いている。しかし，運輸大臣は国の機関であり，日本鉄道建設公団はそれとは独立した行政主体である。それにも拘らず本判決が両者を上級機関・下級機関の関係で捉えているのは，「国の事務」論によるものであろう[165]。すなわち，新幹線鉄道の建設は本来「国の事務」であるところ，法の命ずるところにより，日本鉄道建設公団は新幹線鉄道の建設なる行政作用を担当する権限と責務が与えられ，あたかも国の機関であることになる。本判決はその理由を明示していないが，本件調査官解説は田中二郎に倣って[166] これを日本鉄道

165)　本件原審（東京高判昭和 48 年 10 月 24 日民集 32 巻 9 号 1651 頁）も，「同公団は，日本国有鉄道と同じく，形式的には，国から独立した法人で……国の行政機関とは区別されなければならないが，実質的には，国と同一体をなすものと認めるべきで，一種の政府関係機関とも称すべきものであり，機能的には運輸大臣の下部組織を構成し，広い意味での国家行政組織の一環をなすものと考えるのが相当である」とする。

166)　田中・前掲注 65)『新版行政法中巻（全訂第 2 版）』212 頁は，「独立行政法人は，形式上は，

建設公団の「代行機関性」と呼び，その根拠として，「新幹線法［全幹法］によれば，新幹線鉄道の建設は，公団［日本鉄道建設公団］が自主的，自発的に計画して行うものではなく，運輸大臣が，『国民経済の発展と国民生活領域の拡大』（同法1条）という高度に政治的な見地からその建設を決定し，その根幹的事項を基本計画及び整備計画として定めたうえ，公団に対してその建設を指示し，これをうけて，公団が具体的な工事実施計画を作成して建設工事を行う」ことを挙げている[167]。

　こうして，日本鉄道建設公団は運輸大臣とともに国の機関の地位に立つものと同視され，両者の関係は同一の行政主体の機関相互間の関係，すなわち「内部関係」であることになり，裁判所の介入が否定されることになる[168]。本判決の論理によれば，日本鉄道建設公団は，それを「国の行政機関とみなすという趣旨」の「規定の有無にかかわらず」，「独立の法人格をもった行政機関」（田中二郎）[169]であると評価され得るのである[170]。

第4項　3型の同異

　以上に見た争訟制度型・公益目的型・「国の事務」論の3型は，いずれも非典型的機関争訟をその射程に持つ点において共通する。他方で，3型は，第1に「法律上の争訟」との関係において，第2に典型的機関争訟との関係において，第3に射程において，異なる。

　第1に，3型は，「法律上の争訟」性との関係において異なる。争訟制度型それ自体は，「具体的事件性」及び「法令の適用による解決可能性」の存否とは直接の関係を持たず，自律尊重型や上級下級型と同じく，たとえそれらが満

国又は地方公共団体から独立した別個の法人としての形態をとってはいるが，実質的には，国又は地方公共団体との間に一体性を有することを否定し得ないのであって，それぞれ，その代行機関としての地位及び性質を有するものとみるべき」であるとする。

167)　石井健吾「判解」最判解民事篇昭和 53 年度 531 頁以下（1982）536 頁。

168)　類似事例として，最判昭和 27 年 3 月 6 日民集 6 巻 3 号 313 頁は，農地買収計画・売渡計画についての，県農地委員会の市農地委員会に対する承認の行政処分性が争われた事案について，両者の関係を機関相互間の関係とみて，これを否定している。

169)　田中・前掲注 65)『新版行政法中巻（全訂第 2 版）』212 頁。

170)　もっとも，本判決は，このように運輸大臣と日本鉄道建設公団の関係についての一般論から結論を導いているのではなく，工事実施計画の認可の制度により重点を置いているというようにもこれを解釈することができる。塩野宏「判批」重判昭和 53 年度 48 頁以下（1979）50 頁参照。

たされていたとしても出訴を否定する制度上の要請によって，「法律上の争訟」
をいわば外在的に縮減するものであるのに対し，公益目的型は「具体的事件
性」を否定するものである。他方で，「国の事務」論は，典型的機関争訟にお
ける論拠を非典型的機関争訟に架橋するものであって，「法律上の争訟」を否
定する直接の論拠になるものではない。

　第2に，3型は，典型的機関争訟との関係において異なる。すなわち，争訟
制度型は典型的機関争訟における論拠とは別に非典型的機関争訟に独自の論拠
を提供するものであるのに対し，公益目的型は典型・非典型を問わず妥当する
ものである。他方で，「国の事務」論は典型的機関争訟における論拠を非典型
的機関争訟に架橋するものである。

　第3に，3型は，射程において異なる。争訟制度型は，異なる行政主体の機
関を上級審・下級審とする「争訟制度の機構」が法令によって構築されている
場合のみを射程に含むのに対し，公益目的型は行政主体（ないしその機関）がそ
の権限を巡って訴えを提起する場合を全て射程に含む。他方で，「国の事務」
論は第1点に見たように「法律上の争訟」を否定する直接の論拠にはならない。

第3款　論拠の整理

　以上を受けて，機関争訟の「法律上の争訟」性を否定する際に判例の用いる
論拠について，4つの観点からまとめておく。

　第1に，判例においては，「法律上の争訟」性に関する私権保護限定ドグマ
がなお維持されている。もっとも，この点に関する学説の反発は強い。

　第2に，「法律上の争訟」性との関係では，内在的に「具体的事件性」を否
定するもの（権利権限型・公益目的型）と，他の制度上の要請からこれを外在的
に縮減するもの（自律尊重型・上級下級型・争訟制度型）とに分けられる。この相
違は，そのままそれぞれの論拠の射程の相違に結び付く。すなわち，前者は機
関の権限に関する紛争であれば原則として妥当する論拠であるのに対し，後者
は特別の制度上の要請がある場合にのみ妥当する論拠である。以下ではこのう
ちの前者を「権限内在類型」と呼び，後者を「権限外在類型」と呼ぶ。

　第3に，「国の事務」論は，他の型とは異なり，「法律上の争訟」性を（内
在・外在いずれにせよ）直接否定するものではなく，典型的機関争訟における論

拠を非典型的機関争訟に応用するための架橋的理論である。以下では，このように典型的機関争訟における論拠を非典型的機関争訟に応用するための理論を広く「架橋理論」と呼ぶ。「国の事務」論は，架橋理論の下位類型の 1 つとして位置付けられる。

　第 4 に，基本的に（「国の事務」論を介さずしては）形式的な行政機関にのみ妥当する論拠（権利権限型・自律尊重型・上級下級型）と，基本的に（「国の事務」論を介さずしても）法人格を有する行政主体にも妥当する論拠（争訟制度型・公益目的型）とに分けられる。

第 3 節　学説の分析

　本節は，我が国の学説を分析し，理論上の機関争訟の「法律上の争訟」性を否定する際に学説が用いている論拠を確認することを目的とする。

　もっとも，機関争訟を扱う論者を網羅的に扱うのは困難であるため，①機関争訟を正面から取り扱っていること，②機関争訟が問題となる特定の場面（地方公共団体及び大学と国との間における争訟や地方公共団体内部における争訟等）のみではなく機関争訟の一般論を展開していること，③議論の対立軸を抽出するのに適していること，④学説において比較的広く共有されていること，以上の 4 点を軸として具体的に扱う論者を限定する。その結果，本節は，美濃部達吉・田中二郎・雄川一郎・塩野宏・藤田宙靖・山本隆司・門脇雄貴の 7 名の学説を中心として扱う[171]。

---

171)　機関争訟に関する業績としては，既に引用したものも含めて改めて示せば，他に以下のものが差し当たり挙げられる。成田頼明「地方自治の保障」宮沢俊義還暦『統治の機構 II』135 頁（有斐閣，1964）特に 303-310 頁，広岡隆「機関訴訟・民衆訴訟」田中二郎ほか編『行政法講座(3)』184 頁以下（有斐閣，1965），寺田友子「行政組織の原告適格」民商 83 巻 2 号 254 頁以下（1980），東條武治「客観訴訟」雄川一郎ほか編『現代行政法大系(5)』107 頁以下（有斐閣，1984），山村恒年＝阿部泰隆編『行政事件訴訟法（判例コンメンタール特別法）』64 頁以下（三省堂，1984）［木佐茂男］，田村浩一「機関訴訟についての若干の疑問」関法 36 巻 2 号 217 頁以下（1986），原田尚彦「池子訴訟から(1)(2)」法教 133 号 53 頁以下，134 号 53 頁以下（1991），曽和俊文『行政法執行システムの法理論』（有斐閣，2011）157 頁以下，189 頁以下［初出 1991］，大貫裕之「『機関』訴訟」笹田栄司ほか編著『司法制度の現在と未来』170 頁以下（信山社，2000），同「機関訴訟」法教 263 号 56 頁以下（2002），白藤博行「国と地方公共団体との間の紛争処理の仕組み——地方公共団体の『適法性の統制』システムから『主観法的地位（権利）の保護』システムへ」公法 62 号

　そこで, 本節は, まず, (1)「法律上の争訟」, (2)典型的機関争訟, (3)非典型的機関争訟という共通の手順の下に, 美濃部・田中・雄川の学説を検討・分析し, 機関争訟論に関する学説の基本枠組みを確認する (第 1 款)。続いて, 同じ共通の手順の下に, 塩野・藤田の学説を紹介・検討し, 基本枠組みの内部における議論の対立・発展を概観する (第 2 款)。さらに, こうした従来の基本枠組みを根底から問い直すものとして, 山本・門脇の学説を検討・分析し (第 3 款), 最後に本節を小括する (第 4 款)。

第 1 款　基本枠組みの形成

　本款では, 美濃部達吉, 田中二郎及び雄川一郎の学説を検討する。3 者の見解は, 機関争訟論の基本的な対立軸及び一般論を示すものとして注目される。
　機関争訟に関する美濃部と田中の学説の間には, 相当の隔たりがある。第 1 に典型的機関争訟すなわち同一の行政主体内の機関相互間の争訟については, その「法律上の争訟」性を否定する論拠 (特に内部問題型の扱い) について, 第 2 に非典型的機関争訟すなわち異なる行政主体 (ないしその機関) 相互の間の争訟については, 特に国又は地方公共団体以外の行政主体と国との関係 (内部関係か外部関係か) について, 両者は見解を異にする。雄川一郎は, このような対立からいわば一歩退いたところで, 典型・非典型を問わず機関争訟論に広く

---

200 頁以下 (2000), 室井力ほか編著『コンメンタール行政法(Ⅱ) (第 2 版)』91 頁以下 (日本評論社, 2006) [白藤博行], 村上裕章「行政主体間の争訟と司法権」公法 63 号 219 頁以下 (2001), 同「客観訴訟と憲法」行政法研究 4 号 11 頁以下 (2013), 同「国・自治体等争訟」『現代行政法講座(4)』11 頁以下 (日本評論社, 2014), 小早川光郎「司法型の政府間調整」『岩波講座 自治体の構想(2)』57 頁以下 (岩波書店, 2002), 薄井一成「地方公共団体の原告適格」原田尚彦古稀『法治国家と行政訴訟』197 頁以下 (有斐閣, 2004), 同『分権時代の地方自治』(有斐閣, 2006), 斎藤誠『現代地方自治の法的基層』(有斐閣, 2012) 125 頁以下 [初出 2005], 常岡孝好「自治体による住基ネット接続義務確認訴訟と司法権」判時 1962 号 164 頁以下 (2007), 阿部泰隆「区と都の間の訴訟 (特に住基ネット訴訟) は法律上の争訟に当たらないか(上)(下)」自研 82 巻 12 号 3 頁以下 (2006), 83 巻 1 号 3 頁以下 (2007), 同「続・行政主体間の法的紛争は法律上の争訟にならないのか(上)(下)──東京地裁平成 18 年 3 月 24 日判決について」自研 83 巻 2 号 3 頁以下, 83 巻 3 号 20 頁以下 (2007), 兼子仁＝阿部泰隆編『自治体の出訴権と住基ネット──杉並区訴訟をふまえて』(信山社, 2009) 特に 3-147 頁, 君塚正臣「司法権定義に伴う裁判所の中間領域論──客観訴訟・非訟事件等再考(1)～(3・完)」横法 22 巻 3 号 143 頁以下, 23 巻 1 号 1 頁以下 (2014), 23 巻 3 号 111 頁以下 (2015)。

妥当する基本方針として、「法律上の争訟」を基礎付ける「権利」を実質的かつ相対的に捉えることを唱える。この一般論自体はその後広く共有されているように思われる。

第1項　美濃部達吉 [172]

「法律上の争訟」なる一般条項が登場した後の美濃部達吉は、「法律上の争訟」性の基準として権利と権限の二分法（権利権限型）を採用していたと思われる。そこで戦前の美濃部の著作に権利と権限の区別の基準を求めるに、それは自己の利益を目的とするものであるか否かにあった。もっとも、行政訴訟の出訴事項が列記主義の下にあった当時においては、この区別が機関訴訟の許容性に関して持つ意味は限定的なものであった。他方で、美濃部は地方公共団体の統治権も含めて公共団体の自治権に権利性を認めており、今日のような概括主義の下においては広く公共団体による機関訴訟が認められ得ることが示唆されていた。

(1)　戦後の美濃部は、判例によって《「法律上の争訟」＝「具体的事件性と法令の適用による解決可能性」》という定式化がなされる前に、独自の「司法権」理解を前提に「法律上の争訟」論を展開していた。もっとも、結論としては、機関訴訟を認めるためには裁判所法3条1項とは別にさらに特別の規定を要するとする限りで通説と一致している。「法律上の争訟」性の基準としては権利と権限の二分法が採用されており、行政内部における解決の可否ないし是非（内部問題型）は立法政策における考慮要素として位置付けられている。

(a)　美濃部は、日本国憲法76条の「司法権」について、自らの明治憲法下における「司法権」理解（講話438-439頁、憲法撮要464-465頁、行政法18頁）の延長線上に、「我が新憲法の下に於いても、所謂司法権は専ら民事及び刑事の裁判を意味し、裁判所も其の憲法上の権限としては本来民事及び刑事に付い

---

172)　本項では、美濃部達吉の次の著作を主たる典拠とする（《　》内に以下本章で用いる略称を示す）。『日本国法学（訂正第3版）』（有斐閣、1911）《国法学》、『憲法講話』（有斐閣、1912）《講話》、「国家機関概説」法協37巻4号515頁以下、37巻5号674頁以下（1919）《国家機関(1)(2)》、『日本憲法』（有斐閣、1921）《日本憲法》、『行政裁判法』（千倉書房、1929）《裁判法》、『憲法撮要（改訂第5版）』（有斐閣、1932）《憲法撮要》、『日本行政法上巻』（有斐閣、1936）《行政法》、「新憲法に於ける行政と司法」法時20巻4号147頁以下（1947）《行政と司法》、「新憲法に於ける行政争訟」法律タイムズ9号11頁以下（1947）《行政争訟》。

てのみ裁判を為すの権を有し，其の他の事件に付いては法律の特別の規定に
依ってのみ裁判を為し得べき権限を有するものである」(行政と司法 148 頁) と
する。その結果，いわゆる客観訴訟はもとより，行政訴訟は全て「司法権」の
範囲には含まれず，その裁判を裁判所の権限とするためには「特別の規定」を
要することになる。

　その上で，美濃部は，裁判所法 3 条 1 項は，「法律上の争訟」の裁判である
限り，「司法権」に含まれない行政訴訟をも含めて裁判所の権限であることを
規定する「特別の規定」であるとする。美濃部によれば，このように本来「司
法権」に属しない行政訴訟を裁判所の権限とすることは，憲法が「特別裁判所
は，これを設置することができない。行政機関は，終審として裁判を行ふこと
ができない」(憲法 76 条 2 項) としていることからして憲法自身の趣旨とする
ところでもある。曰く，「特別裁判所の設置を認めないこと及び行政機関が終
審の裁判を行ふを得ないものと為せることから見て，行政訴訟に付いても少く
とも終審としては裁判所が専ら其の権限を有するものとすることが，憲法の趣
旨とする所であると断定し得られる」(行政争訟 11 頁)。

　(b)　しかし，美濃部は，「法律上の争訟」の中に，すなわち裁判所法 3 条
1 項によってその裁判が裁判所の権限とされる行政争訟の中に，機関争訟を含
めない[173]。その理由は，戦後の美濃部の著作にはこれを明示するものは見当
たらない。もっとも，都道府県知事又は市町村長の出訴を認める地自法 176 条
につき，美濃部が「それは権利主体相互の間の権利の争ではなく，機関と機関
との間の争であり，唯事件の内容が専ら国法の適用に関するもので，議会の為
した議決又は選挙が合法的であるや否やが争はれて居るのであって，行政の便
益如何が問題たるのではないから，裁判所に其の最終の決定権を有せしめて居
るのである」(行政争訟 13 頁。圏点筆者) としていることからすれば，「いわゆ
る機関争議は，機関と機関との間の権限に関する争議であって，権利主体相互
の間の権利の争ではなく，従っていわゆる『法律上の争訟』として当然に裁判
所に出訴しうべきものではない」(田中二郎。圏点筆者)[174] というもの (権利権限

---

173)　このことは，美濃部・行政争訟 13 頁が，国・公共団体の機関相互の間の争いについての裁判
　を裁判所の権限とするかどうかにつき，立法政策の問題として扱っていることから窺われる。

174)　田中・前掲注 62)「美濃部先生の行政争訟論」161 頁。他にも，明治憲法下におけるものであ
　るが，美濃部が「普通の行政訴訟」と機関争議の相違として権利毀損の有無を強調する例として，
　美濃部・裁判法 189 頁。

型）であることが推測される。

したがって，美濃部においては機関争訟の裁判を裁判所の権限とするかどうかは立法政策上の問題となる。その際に主たる基準とされているのは，行政内部における解決の可否ないし是非（内部問題型）である。すなわち，国の行政機関相互の間の争議については，「国の行政は内閣の下に統一せられ内閣が国務を総理するの任に当るのであるから，国の行政機関相互の間には仮令争が起ることが有るとしても，内閣の権力に依り之を統一することが出来るのであって，裁判上の問題となることは無い」（行政争訟13頁）ことから，その訴訟が認められていないのに対し，地方公共団体の機関相互の間の争議については，「地方自治に属する事項に付き中央政府の権力を以て強制的に之を処理することは，望ましからずと為し，地方自治法は此の場合に裁判所をして其の解決に当らしめて居る」（同頁）とされている。機関争訟の「法律上の争議」性を否定する論拠として持ち出されることの多い内部問題型が，ここでは立法政策上の考慮要素に留められている点が注目される。

（2）　以上の検討によれば，美濃部における機関争訟の「法律上の争議」性の基準は「そこで問題となっているのが権利主体の権利なのか行政機関の権限なのか」であるということになる。そこで，権利と権限の区別が問題となる。戦前の美濃部によれば，権利は①利益・②意思力・③法による承認をその要素とするものであり，権限はこのうちの①利益を欠く。もっとも，この区別が機関訴訟の許容性の判断に結び付くことは，出訴事項についての限定列挙主義が採られていた当時は限定的にしか想定されていなかった。

（a）　美濃部は，権利の観念には3つの要素が必要であるとする。その3つとは，「(1)一定の利益を内容とすること(2)意思の力を手段とすること(3)法に依って認められて居ること」（日本憲法90頁）である。曰く，「個人又は団体が法律上自己の意思を以て自己の特定の利益を主張し得ることが正当と認められて居る場合に，其の一定の利益を主張し得る力を称して，個人又は団体の権利と謂ふ」（同頁）。また，別のところでは，法による人類の意思の規律の方法を「意思の自由なる発動を拘束し制限する」ところの命令的規律と，「意思の発動に一定の権威を付与し，他の者をして其の権威を侵すべからざらしむる」ところの能力的規律に分かち，後者によって生ずる意思の法的効力のうち，「其の自己の目的の為に認めらるるもの」を権利と呼ぶ（憲法撮要4-5頁）。目的と利

益を同一視するならば[175]，ここでも先に見た3要素が求められていることになる。

　(b)　これに対し，美濃部においては，行政機関の権限は，このうちの利益の要素を欠く点において権利とは区別される。他方，それ以外の意思及び法による承認の要素を有する点についてはむしろ両者の類似性が強調される。

　行政機関の権限が利益の要素を欠くことについては，「権利は自己の人格の発動にして自己の法律利益を充実するが為に認めらるるものなるに反して，機関権能は国家の人格の発動にして，国家の法律利益の為に認めらるるものなることに於て之と区別せらる」（国家機関(2) 678-679頁），「権利は常に自己の目的の為に認められる力であるに反して，機関権能は国家の目的の為に認められるものであって，自己の目的の為に認められるのではない」（日本憲法288-289頁），「機関権能は一定の範囲に於ての行動を法に依り正当として認めらるる力なることに於て権利と性質を同じくすと雖も，唯機関の地位に在る者の自己の目的の為に認めらるるものに非ずして，国家の目的の為に認めらるるものなることに於て権利と区別せらる」（憲法撮要45頁），「権利の観念は自己の目的の為めにする意思の力であることを其の要素と為すに対して，行政官庁の権限は官庁の地位に在る個人の目的の為めに認められて居るものではなく，専ら国家の目的の為めに認められて居るものであることに於いて，権利と性質を異にするものである」（行政法382頁）等とされる。

　他方で，それ以外の意思・法による承認の要素を有する点については，「其の適法に意思を主張し得べき力なることに於ては権利と性質を同じうす」（国家機関(2) 678頁），「国家の機関は殊に近代の国家に於ては，其の組織が極めて複雑であるから，機関意思と機関意思との間には種々の複雑な法律上の関係を生ずる。それは恰も人格者相互の間の関係に類似するもので，国法は単に独立なる人格者と人格者との間の意思の交渉を規律するのみならず，又機関と機関との間の意思の交渉をも規律するものである」（日本憲法298-299頁），「国家機関は自己の目的の主体に非ざるを以て法律上の人格者たらずと雖も尚意思の主体たり」（憲法撮要45頁），「法律上有効に国家を代表し得る意思の力であり，

---

175)　同じ美濃部・憲法撮要37頁において，権利の要素として日本憲法と同じく「(イ) 一定の利益を内容とすること (ロ) 意思の力を手段とすること (ハ) 法に依り正当と認めらるること」が挙げられていることからすれば，美濃部は利益と目的とを互換的に用いていたと思われる。

意思の力であることに於いて権利と性質を等しくするもの」（行政法382頁）等とされる。

　　(c)　これらの引用から窺われるように，美濃部において行政機関の権限が権利ではないとされる際の論拠は，財産に関するものか統治に関するものかを問わず，それが行政機関自身ではなく国家の利益ないし目的に向けられていること（利益の他者性）に専ら求められている。利益の内容が私益か公益かという観点は少なくとも前面には出てこない。このことは，「公益のための自己の権利」なるものの存立可能性を示唆する。

　「公益のための自己の権利」という概念の存立可能性は，美濃部においては公益の実現・維持を目的とする国家の統治権にも権利性が認められていることとも符合する。すなわち，美濃部は，行政機関は権利主体にはなり得ないとしつつも，行政機関が属するところの国家は権利主体であるとし（国法学31頁，107頁，講話17-18頁，日本憲法176-177頁，憲法撮要21頁），しかも，国家の持つ権利の内容に，私人も持ち得る財産権と並んで，固有の権利としては国家しか持ち得ない統治権も含まれるとするのである（国法学39-40頁，講話18頁，日本憲法182-184頁，241-242頁，憲法撮要37頁）。

　　(d)　以上のように美濃部において権利と権限との区別が繰り返し説かれていたものの，「法律上の争訟」なる一般条項が導入される以前においては，その区別が機関訴訟の許容性の判断に結び付くことはほとんど想定されていなかった。なぜなら，「当時の行政裁判制度においては，出訴事項について列記主義が採られていたから，機関であろうと公私の権利主体であろうと行政訴訟を提起するためには法律勅令に定めのあることが必要であり，またそのような規定があれば出訴し得ることに原則的な問題はなかった」（雄川一郎）[176]からである。明治憲法は行政訴訟は権利毀損を前提とするという原則（明治憲法61条）を採っていたけれども，権利毀損の有無に関わらず訴訟の提起のためにはそれを許容する特別の規定が必要とされたため，個別法の解釈をすればそれで事足りたわけである。

　もっとも，美濃部は，列記主義とは言うものの，列記された出訴事項の解釈に当たって権利毀損の原則を反映させ，そこに権利と権限との区別を持ち込ん

---

176)　雄川・前掲注30) 459頁。

でいた節がある。というのも，行政庁の処分に対する訴願の裁決が当該処分を取り消した場合に行政庁から出訴することができるか否かという問題について，美濃部は「行政機関が行政訴訟の原告となり得るのは，行政訴訟は違法に権利を毀損せられたりとする者から提起することの原則に対する特例であるから，唯法律勅令に特別の規定ある場合に限って認めらるべき所であり，法令が単に処分又は裁決に『不服アル者』から訴訟を提起し得ることを定めて居る場合には，其の所謂不服ある者は，唯権利主体のみを意味し，行政機関は其の中には含まれないものと解せねばならぬ」（行政法 972-973 頁）としていたのである。すなわち，「不服アル者」という文言のみでは，それが権利主体のみを意味するとは必ずしも言えないが[177]，権利を持ち得ない行政機関をこれに含めることは，権利毀損の原則の例外を成すものであるから，そのためにはより明示的な規定が必要とされたのである。

　(3)　美濃部は，「国家の下に於いて国家より其の存立の目的を与へられた法人」として，《「公共団体」＝「公法人」＝「自治団体」》なる範疇を立てる。ここには地方公共団体のみならず公共組合や法人格ある営造物も含まれる。美濃部によれば，これら公共団体には自己の利益ないし目的のための権利が認められ，この点において行政機関と区別される。そして，こうした権利の一部として公共団体に認められる自治権を根拠として，今日のような概括主義の下において広く公共団体による機関訴訟が認められ得ることが示唆される。この理は地方公共団体の統治権についても妥当する。

　(a)　美濃部は，「国家の下に於いて国家より其の存立の目的を与へられた法人」（行政法 462 頁）として，「公共団体」なる範疇を立てる（同じく目的を基準とするものとして，日本憲法 527-528 頁，憲法撮要 79 頁）。「自治団体」や「公法人」もこれと同意義であるとされる（行政法 462-463 頁）。ここには，「府県郡市町村のやうな地方団体のみならず，水利組合とか，土功組合とか，農会とか，商業会議所とかいふやうな或る特種の事業のみを目的として居る公共組合」（講話 376 頁）や，「法人格ある営造物」（行政法 481 頁）も含まれる。このように

---

177)　他ならぬ美濃部自身が，かつては，次のように述べて反対の立場を採っていた。「法律が『裁決ニ不服アル者ハ』又は『裁決ニ不服アルトキハ』行政訴訟を起し得る旨を定めて居る場合に，其の所謂『不服アル者』といふ中には権利を毀損せられたりとする者のみならず，処分庁をも包含するものと解せねばならぬ」（美濃部・裁判法 175 頁）。

「その存立の目的が国家から与えられたか否か」によって公共団体（公法人）と私団体（私法人）とが区別されるが（同466-467頁），具体的に或る団体ないし法人が公共団体（公法人）であるか否かは，公共団体の持つ種々の傾向的な法的特色の有無によって判断される。美濃部は，こうした公共団体の傾向的な法的特色として，①「目的が法律に依って定められること」，②「設立が国家又は公法人の意思に依ること」，③「社員の加入が強制せらるること」，④「或る範囲に於いて公法的行為の権能が授与せらるること」，⑤「其の目的を遂行すべき義務を負ひ随って解散の自由なきこと」，⑥「国家の特別の監督に服すること」（同472-477頁）を挙げる。

　美濃部は，こうした公共団体と行政機関とを明確に区別する。美濃部においては，公共団体の存立目的の国家性から，少なくとも思想的には公共団体の行政機関性が半ば肯定される箇所もある。曰く，「其の目的は本来は国家の目的であり，国家から与へられたものであって，結局は国家の目的を遂行するものと謂ひ得るのであるから，此の意味に於いて，これを国家の機関であると謂ふのも，半は正当な思想を含んで居るものと謂ひ得る」（同467頁）。しかし，美濃部は法的には両者を明確に区別する。すなわち，公共団体は法人であること，法人は権利能力を持ち，したがって意思の主体であり又利益ないし目的の主体であること（同463頁）から，「公共団体は又必ず自己の目的を有するものでなければならぬ」（同464頁）ことを導く。そして，この点に公共団体と行政機関との区別を見出す。すなわち，美濃部において公共団体が法人であるとされる際には，それは，単に技術的に権利義務の帰属主体であることのみを意味するに留まらず，自己の利益ないし目的の主体であることもまた含意しているのである。

　さらに，美濃部は，公共団体の行う行政を国の直接の行政たる「官治行政」と対比して「自治行政」とし（同483頁），公共団体には自治行政を行う「自治権」を認める（同485頁）。ここで言う「自治行政」とは，「公共団体が国家の監督の下に自己の機関に依り自己の費用を以って，法律の認むる限度に於いて，自己の事務として公の行政を処理する」（同485頁）ことを指す。

　(b)　このように，公共団体には自己の利益ないし目的のための権利が認められ，その一部として自治権が認められることから，この自治権を根拠として，公共団体の国家に対する関係についても行政機関のそれよりむしろ私人のそれ

に近い扱いが要請される。第 1 に，公共団体に対する国家の監督は，「国の行政機関の内部の関係とは異なり，法人格を有する団体の自治権を拘束するものであるから」（同 614 頁），そのための法律の根拠が必要とされる[178]。第 2 に，違法な監督権の濫用は公共団体の自治権の侵害であるとされ，「公共団体をして其の矯正を求むることを得せしむることが適当である」（同 620 頁）とされる。もっとも，当時の列記主義の下では，「唯法律が特に指定して居る事件に付いてのみ出訴し得るに止まる」（同 621 頁）ことになる。これを逆に言えば，今日のような概括主義の下においては，広く公共団体の出訴する機関訴訟が認められ得ることが示唆されていると言える[179]。

　したがって，公共団体（公法人）か私団体（私法人）かという区別は，これらの問題においては，ほとんど意味をなさないものとなる。むしろ，塩野宏によれば，その区別は裁判管轄の分配の問題に結び付けられて論じられていた。曰く，「この時代においては，行政法学の主たる関心は公法人論そのものではなく，より法技術的な問題，具体的には裁判管轄の分配にあった。すなわち当時は，司法裁判所はもっぱら民刑事の訴訟を管轄し，行政事件については行政裁判所が審理・判断するものとされていたのであるが，公法人が関係するものはすべて公法関係と理解し，行政裁判所のみが管轄することとなるのかどうかという角度から，論議の対象となったのである」[180]。

　（c）以上の理は，地方公共団体の統治権についても妥当する。すなわち，美濃部は，「地方団体の統治権は固より国家より与へられたるもの」（国法学 96 頁）としていわゆる伝来説に立つものの，既に与えられた以上は地方公共団体は自己の権利としてこれを有するものであるとする（同 96 頁，98 頁）。すなわち，統治権に関しても，地方公共団体は，国家の権利を国家の機関として行使

---

178) もっとも，「国の官吏が公共団体の機関たる場合」は，「団体の自治権は法律上初めから制限せられて居る」ことから，別論とされる（美濃部・行政法 614 頁）。

179) 山本隆司「行政組織における法人」塩野宏古稀『行政法の発展と変革（上巻）』847 頁以下（有斐閣，2001）861 頁も，美濃部においては「国と公共団体との間に，明確な分節・距離を表す『権利』が観念され，これを保障するために侵害留保原理が援用され」ており，「概括主義の行政訴訟制度の下では，かかる分節・距離・『権利』を保障するために，国の監督に対する法人の訴権を認めるのが自然」であるとし，美濃部も「こうした方向を示唆している」とする。

180) 塩野・前掲注 74）406 頁。これに対し，山本・前掲注 179）855 頁は，「公法人・私法人の区別を説く学説は，いわば公法人の傾向ないし色彩を列挙し描写するに留まった」とする。いずれにせよ，機関訴訟の許否とは結び付けられていなかったとは言える。

するのではなく，自身の権利としてこれを行使するのである。こうした地方公共団体の統治権も，国家の統治権と並んで「公益のための自己の権利」を例証する[181]。

　こうして，国家による地方公共団体の統治権の侵害についても権利の毀損が観念されることになる[182]。たとえば，統治権の一部たる課税権について，「市町村税の賦課処分が訴願の裁決に依り違法に取消された場合には，公共団体としての市町村の権利が毀損せられたのであるから，一般法に依れば，市町村の名を以って行政訴訟を提起し得なければならぬ」（行政法 972 頁）とされている。

第 2 項　田中二郎[183]

　田中二郎は，「法律上の争訟」について今日の通説と同じ見解（「具体的事件性」と「法令の解釈による解決可能性」）を採るものの，機関争訟の「法律上の争訟」性を否定する論拠としては，「具体的事件性」を否定するもの（権利権限型）のほか，上記 2 要件に拘らず，「法律上の争訟」性をいわば外在的に縮減

---

181)　阿部ほか・前掲注 26）65 頁［曽和俊文］も，自治体の「公益のための自己の権利」の可能性を指摘する。曰く，「伝統的な学説でも，自治体が財産権侵害を主張する場合には『法律上の争訟』性が認められます。けれども自治体が持っている財産も，公益性を持っているおり，私人が持っている財産のように全く自由に処分できるような話ではない。だから公益性があること自身が自治体の主観的利益性と矛盾しないと言えると思います。逆に言うと，公益性があっても財産権以外で自治体の固有利益として何か主張できる実態的な内容があれば，それは十分主観訴訟の枠に乗るはずであると考えることができるのではないでしょうか」。

182)　塩野・前掲注 41）366 頁も，美濃部を例に挙げて，「明治憲法の下で自治体の出訴資格についてどのような位置づけが与えられてきたか」の問題について，「自治体に対する国家監督の面においては，学説は，自治体の自治権という権利の存在を認めたうえで，行政訴訟事項列記主義の下での救済の実定法上のあり方を祖述してきた」，「いいかえれば，国家監督に対する不服は，まさに個別自治体の権利毀損を基礎に考えている」としている。

183)　本項では，田中二郎の次の著作を主たる典拠とする（《　》内に以下本章で用いる略称を示す）。「美濃部先生の行政争訟論」『行政争訟の法理』151 頁以下（有斐閣，1954）［初出 1948］《美濃部論》，「行政事件に関する司法裁判所の権限——司法権の限界について」『行政争訟の法理』129 頁以下（有斐閣，1954）［初出 1949］《権限》，「行政争訟の法理」『行政争訟の法理』1 頁以下（有斐閣，1954）［初出 1949-1951］《法理》，「行政処分の執行停止と内閣総理大臣の異議——青森県議会議員の除名処分をめぐる問題を中心として」『行政争訟の法理』185 頁以下（有斐閣，1954）［初出 1953］《執行停止》，『行政法総論』（有斐閣，1957）《総論》，「司法権の限界——特に行政権との関係」『司法権の限界』1 頁以下（弘文堂，1976）［初出 1974］《限界》，『新版行政法上巻（全訂第 2 版）』（弘文堂，1974）《行政法上》，『新版行政法中巻（全訂第 2 版）』（弘文堂，1976）《行政法中》。

するもの（内部問題型，自律尊重型（部分社会の法理））を挙げる。他方で，田中は，「公法人」や「公共団体」に代えて「独立行政法人」なる概念を打ち出し，その行政機関性から当該法人からの出訴を行政機関と同じく一般的には否定しつつ（「国の目的」論），地方公共団体についてはその憲法上保障された自治権を根拠としてその出訴を広く認めることを示唆する。

　(1)　田中においては，今日の通説と同じく，「司法権」と「法律上の争訟」が等号で結ばれ，「法律上の争訟」は「具体的事件性」と「法令の適用による解決可能性」とにパラフレーズされている。したがって，機関争訟の「法律上の争訟」性の基準も，基本的にはこの2要件に拠ることになる。

　　(a)　田中は，「司法権」について，美濃部達吉に反して民事及び刑事の裁判権に限定せず，行政事件も含めて，それが「一切の法律上の争訟」である限り，これを裁判し，その権利関係を確定する権限を意味するものであるとする（美濃部論156頁，166-167頁，権限137頁，法理25頁，限界34頁，行政法上281頁，296-297頁）。

　ここで言う「法律上の争訟」は，田中においては，若干の表現の変動はあるものの，今日の通説と同じく「具体的事件性」と「法令の適用による解決可能性」の2要件によって定義される。すなわち，「法律の適用によって解決調整されるべき，主体間の具体的な利益紛争乃至利害の衝突による事件」（美濃部論158頁），「当事者間における具体的な権利義務に関する争があり，具体的な法律の適用が争になっていること」（権限137頁，法理26頁），「法律の適用によって解決されるべき当事者間における具体的な権利義務に関する紛争事件」（限界34頁），「法律の適用によって解決されるべき当事者間における具体的な利益の衝突によって生じた事件，いいかえれば，当事者間に具体的な権利義務に関する紛争があり，具体的な法律の適用によって解決されるべき事件」（行政法上296頁）等とされている。これに該当しない争訟の裁判は，「その他法律において特に定める権限」としてのみ，裁判所の権限とされることになる（美濃部論161頁，権限145-146頁，法理26-27頁，限界37頁，行政法上224頁）。

　　(b)　したがって，田中においては，機関争訟の「法律上の争訟」性の基準は，基本的には「具体的事件性」と「法令の適用による解決可能性」の2要件に求められることになる。もっとも，次に見るように，これら2要件との関わりが明らかでない論拠を以てしても機関争訟の「法律上の争訟」性が否定され

ている点に注意を要する。

(2)　田中は，機関争訟の「法律上の争訟」性を否定する論拠として，大別して次の3つを挙げる。第1に，行政機関は権利を持ち得ないこと（権利権限型）であり，これは「具体的事件性」を否定するものである。第2に，行政権の内部の問題は行政権の内部で解決すべきであり，司法権の出る幕ではないということ（内部問題型）であり，これは「司法権」には一定の限界があることを前提に，その限界の外側に属することを理由に「法律上の争訟」性を否定するものである。第3に，部分社会の法理（自律尊重型）であり，これは「具体的事件性」及び「法令の適用による解決可能性」には関わらず，いわば外在的に「法律上の争訟」性を縮減するものである。

(a)　第1に，田中は，機関争訟の「法律上の争訟」性を否定する論拠として，美濃部と同じく行政機関は権利を持ち得ないことを挙げている（権利権限型）。たとえば，「いわゆる機関争議とか民衆的訴訟とかも，ここにいう『法律上の争訟』には属しない。これらは権利主体相互の間の具体的な権利についての争ではなく，機関として，又一般民衆として，当然に，訴訟提起の法律上の利益を有するものではなく，むしろ，これらのものに訴訟の提起を認めるのは，各場合についての立法政策に基くものに外ならないと解すべきであるからである」（美濃部論167頁。同様に権限145-146頁）とする。

他方，同様の趣旨が主観訴訟と客観訴訟との二分論の中において展開されることもある。すなわち，主権訴訟と対比される客観訴訟は「当事者の具体的な権利利益とは直接にかかわりなく，客観的に，行政法規の正しい適用を確保することを目的とする」（行政法上295頁）ものであるから，「法律上の争訟」に該当せず，法律の明文の規定がある場合に限って提起され得る。そして，この客観訴訟の例として機関訴訟が挙げられるのである（法理74-75頁，行政法上295頁）。このような「利益の公益性」を理由とする権限の権利性の否定は，美濃部においては少なくとも明示的には見られないものであった。いずれにせよ，これは，「具体的事件性」の要件を否定する趣旨のものであろう。

(b)　第2に，しかし，田中が機関争訟の「法律上の争訟」性を否定する論拠として正面から打ち出しているのは，むしろ，行政権の内部の問題は行政権の内部で解決すべきであり，司法権の出る幕ではないというもの（内部問題型）である。これは，美濃部においては立法政策上の考慮事由に留まるものであっ

た。

　たとえば，「行政機関相互の間の権限争議は，原則としては，行政権の判断
に属すべき事項で，上級行政庁がその監督権に基いて下級行政庁の処分を取消
した場合の如き，仮にその取消が違法であるとしても下級行政庁は，裁判所に
その取消処分の取消を求める訴訟を提起しうべきではない」（権限 146 頁），「国
家機関相互の間の主管権限の争については，上級庁においてこれを決すべく，
窮極においては内閣において裁定すべきであり（内閣法 7 条），上級庁が下級庁
に対してなした監督処分については，仮にそれが違法な処分であっても，それ
は，行政権自らが是正する以外に，裁判所に出訴してその救済を求めうべきで
はない」（法理 40 頁），「行政官庁は，相互に上級下級の関係において，命令の
統一を期しているところに行政組織の特色があるのであって，その間に裁判所
の判断を容れる余地はない」（同 75 頁），「国の機関相互間の主管権限の争いに
ついては，上級庁において決すべきであり，究極においては，内閣において裁
定すべきであって（内閣法 7 条），上級庁が下級庁に対してした監督処分につい
ては，仮りにそれが違法な処分であっても，下級庁は，裁判所に出訴してその
救済を求めうべきものではない」（行政法上 312 頁），「権限の行使やこれに関す
る指揮・監督について，機関相互の間に解釈上の疑義が生じ，見解の対立や紛
争が生じた場合においても，それは，行政組織の内部の問題として，原則とし
ては，上級行政庁の判断と決定にまつべきものとされ，司法権の介入は許され
ないのである」（行政法中 15 頁）等とされているのはいずれもこの趣旨を示し
ている。

　これらの引用例が全て行政組織内における上級下級の関係を前提としている
ことから，この論拠は争訟を適切に解決できる上級機関が存在する場合にのみ
妥当するようにも思われる。そうすると，地方公共団体の議会と長との間の争
訟の場合等には，これに正当な判断を下すことのできる適当な上級機関がなく，
したがってこの論拠は妥当しないようにも思われる。しかし，田中は，この場
合について，「これに正当な判断を下しうべき適当な機関を見出しがたい」（法
理 41 頁）ことを認めつつも，やはり機関争訟の一種として「法律上の争訟」性
を認めない。適切な上級機関の欠如は，「法律上の争訟」性の有無に関わるも
のではなく，立法政策上の考慮要素に過ぎないとされているのである（同 40-
41 頁）。

　他方，この論拠については，「法律上の争訟」の内容たる「具体的事件性」及び「法令の適用による解決可能性」との関係が明らかではない。上記引用を見る限り，これら2要件を満たしていたとしても，（そのようなものが現在首肯されるべきか否かはさておき）司法権に対する行政権の独立性・自律性に鑑みて，司法審査を抑制すべきであるという趣旨であろうと思われる。すなわち，「司法権」がそもそも及び得ない領域があることを前提に，行政の「内部関係」がこの領域に属することから，「法律上の争訟」性を否定するものであると位置付けることができよう。

　　(c)　第3に，田中は，機関争訟一般に関するものではないが，或る種の機関争訟の「法律上の争訟」性を否定する論拠として，いわゆる部分社会論（自律尊重型）を展開している。すなわち，「部分社会」なるものが成立している場合には，市民法秩序に関しない限り，裁判所はその内部問題についての裁判権を有しないとするのである。地方議会の議員の懲罰について曰く，「議員の懲罰が，戒告・陳謝・短期の出席停止に止まるならば，それを純粋の内部紀律の問題として，裁判所の介入を斥けるだけの理由があるともいえる」（執行停止197頁）が，他方で「現行法のように，公選議員の除名処分まで認めるとすれば，それは，もはや内部紀律の問題の範囲を超え，市民法秩序につながる問題といわざるを得ない」（同頁）。

　(3)　田中は，新しく「独立行政法人」なる概念を打ち出す。注目すべきは，田中においてはこの「独立行政法人」は行政機関の如く観念され，1つの問題提起という形においてではあるものの，国等による監督・介入に対するその出訴資格が否定されていることである（「国の目的」論）。もっとも，地方公共団体については憲法上保障されたその自治権を根拠としてこれとは別異に扱われている。

　　(a)　田中は，「公法人」や「公共団体」の概念に代えて，新しく「独立行政法人」なる概念を打ち出した（現行の独立行政法人通則法にいう「独立行政法人」とは意味が異なる）。

　田中は，「特別の法律の根拠に基づき，行政主体としての国又は地方公共団体から独立し，国から特殊の存立目的を与えられた特殊の行政主体として，国の特別の監督のもとに，その存立目的たる特定の公共事務を行なう公法人」（行政法中187頁）ないし「国及び地方公共団体と並んで，行政主体性を付与さ

れた公の法人」（同189頁）を独立行政法人と称し，「従来，公法人又は公法上
の法人と呼ばれてきたものがこれに該当する」（同頁）とする。また，これを
「公の社団法人」と「公の財団」とに分け，前者の例として「土地改良区，土
地区画整理組合，水害予防組合，農業共済団体等」（同74-75頁）を，後者の例
として「地方住宅供給公社，地方道路公社，土地開発公社，港務局等」（同75
頁）を挙げる。

　次に，独立行政法人と私法人との区別について，田中は，両者の区別の相対
性を認めつつも，独立行政法人の範囲を画するためにその区別は必要であると
説く（同189-190頁）。その区別の基準としては基本的には美濃部と同じく「そ
の法人の目的が国から与えられているか否か」を採用し，その判定要素として
種々のものを挙げる。すなわち，「当該法人の目的は国が与えたものであり，
その設立は，法律の定めるところにより国（時には地方公共団体）のイニシアチ
ブによるものであり，これに国又は地方公共団体に代わる行政主体としての地
位を認め，その立場において，その存立目的たる公共的な事務事業を行なうべ
きことを建前とし，必要に応じ，これに出資その他の資金の供与をし，公の権
能を与えることとする反面，これに一定の義務を課し，国又は地方公共団体の
特別の監督に服すべきものとしているような場合には，これを公法人とし，そ
れらの組織を総合して，特殊行政組織と呼んでよい」（同190頁）としているの
である（より詳細には，同215-217頁）。

　(b)　注目すべきは，田中が，美濃部とは異なり，これら独立行政法人と国
又は地方公共団体との関係を私人のそれよりもむしろ行政機関のそれに近づけ
て理解していることである。すなわち，「独立行政法人は，形式上は，国又は
地方公共団体から独立した別個の法人としての形態をとってはいるが，実質的
には，国又は地方公共団体との間に一体性を有することを否定し得ないので
あって，それぞれ，その代行機関としての地位及び性質を有するものとみるべ
き」（同212頁）であり，独立行政法人を国の行政機関とみなすという趣旨の規
定の有無に関わらず，「独立行政法人は，独立の法人格をもった行政機関であ
るともいえる」（同頁）としているのである。これは，判例において採られて
いた「国の事務」論と同じく，典型的機関争訟の「法律上の争訟」性を否定す
る論拠を非典型的機関争訟にも妥当させる架橋理論として位置付けられる。す
なわち，「国の事務」論とは，国とは独立した法人格を有する行政主体であっ

ても「国の事務」を担当する場合にはその限りにおいて国の行政機関と同視されるというものであったのに対し，田中においては，その法人の目的が国から与えられている場合すなわち独立行政法人である場合にはその限りにおいて法人格を有する行政主体が行政機関と同視されることになる。両者の同異についてはさらに検討を要するが，ここでは差し当たり両者を区別し，前者の「国の事務」論に対し後者を「国の目的」論と呼んでおく。

　こうした独立行政法人の行政機関的理解から，田中は，独立行政法人による国等の監督・介入に対する訴えについて，「1つの問題として提起しておきたい」（同頁）との留保を示しつつも，その「法律上の争訟」性を否定する。すなわち，「独立行政法人に対する国などの監督・介入権限の行使としての命令や許認可等の処分は，形式上は一種の処分ではあるが，私法人に対するそれとは，自らその性質を異にし，むしろ，上級行政庁の下級行政庁に対する指揮命令・許認可などの行為と同様，一種の内部的行為としての性質を有し，これが仮りに違法又は不当であり，独立行政法人がこれに不服であっても，特別の定めにより，いわゆる機関争訟の手続が認められることがあるのは別として，一般の行政上の不服申立て及び抗告訴訟の対象とはなり得ないともいえよう」（同頁）とし，「独立行政法人は，形式上は独立した法人であるが，実質上は行政組織の一環として，国又は地方公共団体の代行機関たる地位を占めているのであるから，これらを一体とみるべきであり，右の命令・処分は，行政組織内の一種の内部的行為の性格をもつもので，法律上，機関争訟に関する具体的な定めがある場合を除き，これを争訟の対象とすることはできない」（同218頁）とするのである。

　(c)　もっとも，この理は，田中においても地方公共団体には及ばない。

　田中も，地方公共団体の権能の性質につき美濃部と同じく基本的にはいわゆる伝来説に立ち（同129頁），地方公共団体と国との関係について「権利主体相互の関係であるとはいえ，むしろ，行政主体相互間の組織法的な性質をもった関係で，行政権の主体と人民との間の関係のように，純粋の作用法の関係とみるべきものでなく，法律による行政の原理は，当然にはここには適用されない」（総論198頁）としつつも，「地方公共団体の自主性と独立性とをはっきりと認めている現行法の下では，大体においては，行政主体と人民との間の関係に準じて考えてよい」（同頁）とするのである。ここでは，地方公共団体の地

位は，私人のそれとは異なるとされつつも，憲法によって保障された「地方自治」を根拠として行政機関のそれとも異なるとされている。地方公共団体の権能は私人の権利とは性質を異にするものの，憲法が地方公共団体の自治権を保障している以上，国はこれを尊重する義務を負うのである。曰く，「地方公共団体が国から独立した独自の存在として認められる以上，その独自の存在意義を生かすうえに必要な限り，その自治権を主張しうるものと解すべきであって，これを否定することは，地方自治を保障する憲法の趣旨に反するものというべき」（行政法中 129–130 頁）なのである。

こうした地方公共団体の権能の性質とその侵害に対する訴えの許容性とを，田中が直接に関連させて論じたものは見当たらない。もっとも，「行政主体と人民との間の関係に準じて考えてよい」という田中の言からすれば，そのような訴えを広く許容する趣旨であると考えて差し支えないように思われる。

第3項　雄川一郎[184]

雄川一郎は，「法律上の争訟」について「具体的事件性」と「法令の適用による解決可能性」の2要件に対応するものを挙げ，機関争訟の「法律上の争訟」性を否定する論拠として美濃部達吉と同じく権利権限型の理由を挙げる。田中二郎が前面に打ち出した内部問題型の理由は，上級機関・下級機関の間における争訟を除き，その論拠ではなく帰結として位置付けられている。同時に，雄川は，そこで言う「権利」を実質的かつ相対的に捉えることを唱え，（国家や地方公共団体も含めて）公法人であるか行政機関であるかを問わず，「法律上の争訟」性を基礎付ける「権利」の有無は裁判的保護を受け得べき「固有の利益ないし権利」の有無によってこれを決すべきであるとする。もっとも，地方公共団体の出訴資格については，いわゆる裁定的関与に対しては救済阻害型・争訟制度型を理由としてこれを否定しており，一般論としても消極的な姿勢を見せている。

(1)　雄川は，田中と同じく，「法律上の争訟」について「具体的事件性」と

---

184)　本項では，雄川一郎の次の著作を主たる典拠とする（《　》内に以下本章で用いる略称を示す）。
『行政争訟法』（有斐閣，1957）《争訟法》，「地方公共団体の行政争訟」『行政争訟の理論』415 頁以下（有斐閣，1986）［初出 1968］《地方公共団体》，「機関訴訟の法理」『行政争訟の理論』431 頁以下（有斐閣，1986）［初出 1974］《法理》。

「法令の適用による解決可能性」の2要件に対応するものを挙げる。そして，これは国民の権利義務に関する紛争の概念を中心として構成されていることから，行政争訟のうち「法律上の争訟」に含まれるものは行政と人民との間の争訟に限られるとする。

　雄川は，「法律上の争訟の概念の重点」として，①「紛争は，現実のものであり，且つ具体的でなければならぬ」こと，②「当事者の具体的な権利義務に関する紛争であること」，③「法律の適用によって解決することのできる争であること」を挙げる（争訟法49頁）。これは，今日の通説の言う「具体的事件性」（①②）と「法令の適用による解決可能性」（③）に対応するものと見てよい。

　行政争訟のうち，これに含まれるのは，行政と人民との間の争訟に限られるという。曰く，「行政訴訟が憲法上の司法的権利保護の制度の上に成立していることから，裁判所の権能の基本がこれによって規制されることになる。これが即ち『法律上の争訟』の観念であるが，それは国民の権利義務に関する紛争の概念を中心として構成されており，これを行政法の領域についてみれば，いわゆる行政外部法領域即ち行政対人民の関係において生ずる法的紛争ということになるのである」（法理464頁）。

　(2)　以上の検討からすれば，機関争訟が「法律上の争訟」ではない理由は明白である。すなわち，機関争訟は「国民の権利義務に関する紛争」ではなく，したがって「具体的事件性」を欠くというものである（権利権限型）。雄川は，これに加えて上級下級型の理由も挙げるとともに，ドイツの学説の詳細な検討の後，「法律上の争訟」に含まれないとされる機関争訟の範囲を実質的かつ相対的に判断するべきであると主張する。これによれば，「法律上の争訟」性の判断において，公法人か私法人か，あるいは行政機関かという範疇的な区別から直ちに結論を導くことは否定され，裁判的保護を求め得べき「固有の利益ないし権利」があるかどうかが決定的となる。

　　(a)　雄川は，機関争訟の「法律上の争訟」性を否定する論拠として，「国民の個人的な権利義務に関する紛争ではない」（争訟法117頁）ことを挙げる。これは，権利権限型のうちでも，美濃部の「利益の他者性」ではなく田中の「利益の公益性」を理由とするものに近い。

　　他方で，雄川においては，こうした権利権限型の思考が直接の根拠とされ，

田中と異なり，内部問題型の思考はあくまで権利権限型の帰結として位置付けられている点が注目される。すなわち，雄川は，上級機関と下級機関との間の争訟を除くものについては，あくまで権利権限型の適用の結果として，特別の規定なき限り行政内部で解決せざるを得なくなるとする。曰く，「機関争議の解決は，通常当該機関の共通の上級機関が存するときにはその機関によって決せられるのを原則とし（従って国の行政機関の場合は，通常は結局最高行政機関としての内閣によって決せられる。内閣法7条参照），その権限ある機関が存しないときは，政治的に解決されるより外はないことになる」（同頁。圏点筆者）。これに対し，上級機関と下級機関との間の紛争については，「上級機関と下級機関との間においては，上級機関の意思に優越的妥当力が認められる」（同頁）といういわば制度的な理由をもって，下級機関による出訴可能性を否定する（上級下級型）。

　(b)　他方で，雄川は，「不適法とされるべき機関訴訟の『機関』や『権限』の観念は実質的かつ相対的に解すべきである」（法理465頁）とする。

　その理由は，雄川によれば，第1に，「行政作用が複雑多様化してくるに伴い，各種の行政作用を処理する組織として，通常の行政機関がこれを担当するほかに，公社・公団等の法人組織が用いられることが多くなっている」（同頁）ことから，「形式上法人格をもつか否かのみによって裁判的保護の有無に相違が生ずるのは合理的ではない」こと（同頁），第2に，「一般には，機関は対人民の関係において，換言すればいわゆる外部法関係において，権限を有するに止まり，さきに述べたような意味において裁判所による保護を受け得べき地位にはない」（同466頁）が，「そのことは，行政組織内部において他の機関との関係においては保護されるべき利益——それを権利というか権限というかは別として——を有し得ることを当然に否定することにはならない」（同頁）ことである。

　こうして，雄川においては，「法律上の争訟」性を基礎付ける意味における「権利」の存否は，法人格を有していても否定されることが有り得るし，逆に，形式的な意味での通常の機関であっても肯定されることが有り得ることになる。すなわち，「国や公法人自体が出訴する場合であっても，それらが公行政の主体としての地位にある場合には，機関訴訟の性質をもつものと考え得る場合が多い」（同465頁）し，「或る機関が，公行政一般の利益とは異なるそれ自身の

固有の利益を有し，その利益が他の機関の行為によって侵害された場合には，それが制度上人格を有しないということだけで出訴する権利を否定すべきではない」（同 467 頁）のである。

雄川は，その判断基準として，「これらの機関ないし法人が，具体的な場合において裁判的保護を求むべき固有の利益ないしは『権利』が認められるか否か」（同 465 頁）を挙げる[185]。すなわち，そこで問題となっている利益ないし権利が「実質的な意味においての行政組織に組み込まれている場合」（同頁）や「相争う機関が，本来いずれも一体としての行政に帰属すべき利益を争っている場合」（同 466 頁）には，「法律上の争訟」性が否定されるが，「そのような利益と区別された機関に固有する利益を主張するような場合」（同頁）には，「法律上の争訟」性が肯定される[186]。

このように，雄川は，「法律上の争訟」性の判断につき，争訟の主体が公法人であるか私法人であるか，あるいは行政機関であるかどうかという範疇的な区別から直ちに結論を導くことを放棄し，「具体的な場合に存在する紛争が裁判所による解決を求め得るものか否かの問題」（同 467 頁）を決定的なものとする。もっとも，法人格の有無が一応の基準になり得ることも認めている。曰く，「一般的に言って，立法者がある行政処理組織に法人格を賦与していることは，それらにより多くの場合において実質的にも権利主体としての地位を認める趣旨であるという意味での一種の推定はあり得るところである」（同 466 頁）。

（3）　国及び地方公共団体をも含めた行政主体についての一般論としては，以

---

185)　このように「固有の利益」を基準とする雄川の見解を承けて，寺田友子は「固有の利益」の判断基準として「意思形成の独立性」を提唱しており，注目に値する。すなわち，寺田・前掲注171）266 頁に曰く，「当該行政組織に紛争の相手行政組織からの意思形成の独立性が組織法上保障されている限り，抗告訴訟における狭義の原告適格をもつと解したい。すなわち，所掌事務に関する紛争の相手行政組織からの意思形成の独立性のみならず，当該行政組織の意思形成機関の構成員の任命ないし罷免を通じて，紛争の相手行政組織からの独立性が保障されているかどうかが，原告適格性の重要な基準となる。かかる組織的実態がなければ，固有の利益はもとより考えられないし，訴訟上主張することができる行政法上保障された利益はなく，司法権が裁断すべき紛争が生じるはずがない」。

186)　雄川は，大学に法人格が与えられていなかった当時においても，大学に憲法上与えられた「自治権」（憲法 23 条）から，出訴する権利を肯定する可能性を示唆していた。すなわち，「大学に自治権がある範囲に存するとすれば，その限りにおいて，それは一般の法人格のある自治団体と基本的には同等に裁判的保護を受け得べき可能性を認めるべきであろうが，それは，現在の大学制度の具体的な吟味によって答えられるべきものである」（雄川・法理 467 頁）。

上で尽きている。もっとも，雄川は地方公共団体の出訴資格について独立して論文を著しているので，(2)の検討に絡めつつ併せて検討しておく。時期的に「地方公共団体」論文より「法理」論文の方が後であるものの，雄川は地方公共団体の出訴資格についても実質的かつ相対的に判断するべきであるとしていると思われる。もっとも，結論としてはかなりの程度消極的である。特に，地方公共団体又はその機関の処分に対する私人の審査請求を認容する裁決・決定（いわゆる裁定的関与）に対する当該地方公共団体又はその機関による出訴については，救済阻害型及び争訟制度型を理由として否定している。

　(a)　雄川は，地方公共団体の持つ権能が私人の権利と異質であることを指摘し，それが地方公共団体の出訴資格にどう影響するかについては検討を要するとする。たとえば課税権について，「課税権が地方公共団体の公権であるとしても，それは結局は地方公共団体が国から分与された統治権の一部と考えられるべきものであるから，それが一般の権利とは著しくその性質を異にするものであることは明らかである」（法理 432 頁）とし，あるいはより一般的に，「憲法上の地方自治の保障の性質をどう解するにせよ，それはもともと国から全く独立している訳ではなく，何らかの範囲において国の下に立つ行政主体として，国の監督ないし関与を受けるべき地位にある」（地方公共団体 426 頁）とし，「このことが出訴の権利にどう影響するかは検討を要する問題である」（同頁）とするのである。

　(b)　第 1 に，雄川は，「出訴を認める明文の規定（例えば地方自治法 9 条 8 項。この種の規定はあまり見当たらない）がない場合において，地方公共団体が国（又は都道府県）の処分に対し必ず出訴し得るかどうかの問題」（同頁）について，理論的に次の 2 つの可能性を指摘する。すなわち，一方は，「もし，地方公共団体も，国の下にあるとは言え，別個の人格であることを強調し，監督や関与も別個の人格者間の法律関係であるというように把握すれば，これらの処分についても出訴を認めない理由はない」（同 426-427 頁）というものであり，他方は，「国の行政と地方公共団体の行政とが一応分れ，地方自治の保障を認めつつも，両者の有機的な連関の保持を強調すれば，国の監督ないし関与はその目的のための手段であるから，その制度が地方自治の本旨に反し，地方自治の保障を破らない限り，地方公共団体はこれに服従すべき地位にある」（同 427 頁）というものである。

　雄川は，こうして２つの理論的可能性を提示し，「立法者は地方公共団体が地方公共団体として提起する抗告訴訟については，一般には消極的のように見える」（同 428 頁）として後者を採用しているかに見えるが，一般論としていずれが正当かを断言しない（同 427 頁）。(2)における紹介に示されているように，重要なのは理論的にいずれかに決することではなく，個別具体的に「固有の利益ないし権利」の有無を判定することであるということであろう。

　　(c)　第２に，雄川は，いわゆる裁定的関与に対する地方公共団体の出訴資格の有無，すなわち「地方公共団体又はその機関の処分に対し，相手方たる人民から国（又は都道府県）の機関に対して審査請求その他の不服申立が認められている場合が少なくないが，その不服申立の裁決・決定に対して，地方公共団体（又はその機関）から出訴が認められるかどうかの問題」（同 426 頁）について，これを「少なくとも一般論としてはなお消極的に考えている」とする（同 428 頁）。その理由として，次の２点を挙げる。一方は，「審査請求の制度は行政処分に対して人民の権利利益を行政的に保護しようとする制度の意味をもつことはやはり否定できないことであって，処分を行った側から出訴することは，その制度的意義を失わしめるものではないか」（同頁）という救済阻害型の理由であり，他方は，「審査請求において，審査庁の判断は，処分庁に対し制度上法的に優越した効力をもつものとして，原処分―審査請求―再審査請求という一連の行政手続が構成されていると考えるべき」（同頁）であるという争訟制度型の理由である。

　前者の救済阻害型の論拠も，争訟制度型の論拠と同じく（第２節第２款第４項），「法律上の争訟」の２要件たる「具体的事件性」及び「法令の適用による解決可能性」を直接否定するものではない。それぞれの制度上の要請が妥当する範囲において，かつ当該範囲においてのみ，「法律上の争訟」を外在的に縮減するものであるとしてこれらを位置付けることになろう。

第４項　３者の同異

　以上を受けて，美濃部達吉・田中二郎・雄川一郎の共通点と相違点をまとめておく。

　(1)　３者は共通して「法律上の争訟」（のうちの「具体的事件性」）を基礎付けるために「権利」侵害の可能性を要求している。したがって，典型的機関争訟

の「法律上の争訟」性を否定する論拠としては権利権限型が共通して採用されることになる。

　もっとも，同じく権利権限型と言ってもその内容は一様ではない。第 1 に，権限の権利性（利益性）を否定する論拠として，美濃部においては「利益の他者性」が前面に出ていたのに対し，田中・雄川においては「利益の公益性」が前面に出ていた。第 2 に，雄川は権利権限型を基本線としつつも，そこに言う「権利」を実質的かつ相対的に判断すべきであるとしていた。

　(2)　典型的機関争訟の「法律上の争訟」性を否定する論拠としては，権利権限型のように「法律上の争訟」性の要件（「具体的事件性」）を内在的に否定するもの以外も挙げられていた。そのような論拠のうち，一定の場合に他の制度上の理由によっていわば外在的にこれを否定するものとしては，田中の挙げる自律尊重型（部分社会の法理），雄川の挙げる上級下級型があり，「司法権」には一定の限界があることを前提として当該限界の外側にあることを理由に「法律上の争訟」性を否定するものとしては，田中の挙げる内部問題型がある。内部問題型は，田中とは異なり，美濃部においては機関訴訟を認める特別の規定を設けるか否かの立法政策上の考慮要素として，雄川においては権利権限型により「法律上の争訟」性が否定された帰結として位置付けられていた点が注目される。

　(3)　非典型的機関争訟についても，権利権限型が基本思考となっている。しかし，「法律上の争訟」性の有無についての結論は，行政主体に認められる法人格ないし自治権の理解の仕方によって異なる。すなわち，美濃部は，地方公共団体も含めて広く行政主体については，それらの有する自治権を根拠として「法律上の争訟」性を肯定することを示唆していたのに対し，田中は，地方公共団体については美濃部と同じく自治権を根拠として「法律上の争訟」性を認めることを示唆したものの，その他の行政主体についてはこれを国の代行機関として形式的な行政機関が当事者となる典型的機関争訟と同じ扱いをすべきであること，したがってその権利主体性を否定すべきであることを試論した（「国の事務」論）。雄川は，ここでも実質的かつ相対的な判断を求めつつ，法人格の有無が 1 つの一応の基準になり得ることを認めた。

　他方で，非典型的機関争訟についても，一定の場合には他の制度上の理由によっていわば外在的に「法律上の争訟」性を縮減するものが挙げられていた。

すなわち，いわゆる裁定的関与の場合について雄川の挙げる救済阻害型及び争訟制度型の理由がこれである。

　(4)　以上から窺われるのは，次の6点である。第1に，機関争訟の典型・非典型を問わず，権利権限型が基本思考となっていること，第2に，しかし権利権限型の内実は一様ではないこと，第3に，権利権限型とは別に，一定の場合には「法律上の争訟」が外在的に縮減されたり（自律尊重型，上級下級型，救済阻害型，争訟制度型），「司法権の限界」から「法律上の争訟」性が否定されたり（内部問題型）し得ること，第4に，このうち内部問題型はそれ単独で十分な理由であるのか疑問であること，第5に，裁判的保護の必要性の有無という，より実質的な観点を導入すべきではないかとの問題提起がなされているものの，それはなお権利・権限の二分論の上に立脚していること，第6に，非典型的機関争訟については，地方公共団体やその他の行政主体に認められた法人格や自治権の理解によって「法律上の争訟」性の有無が左右され得ること，である。

　このうち，美濃部と田中の結論を分けたのは特に第6点であった。すなわち，地方公共団体を始めとする行政主体に認められた法人格や自治権は如何なる内容を持つものであるのかという点が，非典型的機関争訟の「法律上の争訟」性を判断するに際して重要な問題となる。その法人格は国からの独立性を意味するのか，それとも法人格の付与によっても行政機関性はなお維持されるのか，その自治権は私人の権利と同じ意味での権利であるのか，仮にそうでないとしたら「法律上の争訟」性は肯定され得ないのか。まさにこれらの点を巡って論争を交わしたのが，次款に見る2人であった。

第2款　基本枠組み内における対立

　本款では，塩野宏及び藤田宙靖の見解を検討する。

　両者が特にその違いを見せるのは非典型的機関争訟についてである。すなわち，塩野は，行政主体が法人格を有することから原則として行政主体の出訴資格を肯定し，その意味で美濃部の見解を引き継ぐものであるのに対し，藤田は，「内部関係」・「外部関係」二分論から法人格の有無に関わらず行政主体の出訴資格を否定し，その意味で田中の見解を引き継ぐものであるが，地方公共団体の出訴資格まで否定する点で田中の見解よりも極端なものである。

　もっとも，藤田によれば「内部関係」・「外部関係」二分論は「補助線」の 1
つに過ぎず，他の「補助線」と併せて異なる結論に至ることが想定されている
という。したがって，塩野と藤田の相違は，これを厳密に言えば，「内部関
係」・「外部関係」なる「補助線」に認める重要性の程度の差異であると言えよ
う。

第 1 項　塩　野　宏 [187)]

　塩野宏は，「法律上の争訟」性の基本的な内容としては「具体的事件性」と
「法律の適用による解決可能性」の 2 要件を挙げ，機関争訟の「法律上の争訟
性」を否定する論拠としては権利権限型と上級下級型の理由を挙げる。また，
「特別行政主体」なる概念を打ち出し，特別行政主体が国の監督・介入に対し
て提起する訴えの「法律上の争訟」性について，その法人格を理由として原則
としてこれを肯定する。他方で，地方公共団体については，法人格のみならず
その憲法上保障された自治権及び紛争の透明・安定的な解決の必要性をも理由
として，「法律上の争訟」を私権保護目的という意味における主観争訟を超え
て拡張し，その出訴資格を肯定する。

　(1)　塩野も，通説・判例と同じく，「法律上の争訟」を「当事者間の具体的
な権利義務ないし法律関係の存否に関する紛争であって，かつ，それが法令の
適用によって終局的に解決できるもの」とし，これを「具体的事件性」と「法
律の適用による解決可能性」という 2 要件にパラフレーズする。そして，この
2 要件は行政事件にも妥当するとする（行政法 II 279 頁）。もっとも，塩野は，

187)　本項では，塩野宏の次の著作を主たる典拠とする（《　》内に以下本章で用いる略称を示す）。
「地方公共団体に対する国家関与の法律問題」『国と地方公共団体』44 頁以下（有斐閣，1990）［初
出 1966］《国家関与》，「特殊法人に関する一考察——行政組織法の観点からみた」『行政組織法の
諸問題』3 頁以下（有斐閣，1991）［初出 1975］《特殊法人》，「地方公共団体の法的地位論覚書き」
『国と地方公共団体』1 頁以下（有斐閣，1990）［初出 1981］《法的地位》，「指定法人に関する一考
察」『法治主義の諸相』449 頁以下（有斐閣，2001）［初出 1993］《指定法人》，「国と地方公共団体
の関係のあり方」『法治主義の諸相』391 頁以下（有斐閣，2001）［初出 1995］《あり方》，「国と地
方公共団体の関係のあり方再論——紛争処理の仕組みを中心として」『法治主義の諸相』426 頁以
下（有斐閣，2001）［初出 1997］《あり方再論》，「行政法学における法人論の変遷」『行政法概念の
諸相』405 頁以下（有斐閣，2011）［初出 2002］《法人論》，「国立大学法人について」『行政法概念
の諸相』420 頁以下（有斐閣，2011）［初出 2006］《大学法人》，「地方公共団体の出訴資格」『行政
法概念の諸相』361 頁以下（有斐閣，2011）［初出 2009］《出訴資格》，『行政法 II（第 5 版補訂版）』
（有斐閣，2013）《行政法 II》，『行政法 III（第 4 版）』（有斐閣，2012）《行政法 III》。

(3)に見るように，地方公共団体の出訴資格の肯定のために「法律上の争訟」を私権保護目的という意味における主観争訟を超えて拡張する点に特徴を持つ。

(2)　塩野は，機関争訟の「法律上の争訟」性を否定する論拠として，主として権利権限型を挙げ，上級下級型を挙げることもある。他方で，主観訴訟への排除効果の虞から，機関争訟の「法律上の争訟」性についてのカテゴリカルな判断を戒める。

第1に，塩野は，行政争訟を原則として「私人の権利利益の救済のための制度」（行政法Ⅱ 266頁）として位置付け，「地方公共団体の長や議会のように法人格を有しない機関相互の紛争は，そもそも法律上の争訟には当たらない」（同267頁。圏点筆者）とする。ここでも，権利権限型の理由故に機関争訟の「法律上の争訟」性が否定されていると言ってよい。　第2に，塩野は，上級下級型の理由をも挙げている。すなわち，「原処分庁と不服審査庁が，組織法上，上級・下級官庁の関係をなしている場合には，不服審査庁の処分に対して出訴し得ないことはほぼ承認されるところ」（国家関与121頁）であるとし，その理由として，「実体法上，原処分庁は，不服審査庁の指揮命令に当然に服従すべき」（同頁）であることを挙げるのである。

他方で，塩野は，「民衆訴訟・機関訴訟は典型的な場合は容易に想定できるとしても，主観的訴訟と厳密な区別がつき難い場合もある」（行政法Ⅱ 268頁）ことから，「このような状況にあるときに機関訴訟・民衆訴訟の観念を定めると，それが主観訴訟への排除効果をもたらすことに結果するおそれ」（同269頁）があることを認め，「具体的問題に対処する場合には，2つのカテゴリーが制定法上存在していることは一応さておいて，法律上の争訟性を直截に考察することが肝要である」（同頁）として，機関争訟の「法律上の争訟」性のカテゴリカルな判断を戒める（同様に出訴資格381頁）。これは，実質的かつ相対的な判断を求めた雄川一郎の見解を一般論として引き継ぐものであると言えよう。

(3)　塩野は，「普通行政主体」と「特別行政主体」とから成る「行政主体」という概念を打ち出し，「特別行政主体」が国の監督・介入に対して提起する争訟の「法律上の争訟」性について，それらが法人格を有していることを理由に原則としてこれを肯定する。例外的に出訴資格が否定されるものとしては，指定法人が第三者に対して行う処分に対する審査請求に関して審査庁たる大臣

等が審査請求を認容した場合に，指定法人が当該認容裁決を争う争訟が挙げられる（救済阻害型）。もっとも，塩野は，地方公共団体の出訴資格の根拠付けとして，法人格の有無のみならず憲法上保障された自治権及び紛争の透明・安定的な解決の必要性を挙げる。これは，「法律上の争訟」を私権保護目的という意味における主観争訟を超えて拡張する試みであるとも言える。

　　(a)　塩野は，「国および地方公共団体のように，憲法上行政主体たる地位を有している法人以外で，制定法上，行政を担当するものとして，位置づけられているもの」（行政法Ⅲ 91 頁）を総称して「特別行政主体」とし，「行政主体性を当然に有する国家・地方公共団体」（同 119 頁）を「普通行政主体」（同 116 頁）としてこれと対置させた上で，両者を包括する概念として「行政主体」なる概念を立てる（同 119 頁）。特別行政主体性の判断基準としては，塩野は「社会的に有用な業務の存在を前提とし，それが国家事務（行政事務）とされた上でその業務を遂行するために国家により設立された法人」（同 92 頁。同様に特殊法人 21 頁，法人論 413 頁）であるか否かを挙げる。もっとも，塩野においては「ある業務を行政事務とした上で，その担当主体としての法人を設立する趣旨を制定法から読み取るには，設立行為の特殊性のみならず，当該法人に対する国の出資のあり方，組織構成に対する関与のあり方にも着目する必要がある」（行政法Ⅲ 107 頁。同様に特殊法人 21-22 頁）とされ，或る法人の特別行政主体性は個別具体的な総合考慮に委ねられる。

　これは，既に見たように美濃部達吉・田中二郎による従来の公法人・独立行政法人概念が「目的の国家性」を基準としていたのに対し，「国家と社会の複雑な相互関係を前提とすれば，国からその存立目的を与えられてはいるが，その業務それ自体は国の事務の分担遂行にあたるものではないような法人格を想定することもできるように思われる」（行政法Ⅲ 92 頁。同様に特殊法人 21 頁）ことから，これに代わって新たに立てられたものである。すなわち，ここでは「目的の国家性」ではなく「業務の行政事務性」すなわち「当該法人の設立にかかる特別法がはたして当該法人の業務を国の行政事務とする趣旨であるかどうか」（法人論 413-414 頁）に基準が移されている。また，その判定方法として，業務の性質自体にではなく（行政法Ⅲ 120 頁），それを委ねられた法人に対する国家の関心・関与のあり方に着目する点に特徴を持つ [188]。

　塩野は，こうした特別行政主体概念の道具性・有用性について，立法レベル

と解釈レベルの 2 つの観点に分けて提示する。立法レベルにおいて重要であるのは，特別行政主体の組織・運営に対する民主的コントロールという見地からの立法的介入の要請・正当化である。すなわち，「それが行政主体であるとすれば，その組織・運営について，国および地方公共団体の行政機関におけると同様に，民主的コントロールという見地からの，立法の措置が必要であり，かつ，そのことが正当化される（独通法がその典型である）。また，行政管理の一環として，組織編成について，行政機関が関与することも許される」（同116頁）。解釈レベルのものは，「行政組織法論上，国と特別行政主体との関係をいかなる関係とみるかという問題」（同117頁）であり，特別行政主体の国の監督・介入に対する争訟の「法律上の争訟」性に関わる。

　(b)　このうちの解釈レベルのものについて，塩野は，田中に反し，「ある法人に行政主体性を認めることから直ちにいかなる関係においても，内部関係であるということとするのは疑問である」（同118頁）として行政主体の一律的な行政機関性を否定した上で，むしろ逆に，「より一般的にいえば，独立の法人格を与えたことは，自律的活動の余地を与えたことを意味するのであるから，その間に法律の適用をめぐる紛争が生じた以上それは法律上の争訟として取り扱うべき」（同頁）であるとする。すなわち，塩野においては，「業務の行政事務性」はその事務を委ねられた法人を行政機関と同じく扱いこれを国家と一体と見ることの理由にはならず，むしろ法人格の有無が「法律上の争訟」性のより決定的な基準とされているのである。これは，法人格から権利主体性が「推定」されるとした雄川の見解よりも積極的に法人格の有無に意味を認めるものである（特殊法人30頁）。

　特別行政主体は定義上法人格を与えられているのであるから，その国家の監督・介入に対する争訟の「法律上の争訟」性は，原則として肯定されることになる。独立行政法人通則法上の独立行政法人（行政法Ⅲ95頁），国立大学法人（行政法Ⅲ103-104頁，大学法人437-438頁）[189]，いわゆる特殊法人（行政法Ⅲ106-

---

188)　藤田宙靖「『行政主体』の概念に関する若干の整理」『行政法の基礎理論（下）』82頁以下（有斐閣，2005）90-91頁［初出2003］は，「業務自体の性質から当然に国に留保されたものかどうかを問うのではなく，専ら，『当該法人の設立にかかる特別法が，果たして，当該法人の業務も国の行政事務とする趣旨であるか』どうか，言葉を換えて言えば，実定行政組織法が，問題となる法主体を国家行政の一部として位置付けようとしているかどうかによって，事を決するべきである，というのが，塩野教授の行政主体論の，いわば根幹的な主張であった」とする。

107頁），いわゆる認可法人・指定法人（行政法Ⅲ 108-111頁，指定法人 466頁及び471頁）等についても，その行政主体性の有無に関わらず，原則として「法律上の争訟」性を肯定されることになろう。問題は，「法律上の争訟」性が否定される特別の事情が個別具体的な場合に存在するかどうかに限られることになる。

　こうした「特別の事情」が存する場合の例として，指定法人が第三者に対して行う処分に対する審査請求に関して，審査庁たる大臣等が審査請求を認容した場合が挙げられる。このとき，「原処分庁として位置づけられる指定法人が，請求認容の裁決の取消を求めて出訴することが認められるかどうかの問題」（指定法人 467頁）が生じるが，塩野は，「処分の相手方の救済の点を考慮にいれるならば，指定法人の出訴資格は認められない」（同頁）とする。すなわち，処分の相手方の権利救済という審査請求の制度趣旨からして，指定法人の出訴資格が否定されているのである（救済阻害型）。

　（c）　地方公共団体も法人格を有するのであるから（地自法2条1項），法人格の有無を基準とするのであれば，それだけで国家の監督・介入への法律の留保の妥当や，それに対する争訟の「法律上の争訟」性が肯定されてよさそうである。しかし，塩野は，地方公共団体が統治団体的性格を明確に有し（行政法Ⅲ 146頁）[190]，しかもその統治権は国家から伝来したものであり（同 130頁），その意味で特別行政主体に比して「一層国家に近い存在として認識されてきた」（同 145頁）ためか，①国家の監督・介入への法律の留保の妥当及び②それに対する争訟の「法律上の争訟」性について，さらに論拠を追加する。ここで試みられているのは，本書の言葉を用いれば，その裁判の権限を裁判所に委ねなければ違憲の問題を生じるという意味における「法律上の争訟」を，私権の

189)　特に国立大学法人については，「行政主体性を有する独立の法人と国との関係は原則として法律関係として捉えるべきであると考えているが，国立大学は憲法上の大学の自治を与えられているところからすれば，この理は，国立大学法人と国との関係によりいっそう当てはまる」（塩野・大学法人 437-438頁）とされている。あるいは，「国立大学の法人化は，憲法に定める学問の自由から導かれる大学の自治を前提としている。ただ，法人化されたことにより，公権力からの侵害の防御という意味での大学の自治は，直接には，国と法人化された大学との関係として現れる（これとは別に，大学学長と教授会，教員との関係における学問の自由の保障の問題が，顕在化することになる）。いいかえれば，国立大学法人に対する国の関与の問題は，常に大学の自治の観点から検討されねばならないのである」（塩野・行政法Ⅲ 103-104頁）ともされている。
190)　地方公共団体の統治団体としての地位についての詳細は，塩野・法的地位 5-11頁参照。

99

保護を目的とするという意味における主観争訟に限らず，さらに地方公共団体の自治権を巡る争訟をも含めたものへと拡張することであると言える[191)192)]。

　①国家の監督・介入への法律の留保の妥当に関しては，地方公共団体に対する国家関与の法定主義が憲法上の要請であることの論拠として，塩野は，両者の併立的協力関係を持ち出す。すなわち，個別法の執行過程における国の行政的コントロールについて，「地方公共団体は国家の創造物であり，広い意味での国家の統治機構の一部であるということ」（あり方 404 頁）から一定範囲でこれを正当化しつつも，国と地方公共団体との関係を「上下の関係，組織法的にいう指揮監督関係」（行政法Ⅲ 243 頁）ではなく「併立的協力関係」（同頁）であると理解した上で，「憲法における法律の留保の法的根拠については，地方公共団体自身が，かつてのサービス提供団体たる地位に基づいた自治的団体であ

---

191)　同様の見解を塩野に先立って唱えていた論者としては，成田頼明が挙げられる。すなわち，成田は，「基本的人権の保障は，元来，国家以前の自然権の保障の性質をもつから，『公共の福祉』を理由として法律でこれを制限する場合にはきわめて厳重な制約に服するのに対し，地方自治の保障は，その内容が可変・流動的な国家内部の法的に承認された制度にかかわるものである上に，法律の留保が広汎に認められているのであるから，自然権たる基本的人権の保障とは全く性質を異にし，この 2 つを同一又は類似の保障方式とみることは，地方自治権について伝来説の立場をとる以上，到底支持しがたいものといわなくてはならぬ」（成田・前掲注 171）239-240 頁）としつつ，以下のように述べて地方公共団体の国に対する出訴資格の可能性を肯定していた。曰く，「おそらく，これまでの一般の考え方に従えば，国と地方公共団体との関係は広い意味での機関内部の関係であるから，その間の争いは一種の機関訴訟であり，起債の許可，補助金の交付決定・取消等の措置は行政処分とみることはできないから，抗告訴訟の対象たりえない，ということになろう。しかしながら，このような考え方にはにわかには賛成することはできない。けだし，地方公共団体が広い意味での国家の統治構造の一環をなすことはいうまでもないところであるが，地方公共団体は，国から独立して自己の目的と事務をもつ公法人であるから，国と地方公共団体との間の争いがつねに機関争訟であるというのは，妥当でないと考えるからである。行政事件訴訟法でも，機関訴訟とは『国又は公共団体の機関相互間における権限の存否またはその行使に関する紛争についての訴訟』をいうものとされているから（6 条），国と地方公共団体との間の紛争が直ちにこれに該当するとはいえない」（同 309 頁）

192)　薄井・前掲注 171）『分権時代の地方自治』［初出 2005］は，哲学的な人間像から地方公共団体の出訴資格を基礎付けようとする異説を唱えるものとして注目される。曰く，「現代において真に主体的な人間とは，『コミュニティの一員』に埋没するのではなく，また，『アトム的な個人』の空間に閉じこもるのでもなく，この 2 つの主体像の間を『浮遊する生き方』に見出だされるもの」であって，「コミュニティの一員としての生き方の舞台となる地方自治の制度は，基本権享有主体に不可欠の制度として，憲法上その存続と固有の権限を保障されるものといえ，各地方自治体は，主観的な権利を保障されるように思われる」（同 187-188 頁）。さらに曰く，「従来のように，司法権による保護の対象を，『孤立した個人』の『私的な利益』に限定する解釈は，人間の一面のみを偏重する解釈として，分権社会においては見直しを迫られるべきであろう」（同 191 頁）。

るのみならず，統治団体としての地位を憲法上有しているところからすると，この法律の留保を国民に対する関係の単なる延長，つまり，侵害留保の適用としてのみ理解するのは適切でな」（同頁）く，「むしろ，ここでは，憲法上に併立的協力関係にたつ国（国家行政官庁）と地方公共団体の関係について，特に国家に関与権を認めるには，民主的正当化根拠，つまり，法律の根拠が必要であるという観点にも立脚すべきもの」（同頁）とするのである。

　②国家関与に対する地方公共団体の訴訟については，塩野は，一方で，地方公共団体に憲法上制度的に保障された自治権を梃子に，他方で，紛争の透明・安定的な解決の必要性を理由に，その「法律上の争訟」性を認める。

　第 1 に，地方公共団体の自治権による「法律上の争訟」性の肯定については，「監督権の違法な行使は，地方公共団体たる法人が国に対して有する自治権の侵害にあたるのであって，日本国憲法の地方自治の保障の充実の見地からすると，これに対して，地方公共団体は裁判所に救済を求めることができ，その訴訟は，現行法では行政事件訴訟法の抗告訴訟に該当すると解される」（行政法Ⅲ 252 頁）とする[193]。塩野によれば，地方公共団体の自治権は，私人の享有する人権とは異なる性質を持つが，それとは異なる論拠によってその裁判的保障が要請される。すなわち，塩野も，ここでいう自治権が私人と同じ意味における自然権あるいはその固有権ではないことを認める（国家関与 103 頁）。しかし，「地方自治制度が憲法上の制度として保障されているという意味において，人権保障とは異なった制度保障が認められるべきである」（同頁。いわゆる制度的保障説）として，その出訴可能性を肯定するのである[194]。

　もっとも，そのような「人権保障とは異なった制度保障」が，塩野自身も原則として「私人の権利利益の救済のための制度」と位置付ける現行の行政争訟制度内で認められるか否かは問題となり得る。裁判的保障が要請されるとは言え，憲法 32 条及び同 76 条や裁判所法 3 条による現行制度がそれを予定してい

---

[193]　塩野は，地自法 251 条の 5 に平成 11 年の改正によって設けられた国の関与に対する地方公共団体による訴えの制度が行訴法上の機関訴訟であるか抗告訴訟であるかについても，「今回の立法技術上の整理も，この点に関しては中立である」（塩野・行政法Ⅲ 252 頁）としている。

[194]　曽和・前掲注 31）217 頁も同様に，「そもそも地方公共団体と国とは別個の法的存在であるから，地方公共団体が憲法上自治権を保障された存在であることを重視するならば，自治権侵害をめぐる国と地方公共団体との紛争は『事件』性を満たす紛争であって，自治権を侵害するような国家行為に対しては，地方公共団体は原則として行政訴訟を提起し得る」とする。

ない上，解釈論の限界を超えるものとの理解もあり得よう[195]。この点につい
て，塩野は，「憲法制定当初の論議の過程ではこの問題は開かれたままで，後
の解釈論に委ねられたということができ」（出訴資格371–372頁）るとして解釈
の余地を広げるとともに，「個人の権利利益の保障と自治権の保障が基本的性
格を異にするからといって，自治権には裁判的保障が及ばないという結論を導
き出すことは，論理上も必然性がないし，外国実定法制上も手がかりはない」
（同376頁）として議論をいわばイーブンに引き戻す。さらに，地方公共団体の
出訴資格を認めるべき積極的論拠としては，裁判的保障を与えるのが憲法上の
要請であり，現行の制度の中でそれに最も適合的であるのが行政争訟である以
上，その内部で地方公共団体の裁判的保障がなされるのは当然であるというこ
とを挙げる。曰く，「地方自治の保障という憲法原理が妥当している現行法秩
序においては，その有機的関連性乃至協力関係の保持が，国家関与における国
家行政機関の意思の優越性という形で担保されるべきものとは考えられ」（法
的地位37頁）ず，「むしろ国家関与の根拠及びその態様が法律の留保に属し，
その範囲内の関与にのみ地方公共団体が服従するとみるべき」（同頁）なので
あるから，「国家関与がその限界を越えた場合には，その是正手段が制度上存
在し・て・い・な・け・れ・ば・な・ら・な・い・はずであるし，また，その是正の要求が，個別地方

---

[195] こうした観点から塩野の見解に反対するのが次項に見る藤田宙靖である。また，小早川光郎も，
藤田と異なり「内部関係」・「外部関係」二分論を国と地方自治体との間の関係に適用することを否
定しつつも，結論において藤田と軌を一にする。すなわち，小早川は，「地方自治の担い手である
自治体」には「他者からの干渉，とりわけ国ないし国の諸機関の干渉に対して自己の地方自治の権
能を対抗しうべき法的地位としての，"自治権" が認められていることからして，「自治体に対す
る国家関与の関係を行政内部関係と捉え，国の行政組織内部の関係と基本的に同質の関係として位
置づけることは，現行法上，おそらく妥当とは言え」（小早川・前掲注171）63頁）ず，「国自治体
関係の行政内部関係としての性格ゆえにかくかくしかじかであるというような考え方はとるべきで
はない」（同67頁）としつつも，「しかし，それでも，自治体（ないしはその機関）が一般私人の
立場とは基本的に異なる行政主体としての立場において国（ないしはその機関）との間で一定の問
題をめぐって争っている場合にそれについて裁判することは，憲法76条・裁判所法3条にいう
"司法権" および "法律上の争訟" の範囲には含まれず，言いかえればこれらの条項が裁判所の本来
的な任務・権限として予定しているものには当たらないと考えるべき」であるとし，その根拠とし
て，戦後司法制度改革において「行政主体としての自治体の自治権を主張する訴訟という，一般私
人の権利利益主張の訴訟とは基本的に性格を異にするものを，裁判所の本来的な任務・権限の一部
として新たに組み込むことが積極的に意図されていたと解すべき根拠はない」こと，したがって
「現行憲法の理解として，司法ないし司法権の観念は，基本的人権などの個人の権利に対する尊重
の理念と深く結びついたものとして捉えられるべきである」ことを挙げるのである（同67頁）。

公共団体の自治権の侵害の排除という形をとる限りにおいて具体的権利義務に関する訴訟として，裁判所による救済の方法が認められると考えられる」（同頁。圏点筆者）[196]。

　いずれにせよ，こうして要請される自治権の裁判的保障によって，「地方公共団体の処分に対する国家機関の不服審査による当該処分の取消を，当該地方公共団体が訴訟によって争えるかという問題」（国家関与 120 頁）についても，行政機関や指定法人の場合と異なり，積極に解されることになる。すなわち，塩野は，「審査庁による原処分（地方公共団体の処分）の取消は，1 つの組織体内部の自己反省ではなくして，一の権利主体の意思が他の権利主体の意思に優越することを常に意味せざるを得ないのであって，それは，地方公共団体に保障された自治権の侵害そのものである」（同 121 頁）とするのである。指定法人の場合にその出訴を否定する論拠であった「処分の相手方の権利救済という審査請求の制度趣旨」も，「実体法上の権利については，何らの侵害も加えられるわけではないのみならず，憲法に保障される地方公共団体の自治権を実質的に担保するためには，私人に負わさるべきその程度の不利益は合理性を有する」（同 122 頁）として，自治権の保障に劣後するものとされている[197]。

　第 2 に，紛争の透明・安定的な解決の必要性による「法律上の争訟」性の肯定については，次のように述べられている。曰く，「紛争が憲法及び制定法の解釈問題となる限り，これについては，最終的には，裁判所の判断に委ねるのが望ましい。透明性と安定性を確保するには，この方法が最も適している」（あり方 405 頁），「仮に紛争が生じた場合には，オープンな場で，公正な手続によって解決されるのが必要であ」（あり方再論 429-430 頁）り，「行政の一環として生じうる行政主体間の紛争についても，公正・透明な制度を用意することは，

---

196)　村上・前掲注 171)「国・自治体間等争訟」25-26 頁も，「確かに，現行憲法の制定の際に，行政主体が自治権を主張する訴訟等を司法権に組み込むことが積極的に意図されていたわけではないかもしれない。しかし，だからといって，これを否定することが積極的に意図されたと解すべき根拠もない。この問題は判例学説の創造的な解釈に委ねられているとみるべきであって，現行憲法が定める地方自治の本旨に鑑みれば，肯定説をとることがむしろ憲法の趣旨にかなう」として塩野の見解に賛同する。

197)　さらに，これは地方公共団体と国との関係ではなく，地方公共団体相互の関係に関するものであるが，課税権の帰属に関する地方公共団体の紛争処理に関する規定（地自法 8 条 9 項）についても，「自治権の 1 つとしての課税権の帰属を争うもの」（塩野・行政法Ⅲ 256 頁）であるとして，機関訴訟ではなく通常訴訟であるとしている。この点は，雄川・争訟法 119 頁も同様である。

当然の帰結である」（同 430 頁）。

　第 2 項　藤田宙靖[198]

　藤田宙靖が機関争訟の「法律上の争訟」性を否定するために主として持ち出すのは，藤田によれば我が国の伝統的な行政法学が採るところの行政の「内部関係」と「外部関係」の二分論である。これは，田中二郎の内部問題型の論拠に理論的な基礎を提供するものであるとも言える。こうした二分論に基づき，行政主体についても，その法人格の有無に関わらず「内部関係」に属せば「法律上の争訟」性が否定されることになる。「内部関係」性の基準は，そこで問題になっているのが行政主体に「固有の資格」であるか否かに求められる（「固有の資格」論）。その実定法の根拠としては，「固有の資格」としての行政主体は憲法 32 条の「裁判を受ける権利」の保障を受けないことが挙げられる（人権否定型）。地方公共団体については，これとは別に憲法上の「自治権」に基づいて出訴資格が認められないか否かが問題となるが，現行の行政救済法制度の基本構造との抵触を理由に否定される（救済阻害型）。

　(1)　藤田が行政事件訴訟の対象に関して強調するのは，行訴法が個人の権利・利益の救済を基本的な目的としていることである。これは，「法律上の争訟」のうち「具体的事件性」の内容を個人の権利・利益が問題となっているものに限定する趣旨であると解される。

　藤田は，「仮に違法な行政活動があったとしても，その結果法的利益に直接具体的な損害を被る者がいないならば，この行政活動は，原則として行政事件訴訟の対象となり得ないし，また，違法な行政活動によって法的利益に直接具体的な損害を被った者のほかは，原則としてこの行政活動を行政事件訴訟で争

---

198)　本項では，藤田宙靖の次の著作を主たる典拠とする（《　》内に以下本章で用いる略称を示す）。「行政主体の概念について──その理論的前提をめぐる若干の考察」『行政法学の思考形式（増補版）』65 頁以下（木鐸社，2002）［初出 1976］《概念》，「行政と法」『行政法の基礎理論（上）』3 頁以下（有斐閣，2005）［初出 1983］《行政と法》，「現代の行政と行政法学」『行政法の基礎理論（上）』49 頁以下（有斐閣，2005）［初出 1984］《行政法学》，「行政組織法論のあり方に関する若干の考察」『行政法の基礎理論（下）』3 頁以下（有斐閣，2005）［初出 1991］《組織法論》，「行政主体相互間の法関係について──覚え書き」『行政法の基礎理論（下）』58 頁以下（有斐閣，2005）［初出 1998］《法関係》，「『行政主体』の概念に関する若干の整理」『行政法の基礎理論（下）』82 頁以下（有斐閣，2005）［初出 2003］《整理》，『行政組織法』（有斐閣，2005）《組織法》，『行政法総論』（青林書院，2013）《総論》。

うことはできない」（総論 403-404 頁）とする。その理由として，「わが国の行政事件訴訟は，行政活動の適法性を保障するための制度ではある」（同 403 頁）ものの，「それは，原則としては，行政活動の適法性一般を客観的にコントロールする目的を持ったものではなく，さしあたっては，違法な行政活動によって法的利益に侵害を受けた者に対しその権利救済を与えることを目的とするものであって，個人の権利が救済される結果行政活動の適法性も回復されるというに過ぎない」（同頁）ことを挙げる。そして，そのような「違法な行政活動によって法的利益に直接具体的な損害を被った者」による行政訴訟を一般に「主観訴訟」と呼ぶとしている（同 404 頁）。

　これら引用は「法律上の争訟」なる概念を明確には用いていないが，藤田は同時に，憲法 76 条 1 項及びこれを受けた裁判所法 3 条 1 項について，これらの規定は「わが国の行政訴訟制度の根本的基盤を成している」（同 377 頁）としていることから，上記引用も，「司法権」ないし「法律上の争訟」に関するものであると見て差し支えなかろう。

　(2)　以上によると，藤田における機関争訟の「法律上の争訟」性は，上記の意味にいう主観訴訟性の有無，すなわち「具体的事件性」の有無に拠ることになるはずである。もっとも，藤田がその基準として正面から打ち出しているのは，そこで問題となっている法関係が「内部関係」か「外部関係」かという「伝統的な行政法理論」の持つ二分論である。

　　(a)　確かに，藤田は「具体的事件性」に関わる権利権限型の思考を示している。曰く，「行政機関相互間の権限如何に関する争い」（総論 407 頁）は「私人の個々的な権利保護とは無関係」（同頁）であり，したがって「主観訴訟ではなく，民衆訴訟と同様，行政活動の行政法規への客観的適合性の有無についての裁断をすることを直接の目的とする客観訴訟の一種だということになる」（同頁）。しかし，藤田がその根拠として正面に打ち出すのは，「『行政主体』と『私人』との対立，そして，行政の『内部関係』と『外部関係』との区別，という二元的な思考に立つ伝統的な行政法理論」（同頁）である。すなわち，こうした「伝統的な行政法理論」においては「行政機関相互間の権限如何に関する争い」は「純粋に行政の内部的な問題」（同頁）とされ，その帰結として「私人の個々的な権利保護とは無関係」であるとされるのである。

　したがって，藤田においては，権利権限型の思考も展開されているものの，

機関争訟の「法律上の争訟」性を否定する真の論拠は内部問題型であり，権利と権限の違いはそれら自身の法的性質の差異というよりも「内部関係」と「外部関係」の対比から導かれていると言えよう。これは，田中の理解に近いものと位置付けることができる。

　（b）　こうした「伝統的行政法理論」の内容は，藤田が繰り返し説き，その立論の出発点とするところである[199]。それは，《「国家」＝「行政主体」＝「内部関係」＝「行政組織法」》と《「社会」＝「私人」＝「外部関係」＝「行政作用法」》との二分法をその基本構造とする。

　第1に，「伝統的行政法理論」の前提には，「いわゆる〈『国家』と『社会』の対立〉という思考を前提とした，近代西欧型法治主義思想の基本的な構造」（組織法4頁）すなわち「ヨーロッパ近代の政治思想・法思想の根底にある『国家と社会の分離ないし対立』という考え方」（法関係59頁）がある。第2に，この二分法を基礎に，「行政に関わる数々の法主体を，一方で国・地方公共団体等『行政を行う権能を与えられた法主体』であるところのいわゆる『行政主体』と，他方で私企業・私的個人等，これらの行政主体のグループの外にあり，行政主体と対立し，争い，或いはまた合意に達し，取引関係に立つところの『私的法主体』ないし『私人』との2つのグループに分けて考える考え方」（組織法4頁）すなわち「『行政主体と私人との対立』という図式」（法関係59頁）が生じる。第3に，こうした行政主体と私人との対立図式の帰結として，「行政をめぐる法関係は，行政の『内部関係』と『外部関係』とでも称すべき，2つの性質の異なった法関係に分かたれる，という考え方」（組織法4頁）すなわち「『行政の内部関係と外部関係の区別（ないし二元）』という考え方」（法関係59頁）がもたらされる。第4に，この内部関係と外部関係の区別から，「専ら行政主体の側の内部構成・内部組織に関わる問題は，『行政の内部関係』に属する問題として，行政主体とその外にある私人との関係である『行政の外部関係』上の問題とは，本質的に異なった法原理によって支配される」（組織法4頁）とされ，「後者がすなわち行政作用法の分野を成すのに対し，前者はとりもなおさず行政組織法の問題となる」（同頁）とされる。こうして，「行政の内部関係に関する法（すなわち行政主体の内部組織に関する法――行政組織法）と外部

---

199)　本文に引用したもののほか，同趣旨を述べるものとして，藤田・行政と法24-26頁，行政法学51-52頁，組織法論5頁，総論16-18頁。

関係に関する法（すなわち行政主体と私人との相互関係に関する法——行政作用法）
とでは，その性格も内容も基本的に異なる，という，一種の『定理』が出て来
ることになる」（法関係 59 頁）。

　藤田によれば，これらの二分論を由来として，あるいはそれらに伴って，行
政法学の任務と課題にも一定の限定が付される。曰く，我が国の伝統的な行政
法理論においては，「国家行政に対抗して国民の権利・利益を保護する，とい
うことが基本的な関心事となり，行政という現象もまた，このような関心に対
応するような形で考察の対象とされて来た」（総論 17 頁）のであり，あるいは，
「『国家』は公共の利益を実現する為に『社会』すなわち『私人』の自由と財産
を侵害するが，これに対して，何らかの形での『法』というルールによってそ
の恣意を抑制するのが，行政法の基本的な課題であり，又，法解釈学たる行政
法学の基本的な目的だ，ということになる」（行政法学 51-52 頁）。

　以上の理は，典型的に現行の機関訴訟制度に反映されているという。曰く，
「我国現行の行政事件訴訟法が『行政庁の公権力の行使に関する不服の訴訟』
としての『抗告訴訟』と，『国又は公共団体の機関相互間における権限の存否
又はその行使に関する紛争についての訴訟』としての『機関訴訟』とを，明確
に区別しているのが，その典型的な表れである」（法関係 59 頁），あるいは曰く，
「機関訴訟という法制度は……『行政主体』と『私人』，行政の『内部関係』と
『外部関係』という二元的思考を前提としている」（総論 408 頁）。これによれば，
機関争訟は「内部関係」に属し，したがって国家行政に対抗して国民の権利・
利益を保護することを基本的な関心事とする行政作用法とは異なった法原理に
よって支配される。具体的には，機関訴訟は，「法律上の争訟」の解決すなわ
ち国民の権利利益の救済を目的とする現行の行政争訟制度においては，特別の
規定なき限り原則として認められないことになる。

　（3）　法人格を持つ行政主体についても「内部関係」に属するか否かで「法律
上の争訟」性が判断されるが，その判断基準は「一般私人もまた立ち得る立場
であるか否か」に求められる（「固有の資格」論）。その実定法上の論拠としては，
一般私人には立ち得ない「固有の資格」としての行政主体は憲法 32 条による
「裁判を受ける権利」の保障を受けないことが挙げられている（人権否定型）。
地方公共団体についてはこれとは別に憲法上の「自治権」に基づいて出訴資格
が認められないかが問題となるが，藤田は現行の行政救済法制度の基本構造と

の抵触を理由にこれを否定する（救済阻害型）。

　(a)　典型的機関争訟の「法律上の争訟」性を否定する論拠がその「内部関係」性にある以上，法人格の有無に関わらず，「内部関係」について提起される訴訟は原則としてその「法律上の争訟」性を否定されることになる。

　藤田は，「内部関係」における行政主体の地位を「客観法的地位」と称し（組織法 46-47 頁），この場合には行政主体は「他の行政主体との間において，法律による行政の原理を基軸とする行政作用法の制度と法理によって保護された法的地位」（同 46 頁）にないとした上で，「客観法的関係にあるとされた法主体相互の間においては，独立の法人格を有するか否かということは，理論的な意味を持たず，従ってまた，当該法主体が『行政主体』であるか『行政機関』に止まるか，という問題も本来生じない」（同 56 頁）とするのである（同様に組織法論 9-12 頁）。

　こうした客観法的関係における法人格の意義の否定は，同一の法主体であっても，それが有する複数の地位のいずれを問題にしているかによって，「外部関係」すなわち独立の法人とされる場合と，「内部関係」すなわち行政機関とされる場合があることを意味する。ここでは，法人格なるものは，それを有する主体自体の属性ではなく，その一側面の属性を示すものに過ぎない（法人格の相対性）。これは，「国家」と「社会」という対比が意味するのは「集団」の対立ではなく「観点」の対比であり，「ある法主体は，その行動の側面・法的評価の側面に応じ，ある場合には“行政主体”となり，ある場合には“私的法主体”となることも，本来可能となる」（概念 101 頁）としていた藤田自身の見解の 1 つの応用例と言えよう。あるいはまた，法人格の相対性を意識せず，公共団体は法人格を有し，法人格は概念上独自の意思と利益ないし目的をその内容とすることから，公共団体の国家に対する独立性を導いた美濃部達吉の見解と好対照をなす。藤田においては，法人格が認められる場合であっても，客観法的地位にあるときには，自己の目的ないし利益の主体とはされていないのである。

　(b)　このように「内部関係」であるか否かで「法律上の争訟」性を判断するとなると，「内部関係」性の基準が問題となる。しかし，(2)に見た「思考枠組みの中には，『行政主体』そのものが複数存在するということ，つまり言葉を換えて言えば，国以外にも行政主体がある，ということ自体が，前提として

含まれていなかった」（法関係60頁）ため，行政主体相互の関係については，「『内部関係』に属するのか，それとも『外部関係』に属するのか，ということが，明確でない」（同頁）という。

藤田は，この問題に関して，「問題の出発点が行政主体と私人との二元論にあった」（組織法48頁）ことから，3つの場面に分けて検討する。第1に，「行政主体のみが行い得る活動の場合」であり，この場合には，「少なくとも原則的には『内部関係』となり客観法的な関係となる筈である」（同頁）とする。具体例として，「軍事，警察，司法，課税等々」（同頁）を挙げる。第2に，「私人の活動と本質的に違いの無い場合」（同頁）であって，この場合には，「それを巡る法関係は，本来，先に述べた意味での『内部関係（客観法的関係）』ではない」（同頁）とする。問題は，第3の場合，すなわち「中間的なケース」（同頁）言い換えれば「伝統的な行政主体と私人の二元論に照らしてみても，果して本来行政主体の行うべき活動なのか，それとも本来私人もまた行い得る活動であると言えるのか，が，明確ではないようなケース」（同48-49頁）である。この場合には，「行政主体（又は行政機関）としての固有の資格」すなわち「一般私人が立ち得ないような立場にある状態」（同49頁）であるか否かが基準となるとする（同様に法関係64-66頁）。

「固有の資格」に立つ行政主体に「法律上の争訟」が認められないことを実定法規定により則して言えば，次のようになろう。すなわち，「公権力行使に対する不服の訴訟は，いうまでもなく，憲法32条で定める基本的人権としての『裁判を受ける権利』に基づくもの」であり（法関係71頁），「行政主体の『固有の資格』が，本来，憲法が保障する基本的人権を享受するものではないことは，改めて言うまでもないこと」（同頁）であるから，「この意味において，行政主体は，法人格を有しているからといって，そのことから当然に，私人に対し公権力を行使する権限を裁判上実現する権利を，憲法及び現行行政事件訴訟法によって保障されているとは，いえないものと言うべきである」（同頁）。ここでは，《「法律上の争訟」＝「裁判を受ける権利」（＝基本的人権）》とされており，「固有の資格」に立つ行政主体は基本的人権を享有し得ないことから結論が導かれている点が注目される（人権否定型）。

この人権否定型の論拠と「法律上の争訟」性との関係は特殊である。すなわち，人権否定型は，権利権限型のように「具体的事件性」を否定するものでも，

自律尊重型・上級下級型・争訟制度型・救済阻害型のように他の制度上の要請から「法律上の争訟」を外在的に縮減するものでもない。これは，それらとは別に，「法律上の争訟」の議論をするまでもなく，そもそも「司法権」には一定の限界があることを前提に，「裁判を受ける権利」を享有しない「固有の資格」としての行政主体はこの「司法権」したがって「法律上の争訟」の限界の外側にあるとするものである。

　ともあれ，行政主体が「固有の資格」において立ち現れる場合には，「内部関係」としてあたかも行政機関と同視されることになる。これは，判例における「国の事務」論及び田中における「国の目的」論と同じく，典型的機関争訟と非典型的機関争訟を同じく扱うための架橋理論であると位置付けられよう。「国の事務」論及び「国の目的」論との同異はさておき，本書ではこれを「固有の資格」論と呼んでおく。

　(c)　地方公共団体については，藤田はいわゆる裁定的関与に対する出訴資格を重点的に論じる。すなわち，藤田は，「地方公共団体は，国からの監督行為に対して，行政事件訴訟法に基づき抗告訴訟を提起できるか，という問題」（法関係 75-76 頁），特に「地方公共団体は，その公権力行使（統治権の行使）に対する国からの監督行為（取消しその他）に対して，行政事件訴訟法 3 条により抗告訴訟を提起できるか，という問題」（同 76 頁）の検討に当たって，「地方公共団体は，行政主体と私人との二元という意味での私人ではないにしても，憲法上保障された，『自治権』とも言うべき固有の権利を持っているのであって，この権利に基づき，他の行政主体とりわけ国に対して，特別の法的地位に立つのではないか，という問題」（同 75 頁。同様に組織法 51 頁）を提起する。

　藤田は，「固有の資格」としての地方公共団体の出訴を認めるに当たって援用の可能性があるのは「裁判を受ける権利」ではなく「自治権」であるとする。すなわち，藤田は，「行政事件訴訟法の定める抗告訴訟が，『私人』の権利を保護するために設けられたものであり，それは究極的には，日本国憲法 32 条の定める基本的人権としての『裁判を受ける権利』に基づくものであること」（法関係 76 頁），「行政主体による公権力行使が，こういった基本的人権による保護の対象とはならないこと」（同頁），「このことは，地方公共団体の場合にも変わるところはない」（同頁）ことから，「いわゆる『統治団体』としての資格における地方公共団体は，この意味において，本来当然には，抗告訴訟を提

起する権能を持たない」（同頁）とし，「そこで問題は，『裁判を受ける権利』
ではなく，『地方自治の保障』から由来する憲法上の『自治権』に基づいて，
以上の理屈とは別に，現行法上の抗告訴訟を利用し得る，と言うことができる
か，である」（同 75-76 頁）とするのである。

　以上を前提とした上で積極説を展開するには，藤田によれば次のような論理
を立てる以外にはなく，第 1 項に見た塩野宏はまさにそのような論理で地方公
共団体の出訴資格を認めたのであった。すなわち，「『日本国憲法は，国に対す
る地方公共団体の『自治権』を保障しており，そして，このような権利が実体
法上保障されている限りは，（論理必然的に）それを手続的にも実現する，何ら
かの訴訟手続が存在していなければならない，そしてそのような手続とは，現
行法でいう限り，行政事件訴訟法の抗告訴訟でしかあり得ない』という憲法訴
訟論を採用すること」（同 77 頁）である。

　しかし，藤田は，塩野の見解に反対し，その理由として「現行の行政救済法
制度の基本構造」（同頁）との抵触を挙げる。すなわち，藤田は，「基本的に言
うならば，『地方自治の本旨』そして普通地方公共団体の『固有の自治権』が，
単なる事業主体の権利としてではなく，地域的な統治団体の『統治権』の一種
として登場する限りにおいては，これが当然に主観法的な権利保護システムの
下に置かれるとすることには，現行法上，いささか困難が伴うものというべ
き」（組織法 52 頁）であるとし，その理由として，「現行法上の抗告訴訟は，行
政活動の適法性を客観的に保障するための客観訴訟であるのではなく，私人の
主観的権利の保護を目的とする主観訴訟である」（法関係 77 頁）こと，「それは，
行政庁の公権力行使に対して私人の権利を護るための訴訟なのであって，行政
庁が私人の権利を抑制するために用い得る訴訟であるのではない」（同頁）こ
と，それにも拘らず，「地方公共団体が私人の権利を侵害するような公権力行
使を行い，これに対し国が法律上許された監督権の行使を行ったとして，これ
に対する当該地方公共団体からの抗告訴訟を認めるということは，私人の側か
ら見れば，抗告訴訟が，自己の権利に対する侵害のための手段として利用され
る，ということを意味する」（同頁）ことを挙げ，「このようなことを『地方公
共団体の自治権の保護』を理由に敢えて認めるということは，その実，抗告訴
訟を客観訴訟化することを意味するのではなかろうか？」（同 78 頁）として，
問題を提起するのである（救済阻害型）。

　(d)　以上のように，藤田は「内部関係」・「外部関係」二分論を前提に，前者に属するものとして「固有の資格」としての行政主体を位置付け，そこから「法律上の争訟」性についての結論を導き出しているかに見える。これは，地方公共団体の出訴資格をも否定しているかに見える点で，田中の見解よりも極端なものであるとも言えそうである。

　しかし，藤田によれば，それは1つの補助線に過ぎない当該二分論を端緒にした場合に差し当たり得られる暫定的な結論に過ぎず，他の補助線との組合せによって，それとはまた異なった「最適の『解』」が見出されることが想定されているのだという（整理98-99頁）。したがって，「内部関係」・「外部関係」二分論は藤田においては実は考察の端緒に過ぎず（同104頁），本項に示した藤田の見解も一応の原則を示すものに過ぎないことになろう。ここでは，地方公共団体の「自治権」の保障や現行の行政救済制度の基本構造などの他の「補助線」との組合せの上，異なった結論が導き出され得ることが留保されているのである。

第3項　両者の同異

　以上の検討を受けて，塩野宏と藤田宙靖の共通点と相違点をまとめておく。

　⑴　まず，両者の共通点としては，次の2点が挙げられる。

　第1に，アプローチを異にするものの，美濃部達吉・田中二郎・雄川一郎と同じく，なおも行政主体と私人との二分論を維持することである。

　第2に，両者の議論は法人格の持つ意義を巡るものであったとも評し得るところ，その議論の焦点は，法人格を持つ行政主体が行政機関と同じく扱われるべきか否か，すなわち非典型的機関争訟の「法律上の争訟」性にあり，「実質的かつ相対的」に考えて法人内部の行政機関に「権利」が認められるべきか否か，すなわち典型的機関争訟の「法律上の争訟」性には及んでいないことである。

　⑵　次に，両者の相違点としては，次の3点が挙げられる。

　第1に，「法律上の争訟」について，塩野においては，地方公共団体に憲法上保障された「自治権」の保障の実効性確保や紛争の透明・安定的な解決の必要性を理由として，私権保護を目的とするという意味における主観争訟を超えてこれを拡張することが試みられているのに対し，藤田においては，「法律上

の争訟」は「裁判を受ける権利」との裏表で捉えられ，私権保護限定ドグマが
なお維持されている[200]。

　第2に，行政主体に認められる法人格の意味について，塩野においては，法
人格の付与は法律が当該主体に自律的活動の余地すなわち国や地方公共団体か
らの独立性を与えたことを意味し，この独立性によって内部関係性が否定され
る。これは，法人格の付与から独自の意思と独自の利益ないし目的の存在を概
念上導き，これによって行政主体の国家からの独立性を基礎付けた美濃部を或
る意味では継承するものである。これに対して，藤田においては，法人格の相
対性が認められる。すなわち，行政主体に法人格が認められると言っても，そ
れは私人と同様の資格として（＝経済主体として）の独立性を認めたものに過ぎ
ず，「固有の資格」としての独立性を認めたものではない。これは，行政主体
の行政機関性を認めた田中を継承するものであると言えるが，これを地方公共
団体にまで及ぼした点では田中の見解を極端化するものであるとも言える。

　第3に，「内部関係」・「外部関係」二分論（内部問題型）の位置付けについて，
塩野においては，比較的重要度の低い考慮要素として扱われているに過ぎない。
すなわち，塩野は，「明治憲法の下でとられた外部法，内部法の区別をあらか
じめ措定する」藤田の見解は，「今後の議論の深まりを図るには，順序が逆で
ある」，言い換えれば，「法律上の争訟性を論ずるのに，直ちに内部・外部とい
う概念を持ち出すこと」は「適切でない」とする（行政法Ⅲ 120-121頁）。これ
に対し，藤田においては，当該二分論は考察の出発をなし，一応の原則的帰結
を導き出す重要な補助線として位置付けられている。もっとも，藤田も抽象的
に「内部関係」に属することのみをもって「法律上の争訟」性を否定するので
はなく，より具体的に人権否定型や救済阻害型の理由を提示している。このこ
とから，藤田においても，内部問題型はやはりそれだけでは十分な理由である
とは認識されていないことが窺われよう。

---

200)　こうした両者の対立は既に大貫・前掲注84) 174-175頁において次のように整理されていた。
　　曰く，「塩野宏教授が，国の関与に対して地方公共団体が出訴することを自治権を梃子として肯定
　　するのは……訴訟制度が私人の権利利益を守ることを目的として設けられているという前提を変え
　　ることに他ならない……これに対して，前述の塩野教授の議論に藤田宙靖教授が反対するとき，教
　　授は従来の理論的前提に忠実なのである」。

第 3 款　基本枠組みの動揺

　本款では，山本隆司及び門脇雄貴の見解を検討する。

　これまでの論者においては，様々な争いがあるものの，次の 3 点は共通の枠組みとして前提にされていたと言ってよい。すなわち，①典型的機関争訟の「法律上の争訟」性が原則として否定されること，②その際の基本的な論拠は権利権限型であること，③行政主体と私人との二分論が維持されること，である。

　近年，こうした従来の学説の枠組みを根底から問い直す注目すべき 2 つの動向がある。第 1 に，山本隆司は，行政法学説の基礎を成す憲法原理に立ち返り，国の組織から「分節・開放」された組織の持つ「自律性・独立性」が出訴資格を基礎付けることを論証する。ここでは，「権利か権限か」ではなく「自律性・独立性の有無」が「法律上の争訟」性のメルクマールになる（①②の否定）。さらに，「行政の主体」が諸種の組織とそれらの成すネットワークとして観念され，行政主体と私人との二分論を超えて精緻化される（③の否定）。第 2 に，門脇雄貴は，権利権限型の拠って立つ国家法人説に遡り，権利権限型の自明性を否定する（②の否定）。これにより，典型的機関争訟の「法律上の争訟」性は原則として否定されるとはもはや言えなくなり，「利益」概念を鍵とする新たな理論枠組みが要請される（①の否定）。

第 1 項　山本隆司 [201]

　山本隆司は，「法律上の争訟」性の基準を権利権限型から離脱させ，当該組

---

201)　本項では，山本隆司の次の著作を主たる典拠とする（《　》内に以下本章で用いる略称を示す）。「行政組織における法人」塩野宏古稀『行政法の発展と変革（上巻）』847 頁以下（有斐閣，2001）《法人》，「日本における公私協働」藤田宙靖退職『行政法の思考様式』171 頁以下（青林書院，2008）《公私協働》，「日本における公私協働の動向と課題」新世代 2 号 277 頁以下（2009）《動向》，「行政の主体」磯部力ほか編『行政法の新構想Ⅰ』89 頁以下（有斐閣，2011）《行政の主体》，「民衆訴訟及び機関訴訟」南博方ほか編『条解行政事件訴訟法（第 4 版）』（弘文堂，2014）[山本隆司]《条解》，「集団的消費者利益とその実現主体・実現手法──行政法学の観点から」千葉恵美子ほか編『集団的消費者利益の実現と法の役割』216 頁以下（商事法務，2014）《消費者利益》，「客観法と主観的権利」長谷部恭男ほか編『岩波講座 現代法の動態(1)』25 頁以下（岩波書店，2014）《主観的権利》，「現代における行政法学の体系」岡田正則ほか編『現代行政法講座(1)』31 頁以下（日

織の「自律性・独立性」へと焦点を移す。この「自律性・独立性」は行政を担当する組織の国の組織からの分節・開放によるものであり，この分節・開放は諸種の憲法原理の調和のためになされる。「法律上の争訟」の拡張は，これら憲法原理の要請によって正当化される。

　(1)　山本は，憲法あるいは法律によって国又は公共団体（の機関）に保障された一定の自律性・独立性を確保するために，これらの権限を巡る争訟を「法律上の争訟」であるとする。こうして，機関争訟の「法律上の争訟」性の判断は，権利権限型から離脱し，「自律性・独立性」へとその焦点を移す。

　　(a)　山本は，塩野宏と同じく，「法律上の争訟」を私人の権利・利益の保護を目的とする場合（主観争訟）を超えて拡張する。すなわち，山本は，「私人の人権に関わる利益を保護する場合のみを法律上の争訟とするのでは，裁判所の任務・権限を限定し過ぎることにな」（条解876頁）ること，「法が国または公共団体（の機関）相互間に保障する自律性・独立性は，裁判所への出訴権の承認により初めて，法的に十全な実現可能性を備えることになる」（同頁）ことから，「憲法あるいは法律により，相互に一定の自律性・独立性を保障された国または公共団体（の機関）が，権限を主張し合う訴訟は，法律上の争訟と解するべきである」（同頁）ことを導く。その上で，その具体例として「国と地方公共団体，国立大学法人，公共組合，独立行政法人との関係，あるいは地方公共団体における議員，議会，長の関係に係る訴訟」（同頁）を挙げている。

　　(b)　ここで語られているのは，次の3点である。すなわち，①「法律上の争訟」は「私人の人権に関わる利益を保護する場合」のみに限定すべきでないこと，②憲法あるいは法律によって国又は公共団体（の機関）に保障された一定の自律性・独立性は保障されるべきであること，③その保障は裁判所への出訴資格の承認によってのみ達成されること，である。こうして，「法律上の争訟」の判断基準は，従来基本路線とされてきた権利権限型から解放され，「自律性・独立性」に拠るべきであることになる[202]。

　　本評論社，2016）《体系》。

202)　もっとも，より最近の著作においては，こうした山本の問題意識が権利論に回収されているようにも見受けられる。曰く，「法秩序の保護対象が個別的利益から不特定多数の利益に拡張ないし重心移動していることに対応して，個人の権利および裁判所の権能も拡張ないし補正するべきである」（同・消費者利益226頁），「公益ないし客観法について判断する組織……が明確に分節化され（法人形態をとる公企業等），分権化され（地方公共団体等），または民間の団体や個人と協働する

　このうちの①については，それ独自の根拠付けがなされているわけではなく，むしろ②③の帰結として（「自律性・独立性」の保障の必要性の故に）導かれているように思われる。それでは，そこでいう「自律性・独立性」とは如何なる内容を意味するものであり，それは如何なる理由で裁判所による裁判によって保障されるべきであると言えるのか。このことを理解するためには，その前提として，山本の展開する「行政の主体」論を瞥見しなければならない。

　(2)　山本は，「行政の主体」に関する従来の二元論的な考察を否定し，「行政の主体」の分析軸を多元化する。第 1 に「行政の主体」の捉え方の多元化であり，第 2 に「行政の主体」において実現されるべき憲法原理の分析軸の多元化であり，第 3 に組織としての「行政の主体」内の多元化である。このような「行政の主体」の分析軸の多元化は，これら組織の提起する争訟の「法律上の争訟」性の判断にも重要な帰結をもたらす。すなわち，山本によれば，諸種の憲法原理の調和のために国の組織は分節・開放され，それに応じて行政を担う組織も多元化し，公益の実現はこれら組織のネットワークによって実現されるものとして観念される。これら組織の出訴資格は，これを否定することが分節・開放を要請した憲法原理と抵触する場合には，これを肯定しなければならない。法人格の付与は，分節・開放の 1 つの手段として位置付けられるに留まり，出訴資格の有無にとり一応の基準を示すものの決定的なものではない。

　(a)　山本の基本的なコンセプトは，「行政の主体」の分析軸の多元化にある。これは，第 2 款で検討した塩野・藤田の両者とも異なるものである。第 1 に，山本は藤田宙靖が考察の出発点とした「内部関係」・「外部関係」二分論の有用性を否定する。曰く，「国家と社会の二元論という『理念型』は，相当の理論的彫琢を施さないと法実践論上の『補助線』として機能せず，従来の行政主体論は，1 つないし複数の『補助線』を必ずしも明確に示していない」（公私協働 213 頁）のであって，「行政主体論から複数の『補助線』を抽出し整理すること」（同頁）が必要である。第 2 に，こうした「補助線」の複数化は，したがって「内部関係」・「外部関係」二分論の有用性を否定しつつも行政主体と私

　場合には，このように分節化等された主体相互に，一定の論証を行う法的なコミュニケーションの資格としての主観的権利を，観念することができる」（同・主観的権利 42 頁）。仮にそうであれば，山本の構想は，本書の言う権利権限型からの脱却ではなく，むしろ権利権限型の改鋳であるということになる。

人との二元論に留まった塩野の見解とも異なることになる。曰く、「『国家と社会の複雑な相互関係』という塩野氏の問題意識を，法人の二元論に収束させるのではなく，むしろ，国が設立し，ないし存在せしめる組織の分節構造を，行為形式論のように複数の座標軸により分析する形で，発展させるべきではないか」（法人869頁）。こうして要請される「行政の主体」の分析軸の多元化は，大別して3つに分けることができる。

　第1に，「行政の主体」の捉え方の多元化である。山本は，「行政の主体」の捉え方として，①法人として認識するアプローチ，②組織として分析するアプローチ，③ネットワークに解体するアプローチを挙げ，これらのアプローチの積み重ねによって「行政の主体」が観念されているとする（行政の主体89頁）。

　第2に，「行政の主体」において実現されるべき憲法原理の分析軸の多元化である。山本は，伝統的に行政法学においてその基礎に据えられてきた法治国原理・民主政原理・権力分立原理を，さらに①古典的か機能的か（それだけで特定の方向の当為を指示するのか，他の法原理，さらには法外の考慮を取り入れ，あるいはそれらと組み合わせてはじめて当為を指示するのか）[203]，②主観的か客観的か，という軸によって細分化する。これにより，国民が国の決定に参加できることを要請するところの古典的な民主政原理によって導かれる事務・内容に関わる民主的正統化及び人員に関わる民主的正統化の水準が他の憲法原理（機能的な民主政原理，古典的・機能的な法治国原理）との調整によって「間引き」されることの許容・要請が，より分析的に論証される（同93-97頁。動向293-301頁も参照）。

　すなわち，機能的な民主政原理は「国の組織の活動・決定に関して，国民ないし私人の参加および監視を要請」し，機能的な法治国原理は「国の組織の活動・決定に際し，関係する諸利益が表現・考慮される機会を均等に保障され，中立的に決定がなされることを要請する（主観的意義の機能的法治国原理）」とともに，「必要な知識，技術，情報が収集・活用され，それらに基礎付けられて国の組織が活動・決定を行うことを要請する（客観的意義の機能的法治国原理）」（同95頁）。古典的な法治国原理は「私人の人権保障（いわば主観的意義の古典的法治国原理），および，国が人権を含む法に拘束され，また法を定立・適用する

203）　山本・体系42-44頁においては，「古典的」・「機能的」に替えて「固定化された」・「開放化された」という表現が用いられているが，意味せんとするところは同様であると思われる。

形式をとって公益を実現すること（いわば客観的意義の古典的法治国原理）を要請する」（同 93 頁）。「こうした法治国原理・機能的な民主政原理は，内容あるいは人員に関する古典的な民主的正統化の水準を間引きし，国の組織のヒエラルヒー構造を緩和して，国の組織を分節・開放して形成することを正当化する」とともに，「古典的な民主的正統化と並んで，あるいは一定程度それに代替して，国の組織のあり方を統制する」（同 95 頁）。これら古典的な民主政原理と古典的・機能的な法治国原理及び機能的な民主政原理との調整を具体的な組織形態へと変換するのが権力分立原理である（同頁）。

　第 3 に，組織としての「行政の主体」は，さらに多元的に捉えられる。山本によれば，上記のように諸種の憲法原理の調整の結果，国の組織は分節・開放されることになるところ，それらは「組織を構成する主体」（＝「規約上，組織の存続改廃の決定（機能的構成）および組織の人員の選任（人的構成）を行う究極の主体」）を基準にして，「この主体が国民か，国民と利害関係者全体か，国民（および利害関係者全体）と私人か，専ら私人かにより，国の組織，自治組織，公私混合組織，私的組織に分かれる」（公私協働 174 頁。より詳しくは法人 872-876 頁）。そして，公益の実現は，これら組織の協力関係・競争関係（＝「ネットワーク」）によって実現されるものであると観念されることになる（行政の主体 100 頁）。

　法人格の付与は，こうした分節・開放の 1 つの手段として位置付けられるに過ぎない（行政の主体 105-107 頁）。曰く，「組織の形態の多様性と多分節性を重視する立場から見ると，単位としての法人格は，特に外部（の私人）に対して責任の主体を明確に画して示す，組織の分節の一種として意味を持つが……あくまで一種に留まる。法人格を視野に入れるだけでなく，特に組織の意思決定過程において現れる，組織の形態の多様性と多分節性を，法的に表現し統制せねばならない」（法人 880 頁）。

　（b）　このような「行政の主体」の分析軸の多元化は，これら組織の提起する争訟の「法律上の争訟」性の判断にも重要な帰結をもたらす。すなわち，上記のようにして「行政の主体」は分節・開放された諸組織より成るネットワークとして捉えられることになるところ，こうした分節・開放は上記の諸種の憲法原理の要請に基づくものである以上，これら組織の出訴資格を否定することが分節・開放の趣旨を損なう場合には，同時に分節・開放を要請した憲法原理

に抵触することになりかねない。

　(1)で見た「国又は公共団体（の機関）相互間に保障する自律性・独立性」は
こうした分節・開放によって得られた組織の地位を意味するのであり，それを
保障する必要性は分節・開放を要請する上記の諸種の憲法原理の要請により基
礎付けられる。すなわち，山本は，「公的組織の多様な具体的任務，それを実
現するための多様な具体的手続，こうした手続において働く機能的な法治国原
理・民主政原理および権力分立原理を広く視野に入れて，これらを適切に実現
するには，分節化等された行政の主体の権利ないし権限について判断する役割
も裁判所が担うことが必要とな」（行政の主体109頁）ることから，「裁判所の権
能が私人の権利保護を中心とすることは否定しないとしても，それ以外の権
利・権限の保護ないし紛争解決を，法律が明確に訴権を規定しない限り裁判所
に認められない例外的権能と解するのは適切でない」（同108-109頁）として
「法律上の争訟」を私権保護目的の意味における主観争訟を超えて拡張するの
である。

　ここでは，法人格の付与は分節・開放の１つの手段に過ぎないから，それに
よって当然に出訴資格が保障されるとまでは言えず，逆に法人格のない機関の
出訴資格も当然に否定されるわけではない。もっとも，山本は，「独立の法人
格という法形式をとることに伴って，訴権を保障されるのが通常と考えられ
る」とし，あるいは逆に「一般的には，法人格のない機関の権限に訴求可能性
を認める法解釈は，法人の場合に比べて難しいことは否定できない」として，
法人格の有無が一応の基準になることを認めている（同110-111頁）。あるいは，
「立法者がある行政組織に法人格を付与した場合，当該組織を他の行政組織に
対して分節し距離を形成する，立法者の意思が表明されたものと見るべき」で
あって，「とりわけ，法人が私人に対して自己の名・自己の責任で行う行政作
用に関しては，事務の遂行の過程においてこうした分節・距離を確保すること
が不可欠である」から，「法人格なき組織・機関でも，任務の性質等に鑑みて，
分節・距離を認めるべき十分な理由があれば，訴権等を肯定すべきであるが，
法人格がある組織についてはさらに積極的に，任務の性質等に鑑みて分節・距
離を認めるのが不適当な特別の理由がない限り，訴権等を肯定すべきである」
（法人861-862頁）ともされている。

　(c)　山本は，「分節化等された行政の主体の権限が他の行政の主体に対し

て裁判で貫徹できる強度を持つかは，個別に判断する必要がある」（行政の主体
109頁）として，いくつかの具体例を示している。

　たとえば，地方公共団体や国立大学については，原則としてその出訴資格を
肯定する。曰く，「地方公共団体や国立大学の自治権のように，分節化等され
た行政の主体の権限が憲法に基礎を置く場合，その権限を他の行政機関が終局
的に判断するのは，基本的に憲法の趣旨に沿わない。原則として訴権を認める
べきと考えられる」（同頁）。

　また，裁定的関与に対する地方公共団体の出訴資格については，救済阻害型
を理由としてこれを否定する雄川・藤田の両者に反し，塩野と同じくこれを認
める。すなわち，「裁定的関与に対して地方公共団体に訴権を認めると，憲法
上保障されている私人（不服申立人）の権利を保護する不服審査制度の趣旨に
抵触しないか」と問題提起しつつも，「地方公共団体に訴権を認めても，実際
上は不服申立人の要保護性のある利益はそれほど侵害されない（不服申立てを
理由ありとする裁決を行った国が不服申立人のために主張，立証を尽くすのが通常であ
ろう。裁決の執行停止も抑制的に運用することが考えられる）」こと，「逆に裁定的関
与に対して地方公共団体に訴権を認めない調整の方法は，地方公共団体の権限
を過度に侵害することになる」ことから，「結論としては，通説・判例と異な
るが，訴権を認めるべきではないかと思われる」とするのである（同109-110
頁。同様に条解892頁）。

第2項　門脇雄貴[204]

　門脇雄貴は，機関争訟に関する従来の通説・判例が理論的省察を怠ってきた
とし，権利権限型の基礎を成す国家法人説に遡ることで権利権限型の自明性を
否定する。そして，問題の解決のためには「利益」概念の分析が必要であると
する。

　（1）　門脇は，権利権限型を基本思考として機関争訟の「法律上の争訟」性
（とりわけ「具体的事件性」）を否定してきた従来の行政法学説は，その理論的省

---

204)　本項では，門脇雄貴の次の著作を主たる典拠とする（《　》内に以下本章で用いる略称を示す）。
　　「国家法人と機関人格(1)～(3・完)──機関訴訟論再構築のための覚書」都法48巻2号269頁以
　　下（2007），49巻1号233頁以下（2008），50巻1号141頁以下（2009）《国家法人》，「ドイツにお
　　ける機関訴訟とその理論的基礎」比較72号200頁以下（2011）《理論的基礎》。

察を怠ってきたと言わざるを得ないとして，権利権限型をその基礎を成す国家法人説に遡って問い直す。

　(a)　門脇は，行訴法上の機関争訟に係る訴訟（行訴法 6 条）に関して「法律に定める者に限り，提起することができる」として法律の特別の定めを要求する同 42 条について，「この規定の理論的基礎については必ずしも十分な検討がなされてきたわけではな」く，「結局のところ，日本の行政法学は，機関訴訟に関する行政事件訴訟法の規定を疑うことをせず，その理論的省察を怠ってきたといわざるを得ない」（国家法人(1) 270 頁）として，機関争訟に関する「理論的省察」の必要性を説く。

　(b)　門脇によれば，機関争訟が「法律上の争訟」性とりわけ「具体的事件性」（＝「具体的な権利義務ないし法律関係」）を欠くとされる際の根拠は，厳密に言えば次の 2 つに分解される。

　第 1 に，「法人の機関には権利能力ないし人格が欠けるという点を根拠とするもの」，すなわち「国家が法人として人格をもつ以上，国家の分肢にすぎない機関には人格は認められず，そもそも権利主体ないしは法主体とはなりえないという立場」であり，第 2 に，「（仮に機関が権利主体たりうるとしても）機関は法人のために行為するものであって，機関それ自体に固有の利益がないという立場」である（同 270-271 頁）。門脇は，これら 2 つの論点を考察の出発点としては区別するものの，その区別を相対的に捉える。すなわち，前者は「一般的な権利享有主体性の問題」であり，後者は「具体的な権利の帰属可能性の問題」であることから，両者は，差し当たり区別される（同 287 頁）ものの，「相互に密接に関わりあう」ものであり，「決して截然と区別されうるものではない」（同 287 頁）ものであるとするのである。

　門脇は，以上のように論点を 2 つに分けた上で，このうちの前者の論点を扱う。そして，「その見解が前提としているのは，国家が法人であるといういわゆる国家法人説である」（同 271 頁）ことから，その検討はまずもって国家法人説に向けられる。すなわち，機関の権利能力の否定は国家法人説に由来するところ，後者から前者が本当に導かれるのかを問うのである。こうして，門脇においては，「国家法人説がもともといかなる意図ないしは機能を有するものとして主張されてきたのか」の検討によって「そこに機関訴訟を否定する契機が存在したかどうか」を明らかにし，「国家法人の機関がどのような位置づけを

与えられてきたのか」の検討と併せて，「機関には権利能力ないしは法主体性が欠けるという見解の是非を明らかにする」ことが試みられることになる（同頁）。

　(c)　門脇がここで問題としている 2 つの立場ないしそれを巡る論点は，本書のいう権利権限型をさらに細分化したものであるとしてこれを位置付けることができよう。門脇は，従来の通説・判例が深い理論的省察を経ることなく権利権限型を基本思考としてきたことを問題視し，その理論的基礎たる国家法人説に遡って，その妥当性を問おうとするのである。

　(2)　以上の問題提起を受けて，門脇は，国家法人説を採用するドイツの学説を検討し，国家法人説の採用が直ちに機関の権利能力の否定に結び付かないことを論証した上で，問題の解決のためには「利益」概念の分析が必要であるとする。併せて，機関に人格を認める有機体説・法領域説をも検討し，機関の実体的な権利の可能性を追究するにはやはり「利益」概念の分析が必要であることを確認する。

　(a)　門脇は，国家法人説を採用することが直ちに機関訴訟を否定することに結び付くわけではないことを，大要次の 3 段階に分けて論証する。

　第 1 に，門脇は，国家法人説を採るアルブレヒト，ゲルバー，ラーバント，イェリネックの所説の分析により，一口に国家法人説と言ってもそれが採られる目的は論者により様々であって，「国家法人説は決して一枚岩のドグマーティクではない」（国家法人(1) 286 頁）ことを明らかにする。それによれば，それぞれの論者の目的としては，①機関（とりわけ君主）を個人的な利益から切断し，国家全体のために行為すべきものとして位置付けること（同 274 頁），②国家の単一性を確保すること（同 276 頁），③国法学を国家と臣民との権利義務関係として構築すること（同 277 頁）が挙げられる。さらに，②で確保されるべき国家の単一性の重点にも多様なもの（国家の通時的単一性，連邦国家の単一性，国家機関を包含する単一性）があり（同 286 頁），③についても「私人と類似した形で権利義務を帰属させる主体としての国家法人説の流れ（アルブレヒト及びイェリネック）」と「私人には見られない支配する意思力としての国家権力を帰属させる主体としての国家法人説の流れ（ゲルバー及びラーバント）」とがあるという（同頁）。

　第 2 に，門脇によれば，クリューバー，ゲルバー，ラーバントにおいては機関の権利が認められており，しかしこのことは彼らの国家法人説とは対立しな

い。彼らにおいては，国家権力と機関の権限とはなお未分化なままであり，と
りわけ君主の有する権限については特段の自覚なく君主の固有の権利であると
されるものの，このことは次に挙げる理由からして国家法人説に対立するもの
ではない。すなわち，①「国家法人説の意義を機関の拘束に見出す立場からす
れば，機関に権利が認められるとしてもそれが当該機関の特殊利益のために行
使されることがないように何らかの形で規律する規範が存在していれば，機関
の権利と国家法人説とは両立することになる」し，②「とりわけゲルバー及び
ラーバントにおいては，国家法人は国家権力を帰属させるための法的装置で
あったところ，いったん国家法人に国家権力を帰属させてしまえばその目的は
果たされる」のであって，「その後，国家権力がどのように行使されるのかと
いう場面では，もはや国家法人説からはいかなる帰結も導かれえない」（国家
法人(2) 243-244 頁）。

　第 3 に，門脇によれば，「機関の権利が国家法人説と真っ向から衝突するの
は，何よりも国家法人を国家の単一性を確保するために用いる場合であり，こ
の場合に君主の権利や議会の権利なるものを認めてしまうと，それらの機関を
国家法人のもとに包含しようとした意図が無意味になる」（同 244 頁）。この
「法人の単一性と機関の権利とをどのように調和させるか」という問題に取り
組んだのがベルナツィクとイェリネックであり，「ベルナツィクがそれを分割
権という鍵概念によって解決しようとしたのに対し，イェリネックは機関担当
者個人と制度としての機関とを区別した上で，前者には通常の個人同様のもの
として能動的地位に基づく請求権を与えつつ，後者には主観性を否定した権限
のみを与えた」（同 255 頁）。このうちイェリネックによると機関の権利能力が
否定されることになるが，イェリネックにおいても権利と権限はそれほど截然
と区別されていないという。すなわち，イェリネックは，特に選挙について，
機関担当者個人に認められる能動的地位の承認請求権から機関としての権限行
使のための妨害排除請求権を導いているところ，そうであるとすれば「権限と
権利との間にはほとんど径庭はない」（同 254-255 頁）ことになるのである。

　こうして，国家法人説を採用しても，そのことが機関の権利能力を当然に否
定するものではないことが示される。門脇によれば，この問題の解決は「利
益」概念の分析を俟たねばならない。曰く，「利益の問題を精確に分析するこ
とで初めて，権利と権限の理論的整序が可能になる」（同 256 頁）。というのも，

イェリネックにおいて人格の単一性のメルクマールは目的ないし利益の独立性に求められていることからすれば，機関に人格すなわち権利能力がないとされる理由も機関が固有の利益を持たず国家の目的と同じく一般利益のみを目的としている点にあるはずである（同252頁）。しかし，「ベルナツィクとイェリネックのいずれにおいても，権利との関連で利益の概念を用いているにもかかわらず，機関の議論においては検討の力点は専ら意思におかれ，機関の利益と国家の利益とのそれぞれの性質や相互関係については十分な議論が尽くされていない」（同256頁）のである。

　(b)　他方，門脇は，機関に人格を明確に認める有機体説（ギールケ，プロイス）及び法領域説（トーマ，フリーゼンハーン）の検討・分析を行う。

　第1に，門脇によれば，有機体説は「実は機関担当者が意思を有するヒトであることから人格を見出したにすぎず，理論的な整理はなお不十分」（国家法人(3・完）157頁）である。これでは，「個体の利益と全体の利益との関係も曖昧にならざるをえない」（同150頁）。

　第2に，門脇によれば，法領域説は「法の世界を複数の領域に分割し，各領域における相対的人格を認めることにより，団体内部においてのみ通用する人格を承認するという試み」（理論的基礎200頁）である。これによれば組織内部関係において機関の人格が認められることになるものの，論者においては当時の裁判所への出訴事項についての列記主義の下で列記されているものについてのみ訴権が語られており，同説は「訴権からのみ権利を導出するアクチオ的思考」（国家法人(3・完）153頁）に留まっている。今日の概括主義の下においては，「訴権から独立した実体的権利が認められうるのかどうか」（同156頁），すなわち「利益」という要素の分析が必要である。

　(c)　以上を受けて，次のように結論される。「国家法人説をとった上で機関に権利を認める可能性は残っているが，いかなる場合に権利が認められるのかという点はさらに検討されなくてはならない。つまり，機関訴訟の制度の有無から独立した，機関の実体的な権利の可能性が追究されなくてはならないのである」（同157頁）。そして，そのためには，「人格が有する利益という要素を観点とした分析がまずは必要である」（同頁）[205]。

---

205)　こうした観点からドイツにおける機関訴訟論の現状を詳細に分析した門脇自身によるものとして，門脇雄貴「機関の権利と機関訴訟(1)～(3)——ドイツにおける機関訴訟論の現状」都法55巻

第3項　両者の同異

以上を受けて，山本と門脇の共通点と相違点についてまとめておく。

両者は，従来の学説が前提としてきた（特に権利権限型による）機関争訟の「法律上の争訟」性の原則的否定を掘り崩そうとする点において共通する。すなわち，両者は，典型的機関争訟が裁判所の権限の「周辺」の意味における「法律上の争訟」に含まれることを専ら論じてきた憲法学説（第1節第1款第1項）とも，非典型的機関争訟が裁判所の権限の「中核」の意味における「法律上の争訟」に含まれるか否かに焦点を合わせてきた行政法学説とも異なり，典型的機関争訟が裁判所の権限の「中核」の意味における「法律上の争訟」に含まれるか否かにまで踏み込んで論じようとするものである（ただし雄川一郎において既にその萌芽はあった）。

もっとも，両者は，その際のアプローチを異にする。山本は，行政法の基礎を成す諸種の憲法原理に立ち返ることで，従来の二分論によって導かれてきた権利権限型や法人格の有無という基準よりも高次に位置付けられる「自律性・独立性」なる基準を導く。ここでは，権利や法人格の有無はこの「自律性・独立性」の判断要素に過ぎない。これは，議論の次元ないし抽象度を上げることで，それまで基準とされてきたものを相対化する試みであると言えよう。これに対し，門脇は，従来の漠然とした権利・権限の二元論の自明性を否定した上で，権利権限型なる基準をより精緻化する必要性を説くものであると理解できる。すなわち，権利と権限は異なり，その相違は固有の「利益」の有無にあると言われながらも，この「利益」に関する分析は深くはなされてこなかった。門脇の試みは，こうした問題点を指摘し，「利益」概念を鍵とした新たな機関争訟論の地平を開こうとするものであると言えよう。

第4款　論拠の整理

以上を受けて，機関争訟の「法律上の争訟」性を否定する際に学説の用いる論拠について，4つの観点からまとめておく。

1号127頁以下（2014），55巻2号169頁以下，56巻1号507頁以下（2015）がある。同連載の内容は，第3章の脚注において必要に応じて触れる。

　(1)　第 1 に, 典型的機関争訟の「法律上の争訟」性を否定する際の基本線は, 権利権限型である。もっとも, 権利権限型もその内部において一様ではない。門脇雄貴の整理に見られたように, 権利権限型には機関の法人格を否定するものと具体的な権利の帰属可能性を否定するものとが密接に相関しつつ混在している。また, 後者の具体的な権利の帰属可能性を否定する論拠としても, 美濃部達吉と田中二郎・雄川一郎の対立に見られたように, 利益の他者性を強調するものと利益の公益性を強調するものとが存在する。さらには, 近年, 権利権限型から離脱し (山本隆司), あるいはその精緻化の必要性を説く (門脇雄貴) 見解も有力に存在する。

　なお, 内部問題型は, 独立した論拠としては不十分である。このことは, 内部問題型を主張した田中においてもその際に挙げられる具体例が上級下級型に還元できること, 同じく内部問題型を主張した藤田宙靖においても具体的な論拠としてさらに人権否定型・救済阻害型が挙げられていることからも推測される。つまるところ, 内部問題型は藤田の言う「考察の端緒」としての意味はあっても, 結論として「法律上の争訟」を否定するには他の論拠によってさらに具体化される必要があるということであろう。

　(2)　第 2 に, このように権利権限型に代表される典型的機関争訟における論拠を非典型的機関争訟に応用するための架橋理論として, 判例における「国の事務」論に加え, 田中における「国の目的」論及び藤田における「固有の資格」論がある。もっとも, これらの同異はさておくとしても, その妥当性は疑わしい。田中においては「1 つの問題提起として」提示されたものに過ぎず, 藤田においても 1 つの補助線のみを用いた際の暫定的な結論であるに過ぎない。さらには, こうした架橋理論に対しては塩野宏を始めとする有力な反対説も存在するのである[206]。

　(3)　第 3 に, 機関争訟の「法律上の争訟」性を否定する各論拠は,「法律上の争訟」性との関係, 射程との関係, 架橋理論との関係のそれぞれについて, 次のように分類できる。

---

206)　斎藤誠「多様化する公共的主体の権利・権限・権能」公法 78 号 70 頁以下 (2016) 86 頁も,「行政訴訟においても, 当事者に法人格がある場合に,『実質上は行政組織の一部』『実質的には国の手足』『いわば上級行政機関と下級行政機関の関係と同視すべき』, といった判断を介在させて, 行政事件訴訟法 6 条の適用対象を拡張し, 法律上の争訟性を否定することは, やはり疑問である」としている。

　「法律上の争訟」性との関係では，内在的に「具体的事件性」を否定するもの（権利権限型）と，他の制度上の要請からこれを外在的に縮減するもの（自律尊重型・上級下級型・争訟制度型・救済阻害型）とに分けられる。これらに対し，内部問題型・人権否定型は，そもそも「司法権」には一定の限界があることを前提に，行政の「内部関係」及び「裁判を受ける権利」を享有しない「固有の資格」としての行政主体は，「司法権」したがって「法律上の争訟」の限界の外側にあるとするものである。

　射程との関係では，機関の権限に関する紛争であれば原則としてこれをその射程に含む論拠，すなわち権限内在類型（権利権限型・内部問題型・人権否定型・公益目的型）と，特別の制度上の要請がある場合のみをその射程に含む論拠，すなわち権限外在類型（自律尊重型・上級下級型・争訟制度型・救済阻害型）とに分けられる。

　架橋理論との関係では，基本的に（架橋理論を介さずしては）形式的な行政機関にのみ妥当する論拠（権利権限型・自律尊重型・上級下級型）と，基本的に（架橋理論を介さずしても）法人格を有する行政主体にも妥当する論拠（人権否定型・争訟制度型・救済阻害型）とに分けられる。

　(4)　第4に，以上の議論と並行して，あるいは連動する形で，「法律上の争訟」自体を私権保護目的の意味における主観争訟を超えて拡張する試みも存在する（塩野宏・山本隆司）。

第4節　小　　括

　本節は，第3節までの検討の総括をするとともに，次章以降の検討の方針を獲得することを目的とする。まず，第3節までの判例・学説の検討を踏まえ，それらが機関争訟の「法律上の争訟」性を否定する際の論拠を整理した上で（第1款），我が国における機関争訟論の問題構造を明示する（第2款）。これにより，国家法人説の再検討が課題として浮上する（第3款）。以上を受けて，次章以降の検討の方針が導かれる（第4款）。

第1款　論拠の整理

　各論拠を整理することにより，独立して検討に値する論拠は，権利権限型・自律尊重型・上級下級型・救済阻害型に限定される。

　(1)　まず，判例・学説において理論上の機関争訟の「法律上の争訟」性が否定される際に用いられる論拠としては，次のものがある。①行政機関が有するのは権利ではなく権限に過ぎないこと（権利権限型），②私人には立ち得ない「固有の資格」としての行政主体は基本的人権したがって「裁判を受ける権利」（憲法32条）の享有主体ではないこと（人権否定型），③公益の保護を目的とする訴えは主観性を欠くこと（公益目的型），④行政内部の紛争は行政内部で解決されるべきであること（内部問題型），⑤自律的判断が制度上予定されている場合にはその尊重のために司法判断が抑制されるべきであること（自律尊重型），⑥下級機関は上級機関の指揮・命令に当然服すべきであること（上級下級型），⑦争訟制度における1つの審級を構成している行政機関又は行政主体は上級審の判断に拘束されるべきであること（争訟制度型），⑧私人による不服申立てを認容する裁決・決定に対して当該処分をした行政機関・行政主体からの機関訴訟の提起を認めると私人の権利救済を阻害してしまうこと（救済阻害型）である。

　(2)　以上に示された8つの論拠は，それぞれの射程において様々であり，しかも相互に複雑な関係に立つ。

　　(a)　まず，それぞれの論拠の射程は，次のように整理される。

　第1に，機関の権限に関する紛争であれば原則としてその射程に含む権限内在類型（権利権限型・内部問題型・人権否定型・公益目的型）もあれば，特別の制度上の要請がある場合のみをその射程に含む権限外在類型（自律尊重型・上級下級型・争訟制度型・救済阻害型）もある。

　第2に，このうちの権限外在類型はさらにその内部において射程を様々に異にする。自律尊重型は，そこに司法審査の介入を控えるべきと言えるほどの「自律性」が要請されている場合にのみ，上級下級型は，紛争当事者自身が上級機関及び下級機関である場合にせよ，紛争当事者に共通の上級機関がある場合にせよ，上級機関・下級機関の関係がある場合にのみ，争訟制度型は，本来

的に異なる行政主体の機関を上級審・下級審とする争訟制度が法令によって構築された場合にのみ，救済阻害型は，本来的には私人の権利救済を目的とする訴訟制度において公法上の法人ないしその機関に出訴資格を認めることが当該制度趣旨を没却する場合にのみ，妥当し得るものである。

　　(b)　こうした各論拠相互の関係については，次の3点が指摘される。

　第1に，内部問題型については，独自の論拠として十分であるとは言い難い。考察の出発点として意味を持ち得るとしても，他の論拠によってさらに具体化される必要がある。権利権限型・自律尊重型・上級下級型は，内部問題型の具体化としてこれを位置付けることができる。

　第2に，その他の権限内在類型の諸論拠は，差し当たり権利権限型を以てこれらを代表させてよい。権利権限型には，機関の法人格を否定するものと具体的な権利の帰属可能性を否定するものとが密接に相関しつつ混在し，後者の中にも利益の他者性を強調するものと利益の公益性を強調するものとが存在する。また，これら権利権限型の論拠は，「法律上の争訟」性が一定の性質（利益の自己性ないし利益の私益性）を持つ権利の存在を要求するということをそれぞれの前提とする。公益目的型の妥当性は，このうちの利益の公益性を強調するものの妥当性の検討において同時に明らかになろうし，人権否定型の妥当性も，既に見た伝統的な理解における「法律上の争訟」と司法権との密接な関連性（第1節第1款第1項）を前提とすれば，「法律上の争訟」性に関する上記理解の妥当性の検討において同時に明らかになろう。

　第3に，権限外在類型の諸論拠については，それらの射程に関する次の2点の理由から，自律尊重型・上級下級型・救済阻害型が独立の論拠として扱われるべきである。第1に，争訟制度型は上級下級型の一類型としてこれを位置付けることができる。争訟制度型において想定されている上級審・下級審の関係（争訟制度上，下級審は上級審の判断を争うことができないこと）は，通常の行政組織における上級庁・下級庁の関係（ヒエラルヒー体制の維持の必要上，下級庁は上級庁の指揮・命令に服すべきであることが予定されていること）に類似しており，「上下関係」を理由とする限りにおいて両者は軌を一にする[207]。そこで，争訟制度型は上級下級型に代表させ得る。第2に，争訟制度型と救済阻害型は，

---

207)　曽和・前掲注31）218頁も，本書の言うところの争訟制度型を上級下級型の一類型として位置付けている。

いずれも一定の争訟制度を予定している点において射程に大なる重なりが認められるが，両者の射程には異なる点もある。たとえば選挙訴訟（公選法203条以下）については，「原告は，住民ないしは選挙民たる資格において訴訟を遂行するのであって，自己の個人的な権利利益を主張するわけではない」[208]とされることから明らかなように，私人の権利救済を目的とする制度ではなく，それゆえ救済阻害型はその適用の前提を欠くのに対し，争訟制度型はこの場合にもなお妥当し得る。したがって争訟制度型（及びそれを含む上級下級型）と救済阻害型の区別は維持されるべきである。これらに対し，自律尊重型は，他の論拠と射程に関して重なり合う部分もあるものの，独立した検討を排斥するのに十分なほどの包含関係にはない。

　　(c)　こうして，機関争訟の「法律上の争訟」性を否定するための独立した論拠として検討に値するのは，権限内在類型の1つ（権利権限型）及び権限外在類型の3つ（自律尊重型・上級下級型・救済阻害型）の計4つに限定されることになる。

　(3)　それぞれの論拠は「法律上の争訟」性との関係において様々な関係に立ち，そうした「法律上の争訟」性との関係の相違は各論拠を否定するためにあり得るアプローチの相違を帰結する。

　　(a)　まず，一口に機関争訟の「法律上の争訟」性を否定する論拠と言っても，それぞれの論拠の「法律上の争訟」性との関係は一様ではない。すなわち，権利権限型は「法律上の争訟」性の2要件のうち「具体的事件性」を否定するものであるのに対し，権限外在類型の3つは「法律上の争訟」性の2要件の充足の有無とは関わらず他の制度上の要請により「法律上の争訟」性を否定するものである。機関争訟の「法律上の争訟」性は，これら次元を異にする論拠が明確に区別されることなく，絡み合った形で否定されてきたのである。

　　(b)　このような「法律上の争訟」性との関係の相違は，各論拠を否定するためにあり得るアプローチの相違もまた意味する。

　第1に，権利権限型は，機関ないしその権限の法的性質についての一定の組織法上の理解を前提にするものであると同時に，「法律上の争訟」に関する一定の訴訟法上の理解もまた前提にするものである。したがって，権利権限型を

---

208)　塩野・行政法II 266-267頁。

否定するには，このうちのいずれかの理解の妥当性を否定すればよい。すなわち，権利権限型の否定のためには，機関は私人と如何なる意味において異なるのか，権限に権利性は認められ得ないのか否かという機関ないし権限の法的性質に着目した議論（組織法アプローチ）と並んで，「法律上の争訟」性は私権保護目的に限られるのか否かという「法律上の争訟」に関する一般論（訴訟法アプローチ）もまた問題とし得る。

　第2に，これらに対し権限外在類型の各論拠の妥当性については，「法律上の争訟」性を外在的に制約するそれぞれの制度上の要請の有無ないし強度が問題となるのみであって，機関やその権限の法的性質論及び「法律上の争訟」や司法権の一般論とは独立してこれを議論することができる。上記に言う意味における組織法アプローチ・訴訟法アプローチのいずれによっても「法律上の争訟」性が否定されない場合に，それでもなおその他の制度上の要請からして「法律上の争訟」性が否定されるべきであるのか否かがここでの問題なのである。なお，それぞれにおいて問題となる争訟がそもそも「法律上の争訟」でない場合には，これらの論拠はその「法律上の争訟」性を否定するためには（外在的に制約されるべき対象がそこにはないのであるから）そもそも不要であることになる。この場合にはそれぞれの論拠は出訴資格を否定する追加的な論拠に留まることになるが，しかしこのことはこれらの論拠の妥当性を左右するものではない。

第2款　問題の構造

　機関訴訟の原則的否定は，権利権限型及び架橋理論の組み合わせによる。これらの妥当性が否定されれば，機関訴訟は原則として否定されるとは言えなくなるはずである。そこで，機関争訟の「法律上の争訟」性を検討するに当たっては，まずもって権利権限型及び架橋理論の妥当性が検討されるべきであろう。

　(1)　典型・非典型を含めて機関争訟の原則的否定が肯定されるためには，権利権限型及び架橋理論の双方の妥当性が前提となる。

　機関訴訟の原則的否定の論拠は，権利権限型と架橋理論に拠る。権利権限型は機関の権限に関する紛争であれば原則としてその射程に含むものであり，典型的機関争訟と非典型的機関争訟を架橋する理論（「国の事務」論・「国の目的」

論・「固有の資格」論）はこうした権利権限型を非典型的機関争訟にも応用する。したがって，権利権限型が「法律上の争訟」性を否定する論拠として成り立つものであるならば典型的機関争訟についてその「法律上の争訟」性が原則として否定され，さらに架橋理論が成り立つならば非典型機関争訟についてもその「法律上の争訟」が原則として否定されることになるはずである。

　仮に権利権限型及び架橋理論が正当なものであるとすると，それぞれの制度的要請を理由として「法律上の争訟」を外在的に制約する権限外在類型（自律尊重型・上級下級型・救済阻害型）の各論拠は，それらなくして権利権限型及び架橋理論によって既に「法律上の争訟」性が否定されているところに，それぞれの制度的要請が妥当する場合に，しかもその限りにおいてのみ「法律上の争訟」性を重ねて否定するための追加的な論拠に留まることになる。

　(2)　しかし，権利権限型及び架橋理論の妥当性は疑わしく，仮に権利権限型ないし架橋理論が成り立たないなら，典型・非典型を問わず機関訴訟は原則として否定されるとはもはや言えなくなるはずである。

　権利権限型の一般的な妥当性に疑問が付されていること（山本隆司・門脇雄貴），「法律上の争訟」を私権保護目的の意味における主観争訟を超えて拡張する試みが存在すること（塩野宏・山本隆司）は既に見た通りである。架橋理論についても，これに反対する有力な学説の流れ（美濃部達吉・塩野宏）が存在するのみならず，そもそも架橋理論を積極的に唱えているとされる論者においても「1 つの問題提起」（田中二郎）ないし「補助線」（藤田宙靖）として控えめに主張されているに過ぎないことに注意を要する。

　仮に少なくとも一定の範囲において権利権限型（及び架橋理論）によっては機関争訟の「法律上の争訟」性が否定され得ないとすると，問われるべきであるのは，①それは如何なる範囲であるのか，②或る具体的な場合が当該範囲に含まれるとして，その場合に「法律上の争訟」性を否定する特別の論拠（自律尊重型・上級下級型・救済阻害型）があるか否かであることになる。

　(3)　権利権限型及び架橋理論の妥当性を検討するためには，国家法人説に遡らなければならない。権利権限型にしても架橋理論にしても，国家法人説をその理論的な基礎にしているからである。

　(a)　国家の行政機関について言えば，それは国家の機関に過ぎず，したがってその権限も機関自身の利益ないし目的のためではなく国家の利益ないし

目的のために行使されることになると言われるとき，その前提には国家が法人であること，すなわち国家法人説がある。国家とは別に法人格が与えられた行政主体についても，なお国家の分肢としての地位を（その基準が「国の事務」・「国の目的」・「固有の資格」のいずれであれ）失わないとされるときには，これらを含む一体としての国家法人が想定されていよう。ここでは，これら行政主体の有する法的力も国家の利益ないし目的のために行使されるものであり，その限りで行政機関と性質を同じくすることになる。

(b)　これは，「国家は法人である」ということから概念的に演繹された1つの帰結である。しかし，門脇雄貴が示したように，「国家は法人である」ということからその機関が自己に固有の利益ないし目的のために自身に法律によって与えられた法的力を行使し得なくなることが，国家法人説の論者において必ずしも想定されていたわけではない。

ここから，権利権限型及び架橋理論の妥当性の検討に当たって考察されるべきいくつかの問いが浮上する。①「国家は法人である」ということは如何なる意味においてそうなのであり，それは機関の地位に如何なる帰結をもたらすのであろうか。国家以外の行政主体に与えられた法人格は，如何なる性質を持つものなのであろうか。②仮に機関ないし行政主体が固有の利益ないし目的のために自身に委ねられた法的力を行使する可能性があるとして，それは如何なる場合に，如何なる利益に基づくのであろうか。あるいは，③機関ないし行政主体が固有の利益ないし目的のために自身に委ねられた法的力を行使する可能性がないとしても，そのことから直ちに「法律上の争訟」性の否定が導かれるのであろうか。彼らないし彼らの有する法的力の法的性質は，私権保護とは異なる目的を根拠として「法律上の争訟」性を基礎付け得ないのであろうか。

第3款　国家法人説とその現状

このような疑問に答えるためには，「国家は法人である」ことの意味を再び問い直さなければならない。もっとも，その作業は以下の2つの理由からして容易ではない。第1に，国家法人説の意味内容が多様であること，第2に，戦後の我が国においては国家法人説に関して一見して相反する二様の評価が存在するにも拘らず，その理論的検討が不十分であることである。

(1)　1つ目の問題は，一口に「国家は法人である」と言ってもその意味内容は実は様々であり得るし，現に国家法人説の故郷であるドイツ公法学においてもいくつものヴァリエーションが歴史上存在したということである。すなわち，「この［国家は法人であるということの］確認の内実は，一義的であると言うには程遠い」（メラース）[209]のである。これには，相互に密接に関連する次の3つの分析軸が差し当たり設定され得る。

　　(a)　第1に，国家法人格の政治的性格の有無（イデオロギー的性格を持つか政治的に中立か）に関する分析軸である。国家法人説が19世紀ドイツに成立した立憲君主制に適合的であったこと，それが君主主権と国民主権との歴史的な対抗の中で体制原理の選択を引き延ばす妥協的な機能を果たしたことは，我が国においても夙に指摘されている[210]。国家法人説の機能がこうしたイデオロギー性に尽きるものであるなら，国民主権原理の確立した現在の我が国においてはそれは不要であることになる。たとえば芦部信喜に曰く，国家法人説は「急激な民主化を好まない19世紀ドイツの立憲君主制に見合った理論」であり，我が国においても「明治憲法の下では天皇機関説に具体化され，憲法の神権主義的性格を緩和する役割を果たした」が，「国民主権の確立した日本国憲法の下では，もはやその理論的有用性をもたない」[211]。しかし，国家法人説からこうしたイデオロギー的色彩を取り払い，政治的に中立なものとして（たとえば純粋に法技術的な概念装置として）これを維持する途はなお残されているはずである。たとえば小林直樹に曰く，「歴史的イデオロギーとしての国家法人説の性格や役割とは別個に，法技術的に国家が法人として，権利主体となりうることは，今日でも，実定法上矛盾なくまた有効に成り立つといえよう」[212]。

　第2に，国家法人格の概念の位相（本質概念か技術概念か）に関する分析軸である。この点は，宮沢俊義が強調したところである。宮沢は，「国家法人説が，その有する実際政治的な効用とは別に，理論的に，成立しうるかどうかを見るには，まず，法人格の概念を吟味することが必要である」[213]として，法人格

---

209)　*Möllers, Christoph*, Staat als Argument, 2. Aufl., 2011, S. 152.

210)　たとえば，黒田覚『改訂日本憲法論（上）』（弘文堂，1941［第17版］）26-27頁，宮沢俊義『憲法（改訂5版）』（有斐閣，1973）2-3頁，芦部・前掲注130）41頁，杉原泰雄『憲法と国家論』（有斐閣，2006）20頁［初出1984］，赤坂正浩『立憲国家と憲法変遷』（信山社，2008）5頁［初出2007］。

211)　芦部・前掲注130）41頁。

212)　小林直樹『新版憲法講義（上）』（東京大学出版会，1980）32頁。

の概念を分析する。曰く，「法人格の概念は，2 種に区別される。一は，本質
概念であり，他は，技術概念である。本質概念としての法人格は，法概念とと
もに概念必然的に与えられた法人格の概念であり，技術概念としての法人格は，
歴史的・技術的に構成された法人格の概念である」[214]。もっとも，この両者の
区別は相対的であることに注意を要する。たとえば，現在において自然人に法
人格が与えられることには異論はなく，その限りで自然人の法人格は概念必然
的な本質概念であるとも言えるが，過去に全ての自然人に法人格が与えられて
いたわけではないことに着目すれば[215]，その限りで歴史的に形成されたもの
であり技術概念であるとも言える。

　第 3 に，国家の法人格の基体（社団か営造物か組織か）に関する分析軸である。
国家は法的には人格であるとしても，その人格が付与されるべき基体のレベル
において国家を如何に捉えるかについては種々の見解が存在した。「日本の憲
法学は，日本国家を無意識のうちに公法上の社団法人と理解してきた」（赤坂
正浩）[216] と言われることがあるが，前提とされる国家の基体の理解によって国
家法人説はかなりその様相を異にする点に注意を要する。

　(b)　このように「国家は法人である」ということの意味内容は以上の 3 つ
の分析軸に応じて様々であり得る。①それはイデオロギー的機能を有するのか，
それとも政治的に中立であるのか，②国家の法人格は概念必然的に与えられる
本質概念であるのか，歴史的・技術的に構成された技術概念に過ぎないのか，
③国家の法人格の基礎にあるものは，社団であるのか営造物であるのか，それ
とも組織であるのか。以上のうちに正当な国家法人格の概念として採用される
べきものが存在するのか否か，存在するとして，それが機関争訟の「法律上の
争訟」性を否定するものであるのか否かが問われなければならない。

　(2)　2 つ目の問題は，戦後の我が国においては国家法人説に関して一見して
相反する二様の評価が存在するにも拘らず，その理論的検討が不十分であると
いうことである。赤坂正浩によれば，「憲法教科書では，国家 3 要素説も，国

213)　宮沢・前掲注 210) 3 頁。

214)　宮沢・前掲注 210) 3-4 頁。

215)　Vgl. *Jellinek, Georg*, System der subjektiven öffentlichen Rechte, 2. Aufl., 1905, S. 28.

216)　赤坂・前掲注 210) 16 頁。これに対し，「国家法人説は，一種の国家財団法人説なのかもしれ
　　ない」と述べて，財団法人としての国家という異説を示唆するものとして，中里実「財政の再定義
　　——財政法の実体法化と経済学」フィナンシャル 113 号 2 頁以下（2013）9 頁。

家法人説も，日本国憲法の解釈という本題に入る前の，ほんの前置き程度の扱いしか受けていないと言っても過言ではない。教科書的記述のレベルだけでなく，専門的研究のレベルでも，国家法人説が日本国憲法下の憲法学でとりあげられることはほとんどなかった」[217]。

　(a)　この事実は次の2つの可能性を示している。第1に国家法人説が戦後の我が国においてもはや否定されたという事実であり，第2に当然のものとして受容されたという事実である。この一見して相反する2つの可能性は，しかし，戦後我が国の公法学において同居している。

　一方で，次のように述べられるとき，国家法人説が我が国において採用されていない（あるいはされるべきではない）という認識が示されている。すなわち，「イェリネクの説いた国家法人説は，法学的国家論として妥当かどうか，特に，国家の人格性を国家の本質概念として（法技術上の概念としてではなく）構成できるかどうか，多くの疑問がある」（芦部信喜）[218]，70年代の主権論争の当時，「国家主権説―国家法人説……を支持するものは事実上いなくなっていた」（石川健治）[219]，「国家法人説は，現在一般に人気がない。わが国の憲法学者は，これに論及することを好まない傾向にある」（橋本公亘）[220]。

　他方で，次のように述べられるとき，国家が法人であることは前提として受容されている，あるいはその認識が示されている。すなわち，「法技術的な意味における法人格性は，実定法もこれを当然の前提としているものと解される」（塩野宏）[221]，「日本国憲法下の憲法学の潜在意識的通説は，国家法人だと

217)　赤坂・前掲注210) 3頁。もっとも，戦後においても国家法人説を正面から扱う専門的研究がなかったわけではない。たとえば，柳瀬良幹『元首と機関』（有斐閣，1969），栗城寿夫「国家」芦部信喜ほか編『岩波講座 基本法学(2)』205頁以下（岩波書店，1983），渡辺良二「国家」杉原泰雄編『講座 憲法学の基礎(1)』1頁以下（勁草書房，1983），杉原・前掲注210) 2-89頁，時本義昭『国民主権と法人理論――カレ・ド・マルベールと国家法人説のかかわり』（成文堂，2011）。また，門脇・国家法人。

218)　芦部信喜『憲法学I 憲法総論』（有斐閣，1992）228頁。

219)　石川健治「憲法学における一者と多者」公法65号127頁以下（2003）132頁。もっとも，石川自身は国家法人説の現代的意義を否定していない。同134頁に曰く，「国家死滅論を除くほとんどすべての公法学説は，玄関から一旦は追い出したはずの国家法人説を，こっそり勝手口から迎え入れているはずである。何故，法学的国家論が国家法人説にならざるを得ないのか――とは問うのも愚かな話で，法学がもっている団体理論が，現在のところ民法学上の法人理論以外にないからにほかならない」。

220)　橋本公亘『日本国憲法（改訂版）』（有斐閣，1988）10頁。

言って大過ない」(赤坂正浩)[222]，国家法人論は「行政法学上暗黙のうちに前提とされている」(小林博志)[223]。あるいは，実定法にも国家が法人であることを示唆するものがいくつか存在する。たとえば，「国が債務を負担する」可能性を前提とする憲法 85 条，外国の法人格を前提とする民法 35 条，私人の財産であったものが「国庫に帰属する」ことを認める同 239 条 2 項や 959 条等が挙げられる[224]。

　こうした国家法人説に対する二様の評価を整合的に理解するためには，既に述べた国家法人格の位相の相違を想起する必要がある。すなわち，国家の法人格には本質概念としてのそれと技術概念としてのそれがあり得るところ，ここで否定されているのは前者のみであり，後者についてはむしろ前提とされているのである。

　(b)　このように本質概念としての国家法人格が否定されている原因としては，次の 3 点があり得る。

　第 1 に，既に上述の引用から明らかであるように，そのイデオロギー性が想定される。しかし，或る理論の生成が当時における何らかのイデオロギーに促されたものであっても，なお理論的に正当かつ有用であれば，当該理論はそれだけで排斥されるべきものではない。

　第 2 に，国家法人説が「主権論の真価が問われた……『八月革命』と戦後改革」(石川健治)[225]において役に立つものではなかったという点が挙げられる。国家法人説及びそれと結び付いた国家主権論はむしろ主権の所在を棚上げする点にこそ独自の意義を有していた[226]。ここで国家法人説及び国家主権論に替わって憲法制定権力説が「『八月革命』の法理論として，一気に通説化した」(同)[227]のである。

---

221)　塩野・特殊法人 4 頁。

222)　赤坂・前掲注 210) 16 頁。

223)　小林博志『行政組織と行政訴訟』(成文堂，2000) 138 頁 [初出 1982]。

224)　中里実「財政法と憲法・私法——財政の法的統制」フィナンシャル 103 号 154 頁以下 (2011) 167 頁は，これらの規定 (さらに国有財産法 20 条) を挙げて国家を私法人であるとする。より基礎的な考察として，同「財政法の私法的構成——民法 959 条と国庫の関係を素材として(上)(中)(下)」ジュリ 1400 号 152 頁以下，1401 号 108 頁以下，1403 号 169 頁以下 (2010)。

225)　石川・前掲注 219) 131 頁。

226)　黒田・前掲注 210) 96-97 頁，126-129 頁。

227)　石川・前掲注 219) 132 頁。

　第3に，国家法人説の否定という課題に戦後おそらく最も正面から取り組んだ杉原泰雄は，その論拠を同説の国民主権ないし民主主義との不適合に求める。曰く，「日本国憲法下で，『国家法人説』をとるならば……主権者たる国民は統治権の所有者（権利主体）ではなくなるから，統治機構の民主的運営は大きく阻害されることになる」，したがって「日本国憲法が国家法人説的な国家の概念をとっているとは，とうてい解されない」[228]。

　（c）　仮にこうした理解が正しければ，国家の法人格は自然人のそれとは異なり概念必然的に与えられるものではなく，技術的に与えられるものに過ぎないことになる。すなわち，実定法が明示ないし黙示に認める範囲において，その限りにおいてのみ，国家の法人格は認められる。この点を最も明示的かつ簡潔に述べるのは宮沢俊義である。曰く，本質概念としての法人格は「法規範の統一的複合体を意味する」に過ぎず，「そうした人格化は，法認識におけるひとつの思惟補助手段にすぎない」。「ある法社会が法人格をもつとは，その法社会を構成する法秩序が，完結的な統一体をなしていることを，省略的に，そして擬人的に表現したものにほかならない」。これに対し，「近代諸国の法では，個人主義的な権利の概念が前景にあらわれているので，権利の帰属点，すなわち，主体が問題とされる。そこで，権利（ことに，財産権）の主体となる能力としての法人という概念ができてくる。これが，技術概念としての法人格である」。「国家が技術的概念としての法人格をもつかどうかは，したがって，諸国の実定法によってのみ決定されうる。一般に国家がそれをもつかどうかを，理論的にきめることはできない」[229]。

　（3）　正当な国家法人格が技術概念に限られるのであれば，すなわち国家は実

---

228)　杉原・前掲注210) 34-35頁。また，既に村上義弘「抗告訴訟の対象ならびにその本質」田中二郎古稀『公法の理論（下Ⅱ）』2049頁以下（有斐閣，1977）が「公法関係も二法主体もしくは権利主体間の権利義務関係であるという考えこそ，特に日本国憲法の原理に照らして極めて問題である」（同2062頁）として国家法人説を排斥していた。曰く，「行政機関は多種多様であり，またかつ多種多様な権限を行使するが，その権限に関連して，その権限を有する機関の背後に行政主体もしくは公権力主体としての国家などを想定して，それらの権限の行使を国家もしくは公権力主体の行為なのだと関連づける必要はない。立憲民主制国家にあっては，それらの権限は憲法か法令もしくは条例に根拠を有しているだけで十分なのである。国家などという，正真正銘の民主制の立場からは正体不明の概念によって権威づけられ統合される必要は全くないのである。そしてひいては公法関係を国家もしくは公権力主体と国民の間の権利義務関係と観念する余地も必要も全くないのである」（同2062-2063頁）。
229)　宮沢・前掲注210) 4-5頁。

定法が明示ないし黙示に認める範囲において技術的に権利義務の帰属主体であるとされるに留まるのであれば，国家の法人格から機関の法人格ないし権利主体性が直ちには否定されるとは限らず，したがって機関争訟の「法律上の争訟性」の原則的否定が導かれるとは考え難い。そうすると，「法律上の争訟」性の判断のためには，その肯定のために権利権限型が前提とする如く権利が必要であるのか否か，必要であるとして権利の要素に個別的利益が含まれるのか否か，含まれるとして機関の権限に本当に個別的利益性が認められ得ないのか否か，そこで言う個別的利益とは私権保護目的のものに限られるのか否か等の問題が，国家の法人格なる抽象的な概念から離れてより事物に即して検討されなければならないはずである。

　仮にそのような検討を経ることなく機関争訟の「法律上の争訟」性が否定されているとすれば，それは，拒絶されているはずの国家法人格の本質概念から，言い換えれば実定法に先行する何らかの国家の概念的把握から，演繹的に帰結が導かれている可能性を示唆する。それでは，国家の本質概念は本当に拒絶されるべきであるのか，拒絶されるべきでないとしてもそこから本当に機関争訟の「法律上の争訟」性の原則的否定が導かれるのか。これらの点が問われなければならないが，国家法人説の理論的検討の乏しい我が国の現状においては[230]，この点を判断するには資料が乏しい。

　以上からすると，機関争訟の「法律上の争訟」性，特に権利権限型及び架橋理論の妥当性を検討するという課題を十全に達成するためには，国家法人説の故郷であるドイツ公法学を訪ね，国家の法人格が如何なる意味内容を有し，そのことが機関争訟の「法律上の争訟」性に如何なる影響を及ぼすのか，我が国と同じく国家法人説の強い影響を受けてきた彼の地において機関争訟論がどのように展開されているのかを確認・検討しなければならないことになろう[231]。

---

230)　時本・前掲注217)9頁は，こうした我が国の現状を，「国家法人説について，現在の憲法学界はいわば思考停止に陥っている」として批判する。

231)　石川健治「『法律上の争訟』と機関訴訟——那覇市情報公開条例事件を素材に」法教376号87頁以下（2012）92頁は，「国—地方関係を本格的に『法律上の争訟』と捉えるためには……国家の法学的考察について代替的な枠組を呈示しない限り，その場しのぎの解決の域を，決して抜けることができない」とする。

第 4 款　次章以降の方針

　以上を受けて，次章以降の方針は次のようにまとめられる。

　第 1 に，国家の法人格の意味内容をドイツ公法学における議論を素材にして明らかにしなければならない。上記のように正当な国家法人格が技術概念に限られるのであれば，国家が法人であるということのみから直ちに機関訴訟を否定することは許されないはずである。この場合，機関訴訟の許容性の判断は，そうした概念操作から離れて，適法な行政訴訟の範囲を定める訴訟法上の規定及びそれぞれの機関の権限を付与する具体的な規定の解釈に求められるべきであることになろう（第 2 章）。

　第 2 に，機関訴訟の許容性をこれら実定法の解釈によって判断するという課題を検討するに当たっては，我が国と同じく国家法人説の強い影響下にあり，かつその過度の影響から脱しつつあるドイツの議論がやはり参照されるべきである。ドイツにおいては，この問題は，行政裁判所法の解釈として，すなわち同法が行政訴訟の前提としていると解されるところの権利と機関の権限との同異の問題として論じられることが多い。そこでは，機関の権限に利益性が認められるのか否か，あるいはそもそも権利概念の要素には利益が含まれるのか否かが問題とされる（第 3 章）。

　第 3 に，こうした問題を十全に検討するためには，門脇雄貴の強調する如く（第 3 節第 3 款第 2 項），利益概念自体の分析もまた試みられなければならない。分析の結果として権利概念における「利益」の要素が相対化可能なものであることが判明すれば，利益概念を決定的な要素としない新たな権利概念の構成が探究され得ることになろう。ここで参考に値するのは，特にヨーロッパ法の影響の下に生じた権利概念の拡張圧力を受けて，それに権利概念の機能的把握によって応じようとする近年のドイツ行政法学の動向である[232]。このようなドイツ公法学の分析の成果から，我が国の機関争訟論についても一定の示唆が得られよう。こうして，本書が課題とした機関争訟の「法律上の争訟」性について，少なくともその解決のための方向性が示されるはずである（終章）。

---

232)　山本・消費者利益 225 頁参照。

第2章 国家法人説の再検討

　本章は，国家の法人格の意味内容をドイツ公法学における議論を素材として検討し，それが機関訴訟の原則的否定を導き得るものであるか否かを明らかにすることを目的とする。

　以下では，まず検討の視座を整理し（第1節），国家法人説の祖とされることの多いアルブレヒトの見解を確認した上で，機関訴訟の原則的否定を導くという意味において典型的な G・イェリネック及びアンシュッツの見解を紹介・検討する（第2節）。続いて，国家法人説をさらに展開させた H・J・ヴォルフ（第3節），国家の法人格を相対化するトーマ，フリーゼンハーン，ルップ（第4節），国家の法人格を否定しているかに見える O・マイヤー，ベッケンフェルデ，メラース（第5節）の見解をそれぞれ紹介・検討する。こうした紹介・検討の結果，国家法人説から機関訴訟の原則的否定は導かれ得ないことが明らかになるとともに，あるべき国家の法的把握が抽出されることで機関争訟論に関する一定の指針もまた導かれる（第6節）。

第1節　問題の整理

　本節は，機関訴訟否定論の原像を示した上で，そこから検討の視座を導き，本章の構成を示すことを目的とする。

　機関訴訟否定論の是非を判断するためには，機関訴訟否定論の原像たる「不浸透性ドグマ」及びその理論的前提たる国家法人説の意味内容及びその妥当性を，本質概念と技術概念との区別を念頭に検討しなければならない。本章は，この点をドイツ公法学における学説を素材として検討するものである。

第1款　機関訴訟否定論の原像

　機関訴訟否定論の原像は，国家法人説それ自体というよりも，むしろ同説に付随しがちであるいわゆる「不浸透性ドグマ」にある。当該ドグマについてはその歴史的・政治的性格がよく指摘されるところであるが，そうした性格とは別に，その理論的妥当性については別途問題にされなければならない。

　(1)　機関訴訟否定論の原像は，ベートゲの「不浸透性トラウマ」(Impermeabilitätstrauma)[1] という言葉にも表れているように，一般にラーバント及びG・イェリネックによって提唱されたと言われるところの，国家のいわゆる「不浸透性ドグマ」(Impermeabilitätsdogma)[2] にある[3]。法が法人格間の関係を規律するものであり，かつ法の機能がその点に限られるならば，国家法人説によって国家に法人格が認められると，国家の内部はそもそも法の支配する領域ではないことになってしまう[4]。この点を，当のラーバントは次のように述べている。曰く，「法は，個々の主体相互の権能及び義務の間の境界画定において存する。法は，その本質によれば，互いに衝突し得るところの複数の意思主体を前提とする。……誰も自分自身に対しては法的請求権ないし法的義務を持ち得ないし，自分自身に対しては権利侵害を行い得ない。命令・禁止・許可に

---

1)　*Bethge, Herbert,* Grundfragen innerorganisationsrechtlichen Rechtsschutzes: Einige Bemerkungen zu aktuellen Kontroversen über den dogmatischen Standort des verwaltungsrechtlichen Organstreits, in: DVBl. 1980, S. 309ff., S. 311.

2)　不浸透性ドグマについては以下に詳しい。*Rupp, Hans Heinrich,* Grundfragen der heutigen Verwaltungsrechtslehre: Verwaltungsnorm und Verwaltungsrechtsverhältnis, 2. Aufl., 1991, S. 19ff.; *Möllers, Christoph,* Staat als Argument, 2. Aufl., 2011, S. 18f., S. 25f., S. 154ff. ルップによれば，「当時の見解が国民と国家との法関係に焦点を合わせ，機関担当者ないし機関の法関係を疎かにしていたことは，とりわけ，並外れた影響力を持ったパウル・ラーバント及びゲオルグ・イェリネックの法人たる国家のいわゆる『不浸透性』の理論に基づく。すなわち，それは，国家とその機関及び機関担当者との全ての関係を人格内部のものとして法から排除し，それに伴って立てられた問題を狭小化し許されない方法で単純化した理論である」(*Rupp,* a.a.O., S. 19)。

3)　ラーバント及びイェリネックの見解は後の論者によって「不浸透性理論」ないし「不浸透性ドグマ」と呼ばれることが多いが，彼ら自身が国家について「不浸透」(impermeabel)という言葉を用いて表現した箇所は見つからない。彼らの見解を指して「不浸透」なる言葉を用いた最初の例は定かではないが，1952年の段階のものとして，*Krüger, Herbert,* Rechtsverordnung und Verwaltungsanweisung, in: Festschrift für Rudolf Smend, 1952, S. 211ff., S. 216がある。

4)　*Krüger,* a.a.O.（Anm. 3), S. 214.

よって或る主体の意思領域が他者の意思領域に対して限界付けられる限りにおいてのみ，そして，請求権・義務付け・侵害ないし反抗に対する保護が他者に対して根拠付けられている限りにおいてのみ，法秩序は活動するのである。このことは，国家が法秩序の創造者それ自体としてではなく，法秩序の内部において行為し活動する人格として現れる限りにおいて，国家にも妥当する。……行政する国家（行政）の意思領域が法によって承認された他者の意思領域と接触する場合にのみ，すなわち相互の侵害・衝突・調整が可能である場合にのみ，法規のための余地があり得る。それに対して，行政自身の内部に留まる規律，すなわち，如何なる方向においても行政の外部に立つ主体に制限を課さず，あるいは権能を付与しない，すなわち彼に何も保障せず彼から何も奪わず，彼に何も命じず何も禁止しないところの規律は，法規定ではないのである」[5]。

　こうした不浸透性ドグマは，後に詳しく見るように（第 2 節第 2 款及び第 3 款），若干の変容を伴ってイェリネック及びアンシュッツに継承された[6]。

　(2)　後述するように不浸透性ドグマがラーバント自身によってどこまで貫かれているかも 1 つの問題であるが，特に当該ドグマについて指摘されるのはその政治的・歴史的性格である。すなわち，「内部法がますます色褪せ，最終的にその法的性格を奪われたことは，政治的にのみこれを理解することができる。もっとも，人はこうした単に政治的な主張では満足せず……国家の法人格の『不浸透性』の理論によってこの帰結を基礎付けようとしたのである」（ルップ）[7][8]。

---

5)　*Laband, Paul*, Das Staatsrecht des Deutschen Reiches, 5. Aufl., Band 2, 1911, S. 181. この点に関するラーバントの見解の紹介として，間田穣「ドイツにおける伝統的行政組織権理論の確立」名法 60 号 52 頁以下（1973）92–93 頁参照。

6)　*Rupp*, a.a.O.（Anm. 2），S. 19.

7)　*Rupp*, a.a.O.（Anm. 2），S. 26.

8)　イェリネック自身も，「法＝法規＝（実質的）法律という等置」（平岡久「ボン基本法下における行政規則に関する学説(1)」阪法 99 号 103 頁以下（1976）111 頁）の下に不浸透性ドグマと密接に結び付いた形式的法律と実質的法律との区別の政治的目的を次のように認めている。曰く，「形式的法律と実質的法律とを区別することの最も顕著な意義は，当該区別のみが立憲主義国法の最も困難な問題，すなわち政府の命令・処分権から立憲主義的な立法を限界付けるという問題の解決への途を指し示すことにある」（*Jellinek, Georg*, Gesetz und Verordnung: Staatsrechtliche Untersuchungen auf rechtsgeschichtlicher und rechtsvergleichender Grundlage, 1887, S. 254）。
　　こうした不浸透性ドグマ及び形式的法律と実質的法律との二元論の政治的性格に関するドイツにおける議論の素描として，稲葉馨『行政組織の法理論』（弘文堂，1994）190–194 頁［初出 1981］

　しかし，「たとえ1つの法理論，法制度が，一定の歴史的事情によって成立したものであるとしても，単にそれだけからこの法理論，法制度はもはや有用性をもたないということにはならない」(堀内健志)[9]。或る理論の成立が政治的・歴史的事情によって促されたのであるとしても，理論的に正当・有用であれば当該理論を排斥すべきであることにはならない。ラーバントの二重法律概念学説についても，「プロイセン憲法などの条文解釈として，むろんそれは同時に当時の諸ラントの憲法典にも妥当する理論として主張はされて，体系的に持ち出されるものであった」(堀内健志)[10]と言われるところである。

　(3)　不浸透性ドグマの説くように，法が法人格間の外部関係のみを規律するものであり，国家に法人格が認められるのであれば，国家の内部はそもそも法の支配する領域ではないことになりそうである(国家内部の法領域性の否定)。この場合，実定法の具体的な検討を経るまでもなく，機関訴訟は概念必然的に原則として否定されかねない。さらには，こうした不浸透性ドグマから，国家の機関には法人格が認められないこと(機関の法人格の否定)，機関の権限は権利ではあり得ないこと(権限の権利性の否定)が導かれ得るようにも見える[11]。この場合にも，訴訟の提起のために法人格ないし権利の存在を要求する場合には，機関訴訟は概念必然的に原則として否定されることになる。もちろん，訴訟の提起のために法人格ないし権利が必要であるか否かは，具体的な訴訟制度の理解としてこれをなお問題とし得る。もっとも，これに原則として肯定で以て答えるのが(少なくとも従来の)大勢の理解であることは間違いない。

　これらの命題は単純な論理的先後関係にあるわけではなく，また，次節以降に見るように各論者によって力点の置かれるポイントは様々である。しかし，

がある。我が国においても，次のように夙に指摘されていた。たとえば，「二重法律概念学説は，その論者らの主張にかかわらず，当時の立憲君主政における権限論争の覇を得んがため主張されたところの1つの合理的公式」であり，「実質的法律概念は法哲学の方からは導かれえず，特殊な非常に時間制約的なもの」である(堀内健志『ドイツ「法律」概念の研究序説』(多賀出版，1984)44頁[初出1969])，「従来の伝統的学説における法規概念は法理論的概念ではなく歴史的時代的被制約性を有する概念であるとする見解が，立憲君主制終末期において出現し，ヴァイマル憲法下において一般的になった」，「伝統的法規概念の政治的機能の存在の前提は，君主制の崩壊とともに消失している」(平岡・前掲112頁，186頁)。なお，「二重法律概念学説」と"国家と社会"の二元的構造」及び君主政原理との結び付きについては，堀内・同110-123頁[初出1970]参照。

9)　堀内・前掲注8) 108頁[初出1970]。
10)　堀内・前掲注8) 116頁[初出1970]。
11)　堀内・前掲注8) 62頁[初出1969]。

不浸透性ドグマを中核として，これらの命題がいわば綯交ぜとなって機関訴訟否定論の原像を形成してきたとは言えよう。

第 2 款　検討の視座

　本章は，第 1 款に示された機関訴訟否定論の原像を念頭に置き，不浸透性ドグマ及びその理論的前提たる国家法人説の意味内容及びその妥当性を，ドイツ公法学における学説を素材として，本質概念と技術概念との区別を念頭に検討しようとするものである。

　(1)　本章は，機関訴訟否定論の妥当性を検証するために，ドイツ公法学の学説を紹介・検討するという手法を採る。機関訴訟否定論の原像を成す不浸透性ドグマ及びその理論的前提たる国家法人説は，他ならぬドイツ公法学においてその形成・変容を見たからである。もっとも，関連する学説を全て取り上げるのは困難であるため，本章は第 3 款に挙げる 10 名の論者を紹介・検討するに留まる。

　その際，第 1 款に述べたことからして，機関訴訟の原則的否定論を検討するためには，次のような問いが検討されなければならない。すなわち，各論者において，①法の規律対象は法人格間の外部関係のみであるのか，それとも内部関係も含むものであるのか，②法人格は国家には認められ機関には認められ得ないのか，そこで言う「法人格」とは如何なる意味におけるものであるのか，③機関の権限は権利ではあり得ないのか，そこで言う「権利」とは如何なる意味におけるものであるのか。これらは，各論者において不浸透性ドグマは実は徹底されておらず，したがって彼らの学説からしても機関訴訟の原則的否定は導かれ得ないのではないかという問題意識に基づく。

　上述したラーバントにおいても，当該ドグマは必ずしも貫かれていないように思われる叙述が存在する。ここでは一例を挙げるに留めるが[12]，当該ドグマを貫徹するのであれば法人たる国家内部を規律する国家組織法は「法」ではないはずであるところ，ラーバントは「全ての法人は法の形成物であるから，

---

12)　詳細は，*Roth, Wolfgang*, Verwaltungsrechtliche Organstreitigkeiten: Das subjektive Recht im innerorganisatorischen Verwaltungsrechtskreis und seine verwaltungsgerichtliche Geltendmachung, 2001, S. 178-209 を参照されたい。

その組織もまた法秩序によって規定され規律されるし，その機関が創設され有効であることは法規に基づくものである」[13]と述べて国家組織法が「法」であることを特段の論証なく肯定する。「こうした論拠は，ラーバントの法概念（法主体間の意思領域の境界設定としての法）及びそれに対応する『不浸透な』国家のドグマの前では，ほとんど説得的ではあり得なかった」（シェーンベルガー）[14]のである。

　(2)　また，各論者における国家法人説の有し得る帰結を測定するためには，本質概念と技術概念との区別が重要な視座を提供する。

　第1章第1節第2款で触れた「制度上・技術上の問題」と「理論上の問題」との区別に則して言えば，機関訴訟が否定されるべきであるか否かという問題は「制度上・技術上の問題」に位置付けられるところ，このように「制度上・技術上の問題」として一定の法的拘束力を有する具体的な帰結をもたらすものである以上，国家法人格ないし不浸透性ドグマは法的な規範に関連付けられることによって正統化される必要があるはずである[15]。仮に各論者における国家法人格が理論上の概念に留まり，そこから規範的帰結を導けるものではないのなら，その内容はともあれ，当然機関訴訟の原則的否定もまた導かれ得ない。この場合にそれにも拘らず国家が法人であるということから直ちに機関訴訟の原則的否定を導くことは，規範的正統性の欠缺を抽象的概念の操作によって覆い隠すことになりかねない。それは許されない概念の実体化である虞がある。

---

13)　*Laband*, a.a.O.（Anm. 5）, S. 184.

14)　*Schönberger, Christoph*, Das Parlament im Anstaltsstaat: Zur Theorie parlamentarischer Repräsentation in der Staatsrechtslehre des Keiserreichs（1871–1918）, 1997, S. 236.

15)　*Möllers*, a.a.O.（Anm. 2）, S. 133 は，「国家理論上のモデルが国法上の根拠付けの連関において見出される場合，当該モデルは何らかの固有の規範的な正統化（normative Rechtfertigung），すなわち規範への関連付けを必要とする。国家理論的に突き止められた現実性を単に指摘するだけでは，方法論的な理由からして不十分である」とする。本書においては，それ自体としては法的拘束力を持たないはずの純粋に理論的な概念が，何らかの固有の法的な規範に関連付けられることによって法的拘束力を付与されることを，単に「規範的正統化」とも呼ぶ。
　なお，本書は，「正当化」と「正統化」の両概念について，前者は内容の合理性によって「正しさ」を付与するものであり，後者は（内容を問わず）何らかの権威によって「正しさ」を付与するものであるという一応の区別をしている。また，前者によって付与された「正しさ」を「正当性」，後者によって付与された「正しさ」を「正統性」としている。たとえば，法律という形式の権威によって「正しさ」を付与する場合は「正統化」の範疇に含まれる。もっとも，両者は截然と区別され得るものではなく，本書もこの区別を積極的に提唱しようとする意図を含むものではない。

　このようにして必要とされる規範的正統化の手段としては，まずもって実定法が挙げられる。すなわち，実定法において何らかの意味における国家なるものが何らかの権利ないし義務の帰属主体であるとされている場合に，その意味における国家の法人格がその限りにおいて規範的に正統化されたものとして語られ得る。これは，第1章第4節第3款で見た宮沢俊義の分類によれば，技術概念としての国家法人格である。ここでは，実定法に具体的に規定された内容からして機関訴訟の原則的否定が本当に導かれ得るものであるのか否かが問題となる。

　他方で，概念必然的・論理必然的な所与として観念される場合には，規範に関連付けることによる正統化はそもそも不要である。たとえば，生物学的に見れば細胞に分解され得る人間は，そうであるにも拘らず法的にはそれ以上分解不能な単位として観念され，人間であることを以て直ちに法人格を承認される。これは，宮沢の言う本質概念としての法人格である。もっとも，本質概念と技術概念との区別は常に相対的であり，このことは人間の法人格についても当てはまる。その意味で，両者の区別が究極的には程度の問題であることは否定し得ない。したがって，厳密に言えば，この場合には，国家法人格もこうした人間の法人格と少なくとも同程度の必然性を以て承認され得るものであるのか否かが問題となる。

　(3)　以上からすれば，本章の目的は次のように言うことができる。すなわち，機関訴訟の原則的否定を導くかに見える不浸透性ドグマ及びその理論的前提たる国家法人説の意味内容及びその妥当性を，以下に挙げる10名の論者の学説を素材として，本質概念と技術概念との区別を念頭に検討すること，である。

第3款　本章の構成

　第2款に示された目的を達成するために，本章は次のような構成を採る。

　まず，一般に国家法人説の祖とされることの多いアルブレヒトの見解を確認した上で，機関訴訟の原則的否定を導くという意味において典型的な国家の法人格の理解をG・イェリネック及びアンシュッツの議論から抽出する。上述のように不浸透性ドグマの論者としてはラーバントも挙げられるところではあるが，ラーバントの所説及びそこにおいて当該ドグマが必ずしも貫徹されていな

いように思われる点の検討については既に本節で指摘した範囲に留め，以下では以降のドイツ及び我が国の公法学にもたらした影響の甚大性[16] に鑑みてイェリネックを，「いわゆるラーバント＝イエリネク学派の後継者（Nachfolger）として，明確で独自の構成をもって登場した」（堀内健志）[17] という評価に鑑みてアンシュッツを扱うことにする。検討の結果，そもそも彼らの国家法人説から機関訴訟の原則的否定を導き得るかは多分に疑わしいこと，その意味で不浸透性ドグマは虚像に過ぎないことが確認される（第 2 節）。

　続いて，国家法人説を理論的に突き詰めた 1 つの極として，H・J・ヴォルフの見解を紹介・検討し，或る方向に理論的に純化されようとした結果，国家法人説が如何なる変容を遂げたかを確認する。というのも，ここにそもそも虚像であった不浸透性ドグマを明示的に解体する 2 つのモメントを読み取ることができるからである。第 1 に，国家法人格の技術概念への純化であり，第 2 に，機関の法主体性・法人格の承認である。そこで，これら 2 つのモメントがその他の論者において，特にヴォルフによってこうした方向性が明確に示されて以降の論者においてどのように扱われているかを検証する必要性が生ずる（第 3 節）。

　このうち，機関の法主体性・法人格の承認を志向した論者として，ヴォルフに若干先立つトーマ，その後のフリーゼンハーン及びルップの見解を紹介・検討する。それによれば，何らかの意味における国家法人説を維持したとしても，法主体性ないし法人格の概念の相対性が承認される結果，機関の法主体性・法人格が承認され得ることが確認される（第 4 節）。他方で，国家法人格の技術概念への純化を志向した論者として，ヴォルフに先立つ O・マイヤー，その後のベッケンフェルデ及びメラースの見解を紹介・検討する。検討の結果，国家法人格は本質概念としては存立し得ず，しかし技術概念としては維持されるべきであることが確認される。このように，少なくとも以上に挙げた論者の見解を検討する限りにおいては，ヴォルフに見られた 2 つのモメントは，若干の批

16)　Vgl. *Möllers*, a.a.O.（Anm. 2），S. 9. その他にも，黒田覚『改訂日本憲法論（上）』（弘文堂，1941〔第 17 版〕）4 頁，栗城寿夫「国家」芦部信喜ほか編『岩波講座 基本法学(2)』205 頁以下（岩波書店，1983）205 頁，渡辺良二「国家」杉原泰雄編『講座 憲法学の基礎(1)』1 頁以下（勁草書房，1983）5 頁，時本義昭『国民主権と法人理論──カレ・ド・マルベールと国家法人説のかかわり』（成文堂，2011）121 頁，133 頁参照。

17)　堀内・前掲注 8）75 頁〔初出 1969〕。

判と変容を受けつつも基本的には受容されていると言ってよい（第5節）。

　以上のドイツ公法学における議論から，「国家が法人である」ということからは国家内部の法領域性の否定も機関の法人格の否定も導かれ得ず，また権限の権利性の否定についても少なくとも疑義が生ずることが明らかになる。こうして，実定法を離れて概念的に機関訴訟の原則的否定を導くことは慎まれるべきであって，機関訴訟の許容性は個々の実定法の解釈に拠るべきであることが確認される（第6節）[18]。

第2節　国家法人格と不浸透性ドグマ

　本節は，一般に国家法人説の祖とされることの多いアルブレヒトの見解を確認した上で，機関訴訟の原則的否定を導くという意味において典型的な国家の法人格の理解をG・イェリネック及びアンシュッツの議論から抽出し，彼らの所説から機関訴訟の原則的否定が本当に導かれ得るものであるのか否かを検証することを目的とする。

　その際，それぞれの論者の見解について，まずは内在的に理解した上で，その内容的射程を検証するとともに，それが論理的に筋の通ったものであるかどうかを検討するという手順を踏む。機関訴訟が原則的に否定されるとしたら，それは，当該見解がそれを内容的射程に含み，かつ，それが論理的一貫性を以て導かれている場合のみである[19]。

---

18)　なお，本章は，「現代の我が国において機関訴訟の原則的否定を導く際に各論者の理論が直ちにその根拠たり得るか」という視角に限定して検討を行う。したがって，本章は厳密な意味での学説史を研究しようとするものではない。各論者の理論を正当に評価するためには，各理論の背景にある社会状況・政治状況等をも踏まえた検討が必要となるが，本章はそれら背景にまで十分に踏み込むものではない。また，各論者についての紹介・検討の順序も，こうした視角に基づいて決定されたのであり，必ずしも時系列に沿っていない理由はその点にあることを注記しておく。

19)　旧稿は，本章において取り上げる論者の見解を内容的射程と規範的正統性の観点から検討するものであった。これに対し，本節は，規範的正統性に代わって論理的一貫性という観点を採用した。その理由は，①旧稿においても検討されているのは実質的には論理的一貫性であったこと，②それぞれの見解の規範的正統性の有無は当該見解の唱えられた時代・場所に依存しているため，「現代の我が国において機関訴訟の原則的否定を導く際に各論者の理論が直ちにその根拠たり得るか」という本章の視角からは，その有無とは別に現代の我が国における規範的正統性の有無を別途検討しなければならないこと，主に以上2点にある。こうした観点の変化に伴い，各論者（特にアルブレ

第 1 款　アルブレヒト[20]

アルブレヒト（Albrecht, Wilhelm Eduard）は，その「マウレンブレッヒャー『ドイツ現代国法の諸原則』に対する書評」（Rezension）と題する 1837 年の論文において，国家を法人とする理解を提唱した。もっとも，アルブレヒトの国家法人説は，同稿のタイトルにも表れているようにマウレンブレッヒャーの著書に対する書評という形で，しかもその一部において展開されているに過ぎない。しかし，一般に同稿を以て国家法人説が創始されたと言われることが多いことから[21]，本章も同稿の分析を出発点としたい。

アルブレヒトは，国家を営造物として捉えた上でそれに法人格を認める。しかし，アルブレヒトはそもそも不浸透性ドグマを採用するものではない上に，国家の法人格を認める論法には疑問が残る。むしろ，彼の所説の眼目は，公的生における法的権能と私的生における法的権能との峻別にあると言うべきであろう。

第 1 項　内在的理解——営造物＝法人としての国家

アルブレヒトは，マウレンブレッヒャーを批判する中で「国法学上はじめて独立の法人格としての営造物国家観を宣明する」（塩野宏）[22]。

(1)　アルブレヒトのマウレンブレッヒャーに対する批判の要点は，マウレンブレッヒャーがより旧い国法とより新しい国法との関係，なかんずく後者の意義を十分に理解していない点に求められる。

ヒト（第 1 款））の紹介・検討における順序・ニュアンスに若干の変化が生じている。もっとも，規範的正統性という観点は，本質概念と技術概念との区別という形で，本章においてなお重要な視座を提供している（第 1 節第 2 款(2)）。

20)　本款では，アルブレヒトの次の著作を主たる典拠とする（《　》内に以下本章で用いる略称を示す）。*Albrecht, Wilhelm Eduard*, Rezension über Maurenbrecher, Grundsätze des heutigen deutschen Staatsrechts, in: Göttingische gelehrte Anzeigen, 150. u. 151 Stück vom 21. September 1837, S. 1489ff.; 152 Stück vom 23. September 1837, S. 1508ff.《Rezension》.

21)　柳瀬良幹『元首と機関』（有斐閣，1969）56-57 頁［初出 1968］及びそこに挙げられている文献を参照。あるいは黒田・前掲注16) 20 頁に明示的に曰く，「アルブレヒトによって初めて国家人格の観念が，独逸の公法学界に於て成立したのである」。

22)　塩野宏『オットー・マイヤー行政法学の構造』（有斐閣，1962）89 頁。

　アルブレヒトによれば,「より旧い国法」は「徹底した, あるいは少なくと
も優勢的な私法的色彩」を有するのに対し,「より新しい国法」は「語の顕著
な意味において国法的色彩」を有する (Rezension, S. 1491)。ここで言うより旧
い国法の私法的な基本性格とはマウレンブレッヒャーもまた有する家産国家思
想的要素を意味し [23], より新しい国法的な基本性格とは君主及び国家が全体
利益に拘束されるという自由主義的要素を意味する。アルブレヒトは, 君主の
行為を単に彼の私的行為と見る家産国家思想に反し [24], (2)に述べるように公
的生・私的生の二分論を基盤として現代国法の自由主義的要素を強調するので
ある。

　しかし, アルブレヒトによればマウレンブレッヒャーはこの点を十分に理解
していない。曰く,「著者 [マウレンブレッヒャー] はより旧い国法とより新し
い国法の基本思想をその完全なる意義と多面的な適用において未だ習得してい
ないように思われる」のであって, それゆえ「多かれ少なかれ, より旧い法と
より新しい法の対決次第であったところでは, 両者の純粋に特徴的なるものを
示すより深い理解がなされておらず, より旧い法がなお現行法の部分として現
れるところでは, そのより新しい国法に対する支配の確かな限界付けがなされ
ていない」(Ebenda, S. 1500)。

　(2)　このようにして強調される現代国法の自由主義的要素を基礎として, 彼
は国家の法人格を導く。その際に示されるのは, 次のような論証である。

　第 1 に, アルブレヒトは, 国家が営造物として観念されることを述べる。曰
く,「我々は, 今日では (少なくともこれを圧倒的に支配的な見解であるとみなすこ
とができるのであるが), 国家をして, 万人であれ多数人であれ, あるいはまた
或る個人, 特に君主であれ, そのような者の個人的な目的及び利益のためだけ
に直接作り出された人間の結合としてではなく, 公共体 (Gemeinwesen) とし
て, すなわち, 個々人の上に立ち, 決して単なる支配者及び臣民の個人的利益
の総和ではなく, そこから初めて間接的に彼らに生業・助成・方向付けが与え
られるより高次の普遍的な全体利益を形成するところの, 諸目的にまずもって
奉仕する営造物 (Anstalt) として考える」(Ebenda, S. 1491f.) [25]。

---

23)　マウレンブレッヒャーの見解の簡単な紹介として, 黒田・前掲注 16) 17-18 頁。

24)　中村哲『国法学の史的研究』(日本評論社, 1949) 75-76 頁 [初出 1938]。

25)　*Jellinek, Georg,* Allgemeine Staatslehre, 3. Aufl. (hrsg. und ergänzt von Walter Jellinek), 1914,

　第2に，アルブレヒトは，個人の生を公的生の領域と私的生の領域に二分する。曰く，「それとともに，個人（支配者及び臣民）の生は2つの部分に分離する。一方は，そこにおいて彼が例の普遍なるもののために，国家の名において及び国家への奉仕において，すなわち国家の頭又は分肢（Haupt oder Glied）として，権利を有し義務を負う部分であり，他方は，そこにおいて彼が独立した個人として，自分自身のために権利を有し，あるいは他者のために義務を負う部分である」（Ebenda, S. 1492）。

　第3に，以上から，アルブレヒトは国家の法人格を導く。曰く，「それゆえ，我々は，第1の領域に関して個人にあらゆる独立した法人格（自分自身のために権能を与えられること）を否定することによって，必然的に，当該領域において支配し，行動し，権利を有するところの人格を国家自体に付与し，それゆえ国家を法人として考えるという帰結に至ることになる」（Ebenda, S. 1492）。

第2項　内容的射程——公的権能の全体利益拘束性

　アルブレヒトの所説は，次に述べることから，機関訴訟の原則的否定をその内容的射程に含むものではないと言うべきである。

　(1)　アルブレヒトにおいては，少なくとも同論文に関する限り，国家が法人であることから不浸透性ドグマに相当する内容を導く箇所は見られない上に，権限（Kompetenz）なる概念が用いられておらず，権利ないし権限の一般理論が示されることもない[26]。

　また，アルブレヒトはマウレンブレッヒャーに対する批判において特にラント議会制度（Rezension, S. 1500-1504）及び国家継承（Ebenda, S. 1504, S. 1508-1514）を検討するが，そこにおける彼の批判を基礎付けるためには，議会ないし君主が全体利益に拘束されていることさえ前提にすればよく，国家が法人で

　S. 159は，本文に引用した頁を指示の上，国家を公共体と考える説の筆頭にアルブレヒトを挙げている。もっとも，営造物的国家観に立つアルブレヒトの言う公共体は社団的国家観を採るイェリネックのそれとは異なるものである点に注意を要する。こうした両者の国家観の相違を強調するものとして，黒田・前掲注16）20-21頁，25頁。しかし，主に次款第2項(1)(c)に述べるイェリネックの「法学的国家概念の二重化」を理由として，両者の見解の相違は実はそれほど大きくないように思われる。

26)　このことを指摘するものとして，門脇雄貴「国家法人と機関人格(2)——機関訴訟論再構築のための覚書」都法49巻1号233頁以下（2008）238頁。

あることまでは必要でないように思われる。要するに，アルブレヒトは権利主体として国家を把握する見解として挙げられるのが通例であるが[27]，「彼自身は，オットー・マイヤーの強調するように，必ずしも法人でもある必要のない営造物について語っているに過ぎない」（H・J・ヴォルフ）[28]のである。

　(2)　そうすると，本論文におけるアルブレヒトの主張の眼目は，私的生において個人的利益のために行使される純粋な私権と，公的生において個人が国家のために有する権能とを峻別し，後者が全体利益に拘束されることを強調することにあり，かつ，それに限られるように思われる。

　もっとも，権利ないし権限という概念を用いるかどうかはともかく，或る法的権能が付与された目的を問い，それに応じて当該法的権能の行使を正当化する目的を限定すること自体は，理論的にはあり得るものである。彼においてこの区別が機関訴訟の可否に結び付けられて論じられている箇所は見当たらないものの，この区別が或る具体的な裁判制度において出訴の可否を決定付ける場合には，ここから機関訴訟の原則的否定が導かれ得ることになる。

第3項　論理的一貫性——政治的イデオロギー的性格

　アルブレヒトの国家法人説についてはその政治的イデオロギー的性格が指摘されるが，少なくとも彼の意図においては実証主義的な基礎付けが志向されている。しかし，それは必ずしも十分なものであるとは言えない。

　(1)　第1に，既に見たアルブレヒトにおける国家の法人格の導出過程（第1項(2)）は，決して明瞭なものではない。すなわち，アルブレヒトの言う如く法人格が「自分自身のために権能を与えられること」を意味するのであれば，国家の法人格を肯定するためには国家が国家自身のために権能を与えられていることが論証されなければならない。もっとも，①営造物たる国家は個々人の公的領域からなる公共体であり，したがって個々人の目的及び利益ではなく全体利益に奉仕すべきであること，②それとともに個人の生が全体のために権利を有し義務を負う公的生の領域と自分自身ないし他者のために権利を有し義務を負う私的生の領域に分離することから[29]，なぜ「必然的に」国家が国家自身

---

27)　Vgl. *Jellinek*, a.a.O.（Anm. 25），S. 169.

28)　*Wolff, Hans Julius*, Organschaft und juristische Person, Band 1: Juristische Person und Staatsperson, 1933, S. 429.

のために権能を与えられることになるのか不明である。確かに，アルブレヒト
の法人格の定義からすれば，個人が国家のために有する権利・義務のみを根拠
としては個人に法人格は認められない。しかし，そこからそれら個人の有する
権利・義務の主体を国家であるとすることには論理の飛躍があるように思われ
る。

　(2)　第 2 に，そこで前提とされている①及び②も，十分に基礎付けられてい
るとは言い難い。

　　(a)　アルブレヒトの国家法人説については，その政治的性格が指摘される
ことが多い。①及び②が単に彼の政治的信念の表明に留まるのであれば，その
妥当性にも疑問が生ずる。たとえば，黒田覚によれば，アルブレヒトの国家法
人説は「純粋に政治的イデオロギー的性質のもの」であり，「独逸に於ける絶
対君主主義的観念を排斥する目的で国家人格概念を主張」するものであった。
他方で，「この理論は同時に独逸の急激な民主主義化への防御をも意味してゐ
た」のであり，その意味で，「独逸の 19 世紀の後半期を特色づける君主主義と
民主主義との妥協の上に築かれた立憲主義への途を準備するものであった」[30]。

　　まず，黒田の言う「絶対君主主義的観念を排斥する目的」については[31]，
彼の置かれた政治的状況からこれを窺い知ることができる。すなわち，新国王
エルンスト・アウグストが前国王の下で 1833 年に制定された立憲主義的なハ
ノーヴァー憲法を一方的に破棄し，さらにこれに伴って官吏の憲法に対する宣
誓を解除したことに対し，アルブレヒトを含むゲッティンゲン大学教授の 7 名
が抗議文を提出したところ，これに国王は彼らの罷免で応じた（いわゆるゲッ
ティンゲン七教授事件）[32]。マウレンブレッヒャーの著書に対する書評たる本論

---

29)　アルブレヒトにおける①②の論理的先後関係については議論がある。柳瀬・前掲注 21) 59-60
　　頁［初出 1968］参照。
30)　黒田・前掲注 16) 26-27 頁。
31)　塩野・前掲注 22) 86 頁にも曰く，アルブレヒトの国家法人説について，「このテーゼから，ア
　　ルブレヒト自身及びその後のドイツ国法学が絶対的君主制に対する自由主義的立場からの 1 つの有
　　効な対抗理論を見出したことは，ドイツ国法学上あまりにも著名な事実である」。
32)　ゲッティンゲン七教授事件の詳細については，国分典子「ゲッティンゲン七教授事件と天皇機
　　関説事件——2 つの国家法人説の比較分析」法研 68 巻 2 号 359 頁以下（1995）361-364 頁参照。本
　　書の同事件に関する記述も主に同稿に拠った。他に同事件に触れるものとして，門脇雄貴「国家法
　　人と機関人格(1)——機関訴訟論再構築のための覚書」都法 48 巻 2 号 269 頁以下（2007）274-275
　　頁。

文（Rezension）はまさにこの事件の年に公表されており，彼らの法的主張の理論的基礎としてこれを位置付けることができる[33]。

また，黒田の言う「独逸の急激な民主主義化への防御」については，アルブレヒトによれば，国家の法人の下に国民（Volk）を理解すれば確かに必然的に国民主権論に行き着くものの，そのように理解しなければ，国家法人説は決して危険な学説ではなく，国家の構築及び理解における当然の進歩であるという（Rezension, S. 1512f.）。

　（b）　他方で，アルブレヒトは，少なくとも彼の意図においては，国家法人説を政治的理念によってではなくあくまでも当時の実定法の解釈として[34]，すなわち技術概念として展開しており，その限りで「純粋に政治的イデオロギー的性質のもの」という黒田の評価は一面的である。曰く，「公法学者にとっての最重要の課題は，より旧い法とより新しい法との間のこの対立を完全に深くかつ広く理解することである。そのためには，より旧い時代との対立において新しい時代を動かすところの政治的理念を単に指摘するだけでは不十分であることは明確である。なぜなら，それは確かに国法の変容を導くものではあるが，その固有の法学的な理解及び構成を全体においてもその部分においても置き換えるものではないからである」（Ebenda, S. 1490f.）[35]。

しかし，本論文は，書評という性格上，紙幅の制約の下に（Ebenda, S. 1515），マウレンブレッヒャーの著書を評定するという目的に拘束されており，具体的に扱われるのはラント議会制度（Ebenda, S. 1500ff.）及び国家継承（Ebenda, S. 1508ff.）のみである。その反面として，実定法の解釈としての国家法人格の導出が一般論として十分に展開されているわけではない[36]。むしろ，アルブレ

---

33)　国分・前掲注32）364 頁。

34)　こうしたアルブレヒトの国家法人説の持つ実証主義的性格を強調するものとして，柳瀬・前掲注21）67-77 頁［初出1968］，国分・前掲注32）371-372 頁。

35)　また，国家の法人格という理解が「より旧い時代の諸領邦（Territorien）には決して適用できないこと，その後確かに諸領邦においても徐々にその余地を醸成していったけれども，しかし今日においてすら我らがドイツ諸国家においてどこでも完全にかつ同様に実現を見るに至っていないということは，確かであるように思われる」（*Albrecht*, Rezension, S. 1492f.）という叙述からすれば，概念必然的な純然たる本質概念として理解されていないことも窺われる。

36)　なお，こうしたアルブレヒトの論証の不十分は，彼の国家法人説が実はむしろ当時なお支配的であった有機体説（国分典子「美濃部達吉の『国家法人説』」法研66巻10号29頁以下（1993）34-35頁は，「学説史的にみれば，国家法人説が支配的になるのは1870年代からであり，それまでは国家を有機体とするのが大半の国家学者の捉え方であった」とする）ないしそれに近いものである

ヒト自身によっても，実定法上明らかでない場合に「両者［より古い国法の私法
的な基本性格とより新しい国法の国法的な基本性格］のうちいずれが現代国法の構
成のための基礎及び出発点としてみなされるべきであるかという問題に答える
こと」は「現代公法学者の信仰告白の主要条項」とされており（Ebenda, S.
1497f. 圏点筆者），アルブレヒトの国家法人説には超実定法的ないし前実定法的
な要素が含まれていることが窺われる[37]。

（3）以上からすれば，アルブレヒトの国家法人説は，少なくともそれ自体か
ら機関訴訟の原則的否定が導かれるとは考え難い。彼の所説はそもそも不浸透
性ドグマを伴うものではなく，国家の法人格そのものについても，それを肯定
する論法に疑義が残る上に，少なくとも本論文における限りにおいては技術概
念として十分に基礎付けられているとは言い難い。

いずれにせよ，彼の主眼は専ら公的生・私的生の二分論を基礎に君主を始め
とする国家の機関を全体利益に拘束することにあるのであって，国家が固有の
権利義務の主体であること[38]，すなわち国家が法人であることの論証がどこ
まで真剣に意図されていたのか疑わしい[39][40]。そうであれば，このやや言葉

との評価を生む（門脇・前掲注32）278頁，国分・前掲注32）372-374頁参照）。すなわち，栗城
寿夫に曰く，「有機体という概念，国民という概念が持ち出されておらず，又，国家の分野におい
て個々の構成員の法的人格が否定されている点では，実証主義的国家人格論と同一であるといえる
が，しかし，国家の法的人格の理論は君主がより上位の・より高次の理念のために仕えるべき任務
を有するという倫理的観念の法律的な装いにすぎないとされ，国家が全体利益の理念によって拘束
されると説かれ，国家が首長と分肢とを含む共同体とされている点では，なお有機体論の枠内にと
どまっていたということができる」（栗城寿夫「ゲルバーとラーバント——形式主義的憲法理論の
機能」小林孝輔編集代表『ドイツ公法の理論——その今日的意義』54頁以下（一粒社，1992）65
頁）。

37) 国分・前掲注32）373頁も，「個人的な目的を越えた共同体自体の目的」の「存在の主張は，実
定法を離れたアルブレヒトの単なる世界観の表明にすぎない」のであって，「この点でアルブレヒ
トの法人説の本質には，超実定法的要素が含まれている」とする。

38) 門脇・前掲注32）277-278頁は，アルブレヒトが「国家を法人化する」ことの固有の意義を国
家と臣民との関係を権利義務関係として構築することに求める。しかし，アルブレヒトにおいて確
かにその萌芽はあり，その後の実証主義国法学においてそれが展開されていくものの，本文に述べ
たことからしてアルブレヒトの所論においてこの点を重視することには疑問がある。

39) 栗城・前掲注36）65頁も，アルブレヒトの国家法人説について，「確かに，国家の法的人格を
憲法の構成のために活用する意図に基づいて，個々の国家構成員の行動を国家のため・全体利益の
ためのものと個人自身のため・個別利益のためのものとに分けて，前者を国家の機関の行動として
国家の法的人格に帰属させる理論構成が試みられていること，及び，この理論的試みが国家の私法
的把握に反対するとともに，国家の法的人格を国民と等置し，君主の権利を国民の意思に基づかせ，

足らずな一片の書評からあまりにも多くを読み取り，そこから何かしら一般的な言明を導くことは慎まれるべきであるように思われる。

第2款　G・イェリネック[41]

　G・イェリネック（Jellinek, Georg）は，その1887年の著書『法律と命令』（Gesetz），1892年（第2版は1905年）の著書『公権の体系』（System），及び1900年（第2版は1905年，第3版は1914年）の著書『一般国家学』（Staatslehre）において，上述のアルブレヒトによって創始されゲルバー及びラーバントによって[42]引き継がれた国家法人説をさらに展開した[43]。

　イェリネックによれば，国家法人格は目的論的団体統一体たる社団を基体とする本質概念であり，国家法人の部分たる機関には法人格も権利も認められな

国民主権原理を必然的に導出する理論にも反対していることは明らかなのであるが，それ以上のことは必ずしも明らかではない」とする。

40)　時本・前掲注16) 33頁は，さらに，アルブレヒトの国家法人説には「国家としての統一原理が欠如している」点を指摘する。曰く，「家産国家＝営造物（アンシュタルト）においては国家としての統一性は国家の外部から国家を支配する君主によって付与されていたが，彼の国家においては君主は国家の内部に存在する国家の一機関である以上，国家の外部から国家としての統一性を付与するものが存在しなくなる。もちろん，国家の構造が営造物（アンシュタルト）である以上，国家の内部に統一原理を求めることはできない」。

41)　本款では，G・イェリネックの次の著作を主たる典拠とする（《　》内に以下本章で用いる略称を示す）。*Jellinek, Georg,* Gesetz und Verordnung: Staatsrechtliche Untersuchungen auf rechtsgeschichtlicher und rechtsvergleichender Grundlage, 1887 《Gesetz》; *ders.,* System der subjektiven öffentlichen Rechte, 2. Aufl., 1905 《System》; *ders.,* Allgemeine Staatslehre, 3. Aufl. (hrsg. und ergänzt von Walter Jellinek), 1914 《Staatslehre》. このうち，Staatslehre の訳出は芦部信喜ほか訳『一般国家学』（学陽書房，1974）に拠った。

42)　ゲルバー及びラーバントについては，海老原明夫「ゲルバーの法理論──倫理的秩序・法・法律」片岡輝夫ほか『古代ローマ法研究と歴史諸科学』251頁以下（創文社，1986），高見勝利「ゲルバーとラーバント──実証主義国法学説における『代表』の問題」杉原泰雄編『講座 憲法学の基礎(4)』53頁以下（勁草書房，1989），栗城・前掲注36)，中川義朗『ドイツ公権理論の展開と課題──個人の公法的地位論とその権利保護を中心として』（法律文化社，1993）49-99頁，山本隆司『行政上の主観法と法関係』（有斐閣，2000）79-89頁，92-95頁［初出1993］，仲野武志『公権力の行使概念の研究』（有斐閣，2007）52-66頁［初出2002］，時本・前掲注16) 30-121頁，門脇・前掲注32) 278-284頁，同・前掲注26) 235-244頁参照。

43)　もっとも，「イェリネックは国家法人説を完成しながら，同時にその克服の試みを開始した」（栗城・前掲注16) 205頁）という見解や，イェリネックは「国家法人説それ自体を破壊してしまった」（時本・前掲注16) 138頁）という見解も存在する。しかし，本書ではこれらの見解の当否には立ち入らない。

い。しかし，国家法人格が彼の意図したように本質概念として十分に基礎付けられているのかは多分に疑わしく，国家法人格を前提とする機関の法人格及び権利の否定から直ちに法的に拘束力のある規範的言明を導くことには謙抑的であるべきである。また，仮にイェリネックの国家法人説を前提にするとしても，彼においても国家内部が法領域であることは否定されておらず，機関訴訟はむしろ国家法人格の分裂を回避するための制度として予定されており，権利と権限との概念的な区別もどこまで貫徹され得るものであるのか疑わしい。

第 1 項　内在的理解──社団＝法人としての国家

　イェリネックは，社会学的方法と法学的方法とを峻別し，それに対応して社会学的国家概念と法学的国家概念とを区別する。社会学的国家概念は一定の性質を持つ目的論的団体統一体であり，こうした目的論的団体統一体は法的にこれを見れば社団であるところ，この社団を基体として，国家の自己拘束によって国家に本質概念としての法人格が認められる。これに対し，機関には法人格も権利も認められない。

　(1)　イェリネックは「公権概念を中心に据えた国法理論の構築」(中川義朗)[44]を試みた。彼によれば，個人の公権の前提として公法秩序の存立可能性が問題となり，さらにその前提として国家の法人格＝権利能力の有無が問題となる。曰く，「全ての権利は，権利がそれによって生み出され，承認され，多かれ少なかれ保護されるところの，法秩序の存在を前提とする」。「それゆえ，公法の客観的秩序は，公権の基礎である」(System, S. 8f.)。他方で曰く，「全ての法は権利主体間の関係である。孤立していると想定される権利の担い手なるものは実施不能な観念である。国家もまた，彼に人格を持つ者が対立する限りにおいてのみ，権利を持ち得るのである」(Ebenda, S. 10)。法は異なる法人格の自由の領域の境界設定においてのみ存在し (Gesetz, S. 240)，法人格間の外部的な関係のみが法の領域に属するところ (Ebenda, S. 192)，法人格とは権利の主体になり得る能力 (権利能力) を意味するから (System, S. 28)，個人の国家に対する公権が存立するためには，国家が権利義務の主体たり得ることが肯定されなければならないというのである。

---

44)　中川・前掲注 42) 109 頁。

　しかし，国家の法人格を肯定するに当たっては，国家が全能であるが故に，そもそも国家は法に服さないのではないかとの問題が生じる。曰く，「公法秩序の担い手は国家自身であって，言い換えれば主権的な国家は専ら彼の秩序の創造主である。自分自身を規定し自身の秩序を形式的には自由に規範化する国家は，より高次の実力には服していない。しかし，そうすると，支配する人格の請求権と服従する人格の請求権が同等の価値を持つものであることを保障し得る如何なる実力も存在しない。そう，服従者の国家に対する法的請求権の可能性は，公法の担い手が国家でしかあり得ない限り，アプリオリに排除されているように思われるのである」(Ebenda, S. 9f.)。

　(2)　この問題を解決するためにイェリネックが提唱したのが，著名な国家の自己拘束説（Lehre von der Selbstverpflichtung des Staates）である[45]。そこにおいて自己拘束すべき国家の概念を理解するためには，まずもって彼の方法論的基礎であるところの国家の二面理論（Zwei-Seiten-Theorie）について瞥見しなければならない。

　(a)　イェリネックは，「国家」なる形象物に関して，事実的な記述平面（法の以前にあるもの）と規範的な記述平面（法的なもの）とを峻別する。こうした記述平面の相違は国家にアプローチする方法の区別に由来しており，前者に対応するのが社会学的国家学であるのに対し，後者に対応するのが国法学である（Staatslehre, S. 11; vgl. System, S. 13ff.）。曰く，「国法学は……規範科学である。その規範は，社会的現象としての国家の存在についての叙述とは，厳密に区別される。国法学における方法上の争いの大部分は，国家の二重の性質についての曖昧さと，ここに由来する国家の研究にたずさわる科学間の対立とに起因する」(Staatslehre, S. 50)。あるいは曰く，「社会的形成物としての国家をその存在の全体において観察する社会的国家学と国家学の法的部分としての国法学とは，体系上，これを対立させなければならない。このような分離および対立は，両領域を支配する方法の区別に由来する。それゆえに，法的なものを法の以前にあるものと混同することは，国家学の科学的叙述においてはなされてはならない」(Ebenda, S. 11f.)[46]。

---

45)　イェリネックの自己拘束説に対する批判として，*Kelsen, Hans*, Der soziologische und der juristische Staatsbegriff, 2. Aufl., 1928, S. 132–136.
46)　もっとも，そもそもこの社会学的方法と法学的方法の峻別とがそれほど貫徹されていないこと

　(b)　こうした方法論の区別に応じて，国家概念も社会学的なものと法学的なものとが区別される。もっとも，両者は無関係というわけではなく，国家概念の法学的理解の理論的基礎は，自然的＝歴史的事実，言い換えればその社会学的理解に求められる (System, S. 21, S. 26)。

　まず，社会学的国家概念について，イェリネックは，「国家とは，始原的な支配力を付与された，定住せる人間の団体統一体である」(Staatslehre, S. 180f.) として定義する。ここで注意を要するのは，「団体統一体」の要素と「始原的な支配力」の要素である。第 1 に，国家の団体統一性は目的論的統一性に基づく。曰く，「継続的な目的によって相互に結合された多数は，必然的に統一体としてわれわれに現れ，その統一性は結合目的が数多くしかも強力に作用すればするほど，われわれの意識に鋭く刻印される」。「国家の統一性も本質的には目的論的統一性である。多数の人間は，恒常的な，内面において凝集した目的によって相互に結びついているとき，われわれの意識からみれば，統一されるのである」(Ebenda, S. 178f.; vgl. Gesetz, S. 192–196; System, S. 21–28)。このように，イェリネックにおいては，団体の統一性は実践的思惟に基づく目的論的総合によって基礎付けられており，「国家は人間の主観の中に無形の観念として存在するもの」(柳瀬良幹)[47] なのである。第 2 に，国家の始原的な支配力は，無制約かつ国家に固有のものである。曰く，「支配とは，他人の意思に対し自己の意思を無条件に実現するよう命じ，自己の意思を他人の意思に対し貫徹できる

は，我が国においても指摘されるところである。たとえば，黒田・前掲注 16) 4 頁は，イェリネックの一般国家学について「かれの所謂社会学的認識の中に，既に多分に法律学的思惟がはたらいてゐる」とし，仲野・前掲注 42) 89 頁も，「単一体の意思を形成するメカニズム」について，「彼自ら『実際的 (praktische) 思考』『実際的認識の観点』と自己規定するように，このメカニズムのどこまでが社会学的でありどこからが法学的なのかは，必ずしも明らかではない」としている。

　この点に関して指摘されるべきであるのは，両者の媒介項としての「事実の規範力」説 (Lehre von der normativen Kraft des Faktischen) である。曰く，「あらゆる法の最終的な基礎は，法の妥当性，すなわち法を規範的に動機づける力についての，それ以上には演繹できない確信である」(*Jellinek*, Staatslehre, S. 371)。このように，イェリネックにおいては，法の規範的な拘束力の根拠は最終的には服従者の確信という事実に求められている。これは，「規範性に対する事実性の構成的・歴史的優位の一般的な定式に外ならない」(*Möllers*, a.a.O.（Anm. 2), S. 15)。こうして事実が規範力を有するに至るメカニズムが十分に説得的に解明されなければ，如何に社会学的方法と法学的方法の峻別を説いたところで，両者は「事実の規範力」説において混じり合い，それによって規範的正統性の欠缺が隠蔽されかねないことになる。

47)　柳瀬・前掲注 21) 140 頁 [初出 1967]。

力をもつことを意味する。他の意思に対し自己の意思を無条件に貫徹するこの力は，ただ国家のみが有する」(Staatslehre, S. 180; vgl. Gesetz, S. 190f.)。

　これに対し，法学的国家概念については，イェリネックは，「国家は始原的な支配力を備えた定住せる国民の社団，ないし最近用いられるようになった術語を用いれば，始原的支配力を備えた領土社団である」(Staatslehre, S. 183) として定義する。このように国家を社団と見る点において，国家を営造物と見たアルブレヒトとその限りにおいて好対照を成す[48]。また，一見して明らかなように，この法学的国家と先に見た社会学的国家の相違は「団体統一体」が「社団」ないし「領土社団」に置き換えられているに過ぎず，上述の厳密な方法論的区別の要請にも拘らず，両者の定義は驚くほど一致している[49]。

　(c)　社会学的国家概念と法学的国家概念との相違はむしろ後者に認められる法人格にある。これを導くのが国家の自己拘束説である。これによって，前述した「自己の意思を他人の意思に対し貫徹できる力」を持つ国家が如何にして法人たり得るのかという問題が克服される。曰く，「国家は，それ自体を見れば実力 (Macht) であるが，服従者の人格を承認することによって，法的に制限された実力となる。それによって，国家の法秩序によって確定され制限された実力は法的力の性格を獲得し，その利益は法的利益の性格を獲得する」。「その固有の利益を実現し，それゆえその目的を果たすものとして，国家は法的に制限された人格となる」。「国家の法秩序によって国家に課された制限によって，国家は法的意味において服従者に対する権利及び義務の主体になるのである」(System, S. 194f.; vgl. Gesetz, S. 198f.)。こうして，国家は自らを制限することによって法に服し，以て権利義務の主体すなわち法人たり得るのである。

　(3)　このようにして法人格が認められる国家に対し，イェリネックにおいては，国家の部分たる機関についてはその法人格も権利も否定される。

　イェリネックは，機関を「国家意思を形成する人間は，それをする限りにお

---

48)　黒田・前掲注 16) 25 頁に曰く，「アルブレヒト以後支配的であった国家人格観念は，アルブレヒトの試みたやうな国家的装置の人格化ではなく，国家権力の下に統一化された団体の人格化といふ方法によってなされたのである。この国家人格の基底が，アルブレヒトの場合と，かれ以後の通説の場合とに於て異ってゐることは，国家人格概念の発展史上特に注目せらるべきである」。

49)　*Möllers*, a.a.O.（Anm. 2), S. 17. *Kelsen*, a.a.O.（Anm. 45), S. 130 は，より端的に，「『社会学的な』国家概念とは全く異なる考察方法によって得られたと称されている『法学的な』国家概念は，『社会学的な』国家概念と全く同一なのである」とする。

いて，国家機関となる」(System, S. 223; vgl. Gesetz, S. 205) として定義する。イェリネックによれば，機関は国家それ自身であって，独立した法人格を持たない。曰く，「国家は自身の諸機関とは異なる人格なのではなく，むしろそれら諸機関が国家自身なのである」(System, S. 225)。あるいは曰く，「機関そのものは，国家とは異なって人格をもたない。なんらかの法的な相互関係に立つ国家人格と機関人格という2つの人格は存在しない。むしろ国家と機関は一体である。国家はその機関によってのみ存在することができるのであって，その機関を度外視すれば，機関の担い手としての国家といったようなものが残るのではなく，法的な無が残るだけである」(Staatslehre, S. 559f.)。

　こうした機関と区別されるものとしてイェリネックが強調するのは，機関担当者である。曰く，「国家機関の法的地位を認識するためには，機関とその機関の［を］担う人間とが明確に区別されなければならない」(Ebenda, S. 559; vgl. System, S. 231)。

　このように独立した法人格が認められない機関の権限は，機関自身のためではなく国家のためのものであることから，権利ではあり得ない。曰く，「国家機関によって義務的に処理されるべき一群の国家機能は機関の権限を形成する」。「2つの国家機関の法的境界を巡る争訟は全て権限争訟である。しかし，権限は決して主観法ではなく常に客観法である。国家は客観法によって自身の諸機関の権限を規範化するのであって，権限の行使のための権利は非人格的な機関ではなくただ国家人格自身に帰属する。それゆえ，権限争議において問題になっているのは，決して彼是の機関の権利ではなく，常に彼是の機関を国家活動の処理のために招聘するところの客観法の解釈のみなのである」(System, S. 227)。あるいは曰く，「それらの権限の基礎にある権利は，国家が有する」。「この点［国家機関の権能］に関する全ての法規が存在するのは，決して機関に招聘された人格の個別的利益のためではなく，常にかつ排他的に国家の利益のためである。それゆえ，ここではアプリオリに，権利に本質的であるところの個人的利益への目的関係が欠けている」(Ebenda, S. 231)。

　(4)　それでは，このようにして導き出される法人たる国家ないしその機関の概念は，技術概念であるのか本質概念であるのか。「法人は法学的構成によって創り出されたものではなく，目的意識的な人間の行動と思考によって形成されたものである」(Gesetz, S. 194)，「国家を権利主体として把握することは，人

間を権利主体として把握するのに劣らず科学的正当性をもってなされる」
(Staatslehre, S. 172) というイェリネック自身の叙述からすれば，あるいは次に
述べることからして，それは本質概念として語られていることになる。

　法人格に必要であるところの固有の利益及び意思は，国家についても，法秩
序に先行して存在するものであるとされている。第 1 に，イェリネックによれ
ば，(2)(b)に見たように人々は事実的な記述平面において既に共通の目的を有し，
それが団体統一体たる国家に固有の目的＝利益を基礎付ける。こうした目的＝
利益としては，まずもって「法秩序の維持及び継続形成」(System, S. 194) が
挙げられている。第 2 に，こうして固有の目的＝利益を有することからして，
団体に固有の意思も必然的に基礎付けられる。曰く，「個人意思を統一された
多数へと投影することは，我々の実践的思考にとっては，組織された諸個人の
目的統一体が存在するところでは常に生じる。それゆえ，それは，その基礎に
おいて法秩序による承認に全く依存していない」(Ebenda, S. 30)。

　国家意思を形成する機関についても，機関担当者たる人間の意思が機関の意
思として国家に帰せられることは論理必然的なものであるとされている。曰く，
「多数の人間を目的統一体に総合することが論理必然的なものであるなら，そ
れに劣らず，機関意思の団体統一体に対する関係，つまり機関意思を団体統一
体に帰せしめることが論理的に要請される」(Staatslehre, S. 181; vgl. Gesetz, S.
193f.)。

第 2 項　内容的射程——不浸透性ドグマ・国家統一性・権限の非権利性

　第 1 項に述べた国家ないし機関の法的性質からして，機関訴訟を原則として
否定し得る 3 つの可能性が浮上する。第 1 にいわゆる不浸透性ドグマであり，
第 2 に国家統一性の破壊回避の要請であり，第 3 に権限の権利性の否定である。
しかし，イェリネックの叙述を吟味すれば，いずれも機関訴訟の原則的否定を
導き得るものではないことが判明する。

　(1)　不浸透性ドグマについては，イェリネック自身これを採用しているかに
見える叙述が確かに存在する。曰く，「国家とその諸機関との関係は，国家内
部の関係として，それ自体は法関係ではない。国家のその諸機関との関係が同
時に国家の組織の外部に立つ人格（生身の機関担当者の人格を含む）との関係を
含む限りにおいてのみ，当該関係は法的な，すなわち法規によって支配される

べき性格を獲得する」(System, S. 194)。

しかし，注目すべきことに，イェリネック自身は内部規範の法規性それ自体を否定しているわけではない[50]。たとえば曰く，「機関の権限や機関の意思を表明する手続，つまりその機関意思が法的効力を主張しうる条件も，法規によって確立されなければならない。複数の機関が協動する場合や，機関意思が法学的過程をへて数多の個別意思の活動から得られる合議機関の場合には，法秩序は絶対に欠くことができない」(Staatslehre, S. 543. 圏点筆者)。イェリネックにおいてそのための論拠たり得るものは，①機関担当者の法人格，②臣民に対する影響，③法学的国家概念の二重化である。

　(a)　①について曰く，「国家機関に向けられた規範は，同時に機関の背後にいる人間のための規範である」。「したがって，それらの規範は，一方では国家の客観法であり，他方では機関たる地位に招聘された当該個人がそれら規範に適合する行為をするように求める国家の主観法を基礎付ける」(System, S. 239)。もっとも，①は「機関と機関担当者を区別する理論がない場合にのみ可能である」(メラース)[51] ものであってその妥当性に疑いがある。すなわち，機関と機関担当者の区別を貫けば，国家機関に向けられた規範はあくまでも国家機関に向けられた規範であって，その背後にいる機関担当者のための規範ではあり得ないはずである。

　(b)　②について曰く，「官庁組織の設置は，その本質によれば行政の行為である。しかし，官庁が臣民との交渉において登場し，支配権を市民に対して行使するよう定められることを理由として，官庁に帰属する命令権の範囲及びそれに応じた臣民の官庁に対する権利及び義務は，法規によって規範化されなければならない。組織は行政事項ではあるが，行政によって生み出された機関の機能はしばしば法規によってのみ可能である」(Gesetz, S. 243)。さらに曰く，「国家の組織に関する全ての命題は，それが臣民の権利及び義務を生み出す限りにおいては法規であり，それが既に存在する義務を使用するのみである限りにおいては法規ではない」(System, S. 240)。もっとも，②は妥当であるとしてもその適用範囲が限られる。

　(c)　そこでより注目に値するのは，③法学的国家概念の二重化である。

---

50)　*Roth*, a.a.O.（Anm. 12），S. 189–209 もこの点を強調する。

51)　*Möllers*, a.a.O.（Anm. 2），S. 26.

　第1項(2)(b)で述べたように，イェリネックの法学的国家概念すなわち国家法人格の基体は国民による社団に求められていた。しかし，イェリネックは，内部規範の法規性を基礎付けるために第2の法学的国家概念を持ち出す。曰く，「内部的な国家秩序の全体は，それが抽象的な国家のためではなく国家を形成する具体的な人間共同体のために存在することからして，法秩序である」。「個人ではなく，統一体に結び付けられた全体こそが，国家権限の存在と維持に向けた法的利益を持つのである」(Ebenda, S. 234)。あるいはより詳細に曰く，「国民共同体こそが，国家法秩序の存在と実現に向けた法的な利益を有する」。「それに伴って，国家は，二重の性格，すなわち，国家的実力の主体 (Subjekt der staatlichen Macht) としての性格と共同利益の管理人 (Verwalter des Gemein-interesses) としての性格を獲得する。それゆえ，自己拘束 (Selbstverpflichtung) は，より詳細にこれを見れば，行為する主体，すなわち法を創設し実力を行使する主体としての国家が，共同利益の代表者としての国家に対して義務付けられることである。したがって，たびたび，国家秩序の法律上の存在に向けた，すなわち個々の国家権限がそのために規定された諸機関によって遵守されることに向けた主観的な法的請求権が存在する。意思力としての国家に対するこの請求権が帰属するのは，共同利益の主張者としての国家に外ならない。それゆえ，君主と議会との間，裁判所と行政との間の権限争議の裁判全てにおいて，法秩序の維持に向けた共同利益の実現を巡る裁判もまた隠されて存在する。この意味において，客観法の存在と適用を巡る全ての裁判においては，同時に権利を巡る裁判が含まれているのであり，もっともその権利の主体は法秩序と一致するのである」(Ebenda, S. 234f. 圏点筆者)。

　ここでは，法学的国家概念が二重的に登場する。一方は，《「国家的実力の主体」＝「行為する主体」＝「法を創設し実力を行使する主体」＝「意思力としての国家」》であり，他方は，《「共同利益の管理人」＝「共同利益の代表者」＝「共同利益の主張者としての国家」》である。このように様々に言葉を換えてその性格付けが試みられているにも拘らず，あるいはそれゆえに，ここで登場する2つの国家概念の内容的同異は必ずしも明らかではない[52]。もっ

---

52)　このように法学的国家概念が二重化し，一方の国家が他方の国家を義務付けるということは，第1項に見た自己拘束説の1つの論拠にもなっている。しかし，一方の国家が他方の国家を義務付けることによって初めて国家の自己拘束が生じることからすれば，自己拘束の前に，すなわち事実

とも，後者の国家が前者の国家に対して「国家権限の存在と維持」を求める
「主観的な法的請求権」を有し，それによって内部規範の法規性が肯定されて
いるのは明らかである。

　しかし，ここには，アルブレヒト及び第 5 節第 1 款に見る O・マイヤーが
採用し，イェリネック自身が否定したはずである（Staatslehre, S. 165）ところの
営造物的国家観が見え隠れしている。この場合，単純化して言えば，意思力と
しての国家は営造物的国家に対応し，共同利益の代表者としての国家は社団的
国家に対応する。社団的国家は営造物的国家に対して法秩序の維持を求める請
求権を持っており，営造物的国家はこれに義務付けられるのである。ここで，
彼の国家法人説は，彼自身が否定したところの国家を「統治機構」（Regierung）
と見る見解（System, S. 236）に接近することになる[53]。

　(d)　このように，イェリネックにおいては，そのための論拠が正当なもの
であるかについては疑わしいものの，少なくとも彼の意図においては，内部規
範の法規性が肯定されていること，したがって不浸透性ドグマが貫かれている
とは言い難いことを確認しておきたい[54]。

　(2)　機関訴訟の原則的否定を導き得る可能性の第 2 は，それが国家の統一性
の破壊をもたらしかねないという論拠である。すなわち，第 1 項に見たように
国家は法人格たる統一体として理解されるところ，その意思を形成する機関が
相争うことは国家の人格分裂を意味しかねない。イェリネックに曰く，「多数
の独立機関が存在する場合には……そのうちの 1 つの機関が，支配的すなわち
主権的機関として確証されなければならない」。「同等の権限を有する 2 つの機

的記述平面において既にそれぞれに対応する実体が別個のものとして存在しなければならないはず
である。もはやこれは国家の「自己」拘束とは言えないように思われる。*Schönberger*, a.a.O.（Anm.
14）, S. 240 も，「国家を実力主体としてみなしつつ共同利益の代表者としてもみなすことは『決し
て矛盾ではない』というあらゆる断言にも拘らず，この区別は国民と君主制国家との古い二元論を
再び国法体系に導入することになる」とする。Vgl. *Wolff*, a.a.O.（Anm. 28）, S. 359.

53)　*Schönberger*, a.a.O.（Anm. 14）, S. 241. また，石川健治「承認と自己拘束」岩村正彦ほか編『岩
波講座 現代の法(1)』31 頁以下（岩波書店，1997）37 頁も，「国家論の二系譜をなしている，公共
体（res publica）としての国家像と，統治機構（Apparat）としての国家像が，イェリネックにお
いて緊張を孕みながら共存している」とする。

54)　林知更『現代憲法学の位相──国家論・デモクラシー・立憲主義』（岩波書店，2016）124-125
頁［初出 2009］にも曰く，「ラーバントやイェリネックはそれぞれのやり方で，時に理論上の一貫
性を犠牲にしながら，君主や議会など最上級の国家機関相互の関係に関する憲法の諸規定がなおも
法規に当たることを主張しようとした」（圏点筆者）。

関は, 国家の統一性を, それゆえ国家それ自体を破壊してしまうであろう」
(Gesetz, S. 208)。あるいは曰く, 「最高決定権は, 一機関に帰属しなければなら
ない」。「万一, 一定の憲法が等価値で並存する 2 つの最高機関を規定するとす
れば, そのことによって必然的にもたらされる事態は, 2 つの機関の不断の抗
争であって, それはいずれか一方の機関の勝利か, さもなければ国家の崩壊を
もって終る以外にはないであろう」(Staatslehre, S. 554f.)。

　しかし, このことは, 機関訴訟の可能性を必ずしも否定するわけではない。
というのも, 国家機関が対立し, 裁判所がそれを裁判することは, むしろ国家
の分裂を回避するのに資するとともに, 国家内部の意思形成過程に留まるから
である。曰く, 「国家が自身の諸機関にその統一的な人格をいわば分割させ,
自身とは異なる実体 (Wesen) として自分自身と対立させるという可能性に
よって, より明確に言えば, 互いに区別され特定された自身の実体の表現をそ
の諸機関において人格化させるという可能性によって, 国家は, 自身の諸機関
を上下及び等位の関係に立たせ, それら諸機関の権限の境界について裁判所に
出訴させることができるようになる。裁判所としての国家は, 議会としての国
家と大臣としての国家のいずれが具体的な場合にその権限を遵守したのか否か
を裁判することができる。君主としての国家は, 大臣としての国家あるいは議
会としての国家に自己の意思を拘束的な形において与えることができる。これ
らを採用することによってのみ, 国家組織の内部における事象が明らかにされ
得るのであり, 多数の諸官庁の活動が国家統一体との一致へともたらされ得る
のである」。さらに, 「それによってこれら全ての権限の主体の統一性が侵害さ
れるわけではない。国家意思それ自体は, 決して分割され得ない。国家の立場
より見れば, 権限の多数性は消滅する。国家にとっては, その機関の個々の意
思表明は, 国家から発出する決定的な意思行為に至るべきところの, 国家の人
格の内部事象に留まる」(System, S. 228f. 圏点筆者)。

　(3)　機関訴訟の原則的否定を導き得る可能性の第 3 は, 第 1 項(3)に見たよう
に, イェリネックにおいては機関の権限の権利性が概念必然的に否定されてい
ることである。しかし, 確かに彼自身においては権利と権限との理論的な区別
は一応貫かれてはいるものの, 実際的帰結において当該区別がどれほど意味を
有するものであるのか疑わしく, 当該区別がそこから演繹して具体的帰結を直
ちに導き得るものであるのかについては疑問が残る。

　(a)　イェリネックは，選挙行為は国家の機関としての行為であり，したがって選挙人は国家の機関（正確には，国家機関たる選挙人団の部分機関）であること，選挙行為は個人の権利の内容ではあり得ず，選挙権の主体は個人ではなく国家であることを論証する。曰く，「何らかの国家機関の選任は全て，したがって国家の選挙への参与もまた全て国家的機能の行使であり，それゆえそれ自体機関活動である。したがって，選挙行為それ自体は決して個人の権利の内容ではあり得ず，むしろ選挙人自身は選挙行為においては部分機関として，すなわち当該選挙区ないし選挙団体の選挙人全体から形成される選挙人団（Wahlkollegium）の構成員としてみなされなければならない」。「選挙権は，それゆえ，このことが如何に逆説的に響こうとも，決して選挙する権利に存するのではない。後者の権利の主体は，全ての国家的任命の主体と同様に，排他的に国家なのであって，個人が個人として当該権利を有しているように見える場合であっても，それは法の反射に過ぎないのである」（Ebenda, S. 159f.）。

　他方で，イェリネックは選挙権に対する個人の利益を否定するわけではなく，むしろこれを積極的に肯定する。曰く，「しかし，選挙に関する諸法規についてあらゆる個人法的な請求権を否認するとしたら，それは大きな誤りであろう」。「確かに或る国家において選挙権に対する個人的な利益が全く法的に尊重されないことも想定され得るが，今日の国家世界においてそのような国家はどこにも存在せず，むしろどこにおいても個人には多かれ少なかれここで問題となっている利益の十分な保護が保障されているのである」（Ebenda, S. 160）。

　しかし，選挙行為が国家機関の権限行使として観念される以上，それは国家（公益）のために行われるものでなければならず，個人の利益のためのものであってはならないはずである。この点を克服するために，イェリネックは権限行使たる選挙行為と選挙人としての地位の承認請求権とを区別し，選挙権に対する個人の利益から基礎付けられるのは後者のみであるとする。曰く，「こうした利益は，選挙人すなわち能動的地位の主体としての彼の資格において個人を承認することに向けられる」（Ebenda, S. 161）。あるいは曰く，「選挙自体も，国家にとっての行為，したがって機関行動であり，したがって個人の請求権は選挙行為のための承認をのみ求めることになる」（Staatslehre, S. 421f.）。

　(b)　このように個人の利益によって基礎付けられる範囲を選挙人たる地位の承認請求権に限定することによって，言い換えれば機関たる選挙人として行

う選挙行為を個人の利益から切り離すことによって，イェリネックは辛うじて理論的一貫性を保つことができた[55]。というよりも，「選挙権という複雑な性質を有する権利を位置付ける際に，公共性の回路を私益による汚染から守り抜くため」（石川健治)[56]には，当該承認請求権以上のものを個人の利益によって基礎付けることを認めるわけにはいかなかったのである。

　しかし，そうして認められた承認請求権の内容を見ると，選挙する権利と選挙人としての承認請求権との区別がどこまで貫かれ得るものであるのか疑わしくなる。すなわち，イェリネックは，当該請求権の内容として，単に選挙人たる地位が形式的に承認されることを超えて，選挙行為それ自体の保護，さらには自身の参与する選挙が適法に実施されることの保護をも認めているのである。曰く，「この承認は，まずもって選挙人名簿に登録されること及び選挙行為を許されることを求める請求権に関するものであり，さらに，法律によって意図された程度に個人が機関形成に参与する可能性を妨げる全ての国家行為の不作為に関するものである。[そのような国家行為は]とりわけ選挙資格者を選挙人名簿に登録しないこと（ないし抹消すること）及び選挙資格者が選挙行為をするのを許さないことである。……さらには，投票の集計が正しくないこと，被選挙者人としての資格を無資格の者に承認することである」(System, S. 161)。したがって，「違法に実施された選挙は，主観的請求権の侵害を意味し，同時に必然的に客観法すなわち強行法に対する違反である」(Ebenda, S. 162)。

　このように，個人的利益によって基礎付けられる選挙人たる地位の承認請求権が，選挙人という機関の権限行使に過ぎないはずの選挙行為を保護し適法な選挙の実施を保護することをも求め得るものであるとすれば，それは，理論構成はともかくとして，少なくともその帰結において選挙人たる機関の権限に権利性が認められたのと大差ない。確かにイェリネックは選挙権についても「公権は人格自身の直接的な発露である」(Staatslehre, S. 422)として機関たる地位の承認請求権それ自体及びその内容の導出に当たり機関の権限行使であることを媒介させず，その限りにおいて彼は理論的には一貫している。しかし，「選挙権を個人的権利と公的権能……から成り立っている」とする見解について，イェリネック自身も「実際上の結論としては，私が展開した理論……と完全に

55)　石川・前掲注53) 49-50頁参照。
56)　石川・前掲注53) 50頁。

一致している」(Ebenda, S. 422) として認めるように，少なくとも結論におい
てはイェリネックにおいても選挙人の選挙行為という権限行使に権利性が認め
られたに等しい[57]。

　そもそも，選挙人たる地位の承認は，ただ選挙人たるためではなくて，選挙
人として適法な選挙に参与するためにこそ求められるものである。そうであれ
ば，選挙行為それ自体や適法な選挙の実施をも保護しなければ，選挙人たる地
位の承認も画餅に帰す。イェリネックも曰く，「或る者が選挙行為それ自体か
ら違法に排除されるか否か，あるいは彼が無資格者によって選挙人としての自
身の意思を実行に移す可能性を妨げられるか否かは，全く等価値である」
(System, S. 161)。あるいは曰く，「選挙人としての承認……は必然的な法律効
果として，選挙を行う許可，ならびに他の可能な，実践的に意味のある一連の
全部の請求権（選挙人名簿の取消権，選挙取消権）を随伴する」(Staatslehre, S.
422)。そうであるからこそ，選挙人たる地位の承認請求権の内容として選挙行
為それ自体や適法な選挙の実施も含まれると立論することにも一定の説得力が
ある。しかし，このことは同時に，個人の利益は選挙人としての地位の承認よ
りもむしろ自身の適法な選挙行為それ自体に向けられていることを強く示唆す
るのであって[58]，そうであるとすれば，権限においては「アプリオリに，権

---

57)　この点を強調するものとして，門脇・前掲注 26) 253-255 頁。特に同 255 頁は，イェリネック
　の所説を受けて，「能動的地位を権限から完全に切り離し，選挙人名簿に登録されている場合はた
　とえ投票を妨害されたとしても排除請求権は生じないという立場をとらない限り，権限の行使につ
　いても能動的地位に基づく請求権が認められなくてはならないことになるのではないか。だとすれ
　ば，権限と権利との間にはほとんど径庭はない」とする。また，森口繁治『選挙制度論』（日本評
　論社，1931) 74 頁も，イェリネックの所説を批判して曰く，「機関の地位又は適格は此地位に附せ
　らるる権能即ち権限と区別することが困難である。殊に恰も其地位にあることを主張すると云ふこ
　とは，結局其権限を主張すると云ふことである。故に此場合其地位に就ての権利を有すると云ふな
　らば，それは権限に就ての権利を有すると云ふ結果になるであらう」。

58)　こうしたイェリネックの論証の不明瞭は，当時及びその後のドイツにおいても批判されるとこ
　ろであった。当時のラーバント及び O・マイヤーによる批判及びそれに対するイェリネックの反
　論については，vgl. *Jellinek*, Staatslehre, S. 422f. また，戦後における批判として，*Bühler, Ottmar*,
　Zur Theorie des subjektiven öffentlichen Rechts, in: Festgabe für Fritz Fleiner, 1927, S. 26ff., S. 32
　は，イェリネックが或る箇所では選挙権に存する主観的請求権を承認するとともに他の箇所では選
　挙権は決して選挙する権利には存しないとしていることを捉えて，イェリネックは「選挙権の理解
　において奇妙にも不明瞭である」として批判する。我が国においても選挙権の法的性質についてイ
　ェリネックの影響を受けつつも選挙に公務性とともに権利性を承認するいわゆる二元説が通説化し
　たことは，彼の所説が不明瞭であることを間接的に示していよう。たとえば，美濃部達吉『憲法撮
　要（改訂第 5 版）』（有斐閣，1932) 368-370 頁，芦部信喜（高橋和之補訂）『憲法（第 6 版）』（岩

利に本質的であるところの，個人的利益への目的関係が欠けている」(System,
S. 231) というイェリネックの言明（第1項(3)）がどこまで貫徹し得るものであ
るのかについては疑問が拭い得ないことになろう。

　　(c)　このように，イェリネックにおいては権利と権限とは理論的には確か
に峻別されているものの，その峻別がそこから演繹して具体的な帰結を直ちに
導き得るほどに十分に堅固なものであるかについては疑わしいと言わねばなら
ない。

　(4)　こうして，イェリネックにおいては，国家の内部領域の法領域性が否定
されていないこと，したがって不浸透性ドグマは実は貫徹されていないこと，
機関訴訟の制度はむしろ国家人格の分裂を回避するためのものとして位置付け
られていること，権利と権限との概念的区別の貫徹可能性に疑問が残ることか
らして，彼の国家法人説がそれ自体として機関訴訟の原則的否定をその射程に
含むものであったとは言い難い。

　さらに言えば，イェリネックにおいては，行政訴訟の列記主義を背景として
(実質的権利と形式的権利との峻別の上に) 公権を認められる個人においてすらそ
の裁判的保護の範囲は（少なくとも第一義的には）立法者の判断に委ねられてい
ることからすれば (Ebenda, S. 70f.)，個人が原告となる訴訟と機関（としての国
家）が原告となる訴訟とを対比させ，前者を原則的に許容し後者を原則的に斥
けるという帰結は必ずしも意図されていなかったはずである。すなわち，「当
時支配的であった列記主義の下で権利の存在に認められた意義は，権利侵害に
結び付けられた概括条項の下で今日認められるそれとは，同じではない」（ロ
ート)[59] のである。

第3項　論理的一貫性——目的論的統一性・始原的支配性・自己拘束

　第1項(4)に見たように，イェリネックにおける国家法人格は本質概念として
語られている。しかし，彼の国家法人格は，彼の言うように概念必然的・論理
必然的に導かれ得るものであるとは言い難い。

　(1)　イェリネックの法学的国家概念たる国家法人は，第1項(2)(b)に見たよう

波書店，2015) 261 頁。この点に関する我が国における戦前から戦後への学説の展開の要約として，
辻村みよ子『「権利」としての選挙権』（勁草書房，1989) 170-179 頁［初出 1981］参照。

59)　*Roth*, a.a.O.（Anm. 12), S. 208.

に，その社会学的国家概念を基礎とする。そこで，前者自体のみならず後者についてもその本質概念性が問題とされなければならない。後者の社会学的国家概念は，第1項(2)(b)に見たように，①目的論的統一性と②始原的支配性をその重要な要素としている。しかし，これらは既にそれ自体必ずしも自明ではない一定の規範的評価を前提にしている。

　①については，「まずもって国家人格の目的論的統一性に関して言えば，任意の国家境界の内部に統合された全ての人間が追求する何らかの共同目的が存在するということが明白に疑われなければならない」[60]と述べてケルゼンが批判するように，全国民の目的の統一性は決して必然的なものではあり得ない[61]。それにも拘らず何らかの意味でこれを肯定するとしたら，それは既に一定の規範的な評価に基づかざるを得ない[62]。さらに，仮に全国民の目的の統一性が肯定されるとしても，そこには目的を同じくする複数の人々がいるだけあって，そこから何故団体なる統一体が生まれるのかについて，目的論的総合というイェリネックの論証が果たして成功しているのかについては疑問が残る[63]。すなわち，「『目的統一体』は決して『可能的な経験の対象』ではなくして単なる概念なのである」（ヴォルフ）[64]。

　②について言えば，潜在的な国家の全能が事実として存在するものであるのか疑わしい。イェリネック自身も次のように述べるとき国家がそれとは異なる社会的勢力によって制限され得ることを意識していたはずである。曰く，「国

---

60)　*Kelsen, Hans*, Hauptprobleme der Staatsrechtslehre, 2. Aufl., 1923, S. 173.

61)　同様の指摘をするものとして，*Wolff*, a.a.O.（Anm. 28），S. 308-311. ヴォルフによれば，イェリネックの言う「目的」は目的ではなく「イデオロギー」であるに留まり，イデオロギーは団体の統一性を基礎付けない。また，目的による統一を純粋に事実的なものであるとすると，目的を定立し意欲する能力を持たない子供が団体から排除されることになってしまい，これを防ぐためにはやはり一定の擬制を免れない。Vgl. Ebenda, S. 49.

62)　イェリネック自身においても，*Jellinek*, System, S. 21-28 においては国家の目的論的統一性は法学的なものとして導出されていた。

63)　Vgl. *Wolff*, a.a.O.（Anm. 28），S. 352. 栗城・前掲注16）211頁も，イェリネックについて，「共通の目的追求がなぜ統一性を基礎づけることになるのか，また，共通の目的追求が国家の法的制度といかにかかわるのか，という問題はじゅうぶんに究明されていない」とする。

64)　*Wolff*, a.a.O.（Anm. 28），S. 50. あるいは Ebenda, S. 45f. に曰く，「イェリネックが『実践的思考』によって獲得された『現象』の現実性を主張するとき，特に彼が集合的統一体の『実在性』を主張するとき，それは観念とその対象との混同によってのみ可能である」。すなわち，ヴォルフによれば，実在性を有しているのは統一体という観念であって統一体自体ではない。

家秩序は，権力をめぐって争う，それぞれの諸集団の不断の妥協であり，そしてまた国家の憲法は，実は，社会的諸要因の緊張関係以外のなにものでもない」。「法もまた，この理論によれば，さまざまな相互に対立しあう諸利益の間の妥協である。しかし，この妥協は，諸利益の強さおよび利害関係者の社会的力を通じてもたらされる」(Staatslehre, S. 341)。したがって，「彼の国家の定義にとって概念必然的な国家権力の無制限性の想定，及び彼の社会的権力と国家的支配とのカテゴリカルな区別がどのようにして正当化されるのかは，不明確なままである」。「このような問題の原因は，イェリネックが，既に国家を法外部的に規定するに際して，法の問題を視野に入れていることに存在する」(メラース)[65]。

(2)　法学的国家概念たる国家法人は，第1項(2)(c)に見たように，国家の自己拘束を前提とする。しかし，国家の自己拘束はこれを国家に義務付ける基礎を欠き，イェリネック自身においても貫徹されていないように思われる。

(a)　国家の自己拘束説については，当該自己拘束は法主体たるためにその前提として行われるものであるから，論理的には法的規律の及ばない状況において行われるもののはずであり，自己拘束を義務付ける基礎に欠けるという問題点がある。

こうした問題点に関し，イェリネックは道徳的な義務を持ち出すことでこれを克服しようとする。曰く，「義務概念は第一義的には倫理的な道徳上の概念である」。「道徳的自律の思想をその完全なる深度において理解すれば，法的義務をより高次の実力の強制としてしか観念し得ない見解の浅はかさが認められる」(System, S. 196)。すなわち，国家は法的な義務ではなく道徳的な義務に基づき自らを拘束するとされているのである。

しかし，この点に関しては，道徳的義務と法的義務とは峻別されるべきであって前者は後者を基礎付けず[66]，全能たるはずの国家が自らの拘束からなぜ自ら解放され得ないのか明らかではない[67]との批判がなされている。「それは，公益のために自分を律することを，史上最強の近代国家に強いるという，甚だ苦しい想定の上に成立していた」(石川健治)[68]のである。

---

65)　*Möllers*, a.a.O.（Anm. 2), S. 21.

66)　Vgl. *Kelsen*, a.a.O.（Anm. 45), S. 134; *Wolff*, a.a.O.（Anm. 28), S. 359.

67)　Vgl. *Kelsen*, a.a.O.（Anm. 60), S. 430.

　(b)　イェリネック自身においても国家の自己拘束なるものがどこまで貫かれていたか疑わしく思われる叙述が存在する。すなわち，法秩序に限界がある場合に現実の実力関係が事態の適法化・合法化の基礎になることがイェリネックにおいてあっさりと肯定されているのである。曰く，「公法の体系には欠缺が存在し，そこでは法秩序に替わって現実の実力関係が登場する」（Gesetz, S. 300）。国家が自己拘束によって法秩序に服した以上，国家の行為の適法性は法秩序によってのみ与えられるはずである。法秩序の予定していない形で国家の行為が現実の実力関係によって適法化されるのであれば，そのことは，国家の自己拘束の限界を意味しよう。

　第 1 に，憲法を形式的に適用する限り違憲であるはずの議会の承認なき場合の予算執行の適法性について [69] 曰く，「そのような抗争が決定的な法学的解決を与えられ得るのは，法律という形式において与えられた事後的な議会の同意によってのみである。そのような同意によって初めて，憲法に反する状況はその法的帰結から解放され，言い換えれば適法化される。すなわち，承認が及ぶ範囲において適法化が及ぶのである」（Ebenda, S. 306f.）。第 2 に，憲法体制それ自体を破壊する革命について曰く，「君主を介した革命は，君主が革命的な要求を承認する場合にのみ，合法化され得る」（Ebenda, S. 307）。これら 2 つの場合においては，法秩序がそれを予定していないにも拘らず，関係国家機関の同意が国内における規範的正統化にとって十分なものとされている [70]。第 3 に，より端的には，憲法にこれを許容する規定のない国家緊急権の適法性について曰く，「国家の緊急権ないし緊急状態の理論」が「その基礎において意味するのは，せいぜい次のことである。すなわち，法秩序の規定が終わるところでは，社会的な実力要素の動向が国家生活を規律し，許容され，続いて一般的に承認されるところの新しい状況を作り出す。しかしながら，この状況は現行の法秩序からすると正統化され得ないものである」（Ebenda, S. 302）。

　これらいずれの場合においても，法秩序の限界に直面し，関係国家機関による法秩序の予定していない同意ないし実力要素の動向にその適法化・合法化の

---

68)　石川・前掲注 53）49 頁。

69)　この問題の歴史的文脈とそれに対するラーバント，ギールケ及びイェリネックによる応答については，牧野雅彦『国家学の再建——イェリネクとウェーバー』（名古屋大学出版会，2008）27-46 頁参照。

70)　*Möllers*, a.a.O.（Anm. 2）, S. 28f.

根拠が求められている。自己拘束したはずの国家の背後には実力主体たる国家が常に潜んでおり，しかもそうした実力には規範的正統化の文脈においても一定の有意性が認められているのである。ここでは国家の自己拘束は貫徹されていない。すなわち，「国家自身が裁可なく法を飛び越えられるという状況が正当化され得るのは，その国家が純粋な権利・義務の主体として理解されておらず，そうではなくて引き受けられた義務から再び自身を解放できるところの統一体として理解されている場合のみである」（メラース）[71]。

　(3)　以上からすれば，イェリネックの国家法人説は，少なくともそれ自体から機関訴訟の原則的否定が導かれるとは考え難い。イェリネックにおける国家法人格が彼の意図したように本質概念として十分に基礎付けられているのかは多分に疑わしいと言わなければならず[72]，その限りでイェリネックの国家法人説は彼の「率直な信仰告白」（Gesetz, S. 189）に留まる[73]。また，仮にイェリネックの国家法人説を前提にするとしても，第2項に見たように彼においても国家内部も法領域であることは否定されておらず，機関訴訟の制度はむしろ国家法人格の分裂を回避するための制度として予定されている。彼の言う権利と権限との概念的な区別もどこまで貫徹され得るものであるのか疑わしい。さらに，第1項(3)に見たようにイェリネック自身は国家法人の部分たる機関の法人格及び権利主体性を否定しているが，このことが国家の法人格に基づくものであり，当該法人格が十分に基礎付けられていない以上，そこから法的に拘束力のある規範的言明を導くことには謙抑的であるべきである。

第3款　アンシュッツ[74]

　アンシュッツ（Anschütz, Gerhard）は，その1891年（第2版は1913年）の学

---

71)　*Möllers*, a.a.O. (Anm. 2), S. 30.

72)　*Wolff*, a.a.O. (Anm. 28), S. 51 に曰く，「イェリネックの法人の概念も擬制である。その『現実性』は擬制であり，機関意思の『統一された多数』への投影も擬制である」。「さらに，個人的＝生身の機関担当者の意思と法学的に過ぎずいずれにせよ生身ではない『全体意思』との等置も擬制である。最後に……多数の人間を『統一体』へと高め，それを『人格』として宣言することも擬制である」。

73)　イェリネック自身，次のように述べている。曰く，「全ての国法的な考察は，国家概念の確定をもって，あるいは少なくとも国家概念についての率直な信仰告白をもって，始まらなければならない」（*Jellinek*, Gesetz, S. 189）。

位論文「法規と形式的法律の理論に関する批判的研究」(Studien) において，ラーバント及び G・イェリネックを継承し [75]，いわゆる二重法律概念を展開した。同書では，先行するラーバント及びイェリネックに対する批判への反論が詳細になされており [76]，その中で国家及びその機関の法的性質についても触れられている。そこではラーバント及びイェリネック以上に不浸透性ドグマが徹底されているかにも見える。そこで，本書はイェリネックに引き続きアンシュッツの所説を紹介・検討することにする。

　アンシュッツにおいては，ラーバント及びイェリネックの国家法人説を承けて国家の法人格は特段の論証なく肯定される。他方で，機関の法人格は国家の分裂回避の要請を根拠として否定される。しかし，アンシュッツにおける国家法人格は十分には基礎付けられておらず，国家の分裂回避の要請も機関の法人格を当然に否定するものではない。アンシュッツも不浸透性ドグマを必ずしも貫徹しておらず，君主及び国民代表にはその法人格ないし権利主体性を肯定するのである。

第 1 項　内在的理解——二重法律概念と国家法人格

　アンシュッツは，形式的法律及び実質的法律の概念を整理した上で，前者が後者以外に如何なる内容を（当時のライヒ及びプロイセンにおいて）現に持っているのか，持ち得るのかを検証・論証する。そこでは国家組織法律の法的性質も問題とされ，国家及びその機関，特に後者の法人格の有無が争点化される。

　(1)　アンシュッツは，ラーバント及びイェリネックに倣って [77] 二重法律概

---

74)　本款では，アンシュッツの次の著作を主たる典拠とする（《　》内に以下本章で用いる略称を示す）。*Anschütz, Gerhard,* Kritische Studien zur Lehre vom Rechtssatz und formellen Gesetz, 2. Aufl., 1913《Studien》.

75)　ラーバント及びイェリネックの二重法律概念説の簡潔な要約として，間田・前掲注 5) 92-95 頁，堀内・前掲注 8) 58-75 頁［初出 1969］参照。

76)　堀内・前掲注 8) 75 頁［初出 1969］によれば，アンシュッツは「いわゆるラーバント＝イェリネク学派の後継者 (Nachfolger) として，明確で独自の構成をもって登場した」のであり，その彼が「ラーバント，イェリネク学説をその反対者から守るべく著した」のが Studien である。反論の主たる対象は，一読して明らかなように，ヘーネル (Hänel, Albert) である。ヘーネルの所説については，同 93-106 頁［初出 1969］参照。

77)　もっとも，アンシュッツはラーバント及びイェリネックの完全な祖述者であるわけではない。たとえば，法規と裁判との関係についてラーバントに反対する箇所 (*Anschütz,* Studien, S. 47)，ライヒ憲法（ビスマルク憲法）76 条 2 項に基づく帝国立法の法的性質についてイェリネックに反対

念（実質的法律概念と形式的法律概念の区別）を主張する。彼によれば，実質的法律概念すなわち法規のメルクマールは，「意思領域の境界画定」たる客観面とそれが立法者において第1次的な目的であるという主観面の両面に求められる。立憲主義国家においては実質的法律は常に形式的法律に拠らなければならないことから，この実質的法律概念の範囲は君主と国民代表との間の権限分配に関する実践的意義もまた有する。

　　（a）　アンシュッツによれば，法律概念は「実質的意味における法律概念」（実質的法律概念）と「形式的意味における法律概念」（形式的法律概念）とに区分される（Studien, S. 2f.）。ここで言う「実質的意味における法律」は，「法律概念の本来的意味，すなわち，立法機関自身によって公布されるのか，あるいは立法機関の代理人としての他の国家機関によって公布されるのかを問わず，国家によって規定（anordnen）[78] された全ての法規」を意味する。これに対し，「形式的意味における法律」は，「その内容を顧慮することなく，それぞれの国家の立憲主義的な立法のために予定された方法によって成立した全ての国家意思表明，それゆえ特に国民代表との合意において最高国家機関によって公布されたものである全ての国家意思表明」を意味する（Ebenda, S. 3）。このように，前者は「法規」という内容に着目した概念であり，後者は国家意思表明という形式（手続）に着目した概念であって，両者は排他的なものでも一方が他方を包含するものでもなく，むしろ互いに交錯し合う概念（sich schneidende Begriffe）である（Ebenda, S. 8）。

　アンシュッツにおいては，このうち実質的法律の範囲の問題は，君主と国民代表との間の権限分配の問題として現れる。彼によれば，権力分立原理が貫徹した国家においては実質的法律と形式的法律は完全に一致するが（Ebenda, S. 3），権力分立原理を貫徹した例はなく，したがって，形式的法律であっても実質的法律でないものもあり，実質的法律であっても形式的法律でないものもある（Ebenda, S. 8f.）。しかし，立憲主義国家においては，「実質的意味における全ての法律は，形式的法律によってその必要性が放棄されていない限りは，同時に形式的意味における法律でなければならない」（Ebenda, S. 88）。すなわち，

する箇所（Ebenda, S. 48–50）がある。

78）　アンシュッツにおける anordnen ないし Anordnung をどう訳出するのかは1つの問題である。本書では差し当たり堀内・前掲注8）75–83頁［初出 1969］に倣い「規定」と訳出した。

或る規範が実質的法律に含まれれば，形式的法律の形式において公布されなければならず，したがって国民代表の合意を必要とすることになる。そこで，君主と国民代表との権限分配の問題を決するには，実質的法律概念の範囲すなわち「法規」概念の範囲が問題となる。

　　(b)　この法規概念のメルクマールは，少なくとも Studien におけるアンシュッツによれば，客観的なものと主観的なものとの 2 つから成る。

　法規概念の客観的メルクマールは，ラーバント及びイェリネックを継承し，「意思領域の境界画定（Abgrenzung der Willenssphären）」に求められる[79]。曰く，「客観的な本質的メルクマールは，強制でも破棄不能性でも一般性でもなく……命令・禁止・許可によって異なる法主体の意思領域を境界画定することである」(Ebenda, S. 36)。アンシュッツによれば，一方で，法律と法規概念を同一視する諸論者においては法規概念が広すぎるし（Ebenda, S. 13–22），他方で，意思領域の境界画定を行うものであれば，一般性や強制的性質を有していなくとも，あるいは君主・行政官庁ないし国民代表の一方的な意思によって破棄され得ないものでなくとも，さらには法秩序を形成・変更するものでなくとも，法規たり得る（Ebenda, S. 34f.）。

　これに対し，法規概念の主観的メルクマールは，イェリネックの目的理論（Ebenda, S. 32–34）を承けて，立法機関の主観において意思領域の境界画定が第 1 次的な目的であることに求められる。曰く，「意思領域の境界画定は，法規においては国家意思表明の第 1 次的な目的追求として，それ以外の規範においては国家意思表明の第 2 次的な目的追求として現れる」(Ebenda, S. 35)。全ての法規は規範を含むのに対し，全ての規範が法規を含むわけではなく，規範はこのように客観及び主観の両メルクマールを満たすことによって完全な法規となるのである（Ebenda, S.36f.）。

　(2)　このように法規概念が「意思領域の境界画定」をその内容かつ第 1 次的な目的とすることからして，法規の規律対象は意思主体，すなわち生身の人格と法人格とに限られることになる。こうして，国家及びその機関が法規の規律

---

79)　周知の如く，アンシュッツは後に法規のメルクマールとして「自由・財産侵害」を使用する。この点については，堀内・前掲注8) 81–82 頁［初出 1969］，168–179 頁［初出 1962］，間田・前掲注5) 95–96 頁，同「ワイマール憲法下における行政組織権理論の展開」名法 72 号 109 頁以下（1977）124–128 頁参照。

対象になり得るのか否か，すなわち国家組織も法秩序の構成要素であるのか否かという問題設定において，国家及びその機関の法人格の有無が争点化される（Ebenda, S. 28, S. 72）。アンシュッツによれば，法人格は国家には認められるが機関には認められない。

　（a）　アンシュッツは，国家の法人格に関してラーバントの見解を要約して次のように述べた上で，自身も国家法人説に立つことを明言する。曰く，「国家は多数の意思主体ではなく，法的意味における人格である。国家の官庁及び官吏は自身のために『意欲する』のではなく，他者の意思すなわち国家の意思を行使するのである。それゆえ，法規にとって余地が存在するのは，国家それ自体の意思領域が他者の意思領域に対して境界付けられるべき限りにおいてである。官庁相互の領域のみが境界付けられる場合はそのような余地は存在しない」（Ebenda, S. 29）。「一般的にせよ個別的にせよ，こうした［国家組織が法秩序の構成要素たるかという］問題の解決に関しては，とりわけ国家の人格という原則が固く保持されなければならない」（Ebenda, S. 73）。

　このように彼によって要約されたラーバント及びイェリネックの見解を承けて，アンシュッツにおいては，むしろ国家の法人格は前提とされており，それを基礎付けるための特段の論証は見られない。

　（b）　これに対し，アンシュッツによれば，こうした国家法人説に拠ると，機関の法人格及び権利義務主体性は否定される。曰く，「国家の機関，すなわち国家意思の実現のために招聘された生身の人格及び人々の団体にも法主体性を付与すること，その結果国家が機関を持つ分だけ多くの人格へと分裂してしまうことは，国家の人格としての性質とは両立しない」（Ebenda, S. 28）。「国家機関は国家と法的に異なる主体なのではなく，独自の主体性を持たない国家の部分なのである」。「国家機関の権利義務についてはこれを語ることはできず，語り得るのは国家の権利義務についてのみである。国家機関の法主体性の欠如は，国家機関が相互に権利義務を有する可能性を排除する」（Ebenda, S. 73）。

　アンシュッツによれば，「法的意味における人格の本質は，意思主体が法秩序の承認と保障に基づいて権利の主体であることにある」（Ebenda, S. 73）。他方で，国家機関が意思主体たり得ることはアンシュッツにおいても問題なく認められている（Ebenda, S. 74）。そうであれば，国家機関の法人格が否定される根拠は，法秩序がそれを権利の主体として認め得ないことにあることになる。

そしてさらにその根拠は，先に引用したアンシュッツ自身の記述に従えば，機関に法人格を認めると「国家が機関を持つ分だけ多くの人格へと分裂してしまう」こと，それが「国家の人格としての性質とは両立しない」ことに求められよう。

（3）　以上のように，アンシュッツにおいては，二重法律概念及び法規概念の2つのメルクマールを基礎に，国家組織法律の法的性質の有無を論ずる中で，国家及びその機関の法人格が問題とされた。その際，国家の法人格については既存の学説に依拠するのみで特段の論証なく肯定された一方で，機関の法人格は「国家の人格としての性質とは両立しない」ことを根拠として否定されたのである。

第 2 項　内容的射程──不浸透性ドグマと国家分裂回避

第 1 項に述べた国家ないし機関の法的性質からして，機関訴訟を原則として否定し得る 2 つの可能性が浮上する。第 1 に，いわゆる不浸透性ドグマであり，第 2 に，国家法人格の分裂回避の要請である。しかし，アンシュッツの叙述を吟味すれば，いずれも機関訴訟の原則的否定を導き得るものではないことが判明する。

（1）　第 1 に，不浸透性ドグマについては，第 1 項に見たような「法人格としての国家の認識」から，アンシュッツは組織法律が法規ではなく単なる行政規範であることを導く。ここに「法＝法規＝（実質的）法律」（平岡久）[80] という等置が媒介することで，国家内部の法に対する不浸透性が導かれる。曰く，「法人格としての国家の認識には，組織法律における法規と行政規範との区別のための鍵もまた存する。その認識から生ずるのは，まずもって，国家の機関，すなわち国家機能の実現を委ねられた生身の人格あるいは多数の人格それ自体は，法主体ではないということである。その総体すなわち国家のみが法主体なのである。国家官庁は意思能力及び行為能力を有するが，しかし彼らは権利ないし義務の行使において意思し行為するのではない」。「個人に対して統一体すなわち全体を成すのは国家である。権利及び義務は国家と個人の間にのみ存在し，官庁と個人との間にも官庁相互の間にも存在しない」。「したがって，官庁

80）　平岡・前掲注 8）111 頁。また，堀内・前掲注 8）76-77 頁［初出 1969］参照。

の『管轄関係（Ressortverhältnisse）』は，法規によってではなく，規範によって限界付けられ得る。法はその本質に従えば決して人格内部的なものではなく，その意思領域の間に法がその境界を引くところの複数の人格を前提とする。しかし，複数の国家機関は複数の人格ではない。それゆえ，組織規範には原則として法的性格が欠けている」(Studien, S. 74f.)。

　しかし，アンシュッツにおいては「原則の緩和」(堀内健志)[81] がなされており，不浸透性ドグマは必ずしも貫徹されていない。まず，国家機関が臣民に対して国家権力を行使する場面においては，国家機関と臣民との間の権利及び義務が語られている。曰く，「臣民に対する国家権力の部分代表としての国家機関に帰属する権能及び義務をその内容と範囲に従って定める規範は，法規として呼ばれるべきである。なぜなら，そのような法規は行政と個々人との意思領域の間の境界規制を目的にするからである」。たとえば，ラント裁判所の設置等は，「裁判所官庁と個々人との間の権利及び義務を規範化する法規の公布を必要とする」(Ebenda, S. 76. 圏点筆者) とされている。また，最高国家機関 (君主，国民代表等) には，さらに進んで権利が認められている。曰く，「最高国家機関についての憲法規定が最高国家機関に固有の権利を規定するということは，見逃されるべきではない。支配者 (君主，連邦参議院) 及び国民代表は，彼らに委ねられた国家権力の行使に向けた主観的な権利を有する。それは，これら両権力ファクターのいずれからもそれらに帰属する権能をその同意なくして奪われ得ない限りにおいて，固有の権利である」(Ebenda, S. 79)。

　(2)　第 2 に，国家法人格の分裂回避の要請については，上記のようにアンシュッツにおいても最高国家機関の権利 (したがって法人格) が認められていることからして，彼においても相対的なものであることが示されている。また，仮に当該要請を前提にするとしても，そのことから機関訴訟の原則的否定が直ちに導かれ得るものでもない。

　(a)　機関に法人格を認めることは国家法人格の統一性に反し，それゆえに第 1 項(2)に見た如く機関の法人格は否定されていたはずである。しかし，アンシュッツは最高国家機関の法人格を「立憲主義的憲法の基本観念」(Ebenda, S. 79) からして肯定する。曰く，「最高機関なかんずく国民代表は固有の権利に

---

81)　堀内・前掲注‘8) 77 頁 ［初出 1969]。

向けた意思主体であるという国法的理解についてのこうした理解は，既に述べた国家人格の統一性の理論に反するわけではない」。「国民代表は国家の基体としての国民の人格化であって，国民代表はその国法的現象形態における『国民』であると言うことができる。立憲主義的原理は，国家の支配権と国民の権利を法規によって規範化することに基づく。すなわち，国民代表において国民のあらゆる『自由権』の主体を見出し，君主においてあらゆる国家的命令の主体を見出すのである。このことからして，及び，国家権力の人格化としての君主と国民の権利の人格化としての国民代表にとって，彼らに帰属する如何なる権利も彼らの同意なくして取り上げられたり変更されたりし得ないという既に言及された事実からして，これら両方の最高国家機関はその機関としての地位に向けた主観的で固有の権利を有するのである」(Ebenda, S. 80)。

　アンシュッツの出発点は，国家に法人格が認められ，国家法人格の分裂回避のためには機関には法人格は認められないことにあったはずであるのに，ここでは突如として「国家権力の人格化としての君主」及び「国民の権利の人格化としての国民代表」が登場する。こうして国家人格の内部には君主人格と国民代表人格が存在することになるが，それがアンシュッツ自身の懸念する国家が機関を持つ分だけ国家が分裂してしまうという事態ではない理由は明らかではない。むしろ，ロートによれば，こうした原則の緩和は「彼の理論の救済ではなくむしろその否定を意味する」[82] ものである。つまるところ彼は，彼自身も「これら帝国の最高機関についての憲法規定を法規とはみなさないなどということは，これまで誰にも思い及ばないことであった」(Ebenda, S. 79) と言うように，最高国家機関には通例権利が認められているという学説状況に鑑みて，「彼の基本テーゼと矛盾する」(ロート)[83] 結論を受容せざるを得なかったのである。

　ここで示されているのは，国家法人格の分裂回避の要請は絶対的なものではなく，立憲主義の要請の前に妥協し得るものであるということであろう。このように，アンシュッツの見解は，自身も「形式的法律と実質的法律の理論は立憲主義国家思想の学問的刻印である」(Ebenda, S. 88) と言う如く，「執行権と広く同視される国家と社会との間，すなわち 1848 年の事件に対する反動にお

---

82)　*Roth*, a.a.O.（Anm. 12), S. 197f.
83)　*Roth*, a.a.O.（Anm. 12), S. 197.

いて宣言されたいわゆる君主政原理と民主政原理との間の持続的な緊張関係」
（ブロイトゲ）[84]の反映に外ならず，その意味で歴史的な刻印を受けたもので
あった。

　(b)　このように国家法人格の分裂回避の要請はそれ自体として相対化可能
なものであるが，他方で当該要請をいったんは受け入れたとしても，そのこと
から直ちに機関訴訟の原則的否定が導かれるとは考え難い。すなわち，既にイ
ェリネックに見たように（第2款第2項(2)），国家機関が対立し，裁判所がそれ
を裁判することはむしろ国家の分裂を回避するのに資するとともに，それは国
家内部の意思形成過程に留まるという概念構成も不可能ではない。

　(3)　以上に見たように，アンシュッツにおいても不浸透性ドグマは必ずしも
貫徹されておらず，むしろ立憲主義の要請の前に一定の機関についてはその権
利主体性が積極的に語られていること，アンシュッツにおいて強調されている
国家法人格の分裂回避の要請も相対的なものに留まる上に，それ自体としては
機関訴訟を直ちに否定するものではないことからして，彼の国家法人説は機関
訴訟の原則的否定をその内容的射程に持つものであったとは言い難い。

第3項　論理的一貫性──国家法人と自然人とのアナロジー

　アンシュッツにおいて国家法人格は本質概念として捉えられていると思われ
るが，彼における国家の法人格の肯定及び機関の法人格の否定は概念必然的な
ものであるとは言えない。

　(1)　まず，国家の法人格の肯定については，第1項(2)(a)に見たように，アン
シュッツはラーバント及びイェリネックの所説に依拠するばかりである。した
がって，彼においても国家の法人格はイェリネックと同じく本質概念として捉
えられており，イェリネックにおける国家法人格に対する批判（第2款第3項）
がアンシュッツについてもそのまま妥当することになろう。したがって，彼に
おいても国家法人格が概念必然的に基礎付けられているとは言い難い。

　(2)　機関の法人格の否定についても，次に述べることからして，アンシュッ
ツにおいても概念必然的なものとは言えない。

　(a)　第1項(2)(b)に見たように，アンシュッツにおいては機関の法人格の否

---

84)　*Bleutge, Rolf*, Der Kommunalverfassungsstreit, 1970, S. 71.

定は本質概念としての国家の法人格を前提に導かれている。そうであれば，イェリネックと同様アンシュッツにおいても国家の法人格が本質概念としてはこれを維持できない以上，機関の法人格の否定も概念必然的なものとは言えないことになる。

　(b)　仮に国家の法人格を前提にする場合には，第1項(2)(b)に見たことからすれば，アンシュッツにおける機関の法人格の否定の妥当性は，国家法人格の分裂回避の要請からして機関の法人格が国家の法人格としての性質と本当に両立しないものであるか否かに拠ることになる。この点についても，当該要請それ自体が相対的なものであることは第2項(2)に見た通りであり，したがって当該要請のみを根拠として機関の法人格を概念必然的に否定することはできないはずである。

　(c)　そもそもアンシュッツの言う国家法人格の分裂回避の要請とは如何なるものであるのか。注目に値するのは，彼における国家法人と自然人とのアナロジーである。曰く，「法的意味における人格の本質は，意思主体が法秩序の承認と保障に基づいて権利の主体であることにある。この意思主体になり得るのは，個々の人間あるいはその多数すなわち団体である。人格という法的構成にとっては，このこと［個々の人間であるか，その多数すなわち団体であるか］は最も些細な違いももたらさない。法概念としての人格は，生理学的・社会的・倫理的な『人格』とは異なるものである。それゆえ，後者の概念から前者の概念を類推することは，誤った結論に至る」(Studien, S. 73)。「ただ多数の人間を一定の方向に向けて及び一定の観点の下に統一体として出現させるところの『擬制』は，それによって我々が個々の人間を，一般にあらゆる任意の対象を，何か全体なるものとして，すなわち統一体として把握するところの擬制と比べて，より大きな擬制であるわけではない」。後者においても，「細胞の複合体，つまるところ大量の分子」という「現実」の代わりに統一体を擬制しているに過ぎない。「目的論的考察方法にとっては，『物事の現実』は機械的考察方法にとってのそれとは異なる。後者にとっては抽象概念の実体化であるものが，前者にとっては真の認識の形式であり得るのである」(Ebenda, S. 74)。

　ここにおいては，多数の人間の団体を統一体たる法人格として把握することは擬制であること，個々の人間を統一体たる法人格として把握することも擬制であること，前者の擬制の程度は後者の擬制の程度より大きいわけではないこ

とが述べられている。法的単位たる法人格の有無を巡って，国家とその機関との関係を問題にしているのか，人間とその細胞との関係を問題にしているのかは，「目的論的考察方法」にとっては擬制の程度に関して有意ではないということであろう。ここから，自然人の細胞ないし分子に法人格を認めることが不合理であるように，国家法人の機関に法人格を認めることも不合理であることが示唆されていると読めなくもない。

　もっとも，このアナロジーは，少なくとも機関の法人格を否定するための直接の論拠たり得るものではない。アンシュッツの見解を否定する中でロートは次のように述べている。曰く，「確かに，あらゆるものは法秩序によって初めてその法的存在を獲得する。その意味においては，自然人の『擬制』についても語り得よう。それにも拘らず，この概念は間違った印象をもたらす。というのも，法的擬制について有意義に語り得るのは，そうでない場合にはそのようには存在しなかろう状況を法秩序が拵える場合に限られるからである。擬制なるものは，法秩序が問題となっている点を異なる方法でも同程度に良く扱い得るという，少なくとも思考上の可能性を常に前提にしている。しかし，人間の場合にはこれは当てはまらない」。「法秩序におけるアクターの採用の単位は個々の人間であってその細胞ではないということは，あらゆる法秩序にとって所与の基本事項である」。「個々の人間は，法学的にはそれ以上分割できないところの，法主体として一般に検討に値する最小の単位である」[85]。

　ロートの言う如く法主体の最小単位が如何なる法秩序においても個々の人間でしかあり得ないのか否かについて本書は見解を持たない。もっとも，アンシュッツにおいて法人格の本質に意思能力の要素があり，法規のメルクマールとして「意思領域の境界画定」が求められていることに鑑みれば，アンシュッツにおいても意思能力が認められる国家機関とおそらくそうでない人間の細胞ないし分子をその法人格ないし法主体性の有無の検討において同列に扱うことは困難であると言わざるを得ない。したがって，自然人が細胞ないし分子に分裂するのと同じ意味において国家法人がその機関に分裂することが不合理であるとは言えないはずである。すなわち，「そのような観念［不浸透性理論］は，不合理にも，言葉の全く文字通りの意味における個人として，分割不能でありそ

---

85)　*Roth*, a.a.O.（Anm. 12），S. 168f.

れゆえ内部的法関係にも開かれていない自然人というイメージを，法人及び権利能力なき組織に転用しようとするものであった」（ロート）[86]のである。

(3)　以上からすれば，アンシュッツの国家法人説は，少なくともそれ自体から機関訴訟の原則的否定が導かれるとは考え難い。アンシュッツにおける国家法人格は十分に基礎付けられておらず，仮にアンシュッツの国家法人説を前提にするとしても，第2項に見たように彼においても不浸透性ドグマは徹底されておらず，国家の分裂回避の要請も他の要請の前に妥協し得るものであった。その際，国家機関たる君主及び国民代表に法人格ないし権利主体性が認められていたことは注目されてよい。アンシュッツの立論は君主と国民代表との間の権限配分を立憲主義に適合的なものにしようという実践的な意図に支えられていたのであり，機関の法人格ないし権利主体性を概念必然的に否定するものではなかったのである。

第4款　機関訴訟否定論の原像と虚像

以上の分析から，機関訴訟否定論の原像は虚像であることが明らかになる。

(1)　第1節第1款に見たように，機関訴訟を原則的に否定する見解の原像は，不浸透性ドグマに求められる。ドイツにおいて「20世紀における機関訴訟論のひとつの到達点」（門脇雄貴）[87]を示したとも評されているロートによれば，「立憲主義国法学の法規概念は定義上市民と国家との間の外部法関係に限定され，それゆえ国家内部における関係を法的なものとして把握することは当該法規概念によって不可能になったのである。そのような観点が機関争訟というテーマにとって必然的に持つ帰結は明白である」。すなわち，「このような不浸透性理論を承認すると，機関争訟は，そもそも定義上，裁判所による裁判の有用な対象としては問題にならない」[88]。

このように不浸透性ドグマは①国家内部の法領域性の否定を意味する。当該ドグマは，それに付随しがちである幾つかの命題，すなわち②機関の法人格の

---

86)　*Roth*, a.a.O.（Anm. 12）, S. 167.

87)　門脇雄貴「学界展望」国家119巻9＝10号710頁以下（2006）711頁。ロートの見解については第3章第4節第6款で扱う。

88)　*Roth*, a.a.O.（Anm. 12）, S. 166.

否定及び③権限の権利性の否定といわば綯交ぜとなって，機関訴訟否定論の原像を形成してきたのである。

　(2)　しかし，不浸透性ドグマ及びその理論的前提を成す国家法人説について，後者の創始者とされるアルブレヒト，前者の代表的論者とされる G・イェリネック及びアンシュッツの見解を分析すると，機関訴訟の原則的否定は少なくとも彼らの所説それ自体から直接的にはこれを導き得ないことが明らかとなる。

　まず，内容的射程の観点からは，次のようにまとめられる。①国家内部の法領域性の否定については，そもそもアルブレヒトはこれを積極的に唱えるものではなく（第 1 款第 2 項(1)），イェリネックにおいても国家内部が法領域であることは否定されておらず（第 2 款第 2 項(1)），アンシュッツもこれを貫徹しているわけではない（第 3 款第 2 項(1)）。②機関の法人格の否定については，その反面として国家の法人格を導くアルブレヒトの論証には疑問があり（第 1 款第 3 項(1)），イェリネックにおいても，法人格とは権利の主体になり得る能力（権利能力）を意味すること（第 2 款第 1 項(1)），機関の権限と私人の権利との区別の貫徹可能性に疑問が残ること（第 2 款第 2 項(3)）からして，そこから具体的な帰結を導き得るほどに十分に堅固なものであるとは言い難く，アンシュッツにおいても特に最高国家機関について見たように例外を許さないほど絶対的なものではない（第 3 款第 2 項(2)）。③権限の権利性の否定については，アルブレヒトにおいては，機関の権能が全体利益のために行使されるべきであるのに対し権利は個人的利益のために行使され得るという区別が見られるものの，両者の理論的区別が一般論として展開されているわけではなく（第 1 款第 2 項(1)），イェリネックにおいても②に関して指摘したように両者の区別の貫徹可能性には疑問が残り，アンシュッツにおいても例外が認められている（第 3 款第 2 項(1)）。

　次に，論理的一貫性の観点からは，次のようにまとめられる。アルブヒレトの国家法人格は，技術概念として実証主義的な基礎付けが志向されているものの，書評という媒体故にそれは必ずしも十分には展開されておらず（第 1 款第 3 項），イェリネック及びアンシュッツの国家法人格は，本質概念として意図されているものの，概念必然的・論理必然的に導かれ得るものとは言い難い（第 2 款第 3 項，第 3 款第 3 項）。

　このように，彼らにおいて不浸透性ドグマ（①国家内部の法領域性の否定）はそもそも採用ないし貫徹されておらず[89]，②機関の法人格の否定及び③権限

の権利性の否定についてもその貫徹可能性には疑問が残り，あるいは例外を許さない概念必然的なものではない。したがって彼らの所説は少なくともそこから直ちに機関訴訟の原則的否定を導き得るだけの内容的射程を持つものではなかったと言うべきである。仮にそのような内容的射程を持つものであったとしても，その論証過程が十分に説得的なものであるとは言い難い。

　(3)　以上の意味において，機関訴訟否定論の原像は虚像であった。すなわち，彼らの所説それ自体から機関訴訟を原則的に否定することには，内容的射程及び論理的一貫性のいずれの観点からしても問題があると言わなければならない。このことを明確にして初めて，すなわち「不浸透性トラウマ」（第1節第1款(1)）から脱却して初めて，機関訴訟の許容性を巡る議論はようやくスタート地点に立つことができるのである。もっとも，それは「スタート地点」に留まる。以上を以て，機関争訟にも私人の権利利益を巡る争訟と同様に訴訟の途が開かれるべきであると言えるわけではもちろんなく，あるいは許されるべき機関訴訟の範囲について何ら論証されたわけでもない。ここで示されたのは，ただ「国家が法人である」というその一事を以て直ちに機関訴訟が概念必然的に否定されるとは言い難いということに留まる。

　このような不浸透性ドグマの虚像性は，ドイツにおいても早くから認識されていたところであった。次節以降では，そもそも虚像であった不浸透性ドグマがその後のドイツ公法学において明示的に解体されていく過程を観察することで，その虚像性についての確証を得るとともに，解体の過程において示された国家法人格に関する理解から国家ないしその機関の然るべき法的把握のあり方を抽出することを試みる。

　(4)　他方で，特にアルブレヒト及びイェリネックにおいて，法人格ないし権利なるものが私人の個人的利益と結び付いていたこと，その論証過程ないし貫徹可能性に疑義があるとは言え，機関が機関自身の利益のために権限を行使することは基本的には否定されていたこと，そこから機関の法人格ないし権利主体性が否定されていたことは確かである。すなわち，アルブレヒトにおいては，公的生において個人が国家のために有する権能は全体利益のために行使される

---

89)　*Roth*, a.a.O.（Anm. 12), S. 207 に曰く，「法の下に『本質的には不浸透な法主体の外部関係の規律』が理解されていたという定式化は，イェリネック＝ラーバントの理解の適切な再現ないし要約ではない」。

べきものであって，そのことを理由として公的生における個人に法人格が否定
されており（第 1 款第 1 項(2)），イェリネックにおいては，機関の権限行使は常
にかつ排他的に国家の利益のためのものであり，そのことを理由として機関の
権利主体性が否定されていた（第 2 款第 1 項）。

　このことが概括条項の下に私人の個人的利益の保護を原則的目的とする裁判
制度と結び付く場合には，確かに機関訴訟は原則として否定されかねない。
もっとも，この点を検証するためには，機関訴訟の許容性を問題とする具体的
な裁判制度の解釈論を探究する必要があるとともに，その前提として，あるい
はそれに伴って，一般に（立法論ないし政策論として）或る法秩序において裁判
制度に期待され得る機能は私人の個人的利益の保護に限られるものであるのか，
限られないとして如何なる機能があり得るのかについての検討も要されよう
（イェリネックにおいて機関訴訟が国家法人格の分裂を回避するための制度として把握
されていたことが示唆的である）。これらの点について一定の方針を獲得するため
には，本章における検討に加え，次章以降における検討を俟たねばならない。

第 3 節　国家法人格の展開——H・J・ヴォルフ [90]

　H・J・ヴォルフ（Wolff, Hans Julius）は，その教授資格論文において国家法
人説及び国家機関論を正面から扱った [91]。同論文は『機関と法人』と題され，
1933 年の第 1 巻は「法人と国家人格」（Person），1934 年の第 2 巻は「代表の
理論」（Vertretung）という副題を持つ [92]。同論文において示されたヴォルフ

---

90)　本款では，ヴォルフの次の著作を主たる典拠とする（《　》内に以下本章で用いる略称を示す）。
　　Wolff, Hans Julius, Organschaft und juristische Person, Band 1: Juristische Person und Staatsper-
　　son, 1933《Person》; *ders.*, Organschaft und juristische Person, Band 2: Theorie der Vertretung,
　　1934《Vertretung》; *ders. / Bachof, Otto*, Verwaltungsrecht, Band 1, 9. Aufl., 1974《Verwaltung-
　　srecht 1》; *dies.*, Verwaltungsrecht, Band 2, 4. Aufl., 1976《Verwaltungsrecht 2》. Verwaltungsrecht
　　1 及び Verwaltungsrecht 2 については，それぞれ新たに執筆者が加わって改版されているが，こ
　　こでは，それぞれヴォルフが改版に携わった最後の版のうち，しかもヴォルフ自身が担当した箇所
　　を主たる典拠とする。
91)　ヴォルフは，「国家法人説の正統な継承者・展開者」（赤坂正浩『立憲国家と憲法変遷』（信山社，
　　2008）13 頁 [初出 2007]），「国家法人論を正攻法で扱った行政法学者」（石川健治「『法律上の争
　　訟』と機関訴訟——那覇市情報公開条例事件を素材に」法教 376 号 87 頁以下（2012）92 頁）等と
　　称されている。

の行政組織法論は，約 30 年後の 1962 年にその初版が登場した彼の体系書の第
2 巻（Verwaltungsrecht 2）[93] において完成したと言われる [94]。これらの著作に
よって展開されたヴォルフの国家法人説及び国家機関論において，G・イェリ
ネック等の国家法人説において未分化であった諸点が理論的に（国家法人説を
維持する方向において）純化されることになった [95]。そこで，以下では，彼の
国家法人説及び国家機関論を，それが初めて世に問われた教授資格論文を中心
として後の彼の体系書によって補いつつ紹介・検討することにする。

　ヴォルフによれば，国家法人とは一般法秩序の下に部分的法秩序たる組織が
実定法によって人格化されたものである。一般法秩序の観点からすれば，機関
はこうした組織＝法人としての国家のための通過的に過ぎない遂行権限の法主
体として位置付けられる。もっとも，機関は部分的法秩序たる組織においては
規範の終局的帰属主体として，その限りにおける法人格を有し，自身の権限を
一定の場合に裁判上主張することができる。このように，ヴォルフにおいては，
国家法人格が技術概念へと純化され，機関には法主体性・（部分的法秩序内にお
ける）法人格が認められている。これらは，不浸透性ドグマを明示的に解体す
るものである。

第 1 款　法人概念の分析的展開 [96]

　ヴォルフの国家法人説は，彼に独特の法学体系及び概念枠組みの上に成立し
ている。彼は学説の混乱の原因を法学的基本概念の混乱に見出し，まずもって

---

92)　同論文は，「同世代の日本の憲法学者によって精読され，戦中・戦後の日本憲法学の理論的なイ
ンキュベーターの 1 つになっている」（石川・前掲注 91）92 頁）とも言われるように，我が国の
（特に）憲法学に少なからぬ影響を与えたことで知られている。

93)　ヴォルフの行政組織法の体系は，我が国においても，「第 2 次大戦後・（西）ドイツ行政組織法
論の一頂点をなすもの」（稲葉・前掲注 8）3 頁［初出 1982]），あるいは「今日の行政法学におけ
る組織法理論の礎を築いたもの」（小林博志『行政組織と行政訴訟』（成文堂，2000）11 頁［初出
1981]）等と評価されている。

94)　*Böckenförde, Ernst-Wolfgang*, Organ, Organisation, juristische Person: Kritische Überlegungen
zu Grundbegriffen und Konstruktionsbasis des staatlichen Organisationsrechts, in: Festschrift für
Hans Julius Wolff, 1973, S. 269ff., S. 270.

95)　Vgl. *Böckenförde*, a.a.O.（Anm. 94), S. 270–272.

96)　本款に述べるヴォルフの見解の紹介・検討として，中西又三「H. J. Wolff の法人論について
——行政主体の法主体性の一考察のために(1)」新報 77 巻 10 号 57 頁以下（1970）。

それら概念の独自の整理を試みたのである。もっとも，この点がそれ自体複雑な彼の見解の理解をさらに困難にしているようにも思われる。そこで，ヴォルフの国家法人説を理解するためには，それに先立って彼の法学体系及び概念枠組みを瞥見しておく必要がある。ここでは，ヴォルフにおける法法則と法治国との関係，法要素論と法技術との二分論を確認した上で，当該二分論に基づく法人格概念の分析を紹介する。

第1項　法法則と法治国

ヴォルフにおいては，法哲学の対象として実定法に先行する法法則の存在が前提とされており，そうであるからこそ法治国も観念可能となる。もっとも，両者の関係は一面的ではない。

(1)　ヴォルフによれば，法は「人間の外部的利益追求における自由な恣意の制限の要請」であり，当該要請は当為命題（規範）の体系たる客観法すなわち「法法則（Rechtsgesetz）」を必要とする（Person, S. 489）。なぜなら，法法則の存在が前提とされてこそ，法的存在の存立の余地が生じ，そこに初めて法治国も法学も存在し得るからである（Ebenda, S. 405）。言い換えれば，自然法則のみに従った弱肉強食の世界は，法法則によって初めて規範的な世界となるのである（Ebenda, S. 408）。

(2)　このように，法法則が論理的に前提されてこそ法治国も存立し得る。もっとも，ヴォルフにおいては，両者の関係は一面的ではない。すなわち，法法則は論理的には法治国に先行し，法法則であることを以て既に規範的な拘束性を有するものの，法治国によって実定化されなければ社会的には妥当し得ない。他方で，法治国はこのように法法則を実定化するものの法法則を作り出すわけではなく，実定法の規範的な拘束性もその実定性からではなく法法則との内容的一致に由来する。

第1に，法法則が社会的に妥当し実定法となるためには法治国が必要である。ヴォルフによれば，法法則それ自体は論理的には実定法に先行して存在しており，その内容及び帰結の探究は法哲学の課題である（Ebenda, S. 489）。もっとも，それが人間社会において実際に妥当するには現実化が必要であり，そのためには当該規範の追求が最高の実力によって保障されていなければならない（Ebenda, S. 490）。すなわち，「哲学的法も『法治国』の意味における『国家』，

すなわち，その『政府』が何が法たるべきかを宣言し，その『司法』が個々の場合における現行法を巡る争訟を裁判し，その『行政』が必要な場合には強制を以て服従を貫徹するところの国家を，必要とする。哲学的法法則に対応する法治国的な法が実定的に宣言され，社会的に妥当する限りにおいて，それは実定法である」(Ebenda, S. 490)[97]。

　第2に，このように法法則は国家によって実定化されることによって初めて現実的妥当を獲得するけれども，国家は法法則それ自体を作り出すわけではない。曰く，「国家は，法を本来的に生み出さず，それを実定化するのみである」。「国家は，あらゆる実定性に先行しあらゆる実力・歴史性及びイデオロギー的価値から独立して存在する法法則を実定化し，当該法則によって命じられた国民における『法状態』を確立するのである」(Ebenda, S. 416)。

　第3に，法法則は法法則であることによって既に規範的な拘束性を有するのであって，実定法の規範的な拘束性もその実定性からではなくその法法則との内容的一致から生ずる。曰く，「この［国家によって宣言され社会的に妥当するところの］実定法はそれ自身命令を含まず，限定された規範的内容の判断のみを含む」。「法治国的実定法の拘束性は，その実定性から生じるわけではない。なぜなら，当該実定法及び実定法上の判断は，仮言的なものに過ぎず，前提とされた事実によってのみならず，とりわけ政府（『国家』）による実定的定立という事実によっても留保されているからである。そのような実定法規範の拘束性は，むしろその哲学的法法則との内容的な一致及びその学問的に一義的な由来から生じる」(Ebenda, S. 490)。

　(3)　このように，実定法は法治国による法法則の現実化として観念されている。しかし，ヴォルフによれば，あらゆる国家において法法則が完全に実定化され得るわけではない(Ebenda, S. 421)。曰く，「国家が言葉の完全に実質的な意味における『法治国』となるのは，その諸規範（その『機関』の担当者の意思行為）が無制限に妥当する法法則と一致しているが故に拘束的である（法にかなっている）場合のみであり，その限りにおいてのみである」(Ebenda, S. 420)[98]。

---

97)　あるいは曰く，「その規範が宣告されその社会的現実における尊重が実力によって保障されている法秩序を『実定的』であると呼ぶ場合には，法法則はその社会的妥当のために間接的に『実定的法秩序』を自ら要請し，要するに法的争訟及び具体的な法違反について裁判するところの機関（Instanz）を必要とする」(*Wolff*, Person, S. 411)。

98)　このことは，原規範（Urnorm）・始原規範（Ursprungsnorm）・根本規範（Grundnorm）の諸

第 2 項　法要素論と法技術

　ヴォルフによれば，第 1 項に見た哲学的法法則及びその内容とは別に，法理論の対象として，実定法体系それ自体を探究することも可能である。法理論は，その内部において「法技術」（Rechtstechnik）と「法要素論」（Rechtselementar-lehre）とに区別される。この二元論に基づき，意思や利益，権利や義務も法要素的なそれらと法技術的なそれらに概念上区別される。

　(1)　法技術は，「形式的法理論としては，法規の単なる形式，その相互関係，とりわけ法学的な概念形成及び構成を探究し，実質的法理論としては，規範の内容及びその作用を探究する」。これに対し，法要素論は，「普遍的で経験的な関係，特に人間の利益能力及び意思能力ある存在としての性質，物の性質等（法の要素）を考慮に入れる」ものである（Person, S. 490f.）。

　この「法技術」と「法要素論」との区別は，ヴォルフの体系を貫く重要な二元論である。たとえば，基本的な法学上の概念である意思及び利益についても，法要素的なそれらと法技術的なそれらが区別される。すなわち，ヴォルフによれば，「心理的能力」（psychische Vermögen）としての意思及び利益は法主体性の本質的条件ないし法要素であって単に実定的ないし法技術的なものではない（Ebenda, S. 90）。これに対し，それらは「『現実』が構成要件へと解消されること」（Ebenda, S. 139）によって「特殊法学的な，すなわち常に実定法によって類別化される構成要件」（Ebenda, S. 137）となる。法技術的には，意思は「法が一定の法効果を結び付ける構成要件に過ぎないところの，はるかにより重要な『意思表明』のための動機」であり，「人間的利益の対象は，法技術的には単なる『対象』以上のものではない」（Ebenda, S. 138）。

　(2)　こうした二元論に基づいて，権利及び義務の両概念も，法要素的なもの

概念に即して言えば，次のようになる。すなわち，ヴォルフにおいては，これら諸概念は，原規範は実定法体系の最高の規範として，始原規範は国家組織の最高の委任（授権）規範として，根本規範は法的拘束性を基礎付ける超実定的な規範として，区別される（*Wolff*, Person, S. 366）。根本規範は超実定的ではあるが，そこから法規範を語る場合には法法則として前提されなければならない（Ebenda, S. 406）。曰く，「根本規範は，いわゆる実定法規範を規範的に基礎付けるために，すなわち，それらを事実に還元してはならないために，まさにそのために想定されなければならないのである」（Ebenda, S. 374）。或る国家の原規範が，こうした実定法体系の究極の規範的正統化の根拠としての根本規範と内容的に一致する場合に，その限りにおいて，当該国家は法治国となるのである。

と法技術的なものとに概念上区別される。ヴォルフは，これら区別を明確にするため，法要素的なそれらを単に権利（Recht）ないし義務（Pflicht），法技術的なそれらを実定的権利（Berechtigung）ないし実定的義務（Pflichtung）と表現する（Ebenda, S. 104f.）[99]。ヴォルフによれば，法要素的な権利及び義務はあらゆる法定立に先行して存在しており，法秩序がこれを否定することは不可能である（Ebenda, S. 132f., S. 493）。

　（a）法要素的権利の主体たり得るためには，利益を持ち得るだけでよい。ヴォルフによれば，あらゆる人間は利益保有者（Interessenträger）であり，したがって権利主体である。曰く，「利益……とは，対象（他の人間，物ないし関係）への主体の関心（積極的関係）である」（Verwaltungsrecht 1, S. 167）。「法は法服従者……の利益を保護する。しかし，その場合に法は利益保有性のみを前提とするのであって，それ以外には何も前提としない。それゆえ，理性ないし意思能力なき存在も，その権能及び実定的権利を……主張し享受し得る『権利主体』たり得る。全ての人間は利益保有者であるから，彼らは全て権利主体である」（Person, S. 117）。「権利主体には，性質上利益を持ち得る全ての存在がなり得る。全ての人間，乳児も禁治産者もそうである」（Verwaltungsrecht 1, S. 205）。

　これに対し，法要素的義務の主体たり得るためには，「法的命令を理解しそれに従って意思を規定する能力」（Person, S. 492）を持たなければならず，すなわち「理性的かつ意思能力ある存在」でなければならない。曰く，「法の任務が法服従者の恣意を制限することであるなら，法は権利以上に義務を規定するものであり，それゆえ『義務主体』に向けられるものである。しかし，命令的規範としては，法は理性的かつ意思能力ある存在のみに向けられ得る。それゆえ，そうした存在のみが『義務主体』たり得るのである」（Ebenda, S. 116f.）。「法要素的意味においては，義務主体たり得るのは，性質上命令を理解しそれに従ってその意思を規定する能力のある存在，それゆえ分別（最低年齢）があって精神的に健康な人間のみである」（Verwaltungsrecht 1, S. 205）。

　（b）実定法は，法要素的な権利ないし義務の主体以外の者に実定的な権利ないし義務を付与することがある。曰く，「客観法秩序，特に実定法秩序は

---

99)　本章においても，ヴォルフの見解の紹介・検討に当たって以下単に「権利」ないし「義務」と言う場合には，それらは基本的には法要素的な権利ないし義務を意味する。

――主に構成的な理由から――権利主体及び義務主体以外の者に権利を付与し義務を課すことができる」。このように実定法によって権利を付与され義務を課される主体が「実定的権利主体」あるいは「実定的義務主体」である（Ebenda, S. 493）。こうした実定的権利主体ないし実定的義務主体たるためには，法規範の内容を理解しなければならないから，やはり理性的かつ意思能力ある存在でなければならない（Ebenda, S. 116）。

　法要素的な権利ないし義務の主体と実定的な権利ないし義務の主体との乖離の必要性は，利益を持つものの法規範を理解しその意思を規定する能力を欠く未成年者等の存在を想定すれば容易に認められる（Ebenda, S. 493f.）。両者の乖離は，権利概念に関する意思説と利益説との対立にも表れている。曰く，「かつて法は意思に『関係する』と言われ，後に法は利益に『関係する』と言われた。しかし，通例見逃されていることであるが，両方の場合においては『関係』の異なる意味が問題になっている。利益に法が関係するのはその対象においてであり，それに対して意思に法が関係するのはその規範の名宛人においてである」（Ebenda, S. 114）。法は何らかの利益の保護を目的とするものであり，その利益の保有者が法要素的意味における権利主体であるのに対し，その利益の実現を法に従って追求する主体が実定的権利の主体であるとされているのである。

第3項　法人の法要素的叙述と法技術的構成

　第2項に見た法要素論と法技術との二元論に基づき，ヴォルフは法人についてその法要素的叙述と法技術的構成を展開する。ヴォルフによれば，法人は，法要素的には組織によって規範化される法関係の複合体であり，法技術的には権利能力ある帰属主体である。

　(1)　ヴォルフは，人格を「規範的主観的帰属の潜在的終局点」として定義する（Person, S. 151）[100]。法要素的にはこれは人間を指すが，法技術的には拡張

---

100)　ヴォルフにおいては，法主体性と人格とは明瞭に区別されている。すなわち，ヴォルフは，法主体性を「少なくとも1つの法規の帰属主体たる人間ないし他の社会的基体の資格」であると定義し，「法主体性は，その主体に1つの義務ないし1つの権利を帰属させる1ないし複数の法規が存在する場合には，常に存在する」（*Wolff / Bachof*, Verwaltungsrecht 1, S. 207）とする。法主体たるためには人格のように終局的な帰属点である必要はなく，しかも1つの義務さえ（法要素的ないし法技術的に）帰属すればよい。曰く，「法は，人間の……原則的自由のために必要であるとこ

され得る（Ebenda, S. 142）。このようにして拡張される法技術的な人格概念は，実定法によって人間以外のものが諸規範の思考上の終局点とされているという「より高度に複雑な観念のための簡約的表現」であり（Ebenda, S. 151），したがってその範囲は具体的な実定法に依存する。曰く，「『人格』は思考上の事物（Gedankending）に過ぎないから，人格に対する何らかの実体的な要求——たとえばその『基体』はいつも人間でなければならない——はこれを立てることができない」（Ebenda, S. 151）。「潜在的な終局的帰属主体として理解されると，人格は，もはや人間のように事実ないし事実複合体ではなく，諸規範の思考上の（理念的な）目標点である。それゆえ，誰ないし何が人格であるかは，事実の問題ではなく，実定法秩序から初めて生じる。実定法秩序は，事実やたとえば組織もその帰属の終局点として扱うことができるのである」（Ebenda, S. 149f.）。

　ヴォルフによれば，法人をこの文脈に即して分析すると，法人は人間ではないから法要素的な意味における人格ではあり得ない。曰く，「法人それ自体は法要素的な意味においては義務主体でもなく権利主体ですらない」（Ebenda, S. 165）。第1に，法人は理性能力及び意思能力を有しないから義務主体たり得ない（Ebenda, S. 152）。意思の主体は常に人間であって，法人に固有の意思として語られるものは思考経済上の簡約的表現に過ぎない（Ebenda, S. 160）。「全体意思」なるものがあるとしたら，それは，「団体構成員の心理的意思の統一のための単なる補助構成」という法技術的なものに過ぎない（Ebenda, S. 163）。第2に，法人は利益を有する心理的能力を持たないから権利主体たり得ない。利益の主体は常に人間であって（Ebenda, S. 155），法人に固有の利益及び目的なるものも思考経済上の簡約に過ぎない。有機体や組織の目的ないし利益が語られることもあるが，それは「イメージ，比喩，簡約に過ぎない」（Ebenda, S. 153）。このようにヴォルフにおいてはイェリネック（第2節第2款第1項(4)）と異なり法人に固有の意思ないし利益の存在は否定されており，ここにヴォルフの「個人主義的な基本姿勢」（C・H・ウレ）[101]を看取することができる。

ろの人間の社会的共生の規範的秩序である。つまり，全ての者の制限なき自由，すなわち単なる実力及び恣意を，全ての他者の自由のために制限するためのものである」。「それに伴って与えられるのは，権利の形式的規定では全くなく，直接的には義務の形式的規定のみである」（*Wolff*, Person, S. 99）。こうした定義を前提として，ヴォルフにおいては容易に機関の法主体性が肯定されており，国家内部の法領域性も当然の如く肯定される。

　(2)　もっとも，ヴォルフによれば，人間の意思が「組織」によって媒介されることにより法人の意思はこれを観念することも可能であり，これに伴って共同の利益追求が規律され得る。曰く，「組織こそが，どのような意思（決定）ないしどのような複数の人間の共同作用（議決）が形式的かつ内容的に尊重されなければならないかを提示する。組織によってこそ，多数が単一へと統合されるのである」。「『法人の固有の意思』としての『共同意思』の欠缺は，多数の個々の意思及び組織と呼ばれるところの多数の法規によって補われる。或る人間の意思が組織によって提示された一定の前提及び形態の下に表明された場合に，それが法人の意思として妥当することが，組織によって規定されるのである」（Ebenda, S. 164）。

　ヴォルフにおいては，組織とは共同の利益追求及び意思統一を規律する諸種の法規範の複合体を意味する。これら法規範の中心を占めるのは定款（Satzung）である。曰く，「定款は，全ての関係人に対して妥当し（関係人全てが服従し），それによって同時に関係人全てを統合し，他者（団体に関係のない者）から区別するところの，すなわち法人を個別化するところの諸規範の体系である。内容的には，定款が通例規定するのは，団体の名前・場所・目的，共通のないし統一された利益の保有者・担当者，彼らがその機能を遂行しなければならない際に用いるべき方法である。それゆえ，定款は関係人に客観的な実定的権利及び義務を課すところの『部分的法秩序』である」（Ebenda, S. 165）。しかし，組織はこうした定款に尽きるものではなく，そこにはさらに「全ての『組織的な』，すなわち『機関』及び『職務所持者』の権限を形式的に規律するところの，定款から導き出される諸規範」及び「関係人の法関係に関する『全体的法秩序』（一般法律）の諸規定」[102] も含まれる（Ebenda, S. 167）。

　(3)　ヴォルフによれば，こうした組織として，法人は法技術的な人格すなわち「規範的主観的帰属の潜在的終局点」たり得る。

　　(a)　主観的帰属点たるためには，その前提として，統一体でなければならない。もっとも，法人の統一性は感覚的に経験可能ではないから，何らかの

---

101)　*Ule, Carl Hermann*, Buchbesprechung von Hans J. Wolff: Juristische Person und Staatsperson（Kritik, Theorie und Konstruktion）, in: VerwArch 40, 1935, S. 94ff., S. 96.

102)　特に，組織の外側に立つ第三者に対する外部関係に関して，組織の共同財産と構成員の財産との分離を規定するためには，組織自体の定款によってではなく，より上位の一般法秩序によらなければならないとされている（*Wolff*, Person, S. 167-170）。

「統一モメント（Einheitsmoment）」が必要である。曰く，「人は，何らかの利害からしてそれが好都合であるようであれば，何らかの形で互いに補完して 1 つの全体を形作っているもの全てを『統一体』へと統合することができる」（Ebenda, S. 184）。もっとも，「対象が『統一体』として観察されるか否かは，その統一性が既に感覚的に経験可能なものでない限り，観察の観点及び目的に全く依存している」。「法学は，多数を多数としてみなすこともできる」し，「法学がその利害のために，特に帰属点ないし帰属主体として統一体を形成する場合には，多数を統一体として観念し概念することもできる」。「全てのこの種の統合は，それによって多数が個別化されるところの，統一モメントを前提とする」（Ebenda, S. 185f.）。

　こうして必要とされる統一モメントたり得るものとしては，目的と主体とが挙げられる。第 1 に，目的に関しては，従来特に統一モメントとして挙げられていたものであるが，法人においては同時に複数の目的が追求され得るし，時期によって追求される目的が変動し得ることからして，そのためには不適合である（Ebenda, S. 186f. この点でイェリネック（第 2 節第 2 款第 1 項(2)）と異なる）。ヴォルフにおいては，目的の事実上の統一性はフィクションであるとされているのである（Ebenda, S. 310f.）。第 2 に，主体に関しては，何を統一体としての主体とするかが問題となる。構成員全体や業務執行者を主体とすると，構成員や業務執行者の変動によって法人の同一性が損なわれてしまうし（Ebenda, S. 189f.），諸人格相互の法関係を人格化しようとしても，内部関係を人格化すると外部関係を説明できず，外部関係を人格化すると内部関係を説明できないことになってしまう（Ebenda, S. 191f.）。

　これら全ての問題点を克服するものとしてヴォルフが提示するのが，組織としての法人である。曰く，「法人を形成する全てのもの，すなわち内部関係及び外部関係，構成員の利益対象の統合，当該財産への責任及び利得の制限，業務執行人及びその義務付け，並びに外部に対する統一性，これら全てがそれによって統合されるところの，より上位のモメント」が必要となる。そのようなモメントこそが「全てを規範化する『組織』」である。「組織は，法人の内部関係のみならず外部関係の形成に関しても構成的であり，構成員及び機関担当者の変更を超えて存続する。組織からは名前・場所・意思形成・処分権及び周知可能性が生じる。組織は少なくとも『内部に対する』『責任制限』，すなわち本

来的利益保有者からの利益対象の分離をも基礎付ける。というのも，この場合には『統合された利益』及び『共同目的』の遂行を偶然性から守ることが重要であるからである。そのためには，『組織』，すなわちそれによって当該目的の規定及び達成がそこに統合された個人の判断及び恣意から独立させられるところの『人工的な……装置』が必要である」(Ebenda, S. 192)。

　(b)　このように組織によって統一性を獲得する法人の法技術的な人格性は，ヴォルフにおいては，法人と第三者との外部関係においてのみならず，法人の内部関係においても認められ得る。曰く，「人格が即物的に正当化されるのは……帰属主体が１つの極であるのみならず，規範的関係の終局点である場合のみである。これは２通りの方法において可能である。すなわち，或る主体は，組織規範それ自体に関してのみ規範的関係の終局点であることもあり得るし，組織及び第三者の上位に位置する法秩序の規範に関しても規範的関係の終局点であることもあり得る。第１の場合においては当該主体は内部関係においてのみ，すなわち組織に特別に服従する構成員及び機関担当者に対してのみ『人格』である。第２の場合においては当該主体は外部関係においても，すなわち第三者つまり組織に服従しない者に対しても『人格』である」。「実際，内部的＝組織的な法関係の重要性を理解すれば，重要な人格概念を特定の終局的帰属主体に認めない理由は消失する。他方で，特に，人格概念の下に全ての観点においてあらゆる規範種類に関して終局的帰属主体であるような終局的主体のみを理解しようとしても，そのような主体は存在しないため，それは不可能であろうから」(Ebenda, S. 198f.)。

　さらに，ヴォルフによれば，権利能力の範囲は常に相対的であることからして，原則的に権利能力ある人格と部分的に権利能力ある人格とを区別するのは困難であり，したがって権利能力の範囲が部分的であることは人格を否定する根拠にはならない。曰く，「原則的に権利能力ある人格を，他の特に部分的にのみ権利能力ある人格と区別することの困難は，終局的権限帰属主体性の意味における全体的な権利能力なるものが全く存在せず，むしろその範囲は極めて様々であり異なる法規範に応じて常に相対的であることからして，つまるところなおも強められる。このことは，人間の権利能力の範囲について既に妥当するし，組織の権利能力についてはなおのこと妥当する」(Ebenda, S. 202f.)。

　(c)　そうであれば，法人が法技術的に人格たるということは，一般法秩序

及び定款（すなわち組織）によって，少なくとも何らかの法規範（外部関係であるか内部関係であるか，原則的であるか部分的であるかを問わず）の終局的帰属主体性が付与されていることを意味しよう。

　外部関係については，このことはまずもって法人が財産的な責任（Haftung）の主体たり得ることによって肯定される。ヴォルフによれば，少なくとも責任に関しては，諸々の帰属関係における利益対象たる財産の統一性が確保される限りにおいて，すなわち法人の特別財産ないし目的財産が観念される限りにおいて，法人はそれらに関する（法技術的な）規範的帰属点たり得る。曰く，「法が当為である限り，それは事実上の保障としての責任とは直接的には関係を持たない。しかし，実定法は……当為のみならずその実現をも含意するものであり，そのためには責任も必要である」（Ebenda, S. 178）。「法人は，『責任を負う（haften）』ことはできる」。「そこでは義務主体性は問題にならないからである。誰が請求権を主張する立場にあり誰が義務を履行する立場にあるのか，すなわち誰が要求でき誰が果たすべきであるのかということから独立して，財産それ自体との関係のみが問題となっているのである。それゆえ，問題になるのは，利益の対象の一定の領域としての財産，すなわち，実定的義務の実現がその利益ないし負担となるところの特別財産ないし目的財産としての財産のみである」（Ebenda, S. 180）。

　内部関係については，(2)で見たように定款によって関係人に実定的な権利ないし義務が課される。もっとも，この定款は，より上位の法秩序によってその法的妥当に正統性が付与されなければならない（Ebenda, S. 215）。

　　(d)　以上のようにして承認され得る法人の法技術的な人格は，これまでの叙述において既に明らかであるように，思考経済上及び学問経済上の目的適合的な構成（Konstruktion）として要請される。すなわち，法要素論的に見れば，(1)で見たように法人は権利主体にも義務主体にもなり得ない。法人たる組織に統合される諸規範に関する法要素的な権利主体は，これら諸規範がその利益のために定立された人間（利益保有者）である。法人の機関担当者は定款によって実定的な権利ないし義務を付与され，これらを遂行することによって当該利益保有者の利益を実現する。法人は，こうした「定款及び上位法秩序によるその補完・正統化（全体として『組織』）によって規範化されるところの法関係」の複合体であり（Ebenda, S. 229）[103]，その簡約的な表現として法人の法技術的

な人格が語られるのである。曰く，「法人はむしろ法技術的意味における人格
に過ぎない。それは組織によって基礎付けられた特別の法関係の単なる総体で
あり，それら法関係は法人という概念によって簡約的に統合される。このこと
は，実定法秩序が組織によって個別化された統一体を主観的帰属の終局点とし
て扱い，そうすることで権利及び義務によって基礎付けられた実定的権利及び
義務のより詳細な規定を組織に委ねていることを理由として，その限りにおい
て，正統化される。法人は，法技術的な権利能力ある帰属主体なのである」
(Ebenda, S. 230)。

　(4)　このように，ヴォルフにおいては，一般に法人は純粋に法技術的な概念
として捉えられている。もっとも，このことが人格の承認を国家の恣意に全く
委ねてしまうことを意味するのであれば，それは政治的に高度に憂慮すべき事
態を惹起し得る。しかし，ヴォルフによれば，以下の理由からそのような事態
は生じ得ない。

　第 1 に，権利能力の有無が法秩序に依存しているのは自然人の場合と異なら
ない。曰く，「法人という概念に統合される法関係は形式的に客観法に適合し
ていなければならない。確かに，その限りで法人は法秩序を論理的に前提とす
る。あるいはまた，帰属主体が人格たるべき場合には，上位の法秩序は組織を
『権利能力あるもの』として承認しなければならない。しかし，両方の点にお
いて法人は『生身の』人格に何ら劣るものではない」。立法者の自由があるの
は，「その『権利能力』を付与する自由に限られるのであって，このことは人
間の権利能力の否定に全く対応する。その他の点においては，国家が法人すな
わち組織を生み出すのではなく，上位の法秩序が定款に法的妥当の正統性を付
与するのみであって，契約ないし財産の法的妥当を基礎付けるのと何ら異なら

---

103)　ヴォルフは，組織に包摂される諸規範の内容について，次の 6 点が予定されているとする。第
　1 に「構成員ではなく定款に則って招聘された特定の人間のみが全体財産に関わる実定的権利及び
　義務の遂行に招聘されること」，第 2 に「組織及び関係人間の法関係は構成員の変更から独立して
　存続すること」，第 3 に「体制（Verfassung）及び関係人間の法関係は機関担当者の変更から独立
　して存続すること」，第 4 に「利益担当者による法秩序に則った全体利益の追求及び制限は『統合
　された利益』，厳密には共同財産の利益及び負担においてのみ生じること」，第 5 に「機関担当者の
　……事実的な行動は，構成員に直接帰属するのではなく，共同利益対象の制限及び利得を通して間
　接的にのみ帰属すること」，第 6 に「上記の責任制限及び利得制限，第 5 点に従った帰属，構成員
　及び機関担当者の変更からの独立性が第三者に対しても妥当するのは，上位の，通例は国家の法秩
　序の力によってであること」である（Wolff, Person, S. 229f.）。

ない」(Ebenda, S. 215)。

　第 2 に，一般に法技術的な構成は常に法要素的検証可能性を前提としており，したがって権利能力の付与も国家の恣意に委ねられているわけではない。人格は，その付与によって国家が何か新しい現実を生み出すわけでも何かを擬制するわけでもなく，現実を把握するための構成モメントなのである[104]。曰く，確かに「『人格』は『現実の物』のようなものでもなく，単なる『思考上の事物』である」が，それは「擬制」ではなく「構成モメント (Konstruktionsmoment)」である。すなわち，「現実についての解釈が何らかの方法で擬制的に変えられるのではなく，まずもって法の直接的な対象のための，続いて法的考察の下に置かれる現実のための，固有の図式 (Schema) が構成されるに過ぎない」(Ebenda, S. 144f.)。「権利能力の付与は法秩序（より良く言えば立法者）の恣意に委ねられているわけではない。当該付与はその限界を常に必然的な法要素的検証可能性に見出す。それはつまるところその命令の事実的実現可能性に外ならない」(Ebenda, S. 151)。

　第 3 に，このような法要素的検証可能性の観点からすれば，法人が法人たるためには，法要素的な義務主体たる機関担当者及び法要素的な権利主体たる利益保有者の存在が必要である。曰く，「法要素的な義務及び権利の主体性の前提を満たさないところのこの社会的統一体（組織）は，目的適合的な単純化を理由として法技術的に実定法秩序によって定立された何らかの実定的な義務及

---

104)　ヴォルフは，擬制と法学的な「構成」との相違を次のように説明している。「以上によって輪郭を与えられた組織を『人格』と呼ぶ場合，このことは，その生身の人格とはしばしば広範囲にわたって異なる権利能力の故ではなく，この『法的意味における人格』の法技術的に過ぎない性格を理由として，『自然人』に対して擬制である。というのも，自然人は常に人間であり，法人はそうではないからである。法人は，心理的で生身の存在によってではなく組織によってのみ個別化される。それゆえ，法人は権利主体ではなく義務主体ではもちろんない。確かに，この用語が選択される場合には，あらゆる構成と同様に『思考経済上及び学問経済上の』目的適合性のみが問題であるから，それに従うように誰も必然性を以て強制され得ない。たとえば擬制に対する不安からして法人の可能性を否定する可能性は誰についても自由である。もっとも，それを否定する者には，その理解がより大きく目的適合的であることの証明が与えられなければならない」(*Wolff*, Person, S. 207f.)。「実際，ここで問題になっているのは，たとえば人間という明らかに存在しない事実の擬制ではなく……法学的に過ぎない対象の構成，すなわち諸事実・諸関係・諸規範の思考上の統合であり，差し当たり他者に向けられていた諸規範の下へのその包摂である。このことは，より厳密な意味における『擬制』の定立以上のものであり，それとは異なるものである。なぜなら，その存在ないし妥当が不確かなものが存在ないし妥当しているものとして想定されるわけではなく，その不存在及び不妥当はむしろ確かであるからである」(Ebenda, S. 208f.)。

び権利の主体として扱われる」。「そのような法技術的な簡約のための条件は，常に，実定的な義務及び権利が法要素的な義務及び権利主体へと，それゆえ，単なる実定的義務主体に課される実定的義務を履行しなければならない義務能力ある人間（担当者）及び利益が法要素的に究極的に帰属するところの他者（保有者）へと，還元され得ること，である」（Verwaltungsrecht 1, S. 206）。

第2款　国家法人格の技術概念への純化[105]

　以上に見たヴォルフの法学体系及び概念枠組みを前提に，以下では彼における国家の法的把握のあり方を確認する。ヴォルフも，イェリネック（第2節第2款第1項(2)）に倣い国家をその社会学的側面と法学的側面とに分けて考察する。ヴォルフによれば，社会学的国家概念は「権威的で一元的な領域支配団体」として定義され，法学的国家概念は「国家人格」と「国家」とに二分される。法人格が承認されるのは，このうちの一般法秩序の下における部分的法秩序たる組織としての「国家人格」である。第1款に見た如く組織の法人格はあくまでも法技術的な概念であることからすれば，このように認められる国家の法人格も法技術的概念であることになる。

第1項　国家概念の分類

　ヴォルフは，社会学的国家概念と法学的国家概念とを区別し，法学的国家概念の内部においても全体国家法秩序としての国家と組織としての国家人格とを区別する。

　(1)　ヴォルフは，社会学的国家概念を「権威的で一元的な領域支配団体」として定義する。ヴォルフによれば，「『国家』と呼ばれる社会科学的概念形成（sozialwissenschaftliche Begriffsbildung）の対象の7つのメルクマール」として，以下のものが挙げられる。すなわち，第1に「互いに結び付いた複数の人間集団」，第2に「その幾重にも様々に絡み合わされた，部分的には即物的に媒介された心理的＝物理的な相互関係」，第3に「秩序と呼ばれ得るところの，この相互関係を（全部ではないにせよ）広範囲にわたって規定する諸規範の複合

---

105)　本款に述べるヴォルフの見解の紹介・検討として，黒田・前掲注16）63-75頁。

体」，第4に「秩序を構成し『行政各部（Verwaltungsstab）』の助けを以て保障する人間の力（＝支配）」，第5に「何らかの方法で基礎付けられた社会的正統性による当該力の権威」，第6に「一元的妥当を求める請求権」，第7に「その妥当が及ぶのは或る領域の内部であること」である。「第1から第3の要素はこれを『団体』の概念に，第1から第4の要素はこれを『支配団体』の概念に統合することができる。それゆえ，社会的意味における『国家』は，権威的で一元的な領域支配団体である」（Person, S. 343）。

（2）　ヴォルフは，法学的国家概念を「国家人格」と「国家」とに二分する。前者は一般法秩序の下における部分的法秩序としての組織であり，後者は一般法秩序も国家組織も含む全体国家法秩序である。このうち人格化されるのは前者のみである。

　ヴォルフによれば，法学的意味における国家はまずもって組織（法関係の複合体）として把握される。曰く，「社会的意味における国家が『国民』と呼ばれる集団の内部における相互関係の複合体であり，その概念的把握は組織という統一モメントを前提にしているように，法学的意味における国家も，法関係，すなわち同時に広義における『組織』，言い換えれば法秩序に還元されるところの実定的権利及び義務の複合体である」（Ebenda, S. 425）。「今日広く支配的な理論は国家を法人として見る。このことは――意思理論及び利益理論に基づく同じく維持不能な前法学的な人格を想定しない限り――法的意味における国家は特別の種類の組織形態であることを意味する」（Ebenda, S. 351）[106]。

　第1款第3項(3)に見たことからすれば，組織としての国家は，その定款を正統化し補完するより上位の法秩序（他国との関係においては国際法，国内においては一般法秩序）の下にある。したがって，組織としての国家はこの一般法秩序との関係では部分的法秩序である。これに対し，一般法秩序も全体国家法秩序として「国家」と呼ばれることがある。後者の意味における国家は，ヴォルフ

106）　したがって，国家として人格化されるものは憲法それ自体でも君主でもない。一方で，第1款に述べたことからして人格たるためには人間あるいは規範複合体でなければならないところ，このいずれでもないため憲法自体はこれを人格化できない。他方で，「そこにおいて『機関担当者』が君主の人格的代表として行為し，君主の私的財産と国家財産とが分離されておらず，君主が職務のためのみならず固有の権利としても自身の支配を行使するような国家」であれば，国家人格を君主とすることも可能である。しかし，これら条件を全て満たすわけではない国家も存在したし現に存在する（*Wolff*, Person, S. 428f.）。

においては，「或る最高実定規範（あるいはそのような規範体系）に直接ないし間接的な形で委任的（授権的）に依存する法学的＝規範的な関係の複合体」であるとされている（Ebenda, S. 437）。

このうち，ここで人格化されているのは，部分的法秩序たる組織としての国家のみである。曰く，「人格化されるのは，民族（Volk）でも国民（Nation）でもなく，部分的法秩序としての組織である」。「国家人格は『組織』の人格化に過ぎず，全体国家法秩序の人格化ではない」（Ebenda, S. 435f.）。したがって，「国家人格とは，一方においては国際法によって，他方においては一般法秩序によって基礎付けられるところの構成的に認め得べき終局的帰属主体としての国家組織である」（Ebenda, S. 437f.）[107]。

第2項　部分的法秩序＝組織としての国家

その他の組織と異なり，国家組織の人格化に際して問題となり得るのは，その一般法秩序との関係である。法人は法技術概念でしかあり得ず，一般法秩序によって正統化されなければならないため，国家組織が一般法秩序それ自体であったりそれに超越するものであったりした場合，国家組織の人格化は不可能であることになりかねない。ヴォルフは，この問題を，国家組織を法技術的に主権者から切り離し，一般法秩序の下における部分的法秩序として理解することで克服する。

（1）　ヴォルフによれば，「国家的規範複合体の全体を『国家人格』として理解する」ためには，責任及び利得の制限の外部者に対する妥当を根拠付け，全ての内部及び外部の関係に法関係としての性格を付与する「上位の法秩序」が必要である。他の国家に対する関係においては国際法が上位の法秩序たり得るが，国内法については上位の法秩序の存立可能性に疑義が生じ得る。たとえば，O・マイヤーは「主権者が固有の名においてではなく特別に作られた法人格の

107）　法学的国家概念の内部においてこのようにして対比される国家人格と国家との関係は両面的である。曰く，「国家人格は，国家機関担当者の意思行為とりわけ権力的な高権行為に関して構成された主観的な関係点としての権限規範のための統一的表現に外ならない。しかし，国家はこの人格以上のものでも以下のものでもある！　国家は，それが如何なる考察においても主体でも人格でもない限りにおいて，国家人格以下のものである。国家は，『憲法制定権力』から導き出された全ての規範，すなわち一般法秩序も人格化された組織もそこに含まれる限りにおいて，国家人格以上のものである」（*Wolff*, Person, S. 442）。

代表において作用するという考え方は法学的に実施不能である」ことを理由として上位の法秩序の可能性を争った（Person, S. 429f.）[108]。国家に超越する法秩序を認めてしまうと，国家の代表としての主権者は主権者ではなくなってしまうというのである。

　もっとも，ヴォルフによれば，「『主権者』が『国家』から区別される可能性，すなわち，組織を基礎付ける意思の主体としての主権者と機関担当者との間に中心的帰属の終局点として組織自体が法技術的に想定されるという可能性は開かれている」。このとき，もはや主権者が「国家人格」の代表として登場するのではなく，組織を介して機関担当者が主権者の代表として登場することになる。このようにして国家と主権者とを法技術的に切り離すことによって，主権者が主権者たることと矛盾しない形で組織たる国家の上位に一般法秩序が存在することが承認される（Ebenda, S. 430）。

　(2)　国家人格の終局的帰属主体性は，こうしてその存在が認められる一般法秩序との関係において国家が部分的法秩序＝組織であることによって承認される。曰く，「そのような終局的帰属主体性の承認のためには……ケルゼンの意味における全体実定法秩序という統一体への『中心的帰属』以上のものが必要である。というのも，中心的帰属は実定的規範適合性一般であるに過ぎず，固有の『個別性』すなわち主体としての『国家人格』がそれに対して境界付けられるところの構成員・機関担当者・終局的帰属点・対象等との如何なる関係も意味しないからである。むしろ必要であるのは，それによって機関担当者の行為が彼自身でも他の自然人でもなく『国家人格』に主観的に帰属するところの特定の規範内容である。それゆえ，人格化されるべき規範複合体は，例の一般的規範内容と関係するところの部分的秩序でなければならない。そして，それは帰属規律の複合体の意味における組織でなければならない。なぜなら，例の一般的規範の実定的義務及び権利は，機関担当者から『究極的な保有者』（団体においては構成員）へと，これらが目的適合的にこれら2つの極の間に承認され得る法人に主観的に帰属するという特別の方法によって，転換されるからである」（Ebenda, S. 431）。

　既に第1款第3項(3)に見た一般の法人と同じく，この国家人格の終局的帰属

---

108)　*Mayer, Otto*, Die juristische Person und ihre Verwertbarkeit im öffentlichen Recht, in: Festgabe für Paul Laband, 1908, S. 1ff., S. 56–63. O・マイヤーの見解については第5節第1款で扱う。

主体性は，国家の上位に位置する一般法秩序によって定められることによって生じる。曰く，「国家すなわち国家人格の市民に対する義務が語られる場合，それは，この国家人格に対する市民の関係を規律するところの一般法秩序によってのみ可能である。それゆえ，国家人格はその側でこの一般法秩序の『下に』立つ。それ自身は，市民が直接的な関係に立つところの『国家機関担当者』の行態が，当該人間にも他の人間にも直接的には帰属せず，単なる思考上の終局的帰属点へと関係付けられることのための簡約的な表現に過ぎない。この理解においても，人格化は，規範及び事実の複雑な複合体を適切に示すために，『付与される』のではなく法技術的すなわち理論的に定立されるところの，統一体関連に外ならない」（Ebenda S. 431f.）。

（3）　こうして，一般法秩序の下における部分的法秩序としての組織たる国家に法人格が語られ得ることになる。一般の法人の場合と同じく，国家の法人格も法要素的なものではなく法技術的に構成されるものに過ぎない。すなわち，ヴォルフにおいては，本書の言葉に即して言えば，国家法人は本質概念ではなく技術概念としてのみ捉えられているのである。

第3項　国家人格の人格化

以上を前提に，ヴォルフは「国家人格の人格化が国家的規範の内容によって正当化されるか否か」（Person, S. 438）を問う。それによれば，国家は「国庫」と「高権国家」とに分けて観念されてきたところ，これらは同じ国家の異なる側面に過ぎず，また，いずれも人格化可能である。

（1）　ヴォルフによれば，国家人格については「国庫」（Fiskus）と「高権国家」（Hoheitsstaat）とが区別されてきたところ，これらは異なる人格ではなく，同じ国家の2つの側面に過ぎない。問題となっている規範の種類が異なるのみである。曰く，「国家——特に現代国家——が財産主体であることは疑い得ないが，その分だけ国家はそれに尽きるものでもない。反対に，国家人格に帰属する実定的権利及び義務が広く財産法上のものではなく，また財産法上のものであることが少ないので，長く財産権と私権とが互いに同一視され公法及び国法と対置させられてきたほどである。そうした財産権と私権との同一視は既に放棄されたけれども，なおも私法に属する『国庫』と公法を独占的に取り扱う『高権国家』との間は非常に厳密に区別されている。しかし，その際に問題に

なっているのは……2つの異なる人格ではなく，同じ国家人格に帰属するところの諸規範の異なる集合に過ぎない」(Ebenda, S. 438f.)。

　(2)　そこで，国庫と高権国家について，それぞれについて問題とされる種類の規範が人格化の基礎たり得るのかが問題となる。

　第1に，国庫の人格化については，ヴォルフは容易にこれを肯定する。すなわち，国内団体一般に関して，これらに「独立した財産」が帰属し，機関担当者の行態から生じる責任及び利得がそれに制限される場合に，その団体の人格化が正当化されるとし，国庫についてもこれを肯定するのである。曰く，「国家もあらゆる目的の追求のためには，支配者及び構成員の財産からは区別され得るところの，言葉の法学的＝経済的意味における財産を必要とする」(Ebenda, S. 438)。

　第2に，これに対し，人格化が特に問題とされ得るのは高権国家である。もっとも，法人の本質は責任制限ではなく帰属可能性に求められること，高権国家も法技術的に帰属主体たり得ることから，ヴォルフによれば高権国家も人格化される。曰く，高権国家の人格化が問題となるのは，「ここでは財産責任が例外的にしか語られ得ないからであり，さらに全ての国家機関担当者の行為が国家に帰属するわけではないからである。実際，国家の財産責任が生じ得るのは違法な機関行為に関してのみであり，したがって，どのような場合にそれが法秩序に則って容認されるかという問題においてのみである。しかし，責任制限は法人の本質ではなく徴表に過ぎず，そのために重要であるのはむしろ帰属可能性である。他方で，国家人格には全ての国家機関行為が——違法なものでも国家財産責任が予定されていない場合でも——主観的に帰属する」(Ebenda, S. 439f.)。

第3款　法人格概念の相対化 [109]

　以上の意味において国家はその法人格を承認されるが，それでは，法人たる国家の機関にはどのような法的地位が認められるのか。第1款第3項の法人論に見たように，ヴォルフは一般法秩序と部分的法秩序とを上下関係として捉え

---

109)　本款に述べるヴォルフの見解の紹介・検討として，*Böckenförde*, a.a.O.（Anm. 94）, S. 272-287.

ている。これは，法秩序の階層構造を前提にしている。この法秩序の階層構造に応じて，法人格の概念も相対化されることになる。すなわち，或る法秩序の次元において法人であるものはより上位の次元においては機関であり得るし，或る法秩序の次元において機関であるものもより下位の次元においては法人であり得るのである。

第 1 項　法人の内部的法関係

　ヴォルフは，イェリネック（第 2 節第 2 款第 1 項(3)）と同じく法人の機関と機関担当者とを区別する。ヴォルフによれば，このうち法要素的な主体たり得るのは機関担当者のみであり，法人及びその機関は法技術的な主体であるに留まる。法人の構成員は，法人たる組織に包摂される諸種の法規範の法要素的な権利者（利益保有者）として位置付けられるが，法技術的には何の位置付けも持たない。

　(1)　ヴォルフは，有機体説（ギールケ，プロイス）における機関概念と無機体説（イェリネック）における機関概念との相違を指摘した上で，両者は異なる観点に立つものであってそれぞれの観点からすれば両者とも正当であるとする。曰く，「両方の法学的機関概念の間の相違は，一方が特別の法的地位における 1 人ないし複数の『生身の人間』を意図しているのに対し，他方が特別の制度・権限複合体ないし事務領域を意図している点に存する。一方の概念は法要素的であり，おおよそ心理的＝倫理的意味における『人格』に対応するのに対し，他方の概念は法技術的であり，おおよそ法的意味における『人格』に対応する。両方の概念は正当であり法学の内部においても価値を持つ」（Vertretung, S. 228）。

　しかし，異なる内容を持つ概念を同じ「機関」という言葉で表すことは実践的には不可能であること，「機関」において統合された権限を遂行する主体を「機関人格」と呼ぶとそれによってそのような主体が主観的帰属の終局的主体であるかのような誤った理解も促進されてしまうことから，ヴォルフは，両者に「機関」と「機関担当者」という異なった名称をそれぞれ割り当てる。曰く，「組織化された多数者の代表を委ねられた生身の人格が持つところの，組織によって基礎付けられ設置された権限複合体としての『機関』と，そのような権限を遂行する（人間という）生身の人格としての『機関担当者』との対置が維

持される」(Ebenda, S. 229)。あるいは両者の相違を強調して曰く、「機関は機関担当者のように法関係には立たない。機関は機関担当のように『法的状況』ではなく、ましてや義務主体でもない。それはむしろ組織の分肢ないし部分なのである。これに対し、機関担当者は組織の分肢ないし部分ではない。なぜなら、人間はそもそも規範体系の部分にはなり得ないからである。それゆえ、組織に全く埋没して消滅してしまうということが語られ得るのは機関担当者ではなくて機関についてのみである」(Ebenda, S. 234f.)。

　(2)　機関担当者からすると、機関としての地位は自身の法人格を基礎付ける法関係の一部として位置付けられる。機関担当者は機関としての地位から独立して一般法秩序の下に人格たり得るのであり、彼が機関として属する法関係は当該人格を基礎付ける法関係の一部に過ぎない。曰く、「確かに、実定的義務及び権利の主体性を伴う機関担当は機関担当者の法人格を前提とする。しかし、機関担当者は彼が機関担当者であることから全く独立して既に権利主体であり義務主体である」。「『人格』の下に潜在的法的地位一般ではなく、現実の法関係の束を理解するならば、『機関担当』はそうした『人格』の一部に留まる」(Ebenda, S. 230f.)。

　これに対し、機関からすると、機関担当者は自身を意思能力及び行為能力あらしめる。曰く、「当然のことながら、機関担当者と機関との間にも非常に密接な関係が存在する。というのも、機関担当者は、組織化された多数者の機関において統合された事務を果たすところの義務主体であるからである。機関担当者こそが機関を意思能力及び行為能力あるものにする。なぜなら、機関担当者の意思及び行態が機関の意思及び行態として妥当し、すなわち機関に法技術的に帰属するからである」(Ebenda, S. 235)。もっとも、機関担当者の行為が全て機関に帰属するわけではない。曰く、「機関は『規範的形象物』であるから、機関は原則としてその規範に対応する行為のみを『自身に受け入れる』ことができる。すなわち、機関及びそれゆえ組織に帰属するのは、権限に即した機関担当者の行為（意思表明及び行動）のみである」(Ebenda, S. 241)。

　(3)　ヴォルフによれば、法人・機関・機関担当者及び構成員の関係は次のように整理される。すなわち、法人は自身の事務の遂行を機関に分配するところ、それを実際に担当するのが機関担当者である。法人・機関は実定的＝法技術的な存在に留まるのに対し、機関担当者は法要素的な義務主体たり得る。構成員

は利益保有者として観念されるが，実際の組織において法技術的には独自の地位を与えられていない。

　第1に，法人は，一般法秩序の下における主体となり，自身の事務の遂行をその諸機関に分配する。法人は実定的＝法技術的な権利・義務の主体であるに留まる。曰く，「社団的組織によって複数ないし多数者の特定の事務・利益及び利益対象が，営造物的及び財団的組織によって或る法人の特定の事務が，それぞれ独立化され法人の『固有の事務』へと統合させられる。同時に，組織は，この実質的・機能的及び場合によっては場所的な事務の遂行のための権能を，差し当たり理念的に過ぎない複数の機関に，これら事務をこれら機関に分配するという方法によって分割し，機関相互の関係を規律し，権限の行使の方法に関係するところの，規範を含む。この権限の行使を規律する組織的な規範以外について言えば，法人の第三者に対する事務の遂行は，事務遂行に一般に関わる一般法秩序の規範，すなわち契約法・財産法・労働法・行政法等の命令・禁止・許可等になおも服する。これら全ての規範は確かに客観的に定立されるが，しかしそれらに対応し得る主体をやはり必要とする。一般法秩序の規範に関しては，それは法人自身であるように思われる。たとえば不動産の所有者としての法人には当該財産に関する（たとえば税法上の）諸規範が名宛される。法人は義務を課され権利を付与されるのである。しかし，この実定的義務及び権利は『法技術的なもの』に過ぎない。真実においては法人は真の義務も真の権利も持ち得ない。なぜなら，法人は既に見たように義務主体でも権利主体でもないからである」（Ebenda, S. 253）。

　第2に，法人と同様に，法人の機関も，実定的＝法技術的な権利・義務の主体であり，それに留まる。これに対し，機関担当者は法要素的な義務主体たり得る。曰く，「機関も求められる義務主体及び権利主体にはなり得ない。確かに，組織上の実定的義務及び権利は直接的に，一般法秩序の実定的権利及び義務は間接的に，機関及びその行為に関係付けられる。しかし，機関もまた法技術的にのみ実定的な義務主体であり権利主体なのであり，法技術的にのみ機関行為の『創造者』なのである」。これに対し，「法要素的な義務主体は，まずもって——しかも唯一——機関担当者である。というのも，機関担当者のみが，主観的帰属の単に理念的な終局点及び結節点ではなく，意欲し行為し規範に対応する能力を持つ理性的な存在であるからである。それゆえ，法人は機関と同

じく常に義務能力ある機関担当者を必要としているのであり，それなくしては法人に関する規範は全て『宙に浮いてしまう』のである」（Ebenda, S. 253f.）。

　第3に，法人の構成員は，「組織によって統合された利益・利益対象・『権利』及び『拘束性』の究極の主体」としての「保有者（Träger）」として観念され，その意味で法要素的な権利主体たり得る。しかし，「その保有者性はさらなる活動性を何ら要請しない」（Ebenda, S. 256f.）。すなわち，保有者は法技術的な意味を持たないのである。こうした保有者たる構成員と機関担当者との間には法技術的に組織が介在し，この組織が法技術的な意味における保有者となる。曰く，「機関担当者と保有者全体との間には，その組織によって法要素的な保有者がその固有の利益から切り離され，その対象が統一的な財産へと統合されるところの，法人が存在する。それによって，法人は，機関担当者によって実現される利益・実定的権利及び義務の法技術的な『保有者』，あるいは……『名目的主体（Titulär）』となる」（Ebenda, S. 258）。

第2項　法秩序の階層構造と機関の法人格

　機関は，組織たる部分的法秩序においては規範の終局的帰属主体であり，その限りにおいてその人格が承認され得る。もっとも，こうして承認され得る機関の人格は，一般法秩序の下における人格とはそれが認められる法秩序の階層を異にする。ヴォルフは，こうした相違を術語上表現するために機関の人格を否定するが，その理由は概念上のものではなく誤解を防止するという実践的なものに留まることに注意を要する。以上に既に前提とされている法秩序の階層構造を視野に入れれば，人格のみならず機関や権利の概念も相対化される。

　（1）　ヴォルフによれば，機関も法人と同じく「法技術的な潜在的帰属主体」であり，ここに機関も「人格」たり得ないのかという問題が生じる。曰く，「機関も法技術的な簡約であるから，既に『人格』を特徴付けた法技術的な簡約も全て機関に適用され得る。特に，権限複合体は意欲も行為も為し得ないにも拘らず，『機関意思』及び『機関行態』について語られる。その際意図されているのは『機関の背後に立つ』機関担当者の意思及び行態である。人間によって定立された法的に重要な構成要件がその『人格』に帰属するように，機関担当者によって定立された構成要件，特にその『意思表明』も——終局点としてではないにせよ——機関に帰属する」（Vertretung, S. 242f.）。こうして，

「『機関』は法的意味における『人格』とともに法技術的な潜在的帰属主体という同じ概念の下に属するので，機関それ自体も『人格』であるのか否かが問われる」(Ebenda, S. 247)。

　ヴォルフによれば，従来機関の人格を肯定してきた学説は機関と機関担当者との混同に基づく。もっとも，それとは別に「一定の法領域」に関してのみ機関の人格を認める見解も存在する。ヴォルフはその代表としてトーマの見解[110]を挙げている。曰く，「この争われている問いの肯定は，しばしば機関と機関担当者との混同に基づいている。しかし，そうした混同とは別に，機関が『組織内部関係において権利及び義務の主体である』ことを理由として，機関は度々人格と呼ばれている。機関は確かに『完全人格』ではないものの，一定の法領域に関してのみ人格であるというのである」。すなわち，組織内部において，しかもそこにおける全ての観点，特に組織の構成員に対する関係ではなく，機関相互の関係のみにおいて，機関の人格が肯定されているのである(Ebenda, S. 247f.)。

　(2)　これに対し，ヴォルフは「深刻な誤解」に至ることを理由として機関の人格を否定する。ヴォルフの懸念する「深刻な誤解」を要約すれば，次のようになる。すなわち，機関の人格が語られ得るのは組織内部関係のみであり，機関は一般法秩序における人格たり得ない。それにも拘らず機関の人格を肯定すると，それは，組織内部における終局的帰属主体と一般法秩序における終局的帰属主体とが同じ「人格」という言葉によって表現されることを帰結する。これでは，本来異なる意味を持つ両終局的帰属主体が術語上区別されなくなってしまう。

　(a)　ヴォルフは，一般法秩序とその部分的法秩序たる組織との次元の相違を強調し，機関の人格が語られ得るのはこのうちの後者のみであるとする。曰く，「機関の権利主体性及び終局的帰属主体性は，特に『有機体説』の側から繰り返し強調されたように，特別の性質を持つ。確かに，法において絶対的で普遍的な人格が存在しないこと，『法人格』について語り得るのは特定の規範についてのみであることは正しい」。「それに対して，機関の人格性は，組織に関してのみ，構成員及び機関担当者に対してではなく他の機関に対してのみ主

---

110)　*Thoma, Richard*, Das System der subjektiven öffentlichen Rechte und Pflichten, in: HDStR, Band 2, 1932, S. 607ff. トーマの見解については第 4 節第 1 款で扱う。

張される。それゆえ，組織の基準に従う機関及びその相互の関係を，一般法秩序の基準に従う人格及びその相互の関係とパラレルに捉えることは可能であり正しい。しかし，次元，すなわちそこにおいてこの両者のパラレルが存在するところの法体系が異なるのである。機関の人格が語られ得る次元は，他の人格が語られる次元の下位にある。確かに，国家機関に関してはこのことが明示的には表現されない。なぜなら国家組織は一般法秩序と同じ規範創造者によって定立されるのが常であるからである。しかし，国家組織も一般法秩序の下位に位置付けられなければならないことは既に述べた」(Ebenda, S. 248f.)。

このように，ヴォルフにおいては，機関が終局的帰属主体であるのは部分的法秩序たる組織という法体系において，しかも機関相互の関係においてのみであるとされる。それ以外の場合は組織という法体系の内部においてであっても機関は法人のための通過的な主体に留まる。こうした理解は終局的帰属主体性の相対性を前提にしている。曰く，「終局的帰属主体の概念は……相対的である。規範的帰属の終局的主体は法要素論にとってはまずもって構成員である。法技術によって初めて，構成員と機関との間に，名目上の主体としての，すなわち法技術的な終局的帰属主体としての法人が生じる。機関は，完全に，機関を対抗的に設置する若干の構成要件に関してのみ終局的帰属主体である。他の全てに関しては機関は帰属の通過主体（Durchgangssubjekt）に過ぎない。機関行為は原則として，その名においてそれが定立されるところの法人の行為である」。「機関相互の関係においてのみ，それを規律する組織の規範に関してのみ，名目上の主体の場合のように行為する機関において帰属が終わり，それゆえたとえば機関は他の機関に対して訴えることができる」。「機関の終局的帰属主体性が存するのは一般法秩序に関してではなく，組織の固有の規範に関してのみである」(Ebenda, S. 249f.)。

　(b)　こうした法体系の次元の相違にも拘らず機関をなおも人格と呼ぶことは，ヴォルフによれば適切ではない。なぜなら，「全ての機関が人格と呼ばれるとすると，一般法秩序に関しても『人格』すなわち終局的帰属主体でありそれゆえ権利能力ある主体を際立たせることが困難になる」(Ebenda, S. 251) からである。

このようにヴォルフは機関と機関担当者とを区別し，機関についてはその人格を否定する。規範的な終局的帰属主体というヴォルフ自身の人格の定義だけ

からすれば機関にも人格が認められるはずであるのに，それにも拘らず機関の人格が否定される理由は，一般法秩序における終局的帰属主体と部分的法秩序たる組織における終局的帰属主体とを術語上区別するという実践的な目的に専ら求められている。すなわち，機関を一般法秩序における人格と区別するものはそれらが属する法秩序の次元の相違であり，かつそれに留まるのである。

（3）　こうした一般法秩序と部分的法秩序との上下関係は，法秩序の階層秩序を前提にしている。一般法秩序の下において人格を有する主体であってもより上位の主体との関係で機関たり得るし，一般法秩序の下における機関もさらに自身の機関を有し得るのである。この階層秩序においては，人格のみならず機関や権利の概念も相対化される。

　　（a）　ヴォルフは，Verwaltungsrecht 2 の第 3 版において，次のように述べていた（続く第 4 版においては削除されている）。曰く，「法人のみが本来の意味における機関を持つ。というのも，法人の場合にのみ，機関行態の機関主体への媒介なき帰属が生じるからである……。しかし，機関態は組織の権利能力というよりもむしろ行為能力のために必要とされるのであるから，部分的権利能力ある組織やさらに権利能力なき組織の場合にも非本来的な意味における機関（準機関）が存在する」[111]。この箇所のみを卒然と読むと，本来的な意味における機関を有するのは完全権利能力を有する組織たる法人のみであるとされているようである。実際に，ベッケンフェルデはこうした理解を前提としてヴォルフを批判したのである[112]。

　しかし，以上の紹介・検討に既に明らかであるように，ヴォルフにおいては完全権利能力を持たない組織も機関を持ち得る。「非本来的な意味における機関（準機関）」という表現は，それが典型的でないことを示すに過ぎない。機関は，それを含むより上位の帰属主体との関係における相対的な概念に過ぎないのである。実際に，ヴォルフはベッケンフェルデの批判を受けて第 4 版において次のように述べている。曰く，「機関を一方では単なる機関部分と区別するために，他方では権利能力ある分肢と区別するために，前の版では，法学的機関概念は法人の固有権限の遂行に向けられた。それによって，組織の完全権利

111）　*Wolff, Hans Julius*, Verwaltungsrecht 2, 3. Aufl., 1970, S. 50.

112）　Vgl. *Böckenförde*, a.a.O.（Anm. 94），S. 272-294. ベッケンフェルデのヴォルフに対する批判及びその当否については，ベッケンフェルデ自身の見解を扱う第 5 節第 2 款において紹介・検討する。

能力が重要であるかのような印象が生じた」。しかし,「実際には,必然的に,全ての,それゆえ権利能力なき組織も,組織を統合し行為能力あらしめる機関を持つ。この広義の意味において,担当官を都市行政の部局の機関として,部局を市の執行機関(Stadtvorstand)の機関として,市の執行機関を市の機関として,市をラントの機関として,ラントを連邦の機関として,連邦を国際法上の組織の機関として,みなすことができる」。このように組織は各階層に分解され,下位の階層は上位の階層との関係においては機関として地位に立つ。「したがって,厳密な概念構成はそれぞれの組織の関係領域に応じた区別を必要とする。狭義の機関にとっては,そのために,一般法秩序が考慮に値する。特に広義の機関の法的地位は,まさに,社団・営造物あるいは財団の固有権限を無媒介に遂行するのか,あるいは担当者の行為がまずは下位組織に帰属するのか,それが上位の組織に単に帰属するのかに応じて,異なる。それゆえ,機関概念それ自体は,さらに狭義の法学的機関概念も,それが関係付けられているところの組織の権利主体性によって暗黙に決定付けられていない。(部分的な)権利主体性のためには部分的権利能力で十分であるから,それによれば,部分的権利能力ある組織も狭義の機関を持ち得るのである」(Verwaltungsrecht 2, S. 48f.)。

　(b)　このように機関概念が階層に応じて相対的に捉えられる結果,一般法秩序の下において法人格を有する法主体も,より上位の主体との関係において機関たり得ることになる。しかし,それらは一般法秩序の下における独立した帰属主体たり得る点で機関と区別され,ヴォルフにおいては「分肢」と呼ばれる。曰く,「機関の下に,組織の事務を遂行するところの組織的法規によって形成される全ての主体を理解する場合,たとえばゲマインデのように,固有の権限を行使すると同時に,国家という上位の組織の事務を遂行するところの権利能力ある組織的統一体も,それに含まれることになる。しかし,それら権利能力ある組織的統一体は,定義された意味における機関とは,彼らの行為が通過的(transitorisch)のみならず法技術的には終局的に彼らに帰属すること,それゆえ彼ら自身が彼らによって果たされる他者の事務の法的主体であることによって,区別される」。「組織的法規によって独立性を付与され,他の法人の事務を固有の名において,固有の責任と固有の法技術的主体性の下に遂行するところの人格は,組織の分肢として呼ばれるべきである」(Ebenda, S. 53f.)。

こうした「組織の分肢」は，自らの行為が上位者に帰属する限りにおいて機関であり，自分自身に帰属する限りにおいて人格である。曰く，「組織の分肢は，国内的な私法秩序及び行政法秩序ではなく，国家憲法秩序あるいは国際法秩序に向けられている限りにおいて，機関である。というのも，上位の秩序体系に関して，分肢は，その委任事務の処理においてつまるところ委任者の実定的義務及び権利を果たすのであり，したがって，その限りで分肢の行為は委任者たる組織に実質的に帰属するからである。機関概念のこの相対性において，そのそれぞれが向けられているところの関係秩序への依存が明らかになる」。他方で，「従属的分肢は，その行為が委任者（たとえば国家）に帰属せず，当該行為によって生じた実定的義務及び権利が単に分肢人格（たとえばゲマインデ）に帰属する限りにおいて，機関ではない。第三者——私的ないし私法的な人格——との関係においては，それゆえ国家という統一体をその多数の機能主体へと解消するところの私法及び行政法上の観点の下では，分肢は他者の（委任）事務の遂行に際して固有の名において固有権限を遂行する」（Ebenda, S. 54f.）。

第3項　権限の権利性と出訴可能性

機関は一般法秩序の観点の下では終局的帰属点ではなく，その限りで通過的な遂行権限を有するに過ぎない。しかし，ヴォルフは法規の概念を広く取ることで機関も法規の名宛人であることを認めるとともに，一定の場合には法規によって与えられた実定的権利義務を機関が裁判上主張することも認める。

（1）第2項において既に明らかであるように，機関は実定的な権利及び義務の主体となり得るが，当該権利及び義務主体としての機関の行為は（一般法秩序の観点の下では）機関を通過し終局的には法人に帰属する。その意味で，機関の権限は「通過的な」法人の事務の遂行権限に過ぎない。しかし，そうであるからと言って，機関が法規の名宛人ではないことにはならない。ヴォルフは，イェリネック及びアンシュッツらの法規概念を「歴史的＝習俗的な法規概念」であって当時の憲法状況に規定されているとして批判する（Verwaltungsrecht 1, S. 115）。さらに，法規概念と実質的法律概念とを切り離し，次のように述べる。曰く，「どのような法規が同時に実質的法律（狭義の法規，法源）であり，それゆえ権力分立的な法治国家において通例直接立法府によって公布されあるいは力を与えられなければならず，裁判所によって適用され得るかは，それぞれの

憲法状況によって決定され得る。立憲君主制においてはそれは通例国民の自由
と財産に関わる法規のみであった。民主主義的法治国においては実質的法律は
その主体が法的人格であるところの全ての法規である」。他方で、「法規範及び
法規の主体になり得るのは究極的には人間のみであり、しかし法技術的には法
人もその機関もなり得るのである」（Ebenda, S. 116f.）。

　法人の機関が法規の名宛人となる場合、そのような法規は「実質的法律」で
はないものの、機関に裁判所において主張し得る（一般法秩序の下における権利
と対比されるものとしての）「準権利（Quasi-Rechte）」が生じ得る。曰く、「人格
の法的地位及び義務付けの境界設定及び具体化のための人格間の（外部的）法
領域においてのみならず、法人の機能が配分されるところの機関の整序のため
の人格内部の（組織的・内部的）法領域においても妥当する法規が存在する」。
「そのような法規は確かに『実質的法律』ではない。しかし、それが憲法に
適った機能（及び力）の機関ないし機関部分への分配の保障のために排他的な
権限を法律によって割り当てる限りにおいて、それはそれぞれの内部領域に関
して法源である。そこから、それぞれの場合に権限を持つ憲法裁判所ないし行
政裁判所において主張され得るところの、人格内部の準権利が生じる」（Eben-
da, S. 117f.）。

　(2)　このように、ヴォルフにおいては、機関に認められる実定的権利ないし
義務としての権限は「準権利」として一般法秩序における権利とは術語上区別
されている。もっとも、この区別は第2項(3)に述べた法秩序の階層構造の反映
に過ぎず、そこから何か出訴資格の有無について一義的な帰結が導かれ得るも
のではない。実際に、ヴォルフは、機関はこうした通過的遂行権限すなわち準
権利の主体として法律上予定されている場合には裁判上の当事者たり得ること
を前提に、機関訴訟が必要とされる場合の類型を示している。

　ヴォルフによれば、機関が裁判上の当事者たり得るのは、①機関及び機関部
分（会派等）相互の憲法上の妨害及び均衡が権限配分の維持を要求する場合、
②共通の監督機関を欠いている場合、③共通の監督官庁が指揮権限を有してい
ない場合である。曰く、「機関及び機関部分（会派等）相互の憲法上の妨害及び
均衡が権限配分の維持を要求する場合には、遂行権限も場合によってはいわゆ
る憲法争訟においてその主体によって訴訟上防御され得る」（Verwaltungsrecht
2, S. 17）。「同一の法人の機関間の権限争訟は、通例直近の共通の監督機関に

よって，最終的には連邦政府ないしラント政府によって調停され得る。共通の監督機関を欠いている場合，あるいは共通の監督官庁が指揮権限を有していない場合（たとえば独立した同輩に対するように），それが法律上予定されているのであれば，あるいは対照機関が準権利を防御しなければならないのであれば，行政裁判所ないし憲法裁判所が裁判しなければならない」。これに対し，「異なる法人（たとえばゲマインデ）の機関間の権限争訟は……憲法裁判所・行政裁判所あるいは民事裁判所の手続において，関係する法人間において争われなければならない」（Ebenda, S. 27）。

第4款　不浸透性ドグマの解体モメント

　以上のヴォルフの見解から，不浸透性ドグマを解体する2つのモメントを抽出することができる。第1に国家法人格の技術概念への純化であり，第2に法人格の概念の相対化である。

　(1)　本節に見たヴォルフの見解は，彼に独特の，しかもそれ自体相当に複雑な概念構成の上に立脚しており，その内在的理解は必ずしも容易ではない。もっとも，ヴォルフが，法要素論と法技術とを明確に峻別し，法技術それ自体からは法要素論を放逐することによって，人格・機関・権利ないし義務等の基本的な概念を一方では技術的に純化しようとしたこと，さらに，法秩序を階層構造として理解することによって，これら諸概念をそれが問題とされている法秩序の階層に応じて相対化しようとしたことは確かであろう。ヴォルフは，こうして法学的諸概念から法要素論的な負荷を排除しつつ，法技術に法要素的検証可能性を求めることで結論の妥当性を担保しようとしたのである。

　また，ヴォルフの見解のもう1つの大きな特徴は，国家法人の基体を，第2節に見た各論者と異なって社団や営造物にではなく，組織に求めていることにある。もっとも，組織的国家観は特に営造物的国家観と必ずしも矛盾するわけではない。実際に，ヴォルフにおいても組織と営造物とは相反するものとはされていないようであり（Verwaltungsrecht 2, S. 88f.），ベッケンフェルデはより積極的に国家を組織と観念しつつもその営造物としての性格を強調している[113]。ヴォルフの法学的国家概念の内部における国家と国家人格との併置も，社団的国家観と営造物的国家観の対立の再演としてこれを理解することも可能

であろう。第2節に見た各論者との相違は，むしろ国家を人格化するための契機を営造物（ないし社団）ではなく組織に求めるという点にあるように思われる。

　(2)　ヴォルフの国家法人説及び国家機関論には，国家の不浸透性ドグマを解体する2つのモメントが存在する。

　　(a)　第1に，国家法人格の技術概念への純化である。すなわち，ヴォルフにおいては，既に見たように国家と国家人格とが区別されており，人格化されるのはこのうちの後者のみであった。国家法人は組織を基体とするものであり，(国内法的には）国家組織は一般法秩序によって実定的権利及び義務を付与されることによって初めて生ずる。したがって，本書の言葉に即して言えば，実定法に先行して存在する本質的な国家法人なるものは存在せず，国家法人の有する権利及び義務の内容の探究は実定法の解釈に解消されることになる。そうすると，機関訴訟の可否も専ら実定法の解釈によってのみ定まることになろう。このことは，彼が機関訴訟の可能性を当然の如く承認している点にも表れている。

　ここで試みられているのは，或る具体的な国家が技術的な法人格を有することの論証ではなく，法人なるものは技術概念でしかあり得ない以上，国家の法人格が語られ得るのは技術概念としてしかそもそもあり得ないということの論証である。

　　(b)　第2に，法人格概念の相対化である。すなわち，ヴォルフにおいては，少なくとも1つの法規の名宛人となる場合には法主体性が認められること，しかも法規概念が実質的法律概念から切り離されていることからして，機関にも法主体性が認められる。さらに，少なくとも部分的法秩序たる組織の内部においては，機関は終局的帰属主体として法人格が認められる。ヴォルフが機関の法人格を否定するのは一般法秩序の下における法人格と部分的法秩序の下における法人格とを術語上区別するためであり，両者はその終局的帰属主体性の属する法秩序の階層を異にするに過ぎない。

　また，既に述べたように，法秩序の階層構造化によって法人格や機関のみならず権利や義務等の概念も相対化される。そうすると，或る命題の規範的拘束

---

113)　*Böckenförde*, a.a.O.（Anm. 94）, S. 294–297.

性の有無を判断する際には，そこで問題となっている事態がこれら諸概念の下に包摂されるか否かのみならず，それが如何なる階層の法秩序の問題であるのか，そうした階層の相違が当該命題の規範的拘束性を導くに当たって有意であるのか否かも考慮しなければならないはずである。

　(3)　ヴォルフの見解の細部はともあれ，以上の2つのモメントそれ自体は，次節及び次々節に見るように，ヴォルフに先行する論者において既に見られないものではなく，ヴォルフに続く論者においても（少なくとも本書が検討する論者においては）基本的に受容されていくことになる。ここに，そもそも虚像に過ぎなかった機関訴訟否定論の原像は，明示的に否定されることになるのである[114]。

第4節　国家法人格の相対化

　本節は，機関の法人格（ないし法主体性）あるいはその権利主体性をも肯定する見解を紹介・検討することを目的とする。これは，ヴォルフの示した不浸透性ドグマの2つの解体モメントのうち「法人格概念の相対化」をさらに究明するものである。

　機関訴訟否定論の理論的根拠は，国家の法人格から機関の法人格及び権利を否定するところにあった。しかし，ドイツ公法学においては，国家法人格を前提としつつも，それと並んで機関にも法人格（ないし法主体性）を認め，場合によってはその権利を肯定する有力な学説の流れが存在する。ここに扱われるのは，トーマ，フリーゼンハーン，ルップの3者である。これら論者の見解は法人格・法主体性・権利等の概念の多元性・相対性を強調する点において共通している。こうした多元的・相対的理解は，次章に見る機関争訟論にも継承されることになる点において重要である。

---

114)　もっとも，不浸透性ドグマの後遺症はその後の機関争訟論にも重大な影響を及ぼした。この点については，第3章において紹介・検討する。

第 1 款　ト ー マ [115)]

トーマ（Thoma, Richard）は，既に見たヴォルフにおいて触れられていたように（第 3 節第 3 款第 2 項(1)），その「主観的公法的な権利及び義務の体系」と題する 1932 年の論文（System）において，機関にも法人格及び権利を承認する見解を展開している。

トーマにおいてもやはり国家は法人として構成されているが，そこには国家統一体の分節化及びそれによる統一性の契機の後退が見られる。国家内部における権限主体の多元的な分化が正面から捉えられる結果，法人格概念が相対化され，機関相互の関係においては機関にも法人格が認められるのである。他方で，段階化された権利の存否は現行法を基準として静態的に判断されるため，その実体的内実は明らかではなく，出訴可能であるという意味における（真正の）権利は，制度化された憲法上の機関争訟の場合を除き，機関には通例認められない。

第 1 項　国家統一体の分節化

トーマにおいても国家は法人として構成されるが，そこでは国家法人の統一体としての契機が大幅に後退している。すなわち，トーマは，国家を各機関へと分節し，国家は各機関によって媒介される形で臣民に対しても義務付けられるとすることで，臣民の国家に対する権利を基礎付けるのである。

(1)　トーマも，国家を法人とする点において第 3 節までに紹介・検討した論者と共通する。曰く，「基礎にある理解は，国家的公共体は，それがそもそも法秩序の内部に立つものとして考えられ得べき場合には，権利を持って他の法主体と向き合い，あるいは他の法主体に対して法的義務を有し得るところの，法人格を付与された社団として概念されなければならないというものである」（System, S. 607）。

このようにして法人格が認められる国家を国内的に全体として捉える場合に

---

115)　本款では，トーマの次の著作を主たる典拠とする（《 》内に以下本章で用いる略称を示す）。

Thoma, Richard, Das System der subjektiven öffentlichen Rechte und Pflichten, in: HDStR, Band 2, 1932, S. 607ff.《System》.

は，国家に対する臣民の権利の存立可能性は否定される[116]。曰く，「国内的に国家と向き合う法主体は，国家及び国家の立法に服している。彼らは，国家に対して従属関係に立ち，国家が法を改正しあるいは権利を否定する国家行為によって……その義務から法的に逃れる可能性を考慮に入れなければならない」。「それゆえ，国内的には，全体としての主権的な国家人格に対しては如何なる臣民の権利も存在しない」（Ebenda, S. 608）。

　（2）　しかし，トーマは，「国内的には国家を義務付ける権利は存在し得ないとする学説は拒否されるべきである」として，国家を「豊かに段階付けられた多数の国家権力保有者」としての各機関に分節して観察することで，臣民の国家に対する権利の存立可能性を肯定する。曰く，「国家は，他の人格に対して，豊かに段階付けられた多数の国家権力保有者という形において向かい合う。そのうちの1つのみが最高の立法者として現れ（この資格においては確かに国内的には拘束されていないままであるが），他方でその他のものはそれぞれ自身にとっては侵害できない客観法の下に立つ」。したがって，国家が最高立法機関によって代表される場合には国家は国法の下には立たず，国家に対する権利も存在し得ないが，国家が他の機関によって代表される場合には国家は臣民と同じく国法の下に立ち，国家に対する権利も存在し得ることになる（Ebenda, S. 608f.）。

　ここでは，法人としての国家の統一性の契機が大幅に後退している。確かに，トーマにおいても，臣民と権利義務関係に立つのはあくまでも国家社団であって機関ではなく，個々の機関は機関権限を遂行することによって国家社団の名において外側に対して行動するに留まる（Ebenda, S. 611）。その限りにおいて，国家の主体としての統一性はなお維持されている。しかし，国家と臣民との権利義務関係の存立可能性を基礎付けるのは，統一体としての国家が臣民に対する関係で服する義務ではなく，それを分節して観察した結果立ち現れる各機関（ただし，最高立法機関を除く）が臣民に対する関係で服する義務である点に注意を要する。

　（3）　このように，トーマにおいては，国家とその機関とが一体であることを

---

116)　これに対して国際関係においては，トーマは，国際法を根拠として国家相互の間の権利義務関係を認める。ここでは，相対的に主権的な諸国家が等位関係に立つからである（*Thoma*, System, S. 608）。

前提に，機関が客観法に服することを媒介にして，それを含む国家も客観法に服することになり，そのことによって国家と臣民との間の権利義務関係が基礎付けられる。ここでは，このように国家と臣民との権利義務関係を基礎付けるに当たり，法人たる国家の統一性の契機が大幅に後退していること，それに代わって各機関が臣民に対する関係で服する義務が前面に出ていることが注目に値する。

第 2 項　法人格概念の相対化

　以上に述べた国家の臣民との外部関係に引き続き，トーマは国家の内部関係を分析する。ここでは，国家の統一性の契機の後退がより徹底され，国家内部における権限主体の多元的な分化が正面から捉えられている。その結果，法人格概念の相対性を前提に，機関に法人格が認められる。

　(1)　国家と臣民との外部関係において見られた国家の統一性の契機の後退は，国家の内部関係においてさらに徹底される。そこでは，権限主体たる機関の多元的な分化がより正面から捉えられている。曰く，「国家に対して国内法上の権利を援用する法主体に法的権能が帰属し得るのは，相対的に，規範に拘束された機関によって代表された国家社団に対してのみである」。「それゆえ，国家の法秩序の内部において……国家を義務付ける権利の概念が成り立ち得るのは，全体へと統合された統一体を度外視し，国家体（Staatswesen）を内側からその権限主体の多元的な分化において観察するところの，構成的な考察によってである」(System, S. 609)。

　(2)　このように「内側から」の観察によって機関の「多元的な分化」が捉えられることによって，トーマにおいては，「如何なる国家においても，今や不可避的に社団内の分化が存在し，通例は社団間の分化が存在する」ことになる(Ebenda, S. 609)。トーマは，以上を前提に，国内における国家的社団に係る法関係を，①社団間の関係と②社団内の関係とに分け，それぞれについて詳述する。ここで特に注目に値するのが，②における法人格概念の相対化である。

　(a)　①社団間の関係については，公法上の社団には私法上の法人格が認められることから，これら社団に対する権利が認められる。すなわち，トーマによれば，国家を多段階の社団へと分化すること，国家の任務及び権力を帝国・諸ラント・地方自治体及び特別の社団に分割することの特色は，「これらの形

象物に，完全かつ全般的で，特に私法的な法人格が付与されること」に存する。その結果として，下位の社団に対して私法上及び公法上の権利が存在し得ることは困難なく認められる。というのも，上位の帝国法ないしラント法によってその貫徹が保護されるからである（Ebenda, S. 610）。

　　(b)　②社団内の関係においては，法人格概念の相対化を前提に，機関相互の関係において機関に法人格が認められる。曰く，ここでは，「なぜ社団に対して社団自身によって公布され社団自身によって（立法機関によって代表される形で）廃止され破られ得る法規範から主観的請求権が正当に生じ得るのか，なぜ当該社団によって（或る官庁によって代表される形で）侵害されると同時に同じ社団によって（他の官庁によって，たとえば裁判所や執行する中央官庁によって代表される形で）保護され得るのか」という問題が生じる。こうした問題を理解するためには，トーマによれば，「これら国家的な社団［帝国及び諸ラント］の内部に立ち入る必要がある」。「内側から観察すれば，国家的な社団は，画定された権限と法的権能及び法的義務を付与されたところの多数の国家機関として現れる。統一的な社団の代表者は，外部に対してはその行為は社団に帰属するが，組織内部の関係においては権利及び義務の主体であり，それゆえ『人格』である」（Ebenda, S. 610）。

　ここでトーマの言う「人格」の概念が第2節で見た論者のそれとは異なることは明らかである。すなわち，トーマ自身も「確かにそれは私法上の人格ではなく，そもそも『完全人格』でもなく，『部分人格』ないし『機関人格』あるいは社団内部の法主体等と呼ばれるようなものである」（Ebenda, S. 610）と言う如く，ここで機関に認められている法人格は，あらゆる法領域においてあらゆる権利の主体たり得るというような全般的なものではない。むしろ，トーマによれば，あるいはヴォルフも認めるように（第3節第1款第3項(3)），そのような意味において全般的な法人格なるものは存在し得ないのである。曰く，「全ての法人格は或る特定の法領域ないし複数の法領域に対して相対的であり，それゆえ複数の種類の人格が存在する」。法学者がこのことを奇妙に感じるのは，過度に私法的な思考から出発しているからに外ならない。しかし，私法において承認された典型的な「完全人格」は，それがいわゆる自然人であろうと法人であろうと，国際法の領域における法人格を欠く。他方で，国際法の主体であるところの国家は，家族法の領域において法主体になる可能性を欠く。これ

らに対し，「機関人格は，社団内部領域においてのみ法主体である」（Ebenda, S. 611）。

（3）　このように組織内部的な関係（機関間の関係）において機関が法人格を有して現れることは，トーマによれば，権力分立・法治国思想からしても基礎付けられる。曰く，「多かれ少なかれ固有の意思を持つ複数の人間によって担われた諸機関への権限の分割によって国家人格を多元化することは，実際に可能な如何なる国家体においても不可避である」。こうした国家人格の多元化は，「権力分立的な憲法国家」において完成し，そこにおいて初めて国家を義務付ける権能は法治国思想の要請に適うだけの安定と貫徹可能性を獲得し得る。もっとも，その代償として「統一的で強力な国家意思形成及び国益貫徹」が困難になる（Ebenda, S. 612）。なお，このような機関人格が帰属するのは，機関それ自体であって，その担当者ではないことに注意を要する（Ebenda, S. 613f.）。

第 3 項　権利概念の段階化

第 2 項のようにして機関にも法人格が認められるとして，それでは，機関には権利も認められるのか。この問題に答えるためには，トーマの権利論を瞥見しなければならない。トーマにおいては，権利概念はその保護の態様によって段階化されるが，権利の存否が現行法を基準として静態的に判断される結果，実体法的な権利概念の内実はなお明らかではない。

（1）　トーマは，権利概念をその保護の態様に応じて，最広義の純粋に実体法的な権利・狭義の権利・最狭義の権利に分類する。このうち，「真正の権利」であるのは最狭義の権利のみである。まず，トーマは，全ての権利に通底する基本要素を「要求できること」（Verlangendürfen）に求める。曰く，権利が存在するというためには，「自らの利益……に資すると思われるとき，権利主体が望むならば援用し得べき法規範が存在せねばならない」。こうした法的権能は，何らかの形式法的な貫徹可能性が付与されているか否かを問わず，全て権利と呼ぶことができる。トーマは，これを純粋に実体法的な権利の概念とする（System, S. 616）。しかし，実務及び学説においては，何らかの形で保護された法的権能のみが権利と呼ばれている。もっとも，この保護の強さにも程度がある。トーマは，このうちの強く保護された法的権能，すなわちその保護のために上級社団の官庁を援用できる法的権能を狭義の権利とし，最も強くされた法

的権能，すなわちその保護のために独立した裁判所を援用できる法的権能を最狭義の権利とする。このうち，最狭義の権利のみが法治国における権利の観念に適合するものであり，「真正の権利」である。それに対し，より弱い保護しか受けていない権利は「不真正の権利」であるに留まる（Ebenda, S. 616f.）。

　こうしたトーマの権利論は，G・イェリネックの言う形式的権利と実質的権利を組み合わせた分類であると評価され得る[117]。しかし，客観法の反射との区別に関する論述（Ebenda, S. 616）を除けば「要求できること」と述べられる以上に権利の実体的な中身についての論述はなく，「依然実体法上の権利の内実は定かでない」（山本隆司）[118]。

　(2)　トーマは，私法上及び公法上の法的権能について，それが如何なる意味における権利であるのかを検討する。もっとも，トーマの分析は，現行法によって保護された態様を基準にする静態的なものに留まり，実体的な法的権能の内容からあるべき保護の態様を論証するものではない。その意味で，「トーマの権利論には，訴権からのみ権利を導出するアクチオ的思考が強く見られる」（門脇雄貴）[119]。

　(a)　まず，私法上の規範から導かれ得る法的権能と公法上の規範から導かれ得る法的権能を対比させて曰く，「全ての私法上の請求権は（国家に対して向けられたものも含み）最狭義の権利として呼ばれるべきである。なぜなら，現行法によれば，その保護のために普通裁判所における訴訟が提起され得るからである」。「これに対し，公法上の規範から導かれ得る法的権能は，現行法においては，ごく部分的にしか出訴可能性を付与されていない」（Ebenda, S. 617）。

　(b)　このうちの公法上の規範から導かれ得る法的権能に関して，特に公法上の組織内部における権利及び義務について，トーマは，①機関人格間の関係と②機関組織法（Organverfassungsrecht）との 2 段階に分けて論じる。ここでも権利の存否は現行法を基準として判断されるが，組織内部においても相互的な法関係が存在すること，それが真正の権利を付与する契機になり得ることが認められている点が重要である。

---

117)　山本・前掲注 42) 139 頁［初出 1993］。
118)　山本・前掲注 42) 139 頁［初出 1993］。
119)　門脇雄貴「国家法人と機関人格(3・完)——機関訴訟論再構築のための覚書」都法 50 巻 1 号 141 頁以下（2009）153 頁。

　第1に，機関人格間の関係について曰く，「単一にして同一の国家社団の機関人格の間には，相互的な主観的義務及び法的権能の豊かに発展した体系が存在する」。「国事裁判権の設置及び発展は，この法的権能の或る一部を……完全に保護された出訴可能な権利へと高めた。ラントの内部における憲法争訟においては，そのような機関人格が，法的主体として，国事裁判所の法廷において対立する」。「もっとも，通例は，機関人格の他の機関人格に対する法的権能は出訴可能な（概念の最も強い意味における）公権としては形成されていない」（Ebenda, S. 614）。

　第2に，機関組織法については，トーマは，合議制機関を「準社団的な機関（quasi körperschaftliches Organ）」と呼び，内部領域における「法人」として位置付ける。この合議制機関の組織は，「第2段階の内部領域」を生み出す。そこにおいて再び機関が存在し，それが合議制機関である場合には，さらなる内部領域が存在し得る。国事裁判所によるワイマール憲法19条[120]の解釈によれば，ラント議会においてはこれらの内部的な合議制機関（会派，委員会等）にも出訴可能な公権が帰属し得る。他方，帝国においては対応する裁判権が基本的に欠けている（Ebenda, S. 614f.）。

　(3)　以上のように，トーマにおいては，国家の統一性の契機が大幅に後退し，国家内部における分節的・多元的な権限秩序が正面から法的構成の前提となる結果，法人格概念も権利概念も相対化されることになった。これにより，国家が法人であることとその機関に（内部関係における）法人格が認められることが両立することになる。他方で，権利の有無が現行法を基準として静態的に判断される結果，権利の実体的内実が不明瞭である上に，現行法によって訴訟への途が認められていない場合には機関には真正の権利は認められない。もっとも，国家法人内部においても機関相互の間の相互的な法関係が存在すること，私人の利益保護のみならず，それが真正の権利を付与する契機になり得ることは認められている。

---

120)　ワイマール憲法19条は，その第1項において「あるラント内の憲法紛争について，そのラントにこれを解決すべき裁判所が存在しないとき，及び，異なるラント間又はライヒとラントとの間の，非私法的な性質の紛争については，紛争当事者の一方の申立てにより，ライヒの他の裁判所が［これについて］管轄を有しない限りにおいて，ドイツ国事裁判所がこれを決定する」と定め，その第2項において「ライヒ大統領は，国事裁判所の判決を執行する」と定める。邦訳は，高田敏＝初宿正典編訳『ドイツ憲法集（第7版）』（信山社，2016）117-118頁に拠った。

第 2 款　フリーゼンハーン [121]

　フリーゼンハーンは，その「司法の概念と種類について」と題する 1950 年の論文（Rechtsprechung）において，司法権の範囲について論じた。その中で，彼は，トーマの見解を参照しつつ，機関にも法主体性及び場合によっては権利を認める見解を展開している。

　フリーゼンハーンは，法領域を多元化し，法主体・権利等の法学上の基本概念を私法に典型的な概念形成から解放する。これにより，法領域ごとに特殊な概念形成が認められることになる。他方で，フリーゼンハーンにおいて権利があると言うためには裁判的保護が付与されていなければならず，裁判的保護は国家から区別された「実質的利益」が存在する場合にこそ求められるものであるところ，行政機関の場合には，通例こうした利益は認められず，したがって権利を付与する実質的契機に欠けているとされる。もっとも，これは法秩序による裁判的保護付与の方針を述べたに留まり，行政機関の権利存立の余地を否定するものではない。

第 1 項　法領域・法主体概念の多元化

　フリーゼンハーンは，法規範概念を法規概念から切り離してより広い概念として構成し，法規範の名宛人に応じて私法領域・刑法領域・行政法領域・憲法領域を区分して法領域を多元化する。このうちの行政法領域の一部に国家組織の内部領域も含まれる。こうした法領域の多元化に応じて，法主体概念もまた多元化される。

　(1)　第 1 に，フリーゼンハーンは，法規範概念を従来の法規概念から切り離す。これにより，国家組織内部にも主観的法関係が存立し得ることになる。この点で組織規範の法的性格を否定しようとしたアンシュッツ（第 2 節第 3 款第 2 項(1)）と異なる。曰く，「全ての法規範は法主体の行態を規律する。その際，

---

121)　本款では，フリーゼンハーンの次の著作を主たる典拠とする（《　》内に以下本章で用いる略称を示す）。*Friesenhahn, Ernst*, Über Begriff und Arten der Rechtsprechung unter besonderer Berücksichtigung der Staatsgerichtsbarkeit nach dem Grundgesetz und den westdeutschen Landesverfassungen, in: Festschrift für Richard Thoma, 1950, S. 21ff.《Rechtsprechung》.

法規範は最も広い意味において扱われるべきであり……たとえば歴史的・習俗的な，すなわち立憲主義的な法規概念と同視されるべきではない。純粋に組織的な規定も，国家組織内部における一定の法主体に義務を負わせるものであり，そもそも法主体によって従われる限りにおいてのみ生きた状態になり得るものである」（Rechtsprechung, S. 37）。

　(2)　第2に，フリーゼンハーンは，法規範の名宛人に応じて法領域を多元化する。すなわち，彼によれば，法規範はどのような法主体に権利を付与し義務を課しているのかによってこれをそれぞれの法領域に分類することができる。フリーゼンハーンは，そのような法領域として，①私人間の法関係を規律する私法領域，②市民に対して刑罰を科す国家の「権利」を規定する刑法領域，③行政法領域，④統一的な国家意思形成のために協働するファクターを規律する憲法領域を挙げる（Ebenda, S. 37）[122]。

　このうち，③行政法領域は，さらに3つの下部領域に分けられる。第1に，高権的に行動する国家と市民あるいは国家の下にある団体（unterstaatliche Verbände）との間及び高権的に行動する国家の下にある団体と市民との間の法関係を秩序付ける領域（本来的な行政法），第2に，国家の下にある団体相互の間の法関係を秩序付ける規範（ただし，それら団体が公的機能において現れる限りにおいて）の領域，第3に，国家あるいは国家の下にある団体の内部において妥当し，その機関相互の間の関係を対象とする規範（ただし，それが国家憲法的な性質を持たない限りにおいて）の領域である（Ebenda, S. 37f.）。

　(3)　第3に，それぞれの法領域はそれぞれに固有の法主体を持つことから，法領域の多元化に伴って法主体もまた多元化する。すなわち，フリーゼンハーンにおいては，法主体の概念は私法学上のものに限られるわけではない。曰く，「全ての法領域は，当該法領域の法規範が接続する社会的基体であるところの，その固有の法主体を持つ」（Ebenda, S. 38）。「異なる法領域において統一的に『法主体』が語られる場合，それによって私法学において作り上げられた概念が意図されているわけではない。むしろ，全ての法領域のために法主体性は特

---

122)　このようにフリーゼンハーンが本文において挙げる法領域には国際法領域は含まれていないが，それは国内における司法権の範囲を論ずるという同稿の主題設定からの帰結であって，フリーゼンハーン自身は国際法領域の理論的存立可能性を否定しているわけではない。Vgl. *Friesenhahn*, Rechtsprechung, S. 37.

別に探求されるべきである。それにも拘らず押しなべて『法主体』を語ること
を正当化する共通の要素は，当該形象物が，様々な法領域の規範のための接続
点であり，当該法領域における法関係の主体になり得る点に存する」(Ebenda,
S. 39)。

　フリーゼンハーンによれば，機関は，国家・市民間の行政法領域においては
国家を代表するのみで独自の法主体としては現れないが，内部組織的な行政法
領域及び憲法領域においては独自の法主体として現れる。曰く，「国家・市民
間の行政法領域においては，一面では，法関係の主体は完結的な統一体として
の国家である。国家のために行為する官庁は，自ら市民に対する法関係に立つ
のではなく，この法関係においては国家を代表するのみである」。「しかし，行
政官庁及び他の国家機関自体にも，或る法領域に関しては法主体性が帰属する。
すなわち，内部組織的な行政法領域及び憲法領域においては，国家機関は権利
及び義務の主体として対立し得るのである」(Ebenda, S. 38f.)。

第2項　権利概念の形式性と多元化

　第1項によれば機関にも法主体性が認められることになるが，そのことから
当然に機関に権利までもが認められるわけではない。フリーゼンハーンにおい
ては，権利の有無は裁判的保護の有無に直接的に結び付けられており，その意
味で権利概念は形式的に構成されている。他方で，法秩序による権利付与の実
質的契機は法領域ごとに様々に発展し得るものとされており，それゆえここで
も私法的概念構成は相対化されることになる。

　(1)　フリーゼンハーンにおいては，法規範によって法主体に権利が付与され，
他の法主体に当該権利に対応する義務が課されることによって法関係が生じる。
しかし，法主体に必然的に権利及び法関係が付随するわけではない。曰く，
「必然的ではないものの，通例は，或る法主体の義務には或る他の法主体の権
能が対応しており，そしてその逆もまた然りである。したがって，この場合に
は両者の間に法関係が存在する」(Rechtsprechung, S. 37)。「全ての法規範が異
なる法主体間の法関係を構成するわけではない。それゆえ，確かに全ての法領
域において法関係が存在し得るけれども，存在しなければならないわけではな
い」(Ebenda, S. 39)。

　フリーゼンハーンによれば，法主体間の関係を法関係に高めるか否か，すな

わち権利とそれに対応する義務を設けるか否かは，法秩序の自由に委ねられる。曰く，「ここには，様々な法領域の内部における法主体相互の関係をどのように規律しようとするのか，それらを特に法関係に高めようとするのか否かについての，法秩序の自由が存在する」。「法規範は，或る法主体に権利を付与するのと同時に或る他の法主体に対応する義務を課すこともできるし，あるいはその法領域の法主体に一定の権能を付与したり義務を課したりするのみであって，他の法主体のための対応する義務ないし権利を基礎付けないこともできる」(Ebenda, S. 39)[123]。

(2)　このようにフリーゼンハーンにおいては権利の存在は法秩序の判断に委ねられているところ，それでは，権利が存在すると言うためには法秩序によってどのような権能が法主体に付与されている必要があるのか。フリーゼンハーンは，トーマの術語に倣って，それを実定法によって「要求できること」(Verlangendürfen) が法的に保護されていることに求める。曰く，「全ての法規範は一定の法主体に向けられている。しかし，並行する命令が問題になっているのみであるのか否か，あるいは，例の法規範の実現が当該法領域の複数の法主体の利益圏域に関係する場合に，法秩序が法主体相互の関係を法関係へと高めているのか否かは，実定法の問題である。法主体相互の『権利』について語ることができるのは，権利の基本要素であるところの『要求できること』が法的に保護されている場合のみである」(Ebenda, S. 40)。

もっとも，「要求できること」をまずもって（その内実は不確かであれ）純粋に実体法的に捉えたトーマと異なり，フリーゼンハーンは「要求できること」が法的に保護されていると言うためには裁判的保護（したがってトーマの言う「真正の権利」であること）が必要であるとする。曰く，「この保護が存在し得るのは，争いの場合に全ての関係する法主体が当事者から独立した第三者（もちろん国家機関でなければならない）の裁判を援用できることにおいてのみである。それゆえ，或る法領域の法主体相互の関係が法的な関係であるか否かについて規定するのは，司法の設立とその範囲である」(Ebenda, S. 40f.)。

---

123)　このことは（本来的な）行政法領域について考えれば分かりやすい。曰く，「行政法が国家とその臣民との関係に関する限り，法規の二面的な拘束は現代法治国家の際立ったメルクマールである。しかし，ここには，或る国家機関に市民に対して果たされるべき義務を課すのみであって，その義務を果たすよう強制するための手段を市民に与えない，すなわち市民にその行動を求める権利を認めない法規も存在する」(*Friesenhahn*, Rechtsprechung, S. 39f.)。

(3)　こうして，フリーゼンハーンにおける権利概念は，その基準が裁判的保護の有無に求められる点において形式的な概念であると言うことができる。このように形式的側面が前面に出る結果，法秩序の判断に応じて法領域ごとに特殊な実体を持つ権利が存在し得ることになる。ここでは私法において典型的な権利概念は採られていない。曰く，「様々な法領域において，それらに属する法規範によって当該法領域の法主体間の法関係が基礎付けられる限りにおいて，様々な法領域における権利が存在し得る。この権利という一般的な概念も全ての法領域ごとに特別に形成されること，とりわけここでも私法において発展した概念が単純にその他の法領域に転用されるわけではないことは，明らかである。この概念における一貫性が存在するのは，同じ法領域の或る他の法主体に対して，彼らの間の法関係を構成する規範を理由として何かを要求するという，或る法領域の法主体の法的に保護された権能が問題となっていることにおいてのみである。この権利のさらに詳細な特性は，それぞれの法領域ごとに特別に発展させられるべきである」（Ebenda, S. 42）。このように法主体概念に続いて権利概念も私法に典型的な概念形成から解放される。その結果，「恣意に従ってこの権利を使用したりしなかったりする可能性，放棄の権利等は，一般的な権利の概念には属さない」ことになる（Ebenda, S. 42）。

第3項　権利概念の動態面

第2項に述べたことからすれば，機関にも裁判的保護の付与によって権利が認められ得る。しかし，フリーゼンハーンは，権利を承認することに意味があるのは機関による権限遂行に国家から区別された「実質的利益」が存する場合に限られるとし，行政機関については原則的にこれを否定する。もっとも，これは法秩序による裁判的保護付与の方針を述べたに留まり，行政機関の権利存立の余地を否定するものではない。また，そこで言う「実質的利益」の内実は不明瞭であり，このままでは裁判的保護付与の方針として機能し難い。

(1)　第2項に述べたように権利概念が形式的に捉えられることによって，国家の内部領域においても法主体が存在し得るようになり，機関にも権利及び法関係が認められ得ることになる。曰く，「行政法は，国家及び国家に組み入れられた公法上の社団の外部関係のみならず，国家及び社団の内部組織をも規律する。行政法は個々の機関にその権限を分配し，それら相互を限界付ける。法

秩序が或る機関に他の機関に対して訴訟において固有の権限圏域を防御する手段を与える場合には，それら機関の間の関係は法関係に高められ，それら機関の間の争訟を裁判しなければならない裁判所は真の司法を行使する。それゆえ，行政官庁の間の法関係及びそれらの間の法的争訟の裁判が存在し得る」(Rechtsprechung, S. 52)。

　しかし，フリーゼンハーンによれば，「行政官庁相互の間の関係のそのような形成は国家の組織には不適合である」(Ebenda, S. 52)。すなわち，権利の付与が法秩序の自由に属するとしても，権利を付与することに意味がある状況は限られており，行政法領域における機関間の関係において権利を付与しても意味がない。曰く，「『権利』の承認に意味があるのは，行政ないし憲法領域の『法主体』が何らかの形で全体人格としての国家から区別された利益を代表する場合のみである。しかし，それが見出されるのは，一般的には憲法領域においてのみである」。それに対し，行政法領域において権利を承認することは意味を持たず，したがって「原則的に法秩序はそれをしない」(Ebenda, S. 53)。

　このようにフリーゼンハーンにおいては権利の付与に意味があるのは「法主体が何らかの形で全体人格としての国家から区別された利益を代表する場合」に限られる。したがって，フリーゼンハーンにおける権利概念は，その決定的な基準が実定法による裁判的保護の付与の有無に求められている点でトーマと同じく静態的なものであるものの，トーマ以上に積極的にどのような場合に裁判的保護に意味があるのかについての一応の基準が示されている点で動態的な面も有していたと言える。しかし，このような動態面は権利の実質的契機とされず，法秩序による立法上の動機に留まっている点に注意を要する。この点において，権利概念における形式的契機と実質的契機とを区別した G・イェリネック（終章第 2 節第 2 款(1)）と異なる。

　(2)　上述のように，フリーゼンハーンは，「法主体が何らかの形で全体人格としての国家から区別された利益を代表する場合」の有無について憲法機関の領域と行政法機関の領域とを対比させ，この点に自身とトーマとの相違を求める。曰く，「『機関人格間の法関係』の解明には，とりわけリーヒャルト・トーマもまた取り組んだ。しかし，彼の論述においては，そのような法関係は広すぎる範囲で承認されており，とりわけ憲法機関の領域と通常の行政法機関の領域との区別が十分に顧慮されていなかった」(Ebenda, S. 52)。しかし，フリー

ゼンハーンにおいても「法主体が何らかの形で全体人格としての国家から区別された利益を代表する場合」とされるための基準は明らかではない。

第1に，フリーゼンハーンは，「トーマにおいて前面に出ている憲法領域からの具体例は，単一にして同一の国家社団の機関人格の間の『相互的な主観的義務及び法的権能の豊かに発展した体系』の存在という彼の一般的なテーゼを，行政領域においても裏付けることはできない。確かに憲法機関は憲法の構造によれば場合によっては特別な『利益』を具体化するが，他方でそれらの権限の遵守及び尊重に向けた裁判所及び行政官庁の『利益』は実質的な利益ではない」（Ebenda, S. 53）とする。ここでは，機関相互の間の権利義務関係が存立し得るためには「実質的利益」が必要であること，そのような「実質的利益」は憲法領域では認められるものの行政法領域では認められないことが述べられている。しかし，そこで言う「実質的利益」について，その内実や，私法に典型的な権利概念に通常前提される利益概念との相違[124]，あるいは憲法領域では認められ行政法領域では認められないことの理由についての十分な論述はない。

第2に，大臣の権限についても，フリーゼンハーンによれば，大臣が県知事（Regierungspräsident）にその権限の範囲について指示する場合には，大臣は国家から独立した人格としてではなく国家の代表者として行為するに過ぎず，客観法の維持を監視するのであって主観的な法関係を主張するわけではないのに対し，大臣がその権限領域を他の大臣に対して防御するような場合には，大臣は国家から独立した人格として現れ，主観的な法関係を主張する（Ebenda, S. 52f.）。このように，同じ大臣の権限についても，県知事に対して指示する場合と他の大臣に対して主張する場合とでは権利の有無したがって「実質的な利益」の有無について異なることになる。しかし，その理由は十分には述べられておらず，やはり「実質的利益」の内実は明らかではない[125]。

---

124)　憲法領域において機関が全体人格としての国家から区別された実質的利益を代表し得ることを，フリーゼンハーンは，立憲主義君主制においては君主（政府）の利益と国民（議会）の利益との対立から，第2次世界大戦後においては政権の安定性と議会のその都度の多数派との対立から，導く（*Friesenhahn*, Rechtsprechung, S. 53）。こうした論証からは，後者において特に，フリーゼンハーンが権利付与の方針として採用する実質的利益なるものが，私人の純粋に個人的な利益とは相当の距離を有するものであることが窺われる。

125)　門脇・前掲注119）154-155頁も曰く，「機関が国家とは区別された利益を有するというのはいかなることなのか，それは例えば個人が有する利益と同一に扱われうるものなのか，という疑問」が「明確にされないために，憲法上の機関が各々独立の利益を有するとしても，それが行政機関に

（3）　以上のように，フリーゼンハーンは，法領域を多元化し，法主体及び権利の両概念を私法において典型的な概念形成から解放した上で，これらを裁判的保護の有無を基準として形式的に捉える。これにより，機関にも法主体性及び権利を認める可能性が生じる一方で，その判断は法秩序の自由に委ねられることになる。しかし，フリーゼンハーンによれば，権利付与に意味があるのは国家から区別された「実質的利益」が存在する場合に限られるところ，行政機関の場合にはそのような利益は原則として存在せず，したがって行政機関に権利を認めることには通例意味がない。

　こうしてフリーゼンハーンは行政機関に権利を承認しても意味がないとするけれども，それは権利の存立可能性を否定するものではなく，法秩序が実定法によって裁判的保護を付与するに際しての方針を述べるものに過ぎない。したがって，フリーゼンハーンにおいては立法上の方針が示されている点で動態的な面がないとは言えないが，権利の範囲を現行法による裁判的保護の範囲に依存させる点でトーマと同じくなお静態的なものであったと言える[126]。

　　第3款　ルップ[127]

　ルップ（Rupp, Hans Heinrich）[128]は，その1965年（第2版は1991年）の著書『現代行政法学の基本問題』（Grundfragen）の前半部において[129]，国家の内部領域における法関係を詳細に分析している。

　ルップは，まずもって国家法人説及び従来の法規概念の歴史性・政治性を正面から暴露した上で，内部・外部二分論ないし不浸透性ドグマの理論的欠陥を

は当てはまらないのはどうしてなのかが明らかにならない」。

126)　門脇・前掲注119）155頁も曰く，「フリーゼンハーンにおいても，権利の有無は結局訴訟制度の存否によって決定されるものであり，それはもはやトーマにおいて見られたアクチオ的な思考と大差がない」。

127)　本款では，ルップの次の著作を主たる典拠とする（《　》内に以下本章で用いる略称を示す）。*Rupp, Hans Heinrich*, Grundfragen der heutigen Verwaltungsrechtslehre: Verwaltungsnorm und Verwaltungsrechtsverhältnis, 2. Aufl., 1991《Grundfragen》.

128)　石川敏行編著『ドイツ語圏公法学者プロフィール──国法学者協会の1003人』（中央大学出版部，2012）434頁は，ルップについて「Bachof門下に彗星のごとく現れた俊秀」と評している。

129)　外部法に関する後半部については，中川・前掲注42）250-261頁［初出1981］，山本・前掲注42）207-215頁［初出1995］に詳しい。

指摘してその克服を試みる。以上を前提に，法関係及び法主体性の概念が多元化され，法人格概念が相対化される。しかし，機関の法人格を語ることによって機関に「完全人格」を承認していると誤解されることを回避するために，ルップは機関に法人格を認めない。さらに，出訴資格の有無から独立させて権利概念を捉えた上で，機関に権利が帰属し得ることを否定している。

第1項　不浸透性ドグマの払拭

　ルップは，国家法人説及び実質的・形式的意味の法律概念に基づく法規概念の歴史性・政治性を暴露する。当該法規概念から導かれる内部・外部二分論ないし不浸透性ドグマは，当時の政治的動機の1つの表現であり，理論的にはこれを維持し難い。ルップはこうして不浸透性ドグマを払拭するのである。

　(1)　まずもってルップが指摘するのは国家法人説の歴史性・政治性である。すなわち，ルップによれば，ドイツにおいて国家法人説が主流化した背景には，イングランドは言うに及ばず，あらゆる独立的・自律的な支配権力の基盤が失われたフランスやベルギーと異なって，ドイツにおいてはなおも独立の支配権力が保持されたという事実があった。国家法人説はそうした当時のドイツにおいて生じた国民主権と君主主権との対立状況を理論的に包み隠すものであったのである (Grundfragen, S. 2)。曰く，「そこに現れた，内側に向けて臣民に対して作用する『国家主権』という統一体の概念の背後には，重大な影響を持つ国家概念それ自体の曖昧化のみならず，くすぶり続けている国民主権と君主主権との間の争いが隠れていた」。「その帰結として，必然的に，その構造において独特にも矛盾に満ちた二元的な国家像，すなわち，一方でなお絶対君主主義の明白な諸傾向を孕み，他方で既に民主主義の現象形態を示し，両者の間に爆発に向けて突き進む架橋不能の緊張状況を生み出したところの，国家像が生じたのである」(Ebenda, S. 3)。

　もっとも，ルップはこのように国家法人説の歴史性・政治性を指摘し，以降に述べるように「法人格としての国家の性質決定及びそれに結び付いた含意を強く批判した」(ベッケンフェルデ)[130] けれども，国家を法人とすること自体を放棄するものではなかった点に注意を要する[131]。次項以降に見るルップの見

---

130)　*Böckenförde*, a.a.O.（Anm. 94), S. 288.

131)　*Böckenförde*, a.a.O.（Anm. 94), S. 288.

解は，国家を法人とすること自体とは両立するものとして展開されている。ルップが拒絶したのは，国家を法人として構成することを超えて，国家という法人を人間と同視すべき単一体であるとしてそこから何らかの帰結を導出すること，それに伴って存在必然的に分割不能な単一体の像を作り出そうと試みることであり（Ebenda, S. 22f.），この点でアンシュッツ（第2節第3款第3項(2)）と好対照を成す。

　(2)　ループによれば，実質的意味・形式的意味の法律概念に基づく法規概念（第2節第3款参照）も，以上に見た政治的背景の刻印を受けたものである。また，こうした法規概念から導かれるところの（法から自由な領域と法に支配された領域とを区別する意味における）内部・外部二分論は，法律の留保を求める民主政的・議会制的な機運の前に，それでも内部領域に関する君主の立法権を維持しようとした政治的動機の1つの理論的表現に過ぎない。曰く，「国法学は，実質的意味・形式的意味の法律の理論で以て立法及び法規の概念を狭め，公法の広い領域を『法の真空領域』（rechtsleerer Raum）であると説明することによって，君主の立法権を維持しようとした」。その方法は，「当時の政治的背景の前においてのみこれを理解することができる。全ての人格内部領域を法から自由であるとする例の学説は，国家の内部領域に関して言えば，法理論としては全くこれを維持することができない」（Ebenda, S. 4）。あるいは曰く，「この［法律概念の歴史的な］発展の最初において，絶対君主主義に対して向けられた政治的な国民の権限要求として理解されるところの，法律の留保を求める要請が存在した。それによって，法律の留保は，特に臣民の自由と財産に対する君主行政の侵害からの民主政的・議会制的な保障のスローガンの下に意図されたことを理由として，全く特定の或る政治的アクセントを獲得した。それゆえ，この要求は，古典的な法律の留保によって広く狭められたところの外部領域すなわち君主行政と臣民との関係においてのみ実現した。君主の大権として残された執行府の向こう側の『内部領域』における立法高権は触れられないままであったのである。両方の領域において，全く異なる構造を持つにしても真の法が問題になっているということは，一面的に政治的に限定された法律の留保への方向設定に際して，ますます忘れ去られた」（Ebenda, S. 26）。こうして，単に「外部法」すなわち一般に法律の留保の下に立つ法のみに，法的性質を付与するに至ったのである。

　しかし，ルップによれば，行政命令から生じる義務も法的義務である以上，行政命令を定める規範の法的性質を否定することはできず，したがって理論的には内部・外部二分論は成り立たない。曰く，「法規の概念は，風俗・道徳・宗教あるいは法なき権力によって定立された命令との対比において，法によって定立された命令としてのみこれを示すことができる」。それによれば，職務上の義務を定める規範も法規であるはずである。法規でないとしたら，どのようにして拘束的な効果を発揮するのか不明である。「行政命令から生じるところの法的な制裁の下に立つ義務が法的義務であることは否定できない。それゆえ，行政規範をも法規範に含めることにはどのような思考上の障害も存在しない」(Ebenda, S. 28)。

　(3)　ここにおいて，国家の不浸透性ドグマが成り立たないのはもはや明白であろう[132]。ルップは，「法規のうち一定の類型を法規ではないと説明して議会の法定立のための権限から除外し，君主の自律的な権限に委ねることによって，境界線を示し実証することは，まさに不浸透性理論の政治的動機であった」(Ebenda, S. 29) として当該ドグマの歴史性・政治性を指摘しつつ，次のように述べてその理論的限界ないし欠缺をも明らかにする。すなわち，不浸透性理論によれば国民と国家との関係のみが法関係であることになってしまうところ，こうした帰結に対しては法治国家の観点及びボン基本法の権利保障の観点から広く軟化及び修正がなされている (Ebenda, S. 20)。さらに，不浸透性理論を貫徹する場合，国際法を基準として見れば国民と国家との関係も含めて国内法が不浸透になり，国法のみならず，そもそも国内法がもはや存在しないことになってしまう。したがって，体系的・理論的観点からして既に不浸透性理論は成り立たない。ルップによれば，「国家とその機関担当者及び機関の全ての内部関係は真の法関係であり，法的性質の欠如によって外部関係と区別され得るものではない」のである (Ebenda, S. 21)。

　以上の考察からして，次のことが導かれる。曰く，「『法から自由な空間とその法的限界』の理論は，如何なる点においても，如何なる論拠ないし政治的動機によってそれが利用されても，学問的には過誤である」。「『内部』と『外部』との間の区別は，法に満たされた空間と法から自由な空間との間に境界線を引

---

132)　この点に関するルップの見解については，第 1 節第 1 款も参照されたい。

くためには，全く使えないのである」(Ebenda, S. 33)。

第2項　法主体・法人格概念の多元化・相対化

　ループは，トーマ（第1款第2項）及びフリーゼンハーン（第2款第1項）と同様に，法関係及び法主体性の概念を多元化する。これによって，国家もそれが現れる法関係の性質（国家—市民，国家—機関担当者，国家—機関，国家—外国）に応じて多元的な法主体性を有することになる。さらに，ループは，法人格概念も法関係ごとに相対的であることを認める。こうして，義務の第一義性の下に，何らかの法関係において少なくとも1つの義務の名宛人とされていれば，そこに法主体性・法人格を認めることができることになる。

　(1)　第1に，ループは，次のように述べて法関係の概念を広義のそれと狭義のそれとに分ける。曰く，「全ての法規範は主体関連的である」。まず，「そのような法関係は，一方では法規範と，他方では言及された法（義務）主体との間に，直接的にこれを観念することができる」。「規範に対応する言及された法主体の主観的義務以外のものを何も表現しない法関係は，たとえば『広義の法関係』の概念で以てこれを記述することができる」。ここでは，法主体としては義務主体しか登場しない。次に，それに対して「狭義の法関係」は，「規範に服従する法主体相互の法秩序によって創出された関係」を意味する（Grundfragen, S. 15f.）。

　ここで重要であるのは，第1項においても既に窺われるように，ループの言う狭義の法関係には国家の内部領域における関係も含まれるということである。曰く，「狭義の法関係の概念は，一定の関係，とりわけ機関担当者及び機関の国家全体組織に対する全ての物事が一般に法の関係であり，法の命題によって支配されていることを明確にするためにも用いることができる。つまるところ，この観点から，それらがそれぞれ異なる機能複合体及び関係人（国家—市民，国家—機関担当者，国家—機関）に関係し，まさにこの点において互いに本質的に区別される限りにおいて，必然的に様々な規範複合体及び法関係複合体が生じるのである」(Ebenda, S. 16f.)。

　このように法関係の関係人が様々であり得ることから，法関係の性質も様々であり得ることになる。特に国家とその機関との関係も法関係として分析されることは，私法において典型的な人格間を規律する法関係の概念からは距離が

ある。曰く，「今述べられた法関係の概念と，とりわけ私法において，及び民事訴訟法及び行政訴訟法において馴染みのある用語法は区別されるべきである。後者においては，法関係という呼称は，或る人格と他の人格との間に具体的な法関係が存在するか否か，存在するとしてどのような内容であるのかという問題と密接に結び付いている。そのように理解された法関係の概念は，基本的に，訴訟法においてのみ意味を持ち，それゆえこの文脈においてはこれを考察の外に置くことができる」(Ebenda, S. 17)。

　(2)　第2に，このように法関係概念が多元化されることに応じて，法主体概念もまた多元化される。曰く，「絶対的な法主体性なるものは全く存在しない。むしろ，法主体性の概念は関係概念であり，全く特定の法関係にのみ適用可能である。それゆえ，それは全ての法関係において決して同じである必要は全くない」(Ebenda, S. 23)。

　ルップによれば，このことを行政法における狭義の法関係（国家―市民，国家―機関担当者，国家―機関）について言えば，国家は多元的な法主体として現れることになる。こうして，多元的な国家概念が獲得される。曰く，「この内部領域の関係領域においては，これをも法によって支配されていると考えるのであれば，『国家』はこの点に関する法関係の1つの関係人として，たとえばその市民あるいは外国との関係におけるのとは違った形で，理解されるべきである」。「こうした考察方法によれば，『国家』と呼ばれるものの法主体性は単一的なものではなく，そこには内容的に同じでない関係主体性間の相当の差異が含まれることになるのは間違いない。それゆえ，国家を単に法人として，すなわち法主体として把握しようとする者は，必然的に多元的な国家概念を認めざるを得ない」(Ebenda, S. 22)。

　(3)　第3に，ルップも，トーマ（第1款第2項(2)）及びヴォルフ（第3節第1款第3項(3)）に倣って法人格の相対性を指摘する。曰く，「私法において妥当する『完全人格』も，決して絶対的なものではなく，むしろ全く特定の法関係においてのみ妥当するという意味において制限されている」。ルップは，「たとえば私法において承認された典型的な『完全人格』は，すなわち自然人も法人も，国際法の領域における法人格を欠くし，他方で国際法の主体たる国家は，家族法における法主体性を欠く」というトーマの所説，「終局的権限主体性という意味における完全な権利能力は全く存在せず，むしろその範囲は極めて様々で

あり異なる法規範に応じて常に相対的である」というヴォルフの所説を引いて自らの見解を補強する（Ebenda, S. 82）。このように法主体性と並んで法人格もまた相対的に捉えられることによって，ルップにおいては両概念の純理論的な区別は消失することになろう。

　さらに，「法的性質を有する主観的関係の第1の基準は，主観的法的義務であって権利ではない」（Ebenda, S. 26）とされていることからすれば，ルップにおいては，法主体性の決定的メルクマールは少なくとも1つの法的義務の名宛人であること（「点的な」法能力（Rechtsfähigkeit）[133] のみがある場合）に求められることになる。曰く，「全ての法人格及び法能力が……それらが一定の法関係における終局的帰属主体性のみを表現するという意味において相対的なものに過ぎないとすれば，他のあり得る関係における主体性にとって問題になり得るのは，それまでは法主体性を付与されていなかった統一体を法が何らかの義務ないし何らかの権利の終局的帰属主体に変えるかどうかのみである。それゆえ，法秩序がそのような形象物にただ1つの法的義務を課しているに過ぎない場合であっても，そこには概念必然的に『点的な』法能力が存する」。「というのも，ここでも，義務能力は本来的には法能力の第1次的な表れであるという命題が妥当するからである」。「或る形象物が或る場合においてのみ或る1つの法的義務の終局的帰属主体であるに過ぎない場合であっても，当該形象物はその限りにおいて終局的主体性という意味における法主体性を有する。権利の付与は……必要ではない」（Ebenda, S. 82f.）。この点において法主体性及び法人格と権利主体性を同視したG・イェリネック（第2節第2款第1項）と異なる。曰く，「イェリネックの誤りが存したのは，彼が義務の契機を考察の外側に置き，権利の欠如を以て機関の法主体性を否定し，機関関係全体を法から自由な関係であると説明したことにおいてのみである」（Ebenda, S. 100）。

第3項　義務主体としての機関

　ルップは，内部領域に限って機関に法主体性を認める一方で，誤解の回避という実践的な理由から機関に法人格を認めない。また，ルップにおいては，ト

---

133)　Rechtsfähigkeit は通例「権利能力」と訳されてきたところであるが，本文で述べたように，ルップにおいては或る主体に少なくとも1つの法的義務が認められれば当該主体の Rechtsfähigkeit が承認されることから，本款においてはこれを「法能力」と訳出する。

ーマ（第1款第3項）やフリーゼンハーン（第2款第2項）と異なり（少なくとも内部法論においては）権利概念が純粋に実体的に捉えられる結果，機関には権利主体性も認められない。機関の法主体性は義務主体性によって基礎付けられるのみである。

　(1)　ループは，機関と機関担当者との区別を受け継ぎつつ，機関及び機関担当者のいずれについても全体組織たる法人に対する法関係において法主体性を有することを承認する。そうであれば，第2項において認められた法人格の相対性を前提とすれば，理論的には機関にも法人格が認められそうである。しかし，ループは，機関があらゆる法関係において法主体として登場するとの誤解を避けるために法人格概念を狭く解し，機関にはこの意味における法人格を認めない。

　　(a)　まず機関と機関担当者の区別について曰く，「機関それ自体は，単に，権限複合体を表現し……全く特定の関係において法的帰属主体であるところの，法技術的な意味における制度である。それゆえ，機関は……法人それ自体の概念と同じく純粋に法技術的な概念であり，それら概念の背後に全く特定の社会学的所与が隠れているとは決して誤解されない。それに対して，機関担当者は，制度を現実的生によって満たすところの肉体的・心理的な人格である」(Grundfragen, S. 24)。

　　(b)　第2項に述べた法主体概念の多元性及び義務の第一義性からして，機関担当者のみならず機関についても，全体組織たる法人に対する関係においては法主体性が認められる。曰く，「そもそも機関の法関係が語られる場合には，それは，機関が少なくとも法的義務の主体たる能力を持つことを前提とする」(Ebenda, S. 81)。「法人格，すなわち法主体性というこの概念は，純粋に相対的なものであり，たった1つでも規範的義務が法関係において存在するのか，存在するとしてどのような法関係において存在するのかという問題から導かれる」。「機関は，機関担当者と同様に，専ら全体組織たる法人に対して或る法関係すなわち或る義務関係に立つ」(Ebenda, S. 85f.)。

　もっとも，ループは，機関の立ち得る法関係を内部領域におけるそれに限定する。ループによれば，外部領域における法関係において法主体性を有するのは一貫して機関ではなく国家である。曰く，「法律上の機関権限及び機関管轄の維持に向けた義務は，市民の国家に対する関係においては，一貫して国家そ

れ自体に関わるのであって，自身の権限を権限に則って行使するという機関の義務は組織人格に対する義務としてのみ考え得るものである」(Ebenda, S. 87f.)。「機関について語ることができるのは，それが全体組織の分肢として行動する場合，それゆえ単にその法担当者 (Rechtswalter) である場合のみに，その限りにおいてである。機関が『自分自身のために』，すなわち機関自身に帰属する権利ないし義務の主体という意味において登場する場合には，それは第三者に対してはもはや機関ではない。なぜなら機関に内在的な全体組織との関係を欠くからである」(Ebenda, S. 89)[134]。

　(c)　このように機関にも法主体性が認められること，第 2 項(3)に見たようにルップにおいて法主体性と法人格とが純理論的には区別し得ないことからして，機関にも法主体性と同時に（内部関係における）法人格が認められることになりそうである。しかし，ルップは，機関があらゆる法関係において法主体として登場するとの誤解を避けるという専ら実践的な目的のための術語選択を理由として，法人格概念を狭く解し，機関には法人格を認めない。曰く，「機関の法主体性が及び得るのは，この全体組織との関係に対してのみである。全ての一般化は重大な方法論的誤り以外の何物でもない。このことを，このことのみを理由として，誤解を回避するために，機関の『法能力』ないし『法人格』という概念は，この概念が今日の私法ドグマーティクによって刻印された法律用語において全く違って理解される限りにおいて，これを一切用いるべきではない」(Ebenda, S. 86)[135]。

　(2)　それでは，以上の意味における法主体性が認められる機関は，さらに進んで権利主体たり得るのか。ループは，機関が法主体たるのは義務主体として

---

134)　このように内部関係においては機関に（少なくとも組織人格に対する義務主体としての）法主体性が認められることからして，ルップによれば，イェリネック（第 2 節第 2 款）の体系は崩壊する。曰く，「ここで，国家の意思統一体というイェリネックの基本見解の観点からは克服し難い困難が生じる」。この困難は「ゲオルグ・イェリネックの理論全体を動揺させるものである」。「というのも，国家を意思統一体としてしか理解できないとすると，矛盾する複数の意思の場合にこの構成を維持することはほとんど観念不能であるように思われるからである。逆に言えば，意思に焦点を合わせるなら，まさにその場合には，イェリネックが強く否定したところの，機関の法人格にも至らざるを得ないであろう」(Rupp, Grandfragen, S. 98)。

135)　こうした考慮は先に見たヴォルフ（第 3 節第 3 款第 2 項(2)）と軌を一にしている。すなわち，ヴォルフもまた同様の考慮の下に，「機関の専ら内部に関係する法主体性のために『法人』ないし『法主体』という表現を用いず，それを終局的な帰属主体性という無色で中立的な概念によって置き換える」のであった (Grundfragen, S. 86)。

のみであるとしてこの点を否定する。曰く，「国家機関にとって唯一考慮に値
する内部関係においては，それは，主観的義務についてのみ終局的帰属点であ
る」。「組織人格ないし他の機関に対する関係において，割り当てられた機関性
の行使を求める機関の権利は，全く排除される」(Ebenda, S. 99)。

　ループにおいては，少なくとも行政組織法に関する叙述においては，権利概
念は純粋に実体的な概念であり，出訴資格の有無は概念のメルクマールに含ま
れない[136]。こうしたループの立場からすれば，「訴訟法，特に国事裁判所の
機関争訟を引き合いに出して，国家機関が少なくとも同じ社団の他の機関に対
して自身に付与された権限の妨害なき行使を求める権利を有しているというこ
とを，広く承認する」という多数説の「純粋に訴訟法的な思考」は誤りである。
憲法上の機関争訟を定めるボン基本法 93 条 1 項[137]は，機関の「権利」とい
うその文言にも拘らず，ボン基本法 19 条 4 項[138]の意味における権利につい
ての争いを意味するわけではなく，同項を指摘して機関の権利主体性を肯定す
ることはできない (Ebenda, S. 99f.)。

　このように権利概念が実体的に捉えられることによって，ループにおいては，
機関の権利主体性が否定される。機関訴訟の許容性は訴訟法の裁量に委ねられ
ているのである。曰く，「確かであるのは，機関は権限遂行及び権限実現に向
けた義務に伴って法的力すなわち法的権能を獲得することである。ただし，こ
うした法的権能は機関として全体組織のために行為することしか内容に持たな

---

136)　これに対し，外部法関係における権利概念の説明においては，むしろそれは訴訟法的に基礎付
　　けられているようにも読める。すなわち，公権論におけるループの特徴は，行政の自己抑制義務の
　　反面たる個人の地位 (Status) とそこから生じる対抗的請求権 (Reaktionsanspruch) との峻別に
　　ある (Grundfragen, S. 153-176)。山本隆司の言葉を借りれば，「ループは，義務に地位のみを対応
　　させて直接権利を対応させず，義務違反に初めて請求権を対応させる（地位＋請求権思考）」。「ル
　　ップは，義務違反後に初めて成立する実体権を根拠づけるために訴権を援用し，また，実体権の内
　　容を訴訟類型から導いた」のであって，これは「アクチオ的思考の亜種」である（山本・前掲注
　　42）211 頁［初出 1995]）。このことが機関の権利を実体的観点から，すなわち機関訴訟制度の有無
　　から独立して否定したこととどう整合するのかは問題にし得る。もっとも，本書はこの点には立ち
　　入らない。
137)　ボン基本法 93 条 1 項 1 号は，連邦憲法裁判所が決定する場合として，「一連邦最高機関の権
　　利・義務の範囲に関する紛争，又は，この基本法によって，若しくは連邦最高機関の執務規則に
　　よって固有の権利を付与されている他の関係諸機関の権利・義務の範囲に関する紛争に際しての，
　　この基本法の解釈について」を挙げる。邦訳は，高田＝初宿編訳・前掲注 120）268 頁に拠った。
138)　ボン基本法 19 条 4 項は，「何人も，公権力によって自己の権利を侵害されたときは，裁判で争
　　う途が開かれている」と規定する。邦訳は，高田＝初宿編訳・前掲注 120）222 頁に拠った。

い。しかしながら，そこには同時に機関機能の妨害なき処理を求める機関の権利は存在しない。法的権能はむしろここでも義務の対象に過ぎないのであって，権利の内容ではないのである。機関の終局的帰属主体性はそれゆえ専ら義務の面からのみ規定される。こうした実体的・法的な状況にも拘らず，機関権限の拘束的な解明のための，裁判上の，特に憲法裁判上の，単一にして同一の団体人格の機関間の争訟が考えられ得るのか否かという全く別の問題は，このこととは何の関係も持たない。機関争訟を裁判上の統制に開き，その限りで『自己内部訴訟』[139]を許容することは，訴訟法の裁量に任されているのであって，権利については争われていないのである」（Ebenda, S. 100）。

（3）　以上に述べたルップの所説の特徴は，まずもって国家法人説及び従来の法規概念の歴史性・政治性を正面から暴露した点にある。のみならず，彼は内部・外部二分論ないし不浸透性ドグマの理論的欠陥を指摘してこれを克服しようとした。こうして彼は議論をいわばイーブンに引き戻した上で，トーマ及びフリーゼンハーンと同じく法関係及び法主体性の概念を多元化し，法人格概念を相対化したのである。

他方で，ルップは，トーマと異なり，あるいはヴォルフと同じく，機関の法人格を語ることによって機関に「完全人格」を承認していると誤解されることを回避するために，機関に法人格を認めない。もっとも，このように機関の法人格を語ることを拒絶する理由が誤解を避けるためという実践的な理由に留まるということは，逆に言えば機関の法人格は純理論的には否定し難いことを意味する。

また，ルップは出訴資格の有無から独立させて権利概念を捉えた上で，機関に権利が帰属し得ることを否定した。この点においてもトーマやフリーゼンハーンと異なる。その理由は，機関に与えられた法的権能は義務でしかあり得ないことに求められている。もっとも，権利の実体的内容については必ずしも明らかではなく[140]，したがって内部関係における機関の権利を否定する根拠も

139）　自己内部訴訟（In-sich-Prozeß）の概念については第3章第1節で扱う。

140）　このことは内部法に関する前半部のみならず外部法に関する後半部についても同様のようである。すなわち，中川・前掲注42）257-258頁［初出1981］に曰く，「彼の公権理論の根底には，通説的公権概念の主たる要素の『意思力』をめぐる循環論法を解決するという試みがあった。なるほど，ルップは，『侵害された権利』を公権から解放し，"Status"を行政の自己抑制義務へと転換することによって，一応この循環論法を解決した，といえよう。しかし，彼の場合でも，"対抗的請

十分に明らかであるとは言い難い[141]。

第4款　法人格概念の相対化

以上の分析から得られるところを以下の3点にまとめておく。

(1)　第1に，本節で紹介・検討した論者は，国家法人格を前提としつつ，機関にも何らかの意味における法主体性ないし法人格を承認する理論的可能性を示している。ここにおいて不浸透性ドグマが成り立たないのは明白である。このことは次の2点に関わる。

(a)　1つは，国家を法的に分析する際の視座の複線化である。特にループ（第3款第1項）において明示されたように，従来の公法学は，国家に関して国家と私人との間の外部法のみに法的性質を認め，国家の内部領域を「法の真空領域」であるとしてきた。しかし，トーマ（第1款第2項）の言葉を借りれば，国家を「内側から」観察することによって，国家の内部領域も法的規律の対象であることが明らかになる。ここにおいては，法人たる国家の統一性の契機は大幅に後退し，機関の多元的な分化が正面から捉えられることになる。

それを理論的に基礎付けるのは，歴史的・習俗的な，すなわち立憲主義的な法規概念からの脱却である。フリーゼンハーン（第2款第1項）及びループ（第3款第1項）が述べる如く，機関の権限ないし義務が法的なものであることが否定し得ない以上，法規概念をどう捉えるかはさておき，国家の内部領域が法に開かれていることもまた否定し得ない。実質的・形式的意味の法律概念に基づく法規概念及び（法から自由な領域と法に支配された領域とを区別する意味における）内部・外部二分論が通説化したことは，ループ（第3款第1項）が強調するように当時の政治的背景の前においてのみこれを理解することができる。

求権" を発生せしめ，この "Status" を創設する法規の要件は何か，という問題は依然として十分解明されず，結局極めて一般的な『利益』論に還元されてしまった。その際，『利益』を『法的に保護ある地位』にまで高める結節点は，個人の "利害事項 Angelegenheit" に関係する場合である，と説明される」。しかし，「行政の自己抑制義務たる "Status" がどのような論理過程を経て個人の『利益』に関わり，行政訴訟の原告適格の要件にまでなってゆくのか，十分論証されているとはいえない」。

141)　門脇雄貴「機関の権利と機関訴訟(1)——ドイツにおける機関訴訟論の現状」都法55巻1号127頁以下（2014）135頁も，この点につき同様の評価を下している。

　(b)　もう1つは，諸種の法学上の基本概念の相対化である。国家の内部領域も法に開かれることに応じて，法規（第3款第1項）・法主体（第2款第1項，第3款第2項）・権利（第1款第3項，第2款第2項，第3款第3項）・法関係（第2款第2項，第3款第2項）・法人格（第1款第2項，第3款第2項）といった私法的刻印を受けた諸概念は変容を迫られる。こうした相対化を前提とすれば，このうち法主体性ないし法人格は，特にルップ（第3款第2項）において明示的に，少なくとも1つの義務の名宛人であること（「点的な」法能力）によって肯定されることになる。ここでは，法主体性ないし法人格の有無にとって権利の存否は重要ではない。法と法規ないし実質的法律との概念的結び付きに続いて，法主体性・法人格と権利能力ないし権利との概念的結び付きが放棄されているのである。

　もっとも，機関の法人格ないし法主体性を承認したトーマ（第1款第2項）及びフリーゼンハーン（第2款第1項）と異なり，ルップ（第3款第3項）は機関の法主体性を肯定しつつもその法人格を否定している。しかし，ルップがそうしたのは，ヴォルフ（第3節第3款第2項）と同じく，機関があらゆる法関係において法主体として登場するとの誤解を避けるという専ら実践的な目的による術語選択の故であって，彼らにおける法人格概念の相対性を前提とすれば，機関の法人格を語ることに関して理論的障害はないように思われる。

　(c)　本書は，これら論者における諸概念の相対化を直ちにそのまま受け容れるものではない。彼らがその相対化を試みた諸種の基本概念の内実を如何に捉えるべきであるのかについては，なお本格的な検討を要する。もっとも，「国家が法人であること」から当然に機関の法主体性ないし法人格を否定する論法には重大な疑義があることは以上の検討からして確かであり，本章の目的を達成するためにはこの点の確認で十分である。

　(2)　第2に，本節における紹介・検討は，権利概念の実体的内実が実は不明瞭であることを示している。これでは，行政訴訟の出訴資格につき概括主義が採用されており，その要件として権利が必要とされている場合に，出訴資格の範囲を適切に判断することができない。

　(a)　トーマ，フリーゼンハーン及びルップにおいて機関の権利主体性の有無の判断は三者三様であったものの，このことは機関の法的把握というよりも権利概念の理解の相違に起因する。すなわち，トーマ（第1款第3項）は，純

粋に実体的な権利概念を広く理解し，その結果機関にもこれを認める一方で，裁判的保護を受けたもののみを「真正の権利」であるとする結果，その有無は現行法を基準として静態的に判断され，機関には原則として「真正の権利」は認められない。もっとも，トーマにおいても裁判的保護が付与された場合には機関にも「真正の権利」が認められ得る点には注意を要する。フリーゼンハーン（第2款第2項）は，権利の存否をそもそも裁判的保護の有無に結び付け，その限りではトーマの言う「真正の権利」と同様の帰結に至る。ルップ（第3款第3項）は裁判的保護の有無から独立して権利概念を観念し，機関には一律にこれを認めない。しかしその実体的内実はなお明らかではない。

　　(b)　トーマやフリーゼンハーンのように権利の存否を実定法による裁判的保護の付与に依存させると，今日のような概括主義の下では循環論法に陥ってしまう。すなわち，小早川光郎に曰く，フリーゼンハーンにおいては，「裁判上の救済が与えられるならば権利であり，権利であれば裁判上の救済が与えられる，との循環論法に陥ってしまう」。「彼自身は，紛争解決規範の構成要素としての権利概念について，概括主義の意味に十分適合した思考を展開することができなかった。それは結局，列記主義的思考がなお残存していたことを示すものである」[142]。権利概念を実体的に捉えつつもその内実を十分に展開させなかったルップにおいても，概括主義の下に原告適格の範囲を適切に判断することはできないことは同断である。

　このように，行政訴訟の原告適格について概括主義が採用され，その要件が権利概念に関連付けられる場合（行政裁判所法下のドイツはまさにそうであるとされる）[143]，原告適格の範囲を画するためには，権利概念の実質的契機についての究明が不可欠である。そのためには，たとえばフリーゼンハーンが立法上の方針として述べた「実質的利益」を権利概念の実質的契機として捉え，その内容を詳細に検討しなければならない。

　(3)　第3に，以上の2点を前提にすれば，機関争訟論にとって重要な以下の帰結が導かれる。法主体性ないし法人格がそれぞれの法領域における個別の主観的義務（ないし権利）の付与の帰結として現れるのであれば，問題になっている主体が機関であるということから直ちに法規の対象ではないことにも法主

---

142)　小早川光郎『行政訴訟の構造分析』（東京大学出版会，1983）48-49頁［初出1973］。
143)　この点については，第3章第1節で詳述する。

体性ないし法人格が否定されることにもならず[144]，機関訴訟の許容性を論ず
るためには，当該主体に当該法領域において付与されている主観的義務（ない
し権利）の内容を個別に問わなければならない。

　機関争訟の文脈においては，この問題は，当該主体に付与されたものが義務
に過ぎないのか何らかの法的力であるのか，法的力であるとしてそれが権限に
過ぎないのか権利であるのかという形で現れる。ループの述べるように機関に
権利が一律に排除されるのか否かは必ずしも自明ではない[145]。そして，今日
の概括主義の下においては，これらの問いの判断は裁判的保護の付与という形
式的契機にこれを求めることはできず，実質的契機からして答えられなければ
ならない。こうして，権利概念の実質的契機の究明及び機関に付与された法的
力の実体面の分析という課題が浮上する。ここでは，国家が法人であるという
ことは何の規範的意義も有しない。次章に見る機関争訟論における利益承認型
及び利益不要型の論者は，まさにこの方針を採用し，それぞれのアプローチか
ら機関訴訟の許容性を論証しようとしたのである。

第5節　国家法人格の否定？

　本節は，国家法人格それ自体を否定しているかに見える論者の見解を紹介・
検討することを目的とする。もっとも，検討の過程において各論者によって否

---

144)　門脇・前掲注119）152頁も，トーマ及びフリーゼンハーンの見解を受けて，「そもそも人格が
　　ヒトと同義ではなく，実定法秩序によって認められるものであるという認識があれば，実定法が人
　　格を多様化し，相対化させることは容易に認められることとなる」。「こうして，ヒトではない機関
　　を，それも機関担当者たる個人ではなく制度としての機関そのものを，一定の領域に限定した形で
　　ではあるが人格として承認することが理論的に可能とされる。そしてこう考えるならば，民法にお
　　けるような一般的権利能力を承認する条文がない限り，法領域ごとの権利能力は法規範が権利を認
　　めることで認知される。このような意味において，権利能力は権利の前提ではなく権利付与の帰結
　　にすぎないとさえ言える。つまり，権利能力ないし人格とは一般的に与えられることもありうるが，
　　民法におけるような一般的規定がない限りは，権利を与えることによって同時にその権利を享有す
　　る権利能力が認められるものにすぎないのである」とする。
145)　たとえば，*Böckenförde, a.a.O.*（Anm. 94），S. 291 は，ループの見解を批判して次のように述べ
　　る。曰く，「なぜ本来的に機関は自身の機関機能の妨害なき処理を求める権利を有し得べきではな
　　いのか？　このことは決して自明の問題ではなく，国家組織の形成と分化に従って様々に規律され
　　ており，あるいは規律され得るところの，即物的・政治的な問題である」。

定されているのは本質概念としての国家法人格に留まることが明らかになる。
ここでは，むしろ国家法人格は技術概念へと純化されているのである。これは，
ヴォルフの示した不浸透性ドグマの解体モメントのうち「国家法人格の技術概
念への純化」をさらに究明するものである。

　アルブレヒトによって創始され，ゲルバー，ラーバント及びG・イェリネッ
クによって完成されたと言われる [146] 国家法人説は，幾度かの批判にさらされ
てきた。ここで取り上げるのは，イェリネック等の国家法人説（第2節第2款）
に対抗したO・マイヤー，ヴォルフの国家法人説（第3節）に対抗したベッケ
ンフェルデ，国家法人格を含め国家なる概念の規範的意義を根底から問い直し
たメラースである。

第1款　O・マイヤー [147]

　O・マイヤー（Mayer, Otto）は，その「公法における法人とその利用可能性」
と題する1908年の論文（Person）において，国家法人説を否定する立場を表
明した。「ドイツ行政法学の最大のドグマティカー」（塩野宏）[148] と称される彼
のこうした見解は，国家法人説の意味内容を究明しようとする本書の関心から
して無視できるものではない。もっとも，マイヤーは同稿において初めて自身
の国家観（後に見るようにそれは営造物的国家概念である）を明らかにしたが，そ
の後の著作においては国家観に関する本格的叙述は見られないという [149]。そ
こで，同稿を中心にしつつ，彼の体系書を成す『ドイツ行政法第1巻』（Ver-
waltungsrecht 1）によって補いながら，マイヤーの国家法人否定説の内実と射

---

146)　もっとも，イェリネックの評価はなお両義的であり得る。第2節第2款注43）参照。
147)　本款では，O・マイヤーの次の著作を主たる典拠とする（《　》内に以下本章で用いる略称を
　　　示す）。*Mayer, Otto*, Die juristische Person und ihre Verwertbarkeit im öffentlichen Recht, in:
　　　Festgabe für Paul Laband, 1908, S. 1ff.《Person》, *ders.*, Deutsches Verwaltungsrecht, Band 1, 3.
　　　Aufl., 1924《Verwaltungsrecht 1》.
148)　塩野・前掲注22）序文4頁。
149)　塩野・前掲注22）90頁は，「マイヤーは，このアンシュタルト的国家概念を法人に関する論文
　　　……ではじめて明らかにしたが，その後では表だっては展開していない。しかし，それは，右の論
　　　文においてはじめて確立されたのではなく，すでに『ドイツ行政法』第1版に含まれていたものを
　　　国法学的に整序したとみられる限りにおいて，マイヤー行政法学の生成過程全体を貫ぬく概念であ
　　　るとみてよい」とする。

程を検証することにする。

　マイヤーによれば，法人の標識は「団体財産の団体構成員からの分離」であり，その基点ないし基体は「企業・営造物・事業」に求められる。国家は法的にこれを見れば営造物であり，これが法人たるためには偉大なる企業たる国家が国家権力を担う人間すなわち主権者から法的に分離されていることが必要である。もっとも，マイヤーによればそのような分離はあり得ず，したがって国家は法人ではなくせいぜいのところ「仮象法人」ないし「超法人」に過ぎない。他方で，マイヤーは技術的な意味において国家法人を語ることまでをも否定しているわけではなく，その意味で彼の国家法人否定説がその行政法体系に与える影響は限定的であった。

第1項　法的隔壁のための法人

　マイヤーは，国家の法人格の有無を検討するに先立ち，法人概念を探究する。彼は，私法上の法人概念を基礎に法人の標識を「団体財産の団体構成員からの分離」に求め，その基点ないし基体[150)]を「客観化された目的」すなわち「企業・営造物・事業」に求める。

　(1)　マイヤーは，G・イェリネックの社会学的方法と法学的方法との区別を前提にしつつ，国家法人格の「社会的事実の再現」性の程度を問題とする。すなわち，マイヤーによれば，イェリネック（第2節第2款第1項）の言うように国家を社会的現象として捉える国家の歴史的・政治的考察方法とその法学的考察方法とは厳格に分離されなければならないとしても，それと同時に法学的概念なるものは「社会的事実の再現」以外のものではあってはならず（Person, S. 3），したがって国家を法人として捉えるためには，法人という構成が社会的事実としての国家の再現として適切でなければならない。

　こうしたマイヤーの観点に従えば，国家を法人とすることの妥当性を検証するためには，第1に社会的事実としての国家の内実を見定めるとともに，第2

---

150)　「真の法人が存在し得るのは，現実にはそれが関係する人間とは何か別のものであり，法的にはそれら人間から分離し境界付けられている場合においてのみである。しかし，そのためには，法人がその『基体（Substrat）』すなわちその『基点（Beziehungspunkt）』をそれら人間の外側に持つことが必要である」（Mayer, Person, S. 29）という叙述からして，マイヤーにおいては「基点」と「基体」とが互換的に用いられているように見受けられる。本款では，訳文においては原文の用語をそのまま訳語に反映させ，地の文ではマイヤーがより頻繁に用いるところの「基点」を用いる。

に法人が如何なる社会的事実の再現にとって適切であるのかを示し，第 3 に両者の整合性を確認しなければならない。このうちマイヤーがまずもって着手するのは，第 2 の法人概念の探究である。彼は次のように述べて法人概念の典型を私法上のそれに求める。曰く，「そこで我々の［法人という］概念が発展したところの基礎は，疑いなく私法であり，すなわち私法上の社団，権利能力ある団体である」(Ebenda, S. 11)。こうして，マイヤーは，まずは私法において何が真の正当な法人であるのかを明らかにし，そこで獲得された基準を国家及び公法にも応用することを試みる。

　(2)　マイヤーは，ラーバントの商事会社に関する叙述を出発点としながら，法人の標識を「団体財産の団体構成員からの分離」に求める。マイヤーによれば，一定の目的追求のために財産に独立性が求められることがある。その際，法的に分離された財産は，交渉（Verkehr）の外側に留まるべきではなく，交渉において活発に利用されるべきである。しかし，交渉は法主体間においてのみ行われるものであり，全ての財産権は法主体に結び付けられなければならない。人間は自然的な法主体であって当然に人格を有し，そのような法主体の間には財産及びその部分が交換され得る。この場合には，財産は，その法主体から引き離されておらず，既に存在する他の法主体に即座に結び付けられる。これに対し，「団体財産の団体構成員からの分離」がなされた場合に，それにも拘らず当該財産に法的交渉を開こうとするなら，「失われた法主体」が他の方法で補充されなければならない。その補充のために設立されるものこそが，法人である。それによって，当該財産のために特別の法主体が存在するかのように万事扱われるべきであることになる (Ebenda, S. 16f.)。

　このように，マイヤーにおいては，「団体財産の団体構成員からの分離」の場合に，分離された財産をなおも法的交渉の場に留め置くために，当該財産の特別の法主体として法人が求められる。逆に言えば，そのような社会的事実を欠くところでは，法人はそもそもその存立の余地を持たない。曰く，「団体財産が団体構成員から法的に切り離され，団体構成員に帰属すべきでないということ……法人が設立されるべきである場合には，まさにこの点が問題になっている」(Ebenda, S. 15)。あるいは曰く，「本来的な支配者と財産権の主体との結び付きが切り離されていないところではどこでも，法人は不可能であり無意味である」(Ebenda, S. 25)。財産の分離は法人それ自体ではないもののその前提

として必要であり（Ebenda, S. 16），したがってマイヤーにおいては財産の独立性は法人の認識にとって決定的な意味を持つ。

　（3）　以上は法人が必要とされる場面及びその理由を述べたに留まる。それでは，そこで設立される法人とはどのようなものなのか。マイヤーはこの点を「基点（Beziehungspunkt）」の問題として叙述する。すなわち，マイヤーによれば，法人も自然人の肉体に対応して「外部的な知覚可能性」すなわち「基点」を必要とする。しかし，法人は，まずもって関係人からの財産の分離を意味するものであり，それゆえ基点の喪失を意味する。したがって法人において財産は新しい基点に結び付けられなければならない（Ebenda, S. 20）。

　ここでマイヤーが持ち出すのが財産の目的拘束性である。しかし，目的は通常主観的なものであって基点としては不適合である。曰く，「全く一般的に言って，財産は或る特定の人格に結び付けられているというよりも，この方法において或る特定の目的に向けられるべきである。団体は使命なくして法人との連関に入るのではなく，法人によって追求されるべきその目的に関与するためにそうするのである」。もっとも，「当然のことながら，目的はその性質に従えば内部的なもの，すなわち人間の思考世界に属するものである」から，「そこに法人を結び付けて，法的交渉のために定住させることはできない」（Ebenda, S. 21f.）。

　しかし，マイヤーは，一定の場合に目的が客観化されることを認める。この客観化された目的（＝企業・営造物・事業）こそが法人の基点である。曰く，「目的が継続的で知覚可能な形で外部世界において現れる場合が存在する。それは一定の目的の追求のために人間によって設立され得るものであり，そのための計画的な活動のために物的・人的手段が固い秩序において統合される。ここに，企業（Unternehmen）・営造物（Anstalt）・事業（Geschäft）が現れる。それは，客観化した目的（gegenständlich gewordener Zweck）である。比喩的に言ってこれを肉体化された目的（verkörperter Zweck）と呼んでもよい。それはもちろん真の肉体ではない。しかし，認識可能で外部的な現象をここで目的について否認することはできない。この企業に奉仕するのが財産であり，そのために形成されるのが団体である」（Ebenda, S. 22）[151]。

151）　特に企業について，マイヤーは，「財産，組織化された処理，固有の名前，これら全てが或る特定の目的に向けられるとき，私はそれを企業と呼ぶ」（*Mayer*, Person, S. 22f.）とし，「法人は人

(4) それでは，このように企業・営造物ないし事業を基点として現出する法人は，擬制であるのか現実であるのか。この点につきマイヤーは次のように述べてそれを現実であるとする。曰く，「現実の人間がいないところに現実の人間がいるかのようにみなされるべきであると規定されるのであれば，それは擬制である。というのも，法秩序は自然を超えるマイスターではないからである。しかし，法秩序はそこにおいて法主体として妥当すべきものを規定するためのマイスターである。法主体であるように扱われるべきであると法秩序が言う場合，それは，法主体であると法秩序が言う場合と同じ価値を持つ。その限りで法学者にとっては法人は現実である」(Ebenda, S. 17)。

もっとも，そうであるからと言って，アンシュッツ（第2節第3款第3項）におけるように，自然人と法人との間にアナロジーが成立するとされるわけではない。マイヤーによれば，自然人と法人とではその被規定性（Bestimmtheit）の程度に差異がある。自然人と法人との対立は，たびたび期待されるように，一方が現実で他方がそうではないことを意味するのであれば，誤りである。もっとも，両者の性質の違いを示すのには適している。すなわち，自然人は人間の持っている高い被規定性の分だけ単純であるのに対し，法人の場合にはそのような被規定性を欠く分だけ法秩序及び法学者は創造的により自由である(Ebenda, S. 18)。あるいは曰く，「自然人はその生命ある人間との連関によって非常に本質的な被規定性を既に持ち合わせている。それは法人にとっては求められて初めて法秩序によって法人に特別に付与され得るものである」(Ebenda, S. 19f.)。

しかし，こうしたマイヤーの見解が擬制説のそれとどれほど異なるものであるのかは疑わしい。法秩序によってそうであるように扱われるべきであるとされたことが全て現実であるとするならば，「彼の意味においては，全ての構成的な法的擬制は『現実』である」(ヴォルフ)[152] ことになってしまう。ここでは，現実か擬制かということは大きな意味を持たない。そのような問いの答えは現実や擬制ないし構成という概念の定め方によって変わり得るものであり，本書はこの点に立ち入るものではない。むしろ彼において重要であるのは，自

格化された企業である」(Ebenda, S. 42) としている。このように，「オットー・マイヤーは，『企業（Unternehmen）』を法人の『基体』に高める」(Wolff, Person, S. 55) のである。

152) *Wolff*, Person, S. 57.

然人と法人との間に認められる被規定性の程度の差であり，それゆえに法人については彼が冒頭において強調したところの法学的概念に求められる「社会的事実の再現」性がより一層慎重に判断されなければならない点であろうと思われる。

第2項　営造物としての国家

　第1項のように規定された法人格を国家が有するか否かを検討するに先立ち，マイヤーは社会的事実としての国家の内実を探究する。それによれば，国家は，最高の権力が一定の領土とそこに属する人間のために設立されているという事実状態であり，民族統一体の生成・維持という任務と作用を有する。こうした事実状態は，それが法人であるか否かはさておき，法的には営造物として捉えられる。ここでマイヤーの思考を貫いているのは，その（共和制に対する）立憲君主制的イデオロギーである。

　（1）　マイヤーは，国家の事実性を次のようにヘーゲルの歴史観によって説明する。曰く，「国家は法人であるという命題を以て国家論を始める者は，それによってあらゆる展開の結論を先取りしようとするに過ぎない」。「その出発点及びその不変の基礎は力（Macht）である」。「国家は，事実的状態，すなわち最高の権力が一定の領土とそこに属する人間のために設立されているという状態とともに与えられる」。「現世の物事がそれに従って進行するところの偉大な計画においてそれが果たすべき目的は，世界史によって示されよう。この国家と呼ばれる装置は，民族統一体を生み出し維持するという任務と作用を有するのである」（Person, S. 47）。

　国家の任務と作用が民族統一体の生成・維持に求められる結果，最高権力の担い手すなわち主権者の適格も当該任務・作用に対する適合性の観点の下に判断されることになる。マイヤーによれば，この基準に従って最も主権者に相応しいのは君主である。ここにマイヤーの「立憲君主制的イデオロギー」（塩野宏）[153] を見ることができる。曰く，「自由な人間に対する最高権力を有しているということにおいて既に，当該権力がそのために定められている使用へと所有者をせき立てる倫理的力が疑いなく存在する。この倫理的力について何も感

---

153)　塩野・前掲注 22) 86 頁。

じないかに思われる専制君主や支配を獲得した大衆は我々にとっては狂気である。これらに対して，それによって君主が自ら『国家の第1の僕』であると名付けるところの天性の支配義務の明確な意識を我々は高く評価する」(Ebenda, S. 47f.)。

　(2)　以上に示された社会的事実としての国家は，マイヤーによれば，法及び法秩序によって完全に把握され得るものではないが，しかし法的形態において把握され整序される必要がある。曰く，「法及び法秩序は……決して国家の最奥の本質にまで及ぶものではない。それでも，その本質を法的形態において把握して整序し，それによって全てのさらなる法的形成との接続を容易にする必要性が存する」(Ebenda, S. 48)。

　国家の法的把握の在り方として，もちろん最終的にはその法人格の有無が検討されるわけではあるが，マイヤーは，国家の法人格の有無を巡る議論の前提として，法的に見て国家が本来何を意味するのかを問う。曰く，「我々はもちろん法人格から始めない。法人格は，常に既存の法的存在に与えられる特別の形態を意味するに過ぎない。国家とは，法的には本来何を意味するのか？」(Ebenda, S. 48)。

　(3)　ここでマイヤーが対置させるのが，営造物的国家概念 (anstaltlicher Staatsbegriff) と社団的国家概念 (genossenschaftlicher oder körperschaftlicher Staatsbegriff) である。両者はそれぞれ君主制と共和制に対応する。曰く，「民族が君主の下に立つときは，我々は『営造物的国家概念』を持つ。すなわち国家は『営造物人格』である。国家すなわち民族は，『他者の意思』によって嚮導される」。「それに対するのは，『全体』(ここでは市民階級として想定されている) が『その機関自体を自ら設ける』権利を持つ場合である。それは，『独立した団体』すなわち社団としての国家を意味する」(Ebenda, S. 53)。

　マイヤーは，このうちの営造物的国家概念をアルブレヒトに依拠しつつ採用する。曰く，「我々にとってこの［営造物という］名前が最初から良くない響きを持っているというわけでは決してない。営造物及びそれに類するもの (たとえば企業・事業・装置) は，私法を基礎として法人という法的制度を構築するために最高の重要性を有するようになった。それは，ここでも再び本来的な中核思考たるべきではないのか」(Ebenda, S. 53)。「国家の法人としての性質が浸透する前は，人は国家を全く好んで営造物と呼んでいた。ザイデルにおけるよう

に，今日でもこの法人格がひとたび否定されると，装置ないし営造物の概念が
国家のために全く自然に現れる。特に注目すべき例証を我々に示すのは，国家
の法人格の成立にとってまさに象徴的な著作としての意義を有するところの，
アルブレヒトの小さな論文である」。このアルブレヒトの営造物概念（第2節第
1款第1項）は，「旧き確かな営造物概念」である。「それゆえ，国家を営造物
と呼ぶことは，国家がそれ以上のものであるか否か，特に国家が法人であるか
否かという問いの留保の下に，全く了承される」(Ebenda, S. 53f.)。

　(4)　こうして，マイヤーにおいては，国家は，社会的事実としては，最高の
権力が一定の領土とそこに属する人間のために設立されているという状態で
あって，民族統一体の生成・維持という任務と作用を有するものであり，それ
を法的に把握すると，法人格の有無はさておき，まずもって営造物として現れ
る。曰く，「君主はラントを統治するために物的人的手段の計画的秩序を以て
処置してきた。これは1つの営造物である。民族・属民はその作用の対象であ
る」。「そう，国家は1つの偉大な営造物である！　国家権力はこの営造物の嚮
導を意味する。そこには民族と領土が帰属し，それなくしては営造物の偉大な
歴史的目的は考えられ得ない」(Ebenda, S. 54f.)。

　こうしたマイヤーの営造物的国家概念は，イェリネックの社団的国家概念に
対抗するものであることは言うまでもない。すなわち，それは，「学説史的に
みれば，G・イェリネック的社団的国家観に対するアルブレヒト的装置的国家
観の復活」（塩野宏)[154]であるという一面を確かに有する[155]。そして，彼の営
造物的国家概念の導出過程からは，共和制的傾向に対するマイヤーの立憲君主
制的傾向が窺われよう[156]。

---

154)　塩野・前掲注22) 86頁。
155)　もっとも，イェリネックの国家法人説にも営造物的国家観が紛れ込んでいることは第2節第
　　2款第2項に見た通りであり，その限りにおいて両者の国家観の対比は相対化されることには注意を
　　要する。
156)　塩野・前掲注22) 86頁にも曰く，「それは，マイヤーにおいては，まず社団的国家観に内在す
　　る共和国的傾向への──そしてそれがアルブレヒト以後の国家法人説の主流であったとされるので
　　あるが──イデオロギー的対抗であったのである。装置としての国家においては，君主はその指導
　　者（Leiter）として，より確固たる論理的基盤を得るものであることはいうまでもない。さらに，
　　法的ベールを通してであるが，ここではマイヤーが立憲君主制の美点を公然と掲げており，彼がそ
　　の人格的形成の重要部分を立憲君主制的イデオロギーによっていることは明らかである」。

第3項　仮象法人・超法人としての国家

　マイヤーは，第1項に見たように私法上の法人を基礎にして導出した法人の標識を，第2項においてその内実を示された営造物たる国家に適用し，その結果として国家の法人格を否定する。さらに言えば，マイヤーによれば，国家の法人格が語られる際に意図されていたことは法人なくして実現され得る。もっとも，彼においても技術的意味における国家法人について語ることまでもが否定されているわけではなく，彼の国家法人否定説がその行政法体系にもたらす影響は限定的なものであった。

　(1)　マイヤーは，第1項で導出した「団体財産の団体構成員からの分離」という法人の標識を営造物たる国家に適用し，国家の法人格の有無を検討する。

　　(a)　国家が法人であるとすると，そのことは，偉大なる企業たる国家が国家権力を担う人間すなわち主権者から法的に分離されていることを意味する。言い換えれば，「主権者が，自身の為すことを，もはや自身の名においてではなく，当該企業のために創り出された特別の法人格の代表（Vertretung）において実施すること」（Person, S. 56）を意味する。ここで注意を要するのは，マイヤーは私法上の法人の標識としては専ら財産関係上の分離を挙げていたところ，これを国家に適用するに際して，法人において分離されるべきものが財産関係に限られず広く国家ないし主権者の行為へと一般化されていることである。

　　(b)　マイヤーは，こうした「国家と主権者との分離」を否定し，したがって国家の法人格を否定する。曰く，「私は，このような考え方が法学的に実行可能であるということを最初から否認しなければならない」（Ebenda, S. 56）。彼はその理由として3つのものを挙げる。

　第1に，「国家と主権者との分離」のためには代表関係が必要であり，代表関係のためには代表者に法的制約（Rechtsschranken）が必要であるところ，主権者には現実には何の法的拘束もないということである。すなわち，国家においては人民にせよ君主にせよ「代表者は自己の名において行動するのみ」であって，「フリードリヒ大王は国家に対して自由である」。したがって，ここでは「代表関係から生じる本質的な帰結が導き出されていない」（Ebenda, S. 57）。

　第2に，主権者と国家とは機関理論によれば一体であって分離され得ないこ

とである。マイヤーによれば，「ここでは分離された真の人格間に生じるよう
な真の代表関係が意図されていない」。意図されているものは「より緊密で直
接的なものであるはずである」（Ebenda, S. 57）。このことを示すのは機関理論
である。マイヤーはイェリネックを引用して国家と機関との一体性が強調され
ていることを示し，このことは「国家と主権者との分離」に反するとする。曰
く，「法人の効力と意味が，企業及びそれに属する手段を……本来的な企業主
の人格から法的に分離すること，すなわち企業主に対してまさに『他者』であ
ることにあるとするならば，君主及び国民を機関とすることは，現実的かつ真
の国家法人の決定的な否定である」（Ebenda, S. 58）。

　第3に，国家の法人格を生み出すべき上位の法秩序が存在しないことである。
マイヤーによれば，法人たるためには主権者と事業及びその財産との間に法的
隔壁が必要であるところ（Ebenda, S. 56），国家の場合にはこうした法的隔壁を
創出する法秩序が存在しないという問題がある（Ebenda, S. 58）。曰く，「法秩
序の創造物たる法人が存在するのは，既存のより高次の力が介在し，法人のた
めに肩入れし，その存在可能性を保障することによってのみである。国家の場
合にはこれが欠けている。それなくしては，法人は幽霊ないしお化け以外の何
物でもない」（Ebenda, S. 67）[157]。

　(2)　マイヤーはさらに進んで，ドイツの学者たちが国家を法人に指名した際
の意図を貫徹するためであっても，そもそも国家を法人とする必要性はないと
説く。マイヤーによれば，国家を法人とする際には，「偉大なる『営造物』に
おいて実施されるべき全てのものを統合するための便利な表現方法」が目指さ
れている。これは時代の要請に適うものであり，国家の法人格と憲法国家
（Verfassungsstaat）の成立との間には連関が見出される。すなわち，R・シュミ
ットによれば，憲法国家の特徴たる最高機関の二元主義の下では，論理的にそ
れら最高機関の上位に位置する国家の法人格が要請された（Ebenda, S. 60）。し
かし，「人がそこで生み出したものは，本当に真の法人なのだろうか」。「国家
という事業は，その下で全てが生じるところの統一的な事業名を提供する。そ

[157]　イェリネックは，マイヤーについて，「彼の理解によれば，国家が法人ではあり得ないのは，
　国家を法人にすることができるような，超国家的法規を欠いているからである」（*Jellinek*, Staats-
　lehre, S. 166）としており，マイヤー理解としてこの第3点を国家法人格否定の専らの理由である
　としている。なお，訳出は芦部ほか訳・前掲注41）に拠った。

れ以上は不要である。国家の法人格は，イメージ・比喩及び抽象以外の何物で
もない」(Ebenda, S. 60f.)。

　ここでは，国家の法人格なるものが明確に否定されている。それは，「最高
機関の二元主義」という当時の憲法状況のための「便利な表現方法」であり，
かつそれに留まる。こうして，マイヤーにおいては国家は法人ではあり得ず，
またその必要もないことになる。その意味で，国家法人の正体は「仮象法人」
ないし「超法人」である (Ebenda, S. 63)。マイヤーはこの点を言葉を換えては
印象的に述べる。マイヤーによれば，国家法人なるものは，先にも見たように
「幽霊」であり「お化け」であり，あるいは「怪物 (Simson)」(Ebenda, S. 67)
であり，「詩的で隠喩的で形而上的で，あるいは他の何か」(Ebenda, S. 11) な
のである[158]。

　(3)　このようにマイヤーは国家の法人格を否定する。しかし，それは本質概
念としての国家法人格を否定したに留まり，少なくとも技術概念としてそれを
用いることまでをも否定するものではない。

　　(a)　マイヤーが法人格否定の理由として挙げた点は，ヴォルフ（第3節第
2款第2項）が指摘したように，いずれも技術概念としての国家法人格には厳
密に言えば妥当しない。さらに，マイヤー自身も，「単純さと分かりやすさ」
のために国家を法人であるように扱うことを認める (Ebenda, S. 68)。すなわち，
国家法人格の技術的有用性を認めているのである[159]。

　　(b)　もっとも，彼の体系書は，次のように述べて確かに国家の公権を否定
しているかに見える。曰く，「権利は常に制限されたもの (etwas Begrenztes)
である。他方，国家の場合にはその背後に立つ無制限のもの (Unbegrenzte) が
常に現れる」。こうした「国家の法的全能の正しい理解」は国家の公権を語る
ことを妨げる (Verwaltungsrecht 1, S. 104)。あるいは次のような記述からは，

---

[158]　このようにマイヤーによれば国家を法人とすることは理論的にはその基礎を全く欠く。それに
　も拘らず国家法人説が当時のドイツにおいて通説化したのは，最高機関の二元主義という当時の憲
　法状況を上手く表現しようとした学者たちの苦肉の策の帰結であったのであり，それ以外に同説の
　助けとなるような要因はないというのである。国家法人説の主唱者たるラーバントへの献呈論文た
　る本論文において，マイヤーは一文全体に強調を付して次のように述べる。曰く，「ドイツの教授
　たちは，何の助けもなしに，国家を法人に指名したのである」(Mayer, Person, S. 59)。

[159]　塩野・前掲注22) 87頁にも曰く，「マイヤーも一方で Gleichnisbild としての国家法人概念の
　法技術的有用性を認め，行政法学上の説明はすべてそれに従っているといってよい」。

国家の権利を語ることへの慎重な姿勢が窺われる。曰く，国家は支配と服従を求める包括的な権利を有しており，臣民の服従義務がこれに対応する。「法律が公用収用・租税賦課・軍隊舎営を認める場合に，今や国家がそれらのことを行う権利を取得したと言われがちである。実際には，差し当たり，服従を求める例の大なる権利の行使のための権限分配に外ならず，それ自体は権利ではない」。国家においても，租税債権等の私権と同視可能なものについては，公権力との本来的な連関から解放されており，したがって真の権利である。そうでない場合は，服従を求める大なる「原権利（Urrecht）」の流出及び行使に外ならず，したがって権利ではない（Ebenda, S. 105f.）。

　しかし，マイヤーは技術的な意味において国家の公権を語ることまでをも否定しているわけではない（Ebenda, S. 106）。その限りにおいて，マイヤーにおいても（技術的な）権利及び義務の帰属主体という意味における国家の法人格が否定されているわけではないことになる。この点は我が国においても既に指摘されている。すなわち，塩野宏に曰く，「マイヤーも公権本質論からはなれて技術的には国家的公権の観念を用いざるを得ないのであり，彼も国家的公権の用語を使って説明することを認め，だが，それによって本質を見失ってはいけないと警告するだけである……。従って，マイヤーの本質論的国家的公権否定論が，法技術的意味において実体法上手続法上何らかの効果を直ちに及ぼすものとはいえない」[160]。

　（4）　このように，マイヤーの所説は，第1に，国家を営造物であるとする点においてイェリネック的社団的国家観に対抗するものであり，第2に，さらに進んで国家の法人格を否定する点において「19世紀後半のドイツ公法学に支配的であった国家法人説への対抗理論」（塩野宏）[161] であった[162]。その意味で，

---

160)　塩野・前掲注22）149頁。同様の指摘をするものとして，中川・前掲注42）149頁［初出1976］は，「O・マイヤーによれば，私権と同視しうる国家的公権は，言葉の厳密な意味では存在せず，その本質は『権利』とは異質の"無限定"の行為にある。しかし，このことは，国家の法的無制約を意味するものではないことに注意すべきである。何故ならば，彼も，技術的には国家的公権の概念を用いざるをえないからである」とする。*Wolff*, Person, S. 440 にも曰く，「彼［マイヤー］は，国家の権利を認める点において，全く一貫していない」。

161)　塩野・前掲注22）85頁。

162)　仲野・前掲注42）99頁も，「マイヤーは，後期ゲルバー・ラーバント・イェリネクとは一線を画し，法人概念の公法への転用可能性（imperium と dominium の交換可能性）について，極めて懐疑的な立場をとる」とする。

マイヤーの国家観は当時の通説に対して二重の意味で挑戦するものであったのである。

　もっとも，このうちの第１点については，彼の立憲君主制的立場に負うところが大きいものであるのと同時に，国家の法人格を否定することと内在的な連関を有するものではない点には注意を要する。彼の国家法人格否定の論拠の妥当性は，それ自体としては問題となり得るものの，少なくとも営造物的国家観を採るか社団的国家観を採るかによって左右されるものではない[163]。

　また，第２点についても，マイヤーが否定したのは本質概念としての国家法人格に留まり，技術概念としてのそれまでもが否定されたわけではない。塩野宏はこの点を捉えて次のように述べる。曰く，「その限りで，マイヤーの国家法人格否定論は必ずしも成功していないと同時に，その点からみれば，彼の国家法人格否定論が行政法学の構造に直接に影響を及ぼすものではないということもできる」[164]。

第 2 款　ベッケンフェルデ [165]

　ベッケンフェルデ（Böckenförde, Ernst-Wolfgang）は，その 1973 年の論文「機関・組織・法人」（Organ）において，ヴォルフの国家法人説（第 3 節）を批判して国家を法人としてではなく組織として把握すべきであると主張した。改めて紹介するまでもないほど戦後ドイツ憲法学に多大なる影響を与えた [166] ベッケンフェルデが，自身の師への献呈論文においてまさにその師を否定し，しかも通説的地位を占める国家法人説に異を唱えたこと，すなわち「ヴォルフの国

163）　門脇・前掲注 32）297 頁も，「O・マイヤーも国家法人説に反対するが，それは彼が法人概念を財産主体に限定し，それが国家の権力性と相容れないと考えていることに基づくものであるから……財産取引関係以外の場面を問題とする以上は，たとえアルプレヒトやイェリネックのような法人概念であっても，国家への適用は否定される」（圏点筆者）とする。

164）　塩野・前掲注 22）87 頁。

165）　本款では，ベッケンフェルデの次の著作を主たる典拠とする（《　》内に以下本章で用いる略称を示す）。*Böckenförde, Ernst-Wolfgang*, Organ, Organisation, juristische Person: Kritische Über-legungen zu Grundbegriffen und Konstruktionsbasis des staatlichen Organisationsrechts, in: Festschrift für Hans Julius Wolff, 1973, S. 269ff.《Organ》. 同稿を詳細に紹介するものとして，赤坂・前掲注 91）がある。

166）　林・前掲注 54）135 頁［初出 2009］は，ベッケンフェルデを評して「戦後ドイツ憲法学界の最大の理論家の 1 人」とする。

家法人説・国家機関論の批判の上に，国家現象の法的把握の新たな構想を提示しようとした」（赤坂正浩）[167]ことは，注目に値する。

ベッケンフェルデによれば，ヴォルフの理論には法技術的にもイデオロギー的にも問題があり，それら問題を克服するためには，国家は組織として，さらには営造物として把握されなければならない。これにより，国家は内部の多様性・多分節性に対して開かれるとともに，民主政原理に適合的な地位が主権者たる国民に与えられることになる。また，機関訴訟も，組織内部の意思形成過程として把握されることで，概念上アプリオリに排除されるものではなくなり，その許否は当該過程の分化の許される程度の問題として論じられるべきであることになる。稲葉馨の言葉を借りれば，「ベッケンフェルデにとっては，国家も Organ もそれ自身複雑な内部的編成を有する組織であるという現実を，『実態に即して（sachgerecht）』法学的に構成し直すことが緊要の課題だった」[168]のである。

第1項　法人構成の意義と限界

ベッケンフェルデは，まずヴォルフの見解を要約した上で，その問題点を指摘する。ヴォルフの国家法人説・国家機関論に対するベッケンフェルデの批判は，「法技術的側面」及び「イデオロギー的側面」の両面に向けられる[169]。前者は，法人構成のみでは国家の社会的現実を把握し切れないというものであり，後者は，国家法人説では「国家組織の支配者であり出発点」としての国民の地位を表現できないというものである。

（1）ベッケンフェルデは，ヴォルフの見解の特徴を次の2つに要約する[170]。第1に，国家の法人としての性質決定であり，第2に，ヴォルフの用いる諸概念の強度の規範性である。

（a）第1に，ベッケンフェルデによれば，「ヴォルフによって展開された

167）赤坂・前掲注91) 5頁［初出2007]。
168）稲葉・前掲注8) 151-152頁［初出1981]。
169）赤坂・前掲注91) 5頁［初出2007]。
170）ベッケンフェルデによるヴォルフ理解はヴォルフの教授資格論文（*Wolff*, Person; *ders.*, Vertretung）と体系書に基づく。後者について特に参照されているのは第2巻であり，しかも本章がその第3節で主たる典拠とした第4版ではなく第3版（*ders.*, a.a.O.（Anm. 111））であることを注記しておく。両版の重要な相違については第3節第3款第2項(3)参照。

組織法上の概念体系の中心的な基点及び支柱は，国家の法人としての（法的な）性質決定である」（Organ, S. 273）。ここにおいては，法人と機関とは帰属概念によって結び付けられ，法人の「固有権限」と機関の「遂行権限」とが区別される。曰く，「ヴォルフにおいて機関概念は，完全に法理論的な帰属概念として，すなわち法人に関係付けられた帰属概念として展開される」。「『固有権限』と『遂行権限』との区別は，機関が（機関担当者によって）それ自体として行為することで法人の権利（のみ）及び義務を主張し遂行すること，すなわち機関は確かに固有の権限を持ちその限りで『主体』ではあるけれども，その権限は法人の権利及び義務を遂行する，すなわち法人として法人のために行為する（機関に付与された任務領域の内部における）権限のみであることを，法学的・構成的に表現するのに役立つ」（Ebenda, S. 274）。

　しかし，こうしたヴォルフの概念体系においては，国家の組織としての側面が捨象され，その多元的構造が理論的に反映され難い。曰く，「それに対して，組織的形象物の内部組織的構造及び統一体形成（Einheitsvermittlung）は，概念形成の基本的な観点にはならない。機関概念のための出発点は，組織という概念（及び現象）ではなく，法人という（独立した）法的帰属点なのである」。「この法学的構成の基礎には必然的に図式的な（分節されない）組織モデルが存在する。特に国家がそうであるように，『機関』自身が再び（幾重にも）分節された組織として現れ，全体組織への行為の帰属が（場合によっては幾重にも）媒介される場面，すなわち分化された組織における多分節性及び多様性は，概念的な道具に持ち込まれていない」（Ebenda, S. 275）。ヴォルフはこれらを表現するために「組織の分肢」・「準機関」・「中間主体」等の中間形態を用いたが，(2)に見るようにベッケンフェルデはまさにこの点を批判する。

　(b)　第2に，ベッケンフェルデによれば，ヴォルフの組織法上の諸概念の特性は，「その強度の規範的な方向付け及び孤立化（Isolierung）にある」（Ebenda, S. 275）。これによって機関と機関担当者との区別が可能にされた反面，「組織的現実」が組織法の理論枠組みから放逐されることになった。曰く，「法現象の純粋に規範的な把握及びその純粋に規範的な現象としての把握に向けられたこの方法論的な出発点は……一方では機関概念の規範的側面の認識のための，それゆえ機関と機関担当者との区別のための条件である。しかし，純粋に規範的な方法及び考察が，法学の1つの（本質的で独立したものとして保たれるべき）

認識手段としてではなく，法学を排他的に構成する（及び限界付ける）ものとして概念されたことによって，組織的法概念と組織的現実との間の密接な関係が視野から消えざるを得なかった」(Ebenda, S. 275f.)[171]。ここで注意をしておきたいのは，ベッケンフェルデが問題としているのは規範的考察を法学の排他的な方法とすることであって，規範的考察それ自体が否定されているというわけではないことである。

　確かに，第3節第2款第1項において見たように，ヴォルフにおいても事実レベルの考察が全く欠如しているというわけではない。しかし，ベッケンフェルデによれば，それは組織法上の概念に反映されていないのである。曰く，「法哲学の領域における『存在』と『当為』との接点なき二元主義に対応するのは，法理論及び法学的概念形成の領域においては，法規範と社会的現実，すなわち法的意味における国家・組織・機関と社会的（社会学的，事実的）意味におけるそれらとの接点なき並置であった」。ヴォルフにおいては，社会的意味における機関，法事実的な意味における機関，規範的な意味における機関がそれぞれ独立した概念として現れる。しかし，「（組織）法的な機関概念として現れるのは，純粋に規範的に把握された『単に思考上の統一体』を意味するところの機関概念（規範的な意味における機関）のみである」(Ebenda, S. 276)。

　これに対し，ベッケンフェルデによれば，法規範と社会的現実との間には密接不可分の関係があり，切り離してこれらを理解することはできない。曰く，「組織及び機関の社会的現実性には，それに従って組織的作用連関及び組織的統一体が生み出され維持されるところの規範的な規律構造が，この現実性を形成しともに生み出す契機として必然的に含まれる。『社会的複合体』としての機関及び組織はその算入なくしては全く正しく記述され得ない。同様に，法現

---

171)　ヴォルフはこれに対して後の版において次のように反論している。曰く，「一方では事実的組織が基本的には法規によって生み出されること，他方では法規の法的妥当はその社会的実効性の条件であることから，事実的組織概念と規範的組織概念とは接点なく分離するものではなく，単に同じ社会的現実の2つの異なる側面を把握するものである。そのうち，行政法学にふさわしいのは当然のことながら規範的な（法学的な）側面である（……）。以上を以て，私の考えでは，ベッケンフェルデ（……）によってこの組織法理論的なアプローチに対して提起された異議が処理される」(Wolff / Bachof, Verwaltungsrecht 2, S. 4)。しかし，ヴォルフにとって（行政）法学の対象が規範的側面に限定されることは当然であること，したがって事実的側面が（行政）法学の対象から除外されることが述べられているに留まり，議論が十分に噛み合っていないように思われる。両者の見解の相違は，（行政）法学の任務の範囲という，より高次の問題に関わっている。

象としての組織及び機関は，部分的にそれらに先行し，部分的にそれらを前提
とするところの組織的性質を持つ社会的作用連関を顧慮することなくしては，
これを理解することはできない」(Ebenda, S. 276f.)。

　　(c)　以上のように，ベッケンフェルデによれば，ヴォルフの見解の中心的
な出発点及び基点は，「組織的形象物の現実性と作用方法から切り離され，全
く帰属の観点の下に構想された法技術的・構成的な法人の概念に，組織法上の
概念体系を固定すること」に求められる。ベッケンフェルデはここから生じる
帰結を次の3点に要約して述べる。第1に，「機関を，まずもって行為及び作
用単位に向けられた機能概念ではなく，代表思考に向けられた帰属概念として
規定すること」，第2に，「機関を，相対的に独立した組織という現実の行為単
位ではなく，法人という法技術的な帰属単位へと関係付けること」，第3に，
「国家的組織の法的及び事実的な所与に決して関連せず，その適切な理解をむ
しろ排除する法人という概念によって，国家を組織法的に性質決定すること」
である（Ebenda, S. 286f.)。

　(2)　ベッケンフェルデは，こうした構成の「法技術的側面」に関する問題点
が露呈する局面として次の4つを例示する。

　　(a)　第1に，同一の法人の内部における機関相互の間の権利義務関係であ
る。曰く，「いわゆる内部領域における，すなわち同一の権利主体（法人）の
他の機関に対する機関の権限ないし権利及び義務は，こうした機関概念の構成
的基礎からはこれを正しく理解することはできない。ここで問題となるのは，
他の自然人ないし法人に対する関係における法人の固有権限の遂行ではなく，
法人の内部における権限の遂行である。この権限は法人のための通過的遂行の
ためではなく，固有の権限として機関に帰属する。その限りで，機関は，終局
的帰属主体すなわちこの権限ないし権利及び義務の主体なのである」。ベッケ
ンフェルデは，そのような「(内部組織的な)権利及び義務」の最も重要な例と
してボン基本法93条1項1号[172]の意味における連邦最高機関のものを挙げ
る（Ebenda, S. 277f.)。

　こうした「機関ないし機関権限がその限りでヴォルフの機関概念に収まり切
らないという事態」を考慮に入れるために，ヴォルフは「部分的に権利能力あ

---

172)　注137)参照。

る『中間主体』」なる概念を立てる。しかし，ベッケンフェルデによれば，こうした構成は当然の帰結を導くためにはあまりにも複雑であり，むしろヴォルフのように法人概念を出発点とする構成では組織の内部構造を適切に把握することに困難が伴う。曰く，「ここでは，比較的単純で結論において争われていない事態，すなわち，（相互の関係における）機関の固有の行為も法主体たる組織的全体に帰属し得るところの組織的行為に留まり，反対に機関はそれらがその権限を固有権限ないし固有の（組織的）権利及び義務として付与されたままに保つ場合であっても機関すなわち組織の行為単位・機能単位であることをやめないという事態を『法技術的に』表現するために，より大きな思考上及び構成上の浪費が避けられない。その理由は何であろうか？」。「その出発点を法人という法技術的な帰属点及び帰属問題のみに有する機関概念のこうした構成基礎は，この組織内部的な所与を滞りなく把握し構成的に処理し得るためには，乏し過ぎるのである」(Ebenda, S. 278f.)。

　　(b)　第2に，いわゆる公法上の法人の位置付けである。曰く，「［第1点と］類似した困難は，それ自体法人の性質を持つ組織的な機能単位及び形象物（ヴォルフの意味におけるいわゆる分肢）を国家的組織統一体に組み入れる際に生じる。それらは，それ自体法人格すなわちヴォルフの意味における終局的帰属主体であって，それに応じて権利及び義務の主体として独立して行為する。このことは，それらが国家によって委ねられ国家の委任において処理されるべき責務を遂行する場合においてすら妥当する。それにも拘らず，ここでは，それらは，たとえばいわゆる委任事務におけるゲマインデのように，国家的組織連関に組み入れられ，国家による法監督・専門監督に服し，結局は国家的機能主体及び機能単位として利用される。それらは，その機能及び活動によれば国家機関であるが，ヴォルフの機関概念の帰属規定性の故に概念上そうではあり得ない。それゆえ，それらは，『分肢』と呼ばれ，（もはや国家法人のではなく）国家組織の分肢として分類される。分肢の地位の基準は，他者の事務すなわち他の権利主体（法人）の事務を，固有の名及び固有の（法技術的な）主体性において遂行することである」(Ebenda, S. 279f.)。

　ベッケンフェルデによれば，法人として表現される組織は同じく法人として表現される組織をその部分に持ち得ないことから，国家法人はその他の公法上の法人をその部分に持つことができず，ヴォルフは法人の分肢ではなく（国家

的）組織の分肢について語ることになり，その限りで彼は一貫している。しかし，ヴォルフにおいては組織たる国家は同時に法人であり，ベッケンフェルデはこの点にヴォルフの問題点を見出す。ベッケンフェルデによれば，法人という概念は国家組織という統一体を法的に把握するのに不適合なのである（Ebenda, S. 281）。

　(c)　第3に，「権利能力なき（部分的に権利能力ある）営造物の組織法上の地位」である。曰く，「権利能力なき営造物として，学校は，（ヴォルフによって発展させられた組織法上の概念体系の枠内においては）学校において学校に属する機能主体（……）によって遂行される権限の終局的帰属主体ではなく，せいぜいのところそのような終局的帰属主体すなわち学校主体（国家，ゲマインデ）の機関である。学校の長及びその他の『機関』は（準備的あるいは補助的に）機関（学校）の権限遂行に関与するところの機関部分でしかあり得ず，それ自身は（遂行）権限を行使し得ないとするのが首尾一貫している。その『法人という組織的全体』との帰属関係は媒介的であって，機関概念にとって本質的なように直接的なものではない。それに対して，学校法の規定に従えば，校長の地位は……権限の独立した主体として（それゆえヴォルフの意味における機関として）直接的に形成されている。他方で，学校自体は明示的に権利能力なき営造物として性質決定されているのである」（Ebenda, S. 282）。

　ヴォルフはこの事態を理論枠組みに組み入れるために「準機関（Quasi-Organ）」なる概念を立てるが，ベッケンフェルデによれば，このことも法人構成の限界を示している。曰く，「ヴォルフにおいては，或る新しい概念，すなわち部分的権利能力ある及び権利能力なき組織の遂行権限主体（＝機関）を意味するところの（部分的に下位機関として示される）準機関の概念が形成されることによって，抜け道が模索される」。「この追加的な概念形成（……）に伴って，一方では，発展させられた機関概念によっては，間違いなく機関の機能を遂行するところの組織的主体が全て把握され得るわけではないことが認められ，他方では，従来の機関態の構成原理が放棄されるのである。機関概念のための基点は，もはや法人という帰属単位ではなく，組織という行為単位なのである」（Ebenda, S. 283）。

　(d)　第4に，「それ自身組織的性格を持ち組織内部の法領域の主体であるところの機関の位置付け及び法学的構成」である。この場合にも第3点と同様

の困難が生じる。特に問題となるのは「社団に類似しており内部において激しく分化した立法府等の機関」であり，ベッケンフェルデはドイツ連邦議会を例として次のように述べる。曰く，「国家という法人に関連して言えば，機関たるのは，連邦議会自体と，それと並んで警察権力の所持者及び連邦議会行政の長機関としての資格における連邦議会議長のみである」。しかし，連邦議会にはその他にも議長・下院議長補佐機構・会派・独立委員会等の独立した権限主体が存在する。「この権限の基点は国家という法人ではなく，連邦議会という機関（組織）である。国家から見れば，問題になっているのは機関の機関（Organ-Organ）である。こうした機関の機関の1つ，すなわち会派は，その側で再び固有の機関（会長，役員，執行部）を持つ分節された組織である」(Ebenda, S. 284f.)。

　ヴォルフはこうした事態を理論枠組みに組み入れるために「下位機関」及び「独立機関部分」という概念を立てたが，ベッケンフェルデによれば，これによりこれら概念の区別力が失われてしまう。曰く，「ヴォルフは，こうした組織的所与を『下位機関』及び『独立機関部分』という概念を形成することによって彼の組織法上の概念体系に組み込もうとする。それによると，その部分が機関部分であるところの機関がそれ自身再び組織化される場合には，機関部分は下位機関の地位を持つことになる。もっとも，それによってあらゆる区別力が失われてしまう。というのも，その機能が分担的に秩序付けられ複数の機能主体によって遂行されるところの内部において分化した機関は，全てその意味において組織化されているからである」。「『独立機関部分』は，ヴォルフによれば，それがその部分であるところの機関に対する関係においても固有の権限を有する場合，その限りでそれ自身が機関である場合であっても，機関部分である。こうした構成は，所与の事態を十分に表現しようとするものである。しかし，それは2つの異なる機関概念を用いざるを得ない。独立機関部分が機関としての性格を有する限りにおいて，それは決して『法人の固有権限の通過的な（固有の）遂行のための独立した主体』ではなくて，彼に組織との関係において終局的に付与された，それゆえ固有であるところの権限の遂行のための独立した主体である。それは組織の相対的に独立した機能（行為）主体としての機関なのである」(Ebenda, S. 285f.)。

　(3)　もっとも，これらベッケンフェルデによるヴォルフ批判がどの程度まで

有効なものであるか否かは検討を要する。

　(a)　第1点・第3点・第4点における批判の要点は，ヴォルフの構成は法人とその機関という一段階の枠組では所与の現実を捉え切れず，さらに「部分的に権利能力ある『中間主体』」・「準機関」・「下位機関」・「独立機関部分」等の概念から成る多段階の複雑な枠組みを採用せざるを得ない点にある。しかし，既に指摘したように，ヴォルフにおいて機関概念は帰属平面に応じて相対的に捉えられており，これら中間主体等も同じく機関概念の下に包摂される（第3節第3款第2項）。したがって，ヴォルフにおける機関概念の相対性を前提とする限りにおいて，少なくともヴォルフが主眼としている規範的帰属関係に関して言えば，機関概念は所与の現実を捉えることに成功している。残る問題があるとしたらそれはその複雑性に求められようが，ベッケンフェルデがより単純な理論枠組みを提供し得ているのかには疑問がある。

　また，ヴォルフは，或る法主体が，問題となっている実定的権利ないし義務の属する帰属平面に応じて，或る権限に関しては機関として，別の権限に関しては機関部分ないし法人として登場することを認めている。したがって，第3点で指摘された学校長の地位の問題についても，学校長はその有する権限によって法人たる学校主体の機関として現れる局面と機関たる学校の機関部分として現れる局面があると理解すれば足り，第4点で指摘された2つの異なる機関概念の必要性についても，或る内部法主体はその有する権限によって法人の機関として現れる局面と機関の機関部分として現れる局面があると理解すれば足りるように思われる。ベッケンフェルデの言う如く異なる2つの機関概念が用いられているというよりも，機関が帰属平面に応じて相対化されているに過ぎず，ヴォルフの概念体系はここでも一貫している。

　(b)　第2点についても，第4節で見た法人格の相対性を前提とすれば，「法人として表現される組織は，同じく法人として表現される組織をその部分に持ち得ないのである」という前提自体に疑問がある。そうした前提が妥当であるとしたら，それは国家法人説の帰結ではなくそれとは必ずしも結び付かない不浸透性ドグマの帰結である。メラースはベッケンフェルデの見解を批判する文脈において次のように述べる。曰く，「ベッケンフェルデの異議が的外れであるのは，とりわけ，現代の理解に従えば，組織のみが複数の組織に分節され得るわけではなく，法人も複数の法人に分節され得るからである」[173]。

　(c)　ヴォルフの理論構築の眼目は，ベッケンフェルデの言にも表れている
ように，組織法における規範的な帰属関係を体系的に示す点にある。このこと
の必要性自体はベッケンフェルデ自身もこれを否定していないのは(1)(b)で強調
した通りである。他方で，ヴォルフの言う「部分的に権利能力ある『中間主
体』」・「準機関」・「下位機関」・「独立機関部分」をベッケンフェルデに倣って
「組織の機関」としたところで，この規範的な帰属関係の問題に何らかの進展
があるようには思われない[174]。むしろ，それは，所与の事態を（規範的な帰属
関係からは離れて，あるいはその前提ないし帰結として）より直截に把握するのに
資するものであり，かつそれに留まる。そうであれば，次項(3)において詳述す
るように，ここで示されたことは，ヴォルフの法人構成それ自体の否定ではな
く，それのみで国家を法的に把握しようとすることの限界であると言うべきで
あろう。

　(4)　それでは，ベッケンフェルデによればそのような限界を持つ国家の法人
としての理解は，それにも拘らず何故ここまで流布しているのか。ベッケンフ
ェルデはそれを多分に偶然的ないし歴史的なものに求める。曰く，「法人とし
ての国家の法的性質決定に国法学及び行政法学がこれほどまでに強く……しが
みついているのは，それらが……国家という統一体を法的に，より厳密に言え
ば法学的・構成的に表現する他の可能性を見ていないからである」。実証主義
国法学は，私法から生まれ私法の問題状況によって内容的に刻印された概念を
法理論的・一般的なものであるとし，公法上の所与の概念構成にも問題なく利
用できると考えた。「それ以降……概念的な骨組み自体が，法学的・構成的に
理解し表現すべき所与の事態に適合的であるか否かは問われなかった」(Eben-
da, S. 287-289)。

　ヴォルフの「イデオロギー的側面」に対する批判はこの点に関わる。すなわ
ち，ベッケンフェルデによれば，こうした国家法人説においては「国家権力の
主体としての，すなわち国家組織の支配者であり出発点」としての国民の地位
が法的に把握され得ず，したがって民主政原理に適合しない。彼はこの点を第
1款で紹介・検討したO・マイヤーを援用しつつ次のように述べる。曰く，
「彼［マイヤー］にとって決定的であったのは，法人に必然的に結び付き，まさ

---

173)　*Möllers*, a.a.O.（Anm. 2), S. 160f.

174)　Vgl. *Möllers*, a.a.O.（Anm. 2), S. 160.

に法人によって目指されたところの，それに属する手段も含めて企業を本来的な企業主の人格から法的に分離すること，すなわち固有の統一体及び法人格として彼に対して独立させることであった。これを国家に適用すると，それは必然的に国家の国民に対する分離，国民に対する独立を意味する」。これでは，「国家権力の主体としての，すなわち国家組織の支配者であり出発点としての国民は，国家という法人の枠内においては現れない」。「国民は，国民に対して立つ国家という法人格において，或る機関機能，すなわち1つの第1次的な創設機関及び場合によっては議決（決定）機関の機能及び地位を付与されるに留まり，そこに埋没してしまうのである」(Ebenda, 290f.)[175]。

第2項　組織＝営造物＝過程としての国家

　第1項に指摘された国家の法人構成の問題点を克服するためにベッケンフェルデが提唱するのが，国家の組織としての把握である。ベッケンフェルデはH・ヘラーに倣って国家を組織として把握する。ここから，国家をO・マイヤーと同じく営造物として把握すること，国家を多様性・多分節性に開き行為関連的に把握することが導かれる。しかし，このことによって国家の法人構成が排除されるわけではない。

　(1)　ベッケンフェルデは，「事実に即した新しい出発点が得られるのは，国家の組織としての性質に着眼する場合である」として国家の組織としての把握を提唱し，こうした「組織としての国家の現実科学的な分析」の先行者としてヘラーを挙げ，その見解を次のように要約する。曰く，「国家的統一体は，（最初から）自然的・有機的なものとして与えられるものでも，規範的帰属操作によって初めて生じる（単に）思考上のものとして与えられるものでもなく，人間によって生み出されるところの，すなわち組織化された人間の作用統一体として与えられるものである。それは，自然に生まれるものではなく，計画的な人間の作用によって，すなわち多数者の行態が『意識的に行為の統一性へと向けられた多くの行動』によって継続して統合され統一的に現実化されること，それによって確かに多数者によって生み出されつつも統一的に作用する作用連関，すなわちまさに作用統一体が生じることによって，（初めて）生まれるもの

---

175)　この点に関するベッケンフェルデへのメラースによる批判は，第3款第2項(2)で取り上げる。

である。この作用連関は，有因的に存在する現実のものであって，単なる擬制
でも思考上の抽象ないし規範的帰属に基づくものでもない」(Organ, S.
292)[176][177]。

　こうして国家は「組織化された人間の作用統一体」すなわち組織として把握
されるべきであることが述べられるが，ベッケンフェルデにおいて「組織」そ
れ自体を定義する箇所は見当たらない。もっとも，彼は「組織の基準」として
次のように述べる。曰く，「特定の任務に関連した作用連関が，他の作用連関
から区別され，その任務及び権限の主体として他の行為主体との関係において
承認され（したがって相対的に独立しており），分節化された，すなわち独立した
行為主体（機能単位）を備えた統一体として，あるいはそれらを自身において
表現する統一体として構成されている場合には，常に 1 つの組織が存在する」
(Ebenda, S. 298)。

　(2)　ベッケンフェルデは，「この組織ないし組織化された作用統一体として
の国家の基本的性格から，国家統一体の性質のため並びに当該統一体の十分な
法概念的理解及び性質決定のための重要な諸帰結が生じる」(Ebenda, S. 294)
として，国家の組織としての把握から生じるいくつかの「重要な諸帰結」につ
いて言及する。すなわち，第 1 に「イデオロギー的側面」に関する国家の営造

---

176)　ここでベッケンフェルデが参照を求めるのは，*Heller, Hermann*, Staatslehre, 1934（3. Aufl.,
　　1970), S. 88ff., S. 228ff., S. 89f., S. 238, S. 230ff., S. 232, S. 233 である。本書は残念ながらヘラーの見
　　解を詳細に紹介・検討する余地を持たない。この点に関するヘラーの所説については山本隆司「行
　　政組織における法人」塩野宏古稀『行政法の発展と変革（上巻）』847 頁以下（有斐閣，2001）879
　　頁も参照。

177)　そのような作用連関に必要なものとして，ベッケンフェルデは，ヘラーに倣って次の 2 点を挙
　　げる。第 1 に，「行為規律及び遂行拘束の特定の方法及び秩序，その関係人における現実化を目的
　　とした然るべき活動による意識的かつ計画的な統一体形成」が必要であり，「あらゆる組織化され
　　た作用統一体には，少なくとも 1 つの，分化された組織においては複数の（社会科学的意味におけ
　　る）指導的機関，すなわち，当該作用統一体を計画し，統一化し，保障もする機能を遂行するとこ
　　ろの機関が必要である」。第 2 に，「組織の作用統一性を生み出し維持するためには，規律によって
　　作られた規範的秩序が必要」であり，ここから，「法的意味における組織」と「事実的意味におけ
　　る組織」との表裏一体性が導かれる。曰く，「この規範的規律は，最高度に分化され自然的な直接
　　性からは現実化されない組織としての国家の領域においては，必然的に法的性質を有する。それゆ
　　え，その様々な現象形態（……）における組織的な協働の法的規律は，いわゆる事実的な（現実的
　　な）組織活動の一部であり，社会科学的意味における組織の分離不能な要素である。法的意味にお
　　ける組織と事実的意味における組織とは，それゆえ，互いに独立した，それぞれ固有の前提と構成
　　原理に従う現象として理解され得るものではなく，1 つの，すなわち同じ事物の 2 つの側面として
　　のみ理解され得るのである」(*Böckenförde*, Organ, S. 293f.)。

物としての把握について，第2に「法技術的側面」に関する国家の多様性・多分節性への開放について，第3に機関訴訟についてである。第3点は次項で扱うことにし，ここでは前2点について紹介・検討する。

　　(a)　第1に，ベッケンフェルデは，組織として把握される国家をO・マイヤーに倣って営造物として把握する。曰く，「1つ又は複数の（社会科学的な意味における）指導的機関によって決定的にもたらされ，しかしそれとは同一ではない行為統一体・作用統一体として，国家統一体は全体として営造物的な性格を有する」。ここでいう「営造物」概念をベッケンフェルデは次のように規定する。すなわち，それは，「指導的機関を前提としてその持続的な作用力によって自身の存続を保障され，規律において把握され当該規律に従って進行し，それによって制度的に固定され具体的な形を与えられる」ところの「催し（Veranstaltung）」である（Ebenda, S. 294f.）。

　ベッケンフェルデによれば，こうした営造物概念によってこそ，国家における国民の地位を民主政原理に適合的に規定することができる。曰く，「まさに国家的統一体の営造物としての性質決定及びそれに対応する法学的構成こそが，それが現実の組織的所与に対応するように，民主政原理に対応する政治的な組込み・依存関係を法的・構成的に明確に表現することにも適合的である。国民は，組織法上，もはや国家法人の他の特定の機関のための単なる創設機関の地位に縮減されそこに雲散霧消するものではなく，国民が——民主政からすれば——そうあるべきもの，すなわち，かつての君主のように，国家営造物の『主人』及び出発点として明示的に現れる。国家が国民の催しであるということ，及び国民が（単に）国家の機関ではないということ，さらに国民は——憲法制定権力の所有者として——終局的に国家的統一体に目的及び方向を示し組織的形態を与えるということ，この点を十分に表現するのがまさに国家の営造物構成であり，おそらくそれのみなのである」（Ebenda, S. 295f.）。

　こうした国家の営造物としての性質決定から，国家的統一体は通常の意味における（完全）権利能力を有し得ない。というのも，営造物たる国家は営造物主たる国民に対する独立性を有しないからである。曰く，「営造物概念においては，営造物の独立性は営造物の営造物主に対する独立性をも意味するわけではなく，ここではむしろ直接的な作用可能性及び依存性を維持し続けるということが固持される。営造物主とその営造物との間には何の法的隔壁も存在しな

いのである」（Ebenda, S. 296f.）。営造物たる国家は営造物主たる国民に対して独立しておらず，その限りで両者の関係は通常の法人格間の関係とは異なる。しかし，（3）に見るように，ベッケンフェルデにおいても相対的にではあれ国家の権利能力が語られていることに注意を要する。

　（b）　第2に，ベッケンフェルデによれば，国家は組織として把握されることによって「過程」として理解され，多様性・多分節性に対して開かれる。曰く，「組織化された作用単位としての国家的統一体は，既に何らかの形で予め存在しそれ自体として完成しているものではなく，組織的な管理・統一・分節等の過程によって初めて生み出されるものであるから，それは多様に形成され分化されることに高度に親和的である」。これによって帰属連関ではなく行為連関を概念体系の基軸とすることが要請される。曰く，「組織的形象物が作用連関及び作用・行為の統一体として現れるのであれば，基礎を成す組織法的概念も同様に行為関連的すなわち行為統一体及び行為連関を目指す概念でなければならない。……それに対応して，組織法上の出発概念としては，分節され構造化された行為連関に向けて方向付けられた組織という概念及びそれに対応する行為関連的な機関の概念が，帰属概念として構想された法人という概念に取って代わらなければならない」（Ebenda, S. 297f.）。

　このように国家が法人ではなく組織として行為関連的に把握されることになると，国家の外延もまた異なって来ざるを得ない。ベッケンフェルデによれば，組織としての国家の存在自体は法的・規範的な行為及び規律に依存するが，その範囲は純粋に規範的な領域を超えるものである。曰く，「このこと［或る組織の存在］は，法的・規範的な行為及び規律（……）によって決定的にもたらされる。しかし，こうした法的行為及び規律が組織化する活動の手段として組み入れられることによって，それは純粋に規範的な領域を超えることになる。法的行為及び規律は，それを前提とする統制・分節・安定化する作用によって，一定の性質を持つ現実的な作用統一体及び作用連関としての組織を惹起するのである」（Ebenda, S. 298）。

　こうした組織はさらに複数の組織へと分節され得る。曰く，「1つの組織はそれ自体再び複数の組織に分節され得るし，あるいは反対に複数の組織から構成され得る。そこで起こっているのは，複合的な組織的分化という事象である」。「ここから，組織の段階構造，場合によってはヒエラルヒーが生じる。或

る組織は，自身がその部分であるところの上位の組織との関係において，機関すなわち当該組織の直接的な行為主体の地位及び機能を有し得る」(Ebenda, S. 299)。

　(c)　こうして，ベッケンフェルデにおいては，「法の浸透しえない個体としての国家という国家法人説の国家像が抱え込む組織法上の難点を克服し，かつ社会的組織化としての国家の現実をより適切に概念化するために，ヘルマン・ヘラーの国家学を手かがりにした新たな国家概念の定立」(林知更)[178] が目指されたのである。それは，林知更の言葉を借りれば，「実証主義国法学の伝統からの憲法学の自己解放のための作業」[179] であった。

　(3)　もっとも，既に第 1 項(3)において示唆したように，ベッケンフェルデにおいて国家の法人構成が全く排除されているというわけではない。

　第 1 に，ベッケンフェルデは，国家が財産・責任・賠償責任を有し得る部分的権利能力ある主体として現れることを承認する。曰く，「組織法的な概念構成の出発点として権利能力ある法人という帰属単位に代えて組織という行為単位を採用する場合でも，権利能力ある主体すなわち財産・責任・賠償責任の主体 (Vermögens-, Haftungs-, und Verantwortlichkeitsträger) として考えられる単位に機関の行為を帰属させるという法実務にとって重要な問題が排除されるわけでは決してない。失われるのは，ヴォルフにおいてそれが有していたところの，その組織法上の概念形成全体を規定する比類なき地位のみである」(Ebenda, S. 304)。

　第 2 に，ベッケンフェルデはさらに「権利能力の相対性」を認める。ここから，国家は行政法・憲法・組織内部法上の権利能力も有し得ることになる。曰く，「相対的で単に部分的な権利能力 (法主体性) に対するところの，いわゆる完全権利能力の本来的な核心は，私法上の権利能力，すなわち財産法・責任法・民事訴訟の領域における法主体性である。それゆえ，権利能力ないし法人格を持つ組織的統一体とそれらを持たない組織的統一体との区別は，どのような組織が財産・責任法上及び民事訴訟上独立した主体でありどのような組織がそうでないかという問題としてはもはや答えられない。他の全ての部分的権利能力，特に行政法・憲法・組織内部法の領域におけるそれらが，いわゆる完全

---

178)　林・前掲注 54) 127 頁 [初出 2009]。
179)　林・前掲注 54) 128 頁 [初出 2009]。

権利能力なくしてそれとは無関係に存在し得るのである」(Ebenda, S. 304f.)。

このように，国家は，財産法・責任法・民事訴訟のみならず，行政法・憲法・組織内部法における部分的権利能力ある主体すなわち帰属主体として登場し得る。ベッケンフェルデは慎重にもこの文脈において「法人」という表現を避けているが，これはトーマ（第 4 節第 1 款）の言う相対的な意味における法人格を国家に認めることに外ならない。この点を捉えて赤坂正浩は的確にも次のように述べる。曰く，「ベッケンフェルデのアンシュタルト国家論は，実態的観点から抽出された（組織体としての）国家や，その分節的な下位組織の一部が，実定法上法人格を付与されうること，あるいは法人と解釈されうることを否定するのではなく，法人とその機関という説明図式には収まりきらない国家現象を切り捨てたり，無理に国家法人―国家機関図式に押し込めることを拒否する主張と理解することができよう。その意味で，アンシュタルト国家論は，国家法人説の『相対化』なのである」[180]。

第 3 項　組織の意思形成過程としての機関訴訟

ベッケンフェルデは，国家の組織構成によって，「行政法上の自己内部訴訟の問題及び機関としての権能を防御するための機関の裁判上の出訴権能（Klage-befugnis）の問題を解決すること，少なくとも誤った負荷から解放すること」(Organ, S. 300) もまた試みる。ベッケンフェルデによれば，機関訴訟は組織の意思形成の過程として理解されるべきであり，その許容性は概念上アプリオリに排除されるものではなく，問われるべきは許容され得る当該過程の分化の程度である。もっとも，そのようなベッケンフェルデにおいても，ループと同じく機関の権利は認められていない。

（1）ベッケンフェルデは，機関訴訟において問題となっているのは，「結合されておらず自由に競合する法主体へと，統一的な国家人格の『法的に不可能な』分裂を行うこと」でも，「複数の組織的行為主体の法的統一体を解体すること」でもなく，「（分節化された）組織的行為統一体の内部における決定過程・意思形成過程の組織的分化の一定の程度」であるとする。彼によれば，機関訴訟を認めることは，当該分化の程度を確かに高めるが，概念上排除される

---

180)　赤坂・前掲注91) 16 頁。

ものではない。曰く，「確かに，そのような分化は，一定の行為主体にとっての独立性，組織的行為主体相互の関係における新しい統制・均衡化メカニズムの組込み，存在する（行政内部の）ヒエラルヒーの分解の程度を高める。しかしながら，それに伴って与えられる『国家人格の多元化』は……何か新しいものでも革命的なものでもない」(Ebenda, S. 301)。

　ここで真に問題とされるべきは，ベッケンフェルデによれば，許容され得る当該過程の分化の程度である。曰く，「問題は，ここでも概念的・構成的なものではなく即物的・実質的なものである。第 1 に，そのような分化及び『多元化』が，あらゆる組織的形成において維持されるべき国家の組織的統一体それ自体を（……）問題に付すことなく，あるいは憲法において規定された国家的統一体の組織原理を侵害しないためには，どのような限界及び方向を顧慮しなければならないのか。第 2 に，どのような領域及び範囲においてなら，憲法平面において──個々の憲法機関の間及びそれらの内部において──存在する分化及び『多元化』を行政すなわち国家行政及び自治の領域にも導入することが，事柄の性質上目的適合的であり，憲法において規定された組織原理に調和するか」(Ebenda, S. 301)。

　特に注目に値するのは，ベッケンフェルデにおいて機関訴訟が組織的意思形成過程の分化のみならずむしろその統合にも資し得るとされていることである。曰く，「それは，決して必然的に解体に向かう効果を有するわけではない。むしろ，行政の内部における或る特定の官庁が，自身に委ねられた権限領域のために，独立した行為主体として組み入れられるのみならず，自身の任務領域において具体化される部分的公益を（……）固有の法的地位として他の行為主体及び決定主体に対して主張することができ，それに伴って裁判上主張できるという独立した代弁者（Sachwalter）としても組み入れられる場合には，統合的で事理に適う任務処理を促進する効果もまた有し得るのである」(Ebenda, S. 301f.)。

　(2)　他方で，ベッケンフェルデにおいて機関訴訟はこのように許容され得るものの，機関の権利は認められていない。曰く，「この［権利という］概念は，私法におけるその刻印を受けている。それは，法的に保護された利益あるいは法的に保護された意思力の領域を意味する。そこには，この利益を実現するか否か，行為するか否かについての権能者の自由が含意されている。権利という

概念は，それ自体としては，互いに関係する相互に依存しない独立した法人格の関係に関わるものである。それゆえ，それは組織的及び機関の権能の性質を把握し表現するには不適合である。これらの権能は，意思及び行為領域すなわち個人の自由領域の境界画定に関するものではなく，統一的な作用連関に向けた個々の人間の作用及び行為の協働に関するものである。したがって，それらは，保護された行為自由を内容とするものではなく第一義的には行為義務を内容とするものであり，行為権能者の固有の利益追求を保護するものではなく組織化された統一体の利益実現を保護するものである」。「組織的及び機関の権能の権利に対するこうした原理的な相違は，法概念的にも表現され維持されなければならない」（Ebenda, S. 302f.）。

　もっとも，同じく私的刻印を受けたはずの権利能力概念がベッケンフェルデにおいて相対化されていることからすれば（第 2 項(3)），あるいは第 4 節に見た論者（トーマ，フリーゼンハーン）の見解をも踏まえれば，同様に権利概念が相対化される余地の有無も検討に値するように思われる。

　(3)　以上のベッケンフェルデの所説の要点を次の 3 点にまとめておく。

　第 1 に，ベッケンフェルデにおいては，国家は組織＝営造物として把握されるものの，国家を法人とする構成が全く排除されているわけではない。そこで意図されていたことは，むしろ，国家を法人としてしか把握しない方法論を排除し，法人たる国家の内部の意思形成過程を法的に把握し統制することの必要性を強調する点にあったというべきであろう。山本隆司はベッケンフェルデの見解を承けて次のように述べる。曰く，「組織の形態の多様性と多分節性を重視する立場から見ると，単位としての法人格は，特に外部（の私人）に対して責任の主体を明確に画して示す，組織の分節の一種として意味を持つが（……），あくまで一種に留まる」のであって，「法人格を視野に入れるだけでなく，特に組織の意思決定過程において現れる，組織の形態の多様性と多分節性を，法的に表現し統制せねばならない」[181]。

　第 2 に，他方で，ベッケンフェルデにおいては，国家の権利能力が認められるのはあくまでも部分的であること，組織たる国家は法的・規範的な行為及び規律の帰結であることからして，国家の権利能力したがって相対的意味におけ

---

181)　山本・前掲注 176) 880 頁。

る法人格も，法的・規範的な行為及び規律の帰結であることになろう。逆に言えば，そうした法的・規範的な行為及び規律に先立って存在する国家法人なるものは想定されていない。ここにおいては国家法人格は技術概念に留まる。

　第 3 に，ベッケンフェルデにおいては，機関訴訟が組織の意思形成過程として捉えられ，当該過程の分化の程度を高めるのみならず一定の場合にはむしろ統合を促進するものとして位置付けられている点は注目に値する。こうした機関訴訟観は，次章以降で紹介・検討する論者にも広く共有されている。しかし，ベッケンフェルデにおいては，第 4 節に見た論者（トーマ，フリーゼンハーン）と異なり，権利概念は私法的刻印を理由に機関には適用され得ないともされており，それにも拘らず機関訴訟を認めるべきであるとするためには，行政裁判所法の解釈上の難問が立ちはだかることになる。次章に見る論者は，それぞれのアプローチを以てして，こうした難問に正面から取り組んだのである。

第 3 款　メラース[182]

　メラース（Möllers, Christoph）は，その 2000 年（第 2 版は 2011 年）の著書『論拠としての国家』（Argument）において，公法学における国家概念それ自体の有意性を問い直した。「数多くの具体的な公法学上の争点を横断しながら，理論と解釈とのはざまで法学的言説における『国家』概念の意義を追求する注目すべきモノグラフィー」（林知更）[183] とも称される同書の分析は，国家概念についてのあらゆる論点に及び，その中で国家法人説についても論及している。刺激的にも，同書の結論として伝統的な国家概念の使用に対する「学問的死亡診断書」（XIII 頁）が下される。

　同書において，メラースは，規範的文脈と理論的文脈との厳密な峻別をその方法論的基礎として，公法学において国家概念の持ち得る意味について検討していく。それによれば，国家法人格が規範的文脈において意味を持ち得るのは技術概念としてのみであって，しかもその意味も非常に限定的なものに留まる。

---

182)　本款では，メラースの次の著作を主たる典拠とする（《　》内に以下本章で用いる略称を示す）。
　Möllers, Christoph, Staat als Argument, 2. Aufl., 2011《Argument》. 同書の書評として，西上治「学界展望（行政法）」国家 126 巻 3 = 4 号 365 頁以下（2013）。
183)　林・前掲注 54）60 頁［初出 2005］。

第1項　規範的文脈と理論的文脈

　メラースは，公法が堅固な基盤を持つのはただ実定法解釈に際してのみであって，実定法を（陰に陽に）離れる形で国家概念が論拠として登場すると論証が不鮮明で概括的になり，それによって規範的正統化の欠缺が隠蔽され得るという問題認識を前提とする。こうした事態を限界付けるため，メラースは，実定法としての国法の解釈ドグマーティク（規範的文脈）と実定法とは離れたより抽象的な国家理論（理論的文脈）との厳格な方法論的区別をその基礎に置き，理論的文脈に属する国家概念が規範的論拠として，そもそも，あるいは如何なる場合に，如何なる意味を持ち得るのかを問う（Argument, S. 1-7）[184]。

　この規範的文脈と理論的文脈という単純だが切れ味のよい武器1つを持って，メラースは，考えられ得るあらゆる論点において国家概念の持ち得る意義について検討していく。その結果として導き出された結論は次のようなものである。すなわち，国家概念は「二分法的な固定概念（dichotomischer Fixbegriff）」（Ebenda, S. 424）であって，それを用いて複雑で分化した状態（組織構造・目的設定・歴史的発展等）を写し取り解明しようとしても不毛である。国家概念がドグマーティッシュな価値を発揮するのは，内外に対する国家の法人としての構成や基本権の享有主体性・拘束性の場合のように，法が二値的な解決を前提としている場合のみである。しかも，その場合にも，国家概念は高度に形式的な概念として，実体的な負荷から解放されていなければならない。国家概念に大きな意味を与えるあまり何らかの総体になってしまった場合，国家概念はその価値を完全に失ってしまう（Ebenda, S. 425f.）。彼によれば，「種種の国家理論的な負荷ないし含蓄を負った実質的な国家概念が，事柄に即した問題への取り組みをしばしば妨げており，国家概念は高度に形式化された法概念として限定的な役割を果たしうるにすぎない」（林知更）[185]のである。

---

184)　メラースのこうした規範的文脈と理論的文脈との区別は，同書（Argument）を引用しつつなされた林・前掲注54）131頁［初出2009］の次のような言にも対応する。曰く，「解釈論などのような実定法内在的な分析と，哲学や他の社会諸科学などに立脚した実定法の外部からの分析とは，別個の方法論に依拠するものとしてひとまず明瞭に区別される必要がある」。「実定法内在的な分析にとって，いかなる概念や理論が有用性を発揮しうるかは，あくまで実定法上の問題状況によって規定される。理論が実定法を規定するのではなく，実定法が自らの問題に適合的な理論を要求する」。

　こうした結論に至る過程において，メラースは，国家法人格の有意性についても，その国内法的意義と国際法的意義に分けて検討している（Ebenda, S. 151-170）。そこで，次項以下においてこれらを紹介・検討する。

第2項　国家法人格の国内法的意義

　メラースは，国家法人格の国内法的意義を，連邦と諸ラントとの間に外部法関係を設定するという連邦国家原理の要請に限定する。もっとも，国家法人格の技術的意義までをも否定するわけではない。メラースによれば，国家法人説に対する異議は，国家の法人格それ自体ではなく，それを本質概念として扱うことに向けられているのである。

　(1)　メラースは，アルブレヒト，イェリネック及びアンシュッツ等において見られた前法的な国家全能の観念を国家法人格の基礎とすることを明示的に否定する。曰く，「国家の法人格は，第二帝政の国法におけるのと異なって，アプリオリに前提とされ法律上の規律においてのみ自身の限界を見出すところの，普遍的で事実的な国家の行為能力の派生物としてはもはや理解され得ない」（Argument, S. 158）。メラースは，この点を，①基本法の下における国家法人格は実定法上の与件として理解されること，②国家の法人格から導かれるとされてきたドグマーティッシュな帰結はもはや時代遅れであること，以上の2点によって導く。

　　(a)　まず，①について，メラースによれば，「国家は法人である」という言明それ自体はほとんど争われていないものの，それが意味するところは，一義的であると言うには程遠く，19世紀の国法学におけるその基礎付け以降明らかに変遷を遂げている。すなわち，実証主義国法学において国家の法人格によって成し遂げられたのは，実力主体たる国家ないしあらゆる法的拘束から自由な君主を法的に拘束することであった。曰く，「実力主体たる国家は，法人として初めて法的に拘束され得るものとなり，それによって潜在的な義務の名宛人になるのである」。こうした国家の法人格（及びそのドグマーティッシュな帰結たる社団・機関・機関担当者の区別可能性）は，後期実証主義国法学にとっては法的に極めて豊かな帰結を持つものであった。これに対し，メラースによれば，

---

185)　林・前掲注54）69頁［初出2005］。

基本法の下においては,「国家の法人格は,国家性を有する社団すなわちドイツ連邦共和国と諸ラントを権利主体として扱うという,実体公法及び憲法・行政訴訟法による指示から生じる」(Ebenda, S. 152f.)。メラースは,そのような「実体公法及び憲法・行政訴訟による指示」を市民と国家との関係と連邦国家的な関係(連邦と諸ラントとの関係)に分けて叙述する。

　第 1 に,市民と国家との関係においては,連邦及び諸ラントの法人格は,関連する行政訴訟法上の規定(関係人能力を定める行政裁判所法 61 条 1 号[186]等)において想定されているが,こうした想定は概念必然的なものではないという。曰く,「明らかに,こうした構成は,確かに訴訟上実践的に助けとなるものであるが,しかし全く概念必然的ではない」。「国家たる『ドイツ連邦共和国』が行政訴訟において被告になり得るということは,その国家性の必然的な帰結ではなく,他の形でもあり得たところの(……)実定的な行政訴訟・憲法訴訟法の 1 つの特別の形成の帰結である」。実際に行政裁判所法 61 条 3 号及び 78 条 1 項 2 号[187]においては国家ではなく官庁が行政訴訟における当事者たり得ることが予定されている。「それゆえ,法人としての国家が行政裁判上の手続から名目上完全に消えることも不可能ではないが,たとえそうなったとしても,その(実体的に理解された)国家性にとって何かが失われることを意味するわけではない」(Ebenda, S. 153)。

　第 2 に,他方で,連邦国家的な法関係においては,連邦及び諸ラントの法学的人格化は,基本法の連邦国家原理によって本来的で唯一の実定法的な必然性を獲得するという。すなわち,基本法は,国家たる連邦及び諸ラントを全体として権限法上の名宛人としており,「それゆえ,連邦と諸ラントとの間には,そこにおいて義務及び権利が全体としての国家社団に向けられているところの,外部法関係が通例存在する。基本法のこの構成によって,連邦と諸ラントを法人格として構想することが必然となる」。「基本法は,その権限規律においては諸ラントを外部からのみ認識する。このことを法技術的に明らかにするために,連邦及び諸ラントは法人格として構成されるべきなのである」(Ebenda, S.

---

186)　同項及びその解釈の詳細については,第 3 章第 1 節第 3 款第 2 項(2)参照。

187)　行政裁判所法 61 条 3 号は,ラント法がそれを規定する限りにおいて官庁に関係人能力(Beteiligungsfähigkeit)を認めており,同法 78 条 1 項 2 号は,ラント法がそれを規定する限りにおいて官庁自身が被告たり得ることを認めている。

153f.)。

　以上のことから，基本法の下における国家法人格の意義は実定法上の与件に
還元される。曰く，「国家の法人格は，憲法においては基本法によって定めら
れた連邦国家的な必然性であり，行政法においては実定法の１つの偶然的な
（すなわち可能だが必然的ではない）形成の形式である。それゆえ，一見して，国
家は法人であるという確認は，個々の法関係の技術性を超えた理論的な輪郭を
何らもたらさない」（Ebenda, S. 154）。

　　（b）　次に，②について，メラースによれば，国家法人説のドグマから導か
れたさらなる諸帰結は，国家が権利義務の主体たり得るということからではな
く，それを超えた国家人格の不浸透性理論から導かれているという。曰く，
「国家人格の不浸透性理論は，『内部に入り込めない』国家という法人格の内部
に，さらなる法人格が見出され得ることを排除する。さらに，対応する法規概
念に基づく実質的法律概念によれば，法規的性格を持つ義務付けは法人間にお
いてのみ存在し得るのであって，法人内部においては存在し得ないことになる。
それに伴って，国家は全体としてのみ法的規律の名宛人になり得ることになり，
その結果，国家人格の内部における義務付けは実質的意味においては法的性質
を持たず，したがって裁判所によって審査され得ないことになる」（Ebenda, S.
155）。

　メラースによれば，こうした国家人格の不浸透性理論は，基本法の下におい
ても２つの法ドグマーティッシュな領域においてなお害毒を及ぼしている。第
１に，訴訟上法人の部分（機関）が関係人能力を有するか否かという問題であ
り，第２に，国家の内部法の（外部）法的性格の問題である。第１の問題につ
いては，メラースは，「公法上の法人の部分的権利能力の承認によって広くド
グマーティッシュに解決された」とする。曰く，「法人の機関の権利能力は，
実体法の関数であって，機関の背後に立つ権利主体がたとえば社団か営造物か
という法体系的な分類の帰結ではない。このことは，全ての公法における権利
能力は相対的であるという思考においてそのドグマーティッシュに明示的な表
現を見出す。アプリオリに権利能力を持つ人格は存在せず，法的地位を付与し，
あるいはそれを慎み，そして権利能力を実体的規律によって類型化するところ
の実体法が存在するのみである」（Ebenda, S. 155f.）。第２の問題については，
メラースによれば，不浸透性理論から内部法の法的性質を否定することは今日

では支持されていない。曰く，「国家の法人格を国家の不浸透性の形成として
理解するなら，裁判可能な法が存在するかどうかという問題は，関係規範が権
利能力ある人格の間に妥当するか否かによって判断されることになる。不浸透
性理論によれば，官庁の裁量活動及び行政規則を裁判上審査可能なものとして
分類すること，国家と国家公務員との間及び国家と他の国家内部の法人との間
の命令を取消可能であるとすることが，実体的な法状況を考慮することなく，
内部法としてのその性格をただ指摘するだけで否定され得ることになってしま
う。このことが全く採用できない方法であることは，今では広範囲にわたって
承認されている」（Ebenda, S. 156f.）。

　メラースは，以上の分析から，次の2点を導く。第1に，「なお残された法
的問題は偽装された不浸透性の観念に立ち戻ることなしに解決され得る」とい
うことであり，第2に，「不浸透性の観念は確かにドイツにおける国家理論的
な伝統の負荷の帰結として理解され得るが，しかしその基礎にある問題は全く
こうした伝統には依存していない」ということである。内部法と外部法との間
の区別は「それぞれの実体法状況の相対化可能な定式化として制限的にせよ固
有のドグマーティッシュな価値を持つ」が，「単に規範の内部法的性質を指摘
するだけではその法規性及びその裁判上の審査可能性を否定するのに十分では
ない」。「内部法も外部法も法として扱われなければならず，個別の場合におい
てはその解釈によって裁判上の審査可能性と主観的権能の問題について答えな
ければならない」（Ebenda, S. 157f.）。

　(c)　以上を踏まえ，メラースは国家理論上の諸ドグマを基本法の解釈へと
還元していく。そこでは，普遍的で事実的な国家の行為能力の観念も国家法人
の観念も不要であり，あるいは国家の不浸透性ドグマも役に立たない。曰く，
「ほとんど争われていないことであるが，国家はその全ての行為のために法的
授権を必要とするわけではない。すなわち，国家は規範的意味において仮想的
に（virtuell）全能である。しかしながら，この大げさな定式化の背後に潜んで
いるのは，何ら国家理論的なドグマではなく，基本法は国家の任務遂行の完結
的なカタログではないという確認のみである。その限りにおいて，法は，実際
上，特に基本権において，国家の行為に単に制限を課すのみである。もっとも，
こうした国家理論的な言明は，今日の理解に従えば，もはや国家法人説には依
存していない。反対に，基本法は，国家によって実際に引き受けられた任務遂

行のために，一定の法形式と，たとえば権力分立や法律留保という標語の下に憲法理論上及び憲法上把握可能な国家機関間の分業を，要請している。基本法は書かれざる国家権力を知らないという確言によって意図されているのは，このことである。三権の間，特に立法府と執行府との間で権限がどのように分配されるかという問題は，実証主義国法学とは決定的に異なって，もはや国家の不浸透的な法人格を指摘することによっては解決され得ない」(Ebenda, S. 158)。

　それゆえ，メラースによれば，国家の行為を規範的に授権することの必要性は，国家理論上の平面と憲法上の平面とに分けて考察され得る。この２つの平面は，「ゲルバー及びイェリネックの時代と異なって，互いに厳密に区別されなければならない」。もっとも，いずれの平面においても国家法人格の意義は極めて限定される。すなわち，「国家理論上は，国家は行為するために何の法的授権も必要とせず，むしろ行為することによって新たな法を作り出すのである」のに対し，「憲法上は，国家機関の行為は様々な授権として理解されるべき規律を必要とする」。しかし，この観点は，国家の法人としての構成と遠い関係性しか持たない。「国家理論上は，国家は法人であるという言明は全ての意義を失った」のであり，「憲法及び行政法上は，それは重要ではあるが基本法にとっては単に（あるいは少なくとも）連邦国家原理の形成からして法関係の構築のために必要な手段であるに過ぎないのである」(Ebenda, S. 159)。

　(2)　以上に見たように，メラースは，国家法人格の国内法的意義を，連邦と諸ラントとの間に外部法関係を設定するという連邦国家原理の要請に限定する。しかし，メラースは国家法人格の技術的意義までをも否定するわけではない。すなわち，メラースは，ベッケンフェルデの見解（第２款）を批判する中で，国家法人格の法実践的な意義を強調するのである。

　　(a)　メラースは，まず，ベッケンフェルデの見解について次のように要約する。曰く，「国家は，その組織において，法的な終局的帰属点としてではなく，すなわち統一体としてではなく，多数の人格の内面化として，同時に組織上見抜き難い構造として，現れる」。ベッケンフェルデによれば，「この［国家の法人としての］構成は責任を隠蔽し，国家組織の複雑性に適合的ではない」のであって，「純粋に法的・構成的な概念設計では，国家行政の現実の複雑性を法的に把握することはできない」。そこで，ベッケンフェルデは「国家の法人格を組織という概念によって置き換えること」を提案する（Ebenda, S. 159f.）。

　しかし，メラースは，むしろ逆に，法人という構成は国家組織の現実の複雑性を縮減することで，国家の責任からの逃避を妨げる機能を有することを指摘する。曰く，「国家の法人化は，国家という組織の複雑性をそのまま法ドグマーティクに写し取るべきものではなく，それを法実践的な理由から縮減すべきものなのである。それに伴って，責任からの国家の逃亡が妨げられる。法人という概念は，多数の自然人ないし組織的統一体を規範的に名宛人とすることを，現実の変化によってその名宛人化が相対化され得ることなく，可能にする」。裁判官は組織法上の「スナップショット」を必要とする。「したがって，法人というカテゴリーは，組織という概念によっては置き換えられ得ないのである」（Ebenda, S. 161）。

　(b)　また，第 2 款第 1 項(2)に見たように [188]，ベッケンフェルデは自身の提案に注釈を加えるために国家を法人とする構成が役に立たない具体例を批判的に挙げるが，既に第 2 款第 1 項(3)でも触れたように，メラースによれば，「これらの例をさらに詳細に分析すれば，ベッケンフェルデによって要求された現実関連が，提起された問題を実際により良く解決するものであるのか否かは疑わしい」（Ebenda, S. 160）。ベッケンフェルデの言う組織という構成は規範的考察には不適合であり，しかも彼の指摘する法人という構成の難点は当該構成それ自体の難点ではなく実際には克服されるべき不浸透性ドグマの難点であるに過ぎないというのである（Ebenda, S. 160f.）。

　さらに，メラースによれば，国家法人格に対するベッケンフェルデの民主政理論的な異議も納得のいくものではない。曰く，「それら［ベッケンフェルデの民主政理論的な異議］によれば，国家を法人とする構成は国民を他の機関のための単なる創設機関に格下げする一方，国家を組織とする営造物的な概念によってのみ国民が国家の『主人』として理解されることが表現され得る」。しかし，「憲法の観点からは，国民が実際に現れるのはボン基本法 20 条 2 項 1 文 [189] という規範の構成としてであって，不明確な憲法上の接続可能性を持つ所与の現実としてではなかろう。それゆえ，民主的正統化は，国家の法人としての構成

---

188)　その意図は必ずしも明らかではないが，*Möllers*, Argument, S. 160 においては，ベッケンフェルデの挙げる第 4 点，すなわち「それ自身組織的性格を持つ組織内部の法領域の主体であるところの機関の位置付け及び法学的構成」の問題（第 2 款第 1 項(2)(d)）に触れられていない。

189)　ボン基本法 20 条 2 項 1 文は，「すべての国家権力は，国民（Volk）に由来する」と規定する。邦訳は，高田＝初宿編訳・前掲注 120）223 頁に拠った。

によって妨げられるものでも可能にされるものでもない」(Ebenda, S. 161)。

　(3)　以上からすれば，国家法人説に対する従来の異議は，国家法人格それ自体ではなく，それを本質概念として扱うことに向けられており，ここに，国家法人格は本書の言う技術概念として，技術概念としてのみ，維持されるべきであることになる。すなわち，メラースは，ヴォルフ（第3節）に従って「人格化されるのは国民（Volk）でも民族（Nation）でもなく部分的法秩序としての組織である」とし，このように部分的法秩序としての組織を人格化することは，「当該組織ないし国家概念それ自体に規範性を超える記述価値を与えるものではなく，国家法人格が実定法によって定められた構成の帰結であるということを確認するものであるに過ぎない」とする（Ebenda, S. 162）。曰く，「憲法ドグマーティクを今日まで苦しめている負担の責任を負うのは，国家の法人格それ自体ではなく，『国家の法学的技術の人工概念から本質概念へと法人概念を実体化すること』なのであ」り，「アプリオリに行為し，差し当たり法的には拘束されていない国家主体の観念なのである」(Ebenda, S. 162)。

第3項　国家法人格の国際法的意義

　メラースは，国家法人格の国際法的意義を，様々な憲法の変転を乗り越えるドイツ国家の継続性を設定する点に求める。もっとも，メラースによれば，こうして表現される国家の継続性は前法的な存在の継続性をも意味するものではない。

　(1)　第2項に見たように，国内法においては，国家の法人格はヴォルフに倣って一定の規範複合体すなわち法秩序の部分が人格化されたものとして理解される。他方で，メラースによれば，ケルゼンの如く国家の法人格を法秩序の総体として規定することは，国際法的な意義を有する。曰く，「国家の法人格をなお法秩序の総体として規定し，それによって国家の法人格を法秩序自体にとって規範的に無関係であるままにしておくとすると，その機能が存し得るのは，一定の権利及び法的義務の帰属を全体的な法秩序の存立に依存させずに維持することにおいてのみである。変転する憲法秩序に際して帰属の継続性を保障しようとするなら，そのような連結解除の必要性が生じる。他方で，この帰属の継続性は，国家の法人格という統一体を生み出す擬制は操作可能な区別を何ら生み出さないが故に，外側に対してのみ作用し得る」。「継続されているの

は，国家という法人格であり，すなわち国際法上の義務の存在を憲法の断絶から独立させるところの規範的構成物である」。こうした国家法人格の国際法的意義によって，「ドイツは，2度の大戦における敗北と全く異なる憲法秩序間の変転にも拘らず，様々な権利義務の可能的な帰属点であり続けている」（Argument, S. 163f.）。

　このように国家の法人格は国家の継続性を表現する。もっとも，メラースによれば，それは，法的な権利及び義務の規範的帰属の継続性を超えて，前法的な存在の継続性をも意味するものではない。曰く，「国家がその先行する国家と同一であるのは，同一であると自ら宣言するからである。文化的・言語的その他の継続性は，こうした議論においては何の余地も持たない」（Ebenda, S. 167）。「憲法変転という継続性と非継続性の混合状況においては，国家の同一性の一義性は，或る法秩序が帰属のために作り出したものとしてのみ，これを考えることができる。しかしながら，何が法の向こう側で事実上継続しており，何が継続していないのかは，そのようにしては適切に記述され得ない。それは，当為から事実への推論に留まるのである」（Ebenda, S. 169）。

　(2)　その結果，メラースは，国家法人格の国際法的意義について次のように結論付ける。すなわち，「国家の継続性は，法の背後にある国家の存在形式という前法的な現象としてはこれを理解することはできない。『同一的』なままである国家主体は，変転する法秩序の背後で引き続き存在するところの前法的な国家ではなく，他の法秩序（国際法及び新しい国内法）によって承認され，こうした承認によって作り出されるところの，自己記述の構成なのである」。「国家の法人格は，こうした外部関係においても，前法的な国家性の帰結ではなく，国内法秩序の継続性を超える継続性を作り出すところの，法的規範化の帰結である。それゆえ，国家の法人格は，国際法にとっては不可欠であるが，他方で国内法はアングロ・アメリカンの伝統におけるようにこの構成を放棄することができるのである」（Ebenda, S. 169f.）。

　(3)　以上の国内法的及び国際法的意義の分析を経て，メラースは国家法人格の意義について次のように総括する。曰く，「国家の法人格は今日もはや国家理論的構成の帰結としてではなく，単に法的与件の帰結として解釈される」。これらの法的与件は，国内法的には「国家すなわちドイツ連邦共和国及び諸ラントという社団を一定の法的行為の帰属点として設定する」とともに，国際法

的には「様々な憲法の変転を越え行くドイツ国家の継続性を設定する」（Eben-da, S. 170）。国家法人格の規範的意義は以上の点に尽きる。

　他方で，メラースによれば，このようにして国家法人格が実定法の帰結に縮減されることによって，国家法人格に対する国家理論的な批判は効力を失う。特に，国家法人説と不浸透性理論とは同視されるべきではないこと，国際法上の国家としての継続性と文化的・社会学的な継続性とは同視されるべきではないことに注意を要する（Ebenda, S. 170）。

第4款　国家法人格の技術概念への純化

　以上の3者の見解から得られるところを以下の3点にまとめておく。

　⑴　第1に，いずれの論者においても，本質概念としての国家法人格は否定されており，技術概念としてのみ，すなわち基本的には実定法が明示又は黙示に国家を権利及び義務の主体としている限りにおいてのみ，国家の法人格は語られるべきであるとされている。

　　⒜　本質概念としての国家法人格は，特にメラースが明確に述べた如く（第3款第2項⑴），全能たる普遍的・事実的な国家の概念を前提としており，そこでは国家は法によって外側から制限され規律されるものに留まった。しかし，こうした理解は，立憲主義君主制の憲法構造に由来するものであり，理論的にも維持し難い[190]。また，O・マイヤー（第1款第3項）が批判したように，本質概念としての国家法人格の下では主権者としての国民が適切に位置付けられ得ない。国家法人説が民主政に適合しないというベッケンフェルデ（第2款第1項）の批判は，本質概念・技術概念を問わず国家法人説それ自体に向けられているようにも見受けられるものの，メラース（第3款第2項）の言う如く本質概念としての国家法人格のみに妥当する。

　　こうした観点からすれば，国家の法人格を語り得るのは，（特殊な規律が課さ

---

190)　このような国家法人説の限界は，我が国においても夙に指摘されている。たとえば，山本隆司「行政の主体」磯部力ほか編『行政法の新構想Ⅰ』89頁以下（有斐閣，2011）90-91頁に曰く，「こうした［国家法人説の］限界は，人権の意義が法律による行政の原理に基本的に縮減されていた，当時の立憲君主制の憲法構造に由来する。むしろ自由な個人の方を所与の前提にする民主政の下では，国家法人説の概念枠組みが公権力の行使される関係を法学的に分析するのに資するとは，いいがたい」。

れるのが通例とは言え）一般に私法上ないし財産法上の主体として現れる場面
（国家補償法上の責任主体となる場面を含む）[191] 及び実定法が明示的に国家を実体
法上若しくは訴訟法上の権利ないし義務の主体として名指ししている場合（た
とえば行政訴訟の被告適格）の他には，メラース（第3款第3項）の言う如く連邦
国家制の下における連邦と諸ラントとの関係，国際法上の権利義務の帰属主体
性が問題となる場合を除いては想定し難い。それ以外の場合には，実際に（実
体法上ないし訴訟法上の）権限を付与され義務を課されている機関を主体として
語ればよいのであって，この場合に国家を主体として観念することは思考の便
宜以上のものではないように思われる[192]。

　　(b)　このように国家が技術概念としてのみ法人として捉えられるのであれ
ば，「国家が法人である」ことから実定法を離れて何らかの規範的帰結を導く
ことは許されず，したがって機関訴訟の原則的否定もここからは導き得ないこ
とになろう。機関訴訟の許否の判断は，次章に紹介・検討する論者がそうした
ように，対応し得る訴訟法上の規定及び機関並びにその権限を定める個々の規
定の解釈に拠らなければならない。

　(2)　第2に，本章で扱った論者においては，技術概念としての法人格が認め
られるべき国家の基体は，営造物ないし組織とされている。

　国家法人格の基体は，O・マイヤー（第1款第2項）においては営造物とされ

---

191)　こうした国家法人の「私権の享有主体」としての側面を強調するものとして，中里実「財政法
　　と憲法・私法——財政の法的統制」フィナンシャル103号154頁以下（2011）167-168頁，同「財
　　政の再定義——財政法の実体法化と経済学」フィナンシャル113号2頁以下（2013）8-14頁。
192)　村上義弘「抗告訴訟の対象ならびにその本質」田中二郎古稀『公法の理論（下II）』2049頁以
　　下（有斐閣，1977）2062-2063頁も，国家法人説を排斥する文脈において，以下のように述べてい
　　た。曰く，「行政機関は多種多様であり，またかつ多種多様な権限を行使するが，その権限に関連
　　して，その権限を有する機関の背後に行政主体もしくは公権力主体としての国家などを想定して，
　　それらの権限の行使を国家もしくは公権力主体の行為なのだと関連づける必要はない。立憲民主制
　　国にあっては，それらの権限は憲法か法令もしくは条例に根拠を有しているだけで十分なのである。
　　国家などという，正真正銘の民主制の立場からは正体不明の概念によって権威づけられ統合される
　　必要は全くないのである。そしてひいては公法関係を国家もしくは公権力主体と国民の間の権利義
　　務関係と観念する余地も必要も全くないのである。ある行政機関が国民に義務を賦課する権限が法
　　律によって与えられていれば，その行政機関は国家など行政主体の代表的機関としてではなく，ま
　　さしく行政機関の地位において義務を賦課するのであり，またそのような義務の賦課によって国民
　　の側に生じた義務についても財産的関係など特別な場合を除いてそれを国家もしくは公権力主体と
　　国民の間の権利義務関係と観念する必要は全くない。当該行政機関の法的権限行使によって，国民
　　の側に関係法規と当該行政機関の表示した内容に応じた法的義務が発生したと理解すればよい」。

ており，ベッケンフェルデ（第2款第2項）においては組織であり営造物であるとされ，メラース（第3款第2項）においてもヴォルフ（第3節）に倣って部分的法秩序たる組織であるとされていた。ベッケンフェルデにおいて国家が組織であり営造物であるとされていることからも窺われるように，あるいは既に第3節第4款(1)で指摘したように，両者は排他的なものではない[193]。むしろ，組織としての把握は，営造物であれ社団であれ，その内部の事実的な意思決定過程ないし規範的な帰属関係をより即物的に解明するのに資する。国家をして全体法秩序と同一視しない限り，国家の内部構造も含めて法的に把握・規律するためには，このように国家を組織として捉える視点は不可欠であるように思われる[194]。

　こうした組織としての国家観は，実定法によって付与された機関の権限の内容を解釈する上で重要となる。すなわち，組織として国家が把握されることによって，国家内部の多様性・多分節性が明確に分析の俎上に載り，機関の権限行使を国家内部における意思形成過程として分析するべきであることが明確化される[195]。この点は，機関訴訟の許否の判断にとり重大な示唆をもたらす。もっとも，このことは，国家を法人として見ることとは直接の関係を持たない。

　(3)　第3に，以上からすれば，国家法人格はメラース（第3款第1項）の言う規範的文脈においてはほとんど意味をなさない。すなわち，国家法人格は技術概念へと純化され，それが意味を持ち得る場合であっても個々の実定法の解釈に結局は還元される。国家法人格が実定法を超えて持ち得る意味は，メラースの言う如く国内法においてはドイツ連邦共和国及び諸ラントを一定の法的行

---

193)　ヴォルフにおいても，規範的な意味において下部組織たる官庁や営造物としての性質を持つとされており，組織と営造物とは相反するものとはされていない。むしろ，両者は観点を異にするのである。Vgl. *Wolff / Bachof*, Verwaltungsrecht 2, S. 88f. この点を指摘するものとして，稲葉・前掲注8) 53頁［初出 1989］。

194)　山本・前掲注190) 92頁にも曰く，「行政の主体を組織として分析するアプローチは，当然過ぎるように見えるためにおろそかにされやすいが，行政法学が必ずいったんは踏むべきステップである」。

195)　薄井一成「行政組織法の基礎概念」一法9巻3号855頁以下（2010) 858-859頁は，「行政組織法学はもはや所与の統一体のイデアの内部（"法人" ないし "行政主体" の内部）を客観的に描写するのではなく，現実の世界において繰り返し行われる公共の福祉実現のプロセスとその結果を整理し，秩序付けることが課題となる」とし，「行政組織法学の視点の中心は法人ないし行政主体の内部から，国家行政任務を処理する動態へと移動する」として，国家を組織として動態的に捉えるべきであることを説く。

為の帰属点として設定すること，国際法的には憲法の変転に依存しない国家の継続性を作り出すことに限られる。しかし，これらすらそれぞれの規範的要請の帰結であって本質的な国家法人格から演繹されるものではない。他方で，第2節第4款に述べたことからすれば，本質的な国家法人格はその理論的妥当性に大なる疑問がある。したがって，本質概念としての国家法人格はそもそも理論的に疑わしい上に，もはや規範的文脈においてその独自の機能が期待される場面も想定し難い[196]。

---

196)　なお，本節は，国家法人格の規範的文脈における意義を否定するものであったものの，国家法人格という概念枠組み自体がその故をもって排斥されるべきであるとまで主張するものではない。規範的文脈から切り離された理論的文脈における「法システムの内部における解釈論のための反省的審級」としての「憲法理論」（林・前掲注54）68頁［初出 2005］）の内部において，国家法人説が間接的にではあれ公法学に有益な示唆をもたらす可能性はなお否定されていない。この点を戦後ドイツ公法学の分析において意識的に主題化するのは林知更である。曰く，「たとえ法規範の解釈に対して直接のレレヴァンスを持たなくても，たとえば国家や憲法が事実的な次元で孕む政治性は，それ自体有意義な学問的関心の対象でありうるはずである。むしろ国家論は伝統的な『一般国家学』を継承しつつ，解釈論からは独立に，国家の本質それ自体を考究する学問として生き残っていくことはできないのだろうか」（同71頁［初出 2005］）。

こうした憲法理論の解釈論にとっての必要性は，近年のドイツにおいても，たとえばイェーシュテットによって次のように強調されている。曰く，「それ［憲法解釈論が陥りがちな教条主義（Dogmatismus）］に対抗するために，憲法解釈論の『盲点』を明らかにし，反省可能にし，そしてそれによって何よりも批判可能にするために，言い換えれば，解釈論に理論を供給し，そして複雑性によってその（自己）安全を揺さぶるために，憲法解釈論の必要・構造・固有の合理性に合わせられた反省的専門分野が必要である」（*Jestaedt, Matthias,* Verfassungstheorie als Disziplin, in: Verfassungstheorie, 2010, S. 3ff., S. 22）。あるいは曰く，「憲法理論は，多数の実定法的な規範の上に意味統一体を作り，憲法諸規範のために（これら憲法諸規範を必然的に超越する）理解の地平を提供し，憲法の中に潜んでいるエンテレケイア（Entelechie）にその声を与える。憲法理論は，全体及び結び付けるところのもの（Ganze und Verbindende）に，すなわち全てに通底し全てを制御するところのもの，つまり本来的な意味における憲法則の実定化された制御技術の向こう側にある運動法則に，取り組むのである。その限りでは，憲法理論は全体論的な性質を持つことになる。憲法理論は，そこにおいて，憲法学にとって全体として必要不可欠な『壮大な物語』，すなわち指導的な共同の解釈モデルが作られ広められるところの場所なのである」（Ebenda, S. 25f.）。

ここで言う反省的専門分野として位置付けられ得るのが憲法理論ないし国家理論であり，国家法人説もこの中で一定の価値を有し得るであろう。本節の意図は，国家法人格の概念が持ち得る意味を理論的文脈と規範的文脈とに厳密に区別した上で，後者におけるそれを，それのみを否定することにある。後者の否定こそが本書の主題たる機関争訟論にとって決定的であり，本書の課題の達成にとってはそれで必要十分なのである。

第6節 小　括

　最後に，本章の検討の結果を要約するとともに，次章以降の方針を確認する。

　(1)　本章は，機関訴訟の原則的否定を導くかに見える不浸透性ドグマ及びその理論的前提たる国家法人説の意味内容及びその妥当性を，以上に紹介・検討した10名の論者の学説を素材として検討することを目的としていた（第1節）。

　機関訴訟の原則的否定を導くのは国家法人説それ自体ではなくそれに付随しがちな不浸透性ドグマである。しかし，国家法人説の祖とされるアルブレヒト，不浸透性ドグマの代表的論者とされるG・イェリネック及びアンシュッツの見解を分析すると，彼らの所説はそこから直ちに機関訴訟の原則的否定を導き得るだけの内容的射程を持つものではないこと，国家の法人格の導出過程にも論理的な疑義があることが明らかとなる。その意味で，機関訴訟否定論の原像は虚像であった（第2節）。

　このようにそもそも虚像に過ぎなかった機関訴訟否定論の原像は，H・J・ヴォルフにおいて現れる不浸透性ドグマ解体の2つのモメントによって，明示的に否定される。そのモメントとは，第1に，国家法人格の技術概念への純化であり，第2に，法人格概念の相対化である（第3節）。トーマ，フリーゼンハーン，ルップは，このうちの第2のモメントを志向するものであり（第4節），O・マイヤー，ベッケンフェルデ，メラースは，このうちの第1のモメントを志向するものであった（第5節）。彼らにおいて，国家法人格は技術概念として，すなわち基本的には実定法によって明示又は黙示に規定された特定の権利及び義務の主体としてのみこれを観念するべきであるということ [197]，法人格の概

197）　これら国家を権利ないし義務の主体とする具体的な実定法上の諸規定があるからと言って，そこから一般化して国家の本質的な意味における法人格が導かれ得るわけではないことは言うまでもない。このことは，我が国においても，既に1937年の黒田覚によって指摘されている。黒田・前掲注16）47頁は，「国家に関する規定中の特定の集団的規定が，国家の法人格を前提にしてゐることから，更にそれを一般化して全体としての国家の人格性を主張しようとする」通説を批判し，同58-59頁は，「問題を近代的立憲主義的国家に限定しても，これが全面的に人格をもつものではなく，これに関する実定法の規定の存在する限りに於て，又その範囲に於てのみ人格をもつものであるとの結論に到達する」としている。

念は相対的であり，当然に機関には認められないとは言えないということ，こ
れら命題が一定の理論的説得力を持ち得ることが明らかにされたと言えよう。

　(2)　ここには，2 つの基礎理論的な動向が存在する。

　第 1 に，国家概念の脱実体化である。本質概念としての国家法人格の前提に
は，アンシュッツ（第 2 節第 3 款第 3 項）に見られルップ（第 4 節第 3 款第 1 項）
が批判したところの国家法人と自然人とのアナロジー，あるいはアルブレヒト
（第 2 節第 1 款）やイェリネック（第 2 節第 2 款）に見られるものとしてメラース
（第 5 節第 3 款第 2 項）が批判したところの前法的な国家全能の観念が存在した。
これらは，いずれも国家ないしそれが有するとされる法人格を何かしら実体を
持つものとして捉えるものである。本章第 3 節以降に紹介・検討した論者の多
くに通底する 1 つの潮流は，このような形で国家ないし法人が実定法に先行し
て実体を持ち得ることを否定し，それらを実定法の関数へと還元しようとする
もの，あるいは，国家内部の社会的現実をより直截に分析の対象としようとす
るものであったと言えよう。

　第 2 に，法学的基本概念の私法的刻印からの解放である。特に第 4 節におい
て扱われた論者において明瞭に表れているように，国家を法的に分析する際の
視座が複線化し，それによって国家の内部領域も法に開かれることに伴って，
法規・権利・法関係・法人格等の諸概念が変容を迫られ，私法的刻印からの解
放が求められることとなった（第 4 節第 4 款(1)）。これにより，もとより論者に
おいて当該解放のあり方・程度には相違はあるものの，国家の内部においても
法規・権利・法関係・法人格等を語り得る理論的可能性が開かれたのである。
法学的基本概念は，論理的真空に確固として存在するものではなく，一定の社
会的現実を前提とし，それに規定されている。そのような前提が変容・喪失し
た場合には，当該概念を改めて見つめ直し，当然視されてきた理論的負荷から
然るべき範囲においてこれを解放しなければならない[198]。

---

198)　川島武宜「法的構成としての『法人』——民法および商法のための基礎作業として」鈴木竹雄
古稀『現代商法学の課題（下）』1329 頁以下（有斐閣，1975）1347 頁の次のような言は，法人概念
についてこのことを指摘するものであった。曰く，「法的構成は，常に，多かれ少なかれ具体的
な・紛争に関する社会的事実とそれに対する法的判断とを前提して作られるものであるが，ひとた
び成立した法的構成は，その高度の抽象性と論理的完結性のゆえに，自己完結的に存在の根拠を
もっているかのごとき外観を呈する。その結果，それらの法的構成の前提となっていた紛争事実或
いはそれに対する法的判断が変った後でも，法的構成はその存在の根拠を疑われることなしに法律

(3)　機関争訟論にとっては，特に次の 3 点が重要である。

　(a)　第 1 に，機関の法人格の有無という問題は，機関訴訟の許容性の判断にとり直接的な意味を持たない[199]。すなわち，(2)で指摘したように，法人格等の諸概念は私法的刻印から解放されることによって，たとえばヴォルフ（第 3 節第 3 款第 2 項(1)）においては或る規範の終局的帰属主体であるという意味において，ループ（第 4 節第 3 款第 2 項(3)）においては少なくとも 1 つの法規の名宛人であるという意味において，相対的な意味における法人格が認められている。確かに，彼らにおいても，専ら術語上の理由，すなわちヴォルフ（第 3 節第 3 款第 2 項(2)）においては一般法秩序の観点からする法人格との区別のため，ループ（第 4 節第 3 款第 3 項(1)）においては外部法関係における法人格との区別のため，機関のこうした法的地位は法人格とは称されていない。しかし，機関の法的地位を法人格と呼ぶか否かが専ら術語選択の問題に過ぎず，純理論的に見て機関の法人格を語ることに障害がないのであれば，それ自体は重要ではない[200]。

　むしろ重要であり得るとしたら，それは，この相対的な意味における法人格にともに含まれるところの，一般法秩序ないし外部法関係の下における法人格であるのか，部分的法秩序たる組織ないし内部法関係の下における法人格であるのか，こうした法人格概念内部における区別が機関訴訟の許否の判断にそもそも結び付くのか否かという問題である。この問題は，機関訴訟の許否を問題とする特定の具体的な訴訟制度が適法な訴訟提起の前提として一定の性質の法的力の存在を要求しており，かつ，当該性質の有無と法人格概念内部における区別とが直接的に結び付く場合，あるいは少なくとも傾向的な対応関係を有す

　　家の法的思考を拘束する傾向を有する。ことに，法的構成が『理論』と呼ばれる場合には，科学の『理論』と同様の権威が言わば当然視されて，そのような傾向は一そう強いものとなる。このことは，『法人』についてまことに顕著に見出されるところである」。

199)　薄井・前掲注 195) 864-882 頁は，現在のドイツにおける通説が行政機関にも権利能力ないし法人格を認めていることを確認し，行政主体・行政機関さらには私人をも含め，公共的任務の振分け先となる人工的な単位及びこの人工的な単位が行う活動の帰属先となる人工的な単位を「行政単位」と呼び，行政単位概念を行政組織法の基礎概念として取り入れるべきであることを説く。ここでも，我が国の通常の意味における法人格の有無の持つ意味が議論の後景に退く。

200)　木藤茂「2 つの『行政機関』概念と行政責任の相関をめぐる一考察——行政組織法と行政救済法の『対話』のための 1 つの視点」行政法研究 2 号 7 頁以下（2013）44 頁の言う「行政主体概念と行政機関概念の止揚」が理論的に基礎付けられていることになる。

る場合に，その限りにおいてのみ，一定の重要性を獲得し得る。もっとも，この場合であっても，つまるところ直接問われるべきであるのは当該訴訟制度の解釈及び問題となっている法的力の性質であって，法人格概念内部における区別は2次的な問題に過ぎない。

　(b)　第2に，そのような訴訟提起の前提としての法的力の性質として「権利であること」が要求されている場合には，まずもって権利概念の実質的契機が少なくとも一定程度以上には明らかでなければ訴訟提起の許否を判断できないが，実はそれはそれほど明確ではない。このことは，権利概念をすら私法的刻印から解放して相対化しようとしたヴォルフ（第3節第3款第3項），トーマ（第4節第1款第3項），フリーゼンハーン（第4節第2款第2項）と，なお権利概念の私法的概念形成に留まったルップ（第4節第3款第3項），ベッケンフェルデ（第5節第2款第3項(2)）との対立に表れている。この対立は，つまるところ，権利概念に固有の利益の要素を求めるか否かを巡るものである。

　このようにして議論の焦点が問題となっている法的力の性質に移行すればするほど，第1点に見た法人格概念の相対性とも相俟って，何らかの意味における法人格の有無は議論の後景に退くことになる。何らかの意味における法人格の有無に関わらず，機関訴訟の許否の判断にとっては，問題となっている法的力の性質如何が決定的なのである。このことは，もちろん何らかの意味における法人格の有無が，機関訴訟の許否の判断にとって何かしらの示唆ないし徴憑を与え，あるいはさらに進んで一応の基準になり得ることを否定するものではない。しかし，そのことは問われるべき事態の本質そのものではない。ここでは，本書の言う典型的機関争訟と非典型的機関争訟の区別（第1章第1節第2款第3項）及び架橋理論（第1章第2節第3款）の妥当性という問題設定もまた2次的な問題とされざるを得ない。

　(c)　第3に，国家は組織として把握され，機関の権限行使は組織内部における意思形成過程として捉えられる。これにより，国家内部の多様性・多分節性を法的に把握することが可能になる。この点は，機関に付与された法的力すなわち権限の内容を解釈する上で重要な示唆をもたらす。すなわち，トーマ（第4節第1款第3項(2)）及びフリーゼンハーン（第4節第2款第3項(2)）においては，機関が「相互的な主観的義務及び法的権能」を有する場合，ベッケンフェルデ（第5節第2款第3項(1)）においては「行政の内部における或る特定の官庁

が，自身に委ねられた権限領域のために，独立した行為主体として組み入れられるのみならず，自身の任務領域において具体化される部分的公益を（……）固有の法的地位として他の行為主体及び決定主体に対して主張することができ，それに伴って裁判上主張できるという独立した代弁者としても組み入れられる」場合には機関訴訟が認められる方が望ましいとされていた。国家を組織として捉えることは，この点をより直截的に判断するのに資する。

　もっとも，彼らに従ってこれらの場合に機関訴訟が認められるべきであると言えるとしても，それは具体的な実定法に基礎付けられなければならない。以上の観点は，列記主義の下においては立法政策上の意味を持つに過ぎないが，概括主義が採用された今日においては，概括条項の解釈に当たっても，あるいは第2点に見た権利概念の実質的契機の不明瞭の克服に当たっても，一定の意義を有し得よう。

　(4)　こうして，機関訴訟の許容性の判断は，国家法人格なる抽象的な概念から離れて[201]，あるいは国家の組織としての把握を念頭に，適法な行政訴訟の範囲を定める訴訟法上の規定及びそれぞれの機関の権限を付与する具体的な規定の解釈に求められることになる。我が国においては，それは序章に見たように裁判所法3条1項の言う「法律上の争訟」及びそれぞれの機関の権限を定める法規の解釈の問題であり，ドイツにおいては，それは次章に見るように行政裁判所法及びそれぞれの機関の権限を定める法規の解釈の問題である。ここでは，(3)に述べたことも踏まえれば，次の3点が主たる論点となる。

　第1に問われるべきであるのは，我が国においては「法律上の争訟」に当たるために，ドイツにおいては行政裁判所法の定める行政訴訟の前提を満たすために，それぞれ権利が問題となっている必要があるか否かである。

　第2に，権利の実質的契機に関して，仮に伝統的メルクマールたる3要素（利益，意思力＝法的力，法による承認）[202]を前提にし，かつ，機関訴訟の提起のために権利が必要であるとするなら，機関の権限が権利たり得るのか否か，特に機関の権限が機関に固有の利益のためであると言えるのか否かが問題となる。

---

201)　同様に，ドイツの学説の検討に基づき，国家法人説の採用が直ちに機関訴訟を否定することにはならないことを論証するものとして，門脇雄貴「国家法人と機関人格(1)～(3・完)――機関訴訟論再構築のための覚書」都法48巻2号269頁以下（2007），49巻1号233頁以下（2008），50巻1号141頁以下（2009）がある。同論文の詳細については，第1章第3節第3款第2項参照。
202)　第1章第3節第1款第1項(2)参照。

権限及び権利はともに法秩序によって与えられた法的力である点で共通し，相違点があるとしたら，それは利益性の有無にある[203]。この利益性の有無は，法秩序が何のために当該法的力を付与したか，それは当該主体自身の利益のためであるのか否かによってこれを決することができる。そうであるなら，問題の焦点は，専ら当該法的力が法秩序によって付与された趣旨ないし目的に当てられなければならないはずである。

　第3に，権利概念がそもそも利益を要素とするか否かもまた問題とし得る。第1の問題において権利を必要とした場合の問題の焦点が上述のように利益性の有無・要否に求められるものであるなら，第1の問題において権利を不要であるとした場合においても，なお行政訴訟の提起のためには利益が必要であるとされる限り，問われるべき内容は相当程度重なることになる。以上の問題の検討に際して，国家の組織としての把握が常に意識されるべきであるのは言うまでもない。

　(5)　ドイツ公法学は，本章に紹介・分析した国家法人説に関する展開を受けて，あるいはそれと並行する形で，機関訴訟の原則的否定の是非という観点から，このような問題に正面から取り組んできている。すなわち，ドイツ公法学においても，本章に述べた国家法人格及びそれに付随するものとされた不浸透性ドグマの影響下に，権限の利益性の深い検討を経ることなく機関訴訟の原則的否定が導かれる傾向にあったところ，ドイツ機関争訟論は徐々にその影響下から脱し，権限の利益性の有無及び権利概念における利益要素の内実が機関争訟論を決するものとして意識されるに至っているのである。

　こうしたドイツにおける議論は，我が国の機関争訟論の解決にとっても重大なる示唆をもたらし得るものである。そこで，次章においては，こうしたドイツ機関争訟論の紹介・検討を試みることにする。

---

203)　第1章第1節第2款第5項参照。

第3章　機関争訟論の展開

　本章は，機関に権利を認めることで機関訴訟を許容しようとするドイツ公法学における学説を主に紹介・検討する。第2章において明らかにされたように，我が国において機関争訟の「法律上の争訟」性を否定する際の概念的論拠であるところの不浸透性ドグマないしその理論的前提たる国家法人説を，ドイツ公法学は既に第2次大戦前から克服しつつあった。その後のドイツ公法学においては，そのような概念枠組みから解放された機関争訟論の展開があって然るべきである。そうしたドイツ公法学の機関争訟論に関する歩みを確認・分析することは，我が国において新たな機関争訟論を構築するに当たっても得るものが多いように思われる。

　もっとも，ドイツ機関争訟論においては，不浸透性ドグマの後遺症が他の領域におけるよりも長く残存したと言われる。その結果，機関訴訟を許容するためのアプローチは多様を極めることになった。本章は，これらのアプローチを便宜上「権利不要型」・「利益承認型」・「利益不要型」に分類した上で，それぞれの類型ごとに学説を紹介・検討し，それぞれの意義と限界を確認・分析することで，我が国の機関争訟論に応用可能な理論構成の可能性を探求する。

　各学説の詳細な検討に入る前に，ドイツにおける機関争訟に関する制度の歴史・現状，及びそれらに関する議論を簡単に確認し，その後の検討の筋道を立てておくのが便宜であろう。そこで，まずはドイツ機関争訟論の概観を示した上で（第1節），権利不要型（第2節），利益承認型（第3節）及び利益不要型（第4節）のそれぞれのアプローチを紹介・検討し，最後に本章を小括する（第5節）[1]。

---

1)　本章と同様の問題関心の下にドイツ機関争訟論を紹介・検討するものとして，門脇雄貴「機関の権利と機関訴訟(1)〜(3)——ドイツにおける機関訴訟論の現状」都法55巻1号127頁以下（2014），55巻2号169頁以下，56巻1号507頁以下（2015）がある。

第1節　議論の概観

　本節は，ドイツにおける機関争訟に関する諸制度を紹介するとともに，それらを巡る議論を概観し，次節以降の検討の方針を獲得することを目的とする。

　我が国の機関争訟論に相当する議論は，かつてドイツにおいては「自己内部訴訟」の概念の下に展開されていた。そこには不浸透性ドグマの後遺症が残存しており，自己内部訴訟は原則として許されないとする理解が先行していた。現在では「行政法上の機関争訟」なる概念等の下に，何らかの範囲において訴訟の途が開かれることを前提に，行政訴訟の訴訟要件を定める行政裁判所法の各条文の解釈を巡る形で議論がなされている。

　問題の淵源は，行政裁判所法は権利（公権）の保護を目的としているにも拘らず，機関には固有の利益が認められず，したがって権利が認められないとする伝統的な理解にある[2]。こうした理解を克服するためには，形式論理的には，①行政裁判所の任務は権利の保護に限られないとするアプローチ（「権利不要型」），②機関にも固有の利益が認められるとするアプローチ（「利益承認型」），③権利の要素から固有の利益を排除するアプローチ（「利益不要型」）があり得る。

第1款　「自己内部訴訟」と「不浸透性トラウマ」

　行政法上の機関争訟は，「自己内部訴訟」なる概念によって把握され，不浸透性ドグマの後遺症の下でその裁判は原則として許されないものであると観念された。もっとも1960年の行政裁判所法制定以降の個別具体的な議論を経て，行政法上の機関争訟にも訴訟への途が許されるものがあるという理解が多数を占めるようになる。問題の重心は，行政法上の機関争訟のうち，行政訴訟への途が許されるものと許されないものとの線引き及びその根拠へと移されることになったのである。

---

[2]　門脇・前掲注1)(1) 135-136頁参照。

　(1)　我が国でいう機関争訟に相当する問題は，ドイツでは長らく「自己内部訴訟」(Insichprozeß)という概念の下に論じられてきた。すなわち，自己内部訴訟について，トゥレッグは「公法上の人格が自分自身と行う行政争訟手続」[3]と定義し，キスカーは「単一にして同一の法人の機関相互の間あるいは法人とその機関との間の争訟の裁判上の解決」[4]と定義し，ロレンツは「自己内部訴訟の存在が語られるべきであるのは，たとえば国家やゲマインデあるいはその他の公法上の法人等の同一の法主体が，直接的であれその官庁によってであれ，原告としても被告としても訴訟に関係している場合である」[5]とし，ブロイトゲは「単一にして同一の公行政主体の機関ないし機関部分の間における，機関の機能遂行の法適合性についての裁判上の対立」[6]と定義している。

　この「自己内部訴訟」(あるいは次款に見る「行政法上の機関争訟」等)の概念の下に，ドイツにおいては，①国庫機関と高権的に活動する国家との間の争訟，②官庁の長と指揮に服さない委員会との間の争訟，③地方自治体組織争訟(Kommunalverfassungsstreit)について，これら争訟に関する訴訟の途を開くことの許否が議論され[7]，後に④大学組織争訟(Hochschul- oder Universitätsverfassungsstreit)[8]，⑤放送協会組織争訟(Rundfunkverfassungsstreit)[9]についても議

---

3)　*von Turegg, Kurt Egon Frhr.*, Insichprozesse: Beitrag zur Lehre von der Parteifähigkeit, in: DÖV 1953, S. 681ff., S. 681.

4)　*Kisker, Gunter*, Insichprozeß und Einheit der Verwaltung: Zur Frage der Zulässigkeit von Insichprozessen vor den Verwaltungsgerichten, 1968, S. 11.

5)　*Lorenz, Dieter*, Zur Problematik des verwaltungsgerichtlichen Insichprozesses, in: AöR 93 (1968), S. 308ff., S. 309.

6)　*Bleutge, Rolf*, Der Kommunalverfassungsstreit, 1970, S. 85f.

7)　*Kisker*, a.a.O. (Anm. 4), S. 22; *Tsatsos, Dimitris Th.*, Der verwaltungsrechtliche Organstreit: Zur Problematik verwaltungsgerichtlicher Auseinandersetzungen zwischen Organen einer Körperschaft des öffentlichen Rechts, 1969, S. 12ff. は，これら①②③を自己内部訴訟(ないし行政法上の機関争訟)の主な問題類型として挙げ，検討している。

8)　大学組織争訟を検討の主題に据えるものとして，次のものが挙げられる。*Fuss, Ernst-Werner*, Verwaltungsrechtliche Streitigkeiten im Universitäts-Innenbereich, in: WissR 5 (1972), S. 97ff.; *Ewald, Klaus*, Die prozessuale Behandlung des inneruniversitären Verfassungsstreits, WissR 3 (1970), S. 35ff.; *Heinrich, Manfred*, Verwaltungsgerichtliche Streitigkeiten im Hochschulinnenbereich unter besonderer Berücksichtigung der Rechtslage in Nordrhein-Westfalen, 1975. ドイツの大学組織争訟についての議論を紹介する邦語文献として，徳本広孝『学問・試験と行政法学』(弘文堂，2011) 40-75頁 [初出2000] がある。

9)　放送協会組織争訟を扱うものは少ないが，それに言及するものとして，*Tsatsos*, a.a.O. (Anm. 7), S. 25; *Kisker*, a.a.O. (Anm. 4), S. 40; *Bethge, Herbert*, Grundfragen innerorganisationsrechtli-

論されるようになった。もっとも，判例・学説の蓄積が多いのは③地方自治体組織争訟 [10) であり [11)，ここでなされた議論が他の領域にも転用されるという議論状況にある。その際にそれぞれの領域の特殊性が考慮されるべきであるのは言うまでもない [12)。

　(2)　この自己内部訴訟について，理論的な負荷の下に相互に密接に絡み合う諸観念を背景として，原則として許されないものであるという理解が存在した。その際問題とされたのは，法人たる国家の内部領域は法に開かれていないとする不浸透性ドグマ [13)，外部法領域と内部法領域とを分けた上で裁判権は内部法領域には及ばないとする内部・外部二分論 [14)，それらのさらなる背景に位置する「行政の一体性」の原則 [15) 等である [16)。

---

chen Rechtsschutzes: Einige Bemerkungen zu aktuellen Kontroversen über den dogmatischen Standort des verwaltungsrechtlichen Organstreits, in: DVBl. 1980, S. 309ff., S. 309; *ders.*, Der Kommunalverfassungsstreit, in: Handbuch der kommunalen Wissenschaft und Praxis, Band 2: Kommunalverfassung, 2. Aufl., 1982, S. 176ff., S. 177; *Roth, Wolfgang*, Verwaltungsrechtliche Organstreitigkeiten: Das subjektive Recht im innerorganisatorischen Verwaltungsrechtskreis und seine verwaltungsgerichtliche Geltendmachung, 2001, S. 21 がある。

10)　地方自治体組織争訟を検討の主題に据えるものとして，たとえば，*Henrichs, Wilhelm*, Kommunalverfassungsstreitverfahren vor den Verwaltungsgerichten, in: DVBl. 1959, S. 548ff.; *Ewald, Klaus*, Zur Beteiligungsfähigkeit im Kommunalverfassungsstreitverfahren, in: DVBl. 1970, S. 237ff.; *Bleutge*, a.a.O.（Anm. 6）; *Bethge*, a.a.O.（Anm. 9），Der Kommunalverfassungsstreit. こうしたドイツにおける地方自治体組織争訟に関する議論の適切な要約として，門脇・前掲注1）(1) 129-134 頁がある。

11)　門脇・前掲注1）(1) 129 頁。

12)　徳本・前掲注8）41 頁も，ドイツにおける一連の Verfassungsstreit について，「組織訴訟が最も多いフィールドは地方公共団体であるため，その判例及び理論の蓄積は他の組織訴訟に援用される関係にある」としつつも，「それぞれの自治行政主体は異なる体系志向に基づくことにも留意する必要がある」とする。

13)　不浸透性ドグマの問題を指摘するものとして，たとえば，*Bleutge*, a.a.O.（Anm. 6），S. 70f.; *Bethge*, a.a.O.（Anm. 9），Der Kommunalverfassungsstreit, S. 182; *Heinrich*, a.a.O.（Anm. 8），S. 21ff.; *Erichsen, Hans-Uwe*, Der Innenrechtsstreit, in: Festschrift für Christian-Friedrich Menger, 1985, S. 211ff., S. 213f.; *Buchwald, Katja*, Der verwaltungsgerichtliche Organstreit: Eine verwaltungsprozessuale und normtheoretische Studie, 1998, S. 81; *Roth*, a.a.O.（Anm. 9），S. 165-214.

14)　内部・外部二分論の問題を指摘するものとして，たとえば，*Kisker*, a.a.O.（Anm. 4），S. 10f.; *Bleutge*, a.a.O.（Anm. 6），S. 70f.; *Ewald*, a.a.O.（Anm. 10），S. 241f.; *Fuss*, a.a.O.（Anm. 8），S. 100ff.; *Heinrich*, a.a.O.（Anm. 8），S. 21ff.; *Erichsen*, a.a.O.（Anm. 13），S. 214ff.; *Roth*, a.a.O.（Anm. 9），S. 155-158.

15)　「行政の一体性」の原則の問題を指摘するものものとして，たとえば，*Kisker*, a.a.O.（Anm. 4），S. 9; *Tsatsos*, a.a.O.（Anm. 7），S. 18f; *Bleutge*, a.a.O.（Anm. 6），S. 86ff.; *Lorenz*, a.a.O.（Anm. 5），S.

　確かに，第2章で確認したように，ドイツ公法学は既に第2次大戦前にこれ
ら観念の限界を認識し，克服しつつあった。しかし，機関争訟の領域において
は，これらの観念なかんずく不浸透性ドグマの理論的な後遺症が強く残存して
いたのである。すなわち，1967年のロレンツに曰く，「ここでは，他の領域で
は解決済みとみなされている不浸透性ドグマの最後の影響力が妥当しており，
客観法的かつ人格内部に存在する機関関係の主観化を妨げている」[17]。あるい
はなお1998年のブーフヴァルトに曰く，「確かに『国家』なる法人の法的不浸
透性の理論は克服されたが，その全ての帰結が克服されたわけではない」[18]。
機関争訟論がこうした「不浸透性トラウマ」[19] から抜け出すには，第2章で見
た上記諸観念の一般的克服のみならず，さらに個別具体的な検討と，新たな理
論的基礎の構築を必要としたのである[20]。

　このように機関争訟論の「不浸透性トラウマ」からの脱却が遅れたことは，
理由のないことではない。次款に見るように，ドイツにおいて行政訴訟の出訴
資格について概括主義が採用されたのは戦後になってからであり，それまでは
列記主義の下で機関訴訟の許容性に関する議論の必要性が欠けていたのである。
しかし，戦後，特に1960年の行政裁判所法制定の前後から，（行政法上の）機
関争訟に関する議論が活発化する。ここで初めて，機関争訟論を扱うドイツの
学者たちは不浸透性ドグマと正面から対決する必要に迫られたのである。

333f.; *Heinrich*, a.a.O.（Anm. 8），S. 26.

16)　これら「理論的な負荷」のまとめとして，*Bethge*, a.a.O.（Anm. 9），Grundfragen innerorganisa-
　　tionsrechtlichen Rechtsschutzes, S. 310f.

17)　*Lorenz, Dieter*, Der Organstreit vor dem Bundesverfassungsgericht, in: Bundesverfassungs-
　　gericht und Grundgesetz: Festgabe aus Anlaß des 25jährigen Bestehens des Bundesverfassungs-
　　gerichts, Band 1: Verfassungsgerichtsbarkeit, 1976, S. 225ff., S. 236.

18)　*Buchwald*, a.a.O.（Anm. 13），S. 81.

19)　*Bethge*, a.a.O.（Anm. 9），Grundfragen innerorganisationsrechtlichen Rechtsschutzes, S. 311.

20)　*Roth*, a.a.O.（Anm. 9），S. 4 は，不浸透性ドグマの克服後においても見られる理論的不分明を指
　　摘し，その原因を権利概念の不明確に求める。さらに1973年のベッケンフェルデ（*Böckenförde,*
　　Ernst-Wolfgang, Organ, Organisation, juristische Person: Kritische Überlegungen zu Grundbe-
　　griffen und Konstruktionsbasis des staatlichen Organisationsrechts, in: Festschrift für Hans Julius
　　Wolff , 1973, S. 269ff., S. 289）はこの点を印象的に述べる。曰く，「国家は法人であるというドグマ
　　の面前において，いわゆる内部法関係を真の法関係として認識し，国家機関の権利領域を場合に
　　よっては裁判上も防御され得る可能的な法的地位として再発見するのに，どれだけの思考上及び構
　　成上の浪費が必要であったことか，いわゆる自己内部訴訟の問題が現在どのような構成上及び議論
　　上の浪費を惹き起こしていることか！」。

(3)　次節以降で詳細に示されることであるが，特に 1960 年の行政裁判所法
の制定以降活発化する個別具体的な検討の過程において，自己内部訴訟のうち
少なくとも一定のものについては出訴が許されるという理解が多数を占めるよ
うになる。従来の自己内部訴訟なる概念はそれが原則として許されないもので
あるという結論を既に含意していたところ[21]，ここに至ってはそのような結
論の先取りはもはや不当であろう。

　こうして，自己内部訴訟に替えて「行政法上の機関争訟」（verwaltungsrech-
tlicher Organstreit）[22] や「内部法争訟」（Innenrechtsstreit）[23] という概念を提唱
する論者や，より具体的な下位類型ごとに訴訟の許容性を判断すべきであると
する論者[24]，あるいは出訴可能性に中立的な概念としてのみ自己内部訴訟な
る概念の使用を認める論者[25] が現れるようになる（本書は，次款に見る「憲法
上の機関争訟」との対比を明確に表現するため，このうちの「行政法上の機関争訟」を
差し当たり採用する）[26]。問題の重心は，この行政法上の機関争訟のうち，行政
訴訟への途が許されるものと許されないものとの線引き及びその根拠へと移さ
れることになったのである[27]。

第 2 款　「憲法上の機関争訟」と「行政法上の機関争訟」

　憲法上の機関争訟については，実定法上の諸規定によって明確かつ具体的に
規定され，少なくとも実践的にはこれら諸規定の解釈・運用をすれば済むこと

---

21)　*Roth*, a.a.O.（Anm. 9），S. 92.

22)　*Tsatsos*, a.a.O.（Anm. 7），S. 16f.

23)　*Erichsen*, a.a.O.（Anm. 13），S. 213.

24)　*Heinrich*, a.a.O.（Anm. 8），S. 24f.

25)　*Bethge*, a.a.O.（Anm. 9），Grundfragen innerorganisationsrechtlichen Rechtsschutzes, S. 314.

26)　「自己内部訴訟」と「機関訴訟」との関係については，一応これを問題とし得る。たとえば，門
　脇雄貴「機関訴訟と自己訴訟——ドイツにおける両概念の関係」小早川光郎古稀『現代行政法の構
　造と展開』493 頁以下（有斐閣，2016）。もっとも，ドイツにおいてもこれら両概念を敢えて区別
　することには消極的な論者が多く（同 506 頁），区別する論者においても，その意図が「機関訴訟
　と自己訴訟とを区別することにより，前者は適法な訴訟であり，後者は不適法な訴訟であるという
　類型化に結びついている」（同 507 頁）とすれば，それは単なる結論先取りに過ぎない。また，い
　ずれにせよそこにおける争訟は本書の言う理論上の機関争訟に含まれる。したがって，本書は両概
　念について特に区別することをしていない。

27)　同様の現状認識を示すものとして，たとえば，*Roth*, a.a.O.（Anm. 9），S. 113.

になったのに対し，行政法上の機関争訟については，明示的にその裁判を許す
規定がなく，不浸透性ドグマを背景とする理論的な問題がなお残存することに
なった。我が国における機関争訟論が一般条項（裁判所法 3 条 1 項）における
「法律上の争訟」なる概念の解釈を巡ってなされていることに鑑みれば，本書
がまずもって着目すべきは，憲法上の機関争訟ではなく行政法上の機関争訟で
あることになる。

　⑴　第 1 款の最後に示された「行政法上の機関争訟」なる概念は，「憲法上
の機関争訟」（verfassungsrechtlicher Organstreit）と対置される。すなわち，憲
法上の機関争訟は，現行法下においてはボン基本法 93 条 1 項 1 号（及び連邦憲
法裁判所法 13 条 5 号・63 条以下）に基づく連邦最高機関相互の間もしくは連邦最
高機関の内部における争訟（及びラント憲法上それに相当するもの）を意味するの
に対し，行政法上の機関争訟はこれを特に認める具体的な規定を持たず，「同
一の権利能力ある行政単一体の組織内部の機能主体（機関及び機関部分）の間の
非憲法的な公法上の法的争訟」（ホッペ）[28] または「機関あるいは機関部分とし
ての争訟当事者に帰属する権限を巡る，同一の公法上の法人の機関間あるいは
機関内部における，行政法の基準によって裁断されるべき争訟」（ロート）[29] 等
と概念的に規定されるのが通例である[30]。

　⑵　憲法上の機関争訟[31] については，実定法において明確かつ具体的にそ

---

28)　*Hoppe, Werner*, Die Regelung der verwaltungsrechtlichen Organstreitigkeiten: eine Aufgabe
　　des Gesetzgebers, NJW 1980, S. 1017ff., S. 1018.

29)　*Roth*, a.a.O.（Anm. 9），S. 9.

30)　なお，地方自治体組織争訟・大学組織争訟・放送協会組織争訟はいずれも「Verfassungsstreit」
　　と表現されるが，そうした用語法にも拘らず，連邦最高機関相互の間もしくは連邦最高機関の内部
　　における争訟（及びラント憲法上それに相当するもの）であるとは言えないので，上記の定義によ
　　れば，憲法上の機関争訟ではなく行政法上の機関争訟に属することになる。本書ではこのことを示
　　すために，行政法上の機関争訟に属する「Verfassungsstreit」については「組織争訟」と訳出する
　　ことにする。
　　　同様に，*Fuss*, a.a.O.（Anm. 8），S. 99 は，混乱を避けるため，意図的に Verfassungsstreit という
　　用語を用いない。同稿においては，いわゆる大学組織争訟について，「大学内部領域における行政
　　法上の争訟」という表現が用いられている。他にも用語の紛らわしさを指摘するものとして，
　　Bethge, a.a.O.（Anm. 9），Der Kommunalverfassungsstreit, S. 180f.; *ders.*, Organstreitigkeiten des
　　Landesverfassungsrechts, in: Landesverfassungsgerichtsbarkeit, Teilband 2, 1983, S. 17ff., S. 26;
　　Roth, a.a.O.（Anm. 9），S. 164.

31)　連邦憲法上の機関争訟について，*Lorenz*, a.a.O.（Anm. 17）．ラント憲法上の機関争訟について，
　　Bethge, a.a.O.（Anm. 30）．また，ドイツ憲法裁判権を主題として，憲法上の機関争訟を本格的に扱

の対象及び手続が定められており，問題は専らこれら規定の解釈と運用にある。ここでは，不浸透性ドグマ等はそれら諸規定の陰に身を潜めることになった。

　連邦憲法レベルについては，ボン基本法93条1項1号（及びそれを受けた連邦憲法裁判所法13条5号・63条以下）によって実定法上明確かつ具体的に規定されている。すなわち，ボン基本法93条1項1号は，「一連邦最高機関の権利・義務の範囲に関する紛争，又は，この基本法によって，若しくは連邦最高機関の執務規則によって固有の権利を付与されている他の関係諸機関の権利・義務の範囲に関する紛争に際しての，この基本法の解釈について」[32] 連邦憲法裁判所の決定権限を認めており，連邦憲法裁判所法63条以下はこれを受けて憲法上の機関争訟のための手続をより具体的に定めている[33]。

　ラント憲法レベルについては，基本的には各ラントがそれぞれのラント法律によって設置するところのラント憲法裁判所に委ねられている。もっとも，ボン基本法93条1項4号は「他に裁判で争う方途が与えられていない限度において，連邦とラントとの間，異なるラントの間，又は，一のラントの内部におけるその他の公法上の紛争において」[34] も補充的ながら連邦憲法裁判所の決定権限を認めており[35]，同99条は「ラントの法律によって，一のラント内の憲法紛争の決定を連邦憲法裁判所に行わせ，また，ラントの法の適用が問題となっている事件における決定を，終審として，第95条第1項に掲げる最高裁判所に，行わせることができる」[36] としてラント法による連邦憲法裁判所及び

　う邦語文献として，宍戸常寿『憲法裁判権の動態』（弘文堂，2005）がある。

32)　邦訳は，高田敏＝初宿正典編訳『ドイツ憲法集（第7版）』（信山社，2016）268頁に拠った。

33)　本手続の詳細については，畑尻剛＝工藤達朗編『ドイツの憲法裁判——連邦憲法裁判所の組織・手続・権限（第2版）』（中央大学出版部，2013）413-426頁参照。

34)　邦訳は，高田＝初宿編訳・前掲注32）269頁に拠った。このうち，機関争訟とされているのは3番目の「一のラントの内部における」紛争のみであり，1番目の「連邦とラントとの間」，2番目の「異なるラントの間」の争訟は「団体争訟」であるとされる。もっとも，いずれもほとんど同一の規律に服する。Vgl. *Roth*, a.a.O.（Anm. 9），S. 135.

35)　同号の詳細については，畑尻＝工藤編・前掲注33）427-437頁参照。もっとも，独自の憲法裁判所を持たなかった最後のラントであったシュレスヴィヒ＝ホルシュタインも2008年のラント憲法の改正によりラント憲法裁判所を設置したため（同憲法44条），ラント内の憲法上の機関争訟に関する同号の実践的意義は極めて限定されることになった。関連する規定として，行政裁判所法193条は，行政裁判所法発効時において上級行政裁判所に委ねられていた憲法争訟についての裁判権を憲法裁判所の設置まで残存させるが，実務的には既にほとんど意味を失った。Vgl. *Roth*, a.a.O.（Anm. 9），S. 97f.

36)　邦訳は，高田＝初宿編訳・前掲注32）274頁に拠った。

連邦最高裁判所への管轄権の委譲を認めている[37]。

　こうした憲法上の機関争訟は，ドイツ憲法裁判権の伝統的な中核に属するものとして，その古典的な手続であるとみなされている[38]。すなわち，連邦レベルについては，1949 年のボン基本法によってようやく導入されたものの，ラントレベルの憲法争訟については，既に 1871 年のビスマルク憲法がその 76 条 2 項[39]において調停機関を連邦参議院としつつも補充的ながら明確にこれを認めており，1919 年のワイマール憲法 19 条 1 項[40]もドイツ国事裁判所の管轄としてこれを予定していた。こうした手続の起源はさらに「対抗する権利と義務を持つ君主とラント等族との間の契約としての，憲法の等族国家的理解」（ロレンツ）[41]に求められる。この君主とラント等族との対立は，その後の経過において政府と国民代表との間の対照に置き換えられ，さらに憲法平面における国家意思形成に関与するファクター相互の間の対立に解消され，今日に至るとされる[42]。このような理念史において，ボン基本法 93 条 1 項 1 号は，憲法裁判権の拡張を求める法治国思想の 1 つの到達点であると言い得よう。

　いずれにせよ，憲法上の機関争訟については，その訴訟手続のための具体的な実定法規が獲得されたことから，少なくとも実践的にはその解釈・運用をすればそれで済むことになった。すなわち，ボン基本法 93 条 1 項 1 号及び連邦

---

37)　畑尻＝工藤編・前掲注 33) 437 頁によれば，同手続についても，長らくシュレスヴィヒ＝ホルシュタインのみが同条に基づいて連邦最高裁判所にラント機関争訟・規範統制の管轄権を委譲していたが，独自の憲法裁判所の設置に伴い，現在ではラント憲法裁判所の権限に属するものと改められた。

38)　*Lorenz*, a.a.O.（Anm. 17），S. 226; *Buchwald*, a.a.O.（Anm. 13），S. 18.

39)　ビスマルク憲法 76 条 2 項は，「憲法上，その争訟を裁判する官庁を定めていない邦での憲法争訟は，当事者の一方の訴えに基づき，連邦参議院が調停しなければならず，これが成功しない場合は，帝国立法の方法によって処理しなければならない」と規定していた。邦訳は，高田＝初宿編訳・前掲注 32) 112 頁に拠った。同条及びその運用の詳細については，宍戸・前掲注 31) 47-49 頁参照。

40)　ワイマール憲法 19 条 1 項は，「あるラント内の憲法紛争について，そのラントにこれを解決すべき裁判所が存在しないとき，及び，異なるラント間又はライヒとラントとの間の，非私法的な性質の紛争については，紛争当事者の一方の申立てにより，ライヒの他の裁判所が〔これについて〕管轄を有しない限りにおいて，ドイツ国国事裁判所がこれを決定する」と規定する。邦訳は，高田＝初宿編訳・前掲注 32) 117-118 頁に拠った。同条及び同条に関する当時の学説の詳細については，宍戸・前掲注 31) 85-103 頁参照。

41)　*Lorenz*, a.a.O.（Anm. 17），S. 227.

42)　*Lorenz*, a.a.O.（Anm. 17），S. 227.

憲法裁判所法63条・64条は，その文言上連邦最高機関等に「権利・義務」が帰属することを明確に予定しており，憲法上の機関争訟論は，同号に言う「権利」と一般的な権利概念との同異に関する議論はあるものの [43]，これらの実定規範を根拠に（少なくとも出訴資格を基礎付けるという意味における）権利が機関に帰属し得ることを前提にすることができた [44]。ここでは不浸透性ドグマはそれら実定法規定の背後に身を潜めることになったのである [45]。

　(3)　これに対し，行政法上の機関争訟については，憲法上の機関争訟についてのボン基本法93条1項1号等に相当する規定が現在に至るまで存在せず，議論がより一層混迷することになった [46]。

　第2次大戦前においては，行政訴訟制度は各ラントに委ねられており，行政裁判所に出訴可能な訴訟については列記主義が採られるのが主流であった。こうした列記主義の支配の下においても地方自治体組織争訟の行政裁判所における裁判は部分的に認められていたが，行政裁判所の権限の像を描くためには法律上規定された場合を列挙すれば十分であったために体系性が欠けていた [47]。

---

43)　たとえば，*Friesenhahn, Ernst*, Über Begriff und Arten der Rechtsprechung unter besonderer Berücksichtigung der Staatsgerichtsbarkeit nach dem Grundgesetz und den westdeutschen Landesverfassungen, in: Festschrift für Richard Thoma, 1950, S. 21ff., S. 56 は，「ボン基本法は，『固有の権利』への指示からも明らかであるように，最高国家機関の間の関係を法関係としても把握している」とする。もっとも，フリーゼンハーンは，「基本法は連邦機関の間に生じる法的争訟を連邦憲法裁判所によって裁判させるのではなく，連邦憲法裁判所をただその前問題についての裁判のためだけに任命している」として，ボン基本法93条1項の定める手続における連邦憲法裁判所の任務を争訟の裁判ではなくその前問題としての基本法の解釈に求める。これに対し，*Rupp, Hans Heinrich*, Grundfragen der heutigen Verwaltungsrechtslehre: Verwaltungsnorm und Verwaltungsrechtsverhältnis, 2. Aufl., 1991, S. 100 は，ボン基本法93条1項について，「この規定もたとえばボン基本法19条4項の意味における権利を視野に入れたものではない」とする。

44)　ボン基本法93条1項1号の「権利・義務」という表現について，本論に示したように，多数説は憲法機関の争訟が権利を巡るものであることについて疑念を抱いていないが，前注にも示したように反対説もなお存在する。すなわち，これを誤った概念選択であるとするもの，（固有の意味における権利ではなく）出訴資格を認めることによって主観化された権限を意味するとするもの，法律上の擬制であるとするもの等，見解はなお分かれている。Vgl. *Roth*, a.a.O.（Anm. 9），S. 141-145.

45)　もっとも，その実体法的基礎についての考察が全く放棄されたわけではなく，連邦最高機関等の実体法的な権利主体性の根拠及び範囲について議論がなされていないわけではない。たとえば，*Bleutge*, a.a.O.（Anm. 6），S. 91-94; *Lorenz*, a.a.O.（Anm. 17）; *Bethge*, a.a.O.（Anm. 30）; *Roth*, a.a.O.（Anm. 9），S. 145-149.

46)　行政裁判制度（特に地方自治体組織争訟）の歴史の概観については，*Bleutge*, a.a.O.（Anm. 6），S. 30ff. も参照。

　第 2 次大戦後になって，行政訴訟についての概括主義が採用されることになる。すなわち，戦後のドイツは米英ソ仏によって分割占領され，行政訴訟制度はそれぞれの地区ごとに委ねられた。このうち，アメリカ占領地区においては各ラントにほぼ同文のいわゆる南ドイツ行政裁判法（VGG）が制定され，イギリス占領地区においては軍令 165 号（MRVO Nr. 165）が発せられ，フランス占領地区においてはラインラント＝プファルツ行政裁判所法（RhPfVGG）が制定されたところ，これらにおいて行政裁判所の権限についての概括条項が採用された[48]。たとえば，軍令 165 号 40 条は行政裁判所の管轄に属するものを「非憲法的な公法上の争訟」と定めていた。この表現は 1960 年の行政裁判所法 40 条 1 項に受け継がれ，現在に至っている。

　このように行政訴訟について概括主義が採用されたものの，行政法上の機関争訟については，憲法上の機関争訟のように明示的かつ具体的な規定は現在に至るまで存在しない。こうした状況下では，行政法上の機関争訟の許容性は次款に見るように行政裁判権の管轄を定める一般条項ないしその他の訴訟要件を定める規定の解釈を巡って議論されざるを得ず，ここに憲法上の機関争訟においては影を潜めた理論的な問題が残ることになったのである。

　(4)　我が国における機関訴訟の許容性が「法律上の争訟」なる一般的な概念の解釈を巡って議論されていることに鑑みると，本書で検討されるべきであるのは，憲法上の機関争訟ではなく，行政法上の機関争訟であることになろう。そこで，以下では行政法上の機関争訟を巡る議論を中心として検討を進めることにする。もっとも，憲法上の機関争訟を巡る議論も必要に応じて参照される。

第 3 款　議論の現況 [49]

　行政裁判所法が制定されて以降，行政法上の機関争訟に関する議論は，同法

---

47)　*Bleutge*, a.a.O.（Anm. 6），S. 31; *Henrichs*, a.a.O.（Anm. 10），S. 549f.

48)　以上の詳細については，南博方『行政裁判制度──ドイツにおける成立と発展』（有斐閣，1960）156 頁，畠山武道「許認可の際の同意の性質(1)──『行政行為』概念再考の一素材として」民商 69 巻 1 号 60 頁以下（1973）64-65 頁を参照。

49)　本章は判例ではなく学説の紹介・検討に専ら焦点を合わせる。判例においても行政法上の機関訴訟は許容される方向性にあるが，その具体的根拠は判決文において不明瞭であるからである。学説は，むしろ判例によって示された行政法上の機関訴訟を認める実践的必要性を契機として，その

の定める訴訟要件，すなわち，①行政訴訟の許容性（同法40条1項），②関係人能力（同法61条），③訴訟類型（同法42条・43条等），④原告適格（同法42条2項）を巡ってなされることになった。これらの議論においては，行政裁判所法の任務は権利（公権）の保護に限られないとする論者を除けば，機関の権利主体性の有無が主たる論題となる。

第1項　1960年以前の学説──トゥレッグ，ダグトグロウ，ヘンリクス

　行政法上の機関争訟を巡る議論は，1960年の行政裁判所法の制定以降に特に活発化した[50]。もっとも，それ以前においても軍令165号（第2款(3)参照）等を題材としていくつかの論考が著されている。ここではそのうちの相異なる3つの見解を紹介する。

　(1)　第1に，トゥレッグは，その1953年の論文（「自己内部訴訟」）[51]において，自己内部訴訟の許容性をまずもって当事者能力という訴訟法の問題として論じ，その一般的許容性を否定した。トゥレッグによれば，行政訴訟における当事者能力は民事訴訟に比べて理論的ないし演繹的には未発達であり，全て実定法において厳密に記述されなければならないところ[52]，確かに実定法によって当事者能力を有する者の範囲が権利能力者を超えて拡張されることもあり得るけれども，行政裁判所法以前においてはいわゆる公益代表者を別にすれば軍令165号50条が官庁の被告適格を認めている他は概して規定が存在せず[53]，したがって自己内部訴訟は一般に否定されるべきであるという[54]。

　(2)　第2に，ダグトグロウは，行政裁判所法の制定とほぼ同時期のその1960年の著書（『行政の合議制機関と合議的行為』）[55]において，トゥレッグと同じく行政法上の機関訴訟を否定する。ダグトグロウは，「合議制機関の構成員

　　理論的基礎付けを試みてきたと言ってよいように思われる。この点については，門脇・前掲注1)
　　(1) 130頁も参照。1950年代から1990年代までの判例の簡潔な要約として，*Buchwald*, a.a.O.
　　（Anm. 13），S. 27ff.

50)　*Buchwald*, a.a.O.（Anm. 13），S. 13.

51)　*Turegg*, a.a.O.（Anm. 3），S. 681ff. 既にトゥレッグの見解を紹介するものとして，雄川一郎「機
　　関訴訟の法理」『行政争訟の理論』431頁以下（有斐閣，1986）448-449頁［初出1974］。

52)　*Turegg*, a.a.O.（Anm. 3），S. 682.

53)　*Turegg*, a.a.O.（Anm. 3），S. 683f.

54)　*Turegg*, a.a.O.（Anm. 3），S. 685.

55)　*Dagtoglou, Prodromos*, Kollegialorgane und Kollegialakte der Verwaltung, 1960.

はなおのこと，機関は決して法人格を有さないという事実の帰結として，機関が有するのは権利ではなく単なる権限である」ことになるから，機関に出訴資格が帰属するのは，法律が明示的にそれを付与している場合に限られるとする[56]。ダグトグロウによれば，「それ自体としては決して法人格すなわち権利義務を有さないところの機関あるいは合議制機関の構成員が，合議的行為に対して出訴するための法的利益を持つこと，それゆえそのための権利を有することが如何にして法的に可能であるのかは，理解され得ない」[57]。ダグトグロウがその根拠として挙げるのは，「当事者能力は権利能力を前提とする」という「一般的原理」である[58]。もっとも，第2章で検討したところの法主体性や権利能力の相対性がダグトグロウにおいては考慮の外に置かれている点に注意を要する[59]。

　(3)　第3に，これらに対して，ヘンリクスは，その1959年の論文（「行政裁判所における地方自治体組織訴訟」)[60] において，法治国家の要請から行政法上の機関訴訟を原則として認める見解を示した。ヘンリクスは，地方自治体組織訴訟を「地方自治体の代表機関の内部あるいは地方自治体の異なる機関間における争訟の裁判官による裁判」と定義して行政法の領域における訴訟に含めた上で[61]，次のように述べてこの地方自治体組織訴訟を「その他の公法上の争訟」（軍令165号40条）に含めるべきであるとする。曰く，「一般条項の時代においては，行政裁判上の統制の欠缺は——原則として——一般にもはや存在してはならない。法治国家は，そこにおいて法が最大限尊重される国家なのである。……『その他の公法上の争訟』の場合には，行政裁判所は原告の公権について裁判することに制限されていない。必要なのは，ただ，組織内部の行政法領域の関係人の間に争訟が存在し，それが法規定（Rechtsregeln）に従って（たとえば目的適合性の観点に従ってではなく）裁判され得ることのみである」[62]。

56)　*Dagtoglou*, a.a.O.（Anm. 55），S. 80.

57)　*Dagtoglou*, a.a.O.（Anm. 55），S. 78.

58)　*Dagtoglou*, a.a.O.（Anm. 55），S. 80.

59)　*Hoppe, Werner*, Organstreitigkeiten vor den Verwaltungs- und Sozialgerichten: Zum organisationsrechtlichen subjektiv-öffentlichen Recht innerhalb rechtsfähiger Verwaltungseinheiten, 1970, S. 102f.; *Bleutge*, a.a.O.（Anm. 6），S. 64ff.

60)　*Henrichs*, a.a.O.（Anm. 10）. 既にヘンリクスの見解を紹介するものとして，雄川・前掲注51）450-451頁，門脇・前掲注1）(1) 139-140頁。

61)　*Henrichs*, a.a.O.（Anm. 10），S. 548.

(4)　このように，一般条項による概括主義が導入された後も，行政法上の機関争訟の許容性を巡っては相反する見解が共存していた。しかし，そこで見られる論拠は，行政法上の機関争訟の理論的未発達を指摘するに留まるもの，既に広く認識されていた法主体性や権利能力の相対性を考慮しないもの，法治国原理から直ちに裁判権の拡張を求める大上段のものなど，理論的に精緻であるとは言い難かった。

第 2 項　行政裁判所法上の論点

　行政裁判所法が制定されてからは，行政法上の機関訴訟の許容性は基本的に同法の各条文の解釈を巡って議論されることになった。何らかの範囲において行政法上の機関訴訟が許容されることについては，学説はほとんど一致している。すなわち，1980 年のパピーアによれば，行政裁判所における機関争訟は，現行行政訴訟法において何の言葉も与えられていないにも拘らず，行政訴訟上の権利保護制度の内部において確固たる地位を保障されている[63]。問題は，如何なる範囲で，如何なる論拠を以て，それが許容されるかにある。その際の主たる議論の舞台は，次の 4 つの問題である。

(1)　第 1 に，行政訴訟の許容性，すなわち行政裁判所法 40 条 1 項の「公法上の争訟」該当性の問題である。同項は，「行政訴訟は，争訟が連邦法律によって他の裁判所に明示的に委ねられていない限り，全ての非憲法的な公法上の争訟において (in allen öffentlich-rechtlichen Streitigkeiten nichtverfassungsrechtlicher Art) 与えられている」と規定する。行政法上の機関争訟が「非憲法的」であることは争われておらず[64]，議論は「公法上の争訟」該当性を巡ってな

---

62)　*Henrichs*, a.a.O.（Anm. 10），S. 560. これに対し，たとえば，*Roth*, a.a.O.（Anm. 9），S. 110f. は，ボン基本法 19 条 4 項の適用領域を越えて，法治国原理から機関訴訟の許容性を直接的に導くことに反対する。また，門脇・前掲注 1)（1）140 頁も，ヘンリクスの見解について，「民衆訴訟につながりかねないこのような見解は，ほとんど支持されていない」とする。

63)　*Papier, Hans-Jürgen*, Die verwaltungsgerichtliche Organklage: Ein Beitrag zum Arbeitskreis IX des 6. Deutschen Verwaltungsrichtertages, in: DÖV 1980, S. 292ff., S. 292.

64)　注 30) に挙げた論文の他に，行政法上の機関争訟が「非憲法的」であることを認めるものとして，自治体組織争訟について，*Henrichs*, a.a.O.（Anm. 10），S. 549; *Bleutge*, a.a.O.（Anm. 6），S. 113f.; *Ewald*, a.a.O.（Anm. 10），S. 238. 大学組織争訟について，*Ewald*, a.a.O.（Anm. 8），S. 35ff., S. 37; *Heinrich*, a.a.O.（Anm. 8），S. 162. 行政法上の機関争訟一般について，*Buchwald*, a.a.O.（Anm. 13），S. 153; *Roth*, a.a.O.（Anm. 9），S. 163f.

されている。その際，第 2 章で確認したように，内部法領域も法に開かれていること，内部法上の機能主体も何らかの意味で法主体であることについては広く認められている[65]。

　行政法上の機関争訟の「公法上の争訟」性を肯定する上で問題になり得るのは，行政裁判所法が外部法領域すなわち公権の保護のために作られているのではないかという問題である[66]。多くの学説はこの問題にも拘らず「公法上の争訟」性を肯定するが，そのための方策は様々である。それらの方策は，ドイツにおいて明示的にこのような分類がなされているわけではないものの，便宜上次の 3 類型にこれを整理することができる。すなわち，行政裁判所法は自身の任務を公権の保護に限定していないとするもの（「権利不要型」）と，機関にも公権が認められるとするものとが基本的には考えられ，後者はさらに，機関の権限に固有の利益を認めるもの（「利益承認型」）と，公権の要素から固有の利益を排除するもの（「利益不要型」）とに分かれる。これら各説は次節以降で詳細に紹介・検討されるが，学説の多くは利益承認型ないし利益不要型のアプローチを採り，したがって機関の権利主体性が主たる論題となる。

　(2)　第 2 に，同法 61 条の定める関係人能力（Beteiligungsfähigkeit）の問題である。同条は行政訴訟の当事者に当たる関係人（同法 63 条によれば，原告・被告のみならず参加人等も含む）になり得る者として，次の 3 類型を挙げる。すなわち，①「自然人及び法人」（1 号），②「それに権利が帰属し得る限りにおいて団体」（2 号），③「ラント法がそれを規定する限りにおいて官庁」（3 号）が，手続に関係する能力を持つとされている。問題は，機関がこれらのうちいずれかに当たり得るのか否か，当たらないとしても類推解釈によって機関に関係人能力が認められ得るのか否か，という点にある。

---

65)　*Lorenz*, a.a.O.（Anm. 5），S. 308ff., S. 313ff.; *Tsatsos*, a.a.O.（Anm. 7），S.41ff.; *Bleutge*, a.a.O.（Anm. 6），S. 63ff.; *Ewald*, a.a.O.（Anm. 10），S.241ff.; *Hoppe*, a.a.O.（Anm. 59），S. 132ff., S. 156ff.; *Fuss*, a.a.O.（Anm. 8），S. 100ff.; *Heinrich*, a.a.O.（Anm. 8），S. 44ff.; *Papier*, a.a.O.（Anm. 63），S. 292f.; *Bethge, Herbert*, Zwischenbilanz zum verwaltungsrechtlichen Organstreit, in: DVBl. 1980, S. 824f., S. 825; *Buchwald*, a.a.O.（Anm. 13），S. 152; *Roth*, a.a.O.（Anm. 9），S. 194ff.

66)　*Kisker*, a.a.O.（Anm. 4），S. 24ff.; *Tsatsos*, a.a.O.（Anm. 7），S. 11; *Bleutge*, a.a.O.（Anm. 6），S. 21f.; *Hoppe*, a.a.O.（Anm. 59），S. 33; *Heinrich*, a.a.O.（Anm. 8），S. 156ff.; *Papier*, a.a.O.（Anm. 63），S. 293; *Bethge*, a.a.O.（Anm. 9），Grundfragen innerorganisationsrechtlichen Rechtsschutzes, S. 309f.; *ders.*, a.a.O.（Anm. 65），S. 824; *ders.*, Der Kommunalverfassungsstreit, S. 181f.; *Buchwald*, a.a.O.（Anm. 13），S. 153f.; *Roth*, a.a.O.（Anm. 9），S. 155ff.

　学説の多くは，同条2号若しくはその類推適用によって機関に関係人能力を認める。すなわち，上記権利不要型を前提として（部分的）権利能力がなくとも一定の内部法的地位には同号を基礎に関係人能力を認める見解[67]や，逆に同条3号に基づきラント法が規定していない限り関係人能力は認められないとする見解[68]も少数ながら存在するが，多数説は，同条2号は（部分的）権利能力を以て関係人能力が認められるべきであることを示したものに外ならず，文言上「団体」に限定されているもののそれは例示に過ぎず，（部分的）権利能力さえ認められれば機関にも関係人能力が認められる等とする[69]。ここでは，機関の（部分的）権利能力ないし権利主体性が問題となる。

　（3）　第3に，訴訟類型の問題である。行政裁判所法は明示的には基本的に取消訴訟・義務付け訴訟（同法42条）及び確認訴訟（同法43条）しか用意していないが，解釈によって一般給付訴訟（行政行為以外の作為・不作為を求めるもの）及び一般形成訴訟（行政行為以外の法行為の取消しを求めるもの）も認められるとも解されている。問題は，行政法上の機関訴訟が行政裁判所の管轄に属するとして，これらの訴訟類型とは別に機関訴訟のための「特別の手続」（Streitverfahren sui generis）が許されるのか否か，許されないとして，機関訴訟は上記の訴訟類型のうちのいずれかによって実施され得るのか否か，という点にある。

　通説・判例はいずれにせよ何らかの訴訟類型によって行政法上の機関訴訟を認めるが，そこで採用される訴訟類型は様々である。まず，「特別の手続」については，訴訟類型の発展について法律が判例に委ねているとしてこれを認める判例が散見されるものの，学説はその不要性や行政裁判所法の完結性を理由としてこれに否定的である[70]。次に，取消訴訟・義務付け訴訟については，内部法領域における行政行為の不在を理由としてその可能性を否定されることが多く[71]，逆に確認訴訟については，異論なく認められている[72]。一般給付

---

67)　*Fuss*, a.a.O.（Anm. 8）, S. 109; *Erichsen*, a.a.O.（Anm. 13）, S. 223ff.

68)　*Lorenz*, a.a.O.（Anm. 5）, S. 332ff.

69)　*Tsatsos*, a.a.O.（Anm. 7）, S. 37f.; *Bleutge*, a.a.O.（Anm. 6）, S. 134ff.; *Ewald*, a.a.O.（Anm. 8）, S. 38f.; *ders.*, a.a.O.（Anm. 10）, S. 238ff.; *Hoppe*, a.a.O.（Anm. 59）, S. 211ff.; *Heinrich*, a.a.O.（Anm. 8）, S. 181ff.; *Bethge*, a.a.O.（Anm. 65）, S. 824; *ders.*, a.a.O.（Anm. 9）, Der Kommunalverfassungsstreit, S. 188ff.; *Buchwald*, a.a.O.（Anm. 13）, S. 160f.; *Roth*, a.a.O.（Anm. 9）, S. 908ff.

70)　*Hoppe*, a.a.O.（Anm. 59）, S. 125ff.; *Fuss*, a.a.O.（Anm. 8）, S. 106; *Papier*, a.a.O.（Anm. 63）, S. 298; *Buchwald*, a.a.O.（Anm. 13）, S. 154f.; *Roth*, a.a.O.（Anm. 9）, S. 947ff.

71)　*Tsatsos*, a.a.O.（Anm. 7）, S. 52; *Lorenz*, a.a.O.（Anm. 5）, S. 334ff., *Ewald*, a.a.O.（Anm. 8）, S.

訴訟及び一般形成訴訟の許容性については，これらを認める見解が多いが[73]，反対説も存在する。一般給付訴訟を否定する論拠としては，機関には独自の財産がなく執行可能性がないこと[74]，社団内部領域への過度の介入になってしまうこと[75]等が挙げられ，一般形成訴訟を否定する論拠としては，形成訴訟は列記主義に服するべきところ機関訴訟を規定する特別の規定が存在しないこと[76]，行政行為以外の行為は違法であれば無効であって違法の場合に形成すべき対象がないこと[77]，行政裁判所法上予定されていないこと[78]等が挙げられる。いずれにせよ，その他の問題が何らかの方法で解消されるのであるなら，何らかの訴訟類型によって行政法上の機関訴訟が認められるべきであることには争いがない。

　(4)　第4に，原告適格の問題である。取消訴訟・義務付け訴訟の訴訟要件を定める行政裁判所法42条2項は明示的に原告の権利侵害の主張を要求しており，上記権利不要型の論者を除けば[79]，この権利侵害要件は他の訴訟類型にも要求されると解されている[80]。こうして，機関が権利侵害を主張し得るの

40ff.; *Hoppe*, a.a.O.（Anm. 59），S. 117, S. 127f.; *Fuss*, a.a.O.（Anm. 8），S. 117ff.; *Bethge*, a.a.O.（Anm. 9），Der Kommunalverfassungsstreit, S. 185f.; *Erichsen*, a.a.O.（Anm. 13），S. 230; *Buchwald*, a.a.O.（Anm. 13），S. 155; *Roth*, a.a.O.（Anm. 9），S. 946. もっとも，*Bleutge*, a.a.O.（Anm. 6）は，行政行為の要素から「外部効果」を除くことで内部的行為にも行政行為性を認め（S. 158ff.），取消・義務付け訴訟の可能性を認める（S. 176ff.）。*Heinrich*, a.a.O.（Anm. 8），S. 163ff. も同様である。

72)　*Lorenz*, a.a.O.（Anm. 5），S. 334ff.; *Tsatsos*, a.a.O.（Anm. 7），S. 52ff.; *Bleutge*, a.a.O.（Anm. 6），S. 181ff., S. 189f.; *Hoppe*, a.a.O.（Anm. 59），S. 130f.; *Fuss*, a.a.O.（Anm. 8），S. 120ff.; *Heinrich*, a.a.O.（Anm. 8），S. 175f.; *Papier*, a.a.O.（Anm. 63），S. 298; *Bethge*, a.a.O.（Anm. 65），S. 824; *ders.*, a.a.O.（Anm. 9），Der Kommunalverfassungsstreit, S. 185ff.; *Erichsen*, a.a.O.（Anm. 13），S. 230f.; *Buchwald*, a.a.O.（Anm. 13），S. 157ff.; *Roth*, a.a.O.（Anm. 9），S. 966ff.

73)　一般給付訴訟を認めるものとして，*Lorenz*, a.a.O.（Anm. 5），S. 334ff.; *Hoppe*, a.a.O.（Anm. 59），S. 128ff.; *Ewald*, a.a.O.（Anm. 8），S. 40ff.; *Heinrich*, a.a.O.（Anm. 8），S. 175; *Bethge*, a.a.O.（Anm. 9），Der Kommunalverfassungsstreit, S. 185ff.; *Erichsen*, a.a.O.（Anm. 13），S. 230f.; *Roth*, a.a.O.（Anm. 9），S. 966ff. 一般形成訴訟を認めるものとして，*Ewald*, a.a.O.（Anm. 8），S. 40ff.; *Heinrich*, a.a.O.（Anm. 8），S. 173ff.; *Bethge*, a.a.O.（Anm. 65），S. 824; *Bethge*, a.a.O.（Anm. 9），Der Kommunalverfassungsstreit, S. 185ff.; *Erichsen*, a.a.O.（Anm. 13），S. 230ff.; *Buchwald*, a.a.O.（Anm. 13），S. 159f.

74)　*Fuss*, a.a.O.（Anm. 8），S. 119f.

75)　*Tsatsos*, a.a.O.（Anm. 7），S. 53.

76)　*Hoppe*, a.a.O.（Anm. 59），S. 127f.

77)　*Papier*, a.a.O.（Anm. 63），S. 299.

78)　*Roth*, a.a.O.（Anm. 9），S. 949ff.

79)　*Fuss*, a.a.O.（Anm. 8），S. 109ff.; *Erichsen*, a.a.O.（Anm. 13），S. 232f.

か否か，すなわち機関に権利が帰属し得るのか否かが問題とされることになる。

　なお，多数説においては，原告の権利侵害の主張可能性は，当事者間に共通の監督官庁があることによっても否定されていない[81]。その根拠としては，監督権の行使と行政訴訟とは異なる目的を持つこと[82]，監督権の発動は被監督者の自主性を損なわないよう抑制されるべきであって訴訟の代替物にはならないこと[83]，監督官庁は機会原理の下にあるため被監督者に介入を求める請求権は認められないこと[84]，監督官庁には政治的中立性が欠如していること[85]，訴訟提起の前に監督官庁への介入要請を求めると前置手続を完結的に定める行政裁判所法77条2項に抵触すること[86]等が主張されている。

第3項　問題の焦点

　以上に見たことからして機関争訟論の焦点は機関の権利主体性に置かれることになるが，伝統的な権利概念との連続性の観点から，機関の権限を権利に切り上げることに対する懸念が生じる。こうした懸念の前で，ドイツ公法学においても，行政法上の機関争訟に関する一致した見解はなお見られない。

　(1)　第2項の概観に示されるように，行政訴訟の許容性にせよ関係人能力にせよ，あるいは原告適格にせよ，機関に権利が認められれば問題は氷解することとなる。こうしたことから，行政裁判所法の任務を原則として権利の保護に限定する限り，訴訟類型等の技術的な問題を除けば，学説の議論の中心は機関の権利主体性に置かれることになった。そして，1960年代末以降の多くの学説は，次節以降で示されるように，それぞれ何らかの方策を以て機関の権利を肯定してきたのである。

---

80)　*Kisker*, a.a.O.（Anm. 4），S. 24ff.; *Tsatsos*, a.a.O.（Anm. 7），S. 44ff.; *Bleutge*, a.a.O.（Anm. 6），S. 192ff.; *Ewald*, a.a.O.（Anm. 8），S. 46ff.; *ders.*, a.a.O.（Anm. 10），S. 238; *Heinrich*, a.a.O.（Anm. 8），S. 184ff.; *Papier*, a.a.O.（Anm. 63），S. 294; *Bethge*, a.a.O.（Anm. 9），Der Kommunalverfassungsstreit, S. 192f.; *Buchwald*, a.a.O.（Anm. 13），S. 162f.; *Roth*, a.a.O.（Anm. 9），S. 973ff.

81)　これに反対するものとして，*Buchwald*, a.a.O.（Anm. 13），S. 163. 原告適格の文脈ではないが，監督権の範囲によって被監督者の法的に保護された個別的利益の存否を区別するものとして，*Heinrich*,（Anm. 8），S. 69ff.

82)　*Lorenz*, a.a.O.（Anm. 5），S. 336ff.

83)　*Kisker*, a.a.O.（Anm. 4），S. 43f.

84)　*Tsatsos*, a.a.O.（Anm. 7），S. 51f.; *Bleutge*, a.a.O.（Anm. 6），S. 128.

85)　*Henrichs*, a.a.O.（Anm. 10），S. 561.

86)　*Roth*, a.a.O.（Anm. 9），S. 975f.

　もっとも，機関に権利を認めることについては，1980 年代においてもなお
慎重な有力説が存在した。パピーアは，1980 年の論文（「行政裁判上の機関争
訟」）[87] において，権限を権利に切り上げることに対する懸念を示している。
パピーアによれば，「権限を公権に切り上げることによって，そしてそれに
伴って権利という伝統的な法理論的概念が変更されることによって，法ドグマ
ーティッシュに規定されるべき行政裁判所法 40 条 1 項の適用領域が変更され，
それゆえ『経典外』（apokryphe）の法律改正が（事後的な）概念変更によって企
てられる」[88] という疑いがある。結論として，パピーアは，行政裁判所法 40
条 1 項によって開かれているのは（伝統的な意味での）公権の保護に限られるの
であり，それを超える行政法上の機関訴訟が許容されるためには，別途法律に
よって裁判権限が付与されることが必要であるとするのである[89]。

　（2）　このような理論的な混迷の中で，ドイツ公法学においても，行政法上の
機関争訟に関する一致した見解はなお見られない。2001 年のロートに曰く，
「これまで，理論的な基礎に関してすら，行政法上の機関争訟の扱いのための
・一・致・可・能・な・モデルは存在しない」[90]。行政法上の機関訴訟が一定の範囲におい
て認められるべきであるとする結論に異論はないものの，行政裁判所法の制定
後 50 年を経た現在においてすら，その範囲及び理論的基礎付けについてはな
お十分に解明されていないのである。もっとも，そうであるからこそ，そうし
た実践的要請と理論的未発達の差を埋めるために各論者によって実に様々な理
論的構成がなされている。それらを 1 つ 1 つ確認することは我が国における機
関争訟論にとっても有益な示唆をもたらし得るはずである。

第 4 款　本章の構成

　行政法上の機関争訟の裁判上の実施を一般的に認めるための方策としては，
権利不要型・利益承認型・利益不要型の 3 つのアプローチがあり得る。次節以
降でこれらを紹介・検討する。

---

87)　*Papier*, a.a.O.（Anm. 63）. 既にパピーアの見解を紹介するものとして，德本・前掲注 8) 51 頁。
88)　*Papier*, a.a.O.（Anm. 63）, S. 293.
89)　*Papier*, a.a.O.（Anm. 63）, S. 294.
90)　*Roth*, a.a.O.（Anm. 9）, S. 2.

(1)　問題の淵源は，行政裁判所法は公権の保護を目的としているにも拘らず，機関には固有の利益が認められず，したがって権利が認められないとする伝統的な理解にある。こうした理解を克服するための方策は，第3款第2項(1)に見たように，ドイツにおいて明示的にこのように分類されているわけではないものの，形式論理としては，次のようにこれを整理することができる。①行政裁判所の任務は公権の保護に限られないとするアプローチ（権利不要型），②機関にも固有の利益が認められるとするアプローチ（利益承認型），③権利の要素から固有の利益を排除するアプローチ（利益不要型）である[91]。①は行政裁判所法という法律の解釈レベルにおいて，②は機関の権限という概念の，③は権利という概念のレベルにおいてそれぞれ決着をつけようとするものである。

(2)　これらのアプローチを検討するに際しては，次の3点に注意を要する。

第1に，次節以降で示されるように学説の多くは利益承認型あるいは利益不要型のアプローチを採るところ，その際にはパピーアの指摘する伝統的な権利概念との連続性の問題が付随する。すなわち，利益承認型の場合には，そこで機関に認められる「固有の利益」なるものが純粋に個人的な権利が前提とする「固有の利益」と本当に同質のものであるのか疑わしく，もし同質でないならば権利の概念の拡張を伴うことになる。また，利益不要型は，明確に権利の概念の拡張を提唱するものである。いずれにせよ，伝統的な権利概念の変容を伴うことになるのであるから，そのことを正当化する論拠も併せて示されなければならない。そのためには，権利概念そのものの理論的考察が不可欠となろう。

第2に，第2款(2)に見たように，憲法上の機関争訟についてはボン基本法や連邦憲法裁判所法が機関の「権利・義務」の存在を予定しているが，そのことから直ちに行政法上の機関争訟についても機関の「権利・義務」が認められることにはならない[92]。憲法上の機関争訟についての諸規定を指摘するだけで行政法上の機関争訟の問題が解決するわけではないことはもちろん，前者が予定している実体法上の「権利・義務」なるものが如何なるものであるのかを解明し，それが後者においても生じ得るものであることの論証に成功したとして

---

91)　これら3つのアプローチは，それぞれ，門脇・前掲注1) (1) 139頁の言う「客観化志向」，同・前掲注1) (2) 191頁の言う「利益志向」，同・前掲注1) (1) 141頁の言う「脱利益志向」に概ね対応する。

92)　*Roth*, a.a.O.（Anm. 9), S. 150f.

も，先に指摘した伝統的な権利概念との連続性の問題が残る。この点を憲法上の機関争訟に関する諸規定を梃子にして克服しようとするなら，それら諸規定が自身の規定する憲法上の憲法争訟を超えて広く権利概念の変容・拡張を意図するものであること，しかもそれが権利の伝統的概念を基礎付ける事情の消滅等により許容され得るものであること，あるいはそもそも権利の概念が本来的にも個別的利益を必要としていないと言い得ることを論証しなければならない。そのためにも，権利概念そのものの理論的考察がやはり必要となる。

　第3に，いずれのアプローチに拠るにせよ，機関の出訴可能性を認めることによる民衆訴訟化（濫訴の弊）の懸念が多くの論者によって共有されている[93]。権利を不要とするにせよ機関に権利を認めるにせよ，それによってあらゆる機関のあらゆる権限についての出訴が認められてしまうと機関訴訟が民衆訴訟化してしまい，こうした事態を避けるためには一定の機関の一定の権限のみを出訴可能であるとするための基準及びその論拠が併せて示されなければならないとされているのである。したがって，機関の出訴資格を肯定する際には，こうした民衆訴訟化の懸念に対処する方策を併せて示すか，あるいはそもそもそのような懸念は杞憂であることの論拠を示す必要がある。

　（3）本書は，機関争訟の「法律上の争訟」の中核該当性を問うものであるから（第1章第1節第3款），かつて同じく不浸透性トラウマに侵されつつも当該トラウマを脱却し，機関に権利を認めようとしてきたドイツにおける議論はまさに参照に値しよう。そこで，（2）に示した点に留意しつつ，次節以降において，ドイツにおける権利不要型・利益承認型・利益不要型のそれぞれのアプローチを紹介・検討することにする[94][95]。

93）　*Bleutge*, a.a.O.（Anm. 6），S. 78；*Ewald*, a.a.O.（Anm. 10），S. 238；*Hoppe*, a.a.O.（Anm. 59），S. 123；*Fuss*, a.a.O.（Anm. 8），S. 111；*Bethge*, a.a.O.（Anm. 9），Der Kommunalverfassungsstreit, S. 192f.

94）　なお，以下に挙げる論者は便宜上いずれかのアプローチに分類されるが，これら3類型は形式論理から導出されたあくまで理念型であって，実際になされた立論の全てがこのうちのいずれか（のみ）に素直に分類されるわけではない。次節以降に見るように，あるいはその都度脚注に示すように，いずれの型にも属さない論者（ホッペ），時期によって若干変動する論者（ベートゲ），複数の型の特徴を併せ持つ論者（ブーフヴァルト）等，実際にはより多様かつ微妙である。本章は，それら論者をいずれかのアプローチに整理しているが，それはあくまでも叙述の便宜上のものに留まる。

95）　本章は，このように機関訴訟を許容するための理論的可能性を検証するものであるため，各論者を紹介・検討する順序についても，必ずしも時系列に拠らず，理論的アプローチの大枠ごとに配

第 2 節　権利不要型 [96]

　本節は，行政裁判所の任務は公権の保護に限られないとするアプローチ（権利不要型）を主に検討する。この権利不要型のアプローチは，内部領域の争訟に関して行政訴訟を提起する原告に権利が帰属する必要はなく，内部法上の一定の地位があればよいとするものであり，行政裁判所法の解釈の次元で決着をつけようとするものである。こうした説を唱える論者としては，フスとエーリッヒゼンが挙げられる。これらに対し，厳密に言えば権利不要型には含まれないが，これと類似するアプローチとして，ホッペの見解がある。ホッペの見解は，行政裁判所の任務は公権の保護に限られるとする点において権利不要型とは異なるが，機関の権利を不要とする点で権利不要型と共通する。これは，行政裁判所法は権利の保護を目的としていること，機関には権利が認められないこと，これら 2 つの伝統的理解を維持しつつ機関訴訟の途を開く非常に巧妙なものであり，権利不要型・利益承認型・利益不要型のいずれにも属さない「甚だ異色」（雄川一郎）[97] のものである。

第 1 款　フス──「一般的な法思考」[98]

　フス（Fuss, Ernst-Werner）は，「大学内部領域における行政法上の争訟」と題する 1972 年の論文（Streitigkeiten）において，大学機関が行政訴訟を提起するためには大学機関の権利は不要であるとする見解を展開した。フスは，行政裁判所法 42 条 2 項の Soweit 節による客観訴訟及び同法 47 条 2 文（現在の同条 2 項）による官庁の出訴する抽象的規範統制の存在から，「公的機能主体は，内

　　列していることを注記しておく。

96)　門脇・前掲注 1)（1）140 頁は，「客観化志向」（本書の言う「権利不要型」に概ね対応する）の論者として，ナウマン（Naumann, Richard）も挙げる。

97)　雄川・前掲注 51) 447 頁。

98)　本款では，フスの次の著作を主たる典拠とする（《　》内に以下本章で用いる略称を示す）。
　　Fuss, Ernst-Werner, Verwaltungsrechtliche Streitigkeiten im Universitäts-Innenbereich, in: WissR 5（1972）, S. 97ff《Streitigkeiten》. 既にフスの見解を紹介するものとして，徳本・前掲注 8) 51 頁。

部領域における争訟に際して，権利の侵害を主張しなくてもよい」という「一般的な法思考」を読み取るのである。

(1)　フスによれば，行政裁判に関する一般条項が導入されて以降，社団内部の争訟も扱われるようになってきており，大学内部の法的争訟はその一断面として位置付けられる。もっとも，原理的な問題はほとんど全ての公法上の社団について同じく生じるものであることから，一般的考察が志向される（Streitigkeiten, S. 97）。こうして，フスは，大学内部の法的争訟を題材としつつも，広く公法上の社団一般にその射程が及ぶ議論を展開する。

フスは，大学の内部領域における争訟は行政法的な公法上の争訟であるとしてこれを行政裁判所法40条1項にいう「非憲法的な公法上の争訟」に含めた上で（Ebenda, S. 105f.），機関の関係人能力については，少なくとも部分的権利能力さえあれば同法61条2号の類推によって認められるとする（Ebenda, S. 107f.）。そこで，大学内部における機関訴訟の許否の判断にとっては，「大学機関及び機関構成員に権利が帰属し得るのか否か，この問いが否定される場合に，機関あるいは機関構成員に関係人能力が否定されなければならないのか否か」が問題となる。フスは，「内部領域においては原則として権利は存在し得ないが，機関及び機関構成員に行政訴訟への関与は開かれている」という権利不要型の結論で以てこの問題に答えるのである（Ebenda, S. 110）。

(2)　その論拠としてフスが挙げるのが，客観訴訟を例外的に認める行政裁判所法42条2項及び同法47条2文（現在の同条2項）から導かれる「一般的な法思考」である。フスは，これによって機関の関係人能力を広く認めるとともに，民衆訴訟化の危惧に関しては「訴えの利益」によって対処する。

(a)　フスは，上記の結論を導くためには，「我々の行政訴訟法は専ら権利の保護を目的としており，客観法の保障はその副作用に過ぎないものとしてみなされる」という観念を解消することが必要であるとし，この観念が正しくない理由として，行政裁判所法42条2項と47条2文を挙げる。第1に，同法42条2項は，「訴えは，法律に別段の定めがない限り（Soweit gesetzlich nichts anderes bestimmt ist），原告が，行政行為またはその拒否もしくはその放置によりその権利を侵害されたと主張する場合にのみ，許される」としている。フスによれば，Soweit 節に示された留保は，行政裁判所法が取消訴訟及び義務付け訴訟にとっても原告の権利侵害という前提を放棄したことを意味する。第2

に，同法47条2文による規範統制訴訟においても，行政裁判所法は官庁によって提起される規範統制の場合には権利侵害要件を不要としている。フスによれば，ここにおいても権利あるいは類似した法的地位の侵害又は危殆化という前提が放棄されており，その代わりに存在しなければならないのは公的機能主体の任務領域あるいは権限から導き出される特別の権利保護の必要性である（Ebenda, S. 115f.）。

　フスは，これら2つの規定から，「公的機能主体は，内部領域における争訟に際して，権利の侵害を主張しなくてもよい」という「一般的な法思考」を読み取る。むしろ，当該主体に委ねられた公的機能の妨害・侵害を申し述べることで十分であるとするのである。こうして，機関が内部領域の争訟について出訴する場合には，部分的権利能力がなくとも，その公的機能を理由として，同法61条2号の類推適用によって関係人能力が認められることになる。こうした解決によって，社団の内部領域における権利の存在についての（彼によれば）実りなき争いに終止符が打たれることになるのである（Ebenda, S. 116）。

　(b)　このようにして機関に関係人能力が広く認められることになると，民衆訴訟化を招く恐れがある。フスによれば，通説が機関訴訟の適法な出訴のために権利侵害を要求するのは，実践的にはまさにこの点を懸念してのことであった（Ebenda, S. 110f.）。そこで，フスは，訴訟類型について，内部領域では行政行為は問題にならないとして取消訴訟・義務付け訴訟を排斥し（Ebenda, S. 117ff.），執行可能性の欠如を理由として一般給付訴訟をも排斥し（Ebenda, S. 119f.），大学内部の争訟にとっては確認訴訟のみが問題になるとした上で（Ebenda, S. 120），確認訴訟の訴訟要件たる「訴えの利益」に注意を促し，これを活用することによって民衆訴訟化を防ごうとするのである（Ebenda, S. 122）。

　(3)　以上のフスのアプローチは，次の意義と限界を有する。

　(a)　その意義は，機関訴訟を認めるための大きく分けて3つのアプローチのうち，権利不要型を試みた点にある。機関の権限あるいは権利といった歴史的・理論的な負荷のある概念のレベルよりも，当時としてはまだできてからそれほど時間の経っていない行政裁判所法の解釈というレベルで勝負を決しようとすることは，戦略としてはあり得るものであったと言える。

　(b)　その限界は，例外規定から「一般的な法思考」を読み取る無理にある。フスのアプローチは学説・判例において広くは受け入れられなかった。その理

由は，客観訴訟が許容される例外を定めるに過ぎない 2 つの規定から，「一般
的な法思考」を読み取ろうとした点にある。こうした例外を指摘することは，
逆に行政裁判所法の権利保護機能の原則性を強調することにもなり得るので
あって[99]，原則を逆転する論拠としては甚だ不十分なものであろう[100]。

第 2 款　エーリッヒゼン――「防御可能」な内部法的地位[101]

エーリッヒゼン（Erichsen, Hans-Uwe）は，「内部法争訟」と題する 1985 年の
論文（Innenrechtsstreit）において，「公的行政の権利能力ある組織の内部領域
において生じ得る抗争とその行政裁判上の平和的解決」（Innenrechtsstreit, S.
211）について，行政裁判所法の体系的解釈と連邦憲法上の機関訴訟を認める
実定法規定の存在から，関係人能力を認めるに際し権利能力は不要であり，
「防御可能」（wehrfähig）な地位で足りるとするのである。

　（1）　エーリッヒゼンは，自己内部争訟に替えて「内部法争訟」（Innen-
rechtsstreit）なる概念を提唱する。エーリッヒゼンによれば，自己内部争訟を
「公法上の人格の自分自身との行政訴訟」であると定義すると，問題になって
いるのが組織的で一定程度独立した内部区分及びそれと結び付いた特殊の問題
であることが視野から落ちてしまう（Ebenda, S. 212f.）。そこで，組織内部の法
関係も適切に把握し得るために内部法争訟なる概念が立てられる。ここで言う
内部法争訟とは，「内部法の基準によって下され評価されるべきところの措置
を巡る争訟」（Ebenda, S. 213）であって，そこには，①公行政の権利能力ある

---

99)　*Buchwald*, a.a.O.（Anm. 13），S. 47.

100)　同様の問題点を指摘するものとして，*Kisker, Gunter*, Organe als Inhaber subjektiver Rechte:
　　BVerwGE 45, 207, JuS 1975, S. 704ff., S. 706; *Heinrich*, a.a. O.（Anm. 8），S. 32ff. 明示的にフスを引
　　用しているわけではないが，*Papier*, a.a.O.（Anm. 63），S. 294.

101)　本款では，エーリッヒゼンの次の著作を主たる典拠とする（《　》内に以下本章で用いる略称
　　を示す）。*Erichsen, Hans-Uwe*, Der Innenrechtsstreit, in: Festschrift für Christian-Friedrich
　　Menger, 1985, S. 211ff.《Innenrechtsstreit》. 既にエーリッヒゼンの見解を紹介するものとして，門
　　脇・前掲注 1)（2）190–191 頁。同 191 頁は，エーリッヒゼンに類似する論者として，クレプス
　　（Krebs, Walter）の見解も紹介している。
　　　なお，門脇・前掲注 1)（2）190–191 頁はエーリッヒゼンの見解を「脱利益志向」（本書の言う利
　　益不要型）に位置付けている。もっとも，エーリッヒゼンは利益のみならず権利からも離れて「防
　　御可能」な内部法的地位を以てして機関の出訴資格を肯定することから，本書はこれを権利不要型
　　に位置付けている。

組織の機関，②その下位部分，③機関・職担当者の間の権限行使を巡る争訟が含まれる（Ebenda, S. 219）。

エーリッヒゼンは，この内部法争訟について解明すべき問題を，次のように定式化する。すなわち，「行政裁判所法によって予め与えられた枠の内部において，行政裁判所によって与えられた手段で以て，内部法の基準によって判断されるべき争訟の際の法的保護が保障され得るのか否か，され得るとして如何なる方法においてされ得るのか」（Ebenda, S. 213）。この問題を解明するに当たり，エーリッヒゼンは，まず，行政裁判所法40条1項の「公法上の争訟」が内部法争訟を含むことを肯定する。エーリッヒゼンによれば，内部法争訟を含めることは法の全体秩序に反しない。なぜなら，ボン基本法93条1項は，連邦憲法上の機関争訟を明示的に認めているからである（Ebenda, S. 220）。また，「公法上の争訟」は公権の存在を前提としない。なぜなら，この規定において定義された行政裁判所の裁判権は，たとえば行政裁判所法47条が示すように客観法の妥当についての争訟も含むものであり，行政裁判所上の法的保護の主観法的な方向付けは，法的保護の個々の形式に関するその他の諸規定によって初めて形成されるものであるからである（Ebenda, S. 220f.）。

しかし，エーリッヒゼンは，次節以降に見る多数の見解とは異なり，あるいは第1款に見たフスと同じく，機関の権限を権利に切り上げることをしない。エーリッヒゼンによれば，公権は外部法領域の現象であってそれに留まるべきであり（Ebenda, S. 226），内部領域における個別的利益は承認され得ない。曰く，「権限主体としての機関及び機関部分が作られ，機関担当者あるいは職担当者が任命されるのは，単に組織に活動能力を与えるために過ぎない。それらの存在の正当性はこの任務において尽きている。それゆえ，機関・機関部分及び機関担当者・職担当者は，権限に関してのみ，そして権限を遂行するという義務を理由としてのみ行動するのであるから，内部領域においては行動を促進する固有の利益なるものは存在し得ない」（Ebenda, S. 228）。

（2）それにも拘らず，エーリッヒゼンは，特に関係人能力を争点化しつつ，内部法争訟が行政裁判所において争われる可能性を肯定する。すなわち，エーリッヒゼンは，行政裁判所法の体系的解釈や連邦憲法上の機関争訟の規定を理由として，内部法的地位が「防御可能」なものである場合には，関係人能力が認められるべきであることを説くのである。

(a)　エーリッヒゼンは，機関・機関部分及び機関担当者・職担当者の関係人能力について，行政裁判所法 61 条の直接適用・類推適用を否定しつつも，新たな法形成を理由としてこれを認める。すなわち，エーリッヒゼンは，行政裁判所法 61 条各号が外部法領域に焦点を合わせていることからそれらの直接適用を否定し（Ebenda, S. 221ff.），立法者の意図は外部法関係に限定されていたことからそれらの類推適用をも否定するものの（Ebenda, S. 223），そのことによって機関・機関部分及び機関担当者あるいは職担当者の関係人能力が現行法の下で排除されるわけではないとする。(1)に見たように内部法争訟についての行政裁判所の管轄を認めるのであるなら，その範囲については関係人能力を認める必要があるというのである。エーリッヒゼンによれば，こうした関係人能力の拡張は，ボン基本法 93 条 1 項 1 号及び連邦憲法裁判所法 63 条において憲法機関及びその部分の関係人能力が承認されていることによっても正当化される（Ebenda, S. 223f.）。

(b)　このようにして認められ得る内部法争訟における関係人能力の範囲は，行政裁判所法 61 条 2 号を雛形として定められる。エーリッヒゼンによれば，同号は「権利が帰属し得るか否か」に焦点を合わせているところ，外部法領域において人格に帰属すべき権利は，常に主観的な，すなわち意図されたことを要求する法的力を付与された権利である。これを内部法領域について言えば，貫徹可能な，すなわち防御可能（wehrfähig）な内部法的地位が問題になることが要求されることになる。もっとも，これは原告の関係人能力についてであって，被告については対応する義務主体性があればよい（Ebenda, S. 224f.）。こうして，内部法争訟の場合の関係人能力は，次の 3 つの要件を満たす場合に肯定されるべきであることになる。すなわち，①主張された法的地位が原告たる機能主体に帰属し得ること，②それが防御可能であること，③被告たる機能主体が対応する義務の名宛人であり得ること，である（Ebenda, S. 225）。

それでは，②の「防御可能な地位」の有無は如何にして判断されるのか。エーリッヒゼンによれば，組織の外部関係における任務を最も良く達成するために，組織の内部領域において，機能主体に決定形成へのそれぞれ固有の関与が与えられ，それが他の機能主体との関係において貫徹され得ることが予定されていることがあり得る。こうした事態が想定されるのは，内部組織的な機能主体に委ねられた権限が，ヒエラルヒー的に拘束されておらず，指揮から自由で，

抗争の場合には責任を負う形で遂行される場合である（Ebenda, S. 228）。したがって，内部法的地位が防御可能であるのは，当該地位に結び付いた権限が，終局的主体としての内部組織的な機能主体に，それゆえ固有の遂行のために，委ねられている場合である。

　（3）　以上のエーリッヒゼンのアプローチは，次の 2 つの意義と 2 つの限界を有する。

　　（a）　第 1 の意義は，「自己内部争訟」なる用語の問題点を的確にも指摘した点にある。公法上の法人の内部における争訟を自己対自己という観念で把握することは，法人格を有する者のみを法主体とみなす伝統的な思考様式の刻印を強く受けている。不浸透性理論が克服され，内部法上の主体も法主体として認められるようになった以上，こうした観念は適切でない。

　　第 2 の意義は，内部法領域における争訟に行政訴訟の途を開くための根拠として，例外規定から「一般的な法思考」を導いたフスとは異なる論拠（行政裁判所法の体系的解釈，連邦憲法上の機関争訟の規定）を提出している点である。もっとも，ボン基本法 19 条 4 項[102] の保護を受けない公法上の法人の出訴資格の要件については立法者に委ねられているところ，立法者が行政裁判所法 42 条 2 項において「権利」なる概念を採用した以上，同項の解釈として「防御可能な地位」という新たな概念を基準として採用することはできないのではないかとの疑念が残る[103]。

　　（b）　第 1 の限界は，行政裁判所法の体系的解釈に際して見られた「二枚舌」にある。エーリッヒゼンが関係人能力の拡張を正当化する論拠として持ち出しているのは，①行政裁判所法 40 条 1 項の「公法上の争訟」性を肯定した以上関係人能力も認められるべきであるという同法の体系的解釈，②連邦憲法上の機関争訟についての諸規定が憲法機関及びその部分に関係人能力を認めているという事実である。このうちの①については，「公法上の争訟」性を肯定する際には，行政裁判所上の法的保護の主観法的な方向付けは法的保護の個々

102）　ボン基本法 19 条 4 項は，「何人も，公権力によって自己の権利を侵害されたときは，裁判で争う途が開かれている。他の〔機関の〕管轄が認められていない限度において，通常裁判所への出訴の途が与えられている」と規定する。邦訳は，高田＝初宿編訳・前掲注 32）222 頁に拠った。

103）　*Roth*, a.a.O.（Anm. 9）, S. 305f. 門脇・前掲注 1）（2）191 頁も，エーリッヒゼンの見解について，「権利とは区別されるこのような主観化された地位が，どうして権利と同様に訴訟を基礎づけることができるのか，という点が明らかにされていない」とする。

の形式に関するその他の諸規定によって初めて形成されるものであるとして，主観法的な方向付けをその他の諸規定に留保することで「公法上の争訟」の範囲を広く取ることの説得力を高めつつも，「その他の諸規定」の 1 つたる同法 61 条 2 号の解釈においては，「公法上の争訟」性が認められたこととの体系的整合性の観点から関係人能力の範囲を広げることを主張しており，二枚舌の感を免れまい。

　第 2 の限界は，上記②の論拠にある。すなわち，これらの規定はむしろ明示的な規定がないと関係人能力が認められないことを前提としているとも解されるのであって，連邦憲法上の機関争訟における関係人能力が憲法機関及びその部分に認められていることから行政法上の機関争訟についても行政機関及びその部分に関係人能力が認められるべきであることには直ちにはならないはずである。少なくとも前者において関係人能力が認められている実体法的基礎を解明し，当該基礎が後者においても存在することを論証する必要があろう。結局，エーリッヒゼンにおいては関係人能力を拡張する十分な論拠が示されているとは言えない。

第 3 款　ホッペ——「内部向きの主体」としての法人 [104]

　ホッペ（Hoppe, Werner）は，『行政裁判所及び社会裁判所における機関争訟』と題する 1970 年の著書（Organstreitigkeiten）において，一般給付訴訟に焦点を合わせ，「内部向きの主体」（Subjekt nach innen）なる概念を導入することによって，行政裁判所法は権利の保護を目的としていること，機関には権利が認められないこと，これら 2 つの伝統的理解を維持しつつ機関訴訟の途を開く非常に巧妙な構成を展開する。ホッペによれば，機関は組織法上の義務を法人に

---

104)　本款では，ホッペの次の著作を主たる典拠とする（《　》内に本章で用いる略称を示す）。
Hoppe, Werner, Organstreitigkeiten vor den Verwaltungs- und Sozialgerichten: Zum organisation-srechtlichen subjektiv-öffentlichen Recht innerhalb rechtsfähiger Verwaltungseinheiten, 1970《Organstreitigkeiten》。既にホッペの見解を紹介するものとして，雄川・前掲注 51）447-448 頁，門脇・前掲注 1）（2）191-195 頁。
　なお，門脇・前掲注 1）（2）191-195 頁はホッペの見解を「利益志向」（本書の言う利益承認型）に位置付けている。もっとも，ホッペは法人の権利を基礎に機関の出訴資格を肯定するのであって，機関の権利はこれを不要としていることから，本書はこれを権利不要型に類似する見解として位置付けている。

対して負い，これに対応して法人は「内部向きの主体」として機関に義務の遵守及び義務違反の除去・不作為を求める権利を有する。この権利を遂行する権限は，自身の適法な機能遂行のために問題となっている義務違反の除去・不作為を必要とする機関に実体法上帰属し，当該機関は訴訟上も訴訟担当として義務違反の除去・不作為を求める機関訴訟の訴訟遂行権を有する。

　(1)　ホッペは，機関争訟に用いられ得る訴訟類型は主に一般給付訴訟であり，そのためには権利が認められる必要があるとして，組織内部における権利の存在の可能性に議論の焦点を合わせる。ホッペによれば，組織内部も外部法領域と同じく法秩序に対して開かれているが，内部法領域には外部法領域において権利を基礎付ける個別的利益が存在せず，したがって機関の権利は認められない。

　　(a)　ホッペによれば，機関争訟のためにあり得る訴訟類型は，行政裁判所法の完結性から「特別の手続」が否定されること，取消訴訟・義務付け訴訟は行政行為を必要とするが組織内部の機能主体に対する機関の決定は行政行為ではないこと，一般形成訴訟は列記主義の下にあること等から，一般給付訴訟と確認訴訟に限られる。前者においてはその基礎に権利がなければならず，後者においてはその基礎に法関係が存在しなければならない（Organstreitigkeiten, S. 125-131）。ホッペは，重点をこのうち主に用いられ得る一般給付訴訟に置き，「訴訟法は権利の保護を前面に押し出しているので，行政裁判所及び社会裁判所における機関訴訟の許容性は，組織内部の権利の存在の可能性によってのみ正当化され得る」（Ebenda, S. 124f.）として，内部法における権利の存立可能性の論証を試みる[105]。

　ホッペは，外部法領域における給付訴訟の基礎にある請求権を分析した上で，権利の証明のためには，①法律あるいは法律行為における客観法的な基礎を有すること，②その法律あるいは法律行為は特定の人格の個別的利益を他者に対して保護するために規定されていること，③対応する行為を義務者に求めるこ

---

105)　ホッペは，権利とそれが侵害された場合に生ずる給付請求権とを峻別し，後者が生ずるためには「対抗的権利」（Reaktionsrecht）が必要であるとして，外部法におけるその根拠を個々の実定法規定（基本法19条4項等）から読み取られる公正原理（Gebot der Gerechtigkeit）を基礎とした一般的な原状回復原則（Restitutionsgrundnorm）に求め（*Hoppe*, Organstreitigkeiten, S. 138ff.），内部領域においても外部法領域との利益状況の類似性を基礎に対抗的権利の存在を肯定する（Ebenda, S. 191ff.）。もっとも，この論点は記述の便宜上本文においては割愛する。

とのできる「法的力」が付与されていること，以上の３つの条件が必要であるとする（Ebenda, S. 135）。そして，内部法領域においてこれら条件を肯定する上で問題となるのは，①公権の基礎には法規概念があるところ，法規概念は伝統的には外部法領域のみを把握するものであって，したがって内部法領域は法秩序に開かれていないのではないかという問題，②権利は個別的利益に資するものとして理解されるところ，機能主体間の協働に向けられた内部法領域にはこれが欠けており，したがって内部法領域には権利が存在し得ないのではないかという問題であるという（Ebenda, S. 154f.）。

　　(b)　このうちの①について，ホッペは，通説と同じく内部法領域も法秩序に開かれていることを肯定する（Ebenda, S. 156-166）。他方で，その際に，「外部法は法領域の境界設定の機能を重視するので，法によって境界付けられ保護された個別的利益の多元性がそこから明らかになる。それに対し，内部法は秩序付けの機能を重視するので，秩序連関において存在するところの，法が内部法領域において保障しようとする諸力の共同利益の単一性によって内部法は規定される」（Ebenda, S. 165）と述べて外部法と内部法の機能の相違を強調する。その上で，「組織内部の領域において，すなわち機関及び機関部分の間の連関において，法関係を語り得るとしたら，それは，『少なくとも法的義務』の主体が存在し得ることを前提にする」（Ebenda, S. 166）とし，内部法領域において法主体性が肯定されるためには，少なくとも法的義務の主体であることが必要であり，かつそれで足りるとする。

　　もっとも，②については，ホッペは，機関は自身に固有の利益のためではなく全体組織の利益のために配分された作用を遂行することから，個別的利益したがって権利を有し得ないとする。曰く，「機関は確かに利益を実現するが，しかしその任務は固有の利益の満足ではなく他者の利益の満足である。……それゆえ，『作用の分配』を行う人格内部の法規は，侵害された場合に主観的な防御請求権がそこから生じ得るような機関の主観的地位を，何ら基礎付けない」（Ebenda, S. 175f.）。

　　(2)　それにも拘らず，ホッペは，以下に述べる複雑な論理構成によって，機関訴訟の一般的許容性を肯定する。ホッペによれば，機関は法人に対して組織法上の義務を負うところ，これに対応して法人は「内部向きの主体」として機関に義務の遵守及び義務違反の除去・不作為を求める権利を有する。この権利

の基礎にある法人の個別的利益は，利益の多元性を欠く点で外部法領域における個別的利益と異なるものの，こうした相違は，内部法領域に独自の公権の展開が判例に委ねられていること，外部法と内部法の機能が相違していることによって克服される。もっとも，法人自身は機関なくしてこの権利を行使することはできないことから，この権利を遂行する権限は自身の適法な機能遂行のために問題となっている義務違反の除去・不作為を必要とする機関に実体法上帰属し，当該機関は訴訟上も訴訟担当として義務違反の除去・不作為を求める機関訴訟の訴訟遂行権を有する。

　(a)　ホッペがまずもって強調するのは，「法秩序の開放性」(Offenheit der Rechtsordnung) である。曰く，「仮にボン基本法19条4項の立法者及び訴訟法の立法者が，内部法領域の公権を観念できなかったがために外部法領域の公権のみを考えていたとしても，そのことは，これらの法が裁判官の法形成による内部法領域への公権の拡張のために『開かれている』ことを排除しない」(Ebenda, S. 178)。もっとも，法秩序の統一性の観点からは，人格内部の公権は，できる限り外部法領域における公権の構成的理解に依拠すべきであるという (Ebenda, S. 179)。

　(b)　このようにして内部法領域に独自の公権概念の存立可能性を確保した上で，ホッペは，法人の「内部向きの主体」(Subjekt nach innen) 性を指摘する。ホッペによれば，法人は，外部に対して他の自然人や法人に対する形で法主体たり得るのはもちろん，内部に対しても機関及び機関担当者との関係において法主体たり得る。この法人の内部的な法主体性は，次のようにして観念される。曰く，「組織法上の法規によって，諸機能は作用分配的に義務主体としての諸機関に分割される。こうして基礎付けられた義務は，『分配する』主体，すなわち法人に対する形で存在する」(Ebenda, S. 181)。

　ホッペによれば，これら諸機関の法人に対する義務の存在によって諸機関の法主体性が肯定されるとともに，これらの義務に対応して，それらが遵守されること，すなわち全体組織が計画適合的に進展することに対する法人の利益が観念される。この全体組織たる法人の利益はその個別的利益であり，したがって権利の基礎になり得る (Ebenda, S. 185)。ここでいう法人の内部的利益と外部法領域における権利の基礎にある個別的利益との相違は，前者には後者に見られる利益の多元性が欠如しており，前者はむしろ全体組織それ自体に集中し

ている点で単一的な利益として観念されなければならないところにある。もっとも，この相違は，(1)(b)に見た外部法と内部法の機能の相違により正当化される（Ebenda, S. 185f.）。

　(c)　このようにして機関に対する権利が法人に認められたとしても，その権利を遂行する権限が帰属する機関が存在しなければ，法人の権利は絵に描いた餅である。そこで，ホッペは，或る機関が義務違反をした場合に法人に生ずる侵害の除去・不作為請求権に係る遂行権限は，当該侵害の除去・不作為が自身の機関活動の適法な処理にとって必要であるところの機関に帰属するとする（Ebenda, S. 195f.）。以上はまずもって実体法的観点において妥当するものであるところ，除去・不作為請求権の訴訟上の主張の権限も当該機関に帰属するのが好ましく，したがって当該機関に訴訟遂行権も与えられるという（Ebenda, S. 198f.）。

　(3)　以上のホッペのアプローチは，次の２つの意義と２つの限界を有する。

　(a)　第１の意義は，①行政裁判所法が権利の保護を目的にしていること及び②機関には権利が帰属し得ないことという伝統的な理解のいずれをも修正することなく，機関訴訟の可能性を肯定した点にある。これは，①を修正する権利不要型とも，②を修正する利益承認型及び利益不要型とも異なる，独自のアプローチである。

　第２の意義は，こうした独自のアプローチを成り立たせるために採用された「内部向きの主体」という構成にある。その他の学説はいずれも機関間の関係に焦点を合わせていたところ，ホッペは全体組織としての法人とその機関との関係に焦点を合わせたのである。こうした構成を採る論者は他に見当たらないが，法領域の相対性が承認された以上，あり得ない構成ではないように思われる。

　(b)　第１の限界は，結局新たな権利の概念を導入することになる点にある。これは，「内部向きの主体」としての法人に帰属する個別的利益と外部法領域における個別的利益との相違をホッペ自身が認めていることからも明らかであろう[106]。そうであるからこそ，ホッペは，判例によって内部法領域に独自の公権が発展する余地があること，内部法と外部法とではその機能が相違するこ

---

106)　Vgl. *Böckenförde*, a.a.O.（Anm. 20），S. 279.

とを，独自の権利を承認する前提として論証する必要があったのである。この
ような個別的利益の相違から，この新たな権利を行政裁判所法によって要求さ
れている権利と同視することはできないとの批判がなされている[107]。

　第2の限界は，その構成の複雑さにある。ホッペの見解が後の学説によって
支持を得なかった主たる理由はこの点にある。「内部向きの主体」という構成
によって全体組織としての法人にその機関に対する権利を認め，この権利を主
張する実体法上の通過的な権限は自身の機能領域を侵害された機関がこれを有
し，訴訟においては訴訟担当として当該機関が訴訟遂行権を有するという構成
は，確かにそれ自体としては筋が通っているようにも思われるが[108]，「余り
にも複雑な構成」[109] であるとされる。学説の多くは，次節以降に詳述される
ように，ホッペの如く法人と機関との間の法関係を機関訴訟の基礎とするので
はなく，端的に機関間の法律関係を基礎に据える方向を選択したのである。

第4款　権利不要型の限界

　以上に明らかなように，権利不要型のアプローチ（フス，エーリッヒゼン）は，
行政裁判所法の解釈として成功しているとは言い難く，多くの論者によって共
有されなかった。行政訴訟の原告には，やはり原則として権利が求められてい
ると解されたのである。法人と機関との法関係を機関訴訟の基礎にするホッペ
の構成も，一目置かれてはいるものの，その複雑性を主たる理由として忌避さ
れる傾向にある。

　こうして，やはり内部領域の争訟に関して行政訴訟を提起する原告には権利

---

107)　*Kisker*, a.a.O.（Anm. 100），S. 706.

108)　もっとも，*Roth*, a.a.O.（Anm. 9），S. 501f. は，こうしたホッペの構成を，機関が通過的な遂行
　　　権限主体に過ぎないことからその権利主体性を否定するのであるなら，義務に関しても機関は通過
　　　的な主体であるに過ぎず真の主体は組織であることになるから，組織に権利も義務も帰属すること
　　　になり両者は混同により消滅してしまうはずであるとして批判し，この批判を回避するために義務
　　　に関しては機関が真の主体たり得るとするとしても，義務についての真の主体性が肯定されるにも
　　　拘らず権利についての真の主体性がなぜ肯定され得ないのかが新たに問題になるとして批判してい
　　　る。こうした批判に対する再批判については，門脇・前掲注1)(2)193頁参照。

109)　*Bethge*, a.a.O.（Anm. 9），Grundfragen innerorganisationsrechtlichen Rechtsschutzes, S. 311.
　　　同様の批判をするものとして，*Fuss*, a.a.O.（Anm. 8），S. 114; *Lorenz*, a.a.O.（Anm. 17），S. 236; *Buch-
　　　wald*, a.a.O.（Anm. 13），S. 52.

が帰属する必要があるという理解が大勢を占めるようになった。そこで，機関
訴訟を一般的に許容する可能性を開くためには，機関の権利主体性を積極的に
論証する必要がある。こうした課題に取り組んだのが，次節以降に見る利益承
認型・利益不要型の論者である。

第3節　利益承認型

　本節では，機関にも個別的利益を認めることでその権利主体性を認めるアプ
ローチ（利益承認型）を検討する。権利不要型（及びホッペ）のアプローチは，
第2節に示した限界から学界において広く共有されるに至らず，或る時期の学
説の多くはむしろ利益承認型を採用した。こうしたアプローチを採用する論者
として，以下では，キスカー，ツァツォス，ブロイトゲ，ハインリッヒの学説
を紹介・検討する。

第1款　キスカー——「対照機関」の「準固有利益」[110]

　法人の内部領域における個別的利益を論証しようとしたおそらく最初の試み
であると評されるのは[111]，キスカー（Kisker, Gunter）の『自己内部訴訟と行
政の一体性』と題する1968年の著書（Insichprozeß）である。同書は，機関争
訟に関するその後の学説においてほとんど例外なく引用されており，ドイツ機
関争訟論の共通財産と言ってよかろう。そこで，本節の分析も，続くキスカー
の「権利の所持者としての機関」と題する1975年の論文（Organe）における
記述によって適宜補完しつつ，同書をその出発点として採用したい。キスカー
は，「行政の一体性」の原則から出発する伝統的なドイツ国法学において内部
法における利益の存在の可能性が否定されていたこと，行政裁判所法は利益抗
争の裁判すなわち権利の保護をその第一義的な任務としていることから，自己

---

110)　本款では，キスカーの次の著作を主たる典拠とする（《　》内に以下本章で用いる略称を示す）。
　　　Kisker, Gunter, Insichprozeß und Einheit der Verwaltung: Zur Frage der Zulässigkeit von Insich-
　　　prozessen vor den Verwaltungsgerichten, 1968《Insichprozeß》; *ders.*, Organe als Inhaber subjek-
　　　tiver Rechte: BVerwGE 45, 207, JuS 1975, S. 704ff.《Organe》.
111)　*Buchwald*, a.a.O.（Anm. 13), S. 54.

内部訴訟の原則的否定が導かれていることを指摘した上で，それにも拘らず機関にも「準固有利益」したがって権利が認められるべき場合があることを論証する。その基準は，機関の「対照機関」性の有無，すなわち法秩序によって「チェック＆バランス」のシステムに組み入れられているか否かに求められる。

　(1)　キスカーは，自己内部訴訟の問題の背景を，内部法における利益対立を否定する伝統的なドイツ国法学の思考様式に求める。こうした思考様式を前提にすると，行政裁判所法は権利の保護をその第 1 の任務としていることから，自己内部訴訟は原則として許されないことになる。

　　(a)　キスカーは，自己内部訴訟を「単一にして同一の法人の機関相互の間あるいは法人とその機関との間の争訟の裁判上の争い」(Insichprozeß, S. 11) として定義し，その問題の背景を次のような伝統的なドイツ国法学の思考様式に求める。キスカーによれば，伝統的なドイツ国法学は，「行政の一体性」(Einheit der Verwaltung) の原則から外部法と内部法とを区別し，前者は異なる利益に従事する意思主体 (Willenszentren) 相互の間の関係を規律するものであるのに対し，後者は原則として如何なる意思対立・利益対立も承認しないものであるとしてきた。ここでは，内部法における主体は，単一にして同一の共通意思すなわち共通利益のために機能するのであり，それゆえ共通利益の正しい意味を巡ってしか互いに対立し得ない (Ebenda, S. 9f.)。したがって，「機関は固有の利益を持たず，法人の利益のみに拘束されている」のであり，それゆえ「機関相互の間及び機関と組織との間の関係においては機関には権利（＝法的に保護された利益）も帰属せず，単なる権限が帰属するのみである」(Organe, S. 705)。

　キスカーは，こうした内部法・外部法の二分論を前提に，「機関（機能主体）間の争訟の行政裁判上の裁判に際して，外部法の手続が内部領域における争訟の処理に矛盾なく適用されるのか否か」という問題設定をした上で (Insichprozeß, S. 13f.)，従来争われてきた自己内部訴訟の問題類型のうち，自身の扱う問題を 3 種に限定して示す。第 1 に，国庫機関と高権的に活動する国家との間の争訟であり，第 2 に，官庁の長と指揮に服さない委員会との間の争訟であり，第 3 に，地方自治体組織争訟である (Ebenda, S. 22)。

　　(b)　キスカーによれば，これら自己内部訴訟について上記の問いに対して肯定的に答える上で障害となるのは，行政裁判所法が，互いに対立する利益の

間の争訟としての, より厳密に言えば, そのような利益を追求する法的意思主体 (権利主体) の間の争訟としての, 対審的な行政訴訟を予定していることである。すなわち, 行政訴訟においても第一義的にはそのような利益のための権利の保護が問題となるところ (行政訴訟の権利保護機能), これを逆に言えば, 「行政訴訟は, 同一の共通利益に拘束され, それについては互いに『法的な無』の関係にある 2 つの機能主体の間の, 彼らの共通の主人の利益の正しい意味を巡る争訟には, 向いていない」ことになろう (Ebenda, S. 24f.)。

　こうした行政訴訟の権利保護機能の第一義性を導くために, キスカーは, 行政裁判手続が裁判所の意思ではなく関係人の意思に服していることを引き合いに出す。キスカーによれば, 行政裁判所法は民事訴訟の処分権主義を部分的にではあるが引き継いでおり, それは自身の利益の貫徹を巡る関係人どうしの対立が予定されていることを意味する。特に取消訴訟及び義務付け訴訟に関して言えば, こうした行政訴訟の権利保護機能から導出される異なる利益を追求する法主体の対立の必要性は, 権利侵害を訴訟要件とする行政裁判所法 42 条 2 項にも表れている。権利の「侵害」は, 異なる法的意思によってしか為され得ず, 自らの権利を自ら侵害することは考えられない (Ebenda, S. 25–27)。

　こうして, 行政裁判所法の諸規定は, ①原告と被告とが 2 つの互いに異なる当事者能力を持つ者であることを前提としており, そのためにはさらに, ②当事者が 2 つの互いに異なる権利主体として登場することを前提としていることが明らかとなる (Ebenda, S. 27f.)。

　(c)　以上から, 自己内部訴訟についての問題状況は次のように要約される。すなわち, 行政裁判所法は, 利益抗争の裁判すなわち権利の保護に向けて構想されている。しかしながら, 組織内部の法的争訟 (自己内部争訟) は, 通例権利を巡る争訟ではない。こうした理由から, 自己内部訴訟は原則として許されないものとされる (Organe, S. 706)。

　(2)　(1)に述べた障害を克服する方法としてキスカーが挙げるのが, 立法者に「権利侵害の主張」の必要性を放棄する可能性を与えている行政裁判所法 42 条 2 項の「Soweit 節」を活用する方法と, 機関に権利を認める方法である。後者のための基準は, 争っている機関の「対照機関」性の有無, すなわち当該機関が法秩序によって「チェック＆バランス」のシステムに組み入れられているか否かに求められる。このとき, 当該機関には, 自身の機能を果たすための「準

固有利益」が認められ，したがって権利が認められる。

　(a)　第 1 の方法は，立法者による明示的付与がある場合とそれがない場合とに分けられる。立法者による明示的な出訴資格の付与があれば，その限りで問題なく出訴資格が認められる（Insichprozeß, S. 30）。問題は，明示的な出訴資格の付与が欠如しているにも拘らず，原告を権利侵害の主張の必要性から解放しようという立法者の意思が想定されるべきであるのか否か，想定されるべきであるとしてそれはどのような場合か，である（Ebenda, S. 32）。

　この点について，キスカーは，戦時捕虜補償（戦時捕虜補償法 19 条以下）に関する指揮に服さない委員会の決定等を例に挙げて，当該決定の取消可能性を認めることの一定の合理性を指摘する。キスカーによれば，当該決定に対する自己内部訴訟の提起を封ずると，当該決定は命令系統から切り離されている上にその行政裁判上の修正の可能性も放棄されることになるのであって，このような事態は通例望ましくないことから，この場合に当該決定の取消可能性を認めることはもっともらしい（Ebenda, S. 32–34）。

　しかし，キスカーは，こうして導かれる委員会決定の審査の必要性は，Soweit 節を用いようという立法者の意思の典拠としては不十分であるとする。キスカーによれば，既に見たように，裁判所による裁判が許されるのは互いに対立する主観的法領域の間の争訟のみであるというのが行政裁判所法の中心的な原則であり，これは Soweit 節を引き合いに出すことによって簡単に脇へ追いやられるような技術的な些事ではない。したがって，指揮に服さない委員会の設置の際に Soweit 節によって訴訟の途を開くというのは，問題のある不満足な解決であるとみなされなければならない。立法者がそうした解決を採用するのは自由であるが，指揮に服さない委員会の設置の際に常にそうした解決を法律の解釈によって導くことは許されない（Ebenda, S. 34f.）。

　(b)　第 2 の方法は，これをより厳密に言えば，機関に，①少なくとも部分的な権利能力を，②しかもその主体の利益の保護に照準を合わせたそれを，認めるというものである。キスカーによれば，第 1 に，ここで認められるべき権利の付与は，必ずしも公法上の法人のように包括的な方法に拠らなくともよい。法秩序は，一定の任務の達成のためにそれまで権利能力を持たなかった者にその限りで制限的な権利能力を付与することができる。この種の部分的権利能力は行政訴訟にとっても馴染み深い（行政裁判所法 61 条 2 号）。第 2 に，ここで問

題にされている行政裁判所法 42 条 2 項等の規定における「権利」の概念は，互いに対立する利益主体間の法的争訟の決着のための手続における出訴資格の承認の前提となるものである。したがって，付与されるべき「権利」の概念は，その主体の利益の保護に照準を合わせたものでなければならない（Ebenda, S. 36f.）。

　機関はそれを含む団体の利益のために機能するに過ぎないので，機関の利益に向けた権利を承認することはそもそもあり得ないようにも思われるが，キスカーは次のように述べて機関の権利の可能性を認める。すなわち，「法秩序は，機関が自身によって担当されるべき共通利益の観点を固有の部分利益と同様に同一の団体の他の機関による侵害に対して防御することによって，まさに自身の機能を果たすことになるような役割を機関に付与することができる。このような場合，役割配分から，準固有利益の役割に適った貫徹のための権限の付与を，それゆえその権利の付与を導くことは自然である」（Ebenda, S. 37）。

　以上の理は，ドイツ連邦共和国の国家最高機関を見るとよく分かるという。キスカーによれば，憲法制定者は，機関の地位の維持と増大に向けられた「固有の意思」をそれらの機関が持つことを前提とし，そのような固有の意思を拒否するのではなく，むしろ「チェック＆バランス」のシステムとして構想された機関構造の安定化のために利用している。その表れが，連邦最高機関間の機関訴訟を定めるボン基本法 93 条 1 項 1 号である。こうした国家憲法争訟と異なって地方自治体組織争訟には明示的な規定はないが，そのような規定は不要であるという。権利の承認は，地方自治体組織機関において法秩序によって付与された対照機能からして，既に導かれるのである（Ebenda, S. 39–41）。

　それでは，どのような場合にこのような法秩序による役割分配が認められるのか。キスカーが挙げるのは，政治的な作用反作用における他の機関の対抗者として，すなわち「対照機関」として機関が概念されることを法秩序が前提としている場合である。こうした対照の役割は，機関が「チェック＆バランス」のシステムに組み入れられている場合には一般にほとんど常に認められる。この場合には，機関の独立性への意思が，厳密にはその主観的地位の防御のための機関の意思が，システム内在的な均衡の保障のための前提なのである（Ebenda, S. 38）。

　もっとも，そうであるからと言って，「チェック＆バランス」のシステムに

における「重点」として機能する機関に，部分的利益の追求が許されるというわけではない。むしろ，原則として，対照機関相互の間の争訟においても，関係人それぞれの異なる観点から，一定の状況において全体団体の権利と利益が何を要求しているのかを巡って争われているに過ぎない。しかし，法秩序は，共通利益についての理解を貫徹しようとする対照機関の強い意思を，望ましくない部分主義としてではなく，権力システムの適切な均衡にとって不可欠なファクターとして肯定的に評価する。そのような「チェック＆バランス」のシステム内にある機関には，バランスシステム内における「自身の」地位の保護のために権利が認められていることを前提にしなければ，一貫しない（Ebenda, S. 39）。

　このような対照機関性が認められる場合の具体例として，キスカーは，機関が異なった集団及び集団利益を代表している場合（たとえば市町村議会における会派等）を挙げる。議会は，利益抗争が公然と実施されるべき場所として構想されているからである。この理は，市長と議員との間の争訟，学長と教授会との間の争訟にも当てはまるとされている。これらの場合にも様々な利益集団の選ばれた代表が対立するのである（Organe, S. 709）。

　(3)　以上のキスカーのアプローチは，次の2つの意義と2つの限界を有する。

　(a)　第1の意義は，ヘンリクス（第1節第3款第1項）のように法治国原理から導かれる裁判統制の必要性といった大上段の議論に終始することなく，機関にも権利を基礎付けるだけの利益を承認することで，適切な結論を導く可能性を示した点にある。こうした方向性は，次款以降に見る後の論者によってさらに継承・発展されていくことになる。

　第2の意義は，明示的な立法がない場合であっても，行政裁判所法42条2項のSoweit節によって機関訴訟の途を開く可能性があることを示唆した点にある。キスカーは確かに指揮に服さない委員会についてSoweit節によって機関訴訟の途を開くことを否定したが，その理由が権利の保護という原則にあるとすれば，立法者が或る制度を創設し，その制度の運用のために機関訴訟が必要であって，その必要性が権利の保護という原則に穴を開けるほど強いものであれば，制度上機関訴訟が当然に予定されているものとして立法者による黙示の出訴資格の付与があると解釈する余地もあろう。

　(b)　第1の限界は，「準固有利益」の承認によって，本当に権利が認めら

れることになるのかという疑問である。キスカー自身も「準」固有利益と表現していることから明らかなように，ここで認められた利益は純粋に個人的な利益ではなく，「チェック＆バランス」というシステムにおいて機能する機関に期待される行動を表したものに過ぎない[112]。それにも拘らず「準固有利益」によって権利が基礎付けられるとするなら，従来の理解と異なる独自の権利の理解を前提にせざるを得ない[113]。

　第2の限界として，仮に「準固有利益」によって権利が基礎付けられ得るとしても，「準固有利益」とそれには含まれない政治的な利益との線引きの問題が残る。キスカーは対照機関相互の間の共通利益に関する理解の争いにおいて「準固有利益」を認めるが，機関どうしの意見の相違が共通利益に関するものであるのか，それとも個人の政治的な意見に関するものであるのかの線引きは，実際には難しい[114]。ともすると，公益の遂行と固有の利益の主張との間のあらゆる明確な区別が失われることになろう[115][116]。

第2款　ツァツォス——社団内部における「利益弁証法」[117]

　第1款において紹介したキスカーと類似したアプローチをほとんど同時期に採用した論者として，ツァツォス（Tsatsos, Dimitris Th.）が挙げられる。ツァツォスは，その『行政法上の機関争訟』と題する1969年の著書（Organstreit）において，新しく「行政法上の機関争訟」なる概念を提唱し，この下に，公法上の社団の機関相互の間に利益対立が存在すること，したがってそれら機関に権利が認められることを論証する。すなわち，公法上の社団が設置される法政

---

112)　*Buchwald*, a.a.O.（Anm. 13），S. 56.

113)　*Hoppe*, Organstreitigkeiten, S. 109.

114)　*Buchwald*, a.a.O.（Anm. 13），S. 56f.；*Heinrich*, a.a.O.（Anm. 8），S. 60.

115)　*Fuss*, Streitigkeiten, S. 112.

116)　他にも，*Roth*, a.a.O.（Anm. 9），S. 609ff. は，キスカーのアプローチに対して，機関の利益とその被代表者の利益との混同である，法的利益と政治的利益との混同である，といった批判をしている。

117)　本款では，ツァツォスの次の著作を主たる典拠とする（《　》内に以下本章で用いる略称を示す）。*Tsatsos, Dimitris Th.*, Der verwaltungsrechtliche Organstreit: Zur Problematik verwaltungsgerichtlicher Auseinandersetzungen zwischen Organen einer Körperschaft des öffentlichen Rechts, 1969《Organstreit》.

策的意義からその内部における利益多元主義が導かれ，それが機関構造にも反映されていることから，公法上の社団の機関によってその基礎となる社会的基体の政治的利益が代表されることが法秩序によって予定されているとするのである。

(1)　ツァツォスは，検討の対象を公法上の社団の機関相互の間の争訟に限定し，こうした争訟全体を把握するための概念として「行政法上の機関争訟」を提唱する。その上で，従来のアプローチと異なり，「行政法上の機関争訟」が自己内部訴訟のうちでも許されるものに当たるか否かという問題設定ではなく，それが自己内部訴訟という法形象によって適切に把握され得るのか否かという問題設定を行う。

第1に，ツァツォスも，キスカーと同じく，行政裁判権の第一義的な機能は現行法によれば客観法の維持ではなく行政の違法な措置に対する個々人の権利保護であり，行政内部の対立はこうした保護機能領域の外側にあるとされていることを考察の出発点とする（Organstreit, S. 11）。

第2に，ツァツォスは，考察の対象を公法上の社団の機関相互の間の争訟に限定するが，それまで自己内部訴訟において議論の中心にあった地方自治体内部の争訟（いわゆる地方自治体組織争訟）を超えて，公法上の社団の機関相互の間の争訟の全体を把握するために，「行政法上の機関争訟」なる概念を提唱する。「機関争訟」という言葉によってボン基本法93条1項1号に基づく憲法上の機関争訟との並行性が表現され，「行政法上の」という言葉によって憲法上の機関争訟との相違が表現されるというのである（Ebenda, S. 15f.）。

第3に，ツァツォスは，自身の考察と従来の考察との問題設定における相違を次のように強調する。従来は，許される行政法上の自己内部訴訟が存在するか否かが考察されてきたが，そこでは問題になっている争訟の性質決定が先取りされていた。それに対し，ツァツォスは，まさにその争訟の性質を解明しようと試みる。すなわち，社団内部に関する裁判上の対決が許される自己内部訴訟であるか否かという問題ではなく，それがそもそも自己内部訴訟という法形象によって適切に把握され得るのか否かという問題を考察するというのである（Ebenda, S. 16f.）。

(2)　以上を受けて，ツァツォスにおいては，公法上の社団の機関相互の間にも，自己内部訴訟という法形象によっては把握され得ない関係，すなわち機関

どうしの利益対立があり得ることの論証が試みられることになる。この点に関し、ツァツォスは、公法上の社団が設置される法政策的意義からその内部における利益多元主義を導き、それが機関構造にも反映されていることを論証する。その結果、公法上の社団の機関は、その基礎となる社会的基体の政治的利益を代表することが法秩序によって予定されていることが導かれる。公法上の社団の機関には、こうして法的に保護された独自性から部分的権利能力が認められ、権利と公的権能との二者択一関係の克服を前提に、権利が認められるというのである。

　(a)　第1に、ツァツォスは、行政の一体性の原則から行政内部領域には少なくとも権利を基礎付けるだけの利益対立は原則として存在しないとする判例・学説に対して、同一の公法上の社団の機関相互の間の争訟の基礎にある社会的基体はそのような利益対立の欠如すなわち利益一元論を示さず、それゆえ社団の内部領域の利益状況は他の行政内部領域とは本質的に異なることを論証する（Ebenda, S. 18f.）。

　ツァツォスによれば、国家が公法上の社団を作る法政策的な理由は、そうした方が直接国家行政に拠るよりも特別利益を汲み取ることが可能であり、それによってより機能適合的に果たされる公的任務が存在するという認識にある。こうした動機の故に社団には自治権が与えられ、それと密接に結び付く形で利益主体に構成員権が与えられる。この構成員の構成員権が社団の意思形成や意思形成機関の設立に際して実質的になればなるほど、社団内部における利益分化は大きくなる。そのような分化は、場合によっては異なる構成員の事実上の利益から生じる（Ebenda, S. 19f.）。

　したがって、国家が特別利益を汲み取るために、公法生活の或る領域を独立させ、それを公法上の社団へと形成することによって、その領域は部分的あるいは全体的に社会的な所与に服することになる。国家は、社団の内部領域を部分的あるいは全体的に社会的動態に委ねているのである。すなわち、社団内部の意思形成は、法律上の目的規定の枠内において、利益抗争の影響下において実行され、それゆえ政治的になる（Ebenda, S. 20）。こうして、社団の自治権は、社団内部の利益弁証法（Interessendialektik）の可能性によって特徴付けられるところの、特別の方法による意思形成に結び付いていることが示される（Ebenda, S. 26）。

(b)　第2に，ツァツォスは，こうした利益状況が社団内部の機関構造とどのような関係に立つのかを論証する。ツァツォスによれば，法は，社団的構造の特殊性に鑑みて，組織的基本構造を社団内部の利益多元主義の可能性に適合させている。しかも，機関と利益領域との間の対応関係が必ずしも明らかでない場合においても，機関間の対立は，単に社団の権利及び利益が何を要求しているのかを巡る意見の対立を意味するのみならず，同時に利益対立を反映しているというのである（Ebenda, S. 27f.）。

　こうして，単一にして同一の公法上の社団の機関相互の間の裁判上の対決が自己内部訴訟を意味するのか否かという問題は，否定的に答えられることになる。曰く，「公法上の社団の自治機関相互の間の訴訟は，社団内部の利益及び権利状況の観点の下においては，これを自己内部訴訟としてみなすことはできない。そうではなく，自己内部訴訟と通常の訴訟との『中間』（tetrium）としてみなされ得る」。すなわち，利益対立が社団内部の意思形成の最終段階においては止揚される点，社団機関の独自性は内部でのみ作用する点において自己内部訴訟に近く，基礎にある社会的基体が自己内部訴訟に固有の利益一元主義によっては特徴付けられない点において通常の訴訟に近い（Ebenda, S. 31）。

　(c)　第3に，ツァツォスは，以上のように認められる社団内部の領域において形成され得る機関相互の間の利益対立から，機関の部分的権利能力及び権利を導く。

　まず，部分的権利能力については，社団の内部にも利益対立が存在すること，その弁証法的解決が社団内部の自治機関の創出によって制度化されていることからして，まさにこうした法的に保護された独自性を根拠に，認められるとする。こうして，行政裁判所法61条2号によって機関の関係人能力が肯定される（Ebenda, S. 37f.）。

　次に，権利については，権利と公的機能との間の「二者択一的関係」の克服を唱える。ツァツォスによれば，こうした二者択一的関係は緊張関係として理解された国家と社会との関係の名残であるところ，そのような理解においては当該緊張関係が相対化される公的領域は見逃されることになる。しかし，今日の憲法の実情とボン基本法の政治的決定によれば，そのような解釈の所与としての国家概念は放棄されるべきであり，権利と公的機能との間の関係も新しい視野の下に立つ。ここでは，その社会的基体が特別利益において存する限りに

おいて，公的機能は主観化され，権利として認められることになる。こうして，行政裁判所法 42 条 2 項の「公法上の争訟」性が肯定される（Ebenda, S. 43f.）[118]。

(3)　以上のツァツォスのアプローチは，次の 2 つの意義と 2 つの限界を有する。

(a)　第 1 の意義は，訴訟の許容性に否定的なニュアンスを含んだ「自己内部訴訟」という概念に替えて，あるいは「地方自治体組織争訟」や「大学組織争訟」等の個別的な概念に加えて，中立的で包括的な「行政法上の機関争訟」なる概念を提唱した点にある。これによって，否定的な前決定を離れた事理に即した分析が促進されるとともに，地方自治体や大学等の各個別領域を横断する視野の獲得が促された。この概念は，社団のみならず公法上の法人に広く及ぶ概念として，その後の論者（ブーフヴァルト，ロート等）においても継承されていくことになる。

第 2 の意義は，それが成功しているか否かはさておき，公法上の社団内部の機関相互の間における利益対立の可能性を，公法上の社団が設置される法政策的意義に遡って論証した点にある。これは，キスカーのいう「対照機関」性が認められる場合の一事例を，より深い論拠をもって示そうとしたものと位置付けることができよう。すなわち，両者とも，法秩序によって制度上機関の利益対立が予定されており，それによって全体利益がよりよく実現されることがあり得ることを前提に，まさにこのような場合に機関に権利を認めるのである。

(b)　第 1 の限界は，ツァツォスの認める機関の個別的利益は，つまるところその背後にいる個人ないし集団の利益であるという点にある。ツァツォスの立論の要点は，公法上の社団が或る公法領域の特別利益を汲み上げるための制度であること，その特別利益を適切に汲み上げるために当該社団における意思形成に際して政治的な利害対立が予定されていること，そのような政治的な利害対立が機関構造にも反映していること，以上からして機関は或る政治的な利害を体現しており，そこに個別的利益が認められるとする点にある。以上の要

---

118)　さらに，ツァツォスは，社団内部の機関争訟の裁判上の実施可能性を支持するものとして，法政策的観点を挙げる。社団内部の利益の弁証法は法秩序によって望まれた意思形成の方法であるところ，これが機能するためには全てのアクターすなわち機関がルールを守ることが必要であり，そのためには機関に責任意識がなければならない。機関訴訟を認めることは，この機関の責任意識を高めることになる。社団内部の機能の遂行を委ねられた人格の人間的な利己心を，社団内部の利益弁証法にとって有益なものにできるというのである（*Tsatsos*, Organstreit, S. 55）。

約に明らかなように，ツァツォスにおいて機関に認められる個別的利益は，それが体現するところの個人ないし集団の利益に外ならない。機関と機関担当者との区別を貫徹する立場からすれば，それは機関に固有の利益とは言い難いことになろう[119]。

　第 2 の限界は，社会的基体に存する個々の利益集団の様々な政治的利益が機関構造に反映されているという想定も疑わしいという点にある。たとえば，大学においては，学生・助手・教授らの利益は時によって確かに対立し得るが，大評議会は学生らの機関ではないし，小評議会は教授らの機関ではない[120]。明示的に利益代表関係が認められる場合に限るならともかく，機関と利益領域との間の対応関係が必ずしも明らかでない場合においても利益対立の反映を認めるツァツォスの見解は，相当にフィクショナルであると言う外ない[121]。

第 3 款　ブロイトゲ──権力分立原理と代表民主政原理[122]

　ブロイトゲ（Bleutge, Rolf）は，その『地方自治体組織争訟』と題する 1970 年の著書（Kommunalverfassungsstreit）において，地方自治体組織争訟における行政訴訟の許容性（行政裁判所法 40 条 1 項の「公法上の争訟」該当性）の問題を出発点として，地方自治体の組織内部の機関（部分）の権利の可能性を詳細に論じた。彼によれば，地方自治体組織争訟についての行政訴訟が許容されるためには機関に権利が認められる必要があるところ，この点は権力分立原理及び代表民主政原理という憲法上の諸原理によって克服され得る。

　（1）　ブロイトゲは，地方自治体機関の法主体性を法人格の相対性を理由として認め，外部領域のみに妥当する伝統的な法規概念をその歴史的被制約性を理由として放棄した上で，行政訴訟の許容性の前提として権利が必要であるとして，地方自治体機関の権利の可能性を争点化する。

---

119)　同様の問題点を指摘するものとして，*Buchwald*, a.a.O.（Anm. 13），S. 59; *Fuss*, Streitigkeiten, S. 112; *Heinrich*, a.a.O.（Anm. 8），S. 58f.

120)　*Fuss*, Streitigkeiten, S. 112f.

121)　他にも，キスカーの見解に関してなされたのと同じく，基準の不明確性に対する批判もなされている。たとえば，*Heinrich*, a.a.O.（Anm. 8），S. 60.

122)　本款では，ブロイトゲの次の著作を主たる典拠とする（《　》内に以下本章で用いる略称を示す）。*Bleutge, Rolf*, Der Kommunalverfassungsstreit, 1970《Kommunalverfassungsstreit》.

　(a)　ブロイトゲは，地方自治体組織争訟を「機関的機能遂行の法適合性についての地方自治体の機関間あるいはこれら機関の内部における裁判上の対決」(Kommunalverfassungsstreit, S. 25) と定義し [123]，この地方自治体組織争訟を現行訴訟法に組み入れるには様々な問題があるものの，最も重要であるのはその許容性であるとする (Ebenda, S. 37f.)。その際，地方自治体組織争訟を現行の訴訟システムに組み入れる際の困難の由来は，次の点に求められる。すなわち，「行政裁判権は，その国家政策的機能からして『外部領域』に向けて作られており，第一義的には行政の措置に対する市民の権利保護に資するものであって，それと同程度には行政の自己統制には資さないものであるのに対して，ここでは地方自治体の『内部領域』において，それゆえ（法）人格の内部において生じる争訟が問題である」ということである (Ebenda, S. 21)。

　(b)　ブロイトゲは，行政裁判所法 40 条 1 項の「公法上の争訟」に該当するためには，争訟に関係する当事者の間に具体的な法関係が存在することがまずもって必要であり，これを地方自治体組織争訟について言えば，①機関（部分）に法主体性が認められること，②内部効果しか持たない，たとえば市町村議会の議事規則にも法規性が認められることが必要であるとして，これらの問題の解明に取り組む (Ebenda, S. 61-78)。

　第 1 に，①の問題については，トーマ（第 2 章第 4 節第 1 款），フリーゼンハーン（第 2 章第 4 節第 2 款），ヴォルフ（第 2 章第 3 節）等の見解を参照しつつ，法人格の概念は法領域ごとに相対的であること，法主体性の肯定のためには特定の法領域における少なくとも 1 つの法規の終局的帰属主体であることで十分であることから，その克服が試みられる (Ebenda, S. 64-66)。曰く，「法人格の概念は，相対的であって，権利義務の一般的な主体になり得る能力（完全権利能力）を前提にしない。関係主体が特定の法領域において少なくとも 1 つの法規の（終局的な）帰属主体であれば十分である」(Ebenda, S. 206f.)。これを地方自治体の機関について言えば，一般法秩序の観点からすれば，地方自治体の機関は単なる遂行主体であって固有の権利義務の主体としては現れない一方で

---

123)　こうした定義に既に明らかであるように，地方自治体組織争訟は，2 つ以上の地方自治体機関の間の裁判上の対決である「地方自治体機関争訟」(Kommunale Organstreitigkeiten) と，地方自治体機関の内部における裁判上の対決である「機関内争訟」(Organinterne Streitigkeiten) とに分けられている (*Bleutge*, Kommunalverfassungsstreit, S. 25)。

（この平面における全ての実体的な法関係及び組織規範の終局的帰属主体は公法上の法人としての市町村のみである），いわゆる内部領域においては，市町村の他の機関に対する固有の機関的権利のための遂行権限が機関に委ねられている限り，機関自身が終局的帰属主体であることになる（Ebenda, S. 66f.）。

　第 2 に，②の問題については，ルップ（第 2 章第 4 節第 3 款）等の見解を参照しつつ，ブロイトゲは，まず当時の通説が後期立憲主義国法学の伝統的な法規概念に基づくことを指摘した上で，当該伝統的な法規概念はその歴史的被制約性からして放棄されるべきであることを論証する。ブロイトゲによれば，後期立憲主義国法学の法規概念は，法は市民の自由と財産に対する国家の侵害を規律するものであるという理論，及び，法は専ら個々の法主体相互の権利義務の境界設定に資するものであるという理論に刻印されており，これらの理論と国家の（法人としての）私法的理解の結果，法によって把握され得るのは市民相互の間及び市民と国家との間のみであることになり，自然人と同視される「不浸透的な」国家の内部領域は法によって把握されなくなった。こうして法関係は外部領域においてのみ許されることになったのである。しかし，こうした法規概念は，絶対主義が完全には無力化されていなかった当時のドイツにおいて見られたところの，執行権と広く同視される国家と社会との間，すなわち君主政原理と民主政原理との間の緊張関係の反映であった。ボン基本法の民主的法治国家においてはこうした歴史的状況がもはや存在しない以上，それを前提とする伝統的法規概念も正当性を持たないと言うべきである（Ebenda, S. 70-72）。

　こうして法規概念の拡張を承認した上で，ブロイトゲは，法規概念を「道徳・慣習あるいは宗教との対比における法によって定立された要請（Gebot）」（Ebenda, S. 73）として理解することを提唱する。これによれば，行政内部の規則も，それが拘束力を持つことは争われておらず，その拘束力は道徳・慣習あるいは宗教に由来するわけではないので，真の法規範としてみなされなければならないことになる（Ebenda, S. 72-78）。したがって，「機関的機能遂行を規律する諸規定は，特に市町村議会の議事規則も，真の法規範である」（Ebenda, S. 78）。

　（c）　以上のようにして機関間の法関係の存在が肯定されるが，ブロイトゲは，行政裁判権による行政統制のためには，さらに権利が存在しなければならないとする。ブロイトゲによれば，客観法秩序の維持も同時に目的とされては

いるものの，行政裁判権は主に権利の保護を目的としているため，行政統制へ
の途が開かれるためには原則として個人的権利の保護が問題となっていなけれ
ばならない（Ebenda, S. 78-81）。

(2)　こうして，ブロイトゲにおいては，行政裁判所法40条1項の「公法上
の争訟」性を肯定するための前提として，機関の権利の問題が浮上する。ブロ
イトゲは，この問題を克服するに際し，権利の概念をその根拠・内容・目的に
よって定義し，権限もこれを満たし得ることを論証する。問題となるのは目的
たる「個別的利益」の保護であるが，ブロイトゲは権力分立原理及び代表民主
政原理を持ち出すことでこの点を克服しようとする。

(a)　ブロイトゲは，まず，「国家機関が持つのは単なる権限であって権利
ではないと主張される際には，両方の概念が互いに排他的な関係にあるという
発想が多かれ少なかれ暗黙の裡にその基礎に置かれている」（Ebenda, S. 94）と
した上で，この権限と権利の排他性を否定することを試みる。ブロイトゲによ
れば，権利の概念は，①その根拠が「強行法規」であること，②その内容が
個々人に客観法によって付与された「意思力・法的力」であること，③その目
的が「個別的利益」の満足であること，以上の3点を要素とするところ，権限
がこれらの要素を満たす限りで権利もまた存在することになる（Ebenda, S. 95）。

権利と権限とは②の意思力・法的力を中心とする点で共通するものの，権限
は通例放棄不能であるとともに対応する義務と結び付いており，機関担当者の
恣意に委ねられてもいない。しかし，これらの事実は権利としての性質を左右
するものではない（Ebenda, S. 95f.）。曰く，「法的地位の自由な処理可能性は，
私的自治という実体的な原理から生ずるものであって，それゆえいずれにせよ
私権にとっては意味を持つものである。しかし，それは私法においてすら権利
概念の本質に属さない。たとえば両親・夫婦あるいは子供の権利等，私法も譲
渡不能・放棄不能な権利を知っており，それらは同時に主観的な権利であると
されているのである」（Ebenda, S. 96）。

(b)　上記①②③の権利の要素のうち，問題になるのは言うまでもなく③で
ある。曰く，「組織内部的な法領域における個別的利益の承認は，争われてい
ない次の事実にそもそも反する。その事実とは，国家及び市町村の諸機関は，
それら自身のために存在するのではなく，その存在の根拠を（そのために彼らが
生み出され，彼らが行為能力・意思能力を付与するところの）法人から導き出すとい

う事実，それゆえ彼らは，本来的には『国家あるいは市町村の利益』と反するところの『固有の』利益を持たず，相伴って——機能と強度は様々であるとしても——共通利益に奉仕しなければならないという事実，である」(Ebenda, S. 96)。

こうした理解にも拘らず，ブロイトゲは権力分立原理を持ち出すことで機関の個別的利益を承認する。ここで言う権力分立とは伝統的な三権分立に限定されない。曰く，「あらゆる権力集中は専制の契機を意味するから，市民の自由は国家権力の分割を前提とする」。「この分割は，伝統的で歴史的に制約された『三権』のスキームに限定されず，むしろあらゆる種類の機能分離において妥当する」。「本来的には権限を意味する憲法上の関係を，自由を脅かす権力集中の防止のために，その利益のために権限規範が作用し，それゆえ権限境界の確保に対する法的に保護された利益を有する者の権利として形成することは，権力分立的及び連邦的憲法国家において一貫して意義深い」(Ebenda, S. 98)。

ここで認められる利益は国家目的のためのものでもあり，権利に関する私法上の基準の下では，当該利益を基礎とする権利は否定されるはずである。もっとも，ブロイトゲによれば，或る規範によって権限を委ねられた機関の利益充足は当該規範の最終目的である必要はなく，公法上の法人に権利が認められていることからも分かるように，権利に必要な個別的利益は自然人の利益である必要はなく制度上のものでよい（Ebenda, S. 96-99）。したがって，「権利概念にとって必要かつ十分であるのは，権限分配が単なる秩序形成機能を超えて独立した決定主体の形成を目的としていること，当該決定主体が市民の自由の保護のために互いに抑制し合い争訟において対立すること，である」(Ebenda, S. 99)。このとき，当該決定主体には個別的利益すなわち権利が認められることになるという。

もっとも，権力分立によって委ねられた全ての権限について，権利が認められ，したがって訴訟の提起が認められるとされているわけではない。ブロイトゲによれば，権限分配が円滑な機能遂行を目的としており独立した決定主体の形成に奉仕しない場合には，「行政の一体性の原則」によって権利の存在は否定される。あまりに多くの権限に権利性を認め，争訟の場合には裁判統制に服せしめると，国家は機能しなくなってしまうからである（Ebenda, S. 100）。

　　(c)　地方議会の権利については，さらに代表民主政原理が引き合いに出さ

れる。ブロイトゲによれば，地方議会は，選挙された人物を介して市民が市町村の意思形成に参与することを，それゆえ代表民主政原理を具体化する（Ebenda, S. 105）。したがって，地方自治体組織における権限分配は，機能性に限定されず，「憲法上予定され地方議会によって具体化される民主政原理の実現にも奉仕し，それゆえ地方議会の『利益において』なされるのである」（Ebenda, S. 106）。

　(3)　以上のブロイトゲのアプローチは，次の2つの意義と2つの限界を有する。

　(a)　第1の意義は，キスカーにおいて「チェック＆バランス」として表現されたものに，権力分立原理及び代表民主政原理という憲法上の根拠を提供したことである。ブロイトゲによれば，権力分立原理について言えば，市民の自由を十分に保護するためには権力は分立しなければならず，したがって権限は分割されなければならないし，代表民主政原理について言えば，市町村の意思形成への市民の参与を十全ならしめるためには地方議会に固有の権利が認められなければならない。

　第2の意義は，民衆訴訟化を防ぐ手立てとして，権力分立原理と「行政の一体性の原則」との調整を持ち出している点にある。ブロイトゲによれば，行政内部の機関については，基本的には「行政の一体性の原則」によって権利が否定されることになる一方で，権限分配が特別に抑制・均衡されるべき独立決定主体を形成することを目的としている場合には，権力分立原理によって当該主体に権利が認められる。もっとも，その線引きは困難であり，トートロジーに過ぎないとの批判もある[124]。

　(b)　第1の限界は，権限に認められる利益の内実が不明瞭である点にある。権力分立によって権限が分割されるべきであること，代表民主政原理によって地方議会に一定の固有の権限が認められるべきであることが言えたとしても，その場合に権限に認められる利益の内容については言及されない。むしろそこで試みられていることは，こうした権限の分割・付与を十全ならしめるためには争訟の場合に訴訟への途が認められるべきであり，そのためには概念上権利したがって個別的利益が必要であるから，個別的利益を認めようという論証以

---

124)　*Buchwald*, a.a.O.（Anm. 13），S. 61f.

上のものではないように思われる。

　第2の限界は，適用可能領域の狭さにある[125]。権力分立原理・代表民主政原理を根拠としたことから明瞭なように，ブロイトゲの立論はこれらの憲法上の原理が妥当する領域にしか及ばない。直接的には連邦・ラント・地方自治体に限られることになろう[126]。

第4款　ハインリッヒ
——個別的利益の「培地」としての「指揮からの自由」[127]

　ハインリッヒ（Heinrich, Manfred）は，その『大学内部領域における行政裁判上の争訟』と題する1975年の著書（Streitigkeiten）において，大学組織争訟における訴訟類型の問題を契機として，大学の組織内部の機関（部分）の権利について詳細に論じた。ハインリッヒによれば，大学組織争訟において考え得るのは取消訴訟・義務付け訴訟・確認訴訟・一般給付訴訟であるところ，いずれにおいても原告の権利が前提となる。そこで機関に個別的利益が認められるか否かが問題となるところ，ハインリッヒは，権利なかんずく個別的利益の「培地」を「国家からの自由」に求め，内部領域における機関も他の機関の指揮に服さない場合には「国家からの自由」が認められることから権利が認められるとする。この論証は，同様の問題状況にある公法上の法人に権利が認められていることによって補強される。

　(1)　ハインリッヒは，行政訴訟の前提として内部関係も法関係であることを論証した上で，行政裁判所法の各訴訟類型は権利の存在を前提にしているとし，内部領域の機能主体が権利を持ち得ることの論証を試みる。

　　(a)　第1に，ハインリッヒは，行政訴訟が認められるためには内部関係がそもそも法関係であることが必要であるとして，これを法規概念の定義と射程の問題としてその解明を試みる。これは，行政裁判所法に則して言えば，同法

---

125)　*Buchwald*, a.a.O.（Anm. 13), S. 61.

126)　*Heinrich*, a.a.O.（Anm. 8), S. 60ff. は，ブロイトゲのアプローチの大学内部領域への適用を否定する。

127)　本款では，ハインリッヒの次の著作を主たる典拠とする（《　》内に以下本章で用いる略称を示す）。*Heinrich, Manfred*, Verwaltungsgerichtliche Streitigkeiten im Hochschulinnenbereich unter besonderer Berücksichtigung der Rechtslage in Nordrhein-Westfalen, 1975《Streitigkeiten》.

40条1項の問題である（Streitigkeiten, S. 18-20）。

　ハインリッヒによれば，伝統的な法規概念はその歴史的被制約性からもはやこれを維持できない。内部領域と外部領域との間の区別をそれぞれの関係の法的性格（法秩序に開かれているか否か）に結び付ける見解は，後期立憲主義国法学の諸観念（国家的組織の法人という私法上の概念に基づく把握，法人の内部領域の不浸透性）に遡る。もっとも，これら諸観念は，君主と議会によって代表された国民との間の緊張関係という当時の政治的状況に刻印されており，これに対応して，「後期立憲主義国法学は，法規の機能を，個々の主体（意思主体）相互の権利義務の境界を設定すること，あるいは一般的には人格的自由に，特別には私的財産に境界を設定することに専ら見出していた」（Ebenda, S. 22）。しかし，こうした君主と国民との二元論に立脚する法規概念は，ボン基本法の下における国民主権の一元論においては斥けられるべきである（Ebenda, S. 21f.）。こうして，法規概念の射程を法人の内部領域へと拡張することが承認される。曰く，「法規概念は，今や独立した意思主体相互の意思領域・行為領域に境界を設定し，あるいは人格的自由及び私的財産を制限するという機能のみを持つのではなく，国家における意思を形成し具体化するという任務をもまた果たすのである」（Ebenda, S. 23）。このようにして，大学組織の内部関係も法関係であることが確認される。

　また，こうした法規概念の拡張に伴い，「自己内部訴訟」であるか否かも訴訟の許容性の判断とは結び付かないことになる。従来「自己内部訴訟」の概念の下に内部関係についての訴訟は許されないとされていたが，内部関係も法関係である以上，もはや不浸透性ドグマを持ち出して自己内部訴訟は許されないとすることはできない。国家の任務を遂行するところの国家組織の分肢すなわち公法上の法人も一定の条件の下に訴訟を提起できることに鑑みれば，国家あるいは行政の一体性の原則によっても自己内部訴訟を排除することはできない（Ebenda, S. 24-26）。

　（b）　第2に，ハインリッヒは，行政裁判権の任務について，すなわち行政訴訟法と実体法との関係についての解明に取り組む。ハインリッヒによれば，戦前の各ラントにおける行政裁判制度やボン基本法からは行政裁判権の任務は一義的には定まらず，焦点は行政裁判所法の各訴訟類型に移される（Ebenda, S. 27-29）。

　ハインリッヒは，行政裁判所法上の取消訴訟・義務付け訴訟の権利侵害要件
（同法42条2項）及び本案勝訴要件（同法113条1項・4項）からこれら訴訟類型
の権利保護機能を読み取り，確認訴訟についても同法43条2項の「彼の権利」
という文言及び同条1項の法関係の概念から権利義務の存在が前提にされてい
ることを導く。一般給付訴訟についても同様であるとする。したがって，行政
訴訟をこれら訴訟類型において提起するためには，権利の立証が要求されるこ
とになるという（Ebenda, S. 29–32）。

　　（c）　こうして，ハインリッヒは，ヴォルフ（第2章第3節）やフリーゼン
ハーン（第2章第4節第2款），ルップ（第2章第4節第3款）やベッケンフェル
デ（第2章第5節第2款）等の見解を参照しつつ，大学の内部領域における権利
の存在についての論証へと進むことになる。その際，当該論証はその前提問題
も含めて大きく3つの段階へと分けられる。第1に，法主体性の問題であり，
第2に，それを前提とする法能力の問題であり，第3に，さらにそれを前提と
する権利の問題である。

　第1に，ハインリッヒによれば，法主体性を有するためには，少なくとも1
つの義務あるいは権利の帰属で十分であり，しかも終局的帰属主体である必要
はない。内部領域における機能主体もこれらの要素を満たし得る。曰く，「法
秩序には，社会的関係の秩序付けに際して，一定の社会的基体（機能主体）に
義務あるいは権利を帰属させること，それに伴って，目的適合的な単純化を理
由としてそれらを実定法によって形成された特定の実定的な義務及び権利の主
体として法技術的に扱うことが許されている」。「人工的な機能主体も，それゆ
え，法技術的に実定的な権利及び義務を持ち得るのである」（Ebenda, S. 44f.）。

　第2に，ハインリッヒによれば，法能力の概念は，「他者との関係における
諸法規の体系において権利あるいは義務の主体になり得る能力，言い換えれば，
法技術的な帰属の終局的主体になり得る能力」を要求する（Ebenda, S. 47f.）。
その際，義務に関してのみ終局的帰属主体であるだけでも法能力の承認にとっ
て十分である（Ebenda, S. 48）。また，個々の法能力は法領域（私法，公法等）ご
とに相対的であり，したがって，「法人の平面ではなく組織内部の法領域に焦
点が合わせられる場合，内部領域の機能主体は，もはや通過的な帰属の主体と
してはみなされ得ず，むしろ自身に配分された遂行権限に関しては終局的帰属
主体性を持つのである」（Ebenda, S. 50f.）。

　第3に，ハインリッヒは，権利の概念については，ブロイトゲ（第3款）や
ホッペ（第2節第3款）らと同じく，次の3つの要素にこれを分解する。すな
わち，①強行法規が存在していること，②特定の人格の他者に対する個別的利
益を保護していること，③義務者に対して然るべき行為を要求できる法的力が
付与されていること，である（Ebenda, S. 54）。これらのうち，①③は，機能主
体の遂行権限についても容易に肯定される。機能主体の権限は放棄不能であり
然るべき義務と結び付いているのが通例であるが，自由な処理可能性は私的自
治という実体的原理に由来しており，私権にとって意味を持つものに過ぎない
から，この点も権利の承認の妨げにはならない（Ebenda, S. 55）。

　(2)　こうして，残る②個別的利益の問題が焦点化されることになる。ハイン
リッヒは，権利なかんずく個別的利益の決定的要素を「私人と国家の利益対立
関係」すなわち「国家からの自由」に求め，人格内部の機能主体に「指揮から
の自由」が与えられている場合には「国家からの自由」と同様の状況が認めら
れることからその個別的利益を認める。この理は，公法上の法人に権利が認め
られる際の論理によって補強される。

　　(a)　ハインリッヒによれば，大学内部領域の機能主体に個別的利益を認め
る上での障害は，次の点にある。すなわち，権利及び個別的利益は，私人と国
家の利益対立関係に基づいており，それゆえ公益と私人の個別的利益との間の
利益多元性を前提にしているのに対し，大学内部領域のあらゆる人工的な機能
主体は公益を遂行するので，その限りで個人と国家との間の利益対立関係につ
いて語ることができないという点である（Ebenda, S. 58）。

　このような障害にも拘らず，「組織法上の遂行権限が人格内部の機能主体の
個別的利益の保護を目的とするのか否か，するとして如何なる条件の下におい
てするのか」（Ebenda, S. 56）という問題を扱い，結論として機能主体の個別的
利益を肯定した先行研究として，本書においても既に検討したキスカー（第1
款），ツァツォス（第2款），ブロイトゲ（第3款）の見解が紹介される。もっと
も，ハインリッヒはこれらを批判の上に斥ける。すなわち，キスカー，ツァツ
ォスは人工的な機能主体の利益とそれを担当する個人の事実的な利益とを混同
しており（Ebenda, S. 58f.），ブロイトゲの援用する民主政原理・権力分立原理
は大学組織には適用できないというのである（Ebenda, S. 60-63）。

　　(b)　ハインリッヒが示す固有のアプローチは，「私人と国家の利益対立関

係」と同様の利益状況を大学内部領域にも承認することを目的とする。そのためにまずハインリッヒが指摘するのが，公益遂行の方法・形式に関する事実的な利益衝突である。ハインリッヒによれば，確かに全ての機能主体は最終的には公益を遂行するため，国家という組織的全体構造の内部においては私人と国家の利益多元性は存在せず，したがって公益に反する機能主体の固有の利益なるものは排除されている。しかしながら，「包括的な公益にも拘らず，国家的組織の内部においても，公益遂行の方法・形式に関する利益衝突が事実上存在する。すなわち，公益は多数の機能主体によって遂行されるから，これら機能主体の間にそれぞれが遂行する権限の範囲についての意見の多様性が生じ得るのである」(Ebenda, S. 64)。

　続いて，ハインリッヒは，権利なかんずく個別的利益の決定的要素を「国家からの自由」に求める。ハインリッヒによれば，権利及び個別的利益の概念の適用の前提にある「私人と国家の利益対立関係」は，国家的権力の侵害に対して私人の自由領域を保護するという目的によってその内容を獲得する。この自由思想から生じる利益対立関係こそが伝統的な意味における権利の「培地」(Nährboden) を提供するのである。したがって，国家なる組織的全体構造の内部においても（制限的にせよ）国家からの自由が存在し得るのであれば，機能主体の権利もまた存在し得ることになる (Ebenda, S. 64)。

　それでは内部領域において「国家からの自由」は語り得るのか。ハインリッヒは，次のように述べてこれをいとも簡単に肯定する。曰く，「人格内部の機能主体が，自身に分配された法律に基づく任務を遂行する際に，人格内部領域の他の機能主体の指揮に完全には服さない場合には，常に，彼に法律上一定の自由領域が帰属する。この他の機能主体からの独立は，国家からの自由としてこれを一貫して理解することができる」。したがって，「内部領域の機能主体は，自身の任務を遂行する際に（内部領域の）他の機能主体の指揮から——少なくとも制限された範囲において——独立している場合には，その限りにおいて，個別的利益を持ち得るのである」(Ebenda, S. 64f.)。

　(c)　もっとも，以上のような人格内部領域における「個別的利益と指揮からの自由の附従性」(Ebenda, S. 66) は，判例・学説において承認されていない。そこで，その基礎付けのためにハインリッヒが引き合いに出すのが，公法上の法人の監督官庁に対する権利である。ここで試みられているのは，本書にいう

典型的機関争訟の「法律上の争訟」性の否定から非典型的機関争訟についても
その「法律上の争訟」性を否定しようとする我が国における「架橋理論」(第 1
章第 2 節第 3 款) とは正反対の発想である。

　まず, ハインリッヒは, 公法上の法人も公益を遂行する点で機能主体と同じ
く国家の分肢であるにも拘らず, 通説は, ボン基本法 28 条 2 項[128] という明
文の規定を持つ市町村・市町村連合以外の公法上の法人についても, その自治
領域に対する監督官庁の侵害に対して防御できること, それゆえその限りで法
的に保護された個別的利益 (したがって権利) を承認していることを確認する
(Ebenda, S. 67-69)。

　ハインリッヒによれば, 通説が公法上の法人に個別的利益・権利を認める論
理構成は必ずしも明らかではないが, 次のように整理されるという。すなわち,
公法上の法人の法的に保護された利益は, その任務が自治において (すなわち
固有の責任において) 遂行される場合に存在する。固有の責任について語り得る
のは, 法人が遂行されるべき任務に関連して法監督 (権限遂行の法律適合性に関
する監督) あるいは個別的監督 (法律上特別に列挙された許可・確認の留保) のみ
に服している場合である。それゆえ, 結局, 重要であるのは指揮権の範囲であ
ることになる (Ebenda, S. 69-77)。

　以上を受けて, ハインリッヒは次のように結論付ける。曰く, 「通説は, 公
法上の法人の場合には, 法的に保護された個別的利益の立証のために指揮から
自由であることに焦点を合わせる一方で, 人格内部の機能主体の領域において
は, 指揮からの自由と法的に保護された個別的利益との附従性は広く否定され
ている。同一の問題状況についてのこうした異なる扱いが正当化されるとした
ら, それは, 法人の平面と人格内部の機能主体の平面との間の相違がそのよう
な分化を要求する場合に限られる」(Ebenda, S. 77)。確かに, 公法上の法人は
人格内部の機能主体とは異なり一般法秩序上の権利・義務の主体であることは
争われていないが, 同時に, 公法上の法人は上位の国家目的を果たすところの

---

128)　ボン基本法 28 条 2 項は, 「市町村に対しては, 法律の範囲内において, 地域的共同体のすべて
　　の事項を, 自己の責任において規律する権利が保障されていなければならない。市町村組合もまた,
　　その法律上の任務領域の範囲内において, 法律の基準にしたがって, 自治権を有する。自治の保障
　　には, 財政上の自己責任の基盤も含まれ, 税率決定権を有する市町村に帰属する経済関連の租税財
　　源もこの基盤の一部をなしている」と規定する。邦訳は, 高田 = 初宿編訳・前掲注 32) 226-227 頁
　　に拠った。

組織法上の遂行権限の主体でもあり，それゆえ法人においても組織法秩序の領域における地位を巡る争いが問題になっているのである。したがって，両者の平面に個別的利益の存在について有意な差異はなく，人格内部領域においても，指揮からの自由がある場合には法的に保護された個別的利益すなわち権利の存在が肯定されなければならない（Ebenda, S. 77-79）。

（3）　以上のハインリッヒのアプローチは，次の2つの意義と2つの限界を有する。

　（a）　第1の意義は，権利の「培地」としての「国家からの自由」にまで遡ることによって，「指揮からの自由」を根拠として個別的利益したがって権利を基礎付けるという構成を試みた点にある。こうした試みが成功していれば，外部法領域における権利と内部法領域における権利との同質性が「国家からの自由」を媒介として担保されることになろう。

　第2の意義は，公法上の法人の権利が承認されていることから機関の権利を導こうとする構成にある。こうした構成は，既に何名かの論者によって試みられていたが[129]，ハインリッヒはこれをより明示的かつ詳細に展開した。我が国の一部において見られる架橋理論とは正反対の構成が試みられていることは，強調されてよい。

　（b）　第1の限界は，「国家からの自由」を媒介とする外部法領域における権利と内部法領域における権利との同質性の論証が成功しているのか疑わしい点にある。同一の法人の他の機関の指揮に服さないということが本当に外部法領域において語られる「国家からの自由」と同質であり得るのか，あるいはそもそも「国家からの自由」は権利の決定的要素たり得るのか，「国家からの自由」なる概念がハインリッヒによって明確には規定されていないこともあって，疑わしい。何らかの意味での自由領域が或る法主体に法秩序によって与えられていたとして，その自由領域が与えられた目的は当該法主体の個別的利益の保護である必然性はないはずである。ハインリッヒの指摘する「権限の範囲についての意見の多様性」なるものが権利の要素たる個別的利益を充足するとするには少なくともさらなる論証が必要であろう。

　第2の限界は，公法上の法人の権利が承認されていることから機関の権利を

129）　たとえば，*Bleutge*, Kommunalverfassungsstreit, S. 96ff.; *Lorenz*, a.a.O.（Anm. 5), S. 332.

導こうとする構成の外在性にある。こうした構成は，通説の矛盾を衝くものではあっても，公法上の法人及び人格内部の機能主体の権利の存在を内在的に論証するものではない。公法上の法人の権利をすら疑う者（我が国における架橋理論）にとっては，説得力のない議論である点に注意を要する。

第5款　利益承認型の意義と限界

　以上を受けて，利益承認型のアプローチについて，第2節において紹介・検討した権利不要型の論者の見解も踏まえつつ，3つの観点からまとめておく。

　(1)　第1に，各論者における権利を巡る議論の前提として，第2章で確認されたドイツ公法学における国家法人説及び不浸透性ドグマの克服（内部・外部二分論の克服，法領域ごとの人格の相対性の承認，部分的権利能力の承認等）は，機関争訟論においても反映されている（特に，ホッペ（第2節第3款(1)），キスカー（第1款(2)），ブロイトゲ（第3款(1)），ハインリッヒ（第4款(1)））。問題の焦点は権利の存否，したがって次に見るように個別的利益の存否にある。

　(2)　第2に，権利を肯定するためには個別的利益が必要であるとされているが，それには困難が伴う。権利の概念は，①法規という根拠を持ち，②個別的利益の保護を目的とし，③義務者に一定の行動を求める法的力を内容とすることによって規定されている（明示的には，ホッペ（第2節第3款(1)），ブロイトゲ（第3款(2)），ハインリッヒ（第4款(1)）。キスカー（第1款(1)），ツァツォス（第2款(1)）もこの点は前提にしていると思われる）。ここまでの検討においては，こうした権利の伝統的な概念把握自体は基本的には疑われていない。そうすると，問題の焦点は機関の個別的利益の可能性ということにならざるを得ない。

　利益承認型のアプローチはこの点に正面から取り組み，それぞれの方法で機関の個別的利益を承認しようとしてきた。しかし，これらの見解は程度の差こそあれ共通の問題点を抱えていた。すなわち，そこで承認された利益が個人に通例認められる個別的利益とは異なる性質のものであること，機関の利益と個人の利益とが混同されていること，訴訟を認めるための個別的利益の必要性が論証されているに留まること，あるいはそもそも認められた利益の内容が不明瞭であること等である。これら問題点の根底には，「利益の概念が，個人的利益にせよ個別的利益にせよ，あるいは一般的利益にせよ，極度に不確定のまま

である」（ブーフヴァルト）[130] ことがあろう。このことは，いずれの論者においても利益それ自体の定義がなされていないことに表れている。

　⑶　第3に，他方で，民衆訴訟化を防ぎつつも一定の範囲で機関訴訟を認めるべきであることについては広く見解の一致が見られる。こうした機関訴訟の必要性は，判例において示された実践的必要性に加えて，理論的にも，共通利益の実現のための諸機関の「チェック＆バランス」（キスカー（第1款⑵）），公法上の社団の目的たる一定の特別利益の汲み上げのための「利益弁証法」（ツァツォス（第2款⑵）），あるいは権力分立原理・代表民主政原理等の憲法上の要請（ブロイトゲ（第3款⑵））等，様々に基礎付けられている。利益承認型のアプローチは，こうした制度上の要請の故に機関訴訟が認められるべきであることを前提として，機関訴訟が認められるためには個別的利益が必要であることから，個別的利益の存在をいわば無理やり肯定してきたと言えなくもない。

　このように様々な基礎付けが試みられているものの，結論として機関訴訟が認められるべきとされる範囲については，かなりの共通性が見られる。エーリッヒゼンの「防御可能な地位」（第2節第2款⑵），キスカーの「チェック＆バランス」（第1款⑵），ツァツォスの「社団内部の利益弁証法」（第2款⑵），ブロイトゲの「独立した決定主体」（第3款⑵），ハインリッヒの「指揮からの自由」（第4款⑵）等，表現の相違はあるものの，いずれの論者も機関に「一定の自律性・独立性」が法秩序によって付与され，あるいは法制度によって予定されている場合に出訴資格を肯定している。これらの基礎には，規範的には全体組織の共通利益のために協働するはずの機関相互の間にも権限を巡る（少なくとも事実上の）対立があること，全体組織の共通利益はアプリオリに存在するものではなくむしろこうした対立とその止揚によってより良く実現されること，そのためには機関に「一定の自律性・独立性」が認められるべきであることの認識があり，そうして認められた自律性・独立性を貫徹するためには出訴資格が付与されるべきであるという判断があるように思われる。

　⑷　こうして，①機関訴訟の許容のためには権利が必要であること（権利不要型の否定），②機関に個別的利益を認めることは困難であること（利益承認型の否定），③それにも拘らず機関が「一定の自律性・独立性」を有するときは

---

130)　*Buchwald*, a.a.O.（Anm. 13），S. 69.

出訴資格が認められるべきであること，これら 3 点に直面して，①②を認めつつ③を叶えようとする別のアプローチが提唱されることになる。すなわち，権利の要素から個別的利益を排除する「利益不要型」のアプローチである。この利益不要型のアプローチを紹介・検討するのが，次節の課題である。

第 4 節　利益不要型 [131]

　本節は，権利概念の要素から利益を除外するアプローチ（利益不要型）を検討する。第 3 節までにおいて示された権利不要型・利益承認型のアプローチの限界からして，学説においては利益不要型のアプローチを採用する論者が存在する。本節は，こうしたアプローチを採る論者を現れた時期によって大きく 2 つのグループに分けて紹介・検討する。第 1 は，1960 年代から 1980 年代において現れた論者（エーヴァルト，ロレンツ，ベートゲ）であり，第 2 は，1990 年代以降において現れた論者（ブーフヴァルト，ロート）である。前者においては，結論として個別的利益は不要であるとされるものの，その論拠がなお曖昧あるいは不十分であったのに対し，後者においては，個別的利益の不要性（ないし権利と権限との区別における非有意性）が自覚的に争点化され，この問題が正面から取り組まれている。以下においては，まず 1960 年代から 1980 年代に至る利益不要型の議論を紹介・検討し，その課題を整理した上で，その課題に 1990 年代以降の学説がどのように取り組んだのかを分析する。

第 1 款　エーヴァルト——他の機関に対して防御する法的力 [132]

　エーヴァルト（Ewald, Klaus）は，その 1970 年の 2 つの論文（大学組織争訟に

---

131)　門脇・前掲注 1)（1）141–148 頁及び同（2）170–181 頁は，「脱利益志向」（本書の言う利益不要型）の論者としてケルゼン（Kelsen, Hans）の見解を詳細に紹介しており，参考になる。

132)　本款では，エーヴァルトの次の著作を主たる典拠とする（《　》内に以下本章で用いる略称を示す）。*Ewald, Klaus,* Die prozessuale Behandlung des inneruniversitären Verfassungsstreits, WissR 3 (1970), S. 35ff.《Behandlung》; *ders.,* Zur Beteiligungsfähigkeit im Kommunalverfassungsstreitverfahren, in: DVBl. 1970, S. 237ff.《Beteiligungsfähigkeit》. 既にエーヴァルトの見解を紹介するものとして，門脇・前掲注 1)（2）184–186 頁。

ついて「大学内部の組織争訟の訴訟上の扱い」（Behandlung），地方自治体組織争訟について「地方自治体組織争訟における関係人能力について」（Beteiligungsfähigkeit））において，機関の権利を認めるに当たって利益を不要とする見解を採用した[133]。エーヴァルトによれば，大学機関及び地方自治体組織機関が行政訴訟に登場するにはそれらに関係人能力が認められる必要があり，そのためには権利が必要であるところ，他の機関に対して自身の権限を防御する法的力が与えられている場合には，機関に権利が認められ，したがって関係人能力が認められるというのである。

　（1）　エーヴァルトは，大学組織争訟を「異なる大学機関の間ないしこれらの機関の内部における，それらの対抗する形で存在する権利義務及び決定の法適合性についての対立」と定義し（Behandlung, S. 36），それが行政裁判所法40条1項に言う「非憲法的な公法上の争訟」に当たることを確認した上で（Ebenda, S. 37），関係人能力について論究する。エーヴァルトによれば，関係人能力を定める同法61条の直接適用によっては，いずれの号を用いても大学機関の関係人能力を肯定することはできない。すなわち，大学機関は自然人でも法人でもないため同条1号によっては関係人能力を獲得できず，たとえ合議制機関であっても「団体」ではないため同条2号から関係人能力を導くこともできない。同条3号に言う「官庁」は，外部法領域において第三者に対して登場し，その権利を争訟手続において実現する機関のみであるから，内部法領域における争訟の場合の機関の関係人能力は同号によってこれを導くことはできない（Ebenda, S. 38）。

　それにも拘らず，エーヴァルトは，大学機関も権利を持ち得る限りにおいて関係人能力を有するとする。エーヴァルトによれば，あらゆる権利主体はその権利を主張し得るのであって，行政裁判所法61条2号は，確かに文言上「団

133）　*Buchwald*, a.a.O.（Anm. 13), S. 67f. は，エーヴァルトの見解を利益理論（本書の言う利益承認型）の1つに位置付けているようであるが，本文で見るように厳密に言えばそもそも利益を不要とするエーヴァルトの見解は，キスカーに端を発する「利益理論」とは異なる系統に属すると言うべきである。このことは，Ebenda, S. 68 が次のように述べて，エーヴァルトの見解を「弱い利益理論」としていることにも表れている。曰く，「エーヴァルトのアプローチは，弱い利益理論として呼ばれ得るものである。なぜなら，彼は，個人的ないし個別的な利益の概念を第1次的にはその中心的な論証の根拠とはせず，さらに機関が直接的にそれらを持ちあるいは主張することを前提としていないからである」。

体」のみに関連付けられているが，これは例示に過ぎず，他の権利主体を排除する趣旨ではない。こうして，大学機関の関係人能力という訴訟法上の問題は，その権利主体性という実体法上の問題によって決せられることになる（Ebenda, S. 38f.）。地方自治体組織機関についても，同様の問題設定がなされている（Beteiligungsfähigkeit, S. 239ff.）。

　(2)　エーヴァルトは，内部組織における利益調整ないし機関統制のためには，他の機関に対して自身の権限を防御する法的力が機関に与えられる必要があるとし，この法的力を以て権利であるとする。

　エーヴァルトによれば，機関の固有の権利について語り得るのは，「他の或る機関が異なる機関の意思に従って行動するよう法秩序によって義務付けられることによって，機関意思の拘束性が保障されている場合」のみであり，この種の機関の機能が与えられるのは，まさにその具体的形成において，構成員間の利益対立の調整によって社団の全体利益を形成しようとする一定の組織構造を構築するためにもその機関が設置されている場合であるという（Behandlung, S. 39f.）。すなわち，社団の全体利益の形成のためには構成員間の利益対立を調整する必要があり，そのための組織構造が採用された以上，そこにおける各機関には他の機関に対して一定の作為・不作為を求める法的力が認められているはずであるということであろう。

　エーヴァルトは，地方自治体組織機関について，以上の理をより詳細に展開している。曰く，「国法と同様に，地方自治体組織法は，個々の機関の間に，内部機関統制に資すべきところの有効な影響可能性が存在しなければならないことを前提にしている。既存の機関構造の保障に向けたこの機能が行使され得るのは，個々の機関に付与された役割を実現するための権限がそれら機関に与えられている場合のみである。そのために必要であるのは，個々の機関に，その権限を他の機関あるいは機関部分に対して防御する法的力が与えられていることである。その限りにおいて，機関と機関担当者との間のみならず，機関相互の間にも法関係が存在する」。「こうした法的権能も主観的な公法上の権利を意味する。なぜなら，この性質決定にとっては，その権利が基づくのが内部法規範であるのか外部法規範であるのかはどうでもよいからである。そのために唯一決定的であるのは，他ならぬ自身に対する一定の行態を他の或る主体に要求するところの，法規によって基礎付けられた或る主体の権能である」（Beteili-

gungsfähigkeit, S. 242f.)。ここでは，権利主体性にとって決定的であるのは一定
の法的力の有無であるとされており，それに係る固有の利益の有無は問われて
いないのである。

(3) 以上のエーヴァルトのアプローチは，次の意義と限界を有する。

(a) その意義は，機関の権限に利益性を認める利益承認型のアプローチと
異なり，そもそも利益を必要としていないところに認められる。確かにエーヴ
ァルトにおいても構成員間の利益対立の調整によって全体利益が実現されるこ
とが想定されているが，ここに言う「構成員間の利益対立」から権利概念の要
素たる利益を基礎付けることは試みられていない。むしろ強調されているのは，
構成員間の利益対立の調整によって全体利益の実現が図られる組織構造が採用
された以上，そうした組織構造が円滑に進展するためには，各機関には他の機
関に対して一定の作為・不作為を求める法的力が認められていなければならな
いという観点である[134]。

(b) その限界は，利益を不要とする論拠の不明瞭性にある。特にエーヴァ
ルトを名指ししてこの点を非難する論者は見当たらないが，一定の組織構造が
機関相互間の影響可能性を必要としており，したがってそのような組織構造を
構築した法秩序が他の機関に対する法的力を機関に予定しているとしても，そ
こから導かれるのはせいぜい出訴資格を認めるべき実践的な必要性に過ぎない。
伝統的な権利概念の理解に従う限り，行政裁判所法の求める権利をそこから直
ちに導くには論理の飛躍があろう。

第 2 款 ロレンツ──権限の専門性と排他性[135]

ロレンツ (Lorenz, Dieter) は，その「行政裁判所における自己内部訴訟の問
題について」と題する 1968 年の論文 (Insichprozess) において行政裁判所にお

---

134) 門脇・前掲注 1) (2) 185-186 頁参照。

135) 本款では，ロレンツの次の著作を主たる典拠とする (《 》内に以下本章で用いる略称を示す)。
Lorenz, Dieter, Zur Problematik des verwaltungsgerichtlichen Insichprozesses, in: AöR 93 (1968),
S. 308ff.《Insichprozess》; *ders.*, Der Organstreit vor dem Bundesverfassungsgericht, in: Bundes-
verfassungsgericht und Grundgesetz: Festgabe aus Anlaß des 25jährigen Bestehens des Bundes-
verfassungsgerichts, Band 1: Verfassungsgerichtsbarkeit, 1976, S. 225ff.《Organstreit》. 既にロレン
ツの見解を紹介するものとして，雄川・前掲注 51) 444-447 頁，門脇・前掲注 1) (3) 519-522 頁。

ける自己内部訴訟を論じ，「連邦憲法裁判所における機関争訟」と題する1976年の論文（Organstreit）において連邦憲法機関の機関争訟を論じている。ロレンツによれば，官庁に一定の専門領域の代弁者としての地位が認められる場合には，当該官庁に権利が認められる。連邦最高機関についても，出訴資格を認める実定法上の規定の有無に関わらず，権力分立の原理からして権限の専門領域性（及び排他性）が認められ，したがって権利が認められる。もっとも，ここで認められた権利は，利益領域・意思領域の境界画定のためのより技術的な意味におけるそれであり，私人一般に認められる「真の」権利とは異なる。

(1)　ロレンツは，まず「自己内部訴訟」という概念を次のように定義し，検討の対象を画定する。すなわち，「自己内部訴訟の存在が語られ得るのは，たとえば国家や市町村あるいはその他の公法上の法人等の同一の法主体が，直接的であれその官庁によってであれ，原告としても被告としても関係している場合である」(Insichprozess, S. 309)。その上で，権利についての争訟を裁判するという行政裁判権の機能を引き合いに出すのであれ，行政裁判所法42条2項という実定規定を引き合いに出すのであれ，自己内部訴訟が許されるのは権利の主張が問題になっている場合のみであるとする（Ebenda, S. 312f.)。

そうすると，ロレンツにおいても，自己内部訴訟の許否は，官庁が権利の主体たり得るのか否か，それが侵害され得るのか否かに拠ることになる。ロレンツは，この点を論ずる前提として，ルップ（第2章第4節第3款）等を引用しつつ不浸透性理論を否定して官庁間の法関係の存在を肯定し（Ebenda, S. 313f.)，ヴォルフ（第2章第3節）等を引用しつつ官庁の法主体性を肯定する（Ebenda, S. 315f.)。

(2)　以上を前提として，ロレンツは，官庁の権利主体性を論証した上で，自己内部訴訟に係る行政裁判所法の解釈論を展開する。ロレンツによれば，官庁が一定の専門領域の代弁者である場合には官庁に権利が認められ，連邦最高機関については権力分立の原理からしてこの条件はより高い程度において満たされる。

(a)　第1に，ロレンツは，現代生活における専門分化が行政組織の細分化を生み出し，それが実定法的に承認されていることを論証する。ロレンツによれば，現代生活の全領域で専門分化が進み，それに伴って国家行政も部局へと分割され，さらに専門官庁へと細分化される。こうして，官庁は国家行政活動

の固有の核細胞（Kernzelle）となる。それは，規範的には権限の主体であるが，事実的には一定の自律性・独立性を有する人的物的手段の組織的統一体である。こうした行政の現実は，法令が一定の官庁の存在を前提とし，それにそれぞれの権限を委ねることによって，実定法的に承認される（Ebenda, S. 317f.）。

　第2に，ロレンツは，そのようにして付与された権限が一定の場合には権利たり得ることを論証する。ロレンツによれば，核細胞たる官庁に付与された権限は「客観的な」権能に過ぎないが，官庁が一定の固有の専門領域の代弁者である場合には，これら機関は権限の付与に伴って権利を獲得する。すなわち，行政活動が最も合理的に遂行され得るのは最も専門知識のある官庁に委託されたときであるところ，そのようにして一定の専門領域を委ねられた官庁は，その領域の利益の代弁者として，それ以外の官庁に対する法的力を有することになる。このとき，その官庁の法的力は権利であるという（Ebenda, S. 318f.）。このようにして権利が認められる官庁の例としては，或る行政行為をなすのに或る専門官庁の同意が必要とされている場合と，指揮に服さない委員会の場合とが挙げられる（Ebenda, S. 321f.）。

　第3に，これに対して固有の利益の欠如を理由に官庁の権利を否定する通説の反論は，次のようにして克服される。ロレンツによれば，固有の利益の欠如を理由に官庁の権利を否定する理解は法人と私人（あるいは他の法人）との間に存する外部関係に焦点を合わせているところ，官庁の権利の承認は他の官庁との関係のみに関するものであるから，この批判は当たらない（Ebenda, S. 319）。また，民主政的法治国家におけるあらゆる公行政の活動は公共善に向けられているところ，通説がそれにも拘らず国家の権利したがって「固有の利益」を承認していることからすれば，同様に官庁にも権利が認められるはずである（Ebenda, S. 319f.）[136]。

---

136)　この部分の叙述，及びロレンツにおいても権利概念が「或る人格に客観法によって固有の利益の満足という目的のために付与された法的力」（*Lorenz*, Insichprozess, S. 313. 圏点筆者）と定義されていることのみからすれば，ロレンツのアプローチはむしろ利益承認型に分類され得るようにも思われる。もっとも，この部分の叙述は通説の矛盾を突く文脈であって官庁の固有の利益を積極的に論証するものではなく，その他にも固有の利益を積極的に論証する箇所は見当たらない。また，(b)に見るように，憲法上の機関争訟について，機関間関係における権利の承認のための前提が規範的に基礎付けられた一定の専門領域のための固有の責任及びそこから生じる遂行権限の排他性に求められていることからしても，ロレンツのアプローチは全体としてこれを見れば利益不要型に位置付けられるべきであろう。この点につき，門脇・前掲注1）(3) 519–521 頁は，ロレンツを「利益

　第 4 に，ロレンツは，こうして承認された実体法上の権利を基礎に，訴訟法上の問題についても検討する。ロレンツによれば，既に述べたところからして官庁相互の間の権利の存在が承認されたとしても，それによって当然にこの領域における権利侵害が裁判可能になるわけではない（Ebenda, S. 324）。ボン基本法 19 条 4 項[137]の意義はまずもって執行権力の専断を市民に対する関係で排除することにあることからして，同項の権利保障は，権力者とその服従者との間の関係にしか及ばず，同一の法人の官庁相互の間の争訟には及ばない（Ebenda, S. 325ff.）。もっとも，そのことは個別の法律によって自己内部訴訟の途を開くことを排除しない。ロレンツによれば，行政裁判所法の解釈として，官庁が権利を主張できる限り，行政裁判所法 40 条 1 項の「公法上の争訟」性が認められ（Ebenda, S. 330ff.），関係人能力はラント法上そのための権限が与えられている限りにおいて同法 61 条 3 号によって認められ（Ebenda, S. 332ff.），訴訟類型としては給付訴訟及び確認訴訟が認められるという（Ebenda, S. 334f.）。

　（b）　ロレンツは，連邦最高機関についても，行政官庁と同様の論理でその実体法的な権利を導く。ロレンツによれば，連邦憲法上の機関争訟については，既にボン基本法 93 条 1 項 1 号や連邦憲法裁判所法 63 条によって訴訟の途が明示的に開かれており，連邦最高機関相互の間に法関係が存在すること，連邦最高機関が権利の主体たり得ることは実定法上明らかにされている。このことは訴訟においてのみ訴訟当事者が人工的に作り出されたことを意味せず，連邦最高機関は訴訟の途が開かれているか否かに関わらず実体法的にも権利を有するという。というのも，機関間関係における権利の承認のための前提は規範的に基礎付けられた一定の専門領域のための固有の責任及びそこから生じる遂行権限の排他性であるところ，権力分立原理を採用する憲法国家の体系においては専門権限相互間の境界設定が効果的になされることが要求されるため，連邦最高機関の権限はこれらの条件をより高い程度において満たすからである。それ

志向」（本書の言う利益承認型）に位置付けているものの，同 520–521 頁は，ロレンツを「差し当たっては，利益説の論者として理解することが許されよう」としながらも，「ロレンツは，建前としては利益説をとりつつも，実質的にはベートゲのような脱利益化された『対照機関』概念を鍵として機関の権利を導いていることになる」としている。

137)　ボン基本法 19 条 4 項は，その第 1 文において，「何人も，公権力によって自己の権利を侵害されたときは，裁判で争う途が開かれている」と規定する。邦訳は，高田＝初宿編訳・前掲注 32）222 頁に拠った。

ゆえ，それらの専門権限は，外部からの侵害に対して固有の専門領域を防御するための法的力を有する。これは権利を意味する（Organstreit, S. 237）。

ロレンツによれば，こうして承認された機関の権利は，機能的に見て，人格関連的で個人権的な地位の承認及び保障という意味における「真の」権利ではない。むしろ，ここでいう権利は，利益領域・意思領域の境界設定のための道具というより法技術的なものである。しかし，専ら個人のためになされるボン基本法14条[138]による基本権保障を基礎にして高権主体にも単純法上の権利が承認されてきたことからすれば，権利の妥当領域は個人の保護には限られない（Ebenda, S. 238f.）。

(3)　以上のロレンツのアプローチは，次の2つの意義と2つの限界を有する。

(a)　第1の意義は，権利を基礎付けるものとして権限の専門性と排他性を挙げ，これによって行政法上の機関争訟と憲法上の機関争訟とが統一的に把握されていることである。憲法上の機関訴訟を認める諸規定の存在から行政法上の機関訴訟の許容性を導こうとするエーリッヒゼン等の見解に対して，より踏み込んだ検討がなされていると言えよう。

第2の意義は，権利概念の複層性を示唆した点にある。すなわち，ロレンツも自認する如く，ここで認められた機関の権利は私人一般に認められる「真の」権利とは異なる性質を持ち，これが是認されるためには権利の概念的拡張を正当化する論理を伴わなければならないところ，ロレンツは，通説が公益の実現を目指す国家や公法上の法人にも権利を認めていること，したがって問題となっている法的力が公益のためのものであることは権利を認めるに際して障害にはならないことを挙げる。ここでは，権利概念が私人の固有の利益に向けられたその中核部分と公益に向けられたその周辺部分とから成ることを，通説が実は暗黙の裡に前提にしてきたことが示唆されていよう。

(b)　第1の限界は，専門官庁であることから権利が導かれる理由が曖昧であることを除けば[139]，ロレンツにおいては官庁の関係人能力が認められるのはラント法上それが付与されている場合に限られるため，機関訴訟の一般的な許容性を少なくとも直接的には導くものではない点にある。すなわち，行政法

---

138)　ボン基本法14条1項は，「所有権及び相続権は，これを保障する。その内容及び限界は，法律でこれを定める」と規定する。邦訳は，高田＝初宿編訳・前掲注32）220頁に拠った。

139)　*Roth*, a.a.O.（Anm. 9），S. 618f.

上の機関訴訟の許容性は結局ラント法上の個別的規律に委ねられることになっ
てしまう。

　第 2 の限界は，実体法上権利を認められた者の出訴資格をこのようにラント
法の個別的な規律に委ねることが，行政裁判所法の解釈として成立しているの
かという点にある。既に見たように（第 1 節第 3 款第 2 項），こうしたロレンツ
の見解は，権利が認められる以上行政裁判所法 61 条 2 号ないしその類推適用
によって関係人能力が認められるとする多くの論者の見解と対立する。もっと
も，この点に関しては，ロレンツの言うように官庁に認められた権利が（権利
概念の複層性の承認の下に）ボン基本法 19 条 4 項の保障外にあるならば，官庁
は，自然人でも法人でもなく（同条 1 号），団体でもないのであるから（同条 2
号），ラント法の規律に委ねられている（同条 3 号）と解するのがむしろ自然で
あるとも言えなくもない。

第 3 款　ベートゲ――協働秩序・対照化・対抗バランス[140]

　ベートゲ（Bethge, Herbert）は，それぞれ「組織内部法上の権利保護の基礎
問題」（Grundfragen），「行政法上の機関争訟の中間決算」（Zwischenbilanz）と題
する 1980 年の 2 つの論文で行政法上の機関争訟一般を扱い，「地方自治体組織
争訟」と題する 1982 年の論文（Kommunalverfassungsstreit）で地方自治体組織
争訟を，「ラント憲法の機関争訟」と題する 1983 年の論文（Organstreitigkeit-
en）でラント憲法争訟を扱っている。ベートゲは，実定法上認められた憲法上
の機関争訟の基礎にある実体法関係が行政法上の機関争訟においても見られ得
ることからその訴訟の一般的な許容性を導いた上で，権限を権利に切り上げる
ための「特別の正当化根拠」として「協働秩序・対照化・対抗バランス」を要

140）　本款では，ベートゲの次の著作を主たる典拠とする（《　》内に以下本章で用いる略称を示す）。
　　Bethge, Herbert, Grundfragen innerorganisationsrechtlichen Rechtsschutzes: Einige Bemerkungen
　　zu aktuellen Kontroversen über den dogmatischen Standort des verwaltungsrechtlichen Organ-
　　streits, in: DVBl. 1980, S. 309ff.《Grundfragen》; *ders.*, Zwischenbilanz zum verwaltungsrechtlichen
　　Organstreit, in: DVBl. 1980, S. 824f.《Zwischenbilanz》; *ders.*, Der Kommunalverfassungsstreit, in:
　　Handbuch der kommunalen Wissenschaft und Praxis, Band 2: Kommunalverfassung, 2. Aufl.,
　　1982, S. 176ff.《Kommunalverfassungsstreit》; *ders.*, Organstreitigkeiten des Landesverfassungs-
　　rechts in: Landesverfassungsgerichtsbarkeit, Teilband 2, 1983, S. 17ff.《Organstreitigkeiten》. 既に
　　ベートゲの見解を紹介するものとして，門脇・前掲注 1）（3）518-519 頁。

求する。ベートゲの著作を全体として見ればここでも個別的利益が不要とされているわけであるが[141]，伝統的な権利概念の変更・拡大のための十分な論証はなされているとは言い難い。

（1）ベートゲは，第3節第2款で見たツァツォスと同じ意味において「行政法上の機関争訟」なる用語を用いた上で，行政裁判所法は外部法領域の法関係に合わせて作られていること，その前提には不浸透性理論の影響があることを確認する（「不浸透性トラウマ」）。ベートゲによれば，自己内部訴訟の問題を解決するためには，行政訴訟上の個別の論点を超えて，より深い実体法上の問題に取り組まなければならない（Grundfragen, S. 309ff.）。

ベートゲは，組織内部法上の権利保護を巡る問題の実体法的解明及びその行政訴訟上の具体化に際して考慮されるべき重要な観点として，次の6つを挙げる。すなわち，①機関に委ねられた権限を公権に変換する可能性・必要性があるのか否か，②かつて法から自由とされていた国家組織の内部領域を一般に法秩序に開いたことから直ちに機関の「法的地位」が出訴可能な権利に突然変異（Mutation）するのか否か，③それだけでは突然変異しないとすると，権限秩序と結び付いた法的力を出訴可能な公権へと切り上げるのに必要な特別の正当化根拠は何か，④「自己内部訴訟」の概念は行政訴訟を許容しないことの指標なのか，それとも許される自己内部訴訟と許されない自己内部訴訟との間の境界線を引くための考察方法が必要なのか，⑤内部領域においても公権の出訴可能

141）　もっとも，*Buchwald*, a.a.O.（Anm. 13), S. 66f. は，主に *Bethge*, Grundfragen に依拠してベートゲの見解をキスカーに連なる利益理論（本書の言う利益承認型）に位置付けている。確かに，ベートゲは，1980 年においては，公権が認められる場合について，対抗して抑制・均衡されるべき個別的利益の存在が「対照機関」の権限を出訴可能な権利として概念することを正当化するとしている（*Bethge*, Grundfragen, S. 313)。ここでは機関の個別的利益の存在が語られており，その限りで第3節に見た利益承認型と軌を一にする。しかし，ベートゲは，以上の議論を基本的には維持しつつも，その後の論文においては，機関の利益を否定するか（*ders.*, Zwischenbilanz, S. 825)，そもそも機関の利益の有無に触れないか（*ders.*, Kommunalverfassungsstreit, S. 178ff.; *ders.*, Organstreitigkeiten, S. 23f.）の態度を示しており，機関の個別的利益を承認する立場を示しておらず，むしろ内部法上の公権と外部法上のそれとの相違を強調しているのである（*ders.*, Zwischenbilanz, S. 825; Kommunalverfassungsstreit, S. 183)。したがって，ベートゲの真意は，むしろ機関の（真の）利益を否定することにあったと言うべきであろう。この点につき，門脇・前掲注1）（3)518–519 頁は，ベートゲを「利益志向」（本書の言う利益承認型）に位置付けているものの，同 519 頁は，「ベートゲは，利益説と結びついて機関の権利を認めるための道具であった対照機関の概念を用いてはいるが，機関の利益そのものについての検討はなされておらず……脱利益志向の機関の権利概念に至ったと評価できる」としている。

性を承認することに伴って内部法関係と外部法関係とを区別する必要性も消滅するのか否か，⑥これら内部領域における機関にも基本権保障が及ぶのか否か（Ebenda, S. 311f.）。

　(2)　ベートゲは，これらの観点について 1 つ 1 つ論証する。ベートゲによれば，ボン基本法は憲法上の機関争訟に関して機関間に「協働秩序・対照化・対抗バランス」の関係がある場合には機関に実体法上公権が認められることを前提にしており，行政法上の機関争訟についても同様の実体法関係がある場合には機関に公権が認められる。

　　(a)　ベートゲによれば，憲法上の機関争訟は，単なる立法上の法的擬制ではない。むしろ，ボン基本法 93 条 1 項 1 号は，特に権力分立的な憲法国家においては，内部的な憲法領域の諸機関が互いに重点と対重（Gewicht und Gegengewicht）の関係にあることを前提にしている。これらの法的地位は，諸機関に，互いの関係において，それゆえ内部法関係において，固有の権利として帰属する。そのような法的地位は，確かに外部法関係においては「通過的な遂行主体」に過ぎないが，内部法関係においては規範の終局的帰属主体である（Ebenda, S. 312）。

　このような憲法上の機関争訟の基礎にある実体法関係を手本（Vorbild）として，行政法上の機関争訟についても公権と公的機能との対照を克服しようというのがベートゲの基本戦略である。すなわち，ボン基本法が憲法上の機関争訟について実体法上一定の関係に立つ諸機関に公権を認めているのであるから，同様の実体法上の関係が見出されるのであれば，行政法上の機関争訟においても機関の公権を認め得る，というのである（①）。

　　(b)　以上のことからして，国家組織及び公法上の機能主体の内部領域が一般的に法に開かれたことから，直ちに内部領域における公権の出訴可能性が基礎付けられるわけではない。そのためには，追加的な観点，すなわち特別の正当化根拠が必要である（②：Ebenda, S. 312）。ベートゲによれば，そのような特別の正当化根拠としては，ボン基本法 93 条 1 項 1 号及び連邦憲法裁判所法 64 条によって前提とされているところの，次の 3 要素が必要である。第 1 に機関間の協働秩序（Zusammenordnung）であり，第 2 に機関間の対照化（Kontrastierung）であり，第 3 に対抗バランス（gegenseitige Balance）である（Ebenda, S. 312f.）。これは，第 3 節第 1 款で見たキスカーと同じく，機関が「チェック＆

バランス」の関係にある場合ということであろう（③：Ebenda, S. 313; Kommu-nalverfassungsstreit, S. 179）。

　こうした基準に基づいて，ベートゲは，地方自治体やグループ代表制大学（Gruppenuniversität）及び放送協会（Rundfunkanstalt）等について個別具体的に検討し，それらの機関が公権を有し得ることを肯定する（Grundfragen, S. 313）。また，こうした特別の正当化根拠は，連邦憲法上の機関争訟のみならずラント憲法上の機関争訟の前提としても認められているという（Organstreitigkeiten, S. 23f.）。

　（c）　こうして，従来「自己内部訴訟」と言われてきたものの中に行政訴訟として許されるものと許されないものとが含まれていることが確認され，自己内部訴訟の概念それ自体は訴訟の許否について中立的であることになる。引かれるべき境界線は，許される自己内部訴訟と許されない自己内部訴訟との間にあるのである（④：Grundfragen, S. 314）。

　もっとも，ベートゲによれば，このように内部領域においても公権の出訴可能性が承認されたからと言って，内部法関係と外部法関係とを区別する必要性が消滅するわけではない。それぞれの領域は異なる機能を持つからである（⑤）。そのような相違のうち重要なものは，基本権享有主体性の有無であろう。すなわち，ベートゲは，機関の法的地位は，義務的で非人格的かつ道具的性格を持つことから，自然人の自由領域とは異なって，その基本権の享有主体性が否定されるとするのである。曰く，「機関の権限の出訴可能な主観的法的地位への突然変異は，これら機関権（Organrechte）が同時に基本権に値することの前提でも帰結でもない」（⑥：Ebenda, S. 314）

　（3）　以上のベートゲのアプローチは，次の意義と限界を有する。

　（a）　その意義は，ロレンツより明示的に，連邦憲法上の機関訴訟を梃子にして行政法上の機関訴訟も認めるという論法を採っている点にある。すなわち，ベートゲは，連邦最高機関（部分）の「権利」が実定法上承認されていることから，その基礎に前提されている実体法関係を分析し，それが行政法上の機関争訟にも存在することを理由として，行政機関の「権利」もまた承認されるという論法を採用している。

　（b）　その限界は，伝統的な公権の概念との整合性にある。ベートゲ自身も認める如く，特に個別的利益の有無を理由として，機関に承認された公権は外

部法におけるそれとは異なる性質を持つものである。これを正当化する論拠としてベートゲは内部法と外部法との区別を援用するが，それによって内部法領域と外部法領域とでそれぞれの公権の性質が異なり得ることが示されるとしても，ベートゲの挙げる3要素が内部法領域における公権にとって十分であることには直ちにはならない[142]。そこでこの点を克服するための論拠として，ボン基本法及び連邦憲法裁判所法において連邦最高機関（部分）の「権利」が認められたこと，その前提たる実体法関係には上記3要素があることが挙げられ得るが，これら実定法が明示的に規定された連邦憲法上の機関争訟を超えて広く伝統的な権利概念を変更・拡張しようとするものであり，かつ，それが権利の伝統的概念理解を基礎付ける事情の消滅等によって許容されるものであると言い得るか否か，あるいはそもそも権利の概念が本来的にも個別的利益を必要としていないと言い得るか否かの問題はなお残るように思われる。

第 4 款　利益不要型の課題

　以上に紹介・検討したエーヴァルト・ロレンツ・ベートゲの利益不要型のアプローチの課題を，改めて次の2点にまとめておく。

　(1)　第1に，いずれも権利の承認にとって利益の要素を不要であるとしているが，その論拠はなお不十分であった。エーヴァルトにおいては利益対立を調整することによって全体利益を実現するという組織構造から導かれる出訴資格の実践的必要性が示されているに過ぎず，ロレンツ・ベートゲにおいては連邦憲法上の機関争訟において前提とされている実体法関係が援用されているに過ぎない。

　利益不要型のあるべき展開としては，後者の論拠を掘り下げることで利益を不要とする理論的考察を深めることが考えられる。その際に重要であるのは，連邦憲法上の機関争訟の基礎にある実体法関係についての彼らの理解が正しく，そうした実体法関係が行政法上の機関争訟において見られるとしても，それによって基礎付けられる機関の「権利」は個別的利益を要素としない点でやはり伝統的な権利の概念とは異ならざるを得ないということである。したがって，

---

142)　*Buchwald*, a.a.O.（Anm. 13）, S. 144 も，「ベートゲの理解によっても，内部法的地位の訴訟可能性をも基礎付けるためには，なおさらなる観点が付け加えられなければならない」とする。

後者の論拠を貫徹するなら，伝統的な権利概念との整合性を積極的に論証する必要がある。

　(2)　第2に，利益を不要とすることによって，機関に権利が認められる範囲が無制限に広がり，機関訴訟が民衆訴訟化する恐れがある。そこで，利益を不要とするにしても，出訴が認められる範囲を何らかの論拠で以て一定の範囲に限定するべきであると解されている。そのためのアプローチとしては，実体法上のものと訴訟法上のものとが考えられる。

　一方で，実体法上のものとしては，権利が認められる範囲をそもそも限定することが考えられる。第3節までに見たように権利不要型・利益承認型の各論者が機関に「一定の自律性・独立性」が付与されている場合に限って権利を認める方向にあったのは，まさにそのためであった。利益不要型の論者においても，エーヴァルトは「権限を他の機関に対して防御する法的力」，ロレンツは「権限の専門性と排他性」，ベートゲは「協働秩序・対照化・対抗バランス」を基準としており，この点については同様である。もっとも，これらの基準が権利概念の内実からして不適当であれば，民衆訴訟化の対処策としてこれらを用いることにも理論的に見て問題があると言わざるを得ない。他方で，訴訟法上のものとしては，行政裁判所法の具体的な訴訟要件によって適法な出訴をふるいにかけることが考えられる。ロレンツは関係人能力をラント法の具体的な規律に委ねるという方策を示したが，この点のあり得る問題点は既に示した通りである。

　(3)　こうして，利益不要型の課題は次のようにまとめられる。第1に，利益を不要とする理論的論拠を十分に示すことである。そのためには，ボン基本法及び連邦憲法裁判所法が明示的に規定された連邦憲法上の機関争訟を超えて広く伝統的な権利概念を変更・拡張しようとするものであり，かつ，それが権利の伝統的概念理解を基礎付ける事情の消滅等により許容され得るものであることを論証するか，あるいはそもそも権利の概念が本来的にも個別的利益を必要としていないことを論証する必要がある。第2に，民衆訴訟化の懸念に対処することである。そのための方策としては，実体法上のものと訴訟法上のものがあり得る。

　次款及び次々款では，本款までに紹介・検討した生成期の利益不要型のアプローチを承けて，その課題を克服しようとした1990年代以降の学説を紹介・

検討する。ここでは，先に示した課題のうち，「そもそも権利の概念が本来的
にも個別的利益を必要としていない」という命題の基礎付けが中心的に試みら
れる。この命題に正面から取り組んだ論者としてはロートが挙げられるが，ロー
トに先行して権利と権限とを区別する際の個別的利益の有意性を縮減しよう
とした論者としてブーフヴァルトが挙げられる[143]。そこで，以下ではブーフ
ヴァルト及びロートの見解を順に紹介・検討する。

第5款　ブーフヴァルト
——「規範定立権能」としての構造的並行性[144]

　ブーフヴァルト（Buchwald, Katja）は，その『行政法上の機関争訟』と題す
る1998年の著書（Organstreit）において，権利と権限との非両立性という困難
を両者の構造的並行性を強調することによって克服しようとした。ブーフヴァ
ルトによれば，両者はともに「規範定立権能」であるという同質性を持つとと
もに，両者の相違として挙げられる個別的利益の有無は規範の目的定立権者の
区別に過ぎず，このように同質的な両者のうち一方に原則的な裁判対象性が認
められる以上，他方にも原則的な裁判対象性が認められるべきである。ここで，
ブーフヴァルトは，個別的利益が権利の要素であることを否定しておらず，そ
れにも拘らず個別的利益を有しない権限についても行政訴訟が認められるとす
る点で，むしろ権利不要型にも位置付けられ得る。もっとも，権利と権限との
相違点としての個別的利益の有意性を縮減しようとするブーフヴァルトの方策
は，利益不要型の1つのヴァージョンとしても位置付けられ得るものであろう。

　（1）　ブーフヴァルトは，権利と権限との非両立性という困難を利益承認型に
拠らずに克服する方策を探求する。なぜなら，利益概念はその不明確性の故に
基準として機能し得ないからである。

---

143)　1990年以降の利益不要型の論者としては，他に，ディーメルトも挙げられる（*Diemert, Dörte,*
Der Innenrechtsstreit im öffentlichen Recht und im Zivilrecht, 2002)。ディーメルトの見解につい
ては，門脇・前掲注1)（2）189-190頁参照。

144)　本款では，ブーフヴァルトの次の著作を主たる典拠とする（《　》内に以下本章で用いる略称
を示す）。*Buchwald, Katja,* Der verwaltungsgerichtliche Organstreit: Eine verwaltungsprozes-
suale und normtheoretische Studie, 1998《Organstreit》. 既にブーフヴァルトの見解を紹介するも
のとして，門脇・前掲注1)（2)182-184頁。

　(a)　ブーフヴァルトによれば，行政法上の機関訴訟を理論的に基礎付ける場合の困難は，権利と権限との非両立性にある。すなわち，従来の見解は，①権利は本質的に個別的利益によって構成されること，②権限の機関への分配とその行使は専ら一般的利益において行われること，以上の２点を出発点としてきたところ，主観的かつ個別的な利益を行政裁判所法の枠内における一般的な出訴資格のための前提として捉える以上，①②から生ずる権利と権限との非両立性という困難に直面せざるを得ない（Organstreit, S. 82f.）。

　(b)　このような権利と権限との非両立性の克服を目指したのが，権限に個別的利益を認めることで権利に切り上げる利益承認型（ブーフヴァルトにおいては「利益理論」（Interessentheorie）と呼ばれている）であったが，ブーフヴァルトによれば，このアプローチはこれを維持することができない。ブーフヴァルトは，利益承認型を採用する各論者の議論を紹介・批判した上で[145]，その問題点を次のように指摘する。

　第１に，ブーフヴァルトによれば，利益概念は不明確かつ曖昧である。曰く，「利益の概念は，個人的なものにせよ，個別的あるいは一般的なものにせよ，極度に不確定なままである」。その結果，利益概念はそれぞれの論者の都合のよいように融通無碍に用いられることになる（Ebenda, S. 69）。「利益概念は，いくつかの権限を当該権限を持つ機関の訴訟上貫徹可能な権利として他の権限の前に際立たせるための決定的な基準を提供し得るには，曖昧すぎる」。利益の存在は，いつでも認められるが故に重要ではないか，明確な基準なき故に恣意的であるかのいずれかであり，したがって権限の訴訟可能性を基礎付けるためには不適合である（Ebenda, S. 71）。

　第２に，これと関連することであるが，ブーフヴァルトによれば，利益概念を基準とすることによっては訴訟の過剰化にも適切に対処することができない。曰く，全ての機関の権限を潜在的に訴訟可能なものとして承認すると「水門」を開くことになるという懸念から，通説は，個々の場合に個別的利益を認めることによって全く個別的に権限を権利に「切り上げる」方策を採用した。しか

---

145)　ブーフヴァルトにおいては，「利益理論」の論者として，キスカー，ツァツォス，ブロイトゲ，ツィマリング（Zimmerling, Wolfgang. 本書では言及されない），ハインリッヒ，ベートゲ（本書では利益不要型に位置付けられる），エーヴァルト（本書では利益不要型に位置付けられる）が挙げられている（*Buchwald*, Organstreit, S. 54–68）。

し，利益概念はその曖昧性・不明確性を理由として境界画定基準としては不適合である（Ebenda, S. 81）。

　　(c)　こうして，ブーフヴァルトにおいては，利益承認型に拠らずに権利と権限との非両立性を克服する方策が他の論者以上に明確な意図の下に探求されることになる。ここでは，むしろ権利と権限との同質性が強調される。曰く，「ここで提案されるアプローチは，権利と権限との或る統一的なコンセプトを，形式的で規範理論的な平面におけるそれらの構造的並行性（strukturelle Parallelität）と機能的補完性（funktionale Komplementarität）を基礎にして主張する」。その際に両者の共通項として焦点化されるのが，「規範定立権能」（Normsetzungsbefugnis）である（Ebenda, S. 83）。

　このように，ブーフヴァルトのアプローチは，権限に個別的利益を承認することで権利に「切り上げ」ようとする従来の段階構造的な理解とは異なり，権利との同質性を理由として（個別的利益がなくとも）権限はそもそも出訴可能であるとする点に特色を持つ。以上を表面的に捉えると，出訴資格の前提として権利を要求しない点で本書の言う「権利不要型」にも位置付けられ得る。もっとも，次に述べるようにブーフヴァルトの要点はむしろ権利と権限とを原則的な裁判対象性について区別する際の個別的利益の有意性を否定する点にあり，その観点からすれば，利益不要型の1つのヴァージョンとしてこれを理解することができよう。

　　(2)　ブーフヴァルトは，次の3段階を経て権限の原則的な裁判対象性を認める。第1に，権利と権限とはいずれも規範定立権能として理解されるという構造的な同質性を持ち，第2に，両者の相違として通例挙げられる個別的利益と一般的利益の区別は，実は規範の目的定立権者の相違に過ぎず，第3に，権限の主体は機関ではなくそれを含む組織であるという異議についても，機関には内部法領域における相対的な権利能力（終局的帰属主体性）が帰属し得ることからこれを克服することができる。こうして，権利と権限とが構造的に同質であること，両者の相違は規範の目的定立権者に留まること，通例なされる異議も問題ではないこと，以上からして権限の原則的な裁判対象性が導かれる。濫訴の弊については，原告適格（一般的な権利保護の必要性）の論点において克服が試みられる。

　　(a)　第1に，ブーフヴァルトは，私権・公権・法的力の概念史を辿ること

で，権利と権限とを区別するとされる利益概念が実は極めて副次的な意味しか持たず，むしろ両者は法的力（＝規範定立権能）として構造的に同質であることを論証する。ブーフヴァルトによれば，権利は通常法的力の要素と（個別的）利益の要素によって定義されるところ，機関争訟のドグマーティクにおいてはほとんどの論者が機関権限の訴訟可能性の論証のために専ら利益の要素に取り組んできた（Ebenda, S. 83）。それに対して，ブーフヴァルトは，むしろ法的力の概念に焦点を合わせることで，そこに権利と機関権限との構造的同質性を見出すのである（Ebenda, S. 83-85）。

　まず，ブーフヴァルトは，19 世紀以降の私権の概念史（サヴィニー，プフタ，ヴィントシャイト，イェーリング，レーゲルスベルガー）を瞥見し（Ebenda, S. 85-90），特に権利概念について意思理論を批判し利益理論を提唱したとされるイェーリングに注目する。ブーフヴァルトによれば，そのイェーリングにおいても，主張されたのは実は利益理論ではなく修正意思理論である。曰く，イェーリングは，権利概念を構成する 2 つの契機，すなわち実質的契機と形式的契機とを区別したところ，前者に存するのは権利によって保障されるべき効用（Nutzen）・利点（Vorteil）・利得（Gewinn）等の実践的な目的であり，後者はその目的のための単なる手段すなわち訴訟であって，ここから「法的に保護された利益」という彼の有名な権利の定義が生じる。もっとも，イェーリングはこの実質的契機を金銭的価値のみならず人格・自由・名誉等の倫理的な性質を持つより高次のものにも認めつつ，実質的契機の客観的基準を示していない。ここでは，利益の概念は曖昧なままであり，実質的契機と形式的契機の機能，それゆえそれらの関係も不明確である。すなわち，利益は，利益主体と利益対象との関係を媒介するのみであり，当該関係の表現ではあってもその実質ではない。したがって，「権利の定義において利益概念を採用しても，その実質についての問いには決して答えられず，せいぜい利益の対象という次の平面に先延ばしされるに過ぎない」。もっとも，こうした利益概念の形式性には，実質を先取りしないことによって主観的な目的定立を可能にするという大なる利点が認められる。これに反して，利益が「取引利益」に焦点化されると，利益概念の自由保障機能が打ち砕かれてしまう。イェーリングもまた，形式的契機に明確な優位を付与しているのである（Ebenda, S. 87-90）。

　次に，ブーフヴァルトは，公権の概念史（ゲルバー，O・マイヤー，G・イェリ

ネック）を瞥見した後に（Ebenda, S. 91-93），利益概念が公権の領域において大きな意義を持つのは基本的にいわゆる保護規範説の支配に拠るとし，そこにおいても利益概念の概念的解明がなお不十分であるとする。ブーフヴァルトによれば，特に判例は訴訟可能な公権と単なる法的反射との区別のために保護規範説を用いるところ，利益はこの保護規範説の中心的な鍵概念である。他方で，利益は，今日もなお多義的な概念であり，その概念的な解明なくしては法学的に中身のない白地概念であって問題解決のための基礎を何ら提供し得ない（Ebenda, S. 93f.）。

　さらに，ブーフヴァルトは，法的力の概念史（ホーフェルド，イェリネック，ケルゼン，ブッヒャー，ロス，フォン・ウリクト）を辿り，権利と権限との構造的並行性を確認する（Ebenda, S. 97-119）。ブーフヴァルトによれば，法理論的考察においては，権利と権限との間には利益承認型が前提としたような段階関係は存在せず，むしろ問題になっているのは権能の2つの種類であり，それらは法的能力（rechtliches Können）という上位概念に包摂される。それら権能は，或る主体が規範を定立することを可能にすることによってその規範の妥当基準として機能することから，ともに「規範定立権能」の概念の下に理解される（Ebenda, S. 118f.）。

　　(b)　第2に，ブーフヴァルトは，権利と権限との規範理論的な同異をさらに詳細に分析し，両者の相違を一般的利益と個別的利益との区別，すなわちそれらによって定立される規範の目的定立権者の相違に見出すものの，その相違の意味を相対化する。

　まず，ブーフヴァルトは，規範定立権能の分析のための接続点を，①権能規範，②権能主体，③付与された権能の3つに分け（Ebenda, S. 119），それぞれにおける権利と権限との同異を確認する。ブーフヴァルトによれば，①あらゆる権能規範は，「権能主体Sが権能Bの全ての条件と限界の遵守の下に（行為意識と規範定立意識を持って）規範命題Nを表明すると，彼によって具体化された規範Nは，Bが属する法秩序の枠内において妥当を獲得する」という基本構造を持つ（Ebenda, S. 123）。ここでは，権利と権限とは区別されない。②権能主体については，個人（Individuum：自然人・法人等）と一般（Allgemeinheit：連邦・国家・ラント・市町村）という異なる種類の主体が存在し，この権能主体の二元性は権利と権限という異なる規範定立権能の機能的補完性に対応する。

ここで，外部法領域と内部法領域との区別が権利と権限との区別に対応させられることがあるが，両規範定立権能は法領域の境界設定という外部法領域に典型的な機能も複数の意思主体の整序という内部法領域に典型的な機能もともに持つのであって，両者の相違は重点の違い（したがって相対的なもの）に過ぎない（Ebenda, S. 123-125）。③付与された権能については，種類と範囲によって区別される。後者は，潜在的に定立され得る規範の量及び可能的な規範の名宛人の範囲の問題であり，前者は，規範定立にとって決定的な利益の問題である。すなわち，「原則として，規範定立が生じ得るのは，規範定立者あるいは或る第三者の個別的な固有利益においてであるか，一般的な利益においてであるか，である」（Ebenda, S. 125）。

　ブーフヴァルトによれば，このような個別的利益と一般的利益との区別は，規範の目的定立権者の区別を意味する。すなわち，利益概念は単に利益主体と利益対象との関係を意味するに過ぎず，こうした利益概念の形式性の故に個別的利益と一般的利益は内容的・実質的に区別され得ないが，そうであるが故に利益概念は内容的に規定されることなく利益主体による目的定立を可能にする。この目的定立と規範定立とが一致しているのが個別的利益においてなされる規範定立（権利）であり，両者が分離されているのが一般的利益においてなされる規範定立（権限）である。すなわち，「機関には追求されるべき目的が予め与えられている。つまり一般（Allgemeinheit）によって，つまるところ政治（Politik）によって」。機関は自身に委ねられた規範定立権能を行使する際に，こうして予め与えられた目的に拘束されるのである（Ebenda, S. 127f.）。権利の主体は自らの動機と目的とによって当該権利を行使することができるのに対し（必ずしも利己的である必要性はなく，公共目的でもよい），権限の主体は公共体の定めた目的のために当該権限を行使しなければならない。ここに両者の本質的な相違が存する（Ebenda, S. 131）。

　もっとも，このような目的定立権者の区別は，ブーフヴァルトによれば，次の2点からして大きな差異ではない。第1に，いずれにせよ規範定立権能は他者の利益によって制限され得るという点である。すなわち，国家機関の権限は基本権や比例原則等によって制限されるのが通例であるが，こうした制限は国家機関の権限のみに典型的なものではなく，権利は民法においても第三者や公益の保護の観点によって制限される（Ebenda, S. 132f.）。第2に，一般的利益は

単一であるというのは誤りであるという点である。すなわち，一般的利益の（内部的）多元性は，止揚される個別的利益の総体を単に意味するのではなく，一般的利益の枠内において考慮され互いに調整されるべきところの多くの規範的・政治的・文化的あるいはとりわけ社会的に有意な観点を指し示す。現代憲法国家の権限秩序は，チェック＆バランス，すなわち統制と協働のシステムに組み込まれた機関に権限を分配することで，こうした一般的利益の多元性に対応している。「一般的利益」あるいは「国家的利益」なるものは存在せず，いずれにせよ一義的には認識され得ないから，個々の機関には通例全く特定の観点が委ねられる（Ebenda, S. 133-137）。すなわち，一般的利益は一枚岩ではなく，そこには多数の観点が隠されており，「その限りで，規範定立権能の分配は，公行政の内部においても，意思領域のみならず，つまるところ利益領域の境界設定をももたらすのである」（Ebenda, S. 150）。

　こうして，ブーフヴァルトにおいては，権利と権限との共通点が強調され，それらの相違点は相対化される。曰く，「ここで主張される立場からすれば，全ての法的争訟は規範定立権能を巡る対立を意味する」。「機関争訟において生じる国家的権限の担い手相互の間の対立は，そこにおいて市民と市民あるいは国家と市民とが対立するところの，他の規範定立権能の他の主体相互の間の争訟と，本質的には区別できない。問題になっているのは常に，誰がどのような規範を定立する権能を有するのか，それによってどのような規範が妥当するのか，である」。以上を訴訟法の観点から言えば，出訴資格あるいは確認の利益の前提として権限は当然に問題にならないとされるほどには，権限は権利と区別されない。むしろ構造的同質性からすれば，逆の推論の方が容易である（Ebenda, S. 141f.）。利益の要素の過剰な強調は概念史においては比較的最近の現象なのであり，権利によってであれ権限の定式においてであれ，主体への権能付与を巡る議論においては利益概念は何の役割も果たしていない（Ebenda, S. 148f.）。

　（c）　第3に，ブーフヴァルトは，権限において存する法的力の主体は機関ではなくその上位に位置する国家等の組織であること，機関に帰属するのは固有の権利ではなく単に通過的な遂行権限のみであることから，機関訴訟は自己内部訴訟として認められないとする異議に対して，次のように反論して機関の終局的帰属主体性及び相対的な権利能力を認める。

　ブーフヴァルトは，まず，機関と権限との密接な結び付きから，機関の内部
法領域における相対的な権利能力を導く。ブーフヴァルトによれば，自然人及
び法人の法人格がその規範定立権能の総体において，それゆえそれが法的に存
在し行動できる領域において存在するように，機関は主観化された権限の複合
体であり，自身に集積した権限によって構成される。組織はこうした機関なく
しては如何なる規範を定立することもできず，そもそも活動できない。機関の
みが権限を行使し，裁判上防御できる。したがって，組織の内部領域について
言えば，機関の権限は法人のための通過的な遂行のためではなく固有の権限と
して帰属するのであって，機関はその限りで終局的帰属主体なのである。ここ
から，機関の相対的な権利能力が生じる（Ebenda, S. 144-146）。

　さらに，ブーフヴァルトは，機関間の訴訟を認めることによって，むしろ組
織的統一性が確保されることを強調する。すなわち，「組織という単一体は，
いったん構成されると簡単に存在するところの静的な状態ではなく，機関の作
用と協働によって常に新しく構成されなければならないところの動的な過程で
ある」。「現代の民主政的・権力分立的憲法国家は，不浸透的で一元的に構造化
された法人という形象によってはもはやドグマーティッシュに十分には把握さ
れ得ない」。もっとも，この観念は，裁判上の権限抗争が或る種の統合失調で
あるとされる際など，今もなお学説に影響を残している。これに対して，より
適当であるのは，過程的な考察方法，すなわち統一性はむしろ抗争とその調停
において獲得されるという観点である（Ebenda, S. 147f.）。

　（d）　こうして，権利及び権限は法秩序において同一の規範理論的構造（法
的力＝規範定立権能）と補完的な機能（目的定立権者の相違）を持つこと，機関にも
相対的な権利能力が認められることが示され，このことからブーフヴァルトは
権限の原則的な裁判対象性を導く。ブーフヴァルトによれば，機関権限を基礎
付ける権能規範の法規性は不浸透性理論が放棄された以上もはや否定され得な
いのであるから，同一の規範理論的構造と補完的機能を持つ全ての規範定立権
能は原則的に裁判対象性を持つことになる（Ebenda, S. 150）。

　以上を前提に訴訟要件を定める各規定も解釈される。ブーフヴァルトによれ
ば，行政裁判所法 40 条 1 項の言う「公法上の争訟」については，私人の権利
保護のみを対象とする明文の規定がない以上それに機関の権限も含まれること
になり（Ebenda, S. 152-154），訴訟類型については，権利と権限との構造的類似

性から確認訴訟及び給付訴訟が許容され（Ebenda, S. 154-160），関係人能力については，立法による拡大が望ましいものの，同法61条2号の類推適用によって機関にもこれを認めることは可能であるという（Ebenda, S. 160f.）。

　他方で，こうして権限についても原則的な裁判対象性が認められると「機関訴訟の洪水」になる恐れが想定されるが，ブーフヴァルトは，この点を原告適格（一般的な権利保護の必要性）の論点において克服する。ブーフヴァルトによれば，行政裁判上の訴訟が許されるためには権利保護の必要性がなければならず，その法的地位の貫徹のためのより簡易で自然な可能性を用いることのできる原告は，原則としてこの権利保護の必要性を欠く。これを機関の権限について言えば，争訟が裁判外の方法でより簡易・適切に解決される場合には機関訴訟は許されないことになる。たとえば，相争う機関に抗争を最終的に裁定できる共通の上級官庁が存在する場合等である（Ebenda, S. 163f.）。

　(3)　以上のブーフヴァルトのアプローチは，次の2つの意義と2つの限界を有する。

　(a)　第1の意義は，個別的利益を認めることで権限を権利に切り上げることを試みてきた利益承認型と異なり，むしろ権限と権利との構造的同質性を強調するとともに，両者の相違として挙げられてきた個別的利益の意味を縮減するという方策を明示的に採用した点にある。ブーフヴァルトにおいても，権利を認めるためには個別的利益が必要であるとされており，その限りにおいて純粋な利益不要型が採用されているわけではない。もっとも，利益概念の形式性が強調され，一般的利益と個別的利益との区別は規範の目的定立権者の相違に過ぎないとされることによって，権限と権利との相違が相対化され，利益概念は裁判対象性の有無の基準には成り得ないことが導かれるのである。

　ブーフヴァルトは権限と権利との構造的同質性を導くに当たって一般的利益の多元性を指摘しているが，以上からすれば，このことは権限に個別的利益を認める趣旨ではないことになろう。すなわち，ブーフヴァルトにおいても，第3節第1款で見たキスカーと同じく，機関には一般的利益の特定の観点が委ねられ，チェック＆バランスのシステムにおいて当該観点を他の機関に対して防御することが想定されているが，キスカーと異なり，ここで認められる「特定の観点」は権利の前提たる個別的利益と同一視（ないし類似視）されていない。ブーフヴァルトは，これによって伝統的な権利概念との連続性を担保している

のである。ブーフヴァルトにとっては，権限の原則的な裁判対象性を認めるに
は，権限に個別的利益を認める必要性はなく，権利との構造的同質性が示され
れば十分なのである。

　第2の意義は，民衆訴訟化を防ぐための手立てとして，実体法ではなく訴訟
法のレベルの，すなわち原告適格（一般的な権利保護の必要性）の判断における
対処を提唱した点にある。ブーフヴァルトによれば，個別的利益の有無によっ
て実体法上出訴可能なものとそうでないものとを区別することは，利益概念の
形式性からして難しい。そこで，ブーフヴァルトは，実体法のレベルでは全て
の機関の全ての権限について権利との同質性を認めた上で，原告適格という訴
訟要件において具体的な訴訟の許否についての線引きをしようとする。こうし
たブーフヴァルトの方策は，訴訟要件で対処しようとする限りにおいてはロレ
ンツと同じくするが，原告適格において対処しようとする限りにおいて関係人
能力で対処しようとしたロレンツと異なる。

　(b)　第1の限界は，如何に権利と権限との構造的同質性が示されたとして
も，両者は同一ではなく，行政裁判所法が行政訴訟の前提として権利を要求し
ていると解する多数の立場からは，そのことによっては権限の原則的な裁判対
象性は導かれないのではないかという疑念にある。仮にブーフヴァルトが両者
の相違として認める規範の目的定立権者の相違（公共体か個人か）が理論的な裁
判対象性の有無にとって有意ではないとしても，現行の行政裁判所法が両者の
区別を有意であることを前提にしているならば，同法の枠内ではやはり権限の
原則的な裁判対象性は認められないことになるはずである[146]。ブーフヴァル
トは，この点について，行政裁判の目的を明示的に権利の保護に専ら限定する
規定がないことによって克服しようとするが，多数の立場を否定する論証とし
て十分であるかは疑わしい。

　この点に関してブーフヴァルトの趣旨を敷衍するならば，目的定立権者の相
違が理論的に見て有意でない以上，立法上もそれを有意な区別として採用する
合理性に乏しく，したがって解釈論としても明示的な規定なき限り権利と権限
とは同じく扱われるべきであるということであろう。しかし，ブーフヴァルト
の言う如く両者の本質的相違は目的定立権者の相違にあるとしても，そもそも

---

146)　*Roth*, a.a.O.（Anm. 9），S. 325f.

この相違が本当に理論的に見て有意でないと言えるのかはなお検討を要する。すなわち，目的定立権者の相違とは，これを具体的に言えば，権利は権利主体の自由な目的のために行使されるものであるのに対し，権限は権限主体ではなく公共体によって予め与えられた目的のために行使されなければならないことを意味するところ，自由な目的のために付与されているからこそ，その自由をより十全に保障するために原則的裁判対象性が認められるとも解されよう。ブーフヴァルトは，目的定立権者の区別の意義を限定する根拠として，権利も権限と同じく第三者や公益のために制限され得ること，一般的利益なるものは多数の観点の積み重ねであることを挙げるが，前者についてはそもそも最初から（当該権限を付与した公共体レベルにおける）一般的利益のみに拘束されている権限との相違を完全に解消するものではなく，後者についてもそれによって権限が一般的利益と無縁になるものではない。ブーフヴァルトの論拠は権利と権限との相違を一般的利益拘束性に関する量的問題に持ち込むことには成功するが（そしてこの点はその限りで重要であるが），このことは両概念がそれぞれ中核部分と周辺部分とから形成され，少なくともそれぞれの周辺部分の一部が重なり合うことを示唆しているに過ぎず，権利と権限を（それぞれの中核部分をも含めて）原則的裁判対象性に関して同じく扱うことを必ずしも帰結しないように思われる。

　第2の限界は，原告適格の判断基準の曖昧性にある。ブーフヴァルトは，原告適格の判断基準として「争訟が裁判外の方法でより簡易・適切に解決されるか否か」を挙げるが，なお抽象的に留まり，具体的な判断のためにはさらなる議論の蓄積が要されよう。

第6款　ロート——権利概念の脱構築 [147]

　ロート（Roth, Wolfgang）は，その『行政法上の機関争訟』と題する2001年

---

147)　本款では，ロートの次の著作を主たる典拠とする（《　》内に以下本章で用いる略称を示す）。*Roth, Wolfgang*, Verwaltungsrechtliche Organstreitigkeiten: Das subjektive Recht im innerorganisatorischen Verwaltungsrechtskreis und seine verwaltungsgerichtliche Geltendmachung, 2001《Organstreitigkeiten》。同書の簡潔かつ的確な紹介・批評として，門脇雄貴「学界展望」国家119巻9=10号710頁以下（2006）。また，既にロートの見解を紹介するものとして，門脇・前掲注1）(2) 186-189頁。

の著書（Organstreitigkeiten）において，利益不要型のアプローチを明示的かつ詳細に展開した。「1000 頁にわたる本書は 20 世紀における機関訴訟論のひとつの到達点であり，それにまつわるほぼ全ての論点を網羅している」（門脇雄貴）[148] とも評される同書は，機関争訟論を扱う他の著作を圧倒するほどの膨大さを持つ。ここではそのうちの本書の観点からして必要な部分及びその不可欠の前提をなす部分のみを紹介・検討する。ロートは，出訴資格の前提として権利が要求されるとした上で，従来の権利概念の理解の問題点を示し，個別的利益の要素から解放された新たな権利概念を提唱する。それによれば，権利概念は①内容の特定性・②排他的行使権能・③主張権能からなり，具体的な場合に権利が認められるか否かはそのメリット・デメリットの比較衡量に拠ることになる。この基準に従った場合，公法上の法人の機関及び機関部分の権限は原則として権利としてみなされるべきであるという。

（1）　ロートは，行政裁判所法が行政法上の機関訴訟を原理的には拒絶していないこと，同法 40 条 1 項の「公法上の争訟」性の肯定の際に問題となる不浸透性理論はもはやこれを維持し得ないことを説いた上で，いずれの訴訟類型に拠るにせよ出訴資格が肯定されるためには権利が認められる必要があることを論証する。こうして，ロートにおいては，出訴資格の前提として機関に権利が帰属し得るか否か，その前提として権利概念が如何なる内実を有するかに焦点が合わせられることになる。

　（a）　ロートは，行政裁判所法の具体的な諸規定を検討することで同法が行政法上の機関訴訟を原理的には拒絶していないことを導き，行政法上の機関訴訟の許容性はそれが同法の定める一般的な訴訟要件を満たすかどうかに依存するとする。

　ロートによれば，行政裁判所法 193 条及び同法 47 条 2 項 1 文から，行政裁判所における機関訴訟の実施に原理的な懸念のないことが導かれる。すなわち，同法 193 条は，「憲法裁判所が存在しないラントにおいては，憲法裁判権が設立されるまで，上級行政裁判所に委ねられたラント内部における憲法争訟を裁断するための権限は，影響を受けない」としており，ここに言う「憲法争訟」には憲法上の機関争訟が含まれることから，立法者は機関争訟の裁判が行政裁

---

148)　門脇・前掲注 147) 711 頁。

判権の本質及び行政裁判所の任務と原理的に相容れないものとは考えていない
ことが読み取れる（Organstreitigkeiten, S. 98）。また，同法47条2項1文は上
級行政裁判所における規範統制の申立人として官庁を列挙しており，ここから，
官庁が申立人として行政訴訟に登場することに原則的な疑念が存在しないこと，
したがって同一の法主体の機関間の行政訴訟を（許されない）「自己内部訴訟」
として処理するのは困難であることが読み取れる（Ebenda, S. 102）。

　他方で，行政裁判所法には行政法上の機関訴訟を明示的に認める規定はない
が，ロートによれば，このことから行政法上の機関訴訟の原則的否定を読み取
ることはできない。上記の行政裁判所法193条及び同法47条2項1文の存在
からすれば，立法者は，行政法上の機関訴訟のためには一般的な規定で十分で
あり，特別の規定を不要であると考えたと見る方が自然であるという（Ebenda,
S. 103）。したがって，問題は，行政法上の機関争訟が行政訴訟上の一般的な訴
訟要件を満たすかどうかであることになる（Ebenda, S. 112）。

　(b)　ロートによれば，行政法上の機関争訟を行政裁判所法の一般的な権利
保護体系に組み込む際には，とりわけ2つの問題領域に関して原理的な問題が
生じる（Ebenda, S. 152）。第1の問題は，行政裁判所法40条1項に言う「公法
上の争訟」性に関して，組織内部も法に開かれているか否かという問題であり，
いわゆる不浸透性理論の克服が問題となる。すなわち，不浸透性理論の問題を
除けば，「公法上の争訟」性の判断にとって，同条の文言及び成立史からして
主観法か客観法かの区別は有意でなく，両者は互いに重なり合う法領域である
ことから内部法か外部法かの区別も有意ではない。問題があるとすれば，それ
は，そもそも内部領域を法領域ではないとする不浸透性理論にある（Ebenda, S.
152-160）。第2の問題は，出訴資格に関して，行政訴訟が認められるためには
権利が必要であるかどうか，必要であるとして機関に権利が認められるか否か
という問題である（Ebenda, S. 287）。

　第1に，不浸透性理論については，ロートによれば，理論的にこれを維持で
きないのみならず，その代表的な論者とされてきたイェリネック及びラーバン
トにおいても機関関係の法的性格は一貫して承認されているという。

　一方で，不浸透性理論が維持できない理由としては，ロートによれば，次の
2点が挙げられる。1点目は，法人格の内部は法に開かれていないとする不浸
透性理論は，自然人にしか適用できず，法人には適用できないという点である。

すなわち，アンシュッツ（第 2 章第 2 節第 3 款）は，実際には法人が複数の自然人に分割できるのと同様に自然人も複数の細胞に分割することができるところ，それにも拘らずそれぞれを法人格として一体と見るのは同じ「擬制」に外ならないとしているが，個々の自然人は法主体として考察の対象になるもののうちそれ以上は分割できない最小の単位であり，だからこそその内部は法的に不浸透なのであって，この理は自然人に分割可能な法人には及ばないはずである（Ebenda, S. 167-169）。2 点目は，不浸透性理論と実定法との乖離である。すなわち，ボン基本法 93 条 1 項 1 号・3 号及び行政裁判所法 193 条は，明白に憲法機関争訟が法的性質を持つことを前提にしているところ，これらの憲法機関争訟についての明示的な規定は，立法者が不浸透的な国家という観念に与していないことを示している（Ebenda, S. 169f.）。

　他方で，ロートは，不浸透性理論の代表的論者とされるイェリネック（第 2 章第 2 節第 2 款）及びラーバント（第 2 章第 1 節第 1 款参照）についても，後の学説は彼らの論ずるところをバラバラに切り離しあるいは短縮して不浸透性理論の典拠として引用してきたがために，彼らの真意について誤解が生じているとする（Ebenda, S. 171）。ロートによれば，確かに彼らの所説からは不浸透性理論が導かれるようにも思われるが，彼ら自身はそれを否定しているのである。すなわち，当時の政治的状況においては法律と行政命令との区別は国民代表たる議会の協賛の要否と結び付いていたため，その区別は国民代表たる議会の権限と君主政府の権限との境界画定という実践的意義を有していた。この区別のために実質的法律と形式的法律というカテゴリーが導入されたが，前者は法規（Rechtssatz）の規定（Anordnung）において見られるものであり，後者は内容に関わらず立法手続によって発布されるものを指すものであって，前者は後者をその基礎に持たねばならないとされた。そうすると，議会の協賛の要否は実質的法律であるか否か，したがって法規性の有無に拠ることになるところ，イェリネック及びラーバントは規律によって追求されるところの個々の主体相互の権能及び義務の境界設定という目的から法規性を定義しようと試みた。これによれば，法規は法人格間の関係を規律し得るものではあっても法人格内部は規律し得ないことになり，ここから不浸透性理論が導かれることになりそうである（Ebenda, S. 178-189）。しかし，法規概念を法主体間の関係に限定すること，法人の内部領域のみに関わる規律を実質的法律概念から除外することから，直

ちに国家を法的に不浸透な人格であるとする不浸透性理論が導かれるわけでは
ない。すなわち，国家の組織に関する措置も臣民との関係で外部効果を持つこ
とがあり，官吏と国家との関係についても官吏たる地位それ自体に関しては法
関係たり得る。機関間の関係についても，法規性（＝境界画定）にとって重要
であるのは権利能力ではなく意思能力・行為能力であって国家機関を除外する
理由はなく，ラーバント及びイェリネックも機関間の法関係を否定しているわ
けではない[149]。確かに，イェリネックの叙述には法律上規定された機関権限
についての争訟をカテゴリッシュに除外しようとしているかに見える箇所もあ
るが，彼が否定しているのは機関権限の権利性であって，この種の権限を巡る
客観法的に形成された法的争訟までをも否定しようとしているわけではないの
である（Ebenda, S. 189-209）[150]。

　第 2 に，出訴資格の問題について，ロートは，行政裁判所法は個人的権利保
護のためのシステムであり，したがって機関訴訟の実施のためにも権利が認め
られなければならないとする。ロートによれば，取消訴訟・義務付け訴訟につ
いては，行政裁判所法 42 条 2 項が明文で行政行為（あるいはその拒否若しくは不
作為）による原告の権利侵害の主張を訴訟要件としており，一般形成訴訟・一
般給付訴訟にもこれは（類推）適用されると解されている。問題となるのは明
文では「正当な利益」しか要求されていない確認訴訟である（同法 43 条 1 項）。
もっとも，こうした確認訴訟についても，その対象は法関係（Rechtsverhältnis）
の存否であり，法関係は具体的な事実関係から何らかの法規範によって生じる

---

149)　これらに反し機関間の法関係を否定するアンシュッツの見解及びそれに対するロートの反論に
　　ついては，*Roth*, Organstreitigkeiten, S. 196-198 を参照。アンシュッツの見解とその意義ないし限
　　界については，第 2 章第 2 節第 3 款も参照されたい。
150)　この点については，第 2 章第 2 節第 2 款も参照されたい。また，ロートは，引き続いて，公法
　　上の法人が法に対して開かれており，それゆえその機関及び機関部分の権限関係が法的に規範化可
　　能であるとしても，行政内部のあらゆる規律が法規性を有するということにはならないとし，行政
　　内部の諸規律についての法規性の線引きの問題を扱っている。それによれば，行政内部の諸規律は，
　　特別権力関係に基づく階統的命令（hierarchische Weisungen: 個別命令・一般規定・組織行為）と
　　一般権力関係に基づく高権的命令（hoheitliche Weisungen: 特に行政行為）とに分けられ，このう
　　ちの高権的命令は，一般権力関係において新しい法的義務を基礎付け得るので法規性を有するが，
　　階統的命令それ自体は，服従義務を基礎付けず，既に存在する職務上の服従義務（こちらは然るべ
　　き法規範によって基礎付けられる本来的な義務として存在する）を単に具体化するだけであるから，
　　機関担当者の私的生活遂行に関わる場合を除いて法規性を有しない（*Roth*, Organstreitigkeiten, S.
　　215-286）。

（一般的あるいは部分的に権利能力を持つ）法主体間の法的な関係（rechtliche Beziehung）であるところ，そのような法関係は（原告自身のものではないにせよ）少なくとも1つの権利を前提とするから，こうした確認の対象の性質から主観法的性質が導かれる。以上からすれば，行政訴訟の許容性は，権利侵害の主張の有無か，訴訟物の権利との結び付き次第であることになるから，いずれにせよ原則として個人的権利保護の追求に依存することになる（Ebenda, S. 287–296）。したがって，行政法上の機関争訟を行政裁判所法の主観法志向の権利保護体系に組み込むためには，公法上の法人の機関及び機関部分が行政訴訟において防御されるべき権利を持ち得るか否かが中心的な問題となる（Ebenda, S. 302）[151]。

　(c)　以上からして，機関の出訴資格の前提として，機関権限が権利として理解され得るか否かが焦点化されるが，この問題に答えるに当たっては，大きく分けて2つの原理的な困難があるという。第1は，権利の本質はかなりの程度不明瞭であり，それゆえ具体的にいつ権利が認められるべきであるかについては一般的な不明確性が存在するという困難であり，第2は，機関及び機関部分がその本質あるいは国家構造におけるその機能及び地位に照らしそもそも権利の保持者になり得るか否かという問題の困難である。こうしてロートは，①権利概念の内実，②機関及び機関部分がそもそも権利の保持者たり得るか否か，③いつ権利の存在が前提とされるかについての詳細な考察に向かうことになる（Ebenda, S. 327f.）。

　(2)　ロートは，従来の権利概念の理解の問題点を示し，①内容の特定性・②排他的行使権能・③主張権能からなる個別的利益の要素から解放された新たな権利概念を提唱した上で，公法上の機関及び機関部分に権利を認める上での障害がないことを示し，具体的な場合に権利が認められるか否かはそのメリット・デメリットの比較衡量によって決せられるべきであるとする。ロートによれば，こうした利益衡量の結果，公法上の機関及び機関部分の権限は原則として権利として理解されるべきであることになる。

　(a)　ロートは，まず，従来の権利概念の理解の問題点を示す。ロートによれば，パンデクテン法学においては権利の要素として①意思・②利益・③法的

---

151)　なお，ロートは行政裁判所法42条2項にいう「Recht」が権利を超えてたとえば「防御可能な法的地位」をも含み得ないか否かも検討するが，同項の文言や同条の体系・法制史等を根拠にしてこれを消極に解している（*Roth*, Organstreitigkeiten, S. 307–324）。

力（強制力）の３つが挙げられ，権利概念におけるそれぞれの意味合いについて激しい議論がなされていたところ，現在に至るまでその議論は決着を見ておらず，今日の判例・学説においても権利はこれら３つの概念要素の結合として専ら理解されている。しかし，ロートは，それは妥協の産物に過ぎず，そのような権利概念の理解は問題を抱えているとして，それぞれの要素を主張する見解の問題点を指摘する（Ebenda, S. 330-346）。

　まず，意思理論については，ロートは，意思無能力者も権利を持ち得るという事態を説明できず，意思無能力者自身ではなくその法律上の代理人が権利の主体にならざるを得ないという問題点を指摘する。ロートによれば，これに対し，利益理論は，権利の主体を利益の主体で判断し，誰がそれを行使するかについてはこれを権利の所持の問題と切り離すので，この問題を回避することができる。意思理論は，この意思無能力者の問題に直面して利益理論へと逃避せざるを得なくなるという限界を抱えているというのである（Ebenda, S. 347-351）。

　次に，利益理論については，ロートは，利益は権利の目的ではあるが内容ではなく，立法動機にはなり得ても概念的必然ではないとする。ロートによれば，利益理論の問題点として，次の３点が挙げられる。第１に，利益の保護は客観法によってもなされ得るところ，利益理論の代表的論者たるイェーリングは利益の個別性という新しい基準を導入することで権利と単なる法的反射とを区別しているが，こうした利益の個別性という基準には，権利と単なる法的反射との境界画定が困難であること，立法者が個別化されない多数者に権利を付与できない理由が不明瞭であること，個別化の度合いが高まれば権利になることが基礎付けられていないこと，という問題点がある。第２に，利益理論によると，権利主体と利益主体とが乖離する事態（法人の場合，利益主体はその構成員たる自然人であるが，権利主体は法人である）を説明できない。権利主体と利益主体とを一致させてのみ利益保護が促進されるという想定は，通例は正しいものの例外がないわけではない。第３に，1997 年に改正されるまでの行政裁判所法 47 条２項は規範統制の申立人として「不利益」を被る全ての自然人又は法人を挙げていたところ，「法的に保護された利益」という利益理論による定義によれば当該申立人に要求されているのは権利侵害であることになってしまうものの，一般的見解によれば当該申立人には権利侵害は不要であるとされる（Ebenda, S. 351-362）。

　最後に，法的力（強制力）についても，その問題点として次の3点が挙げられている。第1に，権利の要素として強制可能性を挙げることは単なるフィクションに過ぎない。すなわち，国家の現実的な強制能力には限界があること，実際に強制メカニズムによって保護されるか否かは憲法機関担当者の法誠実（Rechtstreue）に依存していること等から，強制可能性は偶然に左右され実際には強制可能でない権利が存在し得るにも拘らず，それらが権利であることは疑われていない（Ebenda, S. 365-369）。第2に，法と強制権能との論理的な結び付きは存在しない。すなわち，法律は，その内容の正しさや強制可能性の故にではなく，それが法律であることのみを以て守られるべきである。法服従者に法律の内容的賛成を期待するのは耐え難い自由の削減（Freiheitsbeschneidung）であり，法服従者が専ら強制や制裁への恐怖故に法律に従うとすることは人間性の許し難い侮辱である（Ebenda, S. 369-376）。第3に，実際の実定法においても，強制権能のない権利が存在する。すなわち，現行法においては強制可能な権利が通例であるものの，出訴可能性のないもの，給付判決の執行可能性のいものも存在する[152]。したがって，今日のドイツ法秩序においては，強制可能性は権利の概念メルクマールでも必要条件でもない（Ebenda, S. 376-408）。もっとも，以上3点からして法の貫徹可能性・強制可能性が非有意であることになるわけではない。しかし，それらは法の本質の問題ではなく信用性の問題であり，或る人が或る具体的な法規範に従う理由の解明は法学ではなく社会学の問題なのである（Ebenda, S. 408-416）。

　したがって，これら全ての基準は権利という現象を十分に解明することができず，そうである以上これらを組み合わせて権利の概念とすることも許されない。権利は，法的力なくしても存在し得るものであり，法的あるいは事実的な意思活動を前提としておらず，必ずしも権利主体自身の利益に奉仕するもので

---

[152]　給付判決の執行可能性のないものの例としては，執行が債務者にとりあまりに過酷な場合に債務者の申立てにより執行裁判所による強制執行の措置の取消し・禁止・停止を認める執行保護（民事訴訟法765条a），差押え禁止事項（同法811条・811条c・812条），過酷に過ぎる差押えに対して債務者を保護するところの差押えに対する執行保護（同法850条以下），夫婦の同居義務の執行不能等が挙げられ，出訴可能性のないものの例としては，婚姻しても婚姻を求めて出訴することはできないとする民法1297条1項，協定による出訴資格の排除，連邦憲法裁判所（及び大抵のラント憲法裁判所）の列記された権限に含まれないもの等が挙げられている（*Roth*, Organstreitigkeiten, S. 378-394）。

なければならないわけではない。これらの基準によっては，原則を示すことはできても例外までも十分に把握することはできないのである（Ebenda, S. 416-418）。

　(b)　このように，権利を実質的に定義する試みが上手く行かないことを受けて，ロートは，権利をその目的と機能のみから純粋に形式的に考察することを試みる。ロートによれば，権利は次の3点によって希薄化された形で定義される。すなわち，①行使可能な特定の内容を持つこと（内容の特定性），②個別化された法主体に原則として排他的な行使の権能が法規によって付与されていること（排他的行使権能），③必要な場合には当該主体にその主張（Geltendma-chung）が許されていること（主張権能）である（Ebenda, S. 419-421）。

　①②については，法は全体として人格の外的関係をその対象に持つ規律構造として理解され得るところ，こうした法の作用は権利の保持とその行使のための排他的権能との結び付きを基礎とすることから根拠付けられる。権利の中心的目的はその行使なのであり，その具定的な内容はそれぞれの権利の基礎となる法規によって定まる（Ebenda, S. 446-448）。

　③に言う「主張」とは，法規によって権利を付与された法主体が，その権利の行使のための権能を超えて，当該権利によって何らかの作為・不作為を義務付けられる全ての法主体に対してこの義務を遂行するよう（当該権利を尊重するよう）請求することを意味する。それは，裁判上の主張や強制執行に限られず，これら最終段階に至るまでの単なる催告や警告，契約の解除・組織からの排除等による威嚇（Drohung）も含む。これによって，自己の名で他者の権利を（裁判上）主張するという事態（訴訟担当）を理論的に位置付けることが可能になる。すなわち，訴訟担当者は当該権利の主張を許されても行使は許されておらず（③は満たすが②は満たさず），したがって権利の主体ではないのである（Ebenda, S. 448-460）。

　(c)　それでは，このようにして定義し直された権利が，公法上の法人の機関及び機関部分に帰属し得るのか。ロートは，まず，公法上の法人の機関及び機関部分の権利（特に公権）を否定する論拠に反論することで，その消極的基礎付けを試みる。そのような論拠は，①公法上の法人の権利を否定し，そこからその機関及び機関部分の権利を否定するものと，②公法上の法人自体の権利は肯定するものの，その機関及び機関部分の権利を否定するものとに分けられ

る（Ebenda, S. 461f.）。

　まず，公法上の法人の権利を否定し，そこからその機関及び機関部分の権利を否定する見解については，ロートは，私法上の法人が権利の主体たり得ることは争われていないこと（法人格の非有意），公法上の法人も行使・主張権能をその機関及び機関担当者において持ち得ること（権利の本質の充足）から，公法上の法人の権利が否定されるとしたら，それは，その法人格や権利の本質によっては正当化され得ず，その公権力の主体としての特別の役割のみによって正当化され得るとする。その上で，公法上の法人の権利を否定し得る論拠として次の 4 点を挙げ，いずれの論拠も否定する（Ebenda, S. 462-464）。こうして，上記のロートの権利の概念によれば，公法上の法人を公権の主体として承認することには何の懸念もないことが確認される（Ebenda, S. 484）。

　第 1 に，法的に保護された利益という権利の理解を前提に，公権力の主体は（主観的）利益を持ち得ないという論拠である（利益抗弁）。ロートによれば，この論拠には次の 3 つの問題点がある。①既に示したように利益は権利の定義メルクマールではなく，利益抗弁が前提とする権利の観念は誤っている。②仮に利益理論を前提としても，法人が利益を持ち得ないとするのは誤りである。すなわち，利益を心理学的意味において理解するとそれを享受し得るのは自然人のみであることになるが，利益概念は規範的に捉えられるべきであり，法人も利益の享受主体たり得る。③公法上の法人の利益を否定する見解は，「主観的利益＝私益」・「客観的利益＝公益」という概念対を前提とし，公法上の法人には公益のために権能が与えられていることを理由とするが，この前提は誤りである。すなわち，主観的性質か客観的性質かは保護態様の問題であり（主観法か客観法か），私益か公益かは保護対象の性質の問題であって，両者は異なる考察対象の分類である。公益のためであることから直ちに主観的利益性が否定されるわけではない（Ebenda, S. 464-473）。

　第 2 に，公法上の法人に権利を認めることは公共善（Gemeinwohl）に対する危険をもたらすという論拠である（公共善抗弁）。しかし，ロートによれば，次の 2 つの理由からこの点も問題ではない。①そもそも一般的利益と部分的利益との間に二律背反は存在しない。すなわち，客観法が主観的利益を反射的に保護し得るように，反対に権利の行使はむしろ公共善に奉仕し得るものである。②公共善抗弁は，権利によって実現される部分的利益は必然的に私的性質を持

つものであって私人にしか帰属し得ず，他方で公的主体においては一般的利益
が支配することをその基礎とするが，一般的利益はむしろ部分的利益の合成
（Resultante）として理解される。すなわち，国家等の組織は多数の目的を同時
に追求するものであること，それら個々の目的は互いに衝突するものであるこ
とから，固定的な「一般的利益」なるものはアプリオリには存在せず，その確
定は政治的な決定に委ねられる。ドイツ連邦共和国について言えば，連邦・ラ
ント・市町村及びその他の公法上の法人（社団・営造物・財団）という公権力主
体のそれぞれの段階と下位区分に応じて，それぞれの領域のために確定される
「部分的」な一般的利益が存在し，連邦全体の一般的利益はその合成として理
解されるのである（Ebenda, S. 474–480）。

　第 3 に，高権的権限は放棄できないという論拠である（放棄可能性抗弁）。し
かし，ロートによれば，放棄可能性は権利の概念メルクマールではなく，その
行使が義務付けられていることから権利性が否定されるわけではない。放棄で
きない権利の例として，基本権・選挙権等の公民権が挙げられている（Ebenda,
S. 480–482）。

　第 4 に，権利はその主体の恣意によって行使されるものであるという論拠で
ある（恣意抗弁）。しかし，ロートによれば，権利は恣意的行使可能性を本質と
しておらず，そのような観念は誤りである。その行使が義務付けられている権
利として，親権（民法 1626 条 2 項・3 項，同法 1627 条），より一般的には権利濫
用の禁止（同法 226 条），信義誠実の原則（同法 242 条）が挙げられている（Eben-
da, S. 482–484）。

　次に，公法上の法人自体の権利は肯定するものの，その機関及び機関部分の
権利を否定する見解については，ロートは，法規によって与えられた排他的行
使及び主張の権能という権利の定義に従えば，機関及び機関部分に権利が認め
られることをまずもって確認する。機関は機関担当者を通じて行使能力・主張
能力を付与され得るからである。機関及び機関部分の特殊な地位からして権利
の可能性を否定しようとする論拠としては次の 5 つが挙げられるが，ロートに
よればいずれの論拠も否定される（Ebenda, S. 485f.）。

　第 1 に，機関に権利を承認すると国家権力が「分裂（Aufspaltung）」してし
まうという論拠である（分裂抗弁）。ロートによれば，権限に認められる権利は，
権限の行使によって生じる義務の名宛人に対する「権限からの権利（Rechte

aus der Kompetenz)」ではない。そのような権利の主体は法人であって機関ではないからである。さらに，権限の付与・維持あるいは一定の権限配分を求める「権限への権利（Rechte auf die Kompetenz）」でもない。組織権力の主体がどのような組織を作るかは自由であるからである。憲法や法律で一定の制約が設けられていてもそれは組織権力主体の自己制限であって機関の権利を基礎付けない。これらに対し，権限に認められる権利とされ得るのは，自身に付与された権限の行使を他の機関によって妨害されないことを求める「権限における権利（Rechte an der Kompetenz）」に外ならない。これは，機関と国家等の組織との間ではなく機関及び機関部分の間にのみ存在する相対的な性質の権利であり，自身の権限行使が妨害されていない場合には他の機関の適法な決定を求めるものではない。国家の分裂が生じ得るのは「権限への権利」を承認した場合のみであり，「権限における権利」は既に付与された権限の他の機関による尊重を目指すのみであって国家の分裂を基礎付けない（Ebenda, S. 486-498）。

　第2に，機関ないし機関部分に権利を承認すると，それらが自身の利益に固執し，それによって組織目的の実現が妨げられ得るという論拠である（組織善抗弁）。しかし，ロートによれば，この論拠は先の公共善抗弁と同じく誤りである。すなわち，組織善はアプリオリには与えられておらず，当該組織の全ての機関及び機関部分の権限秩序に適った協働から生じるものに外ならない。機関及び機関部分は常に組織善に拘束されるが，そうであるからと言ってアプリオリに確定的な組織善が存在するわけではなく，むしろ権限ある機関の確定によって形成されることを必要とするのである（Ebenda, S. 498f.）。

　第3に，外部法領域における全ての権利義務の終局的帰属主体は組織であって，その機関には通過的な遂行権限が帰属するに過ぎないという論拠である（通過的権能抗弁）。しかし，ロートによれば，或る外部関係において機関が通過的帰属主体（Zurechnungsdurchgangssubjekt）であることは，別の機関との関係（内部関係）において機関が終局的帰属主体であり得ることを排除しない。機関が通過的な遂行主体として組織の目的・利益に向けられていることはそれとは反対の目的の追求を禁ずるが，権限における権利の承認は組織の目的に反するものではなく，むしろ権限秩序の貫徹という組織の利益に資するものである（Ebenda, S. 500-504）。

　第4に，機関及び機関部分は法人格を有さず，したがって権利も有し得ない

とする論拠である（法人格抗弁）。この点に関してロートが強調するのは，法人格と法主体性との区別である。すなわち，ロートによれば，法人格の欠如を以て権利を否定する見解は法人格の概念と法主体性の概念との等置に基づいているが，当該等置は誤りである。権利のためには法人格がなくとも法主体性があればよく，法主体性は一般的権利能力がなくとも部分的権利能力として現れ得る [153]。自然人や法人も含めて，法主体性は法秩序から独立してアプリオリに存在するものではなく，或る主体に対して法秩序が権利を付与したことの帰結として生じるものであり，このうち（原則として）一般的権利能力を与えられるものを法人格と呼んでいるに過ぎないのである（Ebenda, S. 504-519）。

　第 5 に，機関及び機関部分に権利を認め，そのための訴訟を解釈によって開くことは，行政裁判所法との関係で許されない法形成であるという論拠である（法形成抗弁）。しかし，ロートによれば，この論拠は次の 3 点からして誤りである。①立法者意思は静態的ではなく動態的に理解されるべきであってその解釈に際しては法秩序の発展傾向を考慮しなければならないところ，戦後の一般的な法化傾向・主観化傾向によってもたらされた権利保護可能性の拡充は機関権限の主観化によってもたらされる拡大を超えるものである。②戦前の列記主義から戦後の概括主義へと機関訴訟の許容性は拡大傾向にあり，同法もこの傾向の延長線上に位置付けられるべきである。③同法自身の中にも行政法上の機関訴訟が立法者意思に反していないとするための拠り所が見られる（上級行政裁判所における規範統制に関する同法 47 条 2 項の定める官庁の申立権，憲法上の機関争訟を認める同法 193 条等）（Ebenda, S. 520-539）。

　以上からして，権限における権利を機関に承認する上で妨げとなるものはないことになる。ロートは，こうして認められ得る機関の権利を「機関権」（Organrechte）と称する（Ebenda, S. 539f.）。

　　(d)　ロートは，このように機関の権利の理論的許容性が認められたとしても，そのことによって全ての機関権限が実際に権利であることにはならず，具体的にいつ機関権が認められるべきか否かは開かれているとし（Ebenda, S. 541），その解決は法規範の目的論的解釈したがって利益衡量に委ねられるとする。ロートによれば，或る法規範がそれによって利益を得る者に権利を付与し

---

153)　なお，ロートは，ホッペ（第 2 節第 3 款）やハインリッヒ（第 3 節第 4 款）らの見解と異なり，法的義務の主体性からは法主体性は基礎付けられないとする（*Roth*, Organstreitigkeiten, S. 506f.）。

ているのか，それとも単なる事実的・反射的利益を与えるに過ぎないのかという問題は，問題となっている法規範の解釈によってこれを決する外なく，明示的な規定があれば憲法に反しない限りそれに拠ればよいが，そのような規定がない場合には目的論的解釈に拠らなければならない。こうした目的論的解釈の核心は立法者の推論上の意思を突き止めることにあり，立法者の目的は当該法規範による規律に関わりを持つ様々な利益の調整にある。そこで，解釈者は，権利の承認に結び付いたメリットとデメリットとの理性的な比較衡量によって立法者意思を突き止め，これによって当該法規範が権利を付与しているのか否かを決しなければならないことになる（Ebenda, S. 542–558）。

　一般に法規範による権利付与のメリット及びデメリットとしては，ロートによれば，次のものが挙げられる。すなわち，メリットとしては，①権能者にとってはその行為可能性の拡大，②法共同体にとっては法貫徹保障の改善が挙げられ（Ebenda, S. 558–580），デメリットとしては，①権能者にとっては当該法規範の貫徹のための国家権限の撤回に伴う実現の自己負担，②義務者にとっては応訴の負担及び権利侵害の帰結としての補償・損害賠償義務（単なる客観法違反の場合には生じない），③法共同体にとっては立法者の望んでいない民衆訴訟との境界の曖昧化（裁判所の過剰負担，便宜的統制（Opportunitätskontrolle）の喪失）が挙げられる（Ebenda, S. 580–598）。

　これを特に機関権の付与について言えば，ロートによれば，次のようになる。機関権の付与の決定的メリットは権限秩序の貫徹の機会が（訴訟の許容によって）格段に高まる点にある。これには法共同体にとっての実質的意義として①機関の機能の適正化，②権力分立原理の具体化，③民主政原理の担保，④利益多元主義の保障が認められる一方で（Ebenda, S. 602–621），これらの目的は他の手段（共通の上級機関，第三者の訴訟，機関担当者の交代，憲法改正・法律改正，制裁措置）によっては十分に達成され得ない（Ebenda, S. 621–635）。他方で，機関に権利を認めることであり得るデメリット（組織の機能能力・効率への影響，裁判所・相手方の負担増，便宜的統制の喪失）は，ほとんど存在しない。特に裁判所・相手方の負担増が問題にならない理由としては，①機関担当者は忠実義務を課せられており責任ある行動を期待される特別の公法上の関係にあること，②特に法に詳しい官庁の場合は裁判にふさわしい事案のみが出訴されるであろうこと等が挙げられる（Ebenda, S. 636–643）。したがって，権限規範は原則として一

貫して主観的性質を持つことになる。もっとも，下級機関のヒエラルヒー上の上級機関に対する関係においては，権力分立原理・民主政原理・利益多元主義が妥当せずほとんどメリットが想定されない反面，行政効率の侵害等のデメリットが想定されるため，下級機関には権利は認められない（Ebenda, S. 643-645）[154]。

(3)　以上のロートのアプローチは，次の2つの意義と2つの限界を有する。

(a)　第1の意義は，権利概念を再構成することで，個別的利益の要素から解放された新たな権利概念（①内容の特定性・②排他的行使権能・③主張権能）を提唱した点にある。これにより，通例個別的利益性が否定される公法上の法人の機関及び機関部分にも権利が認められる素地が与えられることになる。これは，今までの論者の誰よりも利益不要型を明確かつ理論的に展開したものと評価されよう。もっとも，このように定義上は希薄化された権利概念に限定の契機を用意するため（公法上の法人の機関及び機関部分については結局ほとんど限定されないものの），ロートは利益衡量を最終的な基準とする。しかし，3要件によってなされる定義と利益衡量との関係は明らかではなく，利益衡量という手法自体にも後に述べるような問題点が内在する。

第2の意義は，民衆訴訟化の懸念に対して，実体法上あるいは訴訟法上何らかの限定を付すのではなく，むしろそのような懸念は存在しないとする点にある。ロートによれば，機関担当者の忠実義務及び官庁の専門的知識により濫用的な出訴は想定されない。もっとも，このような想定は楽観に過ぎる恐れもあり，実証的な裏付けが要されよう。

(b)　第1の限界は，利益理論を排斥する論理にある。本書の関心からすれば，ロートによって本当に利益理論が排斥されたのか否かが重要であることは多言を要しないが，この点については次に述べる疑念がある。すなわち，ロートは，利益理論の問題点として，①権利と法的反射の区別のための個別的利益という基準の問題点，②権利主体と利益主体が乖離する事態を説明できないという問題点，③改正前の行政裁判所法47条2項に関する利益理論からの帰結

---

154)　なお，ロートの所説は，それまでの学説に見られなかった機関の権利の「侵害」という論点にも立ち入って検討している点にその特色の1つを持つが（*Roth*, Organstreitigkeiten, S. 700–905），本書ではこれに立ち入らない。この論点に関するロートの所説の簡単な紹介としては，門脇・前掲注147）711–712頁を参照。

と一般的見解との相違という問題点を挙げていた（(2)(a)）。しかし，①について
ロートが真っ先に挙げる権利と法的反射との境界画定の困難はロート自身の
利益衡量のアプローチにも妥当するものであり，②の具体例としてロートが挙
げる法人（＝権利主体）とその構成員（＝利益主体）の乖離についても，ロート
自身が認める如く（(2)(c)）利益概念を規範的に捉えることにより法人も固有の
利益主体たり得るのであって，その限りで権利主体と利益主体との乖離は生じ
ず，したがって権利の要素から利益を排斥する根拠にはならない。③について
は利益理論と矛盾する行政裁判所法 47 条 2 項についての一般的見解が正しい
ことを前提にする結論先取りに過ぎず，やはり利益理論を排斥する十分な理由
ではない。つまるところロートは利益理論を十分に排斥できているとは言えず，
権利の概念から個別的利益の要素を除外するためにはさらなる検討が要されよ
う。また，こうした利益理論を排斥するための論証も含めて，ロートの著作全
体を貫く傾向として，権利概念の要素を排斥する論拠として例外的事態を説明
できないことが挙げられることが多い。しかし，例外的事態を指摘することは，
権利の限界線が曖昧であること（権利概念にはその中核部分と周辺部分とが含まれ
ること）の論証にはなっても，その中核部分と周辺部分とを同じく扱うことを
それだけでは正当化しない。権利の限界線が曖昧であることは，むしろその周
辺部分の扱いを巡る新たな問題を提起するに過ぎない。

　第 2 の限界は，利益衡量という手法自体にある。すなわち，ロートによれば
権利の存否は最終的には解釈者によるメリット・デメリットの比較衡量に拠る
ことになるが，機関の権限については原則として権利が認められることからそ
の限りでその判断は明確であるものの，その他のたとえば私法上の権利の存否
の判断は具体的な場合における比較衡量を俟たねばならない。そして，権利一
般のメリット・デメリットとして挙げられた要素（(2)(d)）は単純には相互にそ
の価値を比較できないものであり，どうしても解釈者の恣意に流れる虞を払拭
できない[155]。ここでは，権利概念は解釈者の利益衡量の器を提供する中身の
ない道具概念に成り下がっており，しかも利益衡量のための要素が羅列される
ばかりで十分な基準は提供されていないのである。

---

155)　門脇・前掲注 147) 713 頁も，同様の問題点を指摘する。

第7款　利益不要型の意義と限界

　以上に紹介・検討したブーフヴァルトとロートの利益不要型のアプローチの意義と限界を，改めて次の3点にまとめておく。

　(1)　第1に，ブーフヴァルト及びロートの見解は，いずれも権利概念における個別的利益の要素の意義を理論的に問い直すものであった。ブーフヴァルトの見解は，個別的利益を権利の要素としてなお認めつつも，権利と権限との区別における個別的利益の意義を限定的に理解し，それが両者の原則的裁判対象性の有無を分ける理由にはならないとするものであり，ロートの見解は，そもそも個別的利益は権利の要素ではないとするものであった。

　こうした見解が妥当なものであれば，これによって，第1に，権利不要型・利益承認型に拠らずに機関訴訟を特別の規定なくして許容することが可能になり，第2に，憲法上の機関争訟も含めて機関に権利が帰属し得ることを統一的に説明できることになり，第3に，両者はともに権利概念が現代の形へと生成する過程であったパンデクテン法学の議論に遡って自身の見解を基礎付けていることから，伝統的な権利概念との連続性の問題の克服もまた同時に達成されることになる。

　(2)　第2に，ブーフヴァルト及びロートの見解に共通して，一般的利益と個別的利益の二律背反が否定されている点が注目される。ブーフヴァルトにおいては，一般的利益は単一でもなければ一義的に認識可能でもなく，そこには多数の観点が含まれており，一般的利益は多数の機関相互の関係における統制と協働のシステムの中から生成されるとされていた（第5款(2)(b)）。あるいはロートにおいても，固定的な一般的利益なるものはアプリオリには存在せず，連邦全体の一般的利益についてはそれぞれの公法上の法人に委ねられた部分的利益の政治的決定による「合成」として，各組織の一般的利益についてはそれぞれの機関及び機関部分の権限秩序に適った協働の結果として，理解されていたのである（第6款(2)(c)）。

　一般的利益を部分的利益の調整・合成の結果として捉えるこうした見解は，「チェック＆バランス」のシステムに組み込まれた機関には権利が認められるとするキスカー（第3節第1款）及びベートゲ（第3款），社団内部の利益弁証

法のために各機関に権利が認められるとするツァツォス（第3節第2款），権力分立原理の貫徹のために各機関に権利が認められるとするブロイトゲ（第3節第3款），社団の全体利益の形成のためには構成員間の利益対立を調整する必要があり，そのための組織構造が採用された以上，そこにおける各機関には他の機関に対して一定の行動を求める法的力が認められているはずであるとするエーヴァルト（第1款），行政活動の合理的な遂行のために一定の専門領域を委ねられた官庁にはそれ以外の官庁に対する法的力すなわち権利が認められるとするロレンツ（第2款）等の見解と通ずるものがある。

　このように，利益承認型・利益不要型の垣根を越えて，それぞれの論者ごとにアプローチを多かれ少なかれ異にしつつも，そこには次に述べる認識が通底している。すなわち，一般的利益はアプリオリには存在せず，権限を巡る対立ないし部分的利益追求の調整・合成の帰結として初めて現れるものであること，したがって，一般的利益をより良く実現するためには，（少なくともその「一定の自律性・独立性」が法制度上予定されている機関については）権限を巡る対立ないし部分的利益追求を制度上許容・要請すべきであること，こうした制度上の趣旨を貫徹するためにはそれら機関に裁判上争う機会を認めるべきであること，である。ドイツ公法学においても，機関に個別的利益が認められるか否か，そのための論拠は如何なるものかについては未だ議論の決着を見ないものの，以上の一般的利益の過程的理解及び当該過程における重要なファクターとしての機関権限の位置付けについては，概ね意見の一致があると言ってよかろう。

　(3)　第3に，しかし，そのためのブーフヴァルト及びロートの論証過程にはそれぞれの問題点が存在することは既に指摘した通りである。特に注目されるべきであるのは，ブーフヴァルトは権利と権限との相違を目的定立権者の相違すなわち一般的利益への拘束性の程度に求めることで，ロートは伝統的な権利概念では説明できない例外的事態が存在することを指摘することで，それぞれ権利と権限との境界線を曖昧化しあるいは否定しようとしたところ，しかし，このことは権利と権限とを等しく扱うべきであることを必ずしも帰結せず，むしろ権利概念の「周辺部分」の存在を示唆するに過ぎないという点である。

　これを権利概念における利益の要素について言えば次のようになる。すなわち，伝統的な理解においては，権利と権限とは法的力（ブーフヴァルトの言う規範定立権能と同義であり，ロートと異なりここでは強制力を必ずしも含意しない）を有

する点で共通するものの，権利はその主体自身の個別的利益（ないし目的）と
結び付いており，まさにこの点を理由として原則的裁判対象性に関して権限と
異なる扱いを受けるものとされてきた。しかし，権利の有する個別的利益との
関連性の程度は，実はそれぞれの権利によって様々であり，したがって，その
程度の高い権利の「中核部分」とその程度の低い権利の「周辺部分」とを観念
することができる。この周辺部分においては，個別的利益と関わりを持たない
とされてきた典型的な権限概念との境界線が曖昧になる。

　ブーフヴァルト及びロートの見解は，こうした個別的利益との関連性の程度
に関するグラデーションを理論構成に反映させず，利益の要素を概念規定から
全く排除してしまう（少なくとも原則的裁判対象性にとり非有意とする）もので
あった。しかし，権利（ないし原則的裁判対象性）を個別的利益との関連性の程
度と関係なく規定することは，裁判所の事実上の処理能力の有限性の故に，保
護の射程の拡張と併せて個人の利益保護に関する保護密度の低下もまた帰結し
かねず，あるいは三権分立原理との抵触等の憲法上の問題を引き起こしかねな
い [156]。権利の中核部分である個人の利益の保護がドイツ行政法学の中心的課
題として扱われてきており，個人の利益保護以外をも法の任務として承認しつ
つも（規範的にはボン基本法 19 条 4 項等を根拠として）その特権的地位が維持され
るべきであるなら，このことは妥当とは言えない。

　こうして，利益不要型のアプローチを修正して適切な理論構築に向かうため
には，権利と個別的利益との関連性の程度を理論的に反映させる必要性が生じ，
そのためには権利の周辺部分の分析が必要となる。すなわち，権利の周辺部分
はその主体の個別的利益との結び付きの弱さにも拘らずなぜ権利概念の下に理
解されてきたのか，それはなお維持されるべきであるのか，維持されるべきで
あるならその延長線上に機関の権限の権利性も肯定され得ないのか等の問題の
検討が要されよう。これらの問題の検討のためには，まずもって，権利概念に
おいて（個別的）利益概念が果たしてきた機能・意義を再検討しなければなら
ないはずである。

---

156)　斎藤誠『現代地方自治の法的基層』（有斐閣，2012）130 頁［初出 2005］は，ドイツ及び我が
　　国における地方公共団体の出訴資格に関し，「マクロの視点でみれば，私人の権利保護以外の任務
　　を裁判所が過剰に引き受けることによって，本来的任務に支障をきたすこともまた，私人の裁判を
　　受ける権利との関係や三権分立との問題などの憲法問題たり得る」とする。

第5節　小　　括

　最後に，本章の検討の結果を要約するとともに，以降の方針を確認する。

　(1)　本章は，機関訴訟を許容するためにドイツにおいて展開されているアプローチを紹介・検討し，それぞれの意義と限界を確認・分析することで，我が国の機関争訟論に応用可能な理論構成の可能性を探求することを目的としていた（第1節）。問題の淵源は，①行政裁判所法は権利（公権）の保護を目的としており，②権利概念は固有の利益をその要素に持つところ，③機関には固有の利益が認められない，という伝統的な理解にある。これら3点がともに真であれば，形式論理としては，機関には権利が認められず，したがって機関の権限の保障は行政裁判所の任務の範囲外ということにならざるを得ない。他方で，これら3点のうちいずれかが偽であれば，そこに機関訴訟を許容するための素地が生じる。行政裁判所の任務は公権の保護に限られないとするアプローチ（権利不要型）は①を，機関にも固有の利益が認められるとするアプローチ（利益承認型）は③を，権利の要素から固有の利益を排除するアプローチ（利益不要型）は②を，それぞれ否定しようとしたものであったと整理できる。

　このうち，権利不要型は行政裁判所法の解釈として説得的なものではなく（第2節），学説の大勢は利益承認型ないし利益不要型のアプローチを採用した。しかし，利益承認型は，そこで承認された利益が個人に通例認められる個別的利益とは異なる性質であること，機関の利益と個人の利益とが混同されていること，訴訟を認めるための個別的利益の必要性が論証されているに留まること，あるいはそもそも認められた利益の内容が不明瞭であること等の欠点を抱えていた（第3節）。これに対し，利益不要型は，その生成期においては，利益対立を調整することによって全体利益を実現するという組織構造から導かれる出訴資格の実践的必要性が示されたり，連邦憲法上の機関争訟において前提とされている実体法関係が援用されたりするに過ぎず，伝統的な権利概念との連続性の問題が未解決であった。そのような利益不要型の課題を受けて，伝統的な権利概念との連続性の問題を克服しようとしつつも，原則的な裁判対象性にとって個別的利益は有意な機能を果たさないとするブーフヴァルト，そもそも権利

の概念が本来的にも個別的利益を必要としていないとするロートの見解が現れた。しかし，両者の立論は，個別的利益との関連性の程度にグラデーションがあり得ることを反映したものではなく，権利概念（ないし原則的裁判対象性）を個別的利益との関連性の強弱と基本的に無関係に拡張するものであった（第 4 節）。

　(2)　特に重要であるのは，以下の 3 点である。

　　(a)　第 1 に，上述のように機関訴訟を許容するための 3 つのアプローチは，それぞれ異なる戦略を持つものの，それら戦略の垣根を越えて次のような認識を共有していた（第 4 節第 7 款(2)）。すなわち，一般的利益はアプリオリには存在せず，権限を巡る対立ないし部分的利益追求の調整・合成の帰結として初めて現れるものであること，したがって，一般的利益をより良く実現するためには，（少なくともその「一定の自律性・独立性」が法制度上予定されている機関については）権限を巡る対立ないし部分的利益追求を制度上許容・要請すべきであること，こうした制度上の趣旨を貫徹するためにはそれら機関に裁判上争う機会を認めるべきであること，である。

　　(b)　第 2 に，しかし，「一定の自律性・独立性」を以てして機関の出訴資格を導こうとすることには，利益ないし権利の概念という躓きの石が存在する。この点を克服するための諸種の見解の紹介・検討が示唆したのは，権利概念の複層的な理解の可能性である。

　学説の多くは，権利不要型の否定の下においても上述の範囲で機関訴訟を許容するため，利益ないし権利の概念を変容させようとしてきた。一方で，利益承認型は，機関の権限にも利益性を承認することで，権限を権利に切り上げようとする試みであった。しかし，もとより論者によってその理論構成は様々であるものの，如何なる構成を試みたところで，それが制度的・人工的に創設される機関の権限に純粋に個人的な（したがって心理学的な）利益そのものを認めようとする限り，決して越えることのできない壁に直面せざるを得ない[157]。したがって，利益承認型の見解が上述のように利益概念の変容や曖昧化という問題を抱えるに至ったのは，いわば当然の帰結であった。他方で，利益不要型は，権利概念から利益の要素を放逐してこれを希薄化・機能化することで，権

---

157)　門脇・前掲注 1)(3) 523 頁も，「国家内部において人工的に創設された機関に固有の利益を観念することは極めて困難になる」とする。

利に権限を包摂しようとする試みであった。しかし，各論者の論証が権利概念からの利益の要素の放逐に本当に成功しているのかについては疑わしい。

　むしろ，以上に示唆されているのは，権利概念を個別的利益との関連性の程度に応じてその中核部分と周辺部分とに（緩やかに）峻別し，少なくとも「一定の自律性・独立性」を備えた機関の権限をこのうちの後者に位置付ける可能性である。これによって，権利概念の枠内において，行政法の中心的課題とされる個人的利益の保護とそれに必ずしも直接には関係しない機関訴訟とを，両者の区別を維持しつつ統合することが可能になる。このとき，権利ないし利益の概念はもはや躓きの石にはなり得ないはずである。もっとも，こうした理論構成の可否を判断するためには，権利概念において利益概念が果たしてきた機能・意義を再検討しなければならない[158]。

　（c）　第 3 に，仮に権利ないし利益の概念が決定的な障害にはならないとするならば，ここでの問題の本質は，実は行政訴訟制度の役割論にある。すなわち，利益承認型ないし利益不要型は，それぞれ利益概念ないし権利概念を純粋に個人的な（心理学的）利益から（部分的にせよ）解放し，或る意味でこれを機能的に捉え直そうとするものであった。これによって，行政訴訟制度が果たすべき役割は，私人の個人的な利益の保護のみに解消されないより公益実現的なものをも含むものへと拡張されることになる[159]。利益承認型及び利益不要型の議論は，表面的には利益ないし権利という概念の次元をその舞台として借りつつも，実は法秩序において行政訴訟制度に期待されるべき役割を問うものであったと言える。ここで，学説の多数によって否定されたはずの権利不要型の議論が再び想起されなければならない。

　ここに，利益ないし権利という概念からいったん離れた上で，法秩序において行政訴訟制度に期待されるべき役割をそれとして検討するという課題が浮上する。そのような課題に取り組む上で出発点となり得るのは，本章で見た何人かの論者が機関訴訟の許容性を諸種の憲法原理からして規範的に要請・正当化

---

158)　山本隆司「集団的消費者利益とその実現主体・実現手法──行政法学の観点から」千葉惠美子ほか編『集団的消費者利益の実現と法の役割』216 頁以下（商事法務，2014）223 頁も，「権利は，古典的な定義によれば『意思力』と『利益』とから構成されるが，個別的利益が権利に必須の要素とされるわけでは必ずしもない」とする。

159)　このような民事訴訟モデル（「私権保護限定ドグマ」）からの脱却を我が国において説く見解については，第 1 章第 1 節第 1 款第 2 項参照。

しようとしていたことである。すなわち，機関訴訟の許容性は，アプローチの垣根を越えて，ヘンリクス（第1節第3款第1項(3)）においては法治国原理から，ロレンツ（第4節第2款）においては権力分立原理から，ブロイトゲ（第3節第3款）及びロート（第4節第6款）においては権力分立原理・民主政原理から，それぞれ基礎付けられていた点が想起されるべきである。その外延はもとよりなお不明瞭ながら，これら諸種の憲法原理（法治国原理・民主政原理・権力分立原理）に反さないために機関訴訟が許容されるべき一定の範囲なるものが理論的には存在するはずである。言い換えれば，これら諸種の憲法原理の調和・実現のために或る機関に或る権限に関して「一定の自律性・独立性」が付与されている場合には，当該自律性・独立性が貫徹されない事態は憲法原理に反する虞を意味するため，その貫徹のために必要な限りにおいて当該機関の当該権限を巡る争訟に裁判への途を開くべきであることが憲法上要請・正当化され得る[160]。また，このように裁判所の機能を拡張することは，伝統的な司法権の概念（第1章第1節第1款参照）との関係で齟齬を生じさせかねず，この観点からも，やはり権力分立原理に遡った考察が不可欠である。

　(3)　こうして，権利概念において利益概念が果たしてきた機能・意義を再検討することで，権利概念の複層的理解の可能性の有無を検証するとともに，諸種の憲法原理に遡って検討することで，法秩序において行政訴訟制度に憲法上期待されるべき役割を抽出するという，以降の課題が確認されるに至った。確かに，ドイツにおいては行政裁判所法の解釈上権利にこだわる必要があるのに対し，我が国では「法律上の争訟」（裁判所法3条1項）・「法律上の利益」（行訴法9条1項）・「公法上の法律関係」（同法4条）という文言からして権利概念に拘る必要性は必ずしもない。もっとも，いずれにせよ従来の機関争訟論は主に権利ないし利益の概念を巡ってなされてきたのであり，問題の構造はかなりの程度共通することから，ドイツにおける議論はやはりここでも傾聴に値しよう。

---

160)　同旨を言うものとして，山本隆司「行政の主体」磯部力ほか編『行政法の新構想Ⅰ』89頁以下（有斐閣，2011）。山本の見解については，第1章第3節第3款第1項参照。

終　章

　本章は，これまでの検討の結果を要約し，今後の展望及び展開可能性を示すことを目的とする。

第1節　要　　約

　以下にこれまでの検討の結果を要約する。

　(1)　本書は，いわゆる機関争訟のうち「法律上の争訟」(裁判所法3条1項)に属するものの範囲を画定する基準を定立するために，その見通しを得ることを目的とするものであった(序章)。

　(2)　本書は，まずもって検討の筋道を明確化するために，諸概念の整理を試みた。すなわち，①行訴法上の機関争訟(行訴法6条にいう「国又は公共団体の機関相互間における権限の存否又はその行使に関する紛争」)と理論上の機関争訟(行政主体ないし行政機関が両当事者として，当事者の権限の存否又はその行使に関して争う紛争)の区別，②「法律上の争訟」の中核(裁判所に当該権限が委ねられなければ違憲となるもの)と周辺(裁判所に当該権限が委ねられても委ねられなくても違憲とはならないもの)の区別，③典型的機関争訟(同一の行政主体内の行政機関相互の間の争訟)と「非典型的機関争訟」(異なる行政主体相互ないしその機関相互の間の争訟)の区別である。こうした区別に基づき，本書は，理論上の機関争訟の「法律上の争訟」の中核該当性から検討することにし，その検討に際しては，従来の判例・学説において，まず典型的機関争訟の「法律上の争訟」性が如何なる論拠で否定されているのか，次いでそれらの論拠がどのように非典型的機関争訟に応用されているのかを確認するという手順を踏むことにした。

　それによれば，理論上の機関争訟の「法律上の争訟」中核該当性が原則的に否定されるとしたら，それは，典型的機関争訟に関して権利権限型(行政機関

が有するのは権利ではなく権限に過ぎないこと）が妥当し，かつ，それが架橋理論
（「国の事務」論・「国の目的」論・「固有の資格」論）によって非典型的な機関争訟に
応用される場合のみである。理論上の機関争訟の「法律上の争訟」中核該当性
を否定するその他の論拠は，それぞれの特別の制度上の要請が存在する場合に
のみ妥当し得る。すなわち，①自律尊重型は，そこに司法審査の介入を控える
べきと言えるほどの「自律性」が要請されている場合にのみ，②上級下級型は，
紛争当事者自身が上級機関及び下級機関である場合にせよ，紛争当事者に共通
の上級機関がある場合にせよ，上級機関・下級機関の関係がある場合にのみ，
③救済阻害型は，本来的には私人の権利救済を目的とする訴訟制度において公
法上の法人ないしその機関に出訴資格を認めることが当該制度趣旨を没却する
場合にのみ，妥当し得る（第1章）。

　(3)　そこで，権利権限型及び架橋理論の妥当性を検討するため，本書は，そ
の理論的基礎となっていると思われる国家法人説を再検討した。それにより，
①機関訴訟の原則的否定を導くのは国家法人説それ自体ではなくそれに付随し
がちな不浸透性ドグマであるところ，当該ドグマは内容的射程・論理的一貫性
の両観点からして十分には基礎付けられていないこと，②国家法人格は技術概
念として，すなわち基本的には実定法によって明示又は黙示に規定された特定
の権利及び義務の主体としてのみこれを観念するべきであること，③法人格の
概念は相対的であり，当然に機関には認められないとは言えないこと，以上が
一定の理論的説得力を持ち得ることが明らかとなった。その背後には，国家概
念の脱実体化（実定法の関数化）及び法学的基本概念（法規・権利・法関係・法人
格等）の私法的刻印からの解放という基礎理論的な動向が存在した。

　以上の考察は，機関争訟論にいくつかの重要な指針をもたらした。すなわち，
①機関の法人格の有無という問題は機関訴訟の許容性の判断にとり直接的な意
味を持たないこと，②訴訟提起の前提としての法的力の性質として「権利であ
ること」が要求されている場合には，まずもって権利概念の実質的契機が少な
くとも一定程度以上には明らかでなければ訴訟提起の許否を判断できないが，
実はそれはそれほど明確ではないこと，③国家を法人としてではなく（あるい
はそれと同時に）組織として把握し，機関の権限行使を組織内部における意思
形成過程として捉えることで，国家内部の多様性・多分節性を法的に把握する
ことが可能になることである。こうして，機関訴訟の許容性の判断は，国家法

人格なる抽象的な概念から離れて，あるいは国家の組織としての把握を念頭に，適法な行政訴訟の範囲を定める訴訟法上の規定及びそれぞれの機関の権限を付与する具体的な規定の解釈に求められることになる（第2章）。

　（4）　ドイツにおいては，この課題の遂行は，行政裁判所法の解釈として展開される。問題の淵源は，①行政裁判所法は権利（公権）の保護を目的としており，②権利概念は固有の利益をその要素に持つところ，③機関には固有の利益が認められない，という伝統的な理解にある。ドイツ公法学は，様々なアプローチでこうした伝統的理解を克服しようとしてきた。そのうち，①を否定しようとする権利不要型（行政裁判所の任務は公権の保護に限られないとするアプローチ）は行政裁判所法の解釈として説得的なものではなく，学説の大勢は，③を否定しようとする利益承認型（機関にも固有の利益が認められるとするアプローチ）ないし②を否定しようとする利益不要型（権利の要素から固有の利益を排除するアプローチ）を採用した。しかし，利益承認型は，そこで承認された利益が個人に通例認められる個別的利益とは異なる性質であること，機関の利益と個人の利益とが混同されていること，訴訟を認めるための個別的利益の必要性が論証されているに留まること，あるいはそもそも認められた利益の内容が不明瞭であること等の欠点を抱えていた。これに対し，利益不要型は，伝統的な権利概念との連続性の問題を克服しつつ，原則的な裁判対象性にとって個別的利益は有意な機能を果たさないこと，そもそも権利の概念が本来的にも個別的利益を必要としていないことを論証しようとした。しかし，これらは，個別的利益との関連性の程度にグラデーションがあり得ることを反映したものではなく，権利概念（ないし原則的裁判対象性）を個別的利益との関連性の強弱と基本的に無関係に拡張するものであった。

　このように機関訴訟を許容するための3つのアプローチは，それぞれ異なる戦略を持つものの，①一般的利益は，アプリオリには存在せず，権限を巡る対立ないし部分的利益追求の調整・合成の帰結として初めて現れるものであること，②したがって，一般的利益をより良く実現するためには，（少なくともその「一定の自律性・独立性」が法制度上予定されている機関については）権限を巡る対立ないし部分的利益追求を制度上許容・要請すべきであること，③こうした制度上の趣旨を貫徹するためにはそれら機関に裁判上争う機会を認めるべきであること，以上を共通認識として有していた。こうした共通認識を理論的にも基礎

付けるに当たっては，①権利概念を個別的利益との関連性の程度に応じてその中核部分と周辺部分とに（緩やかに）峻別し，少なくとも「一定の自律性・独立性」を備えた機関の権限をこのうちの後者に位置付ける可能性を検証するために，権利概念において利益概念が果たしてきた機能・意義を再検討すること，②利益ないし権利という概念からいったん離れた上で，法秩序において行政訴訟制度に期待されるべき役割をそれとして検討するために，諸種の憲法原理に遡って検討すること，以上がさらなる課題となる（第3章）。

第2節　展　　望

第1節の最後に示された課題の遂行について，以下に簡単な展望のみを記す。

第1款　仮説の提示

本書の検討から，差し当たり以下のような仮説が導かれる。

(1)　上記のように権利概念と権限概念との差異が相対化されるのであれば，両概念の排他的な区別を前提とする権利権限型はもはや妥当し得ないし，権利権限型が典型的機関争訟について妥当することを前提にそれを非典型的機関争訟へと応用する架橋理論もその前提を失うことになる。さらに，法人格概念も相対化されるのであれば，法人格の有無それ自体は出訴の許否を決する一義的な基準たり得ない。したがって，機関争訟の「法律上の争訟」性が原則的に否定されるとはもはや言い得ない。

むしろ逆に，仮に，①少なくとも「一定の自律性・独立性」を備えた機関の権限が権利概念（の周辺部分）に含められ得るものであり，②さらにこうした「一定の自律性・独立性」が諸種の憲法原理（法治国原理・民主政原理・権力分立原理）の調和・実現のために付与されていると言い得るのであれば，その場合に機関訴訟を否定することは，権利ないし利益の概念からの帰結であるとはもはや言い得ないのみならず，それら諸種の憲法原理に反する虞をもたらすものであることになろう。ここに理論上の機関争訟が「法律上の争訟」の中核に該当する可能性を肯定することができる。

(2)　この場合，理論上の機関争訟と「法律上の争訟」との関係は以下のよう
に整理される。①少なくとも「一定の自律性・独立性」が付与された機関の権
限行使を巡る紛争は「法律上の争訟」の中核に該当し，したがって当該権限に
基づく訴訟の提起を否定することは原則として憲法上許されない。上級下級型
の論拠はこうした自律性・独立性の消極面に解消される。②もっとも，これら
の権限は伝統的な意味における権利ではないため，他の憲法原理ないし制度上
の要請との比較衡量の余地を残している。相反するより強い他の要請が存在す
る場合には，「法律上の争訟」の中核該当性は否定され得る。そうした他の要
請としては，差し当たり自律尊重型・救済阻害型が想定される。③「一定の自
律性・独立性」が付与されていない機関の権限行使を巡る紛争は，「法律上の
争訟」の中核には該当しない。④「一定の自律性・独立性」が付与された機関
の権限行使に関する紛争について，しかし相反するより強い他の要請が存在す
る場合，あるいは「一定の自律性・独立性」が付与されていない機関の権限行
使を巡る紛争について，立法によって出訴資格を付与することが憲法上許容さ
れ得るか否か（「法律上の争訟」の周辺該当性）については，個別具体的な議論を
要する。もっとも，従来の学説はこの点には寛容であった（第1章第1節第1款
第1項）。

　次に，以上を踏まえると，行訴法上の機関争訟のあるべき解釈論は以下のよ
うになる。前提として，行訴法上の機関争訟の外延は，少なくとも，「法律上
の争訟」の中核に属さないこと及び「国又は公共団体の機関相互間における権
限の存否又はその行使に関する紛争」という文言に該当すること（これには同
一行政主体内の機関相互間の争訟であることも含まれる）という条件によって画さ
れる（第1章第1節第2款第2項）。したがって，①理論上の機関争訟のうち「法
律上の争訟」の中核に該当するものは，行訴法上の機関争訟に含まれず，それ
ゆえ特別の規定なくして出訴され得る（訴訟類型としては抗告訴訟・当事者訴訟等
が考えられる）[1]。②理論上の機関争訟のうち，「法律上の争訟」の中核に該当せ

1)　この種の訴訟を抗告訴訟として認めようとする場合には，さらに「行政庁の処分その他公権力の
　　行使」（行訴法3条2項。いわゆる処分性）の要件が障害となり得る。すなわち，行政主体ないし
　　その機関相互の間の争訟において，外部性を伝統的に要件としてきた処分性が満たされるのかど
　　うか疑わしい。しかし，こうした外部性要件も本書で排斥された内部・外部二分論の刻印を受けた
　　ものであり，これを相対化することができるように思われる。*Bleutge, Rolf,* Der Kommunalverfas-
　　sungsstreit, 1970 は，行政行為の要素から「外部効果」を除くことで内部的行為にも行政行為性を

ず，同一の行政主体内の機関相互間の争訟であるものは，行訴法42条（及び裁判所法3条1項）を理由として特別の規定なくしては認められない。③理論上の機関争訟のうち，「法律上の争訟」の中核に該当せず，同一の行政主体内の機関相互間の争訟でないものは，裁判所法3条1項を理由として特別の規定なくしては認められない。

第2款　検証の見通し

　以上の仮説が成り立つかどうかは，第1節の最後に示された課題の遂行の結果に依存する。もっとも，権利概念の複層的理解の可能性については，以下に述べることからして，権利概念はもともと或る程度開放的な概念であってその周辺部分の存在を否定するものではなく，利益の要素に本来的に期待されていた意義・機能も少なくとも現代においては相対化可能であることを指摘することができる。

　⑴　「法秩序によって承認され保護された財ないし利益（Gut oder Interesse）に向けた法的力」[2]という今日広く用いられている権利概念を明確な形で示したのはG・イェリネックであるところ[3]，これは「ヴィントシャイト説の意思要素をイェーリングの利益理論と結び付けた」（シュミット−アスマン）[4]ものであると理解されている。このうち，ヴィントシャイトは権利概念を「法秩序によって付与された意思力ないし意思支配」[5]と定義しており，ここには利益の要素は見られない。むしろ，ヴィントシャイトは，利益保護は権利付与の目的

認め（S. 158ff.），機関争訟に取消・義務付け訴訟の途を開く可能性を認める（S. 176ff.）。*Heinrich, Manfred,* Verwaltungsgerichtliche Streitigkeiten im Hochschulinnenbereich unter besonderer Berücksichtigung der Rechtslage in Nordrhein-Westfalen, 1975, S. 163ff. も同様である。

2)　*Jellinek, Georg,* System der subjektiven öffentlichen Rechte, 2. Aufl., 1905, S. 44.

3)　*Schmidt-Aßmann, Eberhard,* "Gemeinwohl im Prozess", in: Verfassungsvoraussetzungen, Gedächtnisschrift für Winfried Brugger, 2013, S. 411ff., S.421.

4)　*Schmidt-Aßmann,* a.a.O.（Anm. 3），S. 421. 同様の指摘をするものとして，*Masing, Johannes,* Die Mobilisierung des Bürgers für die Durchsetzung des Rechts : Europäische Impulse für eine Revision der Lehre vom subjektiv-öffentlichen Recht, 1997, S. 64. もっとも，当該定義を導くに当たりイェリネック自身が意思要素に関して明示的に参照するのはルソー及びヘーゲルである。Vgl. *Jellinek,* a.a.O.（Anm. 2），S. 42.

5)　*Windscheid, Bernhard / Kipp, Theodor,* Lehrbuch des Pandektenrechts, Band 1, 9. Aufl., 1906, S. 156.

ではあっても権利概念の要素には含まれないとしていた[6]。これに対し，権利概念を「法的に保護された利益」[7]と定義したイェーリングないし両者の見解を折衷させたイェリネックにおいて（個別的）利益の要素が強調されたのは，①一般に利益という要素によって，権利概念に実質を充填して「意思形式主義（Willensformalismus）」の弊害を除去すること[8]，②個別的利益という要素によって，濫訴の弊を防ぐために権利と法的反射との境界を画定すること[9]，③（特にイェリネックにおいて）実質的権利概念の導入によって，権利保護請求権の拡張を推進すること[10]，これらの意義・機能が期待されてのことであった。

　もっとも，①については，個人の利益以外の実質的契機の導入を否定するものではなく，法の役割を個人の利益の保護に限定しない立場が正当化されるのであれば，意思形式主義の弊害に陥らない範囲においてイェーリングと矛盾することなく権利概念の実質的契機はこれを拡大し得るはずであり[11]，②については，この点のみを問題とするのであるなら，何らかの他の基準を個別的利益性に替えてないし併せて用いることもそれが十分な理論的基礎を伴う限り許されてよいはずであり，③については，私権に加えて公権に関しても裁判的保護についての概括主義が採用された今日においてはもはや歴史的使命を果たしたと言ってよく，この点をなおも過度に強調することは逆に個別的利益保護以外の要請によって裁判的保護を必要とする状況を等閑視することにつながりかねない。

　（2）　実際に，機関争訟論の文脈からは離れるものの，近年のドイツ行政法学においては，特にヨーロッパ法の影響の下に生じた行政訴訟の原告適格の拡張圧力を受けて，それに権利概念の機能的把握によって応じようとする動向が見られる[12]。たとえば，マージングは，市民の「監視者的地位（status procurato-

---

6)　*Windscheid*, a.a.O.（Anm. 5），S. 157.

7)　*von Jhering, Rudolf*, Geist des römischen Rechts auf den verschiedenen Stufen seiner Entwicklung, Band 3, 5. Aufl., 1906, S. 339.

8)　*Jhering*, a.a.O.（Anm. 7），S. 337f.

9)　*Jhering*, a.a.O.（Anm. 7），S. 353.

10)　*Jellinek*, a.a.O.（Anm. 2），S. 70f. この点を指摘するものとして，原田尚彦『訴えの利益』（弘文堂，1973）35 頁［初出 1968］，小早川光郎『行政訴訟の構造分析』（東京大学出版会，1983）54 頁［初出 1973］，山本隆司『行政上の主観法と法関係』（有斐閣，2000）126 頁［初出 1993］。

11)　同様の指摘をするものとして，門脇雄貴「機関の権利と機関訴訟(3)──ドイツにおける機関訴訟論の現状」都法 56 巻 1 号 507 頁以下（2015）523-524 頁。

ris)」を承認することで出訴資格の範囲を拡張しようとし[13]，クリューパーは，利益競合の帰結としての手続的な公共善理解を前提に，行政訴訟を公共善の具体化のための利益競合の場として理解した上で，純粋な個人的利益に基礎付けられる伝統的な意味における権利に加えて「機能的権利」を観念し，これを行政訴訟の原告を画する概念として用いることを提唱し[14]，シュミット－アスマンは，クリューパーと同じく手続的な公共善の理解を前提に，行政訴訟をその具体化のためのフォーラムとして観念した上で，権利概念をその柔軟性（公益と私益との連続性）を基礎にして機能的に拡張する可能性を示している[15]。こうした動向からは，権利概念の要素として（少なくとも伝統的な意味における）個別的利益は絶対的なものではないことが窺われる[16]。

　我が国においても，既にこうした理論動向を受け止め，「現代法における権利論」として「規範執行請求権」を提唱する注目すべき学説が現れている[17]。論者は，公権を「法律によって特定の利益の実現が義務付けられた法主体（国家）に対し，その義務の履行を自己の意思に基づいて主張する法的力」として「純形式的・最広義に捉え」た上で[18]，私人の出訴による客観法の維持・実現のために，立法者が私人にそのための利益を「配分」することを認める[19]。こうして，個人を国家組織や公的な義務的役割に組み込むことに対抗する原理である「人格性」を要素としてきた伝統的権利概念に，そこから脱却した開放

---

12)　ドイツ公権論に対するヨーロッパ法の影響の問題状況については，山本・前掲注 10) 423-441頁［初出 1998］参照。また，「EU 法による保護規範説の現代化」を要領よく論ずるものとして，*Schoch, Friedrich*, Gerichtliche Verwaltungskontrollen, in: Grundlagen des Verwaltungsrechts, Band 3, 2. Aufl., 2013, S. 743ff., S. 846ff.

13)　*Masing*, a.a.O.（Anm. 4）; *ders.*, Der Rechtsstatus des Einzelnen im Verwaltungsrecht, in: Grundlagen des Verwaltungsrechts, Band 1, 2. Aufl., 2012, S. 437ff.

14)　*Krüper, Julian*, Gemeinwohl im Prozess: Elemente eines funktionalen subjektiven Rechts auf Umweltvorsorge, 2009.

15)　*Schmidt-Aßmann*, a.a.O.（Anm. 3）.

16)　同様に個別的利益が権利に必須の要素ではないことを指摘するものとして，山本隆司「集団的消費者利益とその実現主体・実現手法──行政法学の観点から」千葉恵美子ほか編『集団的消費者利益の実現と法の役割』216 頁以下（商事法務，2014）223 頁がある。もっとも，本文で紹介した諸見解の当否についてはなお検討を要する。この点についても，同 225 頁を参照されたい。

17)　米田雅宏「現代法における請求権──『客観法違反の是正を求める権利』の法的位置づけ」公法 78 号 127 頁以下（2016）。

18)　米田・前掲注 17) 130 頁。

19)　米田・前掲注 17) 133-135 頁。

性が許容され得ることになる [20]。もっとも，こうした発想には，論者自身が既に指摘するように，客観法実現の役割を私人に委ねることは「公益の私化」ないし「権利の義務化」を引き起こすのではないかとの懸念が考えられる [21]。しかし，機関訴訟の当事者たる行政主体ないしその機関が本来的に公益の担い手であることからすれば，かかる概念構成による機関訴訟の許容にはこうした懸念は妥当しない [22]。したがって，この点のみを考えるのであれば，法人格の相対性を前提とすると，むしろ機関訴訟が許容されるべき領域を拡張する場合には理論的な障害は少ないように思われる。

　(3)　翻って考えるに，原告適格の拡張を既存の理論枠組みの内在的克服の延長として導こうとする場合には，こうした近年のドイツ及び我が国における権利概念（ないしその要素たる利益概念）の機能化の動向は [23]，むしろ自然なものとしてこれを理解することができる。権利概念が法学全般の鍵概念の 1 つであることは間違いないが，その意味するところは時代・場所・文脈に応じて様々であり [24]，権利概念そのものの静態的な内実を同定することは不可能に近い [25]。そこで，実践的には，権利に該当するか否かによって如何なる効果が導かれようとしているのかを文脈ごとに特定した上で，当該効果との関係で当該文脈に（差し当たりは）固有の権利概念を模索せざるを得ない [26]。現在のド

---

20)　米田・前掲注 17) 128 頁，130 頁。

21)　論者による再反論も含めて，米田・前掲注 17) 134-135 頁。Vgl. *Schmidt-Aßmann, Eberhard*, Verwaltungsrechtliche Dogmatik, 2013, S. 114f.

22)　もっとも，こうした懸念には，私人が原告となる場合であっても，高度に人格的な利益は規範的な利益配分に際して訴えを基礎付け得る利益の中核としてこれを維持し，それに対して権利の機能化は追加的要素としてこれを概念するという論拠を以て対応することもできる（*Krüper*, a.a.O.（Anm. 14），S. 138f.）。その際，注意を要するのは，機能的に実装された権利によって訴訟を提起する義務は存在しないこと，訴訟は処分権主義によって規定され続けることである（*Schmidt-Aßmann*, a.a.O.（Anm. 21），S. 115）。

23)　ドイツにおける「機能的主観化の観念」（Konzept der funktionalen Subjektivierung）に関する簡潔な要約として，vgl. *Schoch*, a.a.O.（Anm. 12），S. 850ff.

24)　特集『『権利』を解剖する──基礎法学の挑戦」法時 89 巻 2 号 4 頁以下（2017）参照。

25)　大屋雄裕「権利は存在するか──拡大と拡散」法時 89 巻 2 号 26 頁以下（2017）は，権利概念の静態的描写が困難であることを示し，その動態的描写である「権利語法」に注意を促す。

26)　長谷部恭男「権利の機能序説」同ほか編『岩波講座 現代法の動態(1)』3 頁以下（岩波書店，2014）は，権利概念の機能の 1 つとして，特定の類型の状況と一定の規範的評価を媒介するという「思考の体系化・簡易化」を挙げつつ，「いかなる状況下においてどのような法的帰結をもたらすかが判然としない，きわめて抽象的な権利は，思考の体系化にも簡易化にも役立たない」（11 頁）とする。権利概念を法的に用いる際には，そこに紐づけられた規範的評価ないしその法的効果を意識

イツにおいては，原告適格の要件として「権利侵害の主張」（行政裁判所法42条2項）が明示されており（第3章第1節第3款第2項参照），したがって，原告適格を認めるべきか否かという効果との関連でこの文脈における権利概念が探究されることになる。こうした理解を推し進めて行けば，権利ないしその要素たる利益の概念を，その実質から離れて，原告適格を機能的に画するものとして再定位しようとする上記の見解に至る。

　確かに，我が国においては，既に指摘したように（第3章第5節），ドイツと異なり裁判所の権限の範囲について権利概念が明示的に用いられているわけではない。もっとも，「法律上の利益」（行訴法9条1項）や訴えの利益の解釈においては利益概念が問題となり，この利益概念を巡って同型の議論に逢着することになる。すなわち，利益概念には，解釈上，純粋に私的な利益から中間的利益を経て公益に至るまで広範なスペクトルが含まれ得るのであって，そこに明瞭な境界線を引くことはできない。そもそも，「利益」なるものは利益主体とその利益対象との関係を媒介するのみであって当該関係の表現であるに過ぎず[27]，したがって利益概念の内実を実質的かつ明瞭に定義することはほとんど不可能である。利益概念それ自体は多様な実質に開かれており，利益という概念のみからは，権利概念の場合と同じく，人工的な解釈なしにその内実を導き出すことはできないはずである[28]。こうして，利益概念もまた，前もって与えられた実質を何ら持たない，裁判上の保護の範囲を画定するための1つの機能的な概念として理解され得ることになる。

　(4)　このように権利ないし利益概念そのものの内実を一般に特定することはほとんど不可能であるにも拘らず，伝統的な学説が（権利概念の要素たる）利益概念の内実を，私益，しかもとりわけ生命・身体・健康等の高度に人格的な利益であると解釈してきたのであるとしたら，その基礎には，まさにそうした利益こそが裁判上の保護に値するという規範的な態度決定が存在するはずである。こうした態度決定は，ドイツにおいてはボン基本法19条4項による体系決定（Systementscheidung）[29] として，日本においては憲法31条及び76条1項の解

　的に明確化・具体化することが望ましい。

27)　*Buchwald, Katja*, Der verwaltungsgerichtliche Organstreit: Eine verwaltungsprozessuale und normtheoretische Studie, 1998, S. 87ff.

28)　イェーリングも，利益概念の客観的な基準を示していない。Vgl. *Jhering*, a.a.O.（Anm. 7），S. 341ff.

釈として，おそらく導出されてきた。しかし，仮にそのような高度に人格的な利益が裁判上保護に値するとしても，本書における検討を踏まえれば，裁判上の保護の原則的対象をそのような利益のみに限定することは，実定法上必然的に導かれるわけではない。ここで問題になっているのは，簡単に言えば，規範的配分の問題，すなわち，どのような実質をそれ自体としては白地の利益概念の中に規範的に読み取るべきであるのか，どのような利益が裁判上の保護の対象として優先されるべきであるのか，という問題である[30]。

　もっとも，こうした権利概念の機能化は慎重になされなければならない。「権利という伝統的な法理論的概念が変更されることによって，法ドグマーティッシュに規定されるべき行政裁判所法 40 条 1 項の適用領域が変更され，それゆえ『経典外』（apokryphe）の法律改正が（事後的な）概念変更によって企てられる」[31] というパピーアの懸念（第 3 章第 1 節第 3 款第 3 項）はここでも妥当する。また，権利概念の機能化による裁判所の権限拡大は，私人の権利救済機関としての伝統的な裁判所像（司法権論）に対する挑戦でもある[32]。したがって，「法律上の争訟」ないし原告適格の範囲が無軌道に広がってしまう事態を排除するとともに[33]，この文脈における権利概念の新たな把握が解釈論としても正当であることを示すために，法秩序において裁判所に期待される役割を諸種の憲法原理（法治国原理・民主政原理・権力分立原理）に遡って分析することで，公益実現機関としての裁判所像を正面から理論的に受け止め，その憲法秩序における位置付けを模索する必要がある。その際には，従来の議論との接続可能性という観点から，高度に人格的な利益をあくまでも権利概念の中核として維持した上で，その連続線上のものとして捉えられ得るものをまずは取り込んでいくという戦略が採用されるべきであろう。もっとも，その具体的な検討は他日を期す。

---

29)　Vgl. *Schoch*, a.a.O.（Anm. 12），S. 748f.

30)　*Krüper*, a.a.O.（Anm. 14），S. 138f.

31)　*Papier, Hans-Jürgen*, Die verwaltungsgerichtliche Organklage: Ein Beitrag zum Arbeitskreis Ⅸ des 6. Deutschen Verwaltungsrichtertages, in: DÖV 1980, S. 292ff., S. 293.

32)　横田明美『義務付け訴訟の機能』（弘文堂，2017）は，義務付け訴訟における行政と司法との機能分担論を題材として，行政訴訟に期待されるべき役割を問い直すものであり，その意味で伝統的な裁判所像に対する挑戦の 1 つとしてこれを位置付けることができる。

33)　山岸敬子『客観訴訟の法理』（勁草書房，2004）43 頁 [初出 2001] は，権利概念の拡張がその内包を希薄化させてしまうという弊害を伴うことを指摘する。

第3節　展　　開

　本書は，あくまでも機関争訟の「法律上の争訟」性を検討の主題に据えるものであるが，その過程で得られたいくつかの知見は，他の問題領域にも一定の示唆をもたらし得るものである。

　(1)　第1に，公法学における国家概念の位置付けに関するものである。

　現代行政活動の複雑化・多様化に伴い，国際・国内の両次元において，公益実現主体の「複線化」・「多層化」[34] が進行している。このことは，伝統的には唯一にして絶対の公益実現主体であると観念されてきた国家が，国際・国内の双方へと融解していく過程でもある。当然のことながら，この現象は公法学の理論動向にも強い影響を及ぼした。公法学は，特に20世紀末頃から，国内法的には，（広義の）NPM[35]，市民参加[36]，公私協働[37]，保障行政[38]，ネットワーク[39] 等の概念を用いて，国際法的には，国際的行政法[40]，グローバル行政法[41] 等の枠組みにおいて，国家の融解現象をその理論体系に摂取しようと

---

34)　原田大樹『公共制度設計の基礎理論』（弘文堂，2014）26-27頁［初出2010］。同書によれば，「複線化」とは，民間セクターが公的任務の遂行を担うことを意味し，1970年代後半以降に世界規模で進行した民営化・外部委託や，最近その事例が増加している自主規制は，ここに属する。また，「多層化」とは，公的任務の遂行が垂直的に分化することを意味し，EUのような超国家組織や地方自治をはじめとする自治が，この問題群に属する。以上から既に明らかなように，公益実現主体の複線化・多層化の問題は国際・国内の双方に及ぶ。

35)　金井利之ほか「座談会　日本におけるNPMと行政法学の課題」法時78巻9号4頁以下（2006）参照。

36)　角松生史「決定・参加・協働──市民／住民参加の位置づけをめぐって」新世代4号1頁以下（2009），同「都市計画の構造転換と市民参加」新世代15号1頁以下（2012）等。

37)　山本隆司「公私協働の法構造」金子宏古稀『公法学の法と政策（下）』531頁以下（有斐閣，2000），同「行政組織における法人」塩野宏古稀『行政法の発展と変革（上）』847頁以下（有斐閣，2001），同「私法と公法の〈協働〉の様相」法社会学66号16頁以下（2007），同「日本における公私協働の動向と課題」新世代2号277頁以下（2009）等。

38)　板垣勝彦『保障行政の法理論』（弘文堂，2013）等。

39)　たとえば，山本隆司「行政の主体」磯部力ほか編『行政法の新構想Ⅰ』89頁以下（有斐閣，2011）。

40)　原田大樹「グローバル化時代の公法・私法関係論──ドイツ『国際的行政法』論を手がかりとして」浅野有紀ほか編著『グローバル化と公法・私法関係の再編』17頁以下（弘文堂，2015）。

41)　興津征雄「グローバル行政法とアカウンタビリティ──国家なき行政法ははたして，またいか

してきた。そうした国家の融解現象を適切に捕捉するためには，その前提として，議論の端緒たる「唯一にして絶対の公益実現主体としての国家」なる観念の内実が了解されなければならない。

　本書は，この「唯一にして絶対の公益実現主体としての国家」なる観念を改めて見つめ直し，その結果として否定するものである。すなわち，本書が国家法人説の再検討の過程において抽出したいくつかの基礎理論的動向（国家概念の脱実体化，法学的基本概念の私法的刻印からの解放）を踏まえると，そもそも国家なる確固たる主体を観念できるのか疑わしく，さらに機関争訟論の分析において見られた公益の多元的理解によれば，唯一にして絶対の公益実現主体なるものは存在し得ない。したがって，国家なるものは「複線化」・「多層化」の契機を内在していたのであり，現代行政活動の複雑化・多様化はそうした契機を表面化させたものであると整理することができる。国家における公益実現過程は場合によっては相矛盾する利益を追求する多元的な機関構造によって彩られており（組織としての国家），新たな公益実現主体はそうした多元的構造の延長線上のものとしてこれを把握することが可能である。本書において，公益実現主体の「複線化」・「多層化」に伴って生じた公法上の諸問題（たとえば，それまで「唯一にして絶対の公益実現主体としての国家」に，そうであるからこそその正統化のために課せられていた憲法上の要請（法治国原理・民主政原理・権力分立原理）が，新たな公益実現主体によって潜脱されてしまうのではないかとの懸念）[42]を従来の議論に連結させるための1つの視座が示されたように思われる。

　(2)　第2に，行政訴訟における原告適格一般に関するものである。

　抗告訴訟における第三者の原告適格に関し，通説・判例は，伝統的に，いわゆる「法律上保護された利益」説を採用してきた。同説は，行訴法9条1項に言う「法律上の利益」を解釈するに当たり，原告の主張する利益を処分の根拠法規が保護しているか否かを原告適格の基準として採用するものであるはずであった。しかし，最高裁は，当該根拠法規を分析するに当たり，それに先行する一定の思考枠組みを前提にしているように見受けられる。すなわち，①「利

にして可能か」浅野有紀ほか編著『グローバル化と公法・私法関係の再編』47頁以下（弘文堂，2015）。

[42]　原田・前掲注40) 36頁以下の「開かれた正統性概念」は，このことを論ずるための1つのトポスとして提唱されており，興津・前掲注41) 60頁以下の「アカウンタビリティ」は，この問題への1つの解答である。

益」は「公益」と「私益」とに二分されるところ，②裁判的保護に値するのは
原則として「私益」であり，③しかも生命・身体・健康等の高度に人格的な私
益以外は公益に吸収解消される，というものである。処分の根拠法規の解釈は
以上の思考枠組みに強く規定され，生命・身体・健康等が問題になっている場
合には当該根拠法規の文言等がどうであれ容易に原告適格が認められるのに対
し，それ以外の利益が問題となっている場合には「法令に手掛りとなることが
明らかな規定がない」以上当該利益は公益に吸収解消され原告適格も否定され
ることになった[43]。こうした伝統的な理解の下で，抗告訴訟における第三者
の原告適格は，処分の根拠法規によって個別的に保護されているか否かという
判断基準を一応の名目として，明文の手掛りなき限り，生命・身体・健康等の
高度に人格的な利益が侵害され又は必然的に侵害されるおそれのある者のみに
認められることになった。さらに，特別の立法なき限り，行訴法が定める如く
民衆訴訟・機関訴訟はカテゴリカルに排除され（行訴法 42 条），消費者法・環
境法分野における団体訴訟の許容性に関する議論は混迷してきたのである[44]。

　こうした伝統的な発想のさらに背後には，極めて図式的に言えば，主観訴
訟・客観訴訟ないし私益・公益概念を中核とする，一連の思考枠組みが存在し
ていたことが推測される。すなわち，一面において，「司法権」（憲法 76 条 1
項）と「裁判を受ける権利」（憲法 32 条）とを表裏のものとして捉えた上で，
それらと「一切の法律上の争訟」（裁判所法 3 条 1 項）及び主観訴訟を等号で結
び，さらに主観訴訟を私益とりわけ原則として生命・身体・健康（ないし財産）
の保護を目的とするものに限定し，その観点から「法律上の利益」（行訴法 9 条
1 項）を限定解釈する。その反面として，生命・身体・健康（ないし財産）の保
護を目的としない場合には，それは原則として公益の保護を目的とする客観訴
訟なる範疇に取り込まれ，「法律上の利益」に関わらない「その他法律におい
て特に定める権限」（裁判所法 3 条 1 項）に基づくものとして，「司法権」＝「裁
判を受ける権利」の範囲外であるとされる。こうした憲法・裁判所法・行訴法
にまたがる過度に思考省略的な思考枠組みが我々の議論を強く規定してきたの
ではないか。戦後行政法学は，以上のような状況において，原告適格を拡張す

43）　最判平成 21 年 10 月 15 日民集 63 巻 8 号 1711 頁参照。
44）　たとえば，特集「団体訴訟の制度設計」論究ジュリ 12 号 113 頁以下（2015）における各論考参
　　照。

るべきであるとの共通認識の下に，上記の枠組みにおける結び付きのいずれか
を否定ないし相対化することでその課題に応える理論を構築しようと模索して
きたと言える[45]。本書において紹介・検討されたドイツ機関争訟論は，公益
と私益との二元論を克服し，権利ないし利益概念の再構成を試みるとともに，
法秩序において行政訴訟に期待されるべき役割を問い直すものであった。そこ
から得られた知見は，上記思考枠組みをその基礎から動揺させる。したがって，
本書は，機関争訟のみならず，団体訴訟を含む行政訴訟の原告適格一般論を革
新する契機を含み得るものである。

　(3)　第3に，行政法学における権利概念の地位に関するものである。

　近年の我が国の行政法学においては，権利概念から行政法学の中核たる地位
を簒奪しようという注目すべき動向がある。第1に，権利論から法関係論へと
議論の軸足を移転することを試みる山本隆司である[46]。山本は，具体的な法
解釈学はまずもって新たな（諸高権・既得権の関係から脱した）国家システムを
「権利」という操作の容易な概念で記述する必要があったこと，しかし，権利
概念は，社会の分化・複雑化・動態化を記述し切れず，社会事象を部分的ない
し一方的に表現する危険を有していたこと，他方で，議論が権利概念に十分蓄
積され，当該概念の限界も明らかになったこと，以上を前提として，そうした
議論の蓄積を用いて，操作のより難しい「法関係」概念を構成し，分化・複雑
化・動態化した国家法システムを精確に記述すべく試みるべきであることを説
く[47]。もっとも，山本の議論は，権利と法関係とを排他的に捉えた上で権利
論を捨て去ろうとするものではなく，むしろ法関係論を基礎にして権利論（を
含めた行政法学の体系）[48]を豊かにしようとする試みとしてこれを理解すること

45)　そのような試みのうち近年注目を集めているものは，いわゆる中間的利益論である。差し当た
　り，中川丈久ほか「特集・公法と私法における集団的・集合的利益論の可能性」民商148巻6号
　492頁以下（2013）参照。また，曽和俊文「公益と私益」芝池義一古稀『行政法理論の探究』31頁
　以下（有斐閣，2016）は，行政活動の諸類型ごとにそこにおける公益と私益との関係について考察
　し，「『公益と私益』との関係は複雑に入り交じっており，《公益を代表する行政 VS. 私益を代表す
　る私人》という，古典的な二極対立構造は行政活動の一部で妥当するに過ぎないこと」（同39頁）
　を指摘した上で，中間的利益論（同40-50頁），私人による公益の実現（同50-58頁）について論
　じる。
46)　山本・前掲注10)。
47)　山本・前掲注10) 449-450頁［初出1998］参照。
48)　論者自身によるその後の敷衍として，山本隆司「現代における行政法学の体系」岡田正則ほか
　編『現代行政法講座(1)』31頁以下（日本評論社，2016）48頁以下がある。

ができる[49]。第2に，権利義務に還元されない「客観的構成」（秩序・制度段階における分節を主とする構成）の実体法の構築を試みる仲野武志である[50]。仲野は，従来の方法論は例外なく個別権の主体を中心に行政実体法を組み立てるというパラダイムに留まっていること，それでは公益実現過程においてたまたま侵害された私人の権利を保護するという行政法理解から脱却することは望み難いこと，「公権力の行使に関する不服」を当事者訴訟・民事訴訟によって争うことを封じた現行システムが暗示するのは，公益実現過程を権利関係に置き換える思考形式ではなく，むしろ逆に，公益実現過程を個々的権利主張から保全する思考形式であること，以上を前提に，法的仕組み段階において「公権力の行使」として形成される法律状態それ自体に明晰な構成を与えることによって，公益実現過程においてたまたま侵害された個別権を保護するという行政法観ではなく，公益実現過程そのものを秩序付けていくような行政法観を獲得する必要を説く[51]。ここでは，権利論の射程を厳密に限定した上で，権利論では対応できない問題領域をその範疇外のものとして明確に位置付け，明示的に体系化することが試みられている。

　これらに対し，本書の権利論に対する態度は両義的である。本書（とりわけ第3章）の検討の多くが権利（公権）概念に割かれることになったのは，本書がその題材としたドイツ機関争訟論が行政裁判所法の解釈論として展開されており，とりわけ同法42条2項が原告適格の要件として権利侵害の主張を明示していることから，議論の負荷が必然的に権利概念にかかってきたというドイツ機関争訟論に固有の事情に拠るところが大きい。もっとも，そうした本書の検討の中から浮上したのは，従来の権利論の範疇外にあった問題領域に，権利論そのものをその基礎に遡って改鋳することで，なおその枠内で対応する可能性である。当該概念が我が国の公法学において占めてきた地位の重さに鑑みれば，そこから脱却して新しい構想を練る前に，あるいはそれと並んで，権利論を改鋳することも試みられるべきではないかと思われる[52]。他方で，それに

49）　こうした傾向は，最近の山本隆司「客観法と主観的権利」長谷部恭男ほか編『岩波講座 現代法の動態(1)』25頁以下（岩波書店，2014）において特に見て取られる。

50）　仲野武志『公権力の行使概念の研究』（有斐閣，2007）。

51）　仲野・前掲注50）1-14頁参照。

52）　米田・前掲注17）は，こうした「権利論の改鋳」の試みの1つとしてこれを位置付けることができる。また，曽和俊文「権利の変容と公法学の課題」公法78号25頁以下（2016）は，「国家の

権利概念を機能化することで以て臨もうとする本書の方向性には，むしろそれは「『権利』概念の自己破綻的拡張」（仲野武志）[53] に至るのではないかの批判があり得る。本書は，これに対して，権利ないし利益概念の開放性を示すことによって当該批判の前提を否定した上で，法秩序において裁判所に期待される役割を諸種の憲法原理（法治国原理・民主政原理・権力分立原理）に遡って分析するという方針を示すことでこれに建設的に応じようとした。本書が克服しようとしたのは，権利論そのものではなく，権利概念の意味の過少及び過剰なのである。この観点から見れば，本書は，機関争訟論という具体的な素材をもとに，そこに表出する伝統的な理論枠組みの意義と限界とを丹念に辿ることによって，新しい，しかし同時に従来の議論と接続容易な理論枠組みの必要性と方向性を検証しようとしたものであると言える。

役割の変化の中で，『国家に対する権利』として主張される内容や形式がどのように変化してきたのか」（同 27 頁）を問い，権利概念の変容とそれによって生じた公法学の課題について論ずる。

53)　仲野・前掲注 50) 9 頁［初出 2002］。

主要参照文献一覧

邦語文献

赤坂正浩『立憲国家と憲法変遷』（信山社，2008）

芦部信喜『憲法学Ⅰ 憲法総論』（有斐閣，1992）

―――（高橋和之補訂）『憲法（第6版）』（岩波書店，2015）

阿部泰隆「区と都の間の訴訟（特に住基ネット訴訟）は法律上の争訟に当たらないか（上）（下）」自研82巻12号3頁以下（2006），83巻1号3頁以下（2007）

―――「続・行政主体間の法的紛争は法律上の争訟にならないのか（上）（下）――東京地裁平成18年3月24日判決について」自研83巻2号3頁以下，83巻3号20頁以下（2007）

阿部泰隆ほか「自治権侵害に対する自治体の出訴適格」兼子仁＝阿部泰隆編『自治体の出訴権と住基ネット――杉並区訴訟をふまえて』43頁以下（信山社，2009）

安念潤司「司法権の概念」大石眞＝石川健治編『新・憲法の争点』250頁以下（有斐閣，2008）

石川健治「承認と自己拘束」岩村正彦ほか編『岩波講座 現代の法(1)』31頁以下（岩波書店，1997）

―――「憲法学における一者と多者」公法65号127頁以下（2003）

―――「トポスとしての権利侵害論――司法権の自己同一性論との関連で」法教327号48頁127頁（2007）

―――「『法律上の争訟』と機関訴訟――那覇市情報公開条例事件を素材に」法教376号87頁以下（2012）

石川敏行編著『ドイツ語圏公法学者プロフィール――国法学者協会の1003人』（中央大学出版部，2012）

板垣勝彦『保障行政の法理論』（弘文堂，2013）

稲葉馨『行政組織の法理論』（弘文堂，1994）

薄井一成「地方公共団体の原告適格」原田尚彦古稀『法治国家と行政訴訟』197頁以下（有斐閣，2004）

―――『分権時代の地方自治』（有斐閣，2006）

―――「行政組織法の基礎概念」一法9巻3号183頁以下（2010）

海老原明夫「ゲルバーの法理論――倫理的秩序・法・法律」片岡輝夫ほか『古代ローマ法研究と歴史諸科学』251頁以下（創文社，1986）

大貫裕之「『機関』訴訟」笹田栄司ほか編著『司法制度の現在と未来』170頁以下（信山社，2000）

―――「機関訴訟」法教263号56頁以下（2002）

大屋雄裕「権利は存在するか――拡大と拡散」法時89巻2号26頁以下（2017）

雄川一郎『行政争訟法』（有斐閣，1957）

―――「地方公共団体の行政争訟」『行政争訟の理論』（有斐閣，1986）415頁以下［初出

1968]

――――「機関訴訟の法理」『行政争訟の理論』（有斐閣，1986）431 頁以下［初出 1974］

興津征雄「グローバル行政法とアカウンタビリティ――国家なき行政法ははたして，またいかにして可能か」浅野有紀ほか編著『グローバル化と公法・私法関係の再編』47 頁以下（弘文堂，2015）

垣見隆禎「団体自治と争訟」公法 78 号 177 頁以下（2016）

角松生史「行政法との関係」法セ 612 号 33 頁以下（2005）

――――「決定・参加・協働――市民／住民参加の位置づけをめぐって」新世代 4 号 1 頁以下（2009）

――――「都市計画の構造転換と市民参加」新世代 15 号 1 頁以下（2012）

門脇雄貴「学界展望」国家 119 巻 9 = 10 号 710 頁以下（2006）

――――「国家法人と機関人格(1)～(3・完)――機関訴訟論再構築のための覚書」都法 48 巻 2 号 269 頁以下（2007），49 巻 1 号 233 頁以下（2008），50 巻 1 号 141 頁以下（2009）

――――「ドイツにおける機関訴訟とその理論的基礎」比較 72 号 200 頁以下（2011）

――――「機関の権利と機関訴訟(1)～(3)――ドイツにおける機関訴訟論の現状」都法 55 巻 1 号 127 頁以下（2014），55 巻 2 号 169 頁以下，56 巻 1 号 507 頁以下（2015）

――――「機関訴訟と自己訴訟――ドイツにおける両概念の関係」小早川光郎古稀『現代行政法の構造と展開』493 頁以下（有斐閣，2016）

金井利之ほか「座談会 日本における NPM と行政法学の課題」法時 78 巻 9 号 4 頁以下（2006）

兼子一『民事法研究 II』（酒井書店，1954）

兼子仁「政策法務からみた住基ネット杉並区訴訟の意義」兼子仁 = 阿部泰隆編『自治体の出訴権と住基ネット――杉並区訴訟をふまえて』3 頁以下（信山社，2009）

兼子仁 = 阿部泰隆編『自治体の出訴権と住基ネット――杉並区訴訟をふまえて』（信山社，2009）

紙野健二 = 本多滝夫編『辺野古訴訟と法治主義――行政法学からの検証』（日本評論社，2016）

川島武宜「法的構成としての『法人』――民法および商法のための基礎作業として」鈴木竹雄古稀『現代商法学の課題(下)』1329 頁以下（有斐閣，1975）

木藤茂「2 つの『行政機関』概念と行政責任の相関をめぐる一考察――行政組織法と行政救済法の『対話』のための 1 つの視点」行政法研究 2 号 7 頁以下（2013）

君塚正臣「司法権定義に伴う裁判所の中間領域論――客観訴訟・非訟事件等再考(1)～(3・完)」横法 22 巻 3 号 143 頁以下，23 巻 1 号 1 頁以下（2014），23 巻 3 号 111 頁以下（2015）

栗城寿夫「国家」芦部信喜ほか編『岩波講座 基本法学(2)』205 頁以下（岩波書店，1983）

――――「ゲルバーとラーバント――形式主義的憲法理論の機能」小林孝輔編集代表『ドイツ公法の理論――その今日的意義』54 頁以下（一粒社，1992）

黒田覚『改訂日本憲法論(上)』（弘文堂，1941［第 17 版]）

国分典子「美濃部達吉の『国家法人説』」法研 66 巻 10 号 29 頁以下（1993）

――――「ゲッティンゲン七教授事件と天皇機関説事件――2 つの国家法人説の比較分析」法研 68 巻 2 号 359 頁以下（1995）

小早川光郎『行政訴訟の構造分析』（東京大学出版会，1983）

――――『行政法(上)』（弘文堂，1999）

――――「司法型の政府間調整」『岩波講座 自治体の構想(2)』57頁以下（岩波書店，2002）

小林直樹『新版憲法講義(上)』（東京大学出版会，1980）

小林博志『行政組織と行政訴訟』（成文堂，2000）

――――「市町村の提起する境界に関する訴えと当事者訴訟(1)(2・完)――市町村間訴訟の研究」西法48巻1号310頁以下，2号114頁以下（2015）

――――「処分庁・行政主体の不服申立権と出訴権」西法48巻3＝4号480頁以下（2016）

駒村圭吾『憲法訴訟の現代的転回――憲法的論証を求めて』（日本評論社，2013）

最高裁判所事務総局総務局編『裁判所法逐条解説上巻』（法曹会，1968）

斎藤誠『現代地方自治の法的基層』（有斐閣，2012）

――――「行政主体間の紛争と行政訴訟」藤山雅行＝村田斉志編『新・裁判実務大系(25)（改訂版）』94頁以下（青林書院，2012）

――――「多様化する公共的主体の権利・権限・権能」公法78号70頁以下（2016）

佐藤功『行政組織法（新版・増補）』（有斐閣，1979）

佐藤幸治『現代国家と司法権』（有斐閣，1988）

――――『憲法（第3版）』（青林書院，1995）

――――『日本国憲法論』（成文堂，2011）

塩野宏『オットー・マイヤー行政法学の構造』（有斐閣，1962）

――――「地方公共団体に対する国家関与の法律問題」『国と地方公共団体』44頁以下（有斐閣，1990）［初出1966］

――――「特殊法人に関する一考察――行政組織法的観点からみた」『行政組織法の諸問題』3頁以下（有斐閣，1991）［初出1975］

――――「地方公共団体の法的地位論覚書き」『国と地方公共団体』1頁以下（有斐閣，1990）［初出1981］

――――「指定法人に関する一考察」『法治主義の諸相』449頁以下（有斐閣，2001）［初出1993］

――――「国と地方公共団体の関係のあり方」『法治主義の諸相』391頁以下（有斐閣，2001）［初出1995］

――――「国と地方公共団体の関係のあり方再論――紛争処理の仕組みを中心として」『法治主義の諸相』426頁以下（有斐閣，2001）［初出1997］

――――「行政法学における法人論の変遷」『行政法概念の諸相』405頁以下（有斐閣，2011）［初出2002］

――――「国立大学法人について」『行政法概念の諸相』420頁以下（有斐閣，2011）［初出2006］

――――「地方公共団体の出訴資格」『行政法概念の諸相』361頁以下（有斐閣，2011）［初出2009］

――――『行政法Ⅲ（第4版）』（有斐閣，2012）

――――『行政法Ⅱ（第5版補訂版）』（有斐閣，2013）

――――『行政法Ⅰ（第6版）』（有斐閣，2015）

宍戸常寿『憲法裁判権の動態』（弘文堂，2005）

――――「司法のプラグマティク」法教322号24頁以下（2007）

白藤博行「国と地方公共団体との間の紛争処理の仕組み――地方公共団体の『適法性の統制』

システムから『主観法的地位（権利）の保護』システムへ」公法 62 号 200 頁以下（2000）

杉井俊介「日本における主観訴訟と客観訴訟の概念の系譜(1)～(3・完)」自研 92 巻 2 号 111
　　頁以下，3 号 105 頁以下，4 号 116 頁以下（2016）

杉原泰雄『憲法と国家論』（有斐閣，2006）

杉村章三郎「行政機関の人格性」美濃部達吉還暦『公法学の諸問題(2)』383 頁以下（有斐閣，
　　1934）

杉本良吉「行政事件訴訟法の解説(1)～(2・完)」曹時 15 巻 3 号 356 頁以下，4 号 499 頁以下
　　（1963）

曽和俊文『行政法執行システムの法理論』（有斐閣，2011）

―――「公益と私益」芝池義一古稀『行政法理論の探究』31 頁以下（有斐閣，2016）

―――「権利の変容と公法学の課題」公法 78 号 25 頁以下（2016）

高木光「原発訴訟における自治体の原告適格」自研 91 巻 9 号 3 頁以下（2015）

―――『行政法』（有斐閣，2015）

高田敏＝初宿正典編訳『ドイツ憲法集（第 7 版）』（信山社，2016）

高橋和之『現代立憲主義の制度構想』（有斐閣，2006）

高見勝利「ゲルバーとラーバント――実証主義国法学説における『代表』の問題」杉原泰雄編
　　『講座 憲法学の基礎(4)』53 頁以下（勁草書房，1989）

竹下守夫「行政訴訟と『法律上の争訟』覚書――選挙訴訟の位置づけを手懸りとして」論究ジ
　　ュリ 13 号 118 頁以下（2015）

田中二郎「美濃部先生の行政争訟論」『行政争訟の法理』151 頁以下（有斐閣，1954）［初出
　　1948］

―――「行政事件に関する司法裁判所の権限――司法権の限界について」『行政争訟の法理』
　　129 頁以下（有斐閣，1954）［初出 1949］

―――「行政争訟の法理」『行政争訟の法理』1 頁以下（有斐閣，1954）［初出 1949-1951］

―――「行政処分の執行停止と内閣総理大臣の異議――青森県議会議員の除名処分をめぐる問
　　題を中心として」『行政争訟の法理』185 頁以下（有斐閣，1954）［初出 1953］

―――『行政法総論』（有斐閣，1957）

―――「司法権の限界――特に行政権との関係」『司法権の限界』1 頁以下（弘文堂，1976）
　　［初出 1974］

―――『新版行政法上巻（全訂第 2 版）』（弘文堂，1974）

―――『新版行政法中巻（全訂第 2 版）』（弘文堂，1976）

田村浩一「機関訴訟についての若干の疑問」関法 36 巻 2 号 217 頁以下（1986）

辻村みよ子『『権利』としての選挙権』（勁草書房，1989）

常岡孝好「自治体による住基ネット接続義務確認訴訟と司法権」判時 1962 号 164 頁以下
　　（2007）

寺田友子「行政組織の原告適格」民商 83 巻 2 号 254 頁以下（1980）

東條武治「客観訴訟」雄川一郎ほか編『現代行政法大系(5)』107 頁以下（有斐閣，1984）

時本義昭『国民主権と法人理論――カレ・ド・マルベールと国家法人説のかかわり』（成文堂，
　　2011）

徳本広孝『学問・試験と行政法学』（弘文堂，2011）

中川丈久「行政事件訴訟法の改正――その前提となる公法学的営為」公法 63 号 124 頁以下

（2001）

―――「国・地方公共団体が提起する訴訟」法教 375 号 92 頁以下（2011）

―――「行政上の義務の強制執行は，お嫌いですか？――最高裁判決を支える立法ドグマ」論究ジュリ 3 号 56 頁以下（2012）

中川丈久ほか「特集・公法と私法における集団的・集合的利益論の可能性」民商 148 巻 6 号 492 頁以下（2013）

中川義朗『ドイツ公権論の展開と課題――個人の公法的地位論とその権利保護を中心として』（法律文化社，1993）

中里実「財政法の私法的構成――民法 959 条と国庫の関係を素材として（上）（中）（下）」ジュリ 1400 号 152 頁以下，1401 号 108 頁以下，1403 号 169 頁以下（2010）

―――「財政法と憲法・私法――財政の法的統制」フィナンシャル 103 号 154 頁以下（2011）

―――「財政の再定義――財政法の実体法化と経済学」フィナンシャル 113 号 2 頁以下（2013）

中西又三「H. J. Wolff の法人論について――行政主体の法主体性の一考察のために(1)」新報 77 巻 10 号 57 頁以下（1970）

仲野武志『公権力の行使概念の研究』（有斐閣，2007）

中村哲『国法学の史的研究』（日本評論社，1949）

成田頼明「地方自治の保障」宮沢俊義還暦『統治の機構 II』135 頁以下（有斐閣，1964）

野坂泰司「憲法と司法権――憲法上の司法権の捉え方をめぐって」法教 246 号 42 頁以下（2001）

野中俊彦「司法の観念についての覚書き」杉原泰雄古稀『21 世紀の立憲主義――現代憲法の歴史と課題』425 頁以下（勁草書房，2000）

橋本公亘『日本国憲法（改訂版）』（有斐閣，1988）

長谷部恭男「司法権の概念――『事件性』に関する覚書」ジュリ 1400 号 4 頁以下（2010）

―――『憲法（第 6 版）』（新世社，2014）

―――「権利の機能序説」同ほか編『岩波講座 現代法の動態(1)』3 頁以下（岩波書店，2014）

畠山武道「許認可の際の同意の性質(1) ――『行政行為』概念再考の一素材として」民商 69 巻 1 号 60 頁以下（1973）

畑尻剛＝工藤達朗編『ドイツの憲法裁判――連邦憲法裁判所の組織・手続・権限（第 2 版）』（中央大学出版部，2013）

林知更『現代憲法学の位相――国家論・デモクラシー・立憲主義』（岩波書店，2016）

原田尚彦『訴えの利益』（弘文堂，1973）

―――「池子訴訟から(1)(2)」法教 133 号 53 頁以下，134 号 53 頁以下（1991）

原田大樹『公共制度設計の基礎理論』（弘文堂，2014）

―――「グローバル化時代の公法・私法関係論――ドイツ『国際的行政法』論を手がかりとして」浅野有紀ほか編著『グローバル化と公法・私法関係の再編』17 頁以下（弘文堂，2015）

人見剛「大間原発行政訴訟における函館市の出訴資格及び原告適格」自治総研 444 号 20 頁以下（2015）

―――「自治体の争訟権について」紙野健二＝本多滝夫編『辺野古訴訟と法治主義――行政法学からの検証』59 頁以下（日本評論社，2016）

平岡久「ボン基本法下における行政規則に関する学説(1)」阪法 99 号 103 頁以下（1976）

広岡隆「機関訴訟・民衆訴訟」田中二郎ほか編『行政法講座(3)』184 頁以下（有斐閣，1965）

藤井俊夫『司法権と憲法訴訟』（成文堂，2007）

藤田宙靖「行政主体の概念について——その理論的前提をめぐる若干の考察」『行政法学の思考形式（増補版）』65 頁以下（木鐸社，2002）［初出 1976］

―――「行政と法」『行政法の基礎理論(上)』3 頁以下（有斐閣，2005）［初出 1983］

―――「現代の行政と行政法学」『行政法の基礎理論(上)』49 頁以下（有斐閣，2005）［初出 1984］

―――「行政組織法論のあり方に関する若干の考察」『行政法の基礎理論(下)』3 頁以下（有斐閣，2005）［初出 1991］

―――「行政主体相互間の法関係について——覚え書き」『行政法の基礎理論(下)』58 頁以下（有斐閣，2005）［初出 1998］

―――「『行政主体』の概念に関する若干の整理」『行政法の基礎理論(下)』82 頁以下（有斐閣，2005）［初出 2003］

―――『行政組織法』（有斐閣，2005）

―――『行政法総論』（青林書院，2013）

堀内健志『ドイツ「法律」概念の研究序説』（多賀出版，1984）

牧野雅彦『国家学の再建——イェリネクとウェーバー』（名古屋大学出版会，2008）

間田穆「ドイツにおける伝統的行政組織権理論の確立」名法 60 号 52 頁以下（1973）

―――「ワイマール憲法下における行政組織権理論の展開」名法 72 号 109 頁以下（1977）

南野森「司法権の概念」安西文雄ほか『憲法学の現代的論点（第 2 版）』169 頁以下（有斐閣，2009）

南博方『行政裁判制度——ドイツにおける成立と発展』（有斐閣，1960）

南博方ほか編『条解行政事件訴訟法（第 4 版）』（弘文堂，2014）

美濃部達吉『日本国法学（訂正第 3 版）』（有斐閣，1911）

―――『憲法講話』（有斐閣，1912）

―――「国家機関概説」法協 37 巻 4 号 515 頁以下，37 巻 5 号 674 頁以下（1919）

―――『日本憲法』（有斐閣，1921）

―――『行政裁判法』（千倉書房，1929）

―――『憲法撮要（改訂第 5 版）』（有斐閣，1932）

―――『日本行政法上巻』（有斐閣，1936）

―――「新憲法に於ける行政と司法」法時 20 巻 4 号 147 頁以下（1947）

―――「新憲法に於ける行政争訟」法律タイムズ 9 号 11 頁以下（1947）

宮沢俊義『公法の原理』（有斐閣，1967）

―――『憲法（改訂 5 版）』（有斐閣，1973）

村上裕章「行政主体間の争訟と司法権」公法 63 号 219 頁以下（2001）

―――「客観訴訟と憲法」行政法研究 4 号 11 頁以下（2013）

―――「国・自治体間等争訟」『現代行政法講座(4)』11 頁以下（日本評論社，2014）

―――「日本における客観訴訟論の導入と定着」法政 82 巻 2 = 3 号 519 頁以下（2015）

村上義弘「抗告訴訟の対象ならびにその本質」田中二郎古稀『公法の理論（下Ⅱ）』2049 頁以下（有斐閣，1977）

室井力ほか編著『コンメンタール行政法（II）（第2版）』（日本評論社，2006）

森口繁治『選挙制度論』（日本評論社，1931）

―――「国家機関の機関権能」美濃部達吉還暦『公法学の諸問題(2)』345頁以下（有斐閣，1934）

柳瀬良幹『元首と機関』（有斐閣，1969）

山岸敬子『客観訴訟の法理』（勁草書房，2004）

山村恒年＝阿部泰隆編『行政事件訴訟法（判例コンメンタール特別法)』（三省堂，1984）

山本隆司『行政上の主観法と法関係』（有斐閣，2000）

―――「公私協働の法構造」金子宏古稀『公法学の法と政策(下)』531頁以下（有斐閣，2000）

―――「行政組織における法人」塩野宏古稀『行政法の発展と変革(上)』847頁以下（有斐閣，2001）

―――「私法と公法の〈協働〉の様相」法社会学66号16頁以下（2007）

―――「日本における公私協働」藤田宙靖退職『行政法の思考様式』171頁以下（青林書院，2008）

―――「日本における公私協働の動向と課題」新世代2号277頁以下（2009）

―――「行政の主体」磯部力ほか編『行政法の新構想I』89頁以下（有斐閣，2011）

―――「民衆訴訟及び機関訴訟」南博方ほか編『条解行政事件訴訟法（第4版）』870頁以下（弘文堂，2014）

―――「集団的消費者利益とその実現主体・実現手法――行政法学の観点から」千葉恵美子ほか編『集団的消費者利益の実現と法の役割』216頁以下（商事法務，2014）

―――「客観法と主観的権利」長谷部恭男ほか編『岩波講座 現代法の動態(1)』25頁以下（岩波書店，2014）

―――「現代における行政法学の体系」岡田正則ほか編『現代行政法講座(1)』31頁以下（日本評論社，2016）

横田明美『義務付け訴訟の機能』（弘文堂，2017）

米田雅宏「現代法における請求権――『客観法違反の是正を求める権利』の法的位置づけ」公法78号127頁以下（2016）

我妻栄『新訂民法総則（民法講義I)』（岩波書店，1965）

渡辺良二「国家」杉原泰雄編『講座 憲法学の基礎(1)』1頁以下（勁草書房，1983）

亘理格『「司法」と二元的訴訟目的観』法教325号58頁以下（2007）

―――「法律上の争訟と司法権の範囲」磯部力ほか編『行政法の新構想III』1頁以下（有斐閣，2008）

―――「行政訴訟の理論――学説的遺産の再評価という視点から」公法71号65頁以下（2009）

独語文献

Albrecht, Wilhelm Eduard, Rezension über Maurenbrecher, Grundsätze des heutigen deutschen Staatsrechts, in: Göttingische gelehrte Anzeigen, 150. u. 151 Stück vom 21. September 1837, S. 1489ff.; 152 Stück vom 23. September 1837, S. 1508ff.

Anschütz, Gerhard, Kritische Studien zur Lehre vom Rechtssatz und formellen Gesetz, 2. Aufl., 1913

Bethge, Herbert, Grundfragen innerorganisationsrechtlichen Rechtsschutzes: Einige Bemerkungen zu aktuellen Kontroversen über den dogmatischen Standort des verwaltungsrechtlichen Organstreits, in: DVBl. 1980, S. 309ff.

————Zwischenbilanz zum verwaltungsrechtlichen Organstreit, in: DVBl. 1980, S. 824f.

————Der Kommunalverfassungsstreit, in: Handbuch der kommunalen Wissenschaft und Praxis, Band 1: Kommunalverfassung, 2. Aufl., 1982, S. 176ff.

————Organstreitigkeiten des Landesverfassungsrechts in: Landesverfassungsgerichtsbarkeit, Teilband 2, 1983, S. 17ff.

Bleutge, Rolf, Der Kommunalverfassungsstreit, 1970

Böckenförde, Ernst-Wolfgang, Organ, Organisation, juristische Person: Kritische Überlegungen zu Grundbegriffen und Konstruktionsbasis des staatlichen Organisationsrechts, in: Festschrift für Hans Julius Wolff, 1973, S. 269ff.

Buchwald, Katja, Der verwaltungsgerichtliche Organstreit: Eine verwaltungsprozessuale und normtheoretische Studie, 1998

Bühler, Ottmar, Zur Theorie des subjektiven öffentlichen Rechts, in: Festgabe für Fritz Fleiner, 1927, S. 26ff.

Dagtoglou, Prodromos, Kollegialorgane und Kollegialakte der Verwaltung, 1960.

Diemert, Dörte, Der Innenrechtsstreit im öffentlichen Recht und im Zivilrecht, 2002

Erichsen, Hans-Uwe, Der Innenrechtsstreit, in: Festschrift für Christian-Friedrich Menger, 1985, S. 211ff.

Ewald, Klaus, Die prozessuale Behandlung des inneruniversitären Verfassungsstreits, WissR 3 (1970), S. 35ff.

————Zur Beteiligungsfähigkeit im Kommunalverfassungsstreitverfahren, in: DVBl. 1970, S. 237ff.

Friesenhahn, Ernst, Über Begriff und Arten der Rechtsprechung unter besonderer Berücksichtigung der Staatsgerichtsbarkeit nach dem Grundgesetz und den westdeutschen Landesverfassungen, in: Festschrift für Richard Thoma, 1950, S. 21ff.

Fuss, Ernst-Werner, Verwaltungsrechtliche Streitigkeiten im Universitäts-Innenbereich, in: WissR 5 (1972), S. 97ff.

Heinrich, Manfred, Verwaltungsgerichtliche Streitigkeiten im Hochschulinnenbereich unter besonderer Berücksichtigung der Rechtslage in Nordrhein-Westfalen, 1975

Heller, Hermann, Staatslehre, 1934 (3. Aufl., 1970)

Henrichs, Wilhelm, Kommunalverfassungsstreitverfahren vor den Verwaltungsgerichten, in:

DVBl. 1959, S. 548ff.

Hoppe, Werner, Organstreitigkeiten vor den Verwaltungs- und Sozialgerichten: Zum organisationsrechtlichen subjektiv-öffentlichen Recht innerhalb rechtsfähiger Verwaltungeinheiten, 1970

――Die Regelung der verwaltungsrechtlichen Organstreitigkeiten: eine Aufgabe des Gesetzgebers, NJW 1980, S. 1017ff.

Jellinek, Georg, Gesetz und Verordnung: Staatsrechtliche Untersuchungen auf rechtsgeschichtlicher und rechtsvergleichender Grundlage, 1887

――System der subjektiven öffentlichen Rechte, 2. Aufl., 1905

――Allgemeine Staatslehre, 3. Aufl. (hrsg. und ergänzt von Walter Jellinek), 1914, 芦部信喜ほか訳『一般国家学』（学陽書房，1974）

Jestaedt, Matthias, Verfassungstheorie als Disziplin, in: Verfassungstheorie, 2010, S. 3ff.

von Jhering, Rudolf, Geist des römischen Rechts auf den verschiedenen Stufen seiner Entwicklung, Band 3, 5. Aufl., 1906

Kelsen, Hans, Hauptprobleme der Staatsrechtslehre, 2. Aufl., 1923

――Der soziologische und der juristische Staatsbegriff, 2. Aufl., 1928

Kisker, Gunter, Insichprozeß und Einheit der Verwaltung: Zur Frage der Zulässigkeit von Insichprozessen vor den Verwaltungsgerichten, 1968

――Organe als Inhaber subjektiver Rechte: BVerwGE 45, 207, JuS 1975, S. 704ff.

Krüger, Herbert, Rechtsverordnung und Verwaltungsanweisung, in: Festschrift für Rudolf Smend, 1952, S. 211ff.

Krüper, Julian, Gemeinwohl im Prozess: Elemente eines funktionalen subjektiven Rechts auf Umweltvorsorge, 2009

Laband, Paul, Das Staatsrecht des Deutschen Reiches, 5. Aufl., Band 2, 1911

Lorenz, Dieter, Zur Problematik des verwaltungsgerichtlichen Insichprozesses, in: AöR 93 (1968), S. 308ff.

――Der Organstreit vor dem Bundesverfassungsgericht, in: Bundesverfassungsgericht und Grundgesetz: Festgabe aus Anlaß des 25jährigen Bestehens des Bundesverfassungsgerichts, Band 1: Verfassungsgerichtsbarkeit, 1976, S. 225ff.

Masing, Johannes, Die Mobilisierung des Bürgers für die Durchsetzung des Rechts: Europäische Impulse für eine Revision der Lehre vom subjektiv-öffentlichen Recht, 1997

――Der Rechtsstatus des Einzelnen im Verwaltungsrecht, in: Grundlagen des Verwaltungsrechts, Band 1, 2. Aufl., 2012, S. 437ff.

Mayer, Otto, Die juristische Person und ihre Verwertbarkeit im öffentlichen Recht, in: Festgabe für Paul Laband, 1908, S. 1ff.

――Deutsches Verwaltungsrecht, Band 1, 3. Aufl., 1924

Möllers, Christoph, Staat als Argument, 2. Aufl., 2011

Papier, Hans-Jürgen, Die verwaltungsgerichtliche Organklage: Ein Beitrag zum Arbeitskreis IX des 6. Deutschen Verwaltungsrichtertages, in: DÖV 1980, S. 292ff.

Roth, Wolfgang, Verwaltungsrechtliche Organstreitigkeiten: Das subjektive Recht im innerorganisatorischen Verwaltungsrechtskreis und seine verwaltungsgerichtliche Geltendmachung, 2001

Rupp, Hans Heinrich, Grundfragen der heutigen Verwaltungsrechtslehre: Verwaltungsnorm und Verwaltungsrechtsverhältnis, 2. Aufl., 1991

Schmidt-Aßmann, Eberhard, "Gemeinwohl im Prozess", in: Verfassungsvoraussetzungen, Gedächtnisschrift für Winfried Brugger, 2013, S. 411ff.

————Verwaltungsrechtliche Dogmatik, 2013

Schoch, Friedrich, Gerichtliche Verwaltungskontrollen, in: Grundlagen des Verwaltungsrechts, Band 3, 2. Aufl., 2013, S. 743ff.

Schönberger, Christoph, Das Parlament im Anstaltsstaat: Zur Theorie parlamentarischer Repräsentation in der Staatsrechtslehre des Keiserreichs (1871–1918), 1997

Thoma, Richard, Das System der subjektiven öffentlichen Rechte und Pflichten, in: HDStR, Band 2, 1932, S. 607ff.

Tsatsos, Dimitris Th., Der verwaltungsrechtliche Organstreit: Zur Problematik verwaltungsgerichtlicher Auseinandersetzungen zwischen Organen einer Körperschaft des öffentlichen Rechts, 1969

von Turegg, Kurt Egon Frhr., Insichprozesse: Beitrag zur Lehre von der Parteifähigkeit, in: DÖV 1953, S. 681ff.

Ule, Carl Hermann, Buchbesprechung von Hans J. Wolff: Juristische Person und Staatsperson (Kritik, Theorie und Konstruktion), in: VerwArch 40, 1935, S. 94ff.

Windscheid, Bernhard / Kipp, Theodor, Lehrbuch des Pandektenrechts, Band 1, 9. Aufl., 1906

Wolff, Hans Julius, Organschaft und juristische Person, Band 1: Juristische Person und Staatsperson, 1933

————Organschaft und juristische Person, Band 2: Theorie der Vertretung, 1934

————Verwaltungsrecht Band 2, 3. Aufl., 1970

Wolff, Hans Julius / Bachof, Otto, Verwaltungsrecht, Band 1, 9. Aufl., 1974

————Verwaltungsrecht, Band 2, 4. Aufl., 1976

事項索引

人名索引

海 外

判例索引

著者紹介

西 上　　治（にしがみ おさむ）

- 1985 年　大阪府堺市出身
- 2008 年　東京大学法学部卒業
- 2011 年　東京大学大学院法学政治学研究科法曹養成専攻修了，
  同研究科助教
- 2014 年　東京大学高齢社会総合研究機構特任助教
- 2015 年　大阪市立大学法学部准教授
  現在に至る

機関争訟の「法律上の争訟」性
Organstreit und „Rechtliche Streitigkeiten"

2017 年 9 月 30 日　初版第 1 刷発行

著　者	西　上　　　治	
発行者	江　草　貞　治	
発行所	株式会社　有　斐　閣	

郵便番号 101-0051
東京都千代田区神田神保町 2-17
電話　（03）3264-1314〔編集〕
　　　（03）3265-6811〔営業〕
http://www.yuhikaku.co.jp/

印刷・株式会社理想社／製本・牧製本印刷株式会社

ISBN 978-4-641-22730-9